DROIT CIVIL

INTERNATIONAL

DROIT CIVIL

INTERNATIONAL

PAR

F. LAURENT,

PROFESSEUR A L'UNIVERSITÉ DE GAND.

TOME CINQUIÈME.

BRUXELLES.   PARIS.

BRUYLANT-CHRISTOPHE & Cᵗᵉ, EDITEURS,   LIBRAIRIE A. MARESCQ, AINÉ,

RUE BLAES, 33   RUE SOUFFLOT, 20

1880

Bruxelles. — Typ. BRUYLANT-CHRISTOPHE & Cie.

DEUXIÈME PARTIE

LIVRE III.

La famille (suite).

CHAPITRE PREMIER.

LE MARIAGE (*suite*).

PREMIÈRE PARTIE. — L'état des personnes (*suite*).

SECTION III. — Des mariages célébrés à l'étranger (*suite*).

§ IV. *Droit étranger.*

Nº 1. LE DROIT ALLEMAND, SCHÄFFNER, WÄCHTER, SAVIGNY.

1. Il faut se défier des formules abstraites dans la science du droit, et, par conséquent, des systèmes absolus. Le droit est une face de la vie, et la vie est une chose ondoyante et mobile qui ne se gouverne point par des chiffres. C'est le défaut des jurisconsultes allemands de vouloir tout rapporter à une idée systématique. J'ai dit aussi que les principes, c'est tout le droit (1), mais il ne faut pas confondre les principes, avec les systèmes Les principes de droit civil que j'ai exposés dans un long ouvrage, puis résumés dans un cours élémentaire, ne sont pas des idées systématiques d'après lesquelles je décide les difficultés sans nombre qui se présentent dans l'application des lois, ils sont puisés dans le code Napoléon et dans notre tradition coutumière ; ils sont donc empruntés à la vie,

---

(1) Voyez l'Introduction de mon *Cours de droit civil élémentaire*, t. Iᵉʳ, p. 5.

tandis que les systèmes sont des abstractions que l'auteur, souvent étranger à la vie réelle, veut imposer à une science essentiellement pratique. Il faut que les exigences de la réalité se plient, bon gré mal gré, au système. C'est se heurter contre une impossibilité et en même temps aboutir à des conséquences que la vie réelle ne peut pas accepter. Les systèmes succèdent ainsi aux systèmes, sans grand profit pour la science. C'est la raison pour laquelle je passe rapidement sur les théories allemandes en cette matière essentiellement pratique. D'ailleurs, Wachter, Savigny, Schäffner s'en sont tenus à des généralités, sans entrer dans les détails, et c'est dans l'application que les difficultés abondent.

2. J'ai exposé le système de Wächter. Les juges de chaque pays ne peuvent appliquer que les lois au nom desquelles ils rendent la justice. Ces lois sont applicables à tous les habitants du territoire, aux étrangers comme aux nationaux, à moins qu'il ne résulte de l'intention du législateur qu'il n'a pas entendu régir les étrangers; dans ce cas, les étrangers seront gouvernés par leurs lois nationales. Comment peut-on connaître la volonté du législateur? De volonté véritable, le législateur n'en a pas eu; on peut hardiment affirmer que les auteurs du code Napoléon n'ont jamais songé aux étrangers en écrivant les lois civiles; et alors même que par hasard leur attention s'est portée sur les étrangers, ils ont négligé de résoudre les difficultés que l'on soulevait : j'en ai donné un curieux exemple dans le cours de ces Etudes, en traitant de la compétence des tribunaux français dans les procès qui s'élèvent entre étrangers (1). Le système de Wächter conduit donc nécessairement à l'arbitraire le plus absolu. Ce n'est pas le législateur qui décide s'il faut appliquer à l'étranger sa loi nationale ou la loi territoriale du pays où il se trouve, c'est l'interprète, et il le décide d'après la volonté que le législateur aurait eue, s'il avait prévu la difficulté. Au lieu de principes, nous avons des conjectures.

_____

(1) Voyez le t. IVᵉ de ces Etudes, nᵒˢ 20 et 21, p. 46 et suiv.

Wächter applique son système au mariage (1). Il n'est pas probable, dit-il, que le législateur ait entendu appliquer aux étrangers les règles qu'il établit pour les nationaux; il a en vue les circonstances physiques, intellectuelles et morales de son pays, il veut moraliser les populations qu'il a mission d'élever. Comment l'idée pourrait-elle lui venir de régler les conditions du mariage pour des étrangers dont il ignore les sentiments et les idées, et pour lesquels il n'a point charge d'âmes? C'est l'affaire de leurs lois nationales; il faut donc leur appliquer ces lois. Après les longs détails dans lesquels je viens d'entrer, on voit de suite quel est le vice du système de Wächter : c'est qu'il est absolu comme une abstraction. Le système est vrai, en tant que la loi territoriale n'est pas intéressée à étendre ses règles aux étrangers; quand elle y a intérêt, le légiste allemand ne lui refuse certes pas le droit d'intervenir; je rappellerai ce qu'il dit, que l'on ne permettrait pas, en Allemagne, à un Anglais de conduire sa femme, la corde au cou, au marché pour l'y vendre. Il y a des conditions plus importantes : la prohibition de la polygamie, de l'inceste naturel, qui intéressent toutes les sociétés, puisque leur existence morale est en jeu. En est-il de même des autres conditions du mariage? Le législateur italien l'a cru, et il a appliqué aux étrangers toutes les conditions qu'il prescrit pour les nationaux. Voilà le système de Wächter en défaut; il croit que les conditions du mariage n'ont aucun intérêt pour le législateur quand il s'agit d'étrangers; tandis que le code d'Italie estime que toutes intéressent l'ordre public et les bonnes mœurs; et cette manière de considérer les conditions du mariage mérite certainement l'attention du jurisconsulte, car il est certain que les bonnes mœurs et l'ordre public, en un certain sens, sont engagés dans le débat. On voit que les systèmes ne servent pas à grand'chose; il faut pénétrer dans les entrailles de la matière, et sonder les principes jusque dans leurs racines, pour décider si l'étranger est régi par sa loi nationale ou par la loi territoriale.

(1) Wächter, *Die Collision der Privatrechtsgesetze verschiedener Staaten* (*Archiv für civilistische Praxis*, t XXV, p. 184 et 185).

3. Savigny a un autre système. Il recherche, dans chaque matière, quel est le siége du rapport juridique; pour le mariage, dit-il, il n'y a aucun doute, il se trouve au domicile du mari; car le droit de tous les pays et de tous les temps considère le mari comme le chef de la famille; donc c'est la loi du mari qui gouverne le mariage (1). Le mari est le chef: qu'est-ce à dire? Il y a bien des manières d'être chef; et l'autorité du mari varie du tout au tout, d'après les temps et les lieux, que le jurisconsulte allemand confond dans une seule idée. Le mari qui, à Rome, avait la femme dans son domaine était le chef; et dans les pays de droit écrit de l'ancienne France, où l'on suivait le droit romain, la femme dotale était à peu près indépendante de son mari, et l'on pouvait dire, et cela a été dit, que puissance maritale n'y avait lieu. Le mari était aussi le chef dans les pays coutumiers, où il pouvait battre sa femme: c'était, à la lettre, le droit du plus fort. Il existe des débris de ce droit en Angleterre; non que le mari puisse, comme le dit Wachter, mettre la corde au cou de sa femme, et la vendre au marché, mais il conserve le droit de la châtier, et de la tenir en chartre privée. D'après le code civil, le mari est aussi chef (art. 213 et 1388), mais son autorité n'est plus qu'un pouvoir de protection, et, pour la femme, un devoir d'obéissance. Même ainsi réduite, la puissance maritale est contestée; le code italien l'a singulièrement amoindrie, et l'école démocratique va plus loin, elle demande l'égalité de l'homme et de la femme. On voit ce que devient la base du système de Savigny, quand des hauteurs de l'abstraction on descend dans la réalité des choses: il est bien évident que la loi du mariage ne saurait être la même, là où le mari a la femme dans son domaine, comme sa chose, et là où il n'a qu'une autorité de protection, ce qui se réduit à un devoir; là où il peut châtier et emprisonner sa femme et là où les époux sont égaux, quoique le mari soit encore le chef. Preuve que les systèmes, les

(1) Savigny, *System des heutigen romischen Rechts* (t. VIII, p. 325 et suiv.)

abstractions et les généralités ne servent pas à grand'
chosé.

Le système de Savigny a encore un autre défaut. Il
veut que la loi du mari règle tout, parce qu'il est le chef.
Soit, mais cela suppose qu'il est le chef; or il ne l'est que
lorsque le mariage est contracté, et pour le moment il est
question des conditions et qualités requises pour pouvoir
se marier. Est-ce que le mari est chef quand il se présente
devant l'officier de l'état civil? Et s'il ne l'est point, pourquoi veut-on que sa loi l'emporte plutôt que celle de la
femme? Dans nos mœurs et d'après nos lois, la femme est
l'égale de l'homme tant qu'elle n'est pas mariée; elle
jouit de la plénitude de ses droits. Pour subordonner la
loi personnelle de la femme à la loi personnelle du mari,
Savigny a recours au caractère des lois qui règlent les
conditions du mariage; elles sont essentiellement coac-
tives, puisqu'elles ont pour fondement des considérations
religieuses, morales ou politiques; et comme la femme est
destinée à vivre au domicile du mari, les lois du domicile
marital doivent lui être appliquées, de préférence à celles
de son pays. Encore une fois, une formule et un système.
Suffit-il qu'une loi soit dictée par la religion, ou par un
préjugé religieux, pour qu'elle devienne réelle, en ce sens
qu'elle domine la loi personnelle de la femme? Et si toute
loi qui intéresse les bonnes mœurs forme un statut réel,
n'en résultera-t-il pas que le mariage tout entier, conditions, effets, dissolution, dépendra de la loi territoriale?
Si, au moins, cette loi était la loi nationale! Mais, dans le
système de Savigny, c'est la loi du domicile, et le domicile
pouvant être changé au gré de la volonté ou du caprice
des individus, n'en résultera-t-il pas que la loi du mariage
dépendra de la volonté ou du caprice de l'homme? Les
objections abondent, il est inutile de les développer; il
suffit de mettre le système en regard des difficultés que
j'ai exposées, pour se convaincre que le système de
Savigny, pas plus que celui de Wachter, ne peut les
résoudre.

4. Schaffner est un avocat, donc pas un homme à système. Il rejette les principes absolus qui ont été mis en

avant sur la loi qui régit le mariage (1). La doctrîne américaine, qui s'en tient à la loi du lieu où le mariage est célébré, a trouvé des partisans en Allemagne; Schaffner la repousse : ce serait un moyen par trop commode, dit-il, d'échapper aux conditions prescrites par la loi nationale. Celle-ci exige la majorité; ailleurs on se contente de l'âge canonique de douze et de quatorze ans; il suffira de faire un voyage de noces, avant le mariage, pour que l'empêchement disparaisse. Le père refuse son consentement; les futurs époux s'en passeront en allant se marier en pays canonique. En définitive, les lois sur le mariage ne seront qu'un vain mot, dont les parties intéressées se moqueront. Sur ce point, Wächter et Savigny sont d'accord avec Schaffner; le lieu où le mariage se contracte, dit Savigny, est tout à fait indifférent. Sans doute parce que là n'est pas le siége du mariage. Mais le futur époux ne pourrait-il pas transporter son domicile dans un lieu dont la loi se montre plus accommodante que la sienne? Ce qui équivaut à peu près à la loi du lieu où le contrat se fait, loi dont Savigny ne veut point!

Schäffner rejette aussi le principe de Burge, qui, en cette matière, s'en rapporte entièrement au statut personnel. C'est donner à la loi nationale une autorité qu'elle ne peut pas avoir. Notre loi ne peut pas valider un mariage que nos nationaux contractent à l'étranger, en ce sens que, valable d'après nos lois, il serait valable partout. Cela est d'évidence, puisque le statut personnel est tenu en échec par le statut territorial, dans les cas où les droits de la société, son existence, sa conservation, son perfectionnement sont en cause. Il faut donc tenir compte de toutes les considérations qui concourent dans le mariage. Le lieu où il est célébré déterminera la solennité; les conditions de capacité, les effets dépendront du statut personnel des époux, s'il n'y a aucun droit social qui s'y oppose. Ce sont les traits généraux de la doctrine que je professe dans ces Etudes. Schäffner ne les établit pas

---

(1) Schäffner, *Entwickelung des internationalen Privatrechts*, p. 128, § 102.

comme principes. Il a les défauts de ses qualités : praticien, il procède par espèces. C'est un excès contraire à
celui des systèmes. Nous allons le rencontrer en plein
chez les légistes anglais et américains. Ils ne savent ce
que c'est qu'un principe; mais aussi on ne sait jamais ce
que la *common law* approuve ou désapprouve. Vous croyez
le savoir en consultant la jurisprudence. Erreur, les cours
décident la difficulté qui leur est soumise, cette décision
se ressent toujours des faits et circonstances de la cause.
Vous l'invoquez dans une autre cause, on vous répond
que vous n'y êtes point, que le premier juge n'a pas dit
ce que vous croyez qu'il a dit. Du droit anglais on peut
dire, à la lettre, que c'est une mer de doutes.

Nº 2. LE DROIT ANGLAIS.

I. *Le principe d'après Story et la jurisprudence.*

5. Story est le meilleur des jurisconsultes anglo-américains; ce sont presque tous des magistrats. Plus de système, pas même de principe. Voici comment le célèbre
légiste procède (1) : « Dans une affaire qui a eu un grand
retentissement, celle de Scrimshire contre Scrimshire, le
juge a dit. » Le juge était sir Edward Simpson; et voici
l'espèce. Deux Anglais mineurs, et se trouvant en France
pour leur éducation, se marient. Le mariage était nul,
pour bien des motifs, d'après le code Napoléon; était-il
aussi nul en Angleterre? La cour se prononça pour la
nullité : « La question qui se présente devant la cour, dit
le juge, n'est point de savoir si des sujets anglais sont liés
par la loi française; il est évident qu'ils ne le sont point.
L'unique point que la cour ait à décider est si le mariage
litigieux est valable ou nul d'après la loi d'Angleterre. Or
nos lois veulent que l'on prenne en considération le lieu
où le mariage a été contracté; s'il est nul en vertu de la
loi locale, il ne saurait être valable chez nous. C'est donc
d'après notre loi que nous jugeons que ce mariage est

(1) Story, *Conflict of laws*, p. 82-85, §§ 80, et 80 *a* (7ᵉ édition).

nul, parce que notre loi veut que les juges anglais tiennent compte de la loi territoriale. »

Le juge, à la façon anglo-américaine, cite des autorités à l'appui de la doctrine sur laquelle il fonde
sa décision. Il cite Gayll et Doneau, qui doivent être
étonnés de se trouver réunis : « Celui qui contracte dans
un pays se soumet à la juridiction du lieu où le contrat
est formé, et par conséquent à la loi territoriale que le
juge doit appliquer. » Si c'est là l'unique motif du principe que le mariage est régi par la loi du lieu où il est
célébré ; la base n'est pas très solide. Le juge anglais
confond deux ordres d'idées absolument différents, la
compétence et le statut. La compétence peut se déterminer par la loi du lieu où les parties contractent ; encore
les auteurs que le juge anglais allègue ne parlent-ils que
des contrats d'intérêt pécuniaire. Mais en supposant que
les époux qui se marient en France se soumettent à la
juridiction française, ce qui pour les étrangers n'est pas
exact, est-ce à dire que les tribunaux français doivent
décider le litige d'après le code civil? Non certes ; le juge
doit appliquer la loi personnelle des époux, puisqu'il s'agit
de leur état et de leur capacité ; il se pourrait donc que le
mariage fût valide, par application de la loi nationale des
parties. Chose remarquable, les tribunaux de France se
déclarent incompétents entre étrangers, précisément
parce qu'ils seraient obligés de juger d'après des lois
étrangères qu'ils ne sont pas tenus de connaître, et qu'en
fait ils ignorent, ou connaissent mal (1). Ainsi la doctrine de la cour anglaise repose sur deux suppositions
inexactes. D'abord le tribunal du lieu où le mariage est
célébré n'est pas nécessairement compétent pour connaître
de la validité du mariage ; les juges français se déclareraient au contraire incompétents, et renverraient les parties devant leurs juges naturels. Puis, en supposant que
les tribunaux étrangers fussent compétents, comme ils le
seraient en Belgique, ils ne décideraient pas d'après la
loi territoriale, ils jugeraient d'après la loi nationale des

(1) Voyez le tome IV de ces Etudes, p. 47, n° 21.

parties, dans l'espèce, d'après la loi anglaise : ce qui peut aboutir à une décision toute contraire à celle qu'a rendue la cour anglaise. Celle-ci annule le mariage parce qu'il était nul d'après la loi française, et les tribunaux belges le valideraient, s'il était valable d'après la *common law* d'Angleterre.

Le juge anglais arrive à cette conclusion : « La validité des contrats, et spécialement du contrat de mariage, doit être jugée d'après les lois du pays où ils ont été faits. Cette doctrine est conforme à ce qui est dit dans nos livres, et à ce qui est pratiqué dans tous les pays civilisés; elle est en harmonie avec le droit des gens, qui est la loi de chaque nation, et que chaque nation observe. » Le savant juge, continue Story, cite les témoignages des jurisconsultes qui appuient sa doctrine, puis il revient sur sa conclusion, que la cour peut et doit, dans l'espèce, juger d'après une loi étrangère, et qu'en le faisant elle ne viole pas la loi anglaise. « On dirait que le juge est préoccupé d'une seule idée : se justifier de ce que, dans un procès entre Anglais, porté devant une cour anglaise, il applique une loi étrangère au lieu de la *common law*. Tant il est vrai que les légistes anglais ne tiennent, en général, aucun compte de la loi étrangère, ils ne reconnaissent que leur loi territoriale. J'ai dit ailleurs que cela tient au caractère féodal du droit anglais (1). Le juge, dans l'espèce, se trompe en affirmant que telle est la pratique universelle des peuples civilisés. Sur le continent, les lois ne sont plus réelles, comme elles l'étaient au moyen âge; on répute, au contraire, personnelles les lois qui concernent l'état et la capacité des parties, et par là on entend aussi les lois sur le droit de famille, notamment sur le mariage. Nos tribunaux appliquent tous les jours des lois étrangères, sans songer à se justifier de ne pas appliquer la loi nationale, au nom de laquelle ils rendent la justice. Le juge anglais, qui ne connaît pas de statut personnel, a recours au droit des gens pour expliquer ce qu'il appelle la pratique des nations civilisées. « C'est, dit-il, par le

(1) Voyez le tome II de ces Etudes, nᵒˢ 78 et 80, p. 146 et 152.

consentement de tous les peuples, en vertu du *jus gentium*, que l'on doit observer pour le mariage les *solennités* (1) prescrites par la loi de chaque pays, et que par suite la validité des contrats est régie par la loi du lieu où ils se font. » Avant d'aller plus loin, j'arrête un instant le juge anglais. Il parle des *solennités* des contrats et notamment du mariage; si par là il entendait les formes solennelles, c'est-à-dire, extérieures qui président à la célébration du mariage, il aurait raison. Il y a, en effet, une règle que l'on peut rapporter au droit des gens, parce qu'elle est universellement admise; on la formule ordinairement en ces termes : *Locus regit actum*. Mais cette maxime ne reçoit d'application qu'aux formes du contrat; pour le mariage, l'intervention d'un officier public, et la publicité. De ces *solennités* il est vrai de dire qu'elles sont régies par la loi du lieu où le mariage se contracte. Mais l'adage traditionnel n'a rien de commun avec les conditions de capacité requises pour pouvoir se marier. Nous venons d'entendre les jurisconsultes allemands répudier la *loi du lieu*, quand il s'agit de la validité intrinsèque du mariage et de ses effets. Il en est de même en France, en Italie, et partout où la doctrine des statuts personnels est admise. Le juge anglais se trompe donc en appliquant aux conditions du mariage la règle que le droit des gens a établie pour les solennités. Cette confusion se trouve chez tous les légistes anglo-américains. Je m'y suis arrêté longtemps dans le cours de ces Etudes (2) : il est inutile d'y insister de nouveau.

Je reviens au juge anglais : « Le droit des gens, dit-il, est la loi de chaque pays, et elle est obligatoire pour les sujets de chaque Etat. » Cela est trop absolu, et j'ai de nouvelles réserves à faire. En France et en Belgique, les tribunaux ne tiennent compte du droit des gens que lorsqu'il est consacré par la loi; il en est ainsi de la maxime *Locus regit actum*; nos lois l'établissent, et c'est parce qu'elle a reçu cette consécration qu'elle est devenue obli-

---

(1) « The solemnities ».
(2) Voyez le tome II de ces Etudes, p. 463, nᵒˢ 256 et 257.

gatoire pour les particuliers et pour les juges. Mais on invoquerait vainement le droit des gens, s'il n'avait pas cette sanction (1). « Toutes les nations, continue le juge anglais, reconnaissent le contrat de mariage ; c'est un contrat du droit des gens, il est donc régi par une seule et même loi, à laquelle tous les peuples ont consenti, ou *sont présumés avoir consenti :* cette loi est que le mariage doit être valable quand il a été contracté conformément aux lois du pays où il est célébré, et nul, si d'après ces lois il est nul. Il faut une règle commune à tous les pays, l'intérêt général l'exige ; s'il fallait appliquer les lois particulières aux parties contractantes, il y aurait autant de règles diverses qu'il y a de lois différentes ; de là une confusion extrême, et une incertitude absolue, dans un contrat qui d'après sa nature doit être fixe et stable. Si l'on avait égard à la diversité des lois territoriales, il arriverait que le mariage, valable dans un pays, serait nul dans l'autre, et par suite, les époux considérés comme légitimes dans un pays seraient réputés concubins dans l'autre, et y pourraient contracter un nouveau mariage ; ce qui favoriserait la bigamie et l'immoralité. Il en résulterait des conséquences désastreuses pour l'état des familles : des enfants légitimes ici et ailleurs bâtards : admis ici à succéder, écartés ailleurs des successions. Il n'y a qu'un moyen d'éviter cette confusion, c'est d'établir une règle générale, partout observée, celle de la loi du lieu où le mariage est contracté : cette loi universelle assurera la validité du mariage partout, et par conséquent l'état des époux et des enfants. »

Il y a bien des restrictions à faire à cette apologie de la doctrine anglo-américaine ; car ce que le juge anglais représente comme étant une règle du droit des gens est en réalité une règle particulière à l'Angleterre et aux Etats-Unis. Le prétendu droit des gens est une fiction ; partout ailleurs, sur le continent, on suit une règle toute différente, celle du statut personnel des époux ; la cour anglaise est obligée de l'avouer ; toutes les nations ne suivent

---

(1) Voyez le tome II de ces Etudes, p. 513, n° 283.

pas la *loi du lieu*; elles devraient, dit-elle, la suivre, et elles sont présumées l'adopter. La prétendue présomption fait défaut; il y a conflit entre le droit du continent et le droit anglo-américain. Ce conflit peut donner lieu et a donné lieu à de grands scandales; le juge anglais a certes raison de dire qu'il faudrait les éviter. Je dirai plus loin que les légistes des Etats-Unis, Story en tête, accusent la loi française des conséquences fâcheuses auxquelles conduisent la diversité et la contrariété des lois qui régissent le mariage (1); mais les légistes français pourraient rétorquer l'accusation. Ces reproches n'aboutissent à rien; j'y reviendrai. Pour le moment je continue l'exposé de la jurisprudence anglaise; on va voir qu'elle est loin d'avoir la fixité et la certitude que le juge anglais suppose et exalte.

6. Voici une espèce célèbre dans laquelle le conflit éclata, non sans scandale, entre la loi anglaise et la loi française (2). En juin 1854, deux Français, domiciliés en France, vinrent à Londres et y furent mariés conformément à la loi d'Angleterre, sans avoir demandé ni obtenu le consentement de leurs parents, et sans avoir fait en France les publications prescrites par le code Napoléon (art. 170). Les époux revinrent en France, et pour réparer la contravention à la loi française, la femme voulut procéder à une nouvelle célébration du mariage, en se conformant au code civil; le mari refusa. La femme intenta alors une action en nullité, sur laquelle le mari fit défaut. Aux termes de l'article 170, les époux auraient dû demander le consentement de leurs ascendants et, sur leur refus, leur faire des actes respectueux; ils auraient encore dû faire des publications en France. Il est de jurisprudence que le mariage peut être annulé pour inobservation de ces prescriptions, si les époux se sont mariés à l'étranger en fraude de la loi française. Dans l'espèce, la fraude était certaine; les époux résidaient à Paris; ils allèrent momentanément en Angleterre, pour y contracter

---

(1) Story, *Conflict of laws*, p. 164, § 121 (7º édition).
(2) Lawrence, *Commentaire sur Wheaton*, t. III, p. 336-343.

mariage, en violation de leur loi personnelle. La fraude étant évidente, le tribunal déclara le prétendu mariage nul et non avenu. Après avoir obtenu ce jugement, la femme revint en Angleterre, et y établit sa résidence ; elle demanda la nullité de son mariage; la cour des divorces décida que le mariage était valable, comme ayant été contracté conformément à la loi du lieu où il avait été célébré. Avant de prononcer son jugement, la cour appela, d'après l'usage anglais, un expert, et elle choisit un notaire. Le choix a dû paraître étrange en France. C'est une nouvelle preuve, pour le dire en passant, de l'ignorance qui règne partout sur les lois et les institutions étrangères.

Nous allons entendre le juge, exposant les motifs de la décision. C'était lord Stowell, un des magistrats les plus éminents de l'Angleterre. La question, dit-il, est de savoir si un mariage *dûment solennisé* en Angleterre, conformément à la loi anglaise, entre parties capables d'après cette loi, doit être tenu pour nul, parce que les futurs époux sont venus se marier chez nous en fraude de la loi française. Le juge cherche d'abord à écarter le statut personnel des époux. Voilà déjà une différence considérable entre la manière de voir de lord Stowell, et la doctrine de sir Simpson, que je viens de rapporter; celui-ci rejette tout statut personnel, et n'en tient aucun compte, tandis que lord Stowell insiste sur les circonstances de la cause. Les époux étaient majeurs quant au mariage, ils étaient donc capables de se marier; seulement, en France, ils auraient dû faire des actes respectueux, mais ces actes ne sont qu'une vaine formalité, comme je l'ai dit (1) : peut-on considérer comme tenant au statut personnel un simple conseil, qui n'a pas été demandé, et qui, si les ascendants avaient refusé leur consentement, n'aurait pas empêché les parties de passer outre? Il est certain que l'on ne saurait mettre sur la même ligne, en ce qui concerne la gravité de l'infraction, le défaut d'actes respectueux, quand les époux sont majeurs, et le défaut de consentement, quand ils

(1) Voyez le tome IV⁰ de ces Etudes, p. 576, n° 318.

sont mineurs. Peut-être cette circonstance a-t-elle exercé quelque influence sur l'esprit de la cour. Mais, dans l'espèce, elle était irrelevante, puisque le mariage avait été déclaré nul en France; le statut français était violé; la question était donc de savoir si la cour des divorces devait prononcer d'après le statut français ou d'après la loi territoriale d'Angleterre. La question est encore plus générale : « Y a-t-il un statut personnel qui suit la personne même à l'étranger? » La loi française l'admet, et c'est sur ce principe qu'est fondé l'article 170 du code Napoléon. Le droit anglo-américain ne l'admet point. Voilà pourquoi la *consistory court*, dans l'affaire Scrimshire contre Scrimshire, annule le mariage de deux Anglais mineurs, mariés en France contrairement aux lois françaises. Par la même raison la cour des divorces devait appliquer, dans l'espèce, aux Français mariés en Angleterre la loi anglaise, et par conséquent valider le mariage.

En Angleterre, on a toujours maintenu la maxime féodale que toute coutume ou loi est réelle, et oblige par conséquent tous ceux qui se trouvent sur le territoire, les étrangers aussi bien que les nationaux. Dans cet ordre d'idées, on ne conçoit même pas qu'un juge anglais annule un mariage contracté en Angleterre conformément aux lois anglaises. Aussi, dit lord Stowell, n'a-t-on produit devant la cour aucun témoignage, ni une décision judiciaire, ni une opinion doctrinale, qui déclare nul un mariage contracté dans un pays conformément à la loi territoriale, par la raison que la loi personnelle des parties prohiberait ou annulerait ce mariage. Story, le seul auteur qui ait prévu la difficulté, la décide contre l'application de la loi étrangère, et il le fait en termes assez durs. « Le législateur français, dit-il, a osé prohiber et annuler le mariage que des Français contracteraient en pays étranger, en violation de leur loi nationale, alors même que le mariage serait valable d'après la loi territoriale. Mais il n'y a guère lieu de douter, ajoute-t-il, que les pays étrangers où de tels mariages seraient célébrés se conformeraient à leur propre loi et laisseraient de côté la loi française. » Les Anglo-Américains sont si persuadés de la supériorité de leur *common law*, qu'ils trouvent qu'il faut de l'*audace* pour établir une règle contraire, mais ils sont convaincus que partout ailleurs qu'en France on ne tiendra aucun compte de la loi française. A mon avis, ils se trompent; c'est le statut personnel qui est l'expression des vrais principes, ce n'est pas le droit féodal.

Lord Stowell s'exprime dans le même sens que Story : « Chaque nation a le droit d'imposer à ses sujets des restrictions et des prohibitions relatives au mariage, soit au dedans, soit au dehors de son propre territoire; et si ses sujets ont à souffrir des conséquences de ces restrictions, leur propre nation seule en doit être *blâmée*. Mais quel droit a une nation indépendante de réclamer d'une nation également indépendante un abandon de ses propres lois dans le but d'appuyer de pareilles prohibitions? » Eh! qui a jamais dit le contraire? Est-ce que par hasard la France a la prétention d'imposer sa loi à l'Angleterre? Le code qui porte le nom de Napoléon ne dit certes pas cela; il applique un principe dont l'origine remonte aux glossateurs, celui du statut personnel; les plus grands jurisconsultes de France, Dumoulin, Coquille, Bouhier lui ont donné l'appui de leur autorité; les réalistes mêmes, attachés à la tradition féodale, ont été obligés de l'admettre; le législateur italien l'a écrit dans son code. Si donc il y a quelqu'un à *blâmer*, ce n'est pas le législateur français. Le blâme ne retomberait-il pas plutôt sur les réalistes outrés qui, en plein dix-neuvième siècle, maintiennent la maxime de la réalité des coutumes, maxime qui date de Guillaume le Conquérant?

Lord Stowell reproduit la doctrine et les paroles de sir Simpson : il invoque le droit des gens, auquel toutes les nations ont consenti, ou auquel elles doivent être présumées consentir pour l'avantage commun de toutes les nations. J'opposerai au lord anglais une doctrine qui se fonde aussi sur le droit des gens, mais ce n'est pas le vieux droit international, qui ne connaît que la souveraineté jalouse et hostile des divers Etats; c'est le droit international de l'avenir, tel qu'il a été formulé par un illustre jurisconsulte. Savigny dit que l'idéal de notre

science est d'établir la communauté de droit entre les nations. Qu'est-ce à dire? Le droit est l'expression de la
justice éternelle, et il doit réaliser le règne de la justice
sur la terre. Or, pour que la justice gouverne le monde,
il faut avant tout que le respect de la justice existe. Il
faut donc que les décisions judiciaires rendues par les
tribunaux compétents soient maintenues partout. Un mariage est contracté en fraude des lois françaises : les tribunaux français l'annulent pour maintenir le respect que
les sujets doivent à la loi de leur pays. N'est ce pas un
devoir pour tous les États de prêter la main à l'exécution
de cette sentence? Que devient le respect des lois, que
devient la justice, que devient la communauté de droit
quand une cour anglaise vient dire : « Les parties, Français de nation et de loi, ont trouvé bon de frauder la loi
de leur patrie; leur mariage a été annulé par le juge
compétent. N'importe, ce mariage nul, je le maintiens,
parce qu'il a été contracté en Angleterre. Si quelqu'un est
à blâmer, c'est le législateur français : nous sommes indépendants et nous ne connaissons que la loi territoriale. »
Est-ce en prenant parti pour la fraude contre le respect
de la loi qu'on réalisera la communauté de droit?

7. Chose remarquable! Dans l'ancien droit, les légistes
se montraient bien plus sévères, en cas de fraude, que le
juge anglais. Celui-ci cite les paroles de Huber qui jouit
d'une grande autorité chez les Anglo-Américains; je les
transcris à sa suite. Après s'être prononcé pour la nullité
du mariage que les parties iraient contracter à l'étranger
pour éluder les lois de leur pays, le magistrat hollandais
ajoute : « *Multoque magis statuendum est eos contra jus
gentium facere videri, qui civibus alieni imperii suâ
facultate, jus patriis legibus contrarium, scientes volentes
impertiuntur* (1). » Le juge anglais cherche à laver la
doctrine anglaise de ce reproche : « Faudra-t-il que le
ministre du culte qui célèbre le mariage s'enquière de la
nationalité de ceux qui se présentent devant lui pour se
marier? Fera-t-il une enquête sur la loi qui les régit et

(1) Huber, *Prælectiones juris civilis*, lib. I, t. III, *De conflictu legum*,
(t. II, p. 27, édition de 1766).

sur les empêchements qui s'opposent à leur mariage ?
Comment s'assurera-t-il que les parties sont venues en
Angleterre pour éluder les lois de leur pays ? ₋ Sans
doute, dans l'état actuel des relations internationales, il
y a des difficultés, mais les lois et surtout les traités peuvent les prévoir, et décider, comme le fait le code italien,
que les futurs époux doivent justifier de leur capacité,
comme ils sont tenus de le faire d'après le code Napoléon,
alors même qu'ils sont nationaux : les traités pourraient
déterminer le mode de la justification, les autorités char-
gées de délivrer les certificats. Toujours est-il que Huber
a mille fois raison : et ce qu'il dit ne s'applique pas seulement aux officiers publics qui se prêtent à la fraude en
célébrant sciemment des mariages contraires à la loi nationale des parties ; son reproche s'adresse aussi aux tribunaux qui valident les mariages contractés en fraude des
lois de la patrie : les juges agissent certes *scientes* et
volentes. Lord Stowell ne s'en cache pas ; seulement il
cherche à rétorquer le reproche contre la loi française.
« La France, dit-il, peut faire des lois pour ses propres
sujets, et leur imposer toutes les conséquences qui résultent de ces lois. Mais l'Angleterre peut, elle aussi, faire
des lois pour régler la validité des actes qui se font sur
son territoire. Chacune de ces nations peut refuser de
faire céder ses lois devant celles de l'autre. Si l'une d'elles
est coupable d'avoir violé le droit des gens ou la courtoisie internationale (*comity*), on doit en faire le reproche à
la nation dont les lois sont les moins favorables au bien
commun de tous. »

8. Voyons si la législation française mérite ce reproche. Le code Napoléon pose le principe que le statut personnel suit le Français en pays étranger, et il décide, en
conséquence, que les Français qui se marient en pays
étranger sont soumis à la loi française qui détermine les
conditions requises pour pouvoir contracter mariage (art. 3
et 170). La jurisprudence anglaise veut que le mariage
entre étrangers comme entre nationaux soit régi par la
loi anglaise, et soit inattaquable, dès que les parties se
sont conformées à la loi d'Angleterre. Ainsi la loi terri-

toriale domine la loi nationale des parties, alors même
que celles-ci auraient été se marier en Angleterre pour
éluder les lois de leur patrie. Je ne demande pas si une
jurisprudence qui prête la main à la violation de la loi
nationale des parties est morale : Huber a répondu
d'avance, et la conscience générale lui donnera certainement raison. Est-il vrai que la jurisprudence anglaise est
plus conforme à l'intérêt général? En supposant que l'intérêt soit en conflit avec le droit, je réponds encore qu'il
faut maintenir le droit parce qu'il n'y a plus de société
quand la loi peut être impunément violée; c'est donc un
devoir pour toutes les nations de sauvegarder l'observation des lois, afin que le droit règne dans le monde entier.
Ce n'est qu'à cette condition qu'il y aura communauté de
droit entre les peuples et qu'il y aura un droit civil international. Le droit doit l'emporter sur l'intérêt : telle doit
être la devise de tout jurisconsulte, car nous sommes les
ministres de la justice universelle.

Je veux néanmoins suivre le juge anglais sur le terrain
de l'intérêt général. Est-il vrai que la loi du lieu où le
mariage est contracté doit l'emporter sur la loi nationale
des parties? J'ai examiné la question ailleurs (1) en répondant aux objections que les légistes anglo-américains font
contre le statut personnel. Le législateur français établit
pour le mariage des conditions qui ne sont pas admises
par la loi anglaise; il veut que même les majeurs demandent le consentement de leurs ascendants. C'est une entrave au mariage, mais il est facile aux futurs époux de
l'écarter en faisant des actes respectueux. Le code Napoléon veut encore que le mariage soit public; une expérience séculaire atteste les abus et l'immoralité des mariages clandestins; voilà pourquoi le code exige que les
Français qui se marient à l'étranger fassent des publications en France. C'est une nouvelle entrave à la célébration du mariage; mais les époux ne peuvent guère s'en
plaindre, puisqu'il leur est facile de remplir une simple
formalité. Si, au mépris de la loi française, ils vont con-

_____

(1) Voyez le tome II de ces Etudes, p. 172, n°⁴ 92-94.

tracter mariage en Angleterre, le législateur doit-il souffrir cette violation de la loi? Il ne le peut pas, car ce serait
ruiner l'autorité de la loi, et quand les hommes ne respectent plus la loi, que devient l'ordre social qui repose sur
le droit?

La loi anglaise se montre moins exigeante, et, par
suite, elle est plus favorable au mariage. Serait-ce là une
raison pour qu'elle doive l'emporter sur la loi personnelle
des parties? Il faut sans doute favoriser le mariage; mais
il faut avant tout que le mariage réponde à sa destination;
il est le fondement de la famille; la loi doit donc veiller à
ce qu'il ne détruise pas la famille, qui est la base de l'ordre social. Qui est le meilleur juge, le seul même qui soit
compétent pour apprécier toutes les considérations dont
il faut tenir compte quand il s'agit de déterminer les conditions requises pour la validité du mariage? C'est certes
le législateur de chaque nation. Laissez donc au législateur de France le soin de décider sous quelles conditions
il veut permettre le mariage à ses nationaux. Le législateur anglais en fera autant pour les Anglais. Ne serait-ce
pas là le système le plus rationnel? S'il en résulte des conflits entre les législations diverses, la diplomatie peut intervenir pour les régler. Il y a plus, la science aussi a
son rôle. J'ai constaté bien des fois la nécessité de créer
des cours de législation comparée; ils répandront la connaissance des lois étrangères que nous ignorons tous; la
comparaison des lois qui nous régissent, avec celles qui
existent dans d'autres pays, donnera lieu à des tentatives
de conciliation. Les Français se convaincront peut-être
que leurs lois sont trop sévères, et les Anglo-Américains
reconnaîtront peut-être que leurs lois sont trop faciles; il
y a là matière à négociation et à transaction; pour mieux
dire, l'étude des législations comparées conduira à améliorer les lois. C'est ce que j'essaye de faire dans ces Etudes.
D'autres feront mieux. Ainsi se réalisera, dans les limites
du possible, l'unité du droit.

Je reviens aux reproches que le juge anglais adresse à
la législation française. Il pose la question en ces termes :
« Quel est le systeme le plus avantageux au point de vue

de l'intérêt général? Est-ce d'observer la loi du pays où le mariage est célébré, ou la loi du pays auquel appartiennent les parties contractantes? Ceux qui contractent dans un pays sont supposés connaître, ou prennent sur eux l'obligation et la responsabilité de connaître les lois de ce pays. » J'arrête de nouveau le savant magistrat. Dans l'espèce, la cour appela comme expert un notaire de Paris. Si les premiers juges d'Angleterre, les lawlords ignorent les lois françaises et s'adressent à un notaire pour s'en informer, comment veut-on que des personnes qui ne connaissent pas même leur droit national sachent quelle est la loi anglaise, la plus compliquée, la plus obscure, la plus confuse de toutes les législations? D'ailleurs, là n'est pas la question : le mariage, à la différence des autres contrats, ne se fait pas par le seul consentement des parties, c'est un officier public qui procède à la célébration du mariage, et qui déclare les parties unies au nom de la loi. Il n'est donc pas exact de dire, comme le fait lord Stowell, « qu'il est plus juste, et par conséquent plus dans l'intérêt de tous, de faire prévaloir la loi du pays où les parties contractent, loi que les deux parties sont présumées connaître, et à laquelle elles sont supposées s'être soumises ». La loi sur le mariage est une loi de droit public; il n'appartient pas aux parties de s'y soumettre, en la choisissant, comme cela se fait pour les contrats ordinaires; la loi leur est imposée par leur nationalité, et pour changer de loi, elles devraient changer de nationalité. Le juge anglais demande comment on fera si les deux parties sont de nationalité différente : l'Anglais qui se marie avec une Française n'a-t-il pas le droit de réclamer le bénéfice de la loi anglaise, comme le Français a le droit d'invoquer la loi française? Sans doute; il en résultera que si le statut personnel de l'une des parties ne lui permet pas de se marier, le mariage ne pourra pas avoir lieu. C'est un conflit regrettable. Soit, mais la violation de la loi serait un fait plus regrettable encore.

On reproche à la législation française de multiplier les nullités de mariage, ce qui est certainement un mal. Mais est-ce une raison pour qu'une cour anglaise déclare vala-.

ble un mariage annulé en France? Femme légitime en
Angleterre, et coupable de bigamie si elle se remariait,
elle sera libre en France de contracter un nouveau mariage, sauf à passer pour bigame en Angleterre; les enfants qui naîtraient de ce mariage seraient bâtards adultérins dans un pays, et légitimes dans l'autre. Il n'y a rien
de plus affligeant que ces conflits. Lord Stowell en rejette
la responsabilité sur la législation française : les juges
français ne pourraient-ils pas rétorquer le reproche contre
la jurisprudence anglaise? Ces accusations ne servent à
rien; il faut mettre la main à l'œuvre, et tâcher d'amener
les légistes anglais à reconnaître le statut personnel de
l'étranger, et d'un autre côté, amener le législateur français à réformer ce qu'il y a d'excessif dans la sévérité de
ses lois sur le mariage. Dans l'espèce, le code Napoléon
a tort, au fond. L'homme majeur et capable doit avoir le
droit de se marier, ce droit l'emporte sur le refus des ascendants; et puisque les actes respectueux ne sont qu'une
vaine formalité, pourquoi en faire un empêchement prohibitif, qui peut devenir un empêchement dirimant, si les
parties vont se marier à l'étranger? C'est mal agir que
d'éluder les lois de sa patrie; mais c'est aussi un mal que
de faire des lois que les particuliers sont tentés d'éluder.

II. *Les opinions dissidentes.*

9. Phillimore dit qu'il règne une lamentable divergence
d'opinions dans les lois des divers pays et dans les décisions judiciaires sur l'importante question de savoir quelle
loi il faut suivre pour déterminer la capacité des parties
qui contractent mariage : est-ce la loi personnelle, c'est-
à-dire nationale des époux, ou est-ce la loi territoriale du
pays où le mariage est célébré? Ce conflit n'existe pas
seulement d'un pays à l'autre; la divergence d'opinions
dont le légiste anglais se plaint existe même dans la jurisprudence anglaise, et Phillimore en a fait l'expérience
comme juge. Il importe de constater cette contrariété de
décisions et l'incertitude qui en résulte. D'abord elle doit
affaiblir singulièrement l'autorité de la jurisprudence,

aux yeux des légistes anglais, et cela les disposera peut-être à tenir compte des lois étrangères. Ce qui nous intéresse surtout dans ces variations de la jurisprudence, c'est qu'elle tend à s'écarter du principe de la loi territoriale, et à se rapprocher de la doctrine du statut personnel qui domine dans les lois du continent européen, et dans la science du droit international privé. Chez Phillimore, cette tendance est évidente ; elle éclate dans la manière dont il pose la question. Il commence par constater, comme je viens de le faire, que les cours d'Angleterre admettent en principe qu'un mariage valable d'après la loi du lieu où il a été contracté est valable partout. Cela n'est pas douteux quant aux formes et aux solennités du mariage : c'est l'application de l'adage reçu partout, *Locus regit actum*. Le principe s'applique-t-il aussi aux conditions intrinsèques du mariage, l'âge auquel des mineurs peuvent se marier, le consentement des ascendants ou de la famille, les empêchements dirimants ou prohibitifs ? Faut-il aller plus loin et étendre le principe même au cas où les parties sont allées se marier à l'étranger pour frauder les lois de leur patrie ? Le mariage ainsi célébré conformément à la loi territoriale, mais en opposition avec la loi nationale et en fraude de cette loi, est-il néanmoins valable ? Phillimore répond que telle est bien l'opinion générale chez les légistes anglo-américains. Il cite comme exemple la jurisprudence constante, dans les fameux mariages de Gretna-Green, en Ecosse, ouvertement contractés en fraude de la loi anglaise, et néanmoins validés par les cours d'Angleterre. Nous allons parcourir les arrêts postérieurs.

10. En 1857, un mariage fut célébré entre un Anglais veuf et sa belle sœur, dans le Danemark, pendant un séjour temporaire qu'y firent les époux. Ce mariage fut déclaré nul par le vice-chancelier Stuart et le juge Cresswell, en vertu d'un statut de Guillaume IV, bien que le mariage fût valable d'après la loi du pays où il avait été contracté. La décision n'est pas en opposition avec la doctrine générale que je viens de rappeler ; car il s'agissait d'un mariage réputé incestueux, d'après la loi anglaise, et l'inceste de même que la polygamie ont toujours été considérés comme formant exception à la règle, en ce sens que les tribunaux anglais ne peuvent pas valider un mariage incestueux ou polygamique, quand même il serait autorisé par la loi du pays où il a été célébré. Toutefois l'inceste, dans l'espèce, était purement civil, ce n'était pas une de ces unions contre nature, qui font horreur; on admet le mariage entre beau-frère et belle-sœur aux Etats-Unis et dans la plupart des pays protestants; dans les pays catholiques, on le permet avec dispense. Voilà des motifs pour s'en tenir à la loi du lieu où le mariage se contracte; si néanmoins les cours d'Angleterre l'annulent, elles reconnaissent par là, au moins dans de certaines limites, l'influence du statut personnel; c'est un premier pas fait hors de la territorialité absolue.

Dans le cours des débats, on agita la question de savoir si les mariages contractés à l'étranger par des Anglais, en fraude de la loi anglaise, étaient valables. Pour en soutenir la validité, on cita le fait notoire des mariages écossais de Gretna-Green, qui avaient toujours été considérés comme valables en Angleterre, quoique contractés en fraude de la loi anglaise. A cela le juge Cresswell répondit que les mariages de Gretna-Green devaient être écartés, les décisions judiciaires sur la validité de ces mariages n'étant pas fondées sur un principe, mais sur le statut même que les parties voulaient éluder, puisque ce statut faisait une exception en faveur des mariages écossais; dès lors on ne pouvait pas poser en principe que les mariages célébrés à Gretna-Green étaient viciés par la fraude, et validés malgré la fraude. Le juge Cresswell conclut en disant : « Je suis par conséquent arrivé à cette conclusion qu'un mariage contracté par des Anglais dans un autre pays ne doit pas être réputé valide si, en le contractant, ils violent les lois de leur pays. » L'opinion du vice-chancelier Stuart était fondée plutôt, ou même exclusivement, sur le motif qu'un mariage entre beau-frère et belle-sœur était défendu par les lois anglaises comme contraire aux bonnes mœurs, ce qui ne permettait pas de

le valider. Stuart était du reste d'accord avec Cresswell
sur la question des mariages écossais.

Phillimore a raison d'insister sur l'importance de l'opinion émise par le juge Cresswell. Elle tend à mettre le
droit anglais en harmonie avec la doctrine qui règne sur
le continent, à savoir que le statut national suit la personne
partout, et qu'elle ne peut pas s'y soustraire en se mariant
à l'étranger. Les légistes américains sont d'un avis contraire, alors même qu'il y aurait fraude. Mais Phillimore
ne donne-t-il pas à l'opinion de Cresswell une interprétation qui dépasse la pensée du juge anglais? Les tribunaux anglais, pas plus que les auteurs, ne décident par
principe; leurs opinions et décisions ne sont jamais que
des espèces. Or, dans l'espèce, il s'agissait d'un cas particulier; on conçoit que la loi personnelle suive l'Anglais,
quand elle prohibe l'inceste, puisque les Anglais sont
convaincus que cette prohibition est établie par la loi de
Dieu. Cresswell lui-même fit des réserves à l'opinion qu'il
avait émise dans l'affaire du mariage danois, quand il fut
appelé à siéger comme juge dans l'affaire du mariage des
deux Français à Londres dont j'ai rendu compte. Phillimore, plaidant comme avocat de la femme qui demandait la
nullité du mariage, invoqua le jugement et les paroles du
juge, pour établir que les cours anglaises devaient annuler
un mariage contracté en Angleterre conformément à la loi
anglaise, mais contrairement à la loi française, par deux
Français, en fraude de la loi française. Sir Cresswell-
Cresswell répudia formellement la portée que Phillimore
donnait aux paroles qu'il avait prononcées. Son langage,
dit-il, devait s'expliquer *pro subjecta materia*, et n'impliquait rien que cette proposition que le tribunal du *domicile*
avait le droit d'invalider le mariage contracté malgré
l'incapacité dont la loi de ce domicile frappait les époux;
mais il n'avait pas entendu dire que le tribunal du lieu ou
le mariage avait été contracté devait invalider le mariage
en vertu de la loi du domicile des parties (1). De sorte que
la proposition dont Phillimore s'emparait pour en induire

(1) Phillimore, *International law*, t. IV, p 279, n° 399.

que les tribunaux anglais devaient appliquer la loi nationale des parties impliquait, au contraire, le conflit de la
loi personnelle et de la loi territoriale, conflit insoluble,
si les légistes anglais s'obstinent à appliquer la loi territoriale, sans tenir compte du statut personnel des
parties.

11. Phillimore fut appelé à siéger comme juge dans
une affaire analogue à celle du mariage danois. Voici les
faits qu'il importe de constater en détail, pour apprécier
la décision rendue sur la question de droit. Deux Portugais, cousins germains, ayant toujours eu leur domicile
en Portugal, contractèrent mariage à Londres. Il n'y
avait aucune apparence de fraude à la loi de leur pays
qui prohibe le mariage entre cousins germains sauf dispense du pape. Les deux familles des conjoints s'étaient
établies à Londres en 1858, sans songer à un mariage de
leurs enfants, le père de la jeune fille pour raison de
santé, et le père du jeune homme pour l'éducation de ses
enfants et pour s'occuper du commerce de vins. En 1861,
ce dernier forma une société dont il devint le directeur.
La société tomba en faillite en 1865. Le 21 juin 1866,
mariage des deux cousins, devant l'officier civil, conformément à la loi anglaise, la jeune fille étant âgée de quatorze ans, et son cousin de seize ans. En 1874, la femme
demanda la nullité du mariage, qui n'avait jamais été
consommé. Elle soutint qu'elle s'était mariée contre son
gré, sur les instances de son oncle et de sa mère, qui lui
avaient persuadé que ce mariage était le seul moyen de
soustraire les propriétés portugaises de son père aux conséquences de la faillite.

Phillimore décida que la loi du lieu du contrat devait
prévaloir, et que, par suite, le mariage était valable, la
loi anglaise n'établissant pas d'empêchement entre cousins
germains. Le mariage, ajoutait-il, ne peut être annulé
sous le prétexte qu'il serait incestueux d'après les lois générales de la chrétienté. Ce n'est pas un mariage incestueux par sa nature, comme serait l'union de personnes
parentes en ligne directe ou en ligne collatérale entre frère
et sœur ; les bonnes mœurs n'étant pas en cause, il fallait

s'en tenir à la loi du lieu où le mariage avait été célébré. Sur l'appel, le jugement a été infirmé.

Le juge d'appel Cotton pose en principe que la capacité des parties en matière de contrats se règle par la loi du domicile, ce qui revient à dire que le statut personnel détermine la capacité des contractants. On objecte que cette règle ne s'applique pas au mariage, et que l'union, valable d'après la loi du pays où elle a été célébrée, est valable en tous lieux. Le juge répond que cela n'est pas exact. D'après les vrais principes, il faut distinguer. La loi du lieu où le mariage est contracté doit être observée pour les formes et la solennité; mais la capacité pour le mariage comme pour tous les contrats dépend de la loi du domicile. Le juge applique ensuite ce principe à l'empêchement résultant de la parenté. Lorsque la loi d'un pays défend aux nationaux de contracter mariage pour cause de parenté et déclare incestueux toute union contractée en violation de cette défense, il résulte de cette prohibition, pour les nationaux, une incapacité qui continue à les frapper tant qu'ils sont domiciliés dans leur pays, ou, comme nous l'admettons, tant qu'ils conservent leur nationalité; partant le mariage est nul, dans quelque lieu qu'il ait été célébré. On objectait encore que, dans l'espèce, il n'y avait pas de véritable inceste, puisque la prohibition pouvait être levée par une dispense du pape, et l'on en concluait que la dispense n'entraînait pas une incapacité. C'était mal raisonner. Pour savoir s'il y a incapacité, il faut consulter la loi du pays auquel les parties appartiennent. Or, il est certain que les tribunaux portugais annuleraient le mariage contracté entre cousins germains sans dispense; donc la dispense est une condition intrinsèque et non une simple formalité. Comment les cours anglaises reconnaîtraient-elles la validité d'un mariage que les juges portugais déclareraient nuls (1)?

Je n'ose pas dire que cette décision inaugure une révolution dans la jurisprudence anglaise en répudiant la loi du statut territorial et en se ralliant à la doctrine du statut

---

(1) *Journal du droit international privé*, 1878, p. 49, et 1879, p. 234

personnel généralement suivie sur le continent. Quand il
s'agit du droit anglais, on doit se garder d'attacher une
importance trop grande à la décision d'une cour ; il est
vrai que le droit coutumier ne consiste qu'en jurisprudence, mais les arrêts ne sont pas des lois, ils n'ont pas
d'autorité générale ; comme le disait le président de Thou,
ils sont bons pour ceux qui les ont obtenus ; mais on ne
peut jamais être sûr que les cours appelées à statuer dans
une espèce nouvelle jugeront dans le même sens ; il y a
toujours des nuances dans les faits qui permettent d'écarter les jugements rendus dans des affaires analogues.
C'est ainsi que, dans l'espèce, le juge Cotton a expliqué
les arrêts qu'on lui opposait ; et qui sait si un autre juge
n'en fera pas autant de la sentence que Cresswell a portée ? Toujours est-il que si l'arrêt de la cour n'est pas une
révolution, on peut néanmoins le considérer comme un
pas fait hors de la jurisprudence traditionnelle. La distinction qu'il fait entre les solennités du mariage et la capacité des parties est fondamentale. C'est pour n'avoir pas
distingué ces éléments si différents dans le mariage que
les légistes anglais appliquaient comme une règle générale la maxime *Locus regit actum ;* si la distinction proposée par le juge Cotton est admise par la jurisprudence
anglaise, il en résultera un changement radical dans la
doctrine : le statut personnel ou national prendra la place
de la vieille règle féodale, que toute loi est réelle. Ce
sera un grand pas vers la réalisation du but idéal que se
propose notre science, la communauté de droit entre les
nations.

12. Le jugement rendu par le juge Cotton n'est pas
isolé. Il n'est pas exact de dire, comme le font les cours
anglaises, que la doctrine est unanime en faveur de la loi
du lieu où le mariage a été contracté. La jurisprudence
coutumière n'a jamais cette unité absolue qui est le caractère de la loi ; de là l'incertitude du droit. C'est un mal,
mais c'est aussi un bien, car il en résulte que les faux
principes n'obtiennent jamais l'autorité absolue qui s'attache aux déclarations de la souveraineté nationale. Les
légistes anglo-américains sont presque tous des juges :

Kent était chancelier, Story a siégé à la cour suprême,
Phillimore est juge, les plus éminents avocats deviennent
des lawlords. Tous portent dans leurs écrits l'esprit qui
règne dans les cours; de là un caractère de mobilité,
d'indécision qui laisse toujours la porte ouverte à une modification du droit. Si le droit anglais était fixé par une loi,
il serait resté ce qu'il était lors de la conquête normande;
mais en dépit de la puissance qu'a la tradition en Angleterre, le progrès pénètre dans la jurisprudence, ainsi
que dans la doctrine, qui ne fait guère que la reproduire.

13. On est étonné de voir Story prendre parti pour la
validité des mariages contractés en fraude de la loi nationale des parties, alors que les anciens jurisconsultes Bouhier et Pothier en France, et même les réalistes les plus
outrés, les deux Voet et Huber, étaient unanimes à les
réprouver au nom de la morale, au nom du respect pour
la loi. Story ne se dissimule pas le mal qui résulte de
la violation frauduleuse de la loi, mais il est frappé des
maux plus grands encore qu'entraîne l'annulation du mariage, notamment en ce qui concerne la légitimité des enfants; de deux maux, dit-il, il faut choisir le moindre(1).
Le chancelier Kent est du même avis; il rapporte les décisions judiciaires qui valident des mariages évidemment
frauduleux, sans dire un mot en faveur du droit violé (2).
La faveur due au mariage l'emporte sur toutes les considérations. J'avoue que cette doctrine me choque et me
blesse; ma conscience se révolte contre des décisions judiciaires rendues au nom de la loi en faveur de ceux qui la
fraudent. Story reproche à la loi française son inexorable
sévérité : si elle est injuste, critiquez-la, et si vous avez
pour vous la justice, vous finirez par obtenir gain de cause,
mais tant qu'elle existe, respectez-la; si vous autorisez les
Français à violer les lois de leur patrie en validant des
mariages contraires à leur loi nationale, vous donnez
l'exemple du mépris pour les lois; craignez que vos nationaux ne profitent de ce dangereux exemple; et qu'est-ce

(1) Story Conflict of laws, p. 168, §§ 123-121 (7e édition).
(2) Kent, Commentaries on american law, t. II, p. 108 et 109 (92 et 93 de
la 12e édition.

qui restera debout dans nos sociétés démocratiques, où il
n'existe plus aucune des vieilles autorités traditionnelles,
quand vous aurez ruiné l'autorité de la loi? La loi n'est-
elle pas la déclaration de la volonté souveraine de la nation? Et si la souveraineté du peuple est ruinée par les
décisions judiciaires qui valident les actes faits au mépris
de ses prohibitions, que deviendront vos sociétés? Les
conséquences de cette doctrine funeste ont fini par frapper
les yeux. J'ai vu avec une grande satisfaction que le commentateur de Story, le juge Redfield, a pris parti pour la
loi contre ceux qui la violent. Il suppose que la loi nationale des parties contractantes défend le mariage sans le
consentement des ascendants ou de la famille; les futurs
époux se transportent dans un pays où le mariage est
permis sans ce consentement, non pour y établir leur domicile et encore moins pour changer de nationalité, mais
uniquement pour frauder la loi de leur patrie en se mariant malgré ses défenses; puis ils rentrent dans leur domicile en bravant l'autorité du législateur. Ce mariage
sera-t-il considéré comme valable, non seulement dans le
lieu où il a été contracté, mais encore partout ailleurs,
même dans le pays dont les lois ont été violées? C'est la
jurisprudence américaine. Le commentateur de Story se
prononce contre cette doctrine : il demande, au nom de
la courtoisie qui doit régner entre les nations, que le mariage ne soit pas permis à ceux qui veulent le contracter
en fraude de leur loi nationale, et il a raison. C'est une
chose immorale que d'autoriser la fraude et de la légitimer
par des décisions judiciaires, peu importe qu'il s'agisse
d'une loi étrangère ou d'une loi territoriale (1). C'est plus
qu'un devoir de courtoisie : la stricte justice, qui doit régner entre les peuples comme entre les individus, exige
que la fraude à la loi soit réprimée partout et empêchée
quand cela se peut; car celui qui viole sciemment les lois
de son pays ruine l'autorité de toutes les lois; il se met
en révolte contre l'humanité, puisqu'il détruit le fondement
des sociétés humaines.

(1) Story, *Conflict of laws*, § 124 *b* (p. 178, de la 7ᵉ édition).

Chose remarquable, Story lui-même ne reste pas fidèle à la doctrine sur la loi du lieu où le mariage est contracté. Il ne veut pas que l'on pose comme règle absolue que tout mariage contracté à l'étranger par des Anglais, conformément à la loi locale, soit considéré comme valable en Angleterre. Si les lois anglaises établissent une incapacité personnelle de contracter mariage, cette incapacité aura, dans *certains cas*, un effet universel, de sorte que le mariage célébré par des personnes incapables sera annulé par les cours anglaises, bien que ce mariage soit valable d'après la loi locale. Cette exception admise par Story détruit la règle qu'il établit. En effet, quels sont les *cas* dans lesquels il y a lieu de déroger à la loi du lieu? Cette loi ne recevra pas son application, dit-il, s'il en résulte une *injustice manifeste*, ou si le mariage est contraire aux *bonnes mœurs*, ou s'il est en opposition avec les *principes certains* et avec la *police* des *lois* de l'Etat auquel les contractants appartiennent. Ces cas sont tellement vagues que rien ne sera plus facile que de transformer l'exception en règle. Qu'est-ce que des *settled principles*, qu'est-ce que la *policy*, qu'est-ce même que les bonnes mœurs? Les *lawlords* trouveront que tout mariage contraire au Lévitique est contraire à la loi de Dieu, partant contraire aux bonnes mœurs, incestueux, et doit être annulé. Sera-ce aussi l'avis de Story? Il est certain que ce n'est pas l'avis de Phillimore. Les juges trouveront toujours moyen de faire rentrer dans l'exception le *cas* qui se présente devant eux, et ainsi l'exception deviendra la règle.

14. Phillimore a un penchant décidé pour la doctrine du statut personnel qui prévaut sur le continent. Il constate que le plus grand nombre des légistes se prononcent pour la loi du lieu où le contrat est célébré, en tant qu'il s'agit des solennités de la célébration, tandis qu'ils règlent la capacité d'après la loi personnelle des parties. Les cours anglaises ne font pas cette distinction; il en résulte des conséquences que Phillimore qualifie de déplorables: un mariage contracté entre Français en Angleterre, conformément aux lois anglaises, mais en fraude de leur loi nationale, est annulé en France et validé en Angleterre. Faut-il s'en prendre à la loi française, comme a fait lord Stowell dans l'espèce que j'ai rapportée (n° 6)? Tel ne paraît pas être l'avis de Phillimore; il signale, au contraire, une inconséquence de la doctrine anglaise. Il y a un acte sur les mariages contractés par les princes de la famille royale (*Royal marriage act*); il défend aux membres de la famille de se marier sans l'autorisation du roi, quels que soient leur âge, leur position. Les légistes anglais veulent que cette incapacité suive les princes à l'étranger et qu'ils soient partout considérés comme incapables. Soyez logiques, leur dit Phillimore. Si vous voulez qu'à l'étranger on tienne compte de l'incapacité qui frappe les princes; si vous déclarez leur mariage nul pour défaut de consentement, donnez le bon exemple et commencez par respecter la loi étrangère qui défend aux nationaux de se marier sans le consentement de leurs ascendants; le consentement du père a certes autant d'importance que celui du roi pour les membres de sa famille, lesquels en Angleterre sont tellement nombreux, qu'on les compte par milliers.

Phillimore n'approuve pas non plus la doctrine des légistes, qui placent le maintien du mariage au-dessus de toutes les considérations morales et politiques. Sans doute il importe que les mariages contractés restent valides; mais le respect de la loi et l'autorité des parents méritent aussi que l'on en tienne compte. Story s'en prend à la rigueur de la loi française; mais ce n'est pas seulement le code Napoléon qui veut que l'incapacité qu'elle établit suive les Français partout où ils résident; cette loi est générale sur le continent, et je viens de dire que le statut anglais sur le *mariage royal* établit le même principe. Il s'agit donc de savoir si le législateur français a raison d'exiger que ses nationaux observent, même à l'étranger, les conditions de capacité qu'il prescrit pour la validité du mariage. Si le législateur anglais a ce droit pour les mariages princiers, pourquoi le statut personnel ne serait-il pas la règle au lieu d'être l'exception? La règle, en tant que la loi concerne l'état et la capacité des personnes, sauf à laisser à la loi territoriale le règlement des formes et des solennités du mariage. C'est par une véritable confusion d'idées que les Anglo-Américains appliquent aux conditions intrinsèques du mariage la *loi du lieu*, qui n'est autre que la règle *Locus regit actum*, laquelle n'a de raison d'être que pour les formes extrinsèques.

15. Le publiciste le plus célèbre de l'Amérique, Wheaton, abonde dans ces idées ; sa doctrine est à peu près celle du code Napoléon. Il pose comme principe général que les lois concernant la capacité personnelle et la condition civile des citoyens les régissent, alors même qu'ils résident dans un pays étranger ; ce sont presque les termes de l'article 3 du code civil, qui porte : « Les lois concernant l'état et la capacité des personnes régissent les Français même résidant en pays étranger. » Cette règle, dit Wheaton, reçoit des exceptions ; l'une de ces exceptions concerne les biens : chaque Etat a le droit de régler la propriété des biens dans les limites de son territoire. Le code Napoléon dit aussi (art. 3) : « Les immeubles, même ceux possédés par des étrangers, sont régis par la loi française. » Wheaton fait l'application de ces principes au mariage : s'agit-il des qualités personnelles ou conditions requises pour le mariage, de ses effets, de sa dissolution, les lois de l'Etat suivent les citoyens partout où ils vont ; elles voyagent avec eux et leur restent attachées. Ainsi les conditions relatives à l'âge, au consentement des parents, etc., sont réglées par les lois du pays auquel les parties appartiennent. Quant aux solennités, Wheaton n'en parle pas, sans doute parce que sur ce point il y a une règle généralement admise, *Locus regit actum*. Mais le mariage exerce aussi une influence sur les biens des époux ; ici le publiciste américain distingue entre les meubles et les immeubles : aux immeubles il applique la loi du lieu où ils sont situés, aux meubles, la loi du domicile des parties (1). C'est la tradition française. Wheaton n'entre pas dans le détail des difficultés que j'ai examinées ; il ne parle pas du principe anglo-américain qui

(1) Wheaton. *Elements of international law*, §§ 84 et 86, p. 142-144 8ᵉ édition (1866).

subordonne tout à la *loi du lieu;* toujours est-il qu'il ne l'admet point.

On voit que la doctrine est loin d'être unanime en Angleterre et aux Etats-Unis. A vrai dire, elle ne l'est nulle part. Notre science est encore à l'état de formation ; les principes se heurtent et se combattent. Toutefois il y a une tendance vers l'unité ; quelques règles se dégagent du chaos des opinions contradictoires. Je laisse de côté, pour y revenir, les conventions matrimoniales concernant les biens. Le mariage proprement dit est aussi un contrat, mais comme il intéresse la société et la moralité, les lois l'ont entouré partout de solennités qui varient d'un pays à l'autre. Sur ce point, la nécessité et l'utilité communes, d'accord avec la raison, ont établi une règle universellement reçue : *Locus regit actum.* Dans l'application de cette règle, il a toujours régné une grande confusion ; elle commence à se dissiper. De là la distinction entre les formes et les conditions de capacité requises pour pouvoir contracter mariage ; celles-ci dépendent de la loi nationale et non de la *loi du lieu.* Les légistes anglais sont restés longtemps attachés à cette loi, ils commencent à l'abandonner, et la jurisprudence aussi se transforme : la conciliation devient possible et elle se fera. Il y a cependant un obstacle, c'est le droit américain, tel qu'il a été interprété par Wharton, qui a voulu l'élever à la hauteur d'une doctrine ; je crois que c'est un droit passager ; il est certain qu'il n'a aucune chance d'être adopté comme loi générale du monde civilisé.

Nº 3. LE DROIT AMÉRICAIN. WHARTON.

16. On lit dans un ouvrage sur les *Lois de la Pensylvanie :* « Le mariage dans la Pensylvanie est un contrat civil qui peut être conclu entre les parties sans l'intervention ou la présence d'un prêtre ou d'un magistrat, et par lequel elles s'engagent mutuellement à se prendre pour mari et femme (1). » Ainsi le mariage se parfait par le seul

(1) Dunlop, *Laws of Pennsylvania,* cité par Lawrence, *Commentaire sur Wheaton,* t. III, p. 326.

consentement des parties, sans solennité aucune. Tel est
le droit commun aux Etats-Unis. Voici comment la cour
suprême de New-York résume le droit qui régit cet Etat :
« Les principes de la *common law*, qui chez nous régit le
mariage, sont très simples ; pour le rendre légal et valide, il n'est besoin ni de cérémonie, ni de célébration par
un ministre, prêtre ou magistrat; *le consentement des*
parties est seul requis, et le contrat de mariage est parfait lorsqu'il y a consentement libre et mutuel des parties capables de le contracter, lors même que ce consentement ne serait pas suivi de cohabitation (1). » Les
conditions de capacité, dit la cour, ne sont pas nombreuses
ni difficiles. En effet, la puberté suffit, et l'on est pubère
à l'âge de douze et de quatorze ans. Cet âge a été emprunté au droit canonique, qui jadis régissait la chrétienté, et l'Eglise l'a emprunté au droit romain. La loi
suppose, dit Kent, qu'à cet âge les parties sont capables
de contracter. Elle le suppose! Le célèbre chancelier
n'examine pas si cette étrange supposition est conforme à
la réalité des choses; les faits lui donnent un démenti,
dans nos climats, même en ce qui concerne la capacité
physique; les auteurs du code français ont déclaré que la
loi romaine, bonne pour Rome et Constantinople, était
funeste dans les pays du Nord. Kent, comme tous les légistes américains, s'en tient au fait; il n'ajoute pas un mot
de critique, pas même un doute. Le législateur français,
tout en permettant le mariage après la puberté, qu'il fixe
à quinze et dix-huit ans, a compris qu'à cet âge les parties
n'étaient pas capables, et il a fait intervenir les ascendants
ou la famille; leur consentement couvre l'incapacité des
futurs époux. Aux Etats-Unis on n'exige pas le consentement, pas même du père et de la mère. C'est encore le
droit canonique (2). Ainsi une enfant de douze ans, qui la
veille jouait encore avec sa poupée, peut se marier, contracter un lien pour toute sa vie, sans consentement, sans
solennité : la petite fille de douze ans et un bambin de qua-

---

(1) Lawrence, *Commentaire sur Wheaton*, t. III, p. 324.
(2) Kent, *Commentaries on american law*, t. II, p. 90, 91 et 99 (77, 78
et 86) de la 12ᵉ édition (1873).

torze ans se disent mari et femme, et les voilà mariés. Ils sont supposés capables, dit Kent.

17. Chez tous les peuples civilisés, dit Merlin, il intervient un fonctionnaire public, soit un ministre du culte, soit un officier de l'état civil, pour solenniser le mariage ; la solennité est considérée comme étant de l'essence du mariage, de sorte que si l'union des époux n'est pas prononcée par l'officier public au nom de la loi, il n'y a pas de mariage ; l'union est plus que nulle, elle est inexistante. Aux Etats-Unis, on a également essayé de soumettre les parties à certaines formalités. En 1829, lors de la revision des lois de l'Etat de New-York, on prescrivit des règles pour l'enregistrement et la vérification des mariages en déterminant les personnes devant lesquelles ils devaient être solennisés. Ce n'était pas même une solennité proprement dite ; le législateur voulait seulement donner aux époux un moyen facile et sûr de prouver le mariage. Eh bien, dès l'année suivante, le législateur fut obligé de déclarer que la validité des mariages n'était nullement subordonnée à l'observation de ces règles ; l'infraction à la loi n'entraîne pas même une amende (1).

Il y a, dans quelques Etats de l'Union, des lois qui prescrivent des solennités pour la célébration du mariage. Mais quand un mariage est contracté sans l'observation des formes légales soit dans un autre Etat, soit dans l'Etat même qui a porté le statut, le mariage ne laisse pas d'être valable ; on se contente, pour toute sanction, d'une amende. Les tribunaux américains vont jusqu'à valider des mariages qui auraient été contractés prétenduement en France, sans aucune solennité, entre Français. La décision, émanée de la cour suprême de Washington, est si curieuse et si importante, que je crois devoir la rapporter avec les circonstances de la cause (2).

18. Une fille de basse extraction, nommée Jeanne Seard, placée comme domestique chez Ferrié, tanneur dans une petite ville des Basses-Pyrénées, eut des rela-

---

(1) Kent, *Commentaries on american law*, t. II, p. 103 (88¹, de la 12ᵉ édition. — Lawrence, *Commentaire sur Wheaton*, t. III, p. 323.
(2) *Journal du droit international de Clunet*, t. 1ᵉʳ, p. 214 (1874).

tions avec le fils et devint enceinte. Le père s'opposa constamment au mariage. Il paraît que des publications de mariage furent faites; elles se trouvaient mentionnées sur le registre des publications; mais en marge était écrit le mot *néant*, et la mention elle-même était raturée. Sur le registre de l'état civil il n'y avait pas de trace de célébration d'un mariage. L'enfant fut baptisé comme enfant légitime, et il porta toute sa vie le nom de son père. Vers 1804, Jeanne abandonna son fils et son prétendu mari. Elle s'établit à Bordeaux, où elle contracta une nouvelle liaison avec Henri du Lux, qu'elle suivit à New-York en 1806. Ferrié ayant été tué dans la guerre d'Espagne en 1811, Jeanne épousa du Lux devant le consul général de France, conformément à la loi française. Immédiatement après son mariage, elle se mit à la recherche de son fils, et l'ayant trouvé, elle l'emmena à New-York. La vie commune étant devenue impossible, le jeune homme s'établit à Philadelphie comme coiffeur. Jeanne débitait toutes sortes de contes sur la filiation de cet enfant, qu'elle appelait son neveu. Du Lux abandonna sa femme. Celle-ci, après une longue existence de travail et de privations, mourut laissant une immense fortune, et sans testament. Son fils se présenta pour recueillir son héritage. Ses prétentions furent combattues par les parents de la défunte, qui soutinrent que Ferrié était un enfant naturel et partant incapable d'être héritier universel. Une commission d'hommes de loi fut envoyée en France pour recueillir des renseignements. En première instance, il fut décidé que Jean Ferrié était enfant légitime, et, comme tel, il fut envoyé en possession. Cette décision fut confirmée par les tribunaux d'appel et enfin par la cour suprême des Etats-Unis, dans les termes suivants :

« La *common law* de l'Etat de New-York, pour rendre un mariage légal et valide, n'exige ni cérémonie, ni célébration par un magistrat, ministre ou prêtre. Il suffit que les parties consentent à se prendre réciproquement pour mari et femme ». J'arrête la cour à son début. De quoi s'agissait-il ? Le mariage prétendu n'avait pas été contracté aux Etats-Unis; le prétendu mari n'y avait jamais mis le pied. Ce n'est donc pas la *common law* de New-York qui devait recevoir son application, pour décider si un mariage contracté en France et par des Français était valable, c'était la loi française ; or, le code Napoléon exige la célébration par l'officier de l'état civil comme condition d'existence du mariage. Il fallait donc laisser là le droit américain, et s'attacher exclusivement au droit français. Neanmoins, la cour continue à exposer la théorie américaine, comme si elle devait recevoir son application à un mariage essentiellement français :

« L'*essence* du *mariage* est le *consentement*, et sa validité n'est soumise à *aucune forme*, à aucune solennité. » En Amérique, oui ; en France, non. Restait à prouver qu'il y avait eu mariage par consentement. « Ce consentement, dit la cour, est *présumé*, toutes les fois qu'il résulte des *circonstances*. » N'ayant pas le texte original sous les yeux, je n'ose pas critiquer cette étrange proposition ; le langage, en tout cas, est inexact. Est-ce que le consentement se *présume* jamais? S'il résulte des *circonstances*, c'est un consentement *tacite* ; or, autre chose est un consentement prouvé par les *faits*, et autre chose un consentement *présumé*.

« La *loi commune* favorise le mariage et la légitimité. Elle *présume* l'existence du mariage toutes les fois que cela est possible. » Encore une fois, une *présomption*, un mariage présumé est, d'après le droit français, et j'ose ajouter, d'après les vrais principes, un non-sens. Il y a des contrats tacites, qui se forment par un consentement tacite, tel que la tacite reconduction ; il y a alors des faits posés par les parties, qui prouvent leur consentement ; ce consentement est aussi *certain* que s'il avait été manifesté par des paroles ; et un consentement *certain* n'est pas un consentement *présumé*.

« Cette *présomption* continue la cour, est d'autant plus *sérieuse* (1) qu'il s'est écoulé un plus long intervalle (entre l'époque où l'on prétend que la célébration a eu lieu et le moment du procès), que les *parents* sont *décédés*, et que

(1) Sans doute « *plus forte* ».

les *enfants* sont *seuls* en *cause*. » Voilà une théorie des
preuves par présomptions, que le droit français n'admet
point, et j'ose encore une fois dire que la raison la repousse.
Quoi ! au moment où un prétendu mariage se contracte
par consentement, il n'y a qu'une faible présomption que
les parties aient consenti ; il est douteux que cette présomption eût paru assez sérieuse pour faire admettre l'existence du contrat ; mais des années se passent, et chaque
jour la force de la présomption augmente ; elle finit par
devenir une certitude, surtout si les parents sont morts.
Comment le seul laps de temps peut-il fortifier une preuve
quelconque, qui n'existait pas au moment où le fait juridique s'est passé ? Je comprends que le législateur donne
aux enfants des moyens de prouver le mariage qu'il
refuse aux prétendus époux ; c'est ce que fait le code
Napoléon (art. 197). Mais je ne comprends pas que la
preuve du consentement, qui était imparfaite lors du prétendu mariage, devienne parfaite parce que les prétendus
époux viennent à mourir. Avec une pareille théorie, on
arriverait à considérer comme mariés tous ceux qui ont
vécu en concubinage, et qui se faisaient passer pour mari
et femme.

« La question de la validité d'un mariage, dit la cour
de Washington, ne peut pas être jugée comme une *question
de fait*, indépendante de toute *présomption* en *faveur du
mariage*. » Encore une théorie que le droit français
ignore et qui, si elle favorise le mariage, favorise encore
bien plus le concubinage. Les époux qui sont réellement
mariés n'ont pas besoin de faveur, dans le système du
code Napoléon. Ils se présentent devant l'officier de l'état
civil, qui prononce leur union au nom de la loi, et la
constate par un acte authentique. Les vrais époux n'ont
rien à cacher ; ils s'unissent au grand jour de la publicité,
ils n'ont pas besoin d'une faveur quelconque, parce qu'ils
ont pour eux la loi, qu'ils respectent et qu'ils observent.
Il n'en est pas de même de ceux qui vivent en concubinage.
Ils ne veulent pas se marier, et ils voudraient qu'on les
crût mariés. On dirait que la *présomption de faveur*,
invoquée par la cour de Washington, a été inventée

pour les concubins, ou au moins pour leurs enfants. Le juge dira : le mariage est favorable, donc il faut l'admettre facilement. La facilité, si elle a un avantage, a aussi des conséquences déplorables, c'est de mettre le concubinage sur la même ligne que le mariage.

« Cette présomption (en faveur du mariage) est si forte qu'elle *détruit* la *présomption légale* ordinaire, d'après laquelle toute relation illicite à son origine continue à être considérée comme telle, et cela lors même qu'il n'existe *aucune preuve* établissant de *quelle manière* et à *quelle époque* l'état de *concubinage* a cessé pour faire place à celui du *mariage*. » Plus j'avance dans cette théorie du *mariage présumé*, plus je m'effraye de l'immoralité qu'elle favorise. Qu'est-ce qui peut arrêter la jeune fille qui se laisse séduire ou qui séduit ? Qu'est-ce qu'elle a à risquer ? Sa réputation ? Elle se dira mariée. C'est un mensonge, mais ce mensonge finira par devenir une vérité. Il est si facile de surprendre une promesse dans ces honteuses relations, et dès qu'il y a promesse *de præsenti*, comme la cour va nous le dire, il y a mariage, quoique l'on n'ait aucune preuve du moment auquel elle a été faite ; le concubinage devient mariage, comme par enchantement, par la *faveur due au mariage*. Dira-t-on tant mieux ? Je reviendrai sur cette apologie de la doctrine américaine, et d'avance je déclare que je n'aime pas une théorie qui met fin au concubinage en faisant du mariage un concubinage.

La cour applique ensuite ces principes à l'espèce. Il s'agissait de la légitimité d'un enfant né d'un commerce illicite. Le père désirait épouser la mère. Supposons que ce fait fût constant. Suffit-il pour qu'il y ait mariage ? Non certes, d'après le droit français. Or, nous sommes en France. Ici, il ne s'agit plus d'un consentement *présumé*, ni même *tacite*, il faut qu'il soit déclaré devant un officier public, et que cet officier prononce l'union des parties au nom de la loi. Rien de tout cela n'existait. Même en admettant la théorie américaine du mariage par le seul consentement, le *désir* de se marier n'est pas un consentement *présent* ; le *désir* peut avoir cette signification aux Etats-Unis, qui admettent le consentement *présumé*, il ne peut pas avoir ce sens en France, puisque la loi française ne reconnaît aucune efficacité au consentement seul, fût-il évident; donc, d'après le droit français, un *désir* ne peut jamais passer pour un consentement.

Les père et mère de l'enfant avaient commencé par entretenir un commerce illégitime, « sans l'opposition de la famille », ajoute la cour. Je ne sais si cette circonstance relevée dans l'arrêt a une importance morale ou légale dans la pensée des juges; il m'est difficile de le croire. Est-ce que par hasard des relations illicites prendraient un caractère moral ou juridique si les parents les souffraient? Le père abandonna ensuite la maison paternelle et ses parents pour vivre avec la mère. Voilà un premier fait qui implique la volonté de se marier ; mais ce n'est encore, en droit français, qu'une probabilité, ce n'est pas même un consentement tacite, et ce consentement ne suffirait point; ce qui le prouve, c'est que la prétendue femme mariée abandonna son mari pour contracter une nouvelle liaison. Voilà le danger de ces relations nouées par un consentement passager, et rompues ensuite par un consentement contraire. Dans notre droit, comme dans nos mœurs, cela s'appelle un concubinage. Qu'importe que la mère ait porté le nom du père? qu'importe que l'enfant ait été baptisé sous son nom ? Le baptême, dans notre droit, n'a rien de commun avec le mariage; quand même les père et mère auraient été mariés devant le prêtre, ils n'en auraient pas moins été des concubins, et les plus graves intérêts de l'Etat, son indépendance en face de l'Eglise, le veulent ainsi. La cour insiste, et paraît attacher une grande importance à ce fait, qu'il a été dressé un *acte public* de baptême en presence de deux témoins, parents du père. Au point de vue de notre droit français, la cour se trompe. Ici, il faut de toute évidence appliquer l'adage *Locus regit actum*; or, les actes de baptême ne sont plus des actes publics; ils n'ont aucune valeur en justice, pas plus que les actes de mariage que le ministre du culte dresserait de l'union religieuse qu'il célèbre.

« Le père, ajoute la cour, a manifesté son intention de célébrer le mariage, la mère a déclaré qu'elle avait été mariée au père : toutes ces circonstances autorisent et établissent la *présomption* qu'il y a eu entre le père et la mère un mariage légitime, soit par paroles de présent, *per verba de præsenti*, soit devant un officier public. » D'après le droit américain, soit ; mais, d'après le droit français, non. Les faits que la cour énumère constitueraient tout au plus une possession d'état ; et pour que l'enfant pût se prévaloir de cette possession, lui-même devrait prouver qu'il a eu la possession d'état d'enfant légitime. Entre époux, la possession d'état n'est jamais admise comme preuve du mariage. Quant aux *paroles de présent,* c'est un langage et une doctrine que notre droit ignore, et que nos mœurs ignorent également. Sans l'intervention d'un officier public, toutes les *paroles,* tous les *faits* ne prouvent qu'une chose, le concubinage, et le concubinage ne constitue pas le mariage, aux yeux de la loi. Et j'ajoute : dans l'intention des parties. Voyez ce qui se passe dans les grandes villes : un homme et une femme, vivant dans un commerce illicite, se présentent devant notaire et dressent un contrat de mariage, ils se font passer pour mariés dans la société, et ils ne veulent cependant pas contracter mariage. Dans la doctrine américaine, il leur serait facile de prouver qu'ils étaient mariés, cela serait plus facile encore aux enfants, après un long laps de temps, puisque tout se déciderait par des présomptions. Et néanmoins, il n'y aura jamais eu qu'un concubinage.

La cour déclare que la *présomption de mariage,* dans l'espèce, n'aurait pu être détruite qu'en établissant l'impossibilité du mariage. C'est une conséquence du principe et elle est aussi dangereuse que le principe d'où elle découle. Qu'est-ce que des présomptions de fait ? De simples probabilités ; la plus vague, la plus incertaine des preuves. En droit français, on ne l'admet, même en matière pécuniaire, que lorsque le montant du litige ne dépasse pas cent cinquante francs ; et la loi veut que les présomptions soient précises, graves, *concordantes;* dès qu'il y a des présomptions contraires, dont l'une combat

l'autre, elles sont rejetées, quand il s'agit d'établir une
créance de dix francs. Et la cour de Washington admet
cette preuve pour établir le mariage! Dans l'espèce, il
n'existait pas d'acte de célébration du mariage, sans qu'on
alléguât aucune raison pour expliquer ce fait, d'où résultait une grave présomption contre la célébration du mariage; il y avait, dit la cour, une inscription sur les
registres destinés à constater les mariages. La cour se
trompe en fait et en droit : il y avait une mention sur le
registre des publications, et il peut y avoir des publications sans qu'il y ait mariage; dans l'espèce, le mot *néant*
prouvait qu'il en était ainsi, la rature de la mention le
prouvait encore. D'autres faits témoignaient également
contre l'existence du mariage litigieux; au moment de la
naissance de l'enfant, les parents ne passaient pas pour
mariés, la mère était nommée de son nom de fille dans
l'acte de baptême, elle avait toujours porté ce nom. Après
avoir abandonné son enfant, elle le reçut chez elle, comme
étant son neveu. Voilà certes des présomptions contraires
à celles que la cour invoque. Elle les déclare inopérantes.
Il suffit que les père et mère aient déclaré leur intention
de célébrer le mariage, *conformément à la loi de leur
domicile*. Ici l'illusion, disons le mot, l'erreur de la cour
est complète ; le *domicile* et la *nationalité* des époux
étaient certains. Français et domiciliés en France, ils
étaient régis par la loi française, et quant aux conditions
du mariage, et quant à la preuve de la célébration. Or,
sur tous ces points, l'arrêt de la cour est en opposition
directe avec la loi française : il n'y avait ni célébration
du mariage, ni preuve de la possession d'état des père
et mère et de l'enfant. Donc, l'enfant était illégitime.

19. La cour suprême de Washington invoque les
paroles de présent comme constituant le mariage par
consentement. Pothier va nous dire ce que signifient ces
mots, qu'en France et en Belgique on ne comprend même
plus : « Le mariage a coutume d'être précédé de fiançailles; les canonistes en distinguent de deux espèces :
celles qui se font par *paroles de présent*, et celles qui se
font par *paroles de futur*. Les fiançailles par *paroles de*

présent sont la *convention* par laquelle un homme et une femme déclarent l'un et l'autre qu'ils se prennent dès à présent pour époux. Avant le concile de Trente, ces fiançailles par paroles de présent, qui se faisaient dans le secret, sans qu'il intervînt de célébration de mariage en face d'église, étaient de vrais mariages. Elles ont été proscrites par le concile de Trente, et elles ne peuvent plus avoir aucun effet. L'ordonnance de Blois (art. 44) défend aux notaires d'en recevoir, sous peine corporelle. Il y a des arrêts qui interdisent également aux curés et aux vicaires d'en recevoir. Les fiançailles *par paroles de futur* sont une convention par laquelle un homme et une femme se promettent réciproquement qu'ils contracteront mariage ensemble (1). » Ce sont des promesses de mariage. Les fiançailles n'existent plus dans notre droit, et l'on est assez étonné de les voir figurer dans un arrêt de la haute cour des Etats-Unis, où l'on invoque la loi du domicile des parties, qui l'une et l'autre étaient Français, domiciliés en France.

Les mariages *per verba de præsenti* ont été défendus dans tous les pays, soit en vertu du concile de Trente, là où il fut reçu, soit par des lois civiles. Les abus, les scandales des mariages clandestins forcèrent la main au concile, qui était enchaîné par l'ancien droit de l'Eglise. Néanmoins, le mariage par paroles de présent se maintint en Ecosse et aux Etats-Unis. De là, les fameux mariages écossais de Gretna-Green. Un arrêt récent de la haute cour d'Ecosse pose en principe que le consentement fait le mariage. Il peut se contracter sans aucune cérémonie religieuse ou civile ; il n'est précédé d'aucune publication ; aucun témoin n'y doit assister, aucun écrit n'est dressé. Si le forgeron de Gretna-Green délivrait des certificats aux époux, c'était pour constater qu'ils avaient déclaré leur consentement en sa présence. Comment, en l'absence de témoins, un consentement verbal pouvait-il être prouvé? La cohabitation même n'était pas exigée. S'il n'y avait pas de témoins, on s'en rapportait au serment : frêle fon-

---

(1) Pothier, *Traité du contrat de mariage*, n° 23.

dement d'un contrat·qui est la base de la société et de
l'ordre moral! D'ordinaire, les paroles de présent étaient
suivies de cohabitation : alors le consentement mutuel
s'établissait, *by habit and repute* (1). C'était une espèce de
possession d'état : j'y reviendrai.

20. Un légiste américain s'est fait le défenseur du
mariage consensuel, réprouvé par l'Eglise, réprouvé par
les législateurs de presque tous les pays civilisés. Wharton ne nie point qu'il n'y ait un danger à autoriser des
unions clandestines, en permettant à des enfants de douze
et de quatorze ans de se marier sans consentement des
parents, sans intervention d'un officier public quelconque,
qui garantisse au moins la liberté des parties contractantes. Il répond que les mariages imprévoyants ne manquent pas là où l'on exige la célébration par un officier
de l'état civil ou par un ministre du culte. Non, certes ;
mais est-ce une raison pour favoriser l'imprévoyance, et
pis que cela, la séduction et les relations immorales? C'est
un étrange raisonnement que de dire : les mariages solen-
lels et contractés avec le consentement des ascendants sont
souvent des unions malheureuses ; donc, il faut augmenter
les chances de mauvais mariages en permettant à des
enfants de les contracter. Le bon sens dit, au contraire,
que si les mariages, même contractés à quinze ou dix-
huit ans, avec le consentement des ascendants, en face
d'église, ou en présence d'un officier public, ne sont pas
sérieux, c'est que les futurs époux ne comprennent point
ce qu'ils font, et qu'on leur permet le plus grave des contrats, à un âge où on les reconnaît encore incapables de
faire le plus simple acte pécuniaire. Ce serait une raison,
-me semble-t-il, de ne permettre le mariage qu'à un âge
où les époux ont atteint leur développement intellectuel et
moral, et où ils sont capables de contracter. Alors, ils
pourront se passer du consentement de leurs ascendants ;
mais on fera toujours bien de prescrire la célébration
publique par un officier de l'état civil : car un contrat qui
est le fondement de·l'ordre social et de la moralité, ne

(1) Lawrence, *Commentaire sur Wheaton*, t. III, p. 291.

doit pas être abandonné à l'incertitude des preuves. Chose singulière ! Pour rendre la propriété stable, les législateurs rivalisent de précautions, ils exigent des actes authentiques, la transcription sur des registres publics : et l'on veut qu'ils permettent le mariage clandestin, contracté sans garantie aucune par des enfants qui devraient être sur les bancs de l'école! Est-ce qu'un coin de terre aurait plus de prix aux yeux des Américains que l'union de deux âmes? Attendez donc que ceux qui se marient sachent ce que c'est que le mariage.

Il faut entendre Wharton (1), car il est bien l'organe de la race américaine. Le devoir de l'Etat, dit il, est de favoriser le mariage, base de la société, tandis que les lois qui le soumettent à des solennités, à des conditions, plus ou moins arbitraires, entravent le mariage, au grand détriment de la société, et aussi de la morale, car empêcher le mariage, c'est pousser au concubinage. J'ai répondu d'avance à ces objections, en examinant les conditions d'âge. Le législateur doit sans doute favoriser le mariage, et l'on ne peut pas reprocher à notre code civil de l'avoir entravé, car il permet aux époux de faire, dans leur contrat de mariage, des conventions relatives à leurs biens qu'il défend, en dehors de ce contrat ; il permet même de déroger à l'autorité maritale, quoiqu'elle soit d'ordre public. S'il est trop formaliste, on peut le corriger, mais de ce qu'il est sévère, doit on conclure qu'il ne faut aucune règle, aucune condition, aucune solennité? Ce serait encore une fois très mal raisonner. Il faut favoriser le mariage, pourvu qu'il soit réellement l'union des âmes : et peut-on dire des enfants qui se marient à douze et quatorze ans, que leur union répond à cet idéal ?

Si les Américains tiennent à ce que le mariage puisse se contracter dès que les futurs époux sont pubères, ne serait-ce pas que pour eux la loi suprême est celle de la Bible : *Croissez et multipliez?* Il faut que le *Far West* se peuple, et il a une étendue immense. Donc des mariages

---

(1) Wharton, *Du mariage aux États-Unis*, dans le *Journal du droit international privé*, 1879, p. 229 et 509.

et des enfants! Si l'on demandait aux Américains pourquoi ils ne vont pas plus loin, toujours en se fondant sur l'autorité de la Bible? Les patriarches avaient plusieurs femmes : qu'ils fassent comme eux, le *Far West* se remplira plus vite. Le raisonnement est plus sérieux qu'il n'en a l'air; car il remonte aux Pères de l'Eglise. Embarrassés pour justifier la polygamie autorisée par la loi ancienne, c'est-à-dire par une loi révélée, ils disaient que Dieu avait permis la polygamie au berceau du monde, quand il s'agissait de le peupler; tandis que lors de la venue du Christ le monde touchait à sa fin, et à quoi bon augmenter une population qui allait mourir (1)? Wharton, qui parle toujours du mariage chrétien, reculerait épouvanté devant une pareille doctrine, et cependant son apologie du mariage consensuel y aboutit. A l'entendre, les législateurs du continent européen empêchent les mariages prématurés, et les entourent de restrictions, parce que la population y surabonde; ils retardent les mariages, afin qu'il en naisse peu d'enfants. L'Amérique a un intérêt tout contraire, cela va sans dire; il lui faut donc hâter les mariages et activer la propagation. Ne dirait-on pas qu'il s'agit de la multiplication de la race chevaline, et que la société humaine doit être gouvernée comme un haras? Que le légiste américain consulte les médecins, la science lui apprendra qu'il se trompe du tout au tout, que les mariages précoces usent les parents, et produisent une génération faible et rachitique. Et s'il consultait les faits, il se convaincrait que le *Far West* se peuple non par les enfants engendrés par des enfants de douze ans, mais par le flot des émigrants qui vient chaque année couvrir les plaines, lesquelles, malgré leur immensité, finissent par se remplir. Alors sans doute les légistes américains laisseront là leur théorie du mariage libre pour se rallier à la doctrine européenne du mariage qui doit être l'union des âmes.

21. Wharton a encore un autre argument, plus étrange encore dans la bouche d'un auteur qui a écrit un ouvrage

_____

(1) Voyez mes *Etudes sur l'histoire de l'humanité*, t. IV, le Christianisme.

sur le droit international privé. Les Américains, Story
en tête, restent attachés à la tradition anglaise, et procla-
ment comme loi du mariage celle du lieu où il a été
contracté. Wharton critique cette théorie, que j'ai également combattue, mais je ne voudrais pas faire miennes
les raisons que le légiste américain oppose à la doctrine
généralement reçue par la jurisprudence d'Angleterre et
des Etats-Unis. D'abord il reproche à Story et à la jurisprudence d'être inconséquents en admettant des exceptions qui détruisent la règle. La contradiction, en ce
qui concerne les mariages incestueux, n'existe point. En
effet, il est de principe dans notre science que les lois qui
intéressent l'existence de la société ou sa conservation
dominent toute espèce de statuts; elles l'emportent sur le
statut personnel; on ne permettrait pas à un étranger de
contracter, en Angleterre ni aux Etats-Unis, un mariage
polygamique ou incestueux; et on ne peut pas non plus
valider un mariage pareil qui aurait été célébré en pays
étranger. L'exception n'est donc qu'apparente, c'est plutôt
l'application d'une règle universellement reçue. Que si les
Anglais ne distinguent pas entre l'inceste civil et l'inceste
naturel, c'est que, dans leur conviction et d'après leurs
lois. la prohibition remonte à la parole de Dieu, ce qui ne
permet aucune distinction. Les cours américaines, dit
Wharton, tout en admettant le principe que le mariage,
nul d'après la loi du lieu où il a été contracté, est nul
partout, valident néanmoins un mariage contracté en
France sans consentement. Ainsi dans l'espèce jugée par
la cour suprême de Washington (n° 11), la cour ne s'est
pas même enquise du défaut de consentement qui rendait
le mariage nul en France. L'inconséquence est évidente
dans ce cas; mais une inconséquence ne témoigne pas
contre le principe; on peut combattre un principe par les
conséquences qui en découlent logiquement; mais on ne
peut pas dire qu'un principe est faux parce que ceux qui
l'admettent ne l'appliquent pas.

Wharton confond toutes choses, bien entendu au point
de vue de la doctrine qui prévaut sur le continent. Si l'on
s'en tient à la loi du lieu où le mariage se contracte, les

Américains qui voyagent en Europe seront en danger de voir leur mariage annulé à raison de l'inobservation de la loi locale qu'ils ne peuvent pas connaître. L'objection porte à faux. Quelles sont les lois territoriales auxquelles les étrangers sont soumis pour le mariage? Ce ne sont pas les lois qui règlent la capacité des parties, les empêchements au mariage; toutes ces conditions sont régies par le statut personnel, donc, dans l'espèce, par la loi américaine; et les Américains ne se plaindront certes pas qu'on leur applique leur loi. Ils ne sont soumis en France, et partout où le mariage civil est admis. qu'aux solennités que l'officier de l'état civil aura soin de leur faire connaître, puisqu'il ne peut célébrer le mariage que lorsque les formes prescrites par la loi sont observées. Où donc est le danger? Wharton suppose, et ici est l'erreur, que les conditions intrinsèques sont aussi réglées par la *loi du lieu*; la jurisprudence anglaise l'entend ainsi; et Wharton a raison de la critiquer, mais les vrais principes conduisent à une distinction : la *loi du lieu* applicable à la solennité, et la loi personnelle régissant la capacité.

L'objection la plus sérieuse, d'après Wharton, contre la *loi du lieu* conduit à légitimer le mariage polygamique partout où il y a une émigration mahométane ou chinoise (1). Je ne comprends pas l'objection. Les Chinois émigrent aux Etats-Unis. Par quelle loi seront régis leurs mariages? Par la loi territoriale, en ce qui concerne les solennités, et en principe, par leur loi personnelle, quant à la capacité et aux empêchements. Si l'on appliquait la règle du statut personnel à la polygamie, il en résulterait que les Chinois pourraient contracter des mariages polygamiques aux Etats-Unis. Ce serait une objection contre le statut *personnel*, mais le statut territorial ne serait certes pas responsable de cette immoralité. A vrai dire, le statut personnel n'est pas plus coupable que le statut réel; en effet, il est de principe que le statut personnel est dominé par les lois de droit public, et telle est évidemment la loi qui punit la polygamie. Dira-t-on que les Chinois

---

(1) Wharton, *Conflict of laws, or Private international law*, p. 149, § 160.

mariés en Chine pourront s'établir avec leurs femmes aux Etats-Unis et y pratiquer la polygamie? Ce serait encore une erreur : car la loi personnelle n'autorise pas les étrangers à commettre des délits ; le mariage polygamique contracté en Chine n'aurait donc aucune valeur aux Etats-Unis. Tout cela est élémentaire.

22. Wharton pose comme principe que « le mariage est une institution internationale qui se réalise lorsque deux personnes capables conviennent de se prendre pour mari et femme ». Il écarte les solennités, tout en admettant l'autorité de la maxime *Locus regit actum*. Cette règle, dit-il, est modifiée par deux exceptions qui en limitent la portée. La première est que les lois qui restreignent la liberté n'ont pas de force extraterritoriale. Il cite comme exemple le cas où une personne est majeure d'après la loi de son domicile, ou, comme nous disons, d'après sa loi nationale ; elle ne perd pas sa capacité quand elle va résider dans un pays où, à raison de son âge, elle serait mineure. Cela est d'évidence si l'on admet le statut personnel ; il faut même dire plus, c'est qu'elle resterait majeure et capable, alors même qu'elle établirait son domicile dans le pays où elle serait mineure si on lui appliquait la loi territoriale ; car d'après le droit français, de même que d'après le droit italien, le statut personnel se détermine, non par le domicile, mais par la nationalité ; de sorte que le changement de domicile n'exerce aucune influence sur la capacité de la personne ; capable d'après sa loi nationale, elle reste capable aussi longtemps qu'elle conserve sa nationalité. Mais est-ce là une restriction à la maxime *Locus regit actum?* Cet adage ne concerne que les formes, il est étranger aux conditions intrinsèques du contrat ; et il s'agit de savoir pourquoi Wharton ne soumet pas le mariage aux solennités prescrites par la loi territoriale, comme le veut l'adage traditionnel. La prétendue restriction qu'il y apporte n'a rien de commun avec la question.

Il en est de même de la seconde restriction. « Aucun Etat, dit-il, ne peut accepter comme obligatoire pour ses propres tribunaux et pour ses citoyens, des lois étrangères qui sont en conflit avec sa *politique spéciale.* » Qu'est-ce que c'est que cette *politique spéciale* qui domine les *lois étrangères*, et quelles sont les lois sur lesquelles la *politique* nationale l'emporte? J'ai longuement examiné la question et les difficultés auxquelles elle donne lieu (1). Wharton confond de nouveau les conditions de capacité ou d'incapacité avec les solennités. De ce qu'il y a des conditions intrinsèques que l'étranger ne doit pas observer, puisqu'elles sont en opposition avec son statut national, doit-on conclure qu'il peut contracter mariage sans remplir les formalités prescrites par la loi locale? La conséquence serait en contradiction avec le principe même de Wharton. L'Américain qui se marie en France est soumis aux lois françaises qui règlent la solennité du mariage, parce que ces lois tiennent aux droits de la société, à son existence, à sa conservation. Est-il aussi soumis aux conditions d'âge, de consentement des ascendants, et d'empêchements purement civils? Non; ici le statut personnel exerce tout son empire. Telle est la théorie qui découle de la distinction des statuts que je suis dans tout le cours de ces Etudes; elle répond aux objections de Wharton, qui confond encore une fois toutes choses. Je suis obligé, pour justifier ce reproche d'entrer dans les détails à la suite de Wharton.

Un Américain voyage en Europe pour ses affaires; son état, sa capacité seront-ils réglés par les lois des pays qu'il traverse? Va-t-il être frappé d'incapacité par la loi territoriale, et cette incapacité continuera-t-elle à le frapper comme une flétrissure après son retour aux Etats-Unis? Ce serait, dit Wharton, un obstacle à nos entreprises commerciales tout ensemble et une atteinte portée à notre indépendance politique. Eh! qui songe à imposer aux Américains des incapacités établies par les lois du territoire qu'ils traversent? Ce n'est certes pas la doctrine des statuts, telle que je viens de l'exposer. Les Américains pourront se marier en Belgique à douze et quatorze ans, ils n'auront pas besoin du consentement de leurs ascendants ou de leur famille; on ne leur appliquera pas les

(1) Voyez le tome IVe de ces Etudes, nos 282 et suiv., p. 517 et suiv.

lois qui établissent des empêchements purement civils.
Où donc est la flétrissure qui s'attache à eux comme une
lèpre? Il est vrai que la loi italienne soumet les étrangers
à toutes les conditions exigées pour la validité du mariage
par le code d'Italie. J'ai critiqué ce système comme
excessif. Il en résultera que les Américains ne pourront
pas se marier en Italie, conformément à leur statut national : c'est un mal, mais ce n'est pas une incapacité ni une
lèpre. Si, au mépris de la loi italienne, ils se marient,
leur mariage sera nul en Italie ; le sera-t-il aussi aux
Etats-Unis? Si on appliquait le principe anglais de la *loi
du lieu*, il faudrait répondre affirmativement. Cela prouve
que les légistes anglais ont tort d'appliquer aux conditions
intrinsèques une règle qui n'a été établie que pour les
formes extrinsèques et la solennité du mariage. Mais les
tribunaux américains ne pourraient-ils pas déclarer le
mariage valide, par la raison qu'il est conforme au statut
personnel des parties, si du reste elles ont observé les
solennités prescrites par la loi italienne? Je le crois. Les
conditions intrinsèques du mariage dépendent du statut
personnel; en méconnaissant ce statut, pour imposer à
l'étranger des conditions que le statut personnel des parties n'admet point, le législateur italien viole réellement
l'indépendance de l'Etat auquel les époux appartiennent;
les Etats-Unis ont le droit de maintenir leur loi, expression de la volonté nationale, et les juges américains sont
les gardiens de la souveraineté et de l'indépendance de la
nation. C'est un regrettable conflit, mais il n'en résultera
pas, comme le dit Wharton, que les Américains soient
frappés de l'incapacité établie par la loi italienne, et
qu'ils l'emportent avec eux comme la lèpre.

Je crois avoir donné satisfaction au scrupule de Wharton, mais, je le répète, ce débat est étranger à la théorie
du *mariage consensuel*. Cette théorie ne concerne que la
solennité. Ici nous pouvons rétorquer l'argumentation du
légiste américain contre la loi américaine qui n'exige
aucune solennité. Le législateur américain est libre de
déclarer que le mariage n'est pas un acte solennel; mais
par là il se met en opposition avec le droit commun des

peuples civilisés ; tous, depuis le concile de Trente, sauf de rares exceptions, ont adopté le principe de la solennité comme garantie pour l'ordre public et les bonnes mœurs. En ce sens on peut dire que c'est une règle consacrée par le droit des gens auquel tous les peuples sont soumis ; les Américains y ont dérogé ; tant que cette dérogation subsiste, les mariages contractés aux Etats-Unis, soit par des nationaux, soit par des étrangers, seront valables par le seul consentement des parties. Mais, par contre, les mariages contractés en France, au mépris de la loi française, sans solennité, seront nuls, plus que cela, inexistants ; et si les Américains veulent que nous respections leur loi, expression de la souveraineté et de l'indépendance de leur patrie, ils doivent aussi respecter les lois de l'Europe, dont le droit commun ne reconnaît pas de mariage sans l'intervention d'un officier public.

23. Je reviens à la théorie du mariage consensuel, qui n'a rien de commun avec les objections que Wharton adresse à la *loi du lieu* où l'union des époux est contractée. Elle aboutit à légitimer les mariages clandestins, avec tous les abus et les scandales qui en sont inséparables. Le légiste américain répond que la doctrine du mariage solennel a aussi ses inconvénients et qu'ils sont plus grands que ceux qui peuvent résulter du mariage consensuel. Je pense bien qu'ici il y a une nouvelle confusion des formes proprement dites et des conditions intrinsèques. L'intervention d'un officier public dans la célébration du mariage n'est pas une entrave à l'union des époux ; que l'on échange les consentements à l'hôtel de ville, au lieu de le faire au domicile des époux, cela ne peut pas s'appeler une gêne. Quant aux formes de la publicité, la loi française n'exige point que l'on observe à la lettre toutes les formalités qu'elle prescrit ; il suffit qu'il ne soit pas clandestin ; et je demande quel intérêt les époux pourraient avoir à se marier clandestinement, alors que leur union, en cas de contestation, devra être prouvée par la possession d'état, laquelle implique la publicité ? Ce sont plutôt les conditions intrinsèques, notamment celles de l'âge et du consentement des parents qui deviennent une entrave, puisqu'elles constituent un empêchement prohibitif et dirimant; or ces conditions, dans notre doctrine, ne sont pas applicables aux étrangers, ceux-ci étant régis par leur statut personnel.

Il faut donc limiter le débat à la solennité. L'intervention d'un officier public, la rédaction d'un acte authentique constatant la célébration du mariage, ont un avantage incontestable, c'est de donner aux époux et aux enfants un moyen facile et sûr de prouver le mariage et partant la légitimité. C'est un bien inappréciable, et l'on a de la peine à comprendre que les Américains s'en privent. Je vais citer une espèce dans laquelle l'incertitude de la preuve a donné lieu à un procès qui a duré trente-quatre ans, tandis qu'en France et en Belgique, et partout où les actes de l'état civil sont tenus avec régularité, il n'y a plus de procès sur la preuve du mariage. Wharton cite, à l'appui de sa doctrine, la décision intervenue à la suite du procès intenté par madame Gaines contre la cité de la Nouvelle-Orléans et plusieurs propriétaires d'immeubles situés dans cette ville. Le père et la mère de la demanderesse s'étaient mariés par simple consentement, sans observer aucune solennité. Aucun prêtre n'était intervenu, il n'y avait pas eu d'inscription sur un registre, les bans n'avaient pas été publiés, nul certificat n'avait été délivré. Cependant le mariage fut déclaré valable par la cour suprême des Etats-Unis, qui décida que madame Gaines avait droit aux immenses propriétés que son père possédait à la Nouvelle-Orléans. M. Wharton ne dit pas que le procès dura trente-quatre ans (1), il importe d'en constater les péripéties, et surtout la cause de ces longues procédures dont il n'y a plus d'exemple en droit français.

Le père de madame Gaines mourut en 1813, laissant d'immenses biens qui comprennent aujourd'hui une bonne partie de la ville de la Nouvelle-Orléans. *Sa fille demeura dans l'ignorance de sa parenté jusqu'en* 1834. Voilà une admirable loi qui a pour effet que les enfants ne savent

(1) J'emprunte ces détails à Lawrence, *Commentaire sur Wheaton,* t. III, p. 326 et suiv.

point qui est leur père! En 1834, la fille découvrit un
testament fait en 1813, et qui fut seulement en 1856
admis à l'homologation par la cour suprême de la Louisiane. Le défunt y *déclarait que madame Gaines était sa
fille légitime*, et l'*instituait sa légataire universelle*. Ainsi
il fallut un testament pour que la fille apprît à connaître
son père, et celui-ci fut obligé de déclarer dans son testament que la légataire était sa fille légitime. Je suis en
admiration devant le droit américain. Je suppose que le
père n'eût point testé, ou que le testament ne se fût point
retrouvé. La fille n'aurait jamais su quel était son père :
cependant elle était son héritière, sans qu'il fallût un testament. Eh bien, elle n'aurait jamais hérité l'immense fortune de son père, grâce à cet admirable droit qui facilite
le mariage, et qui, dit-on, assure la légitimité aux enfants!
En France, les enfants n'ignorent pas quel est leur père;
et quand un homme cent fois millionnaire vient à mourir,
on ne doit pas attendre vingt ans pour apprendre par un
testament qu'il a une fille unique, appelée à lui succéder.
Les légistes américains avoueront que les entraves de
notre législation sont bonnes à quelque chose. Elles servent
à donner une preuve authentique du mariage et de la filiation légitime, tandis que le mariage, dans l'espèce, *avait
été entouré de toutes les incertitudes* : ce sont les expres-
sions d'un publiciste américain, M. Lawrence.

« La mère de madame Gaines avait été mariée antérieurement à un homme qui vivait encore au moment de
son second mariage. Elle était donc bigame en apparence. Mais le premier mariage était nul, et pour quel
motif? Pour bigamie véritable : son premier mari était
marié, au moment où il épousa la mère de madame Gaines
en secondes noces. Pour le coup, mon admiration pour la
facilité et la simplicité des mariages américains baisse.
Comment savoir si ceux qui se marient en disant un oui
n'ont pas déjà été mariés, et si par conséquent il y a
bigamie? Les entraves de la loi française, les publications
répétées, le droit d'opposition, la publicité de la célébration ont précisément pour but de faire connaître à l'officier
public qu'il existe un empêchement au mariage. Mais

comment une enfant de douze ans peut-elle savoir si son futur époux n'a pas déjà été marié six fois? Tout se passe à l'ombre; les parents ne savent rien de l'union contractée par leur fille, la famille n'en sait rien, le public n'en sait rien; c'est comme un encouragement à la séduction et à toutes les mauvaises passions, une prime offerte à la bigamie! Cela ne prouverait-il pas que les lois simples, en matière de mariage, ne sont pas toujours les meilleures?

Autre incertitude : « Il y avait eu des *rapports illicites* entre le père et la mère de madame Gaines, *avant l'époque* où l'on prétendait qu'ils avaient contracté mariage, par consentement (*per verba de præsenti*), et pendant toute leur vie, ni l'un ni l'autre n'avaient avoué publiquement leur union. » Les légistes américains disent que le mariage consensuel prévient le concubinage. Je le crois bien, mais à quel prix? Le mariage ressemble si bien à un concubinage, que c'est à s'y méprendre. Les époux Gaines n'étaient pas des premiers venus : et cependant ils commencent par vivre en concubinage. Puis ce concubinage se transforme en mariage. Ne doit-on pas craindre que les femmes ne spéculent sur le concubinage, qui se change si facilement en mariage par un oui qu'elles sauront bien obtenir? Pour le moment, il est question de l'incertitude qui règne sur l'existence de ces mariages qui ont commencé par être des rapports illicites. Comment peut-on savoir si des relations aujourd'hui illicites seront licites demain? Et l'on doit cependant le savoir d'une manière précise, car la légitimité des enfants en dépend, le droit américain n'admettant pas la légitimation par mariage subséquent : tant qu'il y a concubinage, les enfants seront et resteront des bâtards; du moment qu'il y aura des *paroles de présent*, les enfants seront légitimes, tandis que leurs frères et sœurs, nés (ou conçus?) avant les *paroles de présent* continueront à être des bâtards!

Je dis que c'est livrer le contrat le plus important, le mariage d'où dépend l'ordre civil et moral, à la plus déplorable incertitude. L'affaire Gaines en offre un curieux témoignage : « La mère de madame Gaines se remaria pendant la vie de son second mari, persuadée que son

mariage avec le père de madame Gaines était invalide. »
Ainsi celle-là même qui avait le plus grand intérêt à soutenir la validité de son mariage avec un homme d'une
opulence inouïe, était si convaincue que son mariage
n'était pas sérieux, qu'elle se maria, sans craindre d'en-
courir la peine qui frappe la bigamie. Voilà, dans une
seule affaire, dans une seule famille, trois mariages biga-
miques, contractés par la mère de madame Gaines, de
bonne foi tous les trois, grâce à l'admirable loi du mariage
consensuel! C'est un exemple mémorable des abus scandaleux auxquels donne lieu le mariage clandestin par
paroles de présent.

Comment, dans ces circonstances, la cour suprême des
Etats-Unis a-t-elle pu admettre l'existence du mariage
auquel madame Gaines devait le jour? Je n'ai pas l'arrêt
sous les yeux, et il m'est impossible de me le procurer
dans nos bibliothèques. Cela est aussi une chose déplorable, alors qu'il serait si facile de remédier au mal,
comme je l'ai dit ici-même. Je dois me contenter de transcrire les renseignements que je trouve dans le commentaire de Lawrence sur Wheaton.

« Le mariage ne pouvait être prouvé que par le témoignage de la sœur de la mère de madame Gaines. Celle-ci
déposa que le mariage avait eu lieu dans une maison particulière à Philadelphie, dans l'Etat de Pensylvanie, par-
devant un prêtre dont elle ne se rappelait pas le nom. »
Le prêtre avait-il célébré le mariage, ou était-il simple
témoin? Je l'ignore; il faut croire que le mariage était
purement consensuel, puisque la cour suprême des Etats-
Unis le valide comme tel : « Le mariage célébré en Pensylvanie doit être prouvé selon les lois de la Pensylvanie.
Dans cet Etat, le mariage est un contrat civil qui peut
être conclu par toutes paroles se rapportant au temps
présent (*per verba de præsenti*), sans aucune formalité;
et *toutes les interprétations sont en faveur de la légitimité.* » Avec un pareil système, on doit aboutir à valider
le concubinage comme mariage, et à légitimer tous les
bâtards. « Un mariage peut être prouvé par toute personne
qui y a assisté et peut identifier les parties. Si le mariage

a été célébré par une personne vêtue comme un prêtre,
et *per verba de præsenti*, il doit être présumé que la personne qui l'a célébré était un prêtre. » La cour ne dit
pas comment il se fait que le mariage ayant été célébré
par un prêtre, en présence de la sœur de la future,
celle-ci était néanmoins convaincue qu'il n'y avait pas de
mariage ; qui mieux que, la femme prétenduement mariée,
pouvait savoir si le mariage avait été sérieux ?

« Le fait du mariage étant prouvé, rien ne peut invalider la légitimité du mariage, à moins que l'on ne prouve
des faits démontrant l'impossibilité pour le mari d'être le
père ! » Sans doute, mais le mariage était-il prouvé ? Je
n'ose pas manifester mes doutes ; je crois volontiers que
la cour suprême des Etats-Unis a bien jugé. Mais on me
permettra aussi de croire que la législation française,
pour mieux dire, les lois du continent, sont préférables à
la liberté un peu sauvage que les Américains aiment tant.
Il n'aurait pas fallu trente-quatre ans de procès, il n'y
aurait pas eu de procès, dans l'espèce, puisqu'un acte
authentique de mariage et un acte authentique de naissance auraient prouvé la légitimité de madame Gaines ;
et sa mère n'aurait pas été dans le cas de contracter un
mariage bigamique, car son second mariage étant valable,
le troisième était nécessairement entaché de bigamie. Les
formalités qui empêchent un crime ne sont pas des
entraves, ce sont des garanties, et c'est à ce titre que le
législateur français les a prescrites.

24. C'est cette absence complète de règle que Wharton
veut ériger en loi universelle de la chrétienté (1). Le légiste
américain ne prétend pas imposer aux divers Etats le
régime du mariage consensuel ; ce serait se heurter
contre une impossibilité légale, chaque pays ayant le droit
de faire telles lois qu'il juge convenables sur le mariage ;
mais, d'après lui, ces lois ont une valeur exclusivement
territoriale. S'agit-il de décider si un mariage contracté en
France, par des Français, est valable, les tribunaux fran-

_____

(1) Wharton, *Conflict of laws, or Private international law*, p. 153,
§ 165 ; p. 157, § 171 ; p. 167, § 173 ; p. 156, § 170.

çais appliqueront naturellement la loi française; mais le
mariage, dans les rapports internationaux, sera considéré comme un contrat purement consensuel : pas de
solennité, pas de condition d'âge, sauf la puberté, pas
de consentement des ascendants ou de la famille, pas
d'empêchements, sauf la polygamie et l'inceste. Ainsi, dès
que la validité d'un mariage est constatée à l'étranger,
les tribunaux n'auront aucun égard à la loi personnelle
des parties : si elles sont pubères et si elles ont consenti,
les juges valideront le mariage, à moins qu'il n'y ait
bigamie ou inceste. Cette théorie a pour elle la simplicité,
mais à force d'être simple, elle avilit le mariage et le
dégrade. En effet, elle revient à dire : « Dès que vous
êtes pubères, accouplez-vous et vous serez mariés. » C'est
ravaler le mariage à l'union des brutes, avec cette seule
différence, qui en apparence est grande, c'est que les
brutes s'accouplent momentanément, tandis que l'union
de l'homme et de la femme est contractée dans un esprit
de perpétuité. Mais l'apparence sera souvent trompeuse.
Je viens de dire que, dans une seule famille, une femme
s'est mariée trois fois, et que trois fois le mariage a été
entaché de bigamie. Même légalement, le système n'est
pas aussi simple qu'il en a l'air. D'abord, il heurte toutes
les lois de l'Europe : il me suffit de rappeler la législation
française. Le code Napoléon prescrit des conditions
requises pour pouvoir contracter mariage. Est-ce que,
dans la pensée du législateur, ces conditions ne sont obligatoires qu'en France et entre Français? Non, certes;
l'article 170 dit tout le contraire ; les Français qui se
marient en pays étranger sont tenus d'observer toutes
les conditions que le code exige pour la validité du mariage; ils doivent de plus se conformer à la loi territoriale
pour les solennités, et ils sont soumis à une formalité spéciale, celle des publications en France. Le système de
Wharton contredit donc toutes les législations de notre
continent. A quel titre en veut-il faire une loi internationale, alors que les nations civilisées repoussent cette prétendue loi, l'Amérique exceptée?

Wharton dit que ce n'est pas une innovation qu'il

propose; c'est le retour au droit universel de la chrétienté, antérieurement au concile de Trente. Le droit canonique était l'œuvre des conciles généraux, et ces conciles étaient les Etats généraux du monde catholique; toutes les nations y étaient représentées, non seulement par leurs évêques, mais aussi par les princes ou leurs ambassadeurs, et le vote se faisait par nations; donc, le droit canonique n'est pas une loi particulière, c'est une loi générale, votée par toutes les nations. Je ne sais ce que ces réminiscences historiques, qui ne sont pas même exactes, ont de commun avec notre débat. Au moyen âge, on ne votait pas par nations, par la raison bien simple qu'il n'y avait pas encore de nations; l'organisation des conciles par nations date de l'avénement des nationalités, c'est-à-dire du quatorzième et du quinzième siècle. Il y a encore une autre inexactitude dans la théorie de Wharton : alléguer le droit canonique comme l'œuvre des conciles généraux, c'est supposer que ces conciles ont porté des lois sur les mariage, et qu'ils en ont fait un contrat purement consensuel. Est-ce ainsi que les choses se sont passées ? Wharton ne cite pas les décrets prétendus des conciles généraux sur le mariage, et par une excellente raison, c'est qu'il n'y en a pas. Le droit canonique a emprunté aux lois romaines ses règles sur le mariage. Est-ce à dire qu'en droit romain, le consentement seul ait suffi pour former le mariage ? Je n'entre pas dans ce nouveau débat, puisque Wharton n'invoque pas le droit romain. La seule chose qui soit vraie dans la théorie de Wharton, c'est qu'antérieurement au concile de Trente, le mariage par *paroles de présent* (*per verba de præsenti*) était valable; on n'exigeait pas la célébration à l'église par le prêtre, pas même sa présence, on se contentait de la puberté, sans suppléer, par le consentement des parents, à ce qu'avait d'imparfait le consentement d'une enfant de douze ans; par contre, il y avait des empêchements nombreux, résultant de la parenté et de l'alliance; mais la clandestinité du mariage favorisait le concubinage, l'inceste et la polygamie. Tel était le mariage chrétien, avant le concile de Trente. Ce qui le caractérise, c'est l'absence

de solennité, de consentement des ascendants, et la pré-
cocité des unions permises à un âge où la puberté n'existait certainement pas dans la plupart des pays de l'Europe.

Reste à savoir de quel droit Wharton veut faire du
droit canonique antérieur au concile de Trente le droit
commun de la chrétienté. D'abord, il mutile ce droit;
admet-il encore les empêchements que l'Eglise avait ima-
ginés pour remplir son trésor, et pour assurer sa domination? Et pourquoi arrêter et fixer le droit canonique, tel
qu'il était avant le concile de Trente? Ce concile n'était-il
pas un concile universel? Qu'importe que tous les princes
n'y aient pas assisté? Qu'importe qu'il n'ait pas été reçu
dans tous les pays catholiques? Il ne fut pas reçu en
France, mais le législateur français lui emprunta néanmoins la solennité du mariage, en y ajoutant le consentement des père et mère. Ces conditions furent reçues partout. Voilà bien un droit universel; pourquoi Wharton
n'en tient-il aucun compte, tandis que son prétendu mariage sans lien, sans solennité, sans consentement de la
famille, n'existe qu'en Amérique? Veut-on faire des mariages de Gretna-Green un idéal et l'imposer à tous les
peuples civilisés? Ce serait une vaine tentative, les peuples
civilisés ont prononcé; ils ont répudié le droit canonique
en ne conservant que la solennité, et la solennité a été
introduite par le concile de Trente, que Wharton déclare
n'être qu'une loi locale. Les peuples modernes ne veulent
plus du mariage *par paroles de présent*; ils ne veulent
plus de la clandestinité; ils ne veulent plus d'un mariage
contracté par des enfants de douze et de quatorze ans;
s'ils permettent le mariage aux mineurs, c'est à condition
que les ascendants ou la famille y consentent. Voilà le
vrai droit des gens en matière de mariage. Il est vrai qu'il
y a des différences entre les diverses législations, et qu'il
en naîtra des conflits, mais ces conflits peuvent et doivent
être vidés par des conventions internationales.

25. Il reste une difficulté, et elle est grande. Comment
les Européens qui se trouvent hors des pays de chrétienté
célébreront-ils leur mariage? J'ai déjà examiné la ques-

tion (1). La solution adoptée par la plupart des Etats de l'Europe est insuffisante : les agents diplomatiques et les consuls, que les lois autorisent à célébrer les mariages, n'en ont pas le droit, à moins d'y être autorisés par le souverain du pays auprès duquel ils sont accrédités, et jusqu'ici l'on n'a pas songé à faire des traités à cet effet. La nécessité y conduira. Mais, en attendant que la diplomatie se mette en mouvement, il y a une regrettable lacune : les mariages peuvent devenir impossibles, et l'impossibilité d'une union légitime conduit fatalement à des relations illicites.

Il y a une solution, c'est celle du mariage contracté par le seul consentement des parties. Un vieil adage dit que les lois ne peuvent pas exiger et qu'elles n'exigent pas l'impossible, que, par suite, à l'impossible personne n'est tenu. Le code Napoléon consacre ce principe pour la preuve des actes de l'état civil : s'il n'a pas existé de registres, ou si les registres ont été détruits ou perdus, la loi autorise la preuve testimoniale, bien qu'en règle générale, elle la rejette, et qu'elle s'en défie, notamment quand il s'agit de l'état des personnes (art. 46). Si le législateur français avait prévu la difficulté qui se présente pour la célébration du mariage, il en aurait certainement tenu compte, en se contentant, en cas de nécessité, du consentement des époux, sans solennité aucune. La difficulté est de savoir si, dans le silence de la loi, le juge pourrait admettre la validité d'un mariage, conforme à la loi française quant aux conditions intrinsèques, mais non solennisé d'après les lois locales. S'il était démontré que l'observation de ces lois était impossible, je crois que le juge pourrait valider le mariage. La solennité est de l'essence du mariage quand les Français se marient en France, ou dans un pays dont ils peuvent observer les lois ; mais la solennité n'est plus requise si, d'après les lois locales, il n'y a pas de formes prescrites pour la validité du mariage. Je dirai à l'instant qu'il en est ainsi des mariages que les Français contractent aux Etats-Unis. Et si les Français

(1) Voyez le t. IV de ces Etudes, nos 230 et 232.

peuvent valablement se marier en Amérique, sans solennité aucune, il en doit être de même là où il leur est impossible d'observer les formes locales; une loi dont l'exécution est impossible équivaut à l'absence d'une loi; dès lors, il doit suffire que les Français se soient conformés au code civil pour les conditions intrinsèques.

Le cas ne s'est pas présenté en France. Aux États-Unis il a été jugé qu'un mariage célébré dans l'Amérique espagnole par un gouverneur militaire est valable. Légalement, un gouverneur militaire est sans qualité pour prononcer l'union des époux ; partant, son intervention ne peut être considérée que comme la présence d'un témoin attestant que les époux ont déclaré leur consentement. C'est une question de preuve : si le mariage est valide, ce n'est pas parce qu'un officier public sans qualité l'a célébré; c'est parce que les époux ont consenti, comme cela se pratiquait, avant le concile de Trente, dans toute la chrétienté. Il en faut conclure que le mariage serait valable, bien qu'aucun témoin n'y eût assisté. C'est l'opinion de Lawrence ; le mariage sera valide, conformément à l'ancien droit canon, par le seul consentement. La difficulté sera grande de prouver le mariage ainsi contracté ; mais la difficulté existe aussi dans le droit américain ; je vais dire comment les tribunaux français la décident (1).

26. Le code Napoléon (art. 170) veut que les Français qui se marient en pays étranger *célèbrent* leur union dans les formes usitées dans ledit pays ; les auteurs du code supposaient que toutes les législations prescrivaient des solennités quelconques. Ils ignoraient qu'aux États-Unis le mariage est valable sans intervention d'un prêtre ni d'un officier civil, sans publications, bref, sans forme aucune. Comme on l'a dit, il suffit qu'un jeune homme et une jeune fille, des enfants de douze et de quatorze ans, déclarent, dans une promenade, qu'ils se prennent pour mari et femme, pour qu'ils soient mariés ; au besoin, cela peut se faire dans une vigilante; le cas s'est présenté et

---

(1) Lawrence, *Commentaire sur Wheaton*, t III, p 367.

le mariage a été validé (1). Si des Français se marient aux Etats-Unis, leur mariage sera-t-il valable par le seul consentement? La jurisprudence française a admis l'affirmative sans contestation; il est vrai que, dans ce cas, on ne peut pas dire que le mariage a été *célébré* d'après les *formes* usitées en Amérique, car il n'y a ni célébration ni formes ; mais si le texte est inapplicable, l'esprit de la loi ne laisse aucun doute. En s'en tenant à la lettre du code civil (art. 170), on arriverait à cette conséquence absurde, que les Français ne pourraient pas se marier aux Etats-Unis, pas même devant un agent diplomatique ou un consul de France, si l'une des parties était étrangère. Ce n'est certes pas là ce que le législateur a voulu ; il veut que les Français se conforment à la loi locale, en ce qui concerne les formes : y a-t-il des solennités, les parties sont tenues de les observer : n'y en a-t-il pas, ils se conforment encore à la loi du lieu en se mariant comme se marient les nationaux.

Mais comment se prouvera le mariage contracté par le seul consentement, sans témoins, sans intervention d'un officier public, sans écrit, ni authentique, ni sous seing privé? La difficulté s'est présentée dans une espèce où figuraient les grands noms de l'ancien régime et du régime napoléonien. En 1784, le marquis de Barbé-Marbois épousa Elisabeth Moore, à Philadelphie, où il remplissait les fonctions de consul général de France. De ce mariage naquit une fille, mariée plus tard au duc de Plaisance, et qui mourut à Athènes, en 1854, sans laisser d'enfants ni de descendants. Le duc de Valmy et le vicomte de Léry, collatéraux les plus proches de la ligne paternelle de la défunte, procédaient au partage de sa succession, lorsque se présentèrent des collatéraux de la ligne maternelle, petits-neveux d'Elisabeth Moore. Il s'agissait de prouver le mariage des auteurs communs de la duchesse de Plaisance et des collatéraux maternels. Mais l'existence même de ce mariage était contestée par les collatéraux français. Le tribunal de la Seine constate d'abord que les auteurs

(1) Wharton, dans le *Journal du droit international privé de Clunet*, 1879, p. 237 et suiv.

communs des parties, William Moore et Sarah Lloyd étaient Américains, ainsi que leurs descendants ; que la preuve du mariage devait, par conséquent, se faire d'après le droit qui régissait les Etats-Unis, et notamment, la Pensylvanie. Or, il résultait des *certificats de coutumes* et autres *documents* produits par les parties que la *notoriété publique* (*habit and repute*) est la manière ordinaire de prouver le mariage, ainsi que les naissances et les décès ; l'inscription sur un registre n'a jamais été une formalité requise comme un moyen de preuve qui ne peut être suppléé. La mention des faits de l'état civil se conserve, en général, dans la Bible de famille ou tout autre livre. A défaut de semblable mention, on a recours aux témoins oculaires, et s'il s'est écoulé un longtemps, ou si les distances sont grandes, alors la preuve se fait par des témoins qui ont entendu rapporter que les deux personnes étaient régulièrement mariées, vivaient et cohabitaient publiquement comme mari et femme. Or, dans l'espèce, la Bible de famille contenait des mentions constatant le mariage de William Moore et la naissance de ses enfants, écrites de la main de Moore. Pour corroborer cette preuve, les parents maternels produisaient des documents nombreux et divers, qui tous s'accordaient à donner à Sarah Lloyd le titre et la qualité d'épouse, documents qui à eux seuls formeraient la preuve complète du mariage.

Sur l'appel, arrêt de la cour de Paris du 12 février 1856 qui confirme. La cour reproduit les principes et les faits sur lesquels se fondait la décision du premier juge. Quant aux principes, ils sont certains ; seulement, la cour a tort de qualifier de statut personnel la loi qui régit la preuve ; il y avait, dans l'espèce, deux questions. D'abord, le mariage est-il valable par le seul consentement ? C'est-à-dire, d'après quelle loi faut-il décider si le mariage est valable en ce qui concerne les formes ? L'article 170 du code civil répond à la question : il faut appliquer la loi du lieu où le mariage a été célébré ; il n'est donc pas exact de dire que la loi dépend du statut personnel. Il ne paraît pas que la question de droit fût contestée. Il fallait, en second lieu, prouver que le mariage avait été contracté par le consentement ; c'est sur ce point que roulait le débat ; et la question de preuve dépend de la loi locale, qui ne forme pas un statut personnel ; peu importe la nationalité des parties, qu'elles soient américaines ou étrangères, le mariage contracté aux Etats-Unis se prouvera toujours d'après la loi locale.

Les appelants faisaient une objection très sérieuse, que nous avons déjà rencontrée. La loi américaine n'admet pas la légitimation par mariage subséquent ; quand la légitimité des enfants est contestée, il ne suffit pas de prouver que leurs père et mère étaient mariés, il faut encore prouver que les enfants sont nés du mariage ; car s'ils étaient nés avant le mariage, ils seraient et resteraient enfants naturels.

Dans l'affaire Gaines (n° 16), la difficulté était très sérieuse, puisque les relations des époux avaient d'abord été irrégulières ; dans l'affaire Moore, cette question ne se présentait pas. Les appelants ne soutenaient pas que le mariage avait commencé par le concubinage, mais ils prétendaient que c'était aux demandeurs en pétition d'hérédité de prouver que le mariage était antérieur à la naissance des enfants. La cour leur répond que l'enfant dont la légitimité est contestée n'a qu'une chose à prouver, le mariage de ses père et mère ; cela n'est pas exact, il doit prouver encore que ses parents étaient mariés lors de sa conception, ou au moins lors de sa naissance. Du reste, dans l'espèce, toutes les circonstances de la cause démontraient que les relations des époux Moore n'avaient jamais été irrégulières, ce qui tranchait la difficulté. Sur le pourvoi en cassation, il intervint un arrêt de rejet. La chambre des requêtes constate le point de droit en ces termes : « Il est constant que le statut de Pensylvanie n'exige ni acte civil, ni acte religieux, ni acte authentique, ni même acte privé, pour constater l'existence légale du mariage légitime et qu'il suffit, pour le prouver, de la notoriété résultant « de la cohabitation et de la réputation », en qualité de mari et de femme légitimes (1).

(1) Rejet, 13 janvier 1857 (Dalloz, 1857, 1, 106).

27. Dans l'affaire que je viens de rapporter, le mariage avait été contracté aux Etats-Unis, entre Américains. Les principes sont les mêmes quand les époux sont étrangers; la raison en est que le statut personnel est hors de cause. La solennité du mariage est régie par la maxime universellement reçue : *Locus regit actum*. Et il en est de même de la preuve. La cour de Paris l'a jugé ainsi dans une espèce où les époux étaient l'un Français, l'autre Américaine; je transcris les motifs concernant le point de droit, parce qu'il résume bien le débat : « Considérant que le mariage, quant à ses *formes extrinsèques* et quant à ses *modes de preuve*, dépend de la législation du pays où il a été contracté; que le mariage dont il s'agit aurait été contracté en Amérique dans l'Etat de New-York, où la loi n'exige, pour le *lien civil* et la *preuve du mariage*, aucun acte écrit, mais seulement la *cohabitation* et la *réputation* du *commerce* dénommé; que, par les documents probants mis au procès, notamment par une attestation émanée d'un ministre presbytérien et revêtue des visas des officiers publics² des Etats-Unis, l'intimée justifie que le mariage litigieux a été contracté à Stephens Town, a été *célébré* suivant les *formes* usitées dans le pays, et qu'ils ont vécu notoirement comme époux; que la preuve légale du mariage est ainsi administrée. »

A vrai dire, il n'y a pas de *célébration* du mariage proprement dite, et pas de *formes*, puisque le seul consentement suffit, sans intervention d'un officier quelconque, et sans *formes*, donc sans solennité. Il en résulte une difficulté de principe et une difficulté de texte : le mariage existe-t-il sans solennité? et l'article 170 permet-il de valider le mariage, sans qu'il y ait ni *célébration* ni *formes?* La cour ne discute pas ces questions, sans doute parce qu'elles n'avaient pas été soulevées au procès. Je les ai examinées dans le cours de cette Etude.

La cour discute ensuite la validité du mariage, au fond. Etait-il régi par la loi américaine ou par la loi française? La solution dépendait du point de savoir si le mari, Français de naissance, avait conservé sa nationalité à l'époque de son mariage. Il est inutile d'entrer dans

ce débat; le Français n'avait point été naturalisé, et la
cour constate qu'il s'était établi aux Etats-Unis avec
esprit de retour, la loi française formait donc le statut
personnel du mari, et c'est d'après cette loi que devait
être jugée la validité de son mariage. Dans l'espèce, on
aurait dû observer l'article 170 du code Napoléon; or il
n'y avait pas eu de publications en France, et le futur
n'avait pas fait d'actes respectueux. Les appelants en con-
cluaient que le mariage était nul. La cour écarte la
demande en nullité formée par l'oncle, qui se fondait sur
la clandestinité du mariage, et invoquait l'article 191, qui
donne aux collatéraux le droit de demander la nullité
d'un mariage clandestin. Il n'est pas exact de dire que le
mariage non précédé de publications soit clandestin
quand il est célébré à l'étranger : en effet, le défaut de
publications par lui-même n'emporte pas clandestinité, le
code prononce simplement une amende. Si le mariage
contracté à l'étranger peut être annulé pour défaut de
publications, c'est seulement dans le cas où il serait
prouvé que le mariage aurait eu lieu dans le dessein de
faire fraude à la loi française, ce qui n'était pas allégué
dans l'espèce. Donc l'action de l'oncle n'était pas recevable.

Restait l'action en nullité de la mère pour défaut d'actes
respectueux. La cour établit que la mère avait donné une
approbation tacite au mariage de son fils; or cette approbation, d'après l'article 183, couvrirait la nullité résultant
du défaut de consentement du père ou de la mère; à plus
forte raison couvre-t-elle la nullité que l'article 170 établit
pour défaut de publications et d'actes respectueux, puisque
cette nullité ne se rattache qu'à des empêchements qui,
d'après le droit commun, sont simplement prohibitifs. La
cour conclut que le mariage, ne pouvant être attaqué par
aucun des appelants, devait être tenu pour valable.

Il y avait encore, dans l'espèce, une difficulté concernant la filiation de l'enfant né en Amérique du mariage
litigieux. Elle devait être décidée d'après le droit américain, puisqu'il s'agissait d'une question de preuve. Or, on
produisait une attestation authentique d'un médecin et de
deux témoins constatant l'accouchement de la mère, d'une

fille, ce qui formait, d'après le droit américain, la preuve de la filiation, en supposant l'identité constante. Sur ce dernier point il pouvait s'élever un nouveau débat; la cour tranche la difficulté en constatant que l'enfant jouissait de la possession d'état d'enfant légitime, ce qui établissait sa filiation et son identité (1).

28. J'arrive à l'application que Wharton fait de sa théorie du mariage consensuel, dans le droit civil international. Un mariage est contracté en France par deux Américains, sans l'observation des solennités prescrites par la loi française, sans intervention de l'officier de l'état civil. Ce mariage est-il nul en France, et dans les autres pays, notamment aux Etats-Unis? D'après les principes que j'ai établis dans le cours de ces Etudes, la nullité est certaine, et cette nullité est absolue, universelle. En effet, le mariage dépend, quant aux solennités, des lois du lieu où il a été contracté. Or, d'après le code français, l'intervention d'un officier de l'état civil est de l'essence du mariage; il n'y a point de mariage, tant que l'officier public n'a pas prononcé l'union des époux au nom de la loi. C'est dire que le mariage est plus que nul, il est inexistant, c'est le néant; or comment un mariage qui n'existe pas, qui est censé n'avoir pas été contracté d'après la loi du pays où il aurait eu lieu, peut-il devenir valide ailleurs? La question n'a point de sens. Vainement dirait-on que la règle *Locus regit actum* est facultative, en ce sens que les parties sont libres de suivre, en pays étranger, les formes prescrites par la loi locale, ou celles qu'exige leur loi nationale. J'ai rejeté cette doctrine en ce qui concerne les conventions d'intérêt pécuniaire, à moins qu'il ne s'agisse d'actes sous seing privé, et que les parties aient la même nationalité (2). Elle est inadmissible dans la matière du mariage : il ne s'agit pas ici de la forme d'un écrit destiné à prouver un fait juridique, il s'agit de la célébration solennelle de l'union des époux qui, d'après le droit français, et d'après le droit commun des peuples

---

(1) Paris, 20 janvier 1873 (Dalloz, 1873, 2, 59).
(2) Voyez le tome II de ces Etudes, p. 443, nos 245 249.

civilisés, exige l'intervention d'un officier public. Cette
intervention est prescrite par un motif d'intérêt général,
parce que le mariage est le fondement de l'ordre civil et
de l'ordre moral. La loi sur la célébration du mariage
est donc un statut réel, dans toute la force du terme; elle
reçoit son application à tous ceux qui habitent le territoire. Il n'y a d'exception que pour les mariages célébrés
entre étrangers par le consul ou par l'agent diplomatique
du pays auquel les parties appartiennent; les solennités,
dans ce cas, dépendent de la loi nationale des parties;
bien entendu si, d'après ces lois, les agents extérieurs ont
le droit de célébrer les mariages (code Nap., art. 47).

Cette opinion est partagée par les légistes américains,
excepté par Wharton. Lui-même avoue qu'il est embarrassé par la doctrine que Lawrence, l'éminent publiciste
américain, enseigne, dans son commentaire sur Wheaton,
non pas comme une opinion qui lui serait propre, mais
comme un principe reçu par le droit des gens. Wharton
formule l'avis de Lawrence en ces termes : « L'union
de citoyens américains domiciliés aux Etats-Unis, dans
un Etat étranger dont la législation déclare que certaines
solennités sont de l'essence du mariage, est nulle si elle
a été contractée sans l'accomplissement de ces formalités.
Et le mariage est nul non seulement dans le pays où le
mariage a été contracté, mais encore partout ailleurs,
même dans le pays auquel les parties appartiennent, aux
Etats-Unis, bien que la validité du mariage ne serait pas
contestable, d'après la loi américaine. »

Wharton ajoute que son opinion est aussi contraire à
la doctrine professée par le secrétaire d'Etat Cass, dans
une circulaire adressée aux ministres américains à l'étranger. Il rejette, comme je l'ai dit ici même (1) la fiction de
l'exterritorialité, et la conséquence que l'on en déduit
quant au droit qu'auraient les consuls et les agents diplomatiques américains de célébrer les mariages de citoyens
des Etats-Unis d'après les lois américaines. Lui-même,
comme Wharton le rappelle, fit l'application de sa doc-

---

(1) Voyez le tome III de ces Etudes, p. 464, n° 245

trine, à l'occasion du mariage de sa fille contracté à Paris
avec le secrétaire de la légation américaine. Nommé par
le président des Etats-Unis avec le consentement du
sénat, ledit secrétaire jouissait des immunités diplomatiques, et la fille de Cass, alors ministre des Etats-Unis à
Paris, jouissait des mêmes priviléges : ils pouvaient donc
invoquer l'un et l'autre l'exterritorialité. Néanmoins Cass
voulut que le mariage de sa fille fût célébré à la mairie,
avec toutes les solennités prescrites par le code Napoléon;
et il agit ainsi sur l'avis des jurisconsultes français les
plus éminents (1).

29. Wharton est d'un avis contraire. Dans son opinion,
le mariage, considéré comme une institution internationale, dépend du seul consentement des parties ; aucune
condition n'est requise, ni quant à la forme, ni quant au
fond, sauf la capacité des parties, laquelle se réduit à la
puberté ; aucun empêchement n'existe au mariage, sinon
la bigamie et l'inceste. J'ai combattu les prémisses, je
combats aussi les conséquences qui en découlent.

Constatons d'abord que la prétendue institution internationale du mariage, fondé sur le seul consentement,
est une chimère. Pour qu'une institution puisse être qualifiée d'internationale, il faut qu'elle soit reconnue par toutes
les nations civilisées, ou chrétiennes, comme le disent les
légistes américains. Or, le mariage par le seul consentement est, au contraire, répudié par tous les peuples civilisés ; tous, dit Merlin, exigent l'intervention d'un fonctionnaire public pour la validité du mariage. Merlin ne
connaissait pas les mariages de Gretna-Green, ni les
usages ou lois des Etats-Unis. Mais peut-on induire de
ces débris de l'ancien droit canon, antérieur au concile de
Trente, que le droit commun de la chrétienté admet le
mariage par le seul consentement? Le concile de Trente
abolit le mariage par *paroles de présent;* les divers Etats,
ceux-là mêmes où les décrets du concile ne furent pas
publiés, rejetèrent également un mariage, clandestin de

---

(1) Lawrence, *Commentaire sur Wheaton*, t. III, p 370. — Wharton,
dans le *Journal du droit international privé*, 1879, p. 510.

son essence, et prescrivirent l'intervention d'un officier
public comme condition, je ne dirai pas de validité, mais
d'existence du mariage. Le droit commun de la chrétienté
est donc la solennité du mariage : comment concilier ce
droit commun avec la prétendue institution internationale
de Wharton, d'après laquelle le mariage serait un contrat
purement consensuel? Une institution internationale répudiée par toutes les nations ou à peu près est un non-
sens. De quel droit Wharton écarte-t-il les décrets du
concile de Trente et les lois particulières des Etats comme
n'ayant qu'une autorité territoriale? Lui-même, quoiqu'il
semble n'exiger aucune condition, est obligé de soumettre
le mariage des étrangers à ces lois territoriales. Il admet
une exception pour la polygamie et l'inceste. Je laisse de
côté la polygamie, bien qu'elle soit consacrée par une loi
révélée, qu'il serait bien difficile d'écarter si l'on discutait
sérieusement la question. L'inceste est admis par toutes
les nations chrétiennes comme un empêchement, et comme
une cause de nullité. Mais il y a inceste et inceste. Les
Anglais jugent que le mariage entre beau-frère et belle-
sœur est contraire à la parole de Dieu; les Américains
le déclarent valable, bien que les uns et les autres soient
chrétiens et considèrent le mariage comme une institution
chrétienne. Qui a raison, les *lawlords* ou les légistes des
Etats-Unis? Je doute qu'en Angleterre on permette à des
Américains, beau-frère et belle-sœur, de se marier. Il est
certain que les *lawlords* annuleraient le mariage que des
Anglais alliés à ce degré contracteraient aux Etats-Unis.
Voilà l'institution internationale de Wharton en défaut.
Laissons là le prétendu mariage international, et écoutons
le légiste américain.

Wharton croit que les juges américains ne décideraient
pas de la validité d'un mariage contracté par des étrangers d'après la loi américaine, qu'ils valideraient le mariage contracté aux Etats-Unis, bien qu'il fût contraire
aux lois d'Amérique, pourvu qu'il fût conforme à la loi
personnelle des époux. Ils diraient : « Nos lois sur le
mariage ont été faites pour nos citoyens, et non pour des
étrangers séjournant transitoirement parmi nous. Ces

étrangers ne peuvent être traduits en justice sous la pré-
vention d'union illicite, uniquement parce qu'ils cohabi-
tent en vertu d'un mariage légitime d'après le droit commun de la chrétienté, bien que ce mariage soit contraire
à une loi territoriale qui déroge à ce droit commun. » Et
pourquoi les tribunaux français ne jugeraient-ils pas de
même? Ils diraient : « Les époux sont américains ; ils ne
sont pas sujets à nos lois. Qu'importe que l'époux mineur
de vingt-cinq ans n'ait pas obtenu le consentement de son
père? Mais le père est étranger, et ne peut s'adresser à
nous pour faire respecter ses droits. D'ailleurs nos lois
ne doivent pas être appliquées à des Américains, attendu
qu'elles ont pour objet de restreindre des mariages, tandis
que les lois américaines favorisent la multiplication des
familles. »

Il y a dans cette argumentation une confusion extrême.
Wharton ne parle pas des solennités du mariage; les
conditions qu'il cite se rapportent à la capacité des
parties, l'âge, et le consentement des ascendants. Il est
d'évidence que les tribunaux français appliqueraient au
mariage de deux Américains, non les conditions de capacité exigées par la loi française, mais celles que prescrit
la loi américaine, donc ils valideraient le mariage contracté à l'âge de douze et quatorze ans, sans le consentement des père et mère, puisque ces conditions dépendent'
du statut personnel; et la loi française qui ne permet le
mariage qu'à quinze et à dix-huit ans, et qui exige le
consentement des ascendants jusqu'à vingt et un et vingt-
cinq ans, n'est pas une de ces lois d'intérêt social auxquelles les étrangers sont soumis aussi bien que les indigènes. Donc le statut personnel des Américains recevra
son entière application. En tout cas, je ne vois pas pourquoi Wharton écarte les ascendants, par leur seule
qualité d'étrangers ; les tribunaux français peuvent recevoir leur demande en nullité, mais ils la déclareraient
non fondée. Il en est tout autrement des solennités du
mariage. Sur ce point, les tribunaux français ne tien-
draient certes pas le langage que Wharton leur prête.
Ils diraient : « L'intervention de l'officier de l'état civil

dans la célébration du mariage est requise pour son existence; d'après le code Napoléon, il n'y a point de mariage si l'union des époux n'a pas été prononcée par
l'officier public. Cette solennité est plus qu'une forme
extrinsèque de l'acte; elle ne concerne pas la preuve, elle
est requise pour le lien civil du mariage. Nos lois l'ont
voulu ainsi, pour établir une démarcation publique entre
le concubinage et le mariage. Le législateur ne reconnaît
point le mariage devant Dieu, comme l'appellent nos
romanciers; parce que ce prétendu mariage pourrait être
rompu aussi facilement qu'il se contracte : il suffirait de
nier que le consentement ait été sérieux. La société est
intéressée à ce qu'un contrat, sur lequel son existence et
sa conservation reposent, soit célébré en son nom par un
officier public qui est le représentant de la loi, et la loi est
l'expression de la volonté souveraine. Il n'y a pas à distinguer, en cette matière, entre les étrangers et les nationaux, et l'étranger ne peut pas se prévaloir de son statut
personnel : le droit de la société domine les droits des
particuliers, car ils ne peuvent pas invoquer leur intérêt
contre l'intérêt général. »

J'ai dit que les tribunaux français admettent la validité
d'un mariage contracté aux Etats-Unis sans solennité
aucune, par le seul consentement des parties (n° 27); et
maintenant je soutiens qu'ils annuleraient un mariage que
des Américains contracteraient en France par le seul
consentement, sans l'intervention d'un officier public.
Cela n'est-il pas contradictoire? Au point de vue des principes du droit civil international, il n'y a aucune contradiction; loin de là, les deux solutions sont l'application
d'une seule et même règle de notre science, à savoir, de
l'adage universellement reçu, *Locus regit actum*, appliqué
à la célébration du mariage. Pourquoi les tribunaux français déclarent-ils valable le mariage contracté aux Etats-
Unis, bien qu'il ne soit pas célébré par un officier public?
C'est que la solennité dépend de la loi du lieu où le mariage
est célébré; il en résulte que le mariage, valable aux
Etats-Unis en ce qui concerne la forme, est valable partout. Par identité de raison, le mariage nul en la forme,

d'après la loi du lieu où il a été contracté, doit être nul
partout; donc le mariage de deux Américains contracté en
France par le consentement des parties, sans l'intervention de l'officier de l'état civil, étant nul d'après la loi
française, serait nul partout ailleurs, même aux Etats-
Unis. Sur ce dernier point, il y aurait conflit entre la
jurisprudence française et la jurisprudence américaine.
J'ai rapporté un arrêt de la cour suprême de Washington, qui valide un mariage contracté en France,
par des Français, sans célébration par l'officier de l'état
civil (n° 18). Il est vrai que la cour ne décide pas la
difficulté en termes formels; et l'on en peut conclure que
c'est une décision d'espèce, comme le sont tous les jugements, et surtout ceux qui sont rendus par les tribunaux
anglo-américains. Il est toujours très chanceux d'en
induire une règle doctrinale. Quoi qu'il en soit, en principe, l'identité des motifs doit conduire à une décision
identique.

30. Il y a plus de doute en théorie, au point de vue de
la loi ou d'un traité. Les conflits entre les lois des divers
pays sont toujours regrettables; ils le sont surtout dans
la matière du mariage. Wharton y insiste, et dit que l'on
ne saurait admettre qu'un mariage valable d'après la loi
américaine, entre Américains, s'il était contracté aux
Etats-Unis, soit nul s'il est contracté en France, et que
des époux dans un cas soient légitimes ainsi que leurs
enfants, tandis que dans l'autre ils seraient illégitimes,
et leurs enfants bâtards. Au point de vue légal, la réponse
serait facile et péremptoire : si le mariage des Américains
est nul en France et ailleurs, pour n'avoir pas été célébré
par un officier public, ils doivent s'en prendre à eux-
mêmes; on ne procède pas à un acte aussi important sans
consulter les lois du pays où l'on se trouve; et ceux qui
n'observent pas les lois en doivent subir les conséquences.
Mais il s'agit de savoir, pour le moment, si une loi ou un
traité ne pourrait pas établir un autre principe dans le
but d'éviter les conflits entre le droit américain et le droit
du continent. Le législateur en a sans doute le pouvoir,
mais convient-il qu'il en use !

Wharton fait sur ce point des observations qui méritent d'être rapportées : « Un citoyen américain se trouve en Europe pour le service des Etats-Unis, il est âgé de vingt à vingt-cinq ans, plus âgé par conséquent que William Pitt lorsqu'il était premier ministre d'Angleterre, plus âgé qu'Alexandre Hamilton quand il dominait une Assemblée Constituante, qu'Henri Clay et John alors qu'ils occupaient le premier rang dans la seconde génération des grands hommes d'Etat d'Amérique. Si un Américain arrivé à cet âge se marie en Allemagne, son mariage sera nul s'il n'a pas obtenu le consentement de ses ascendants; ses enfants seront illégitimes. Qu'on le décide ainsi en Europe, où les lois restreignent et entravent le mariage parce que la population surabonde, cela se comprend. Mais aux Etats-Unis, le législateur peut et doit encourager le mariage; nous en avons fait l'expérience; nos mariages produisent de nombreuses familles qui font la force de notre patrie. Pour d'autres besoins, il faut d'autres lois. Nous ne pouvons admettre que des mariages qui sont conformes à nos lois soient réputés nuls aux Etats-Unis. »

En tant que ces observations s'adressent au juge, comme le fait Wharton, je ne saurais les admettre. Les tribunaux n'ont pas à se préoccuper des intérêts généraux de la société parce qu'ils n'ont pas mission de les régler; ils sont liés par les lois et par les principes qu'elles consacrent. Mais le législateur peut tenir compte de la diversité des mœurs et des nécessités sociales dans les divers pays, et approuver des conventions internationales qui préviennent les conflits. La difficulté ne concerne pas les conditions de capacité, comme Wharton le croit; on admet généralement en Europe que les conditions intrinsèques du mariage sont régies par la loi personnelle de l'étranger; telle est la doctrine que je professe dans ces Etudes, et je pense bien que nos tribunaux la suivraient. Mais toutes les lois s'accordent à soumettre les étrangers aux solennités prescrites dans le pays où le mariage est contracté. Ici est la véritable difficulté. Les traités pourraient-ils stipuler que les mariages des étrangers seront régis par leur loi nationale, même en ce qui concerne les formalités? Je le crois, et il y en a une raison qui me paraît décisive. Les mariages contractés par des Français aux Etats-Unis par le simple consentement, sans solennité aucune, sont valables en France : pourquoi n'y validerait-on pas les mariages contractés en France par des Américains, s'ils sont conformes aux lois des Etats-Unis?

31. Je fais appel à la législation et à la diplomatie. Je crains bien que les gouvernements ne s'occupent pas de sitôt de ces questions qui ont leur gravité, puisqu'elles touchent aux bonnes mœurs. Mais le jour viendra où elles devront être décidées; il faut pour cela que l'opinion publique soit préparée, et qu'elle se prononce; le législateur y fera droit. J'ai souvent dit que la science a un grand rôle à jouer dans cette œuvre. Mais la science isolée a peu d'influence; on ne l'écoutera pas, c'est à peine si l'on aura connaissance de ses réclamations. Il faut que les hommes de science des divers pays s'entendent. Telle est, à mon avis, la grande mission de l'Institut du droit international, fondé par M. Rolin-Jaequemyns, et où dès maintenant les jurisconsultes des deux mondes se donnent rendez-vous. Que l'Institut mette à son ordre du jour la question du mariage : si les membres qui le composent parvenaient à s'entendre, et répandaient ensuite chacun dans son pays les propositions adoptées, ce serait un grand pas vers l'unité et la communauté de droit, dans des rapports internationaux qui touchent aux plus graves intérêts de l'ordre public et de la moralité. C'est pour préparer les débats que je suis entré dans de si longs détails, dans cette Etude sur le mariage; et je vais poursuivre ce travail préparatoire, de critique et de théorie. Je pose les questions, et j'essaye de déblayer le terrain; les architectes appelés à construire l'édifice viendront après moi.

SECTION IV. — Des obligations qui naissent du mariage.

§ I. — *De la puissance maritale.*

N° 1. — CARACTÈRE DE LA PUISSANCE MARITALE.

32. — La puissance maritale, avec ses conséquences, forme-t-elle un statut personnel ou réel? Les lois qui la régissent suivent-elles les nationaux dans tous les pays où ils vont résider? Sont-elles applicables aux étrangers qui se marient en France, ou qui après leur mariage viennent s'y établir? Y a-t-il, en cette matière, des règles qui dominent le statut personnel comme intéressant les droits de la société? Il est impossible de répondre à ces questions en théorie, et d'une manière abstraite. Le droit n'est pas une abstraction, il est l'expression des mœurs, des idées, des sentiments de chaque peuple. Si un jurisconsulte romain, Ulpien ou Gajus, pouvait ressusciter, et s'il était appelé à répondre aux questions que je viens de poser, sa réponse serait certainement toute différente de celle que je vais faire, puisqu'ils avaient sur la puissance des pères de famille des principes que les peuples modernes ont rejetés. Il en serait de même si l'on écoutait un canoniste des vieux âges, imbu des idées romaines tout ensemble et des préjugés catholiques. L'humanité moderne a secoué le joug que le catholicisme romain lui avait imposé. Notre société procède, il est vrai, du christianisme, et Rome y a un grand rôle; mais il s'y est mêlé un autre élément qui a profondément modifié la tradition romaine et catholique, c'est l'élément barbare ou germain. Notre droit est imbu de l'équité germanique et de l'esprit de liberté que les conquérants de l'empire nous ont légué avec leur sang. La rigueur romaine disparaît insensiblement dans les pays mêmes où elle régnait en maîtresse absolue. Le code d'Italie en offre un intéressant témoignage. C'est la terre natale du droit romain. Eh bien, lisez le code, dans les matières d'état personnel, il n'y reste plus une trace du droit qui est une des gloires de la race italienne si richement douée de Dieu. Le mot de puissance ne s'y trouve plus; l'égalité des époux a failli y être inscrite en toutes lettres, et si elle n'est pas dans le texte, il est certain qu'elle est dans la tendance de la loi. Il faut donc avant tout voir quel est l'esprit du droit moderne, et notamment du droit français qui est la base de ces Etudes. C'est seulement quand nous saurons ce qu'était jadis la puissance maritale, et ce qu'elle est aujourd'hui, que nous pourrons décider quelle est la nature du statut qui la régit; pour mieux dire, la décision résultera d'elle-même de la nature et du caractère que la puissance du mari sur la femme a dans notre droit, et surtout dans nos mœurs.

33. Le Code Napoléon ne prononce pas le mot de *puissance maritale,* mais il consacre la chose, en disant que « le mari doit *protection* à la femme et la femme *obéissance* à son mari » (art. 213. C'est le principe de la dépendance de la femme, donc, de la supériorité du mari, qu'on l'appelle comme on voudra, puissance, autorité, domination. Toujours est-il que les auteurs du code civil n'ont pas osé prononcer le mot, tandis qu'ils ont conservé le titre de *puissance paternelle,* quoique, en réalité « puissance paternelle n'ait lieu en France », comme le disaient nos vieilles coutumes. Cela ne prouverait-il pas que, lors de la rédaction du code, la puissance du mari sur la femme n'existait plus dans les mœurs, et que, dans la loi elle n'est qu'un vain mot? Dans l'ancien droit, les légistes appelaient les choses par leur nom. Pothier définit la puissance maritale en ces termes : « La *puissance* du *mari* sur la *personne* de la *femme* consiste dans le *droit* qu'a le mari d'exiger tous les *devoirs de soumission* qui sont dus à un *supérieur* (1). » Il y a donc un *supérieur* et un *inférieur* dans la société conjugale, partant *dépendance* et *inégalité*. Pothier ajoute que cela est de *droit naturel*. Qu'est-ce que ce *droit naturel* qui consacre l'*inégalité* de la femme et de l'homme, alors que l'on invoque d'ordinaire la loi de la nature comme une loi d'*égalité?*

(1) Pothier, *Traité de la puissance du mari sur la personne et les biens de la femme,* n°s 1 et 2.

34. Quand on recourt aux travaux préparatoires du code civil, on est etonné de les trouver muets sur une question de cette importance. Le rapporteur et l'orateur du Tribunat n'en disent pas un mot; il est vrai que le Tribunat était mutilé par un coup d'Etat. Portalis seul parle de la loi d'égalité ou d'inégalité qui doit régir les époux; encore y met-il une espèce de dédain : « On a longuement discuté, dit-il, sur la préséance ou l'égalité des deux sexes. Rien n'est plus vain que ces disputes. » Non, ces disputes ne sont pas vaines; car il faut un principe quelconque pour déterminer la nature des rapports que le mariage crée entre l'homme et la femme; et les principes, c'est tout le droit. Est-ce que la loi ne sera pas tout autre selon que le législateur s'inspirera de l'égalité philosophique ou de l'inégalité chrétienne? Portalis admet qu'il y a entre l'homme et la femme une *différence* qui est fondée sur leur *être*, ce qui veut dire leur *nature*, leur *essence*. Sans doute, il y a des différences, personne ne le conteste; mais il s'agit de savoir si ces *facultés* différentes entraînent des *droits* et des *devoirs* différents. On peut répondre *oui* et *non*. *Oui*, pour les droits politiques, bien qu'il y ait d'excellents esprits qui pensent le contraire. Je doute que les motions qui se font au Parlement d'Angleterre en faveur de l'égalité de la femme trouvent jamais un écho dans les chambres françaises et belges. C'est chez nous une opinion enracinée que la place de la femme est au foyer domestique, qu'elle n'est pas dans les comices électoraux ni dans les assemblées législatives. *Non*, pour les droits privés. Il importe de constater que telle est, en principe, la théorie du code Napoléon; il n'établit aucune différence, pour la capacité juridique, entre l'homme et la femme comme telle; ils sont sur un pied d'égalité parfaite. Pourquoi la femme, capable au moment où elle se marie, devient-elle subitement incapable par le mariage?

Ce que Portalis dit est étranger à la question. « La force et l'audace sont du côté de l'homme, la timidité et la pudeur du côté de la femme. » Eh! qu'importe? N'en est-il pas ainsi en dehors du mariage, aussi bien que pendant le mariage? Si la *force*, d'une part, et la *timidité*, de l'autre, justifient la subordination de la femme mariée et son incapacité, elle doit toujours être dans une situation inférieure; placez-la donc, jeune fille et veuve, sous *tutelle*, comme elle est sous *puissance* quand elle est mariée. Que si vous reculez devant la conséquence de votre principe, laissez là la *force* et la *timidité*, l'*audace* et la *pudeur*; ces antithèses ne sont que des mots et des paroles, et ce n'est pas par des phrases que l'on décide les difficultés de droit. Est-ce que peut-être en exaltant la *force* de l'homme, Portalis entend dire que l'homme a plus d'intelligence et de caractère que la femme? C'est une thèse qui se peut soutenir; mais, encore une fois, ceux qui croient que la femme est un être inférieur doivent être conséquents : qu'ils donnent à la femme un tuteur quand elle n'est pas mariée, comme ils lui donnent un maître pendant le mariage. Ou est-ce que Portalis entend par *force* la force corporelle? Je suis porté à le croire; en effet, il ajoute que l'homme et la femme ne peuvent pas partager les mêmes *travaux*, ni supporter les mêmes *fatigues* (1). S'il en est ainsi, le droit naturel des auteurs du code est le droit de la barbarie, le droit du plus fort. C'était la loi du monde ancien, loi de tyrannie et de servitude pour tous les êtres faibles que l'on opprimait; la Révolution l'a remplacée par la loi de la liberté et de l'égalité.

35. Les interprètes du code Napoléon sont, en cette matière, d'une sécheresse qui ne le cède qu'à l'insuffisance des raisons qu'ils font valoir quand il leur arrive de donner un motif. Merlin commence l'article du *Répertoire* sur la *puissance maritale* par ces mots : « C'est un *principe généralement reçu* que le *mariage* soumet la *personne* et les *biens* de la *femme* à la *puissance* de son *mari*. » Cela est, parce que cela est; la tradition exerce sur l'esprit des légistes une puissance irrésistible; il est rare qu'ils parviennent à secouer ces chaînes.

Pas de raisons vaut encore mieux que de mauvaises

(1) Portalis, *Exposé des motifs*, n° 62 (Locré, t. III, p. 396).

raisons. Ecoutons Toullier : « *La femme doit obéissance à son mari* (C. civ., art. 213). La *société conjugale* ne pourrait subsister si l'un des époux n'était *subordonné* à l'autre. » Pourquoi ? Il y a bien des sociétés civiles et commerciales, et l'*égalité* en est l'âme ; tous les associés sont égaux, ce qui ne les empêche pas de s'entendre. Est-ce que l'entente ne doit pas être bien plus facile entre époux, puisqu'ils sont unis par le lien de l'affection ? Le mariage n'est-il pas l'union des âmes ? C'est le mot de Napoléon, et si les deux époux n'ont qu'une âme en deux corps, où est la nécessité de la *subordination ?* La conçoit-on même ? Toullier continue : « C'est au mari que la *nature* et les *lois* ont donné la *prééminence*. » Les *lois*, oui, mais la *nature ?* C'est le *droit naturel* de Pothier et de Portalis, et quand on y regarde de près, on trouve que le prétendu *droit* de la *nature* est le *droit du plus fort*. Toullier ne dit pas cela, mais ce qu'il dit implique la même idée : « C'est dans cette *prééminence* qu'est la source du droit de *protection* que la loi impose au mari. C'est d'elle aussi que dérive l'*obéissance* de la femme ; c'est un hommage rendu au pouvoir qui la protége (1). »

Proudhon est moins respectueux et peut-être plus vrai, au moins dans l'état actuel de nos sociétés. « La *raison naturelle* veut que dans toute association le *moins éclairé* soit dirigé par le *plus clairvoyant* (2) ». Le rude légiste aurait bien dû se demander pourquoi la femme est moins éclairée. Est-ce parce qu'elle a moins d'intelligence ? Alors c'est un être inférieur qui a été créé pour obéir à un être supérieur. Cette doctrine aboutit à la célèbre justification de l'esclavage par Aristote : « Il y a des hommes *naturellement esclaves ;* ce sont ceux qui n'ont pas la raison nécessaire pour se conduire ; la nature les assujettit à un maître. » S'il en est ainsi, il faut placer toutes les femmes sous tutelle, comme on le faisait dans les vieux temps. Proudhon veut-il dire que, de fait, et par suite de la détestable éducation qu'elles reçoivent, les femmes sont

(1) Toullier, t. I, 2ᵉ partie, p. 9, nᵒ 615 (édition de Duvergier).
(2) Proudhon, *De l'Etat des personnes*, édition de Valette, t. I, p. 454.

moins éclairées que les hommes? Il aurait raison; mais
alors la *nature* est hors de cause, c'est le législateur qui
est le coupable, et le grand coupable, c'est l'Eglise, car
c'est dans ses couvents que l'on crétinise les femmes;
mais tout esclaves qu'elles sont, elles dominent dans la
famille et, par elles, le prêtre. Cela va être changé; et
quand la femme sera aussi éclairée que l'homme, où sera
la raison de la subordonner à l'homme?

Duranton rapporte la puissance maritale au *devoir de
protection*, « qui dérive encore plus de la *nature* que de la
loi civile ». Toujours la *nature!* Et la nature est décidément le *droit de domination* qu'Aristote reconnaît à l'*intelligence* : ce n'est pas la loi de la *force seule*, c'est aussi la
loi de la *raison*. La *raison* est celle que Toullier vient de
nous exposer; Duranton reproduit textuellement ses
paroles sans le citer. La *protection* que la femme cherche
dans le mariage suppose, de la part de l'être protégé, *soumission* et *obéissance*, puisque l'idée d'*indépendance* qui
se suffit à elle-même, est incompatible avec le besoin de
défense (1). Si l'on demandait à Duranton ce qui l'autorise à placer l'essence du mariage dans la *protection* d'une
part et dans la *soumisson* de l'autre! Est-ce là ce que la
jeune fille rêve? Si telles étaient ses aspirations, elle
ferait mieux d'aller au couvent : là, la soumission ne
manque point, et la *protection* s'y appelle pouvoir absolu
que le supérieur exerce comme délégué de Dieu.

36. Ces idées, je serais tenté de dire, ces phrases,
sont répétées par tous les auteurs, l'un copie l'autre
Demante invoque la *force* de l'homme et son *devoir* de
protection. Valette dit que la *nature* de la femme est
d'être *subordonnée* et *dépendante* (2). Il est inutile de continuer cette revue. Je citerai encore un des rares légistes
qui appartient à l'opinion catholique; c'est précisément
pour cela que Marcadé, mieux que les autres, remonte à
la vraie source de la théorie traditionnelle que les interprètes reproduisent à l'envi: « Le mari est établi, par la

---

(1) Duranton, *Cours de droit civil*, t. II, p. 410, n° 432.
(2) Demante, *Cours analytique*, t. I, n° 296. Valette, *Explication som-
maire du livre Ier du code Napoléon*, p. 127, n° 27.

nature même, le *protecteur* et le *surveillant* de l'épouse, le *chef* de la société intime et sacrée qui se forme entre eux. L'épouse doit donc *soumission* au mari, selon ce précepte de saint Paul : *Mulieres viris suis subditæ sint* » (1). Le grand apôtre dit encore autre chose; nous allons l'entendre. Ce qu'il dit fait partie de la révélation chrétienne. Cette révélation a été longtemps acceptée par la société laïque comme la vérité absolue; la morale révélée est encore considérée comme un idéal, même par les légistes dont la plupart ne se doutent pas que leur *droit naturel* est celui du christianisme traditionnel. Notre société est chrétienne, dit-on, et elle ignore d'où elle procède.

« Adam, dit saint Paul, a été créé le *premier*, Eve *ensuite*. L'*homme* est l'*image* et la *gloire* de *Dieu*; la *femme* est la *gloire* de l'*homme*; en effet, l'homme n'a pas été pris de l'homme, mais la femme a été prise de l'homme, et l'*homme n'a pas été créé pour la femme*, mais la *femme a été créée pour l'homme* (2) ». Voilà la source de l'inégalité de la femme, elle tient à la *création*, donc à la *nature*. Si elle est subordonnée, ce n'est pas, comme le disent les légistes, parce que le mari lui doit protection; elle *naît sujette*, puisqu'elle a été *créée pour l'homme*, tandis que l'homme n'a pas été créé pour la femme; la femme n'est pas la *gloire de Dieu*, elle est la *gloire* de l'*homme*. Il y a un abîme entre la femme et l'homme; elle a été créée sujette. Ce n'est pas moi qui tire cette conséquence de la doctrine de saint Paul; cela se lit dans le *Décret de Gratien;* c'est donc le droit canonique que j'expose, et voici ce qu'il dit : « L'*homme* est le *représentant de la Divinité* et, à ce titre, le *maître de la création*, tandis que la *femme est née sujette* (3). » Le faux principe d'une différence de nature entre l'homme et la femme conduisit à d'étranges aberrations. Au concile de Mâcon de 585, un évêque souleva la question de savoir si la femme appar-

---

(1) Marcadé, *Cours élémentaire*, article 214, n° I, t. Iᵉʳ, p. 639.
(2) S. Paul, *I Timothée*, II, 13; *I Corinthiens*, XI, 7-9
(3) *Decretum Gratiani. Causa* XXXIII, V. c. 33. Comparez mes *Etudes sur l'histoire de l'humanité*, t. IV, le *Christianisme*, p. 112, note 4 de la 2ᵉ édition.

tenait à l'espèce humaine; il se prononça pour la négative (1). C'était reculer au delà du paganisme, jusqu'au
régime des castes.

37. Une erreur conduit à l'autre. Que pouvait être le
mariage dans une pareille conception? On sait l'importance capitale qu'a le dogme de la chute, dans la religion
chrétienne. A qui faut-il imputer cette profonde déchéance
qui a nécessité la venue du Christ, le fils de Dieu, coéternel
au Père? « Ce n'est pas Adam, répond saint Paul, qui
fut séduit, mais la femme ayant été séduite fut cause de la
transgression (2). » C'est la femme, dit saint Jérôme, qui
est la source de tous les maux, car c'est par elle que la
mort est entrée dans le monde (3). Qu'est-ce que le mariage
dans cet ordre d'idées? Nous disons aujourd'hui, avec
Napoléon, que le mariage est l'union des âmes, que
l'homme est un être incomplet hors du mariage, et que
les époux se complètent en se perfectionnant l'un l'autre.
Il y a un abîme entre l'idéal que l'humanité moderne se
fait du mariage et la conception chrétienne. Les saints et
la tradition catholique ne voient dans le mariage que
l'union des corps qui assimile l'homme aux bêtes (4). C'est
la conséquence logique de la doctrine de saint Paul. Consulté par les Corinthiens sur la grave question du mariage,
l'apôtre leur répondit : « Il est bon à l'homme de ne pas
toucher de femme. Je voudrais que tous les hommes
fussent comme moi (célibataires). Je dis donc à ceux qui
ne sont pas mariés et aux veuves qu'il leur est avantageux de demeurer comme moi. Mais s'ils ne peuvent pas
garder la continence, qu'ils se marient, *car il vaut mieux
se marier que de brûler.* » Ainsi aux yeux de saint Paul,
le mariage est un remède contre l'incontinence : « Pour
éviter l'impudicité, dit-il, que chacun ait sa femme, et
que chaque femme ait son mari (5) ».

Telle est la doctrine du plus grand des apôtres; pour

---

(1) Grégoire de Tours, VIII, 20.
(2) S. Paul, *I Timothée*, II, 14.
(3) S. Jérôme, *Commentaire sur l'Ecclésiaste* (Œuvres, t. II, p. 756).
(4) C'est le mot de S. Isidore (*Epist.* IV, 192).
(5) S. Paul, *I Corinthiens*, VII, 1-9.

mieux dire, ce n'est pas un homme qui parle, c'est l'Esprit
divin qui parle par sa bouche. Quel pouvait être, dans
cet ordre idées, le rôle de la femme dans le mariage?
C'est saint Paul qui, le premier, a prononcé les paroles
qui sont inscrites dans notre code civil : « Les femmes
doivent être soumises à leur mari ». Et il en donne
la raison : « parce que le mari est le chef de la femme,
comme Jésus-Christ est le chef de l'Eglise. » Or, Jésus-
Christ est Dieu; la puissance de l'homme est donc la
toute-puissance divine, et l'homme, en face de la Divinité, n'a qu'une chose à faire, courber la tête et obéir.
Vainement saint Paul ajoute-t-il que les maris doivent
aimer leurs femmes, comme Jésus-Christ a aimé l'Eglise (1).
C'est du mysticisme que les hommes ne peuvent pas comprendre; pour eux, la toute-puissance, c'est la force, et
la puissance maritale est le droit du plus fort. Nous en
trouverons la preuve dans les lois des peuples chrétiens :
les législateurs laissent là l'amour mystique, et ils consacrent le droit de la force.

38. J'ouvre les Novelles écrites après cinq siècles de
christianisme; elles donnent au mari un pouvoir de correction qui varie d'après la gravité des délits dont la
femme se rendait coupable; il pouvait, selon les circonstances, lui infliger des châtiments corporels que l'on
employait pour les esclaves : *Flagellis et fustibus acriter
verberare :* ou user de voies de correction plus modérées,
mais consistant toujours en une punition corporelle,
modicam castigationem adhibere (2). Ce pouvoir de châtier
la femme, comme on châtiait les esclaves dans l'antiquité, resta en vigueur jusque dans les temps modernes,
nos coutumes rédigées au seizième et au dix-septième
siècle le sanctionnaient. Je citerai le droit anglais, parce
que les Anglais furent libres à une époque où les peuples
du continent étaient encore serfs. Le pouvoir de *correction* n'était pas toujours exercé pour *corriger;* et comment
veut-on qu'il en fût autrement, quand le mari était tout

---

(1) S Paul, *Ephés.*, V. 22 31.
(2) Novelle 117, chap. XIV.

ensemble accusateur, juge, geôlier, et j'allais dire bour-
reau? Il était du moins exécuteur de la sentence, et, la
barbarie des mœurs aidant, on comprend ce qui devait être
un pouvoir occulte, sans une ombre de garantie pour la
femme. C'était une œuvre de vengeance plutôt que
d'amendement. Nous voilà loin de l'amour mystique de
Jésus-Christ pour son Eglise. Les légistes essayèrent de
modérer un pouvoir qui prêtait à tant d'abus. Ils rappelè-
rent au mari qu'il avait une autorité en qualité d'époux,
qu'il devait donc agir comme chef de la société conjugale,
et uniquement pour maintenir le bon ordre dans la famille;
la correction devait être, non le but, mais le moyen;
il ne fallait pas dépasser les limites de ce que la raison
et le droit permettaient. Ces conseils étaient excellents,
mais à quoi servaient-ils? L'abus était dans le droit même,
et ces abus-là ne disparaissent qu'avec le prétendu droit.
Au dix-septième siècle, on commença à révoquer le droit
en doute. Aujourd'hui, dit le continuateur de Blackstone,
la femme peut recourir au juge pour obtenir sécurité
contre le mari, quand la paix est troublée, c'est-à-dire
quand le mari use de violence. Stephen ajoute que le
mari a le même droit contre la femme. Voilà à quoi
aboutit le droit de la force; celui des époux qui est le
plus fort en use et en abuse. Malgré l'appui de la loi, c'est
la femme, qui par nature est la plus faible; et la jurisprudence, ce sont les hommes qui jugent, vient au
besoin en aide au mari. Les cours l'autorisent à restreindre la liberté de la femme quand elle s'est rendue
coupable de quelque grosse faute (1). Qu'est-ce que cela
veut dire : *restrain his wife of her liberty?* Ne serait-ce pas
une expression courtoise qui rappelle les cages de fer des
vieilles coutumes, et qui autorise au moins le mari à
tenir la femme en chartre privée? Ainsi, au besoin, le
domicile conjugal devient une prison!

Tel est le droit anglais, non du douzième siècle, mais
du dix-neuvième. Ce que je viens de dire est extrait du

(1) Stephen, *Commentaries on the laws of England, partly founded on
Blackstone*, t. II, p. 263 de la 7e édition (1874)

Commentaire sur les lois anglaises de Blackstone, continué par Stephen, et j'ai sous les yeux l'édition de 1874.

Dira-t-on que c'est là une excentricité anglaise qui n'a
rien de commun avec la puissance maritale du code civil?
Ce serait une erreur de le croire. La loi anglaise est un
dernier débris de la vraie puissance maritale, celle qui est
fondée sur la force. Il y a d'autres législations tout aussi
barbares. Je citerai le droit portugais, tel qu'il est formulé
dans le Recueil d'Anthoine de Saint-Joseph (t. III, p. 14,
n° 178) : « Le mari a sur la femme le droit de *châtiment
modéré,* comme la *prison domestique,* mais de manière
que la correction ne dégénère pas en *sévices* et en
cruauté. » Eh! comment voulez-vous qu'il n'y ait point
d'abus, puisque votre prétendu droit est un abus qui rappelle les prisons que les patriciens de Rome avaient dans
leurs palais, et les chaînes des malheureux débiteurs qui
y étaient exposés à la vengeance de leurs nobles créanciers? Est-ce que l'œil de la justice pénètre dans la prison
secrète? Le droit portugais prévoit l'abus; il donne action
à la femme pour voies de fait, et notamment *si le châtiment est sans cause.* Et si le châtiment a une cause, où
s'arrêtera la peine? La garantie est vaine là où tout est
arbitraire.

Je dis que l'on aurait tort de dédaigner comme une vieillerie ces débris d'une horrible antiquité. Ce sont les vieilleries qui font connaître l'esprit du droit moderne. La
contrainte par corps n'avait plus rien de commun avec
l'esclavage pour dettes, ni avec les vengeances de la prison domestique, ni avec le droit des créanciers de se partager le corps de leur débiteur ; cependant, au fond,
c'était un seul et même droit: l'engagement de la personne pour les dettes qu'elle contracte, donc la violation
de la liberté; car la liberté ne se vend pas et ne s'engage
pas, sinon l'on aboutit à la servitude. Ainsi la contrainte
par corps était la dernière transformation du droit que
jadis on reconnaissait au créancier sur la personne de son
débiteur. Elle devait disparaître avec le faux principe
dont elle était une conséquence, mais la fausseté du principe ne se révélait que lorsqu'on remontait à l'origine de

l'institution. Il en est de même de la puissance maritale.
Dans la haute antiquité, le mari avait sur sa femme,
comme sur ses enfants et ses esclaves, le droit de vie et
de mort. D'après nos anciennes coutumes, il pouvait la
battre ; en Prusse, il a fallu un rescrit du 3 janvier 1812
pour apprendre aux maris prussiens, qu'ils n'avaient pas
le droit de maltraiter leurs femmes ; le mari peut encore,
à la fin du dix-neuvième siècle, dans certains pays, détenir
sa femme dans une prison domestique. Le code Napoléon
ne prononce pas le mot de puissance maritale ; mais il
veut encore que la femme obéisse à son mari ; l'obéissance
est la dernière transformation du droit de la force ; elle
disparaîtra avec le droit de la force d'où elle découle.

39. A la doctrine traditionnelle de la force, j'opposerai
l'opinion de la philosophie du dix-huitième siècle, qui
prépara l'ère nouvelle de la révolution de 1789. Je me bornerai à citer quelques lignes de Condorcet, extraites de
l'admirable livre qu'il écrivit au pied de l'échafaud,
l'*Esquisse des progrès du genre humain*. Il qualifie de
préjugé la prétendue inégalité des deux sexes. « On chercherait en vain, dit-il, des motifs de la justifier par
les différences de leur organisation physique, par celle
que l'on voudrait trouver dans la force de l'intelligence,
dans leur sensibilité morale. Cette inégalité n'a eu d'autre
origine que l'*abus* de la force, et c'est vainement que l'on
a essayé depuis de la justifier par des sophismes. » Tel
était aussi l'avis de la Convention nationale, où dominait
l'esprit philosophique du dernier siècle. Le projet de code
civil que Cambacérès présenta le 9 août 1793, au nom de
la commission de législation, n'admettait plus ni puissance paternelle, ni puissance maritale. La Convention
voulait l'égalité dans l'ordre civil comme dans l'ordre
politique. A vrai dire, elle n'innova point, elle ne fit que
consacrer dans les lois une révolution qui s'était opérée
dans les mœurs. La puissance maritale, telle que Portalis la défend, telle que Pothier la définissait, est en
opposition avec les sentiments et les idées de la société
moderne. En dépit du code civil qui a maintenu la
vieille tradition, l'égalité règne dans le mariage; ce n'est

pas la protection et l'obéissance, ce n'est pas la supériorité du mari et l'infériorité de la femme qui y dominent,
c'est l'affection réciproque, lien des âmes. Le mari n'est
plus investi d'un pouvoir de correction, bien qu'il soit
toujours vrai de dire que le mariage est une éducation ;
mais, si le mari fait l'éducation intellectuelle de la femme,
celle-ci fait l'éducation morale du mari : pour mieux dire,
les deux époux se complètent l'un l'autre, et se perfec-
tionnent réciproquement.

Voilà l'idéal de l'humanité moderne, il est bien supérieur
à l'idéal chrétien. Je suis forcé de le dire et d'y insister,
puisque les légistes anglo-américains, dans leurs traités sur
le droit international privé, identifient le mariage, tel que
nous le concevons aujourd'hui, avec le mariage chrétien ;
c'est une illusion, fruit de ce christianisme fictif que j'ai signalé dans l'Introduction historique de ces Etudes. Le
mariage chrétien est le régime de l'inégalité, ce n'est pas
assez dire, c'est une infériorité ayant son principe dans la
création : née inférieure, la femme n'a qu'un rôle dans le
mariage, c'est d'obéir. Préjugé funeste, autant pour le mari
que pour la femme. Si la femme n'est point l'égale de
l'homme, elle ne doit pas jouir au même titre du bienfait de
l'éducation. Il est entendu qu'elle doit avoir une religion,
c'est pour cela qu'on l'élève dans les couvents, tandis que le
mari sera libre-penseur, je dis mal, indifférent, incrédule.
On sait la belle harmonie et le bonheur qui règnent dans
les ménages ou la femme est l'esclave de la superstition, ou
elle reste étrangère, hostile à ce qui fait la vie de l'homme.
Il est entendu aussi que la femme doit être plus morale que
l'homme : elle doit être et rester pure, quelle que soit
l'impureté de son mari. Libre à celui-ci d'adultérer tant qu'il
lui plaira, la loi n'y trouve rien à redire, pourvu qu'il ait
soin de ne pas tenir sa concubine dans la maison commune.
La loi de l'égalité est plus sévère tout ensemble et plus
bienfaisante. Elle veut que les époux vivent de la même
vie intellectuelle et morale ; elle leur reconnaît les mêmes
droits, et elle leur impose aussi les mêmes devoirs. C'est
seulement quand cet idéal sera entré dans nos lois et dans
nos mœurs qu'il y aura un véritable mariage.

40. L'élément moral de ce débat a tant d'importance, que l'on me permettra de justifier ce que je viens de dire. Aux termes de l'article 229 du code Napoléon, le simple adultère de la femme autorise le mari à demander le divorce; tandis que la femme ne peut pas le demander pour le simple adultère du mari; il faut, de plus, que le mari ait tenu sa concubine dans la maison commune. Dans l'ancien droit, on allait plus loin; quand même cette circonstance aggravante de l'adultère aurait existé, la femme ne pouvait demander la séparation de corps, le mari seul pouvait demander la séparation de corps pour cause d'adultère de la femme. Pothier nous apprend quelle était la raison de cette étrange différence que la loi établissait entre le crime du mari et celui de la femme. « Il n'appartient pas à la femme qui est un *être infé-rieur* d'avoir *inspection* sur la *conduite* de son *mari* qui est son *supérieur* (1). » Voilà à quoi conduit le dogme catholique de l'inégalité de la femme. Pothier est un jurisconsulte profondément moral, il lui arrive souvent de défendre la vraie morale contre les casuistes jésuites qui la corrompaient; mais il était aussi sincèrement catholique, et l'autorité de saint Paul l'aveugle, au point qu'il ne s'aperçoit pas de l'immoralité de la distinction qu'il établit entre les devoirs de la femme et ceux du mari. Comment cet excellent jurisconsulte n'a-t-il pas vu que le devoir de fidélité, auquel le mari est tenu aussi bien que la femme, n'est plus une obligation civile pour le mari dès qu'il le peut violer impunément? Et il le peut, dans sa doctrine. Il ne faut plus dire, comme le fait le code Napoléon, que les *époux se doivent mutuellement fidélité*; il faut dire : la *femme* doit être *fidèle* au *mari*, en sous-entendant avec Pothier que le mari peut adultérer impunément. Qu'est-ce qui a égaré le sens moral de cet homme si moral? L'*infériorité* de la *femme*. Et qui lui a appris que la *femme* est *inférieure* au mari? Saint Paul, organe de la révélation chrétienne.

Je ne crois guère à l'efficacité des lois pour moraliser

---

(1) Pothier, *Traité du contrat de mariage*, n° 516.

les hommes ; l'éducation seule a ce pouvoir quand elle est
dirigée par un sentiment moral. Mais le législateur peut
démoraliser une nation quand il prêche, en quelque sorte,
l'immoralité, et n'est-ce pas encourager les hommes à
être immoraux que de leur dire que les maris peuvent
adultérer à leur aise, joindre même le mépris et l'insulte
à la violation du devoir, en tenant la concubine dans la
maison commune ; que leurs femmes sont des êtres
inférieurs auxquels il n'est pas permis d'avoir inspection
sur la conduite de leurs maîtres ? Le sens moral en fut
profondément altéré. Par une étrange contradiction, on
demandait à ces êtres inférieurs une pureté plus grande,
une conduite plus vertueuse qu'à ceux qui s'appellent les
images de Dieu, les maîtres de la création. Ecoutons
Montesquieu.

« Les lois, dit-il, demandent des femmes un degré
de *retenue* et de *continence* qu'elles n'exigent point des
hommes, parce que la violation de la pudeur suppose dans
les femmes un renoncement à toutes les vertus (1). » Montesquieu fait cette remarque à l'occasion de la séparation
de corps. Jadis la femme pouvait demander la séparation
pour infidélité du mari, comme le mari la peut demander à
cause de l'infidélité de la femme. Beaumanoir atteste le
fait. « Cet usage, continue Montesquieu, s'était introduit dans les cours d'Eglise, où l'on ne voyait que les
maximes du droit canonique. Effectivement, à ne regarder
le mariage que dans des *idées purement spirituelles,* et
dans le *rapport aux choses de l'autre vie,* la violation est
la même. » Voilà la distinction entre le domaine de la
morale ou de la religion et le domaine de la loi. Laissons la religion de côté ; il n'est pas exact de dire que
l'adultère n'a rapport qu'aux choses de l'autre vie, c'est
la violation d'un devoir moral tout ensemble et légal.
Le divorce est légitime dans la théorie du code
Napoléon, parce qu'il a pour cause la violation d'une
des obligations essentielles du mariage et le *mariage
ne regarde pas l'autre vie,* il est le fondement de l'ordre

_____

(1) Montesquieu, *De l'Esprit des lois,* XXVI, 8.

social, comme de l'ordre moral. Or, le mariage est rompu
par l'adultère. L'est-il par l'adultère du mari comme par
l'adultère de la femme? Le sens moral dit oui, Montes
quieu dit non. Examinons ses raisons.

Les lois ont-elles raison de demander aux femmes une
retenue et une continence qu'elles n'exigent pas des
hommes? Le sens moral se révolte contre cette distinction.
Y a-t-il deux morales? Et celle que l'on impose aux
femmes, êtres inférieurs, doit-elle être plus sévère que la
morale que l'on enseigne aux hommes? N'est-ce pas
encore encourager, approuver l'immoralité et la débauche?
De quel droit le mari demande-t-il la pureté à sa femme,
si lui se vautre dans l'impureté? Et de quel droit le législateur dispense-t-il le mari d'observer les devoirs de fidélité, alors qu'il en fait un devoir strict pour la femme?
Ce que Montesquieu ajoute des effets de l'adultère du
mari et de la femme implique une confusion d'idées: « Les
enfants adultérins de la *femme* sont *nécessairement* au
mari et à la charge du mari, au lieu que les enfants adultérins du mari ne sont pas à la femme ni à la charge de
la femme. » Cela n'est pas même exact; le mari a l'action
en désaveu pour chasser de la famille les enfants qui ne
lui appartiennent pas. D'ailleurs, dans le divorce, il ne
s'agit pas des conséquences plus ou moins graves de
l'adultère en ce qui concerne les enfants adultérins, il
s'agit uniquement des rapports entre époux et de leurs
obligations réciproques. Le devoir est le même; comment
la violation du devoir n'aurait-elle pas le même effet,
puisque c'est sur la violation du devoir que le divorce est
fondé, et qu'il peut y avoir adultère sans qu'il y ait des
enfants adultérins?

41. Je prie le lecteur de me suivre encore au sein du
conseil d'Etat; il apprendra jusqu'où va le renversement
du sens moral quand le législateur lui-même et des
hommes comme Pothier et Montesquieu patronnent l'immoralité: Le projet soumis au conseil établissait une
distinction entre l'adultère du mari et l'adultère de la
femme, telle qu'elle a été consacrée définitivement par
l'article 229 du Code civil. Tronchet commença par

répéter ce qu'avait dit Montesquieu : il avouait que l'adultère est, de la part des deux époux, une infraction égale au mariage; mais, dit-il, elle est plus grave quand la femme est adultère, parce qu'elle introduit dans la famille des enfants étrangers. La discussion fut assez confuse; il n'était pas seulement question de l'adultère comme cause de divorce, mais aussi de la preuve de l'adultère, et de la peine qui doit être infligée aux coupables. Lacuée dit que punir l'adultère du mari dans le cas seulement où il tient sa concubine dans la maison commune, c'était l'*autoriser* tacitement dans les autres. La critique est sanglante, mais elle est juste, et on peut l'appliquer à l'adultère considéré comme cause de divorce. En effet, la loi dit au mari : « Je vous impose le devoir de fidélité, mais il ne faut pas prendre cela au sérieux. Vous êtes libre d'adultérer à votre aise, pourvu que vous ayez soin de ne pas tenir votre concubine dans la maison commune; vous ne subirez aucune peine, et votre femme ne pourra pas demander le divorce pour cause d'infidélité. Quant à la femme, c'est différent. Dès qu'elle sera adultère, elle sera punie, et vous pourrez demander le divorce contre elle. » Voilà la leçon de morale que le Code civil donne aux hommes.

Regnier plaça le débat sur son véritable terrain. L'adultère peut être considéré sous deux rapports : d'abord comme crime, puis comme cause de divorce. Le code civil n'a pas à s'occuper de la peine qui frappe l'adultère; il s'agit uniquement de savoir si l'adultère, comme tel, est une cause de divorce. On l'admet pour la femme, donc on doit l'admettre pour le mari. Le tort est le même, dit Regnier, et cela ne saurait être sérieusement contesté.

Tronchet, frappé de la justesse de cette critique, se rendit aux raisons développées par Regnier; voici comment il résuma le débat : « Les lois romaines prononçaient une peine contre l'adultère, et alors, il était juste d'établir une *distinction* qui servait à *graduer la peine* d'après les *conséquences*. Mais lorsque l'*adultère* n'est considéré que par rapport au *divorce*, tout doit être *égal* entre les *deux*

époux. » Cela est d'une telle évidence que Boulay, le
rapporteur de la section de législation, proposa une
rédaction qui consacrait l'opinion émise par Tronchet,
Regnier et Lacuée : « L'adultère est une cause de divorce. » Cette rédaction fut adoptée (1).

42. La section de législation du conseil d'Etat présenta un autre projet, qui portait, article 1ᵉʳ : « L'adultère prouvé est une cause de divorce. » Une nouvelle
discussion s'engagea. « Defermon demanda que l'adultère
du mari ne fût pas une cause de divorce, *parce qu'il était
contre les mœurs et la décence de permettre à la femme
de faire valoir une semblable cause.* » La proposition fut
adoptée (2).

Ainsi l'adultère du mari est prouvé ; le projet le supposait. Il y a plus, l'adultère est notoire, le mari affiche son
infidélité, son mépris pour le devoir que la loi lui impose,
en tenant sa concubine dans la maison commune ; car
Defermon repoussait toute distinction, comme je vais le
dire. Et l'on ose déclarer que la femme agit contre les
bonnes mœurs et la *décence* quand elle vient se plaindre
que le mari viole ses devoirs, le devoir le plus essentiel,
au point de vue du divorce. Defermon et le conseil d'Etat,
à sa suite, vont plus loin. Le mari vient dire à sa femme :
« Il est vrai que je suis adultère, mais c'est vous qui
portez atteinte aux *bonnes mœurs* et à la *décence* en me
le reprochant. » Donc le coupable est dans son droit,
c'est l'innocent qui est dans son tort ! La femme ne peut
se plaindre de l'immoralité flagrante de son mari, sans
être immorale et indécente, au lieu que le mari est blanc
comme neige !

La conscience se révolte contre ce pervertissement du
sens moral, et le bon sens dit qu'il doit y avoir une raison
cachée qui a fait revenir le conseil d'Etat sur sa première
décision. Et quel serait bien ce motif secret ? C'est celui
que le rapporteur du Tribunat indique en termes voilés,

(1) Séance du conseil d'Etat du 24 vendémiaire an x, nᵒˢ 2 et 14 (Locré,
t. II, p. 487 et 494, édition de Bruxelles).
(2) Séance du conseil d'Etat du 4 brumaire an x, nᵒˢ 1 et 3 (Locré, t II,
p. 512).

en disant que le *précepte* de *fidélité* n'est pas pour le mari
ce qu'il est pour la femme (1). Il y a une morale sévère
pour les femmes, il y a une morale indulgente pour les
hommes, et ils en profitent. Permettre à la femme de
rompre le mariage pour le simple adultère du mari, ne
serait-ce pas compromettre bien des unions? Voilà à quoi
conduit la morale immorale de Montesquieu. Pothier et
la doctrine de saint Paul ont aussi leur part de responsabilité dans cette détestable législation. Que le lecteur
veuille bien assister encore un instant aux délibérations
du conseil d'Etat.

Boulay proposa de modifier la proposition de Defermon
en ce sens que l'adultère du mari serait une cause de
divorce quand il tiendrait sa concubine dans la maison
commune. Qui croirait que l'adultère du mari, même
aggravé par le mépris et l'outrage, trouva des défenseurs
au sein du conseil d'Etat? Ecoutons Roederer ; je défie le
moraliste le plus relâché, fût-ce un casuiste jésuite, de
répéter dans une assemblée publique le discours immoral
que Roederer tint dans une réunion secrète, où siégeaient
les hommes les plus éminents de la France : « On ne doit
pas, dit-il, accorder le divorce à la femme pour le *concubinage du mari*. Jamais la loi n'a puni ces *sortes d'écarts,*
même civilement; on a dit dans tous les temps : *tori con-
jugalis maritus solus vindex.* » Je ne sais si ce vieil adage
a jamais eu le sens que Roederer lui prête. On comprend
que lorsque la femme souille le lit conjugal, le mari seul
ait le droit de porter plainte. Mais, dans l'espèce, c'est le
mari qui est adultère, et il l'est ouvertement, impudem-
ment, il tient sa concubine dans la maison commune. Et
il dira à la femme qui porte plainte contre lui : « Vous
n'en avez pas le droit, moi seul je suis le vengeur du lit
conjugal. » Il faudra donc attendre que le mari demande
le divorce pour son propre adultère.

Roederer, qui se trompait si grossièrement en morale,
se trompait également en droit. Il était dans l'erreur en
affirmant que *jamais* les lois n'avaient *réprimé* même

---

(1) Savoye-Rollin, *Rapport*, n° 11 (Locré, t. II, p. 579)

civilement l'adultère du mari. Il appelle cette violation si
grave du devoir de fidélité un *écart*, comme qui dirait
une bagatelle : est-ce qu'on doit permettre à la femme de
demander la dissolution du mariage pour une pareille
misère? Tronchet lui répondit qu'il se trompait en supposant que les lois romaines n'admettaient pas la femme à
demander le divorce pour l'adultère du mari. Roederer se
trompait encore sur l'ancien droit français : Montesquieu
l'avait cependant rappelé en citant Beaumanoir et en
combattant le droit canonique. Je laisse de côté son
erreur sur le droit pénal que Tronchet releva également
pour signaler une aberration plus grave qui nous ramène
à Pothier. Roederer dit comme Defermon : « Il serait
contre les *bonnes mœurs* d'autoriser une femme à se
plaindre que son mari la néglige et que ses soins sont
pour une concubine (1). » Le mari qui adultère commet
un simple *écart*; la femme qui s'en plaindrait ferait une
chose *immorale*. Voilà la funeste conséquence de l'inégalité que Pothier, pour mieux dire saint Paul, et le code
civil à leur suite, établissent entre le mari et la femme.
Le mari est le maître, il fait ce qu'il veut; il peut adultérer si tel est son bon plaisir. La femme est esclave : tout
en restant pure, qu'elle se garde bien de se plaindre des
écarts de son mari, cela serait contre les *bonnes mœurs*.
Faire une chose immorale n'est rien quand c'est le seigneur et maître qui adultère, mais en parler pour s'en
plaindre, cela est *immoral*.

Si le lecteur m'a suivi dans ces longs détails, je le
laisse juge de la conclusion qu'il en faut tirer. J'ai dit
que la loi de l'inégalité vicie le sens moral. L'histoire
atteste que l'esclavage corrompt le maître, comme il avilit
les malheureux dont il peut user et abuser. Que la leçon
nous serve! La femme est née sujette, dit saint Paul; elle
est un être inférieur, dit Pothier, il ne lui appartient pas,
dit le législateur français, d'inspecter la conduite de son
mari. Celui-ci est au-dessus de la morale, parce qu'il est

_____

(1) Séance du conseil d'Etat du 4 brumaire an x, n° 3 (Locré, t. II,
p. 512 et suiv.)

le maître. Une erreur engendre l'autre. Il faut remonter
à la cause première de ces égarements ; c'est l'inégalité,
et l'inégalité est un dernier débris de la servitude : il faut
la bannir des lois civiles, comme la révolution l'a bannie
de l'ordre politique.

43. Pourquoi l'inégalité se perpétue-t-elle dans l'ordre
civil ? La tradition et la puissance qui s'y attache y jouent
un grand rôle. Montaigne le dit à sa manière : « Les lois
se maintiennent en crédit, non parce qu'elles sont justes,
mais parce qu'elles sont lois. C'est le fondement mystique
de leur autorité, elles n'en ont pas d'autre qui bien leur
en sert(1). » Cela doit être, parce que cela est. Les légistes
surtout sont conservateurs et traditionnalistes à outrance.
On les a vus prendre la défense de la torture en plein
dix-huitième siècle, alors que l'humanité était devenue
une religion. Nous les avons entendus se faire les apologistes de la contrainte par corps, bien que la liberté soit
l'essence de notre vie. Cette superstition du passé est surtout funeste et obstinée quand des préjugés religieux sont
en cause. Si, pendant des siècles et jusqu'à nos jours,
la femme a été légalement un être inférieur, comme le dit
Pothier, c'est que, de fait, par son éducation, elle était
inférieure à l'homme. Qu'était-elle dans l'antiquité ? Un
instrument de plaisir ou un moule nécessaire pour la
reproduction de l'espèce humaine. Qu'est-elle dans la doctrine chrétienne ? Bossuet l'appelle un os surnuméraire de
l'homme : créée sujette et destinée jusqu'à l'éternité à être
dominée par lui : *Sub viri potestate eris, et ipse domi-
nabitur tibi* (2). Depuis quand le législateur a-t-il songé
à instruire les femmes pour les élever par l'instruction et
l'éducation ? Portalis dit que la femme n'a d'autre mission
que de servir aux plaisirs de son mari. On construit en
Belgique les premières écoles normales. Comment les
élevait-on, alors qu'il n'y avait pas de maîtresses pour les
élever ? Les unes n'avaient aucune instruction, les autres
étaient, je ne dis pas élevées, mais déformées, crétinisées

(1) Montaigne, *Essais*, livre III, ch. XII.
(2) Genèse, III, 16.

au couvent. On les mariait au sortir du couvent, et comme elles étaient et restaient incapables, on leur donnait un maître et seigneur auquel elles devaient obéir en toutes choses. Quand le législateur parle des femmes, c'est pour les mettre sous puissance du mari, et il appelle cette dépendance une loi de la nature.

44. Non, telle n'est pas la loi de la nature; ce qui le prouve, c'est que les mœurs ont dépassé les lois : en fait, la femme n'est plus l'esclave de l'homme, elle est son égale. Les écoles que l'on élève partout dans les pays civilisés compléteront la révolution. La conséquence en sera que la puissance maritale disparaîtra de nos codes, pour faire place à l'égalité, qui est le vrai droit naturel. Le code italien a fait un premier pas dans cette voie. On lit dans le code Napoléon (art. 213) : « Le mari doit *protection* à sa femme; la femme doit *obéissance* à son mari. » Le code italien dit aussi que le mari doit *protéger* sa femme, il ne dit plus que la femme doit obéissance à son mari. Le changement est significatif, mais il est illogique en ce sens qu'il est incomplet; le législateur ne proclame plus, comme le fait le législateur français, la loi servile de l'obéissance, mais il n'a pas osé écrire dans la loi la sainte loi de l'égalité. Entre égaux l'un ne protége pas l'autre, l'un élève l'autre; s'il y a un protecteur exclusif, il est, en réalité, le supérieur : est-ce par la force physique? est-ce par la force intellectuelle ou morale? En tout cas, la force se cache sous le mot de protection; et si la femme a besoin d'être protégée, elle est, en réalité, inférieure à l'homme : est-ce par sa faiblesse physique? morale? intellectuelle? On ne le sait. Le code italien dit que le mari est le chef de la famille, mais être le chef ne veut pas dire être seigneur et maître, comme disaient nos anciennes coutumes; toujours est-il que le mari, qui est le chef, a par cela même une supériorité sur la personne qui n'est point le chef; elle occupe un rang inférieur, sans être tenue néanmoins d'obéir au chef en toutes choses. Bref, la situation de la femme est ambiguë; c'est une esclave émancipée, mais l'affranchie ne jouit pas encore de tous les droits d'une personne libre.

Je crois qu'il faut aller plus loin et répudier le principe de la force et de l'inégalité. Chargé de rédiger un avant-projet de revision du code français qui nous régit, j'ai proposé d'effacer la *protection* aussi bien que l'*obéissance*, et d'abolir, par conséquent, ce que l'on appelle encore la puissance maritale, bien que le mot ne se trouve pas dans le code Napoléon. L'innovation paraît radicale, et on dira peut-être qu'elle bouleverse l'état des familles. Il n'en est rien; elle abolit un mot qui ne se trouve même plus dans nos lois et que l'on n'oserait pas y insérer avec la définition que donne Pothier. Si l'on n'ose plus dire que la femme est un être inférieur, il faut être logique en remplaçant l'inégalité par l'égalité : après tout, le code des Belges, s'il proclame l'égalité de l'homme et de la femme, ne fera que sanctionner et formuler la révolution qui s'est accomplie dans nos mœurs, et qui deviendra tous les jours plus éclatante, à mesure que l'instruction et l'éducation deviendront le lot de tout être humain. Cette révolution n'a pas bouleversé les familles : elle tend, au contraire, à les régénérer. Notre idéal du mariage n'est plus celui de la doctrine traditionnelle. Napoléon a dit au conseil d'Etat que le mariage est l'union des âmes. J'aime à citer ce mot, d'abord parce qu'il est l'expression des sentiments et des idées modernes; ensuite parce qu'il a été prononcé, non par un philosophe, ni par un poète, mais par un homme d'Etat. Il m'est donc permis de supposer, sans être taxé d'utopie, que le mariage repose sur l'affection réciproque des époux; or, l'affection rend l'obéissance inutile. Que si l'affection a disparu, ou si elle n'a jamais existé, il n'y aura qu'un semblant de mariage. Est-ce que, par hasard, la loi de l'obéissance remplacera, dans ce cas, la loi de l'amour? Non certes.

N° 2. NATURE DU STATUT DE LA PUISSANCE MARITALE.

45. La puissance maritale forme encore le droit commun des peuples civilisés; elle est inscrite dans tous les codes; quand le mot n'y est pas, la chose y est. En disant que le mari doit *protection* à sa femme, et la femme *obéis-*

sance à son mari, le code Napoléon consacre la puissance maritale; et le code italien la maintient, en déclarant que le mari est le *chef* de la famille. Mais quand on y regarde de près, il y a un abîme entre la puissance du mari, telle que les Novelles de Justinien la consacrent, avec le pouvoir de correction, et les codes du dix neuvième siècle, qui transforment la puissance en protection. L'obéissance même n'est plus celle de l'esclave; les interprètes du code français disent que la femme ne doit pas obéir servilement au mari; ils admettent que la femme résiste à l'ordre qu'elle reçoit, fût-ce le plus naturel, celui de suivre le mari là où il juge à propos de résider (art. 214); et quand elle résiste, le mari n'a pas le droit de briser sa résistance, il doit s'adresser aux tribunaux. Il y a d'autres législations qui ont conservé le caractère de l'ancienne puissance maritale, en donnant au mari un pouvoir de correction; j'ai cité le droit anglais et la loi du Portugal (n° 38). La puissance maritale est une institution qui se transforme et qui tend à disparaître; là où règnent les coutumes, la transformation est plus lente que dans les pays où le législateur a réformé le droit traditionnel, après une révolution, comme en France, ou après la conquête de la liberté et de l'indépendance nationales, comme en Italie. Il en résulte qu'il y a bien des différences entre les lois des divers peuples, quoique en apparence la puissance maritale existe partout; et par suite, il peut y avoir des conflits. Toutefois les conflits ne se produisent que dans le domaine de la théorie. En France du moins, en Belgique, et sur tout le continent, il n'est pas intervenu une décision judiciaire sur la puissance maritale proprement dite. Ce fait vient à l'appui de ce que j'ai dit : les mœurs ont devancé les lois, et dans nos mœurs règne l'égalité; il n'y a que les légistes qui savent qu'il existe une puissance maritale.

46. Quelle est la loi qui, en cas de conflit, régit l'étendue de la puissance maritale? Le statut est-il personnel ou réel? Je me sers de la terminologie traditionnelle, parce que le droit français, qui fait l'objet principal de ces Etudes, a maintenu la tradition. Le code Napoléon pose en principe que les lois concernant l'*état* et la *capacité* des *personnes* régissent les *Français* même résidant en pays étranger, et il en est de même, par identité de raison, des lois concernant l'*état* et la *capacité* des *étrangers* qui résident en France : c'est le motif pour lequel on appelle ces lois des *statuts personnels*. Reste à savoir si la loi de la puissance maritale concerne l'*état* et la *capacité* des personnes. L'affirmative n'est point douteuse. En remontant aux premières origines de la puissance maritale, nous trouvons la femme dans un état d'esclavage; l'inégalité radicale s'est modifiée, mais le principe subsiste. Le droit français procède des coutumes, Pothier est le véritable auteur du code Napoléon ; or, Pothier dit que la femme est un *être inférieur* (n°s 33 et 40); c'est le langage d'Aristote, quand il parle des esclaves, et il déclare que la servitude est fondée sur une loi de la nature qui donne aux êtres supérieurs le droit de commander aux êtres inférieurs. Voilà bien le caractère d'un *état* et d'une *incapacité* radicale qui y est attachée. Il faut donc dire de la puissance maritale qu'elle accompagne les époux partout où ils résident: pour la femme c'est un *état* d'infériorité et d'*incapacité*, pour le mari c'est un état de supériorité et de domination. Il est naturel que ces rapports soient régis par la loi du pays auquel les époux appartiennent, car la notion de la puissance maritale et son étendue dépendent des causes physiques, intellectuelles, morales et politiques qui déterminent le caractère des diverses nationalités.

Sur ce point tous les auteurs qui ont écrit sur le droit international privé sont d'accord; la plupart se contentent d'en dire un mot en passant, sans s'y arrêter, tellement la chose leur paraît évidente (1). Toutefois, dans l'application des lois personnelles, on rencontre une difficulté, la plus grave de toutes celles qui embarrassent notre science. Il est de principe que le statut réel domine le statut personnel, en ce sens que l'étranger ne peut pas invoquer sa loi nationale contre la loi territoriale du

(1) Bar, *Das internationale Privatrecht,* § 93.

pays où il réside, quand la loi du territoire intéresse les droits de la société, sa conservation, son perfectionnement. Il est très difficile, surtout dans la matière du mariage, de définir quels statuts sont réels. Le mariage intéresse certes les bonnes mœurs, puisqu'il est le fondement et la garantie de la moralité; et il est tout aussi évident que les sociétés ont un intérêt d'existence à favoriser et à fortifier les bonnes mœurs. N'en faut-il pas conclure que toute loi sur le mariage est un statut réel? J'ai longuement examiné la question au début de cette Etude (1). Il ne suffit pas que les bonnes mœurs soient en cause pour que les lois deviennent réelles, sinon toutes les lois auraient ce caractère, car le législateur doit toujours avoir pour objet de former les bonnes mœurs. Le texte même du code Napoléon résiste à cette extension exagérée que l'on voudrait donner au statut réel; car il répute personnels les statuts qui concernent l'état et la capacité, et ne place parmi les statuts réels que les lois qui concernent les immeubles, et les lois de police et de sûreté, c'est-à-dire les lois de droit public. Or, dans l'état des familles, l'intérêt privé, et par conséquent le droit privé occupe la première place. Il faut donc examiner de près quelles sont, dans la puissance maritale, les règles qui seraient en collision avec une loi de droit public et d'intérêt public; dans ce conflit, le droit territorial l'emportera sur le statut personnel de l'étranger. La limite est très difficile à tracer; de là les grandes difficultés de la matière.

47. Fiore est le seul auteur qui se soit occupé avec quelque soin de la question que j'examine. Il pose comme principe général que la loi nationale des époux doit régler les effets civils du mariage, l'exercice de la puissance maritale, et les droits et devoirs réciproques des époux et des enfants. Néanmoins les lois qui ont pour objet de conserver la *moralité* et la *discipline* de la *famille*, et de déterminer l'*exercice du pouvoir domestique* sont aussi applicables aux *époux étrangers* (2). Le jurisconsulte

(1) Voyez le t. IV de ces Etudes, p. 517, § III.
(2) Fiore, *Diritto internazionale privato*, libro I, n° 108, p. 159.

italien fait de la personnalité la règle, et de la réalité
l'exception. Je ne le chicanerai pas sur ce point, bien que,
dans mon opinion, il n'y ait ni règle ni exception; les lois
sont personnelles ou réelles d'après leur nature; il est
vrai que la tendance du droit moderne, et surtout de la
science, est d'étendre de plus en plus le domaine de la personnalité. En ce sens on peut admettre que la réalité des
lois sur la puissance maritale forme l'exception. Mais
l'exception est formulée par Fiore en termes si généraux,
disons mieux, si vagues, qu'elle absorbe et détruit la règle.
Il suffit que la loi intéresse la moralité pour qu'elle oblige
l'étranger : telle est, en effet, la règle établie par le code
italien. Je l'ai critiquée (1), et l'on voit ici à quelles conséquences elle aboutit, c'est à imposer aux étrangers toutes
les lois qui règlent l'exercice de la puissance maritale, car
elles ont certes pour objet la moralité. N'est-ce pas dans
l'intérêt des bonnes mœurs que les lois romaines permettaient au mari de châtier sa femme, comme le maître châtiait ses esclaves? Et c'est aussi pour punir les écarts de
la femme que la loi anglaise a maintenu ce pouvoir disci-
plinaire. L'autorité du mari sur la personne de la femme
n'est pas autre chose; donc il faudrait la déclarer réelle
en tout. L'exagération me paraît certaine.

La *discipline de la famille* et le *pouvoir domestique*
sont encore, d'après Fiore, une marque de la *réalité* des
lois qui règlent l'exercice de la puissance maritale. Mais
la *règle* de la *personnalité* comprend aussi l'*exercice de
cette puissance*. Et qu'est-ce que la *discipline de la famille*,
sinon le pouvoir qui appartient au *mari* et au *père*? Il en
est de même de son *pouvoir domestique*. *Réelles*, en vertu
de l'*exception*, ces lois sont *personnelles* d'après la *règle*
qui comprend les *effets civils* du mariage. Nous aboutissons
à cette conséquence étrange que la *discipline de la famille*,
qui figure dans l'*exception*, et le *pouvoir domestique*, qui
est aussi compris dans l'*exception*, rentrent aussi dans la
règle, puisqu'ils concernent l'*exercice de la puissance maritale*. Avouons-le, la différence que l'auteur italien éta-

---

(1) Voyez le tome II de ces Etudes, p. 311, n° 168.

blit entre le domaine de la *personnalité* et celui de la *réalité* ne consiste que dans les mots ; si l'on se mettait à classer les lois sur la puissance maritale, d'après le principe de Fiore, on aboutirait à ce singulier résultat, que les mêmes lois figureraient tout ensemble dans la règle et dans l'exception.

48. La formule du principe ne répond pas à la pensée de l'auteur. Laissons là les abstractions et demandons à Fiore quelles lois sont personnelles en matière de puissance maritale, et quelles lois sont réelles : les premières sont les lois nationales qui suivent la personne à l'étranger, les secondes sont les lois territoriales qui obligent les étrangers aussi bien que les indigènes.

Le code italien de même que le code Napoléon disposent que les époux se doivent mutuellement fidélité, secours, assistance. Il est d'évidence que l'époux étranger peut réclamer le bénéfice de cette disposition, au même titre que l'époux italien ou français. Mais aussi, dans ces termes généraux, il n'y a pas de conflit possible, de sorte que le droit civil international n'est pas en cause. Que l'on nous montre un code qui dise que les époux ne se doivent pas fidélité, et qu'ils ne se doivent ni secours ni assistance ? Mais si de la généralité nous descendons dans les détails, la question change de face. J'ai rapporté, au début de cette Étude sur la puissance maritale, la disposition du code civil qui ne permet pas à la femme de demander le divorce pour violation du devoir de fidélité ; il faut que le mari adultère ait joint l'insulte au crime, en entretenant la concubine dans la maison commune, pour que sa femme ait le droit de se plaindre. Le code italien contient la même règle, tandis que la plupart des lois font de l'adultère simple une cause de divorce. Une femme étrangère pourra-t-elle demander le divorce en Italie ou en France, pour adultère simple du mari, en vertu de son statut personnel ? A mon avis, l'affirmative est certaine, puisque tel est son statut personnel. Lui opposera-t-on la loi italienne ou française à titre de statut réel ? Je réponds que la disposition du code italien et du code Napoléon, qui exige que le mari ait tenu sa concubine dans la maison commune, n'est pas une de ces lois où le droit de la société est engagé; c'est une appréciation de convenances très contestable, puisqu'elle est contraire au droit commun des peuples civilisés; personne ne dira que l'existence de la société ou sa conservation sera compromise si la femme étrangère obtient le divorce pour simple adultère du mari. Cependant, dans la doctrine de Fiore, le statut territorial dominerait, dans ce cas, le statut personnel de la femme étrangère, car la moralité et la discipline de la famille ont été invoquées au conseil d'Etat pour défendre à la femme de se plaindre de la violation du devoir de fidélité commise par son mari; on a dit qu'il était contraire aux bonnes mœurs que la femme se plaignît de ces écarts, et Pothier va jusqu'à dire que la femme, étant un être inférieur, n'a pas le droit d'inspecter la conduite de celui qui est son supérieur, c'est-à-dire son seigneur et maître (n⁰ˢ 40-42). J'ai répondu d'avance à cette étrange doctrine qui s'autorise des bonnes mœurs pour couvrir l'immoralité, et qui devient un encouragement pour le mari de manquer au devoir le plus essentiel que lui commande le mariage. L'erreur dans laquelle est tombé le législateur français ne saurait être considérée comme une loi essentielle qui soit nécessaire pour la conservation des mœurs publiques : cela est contradictoire dans les termes; le cri de la conscience s'élèverait contre une pareille aberration. Le divorce demandé et obtenu par la femme étrangère en France ou en Italie serait, au contraire, une leçon morale pour les maris, et un enseignement pour le législateur, dont il ferait bien de tenir compte pour redresser l'erreur où il est tombé.

49. L'article 213 du code Napoléon consacre la puissance maritale proprement dite en disposant que le mari doit protection à sa femme, et la femme obéissance à son mari. C'est bien là une règle de discipline domestique; il faudrait donc décider, dans la doctrine de Fiore, que c'est une de ces lois territoriales qui dominent le statut personnel de l'étranger. Cela me paraît plus que douteux. La puissance du mari sur la personne de sa femme est une loi d'inégalité, qui a sa première origine dans la servitude; or, l'esclavage a disparu des pays civilisés, et les débris qui en subsistent sont une violation de la liberté et de l'égalité que la Révolution de 1789 a placées parmi les droits inaliénables de l'homme, dans la célèbre Déclaration des droits de l'homme, qui a inauguré une ère nouvelle. Peut-on dire que l'inégalité, là où elle subsiste, soit une de ces lois qui garantissent l'existence et la conservation de la société? Je reviendrai sur la question; en ce qui regarde l'inégalité qui règne dans le mariage, la négative me paraît certaine. Chaque législateur organise la famille à son point de vue, en tenant compte des idées et des mœurs de la nation pour laquelle il fait des lois; mais il ne peut certes pas avoir la prétention d'imposer ces lois aux étrangers qui ont d'autres idées et d'autres sentiments.

D'après le droit français, la femme doit obéissance au mari. Elle refuse d'obéir; le mari peut-il la châtier, comme le lui permettait la Novelle de Justinien, comme l'y autorisent encore le droit anglais et le code du Portugal (n° 38)? Non certes : le code Napoléon donne au père un pouvoir de correction, il n'accorde pas ce pouvoir au mari, donc, celui-ci ne l'a point. Si des époux français résidaient en Angleterre, le mari pourrait-il invoquer la loi anglaise, pour infliger à sa femme la correction que le mari anglais a le droit d'employer? D'après le principe de Fiore, il faudrait lui accorder ce pouvoir, car il s'agit d'une loi de *discipline domestique* qui intéresse aussi la *moralité* (n° 47). Je réponds que cette discipline, qui a pour objet d'assurer la moralité, est une règle spéciale à la nation anglaise; elle peut ne pas choquer les mœurs nationales, mais elle blesserait profondément la délicatesse et la susceptibilité d'une femme française, et, au lieu d'être un moyen de moralisation, elle aboutirait nécessairement à la révolte. Donc, c'est une de ces lois qui ne reçoivent leur application qu'aux nationaux pour lesquels elles sont faites. Il serait presque ridicule de prétendre que l'existence de la société anglaise et sa conservation sont intéressées à ce qu'un mari français ait le droit de châtier sa femme en Angleterre, alors qu'il n'a point ce droit en France. Le droit de correction est si peu une

condition d'existence pour la société, qu'il tombe en
désuétude là même où la loi ou la coutume l'autorisent.
Je doute fort qu'on le pratique en Angleterre; si les
légistes le mentionnent, c'est qu'ils y sont obligés, puisque
telle est la loi. Mais une loi nominale ne saurait être une
loi fondamentale de l'ordre civil.

La question que je discute se présente encore sous une
autre face. Des époux anglais résident en France. Le
mari pourra-t-il mettre sa femme en charte privée, en la
tenant emprisonnée chez lui, comme l'y autorise son-
statut personnel? Non, ici son statut national est en conflit avec une loi de droit public. Aux termes de l'article 3
du code Napoléon, les lois de police et de sûreté obligent
tous ceux qui habitent le territoire. Or, le pouvoir de correction est une dépendance de la loi pénale; il ne peut
donc pas être exercé là où la loi pénale le punirait comme
un délit; dans l'espèce, ce serait un attentat à la liberté
individuelle, et la liberté, personne ne le conteste, est un
élément essentiel à l'existence de la société, puisqu'elle
en est le fondement (1). On pourrait objecter qu'il est contradictoire de défendre au mari français d'user du pouvoir
de correction en Angleterre, bien que la loi anglaise
l'autorise, et de défendre au mari anglais de l'exercer
en France, en vertu de sa loi nationale. La contradiction n'est qu'apparente. Le droit public de France défend
au mari de châtier sa femme, et cette défense étant une
loi de police, oblige les étrangers qui habitent la France.
Tandis que le pouvoir de correction que la loi anglaise
donne au mari n'est pas une loi de police imposée aux
étrangers, c'est plutôt une dérogation à son droit public
qu'elle permet à ses nationaux, par des considérations qui
ne sont pas applicables aux étrangers; ceux-ci sont régis
par leur loi personnelle, et la loi française, dans l'espèce,
ne donne pas au mari un pouvoir de correction.

A l'appui de mon opinion, je citerai la décision rendue
par un juge écossais, lord Robertson, que j'ai déjà invoquée. Story la cite deux fois, on me permettra d'en faire

_____

(1) Phillimore, *Private international law,* p. 16, § 21.

autant : « Si », dit-il, « un mari mettait, en Ecosse, sa
femme dans une cage de fer, ou s'il la battait avec une
baguette ayant la grosseur d'un doigt du juge, la cour
admettrait-elle sa justification, s'il disait que tel est le
pouvoir que lui accorde la loi d'Angleterre sur la personne de sa femme, et que son mariage a été célébré en
Angleterre (1)? » C'était là, paraît-il, la vieille coutume;
les légistes modernes ne mentionnent plus le droit de
battre et la cage de fer s'est transformée en une *restriction
de la liberté personnelle*. Tout en applaudissant aux
paroles du juge écossais, je ne voudrais pas souscrire aux
motifs qu'il allègue : « Le mariage, dit-il, est d'une
telle importance pour le bien-être de l'Etat, que les droits
et obligations qui en résultent sont réglés, non par les
conventions des parties, mais par le droit public de chaque
pays, lequel oblige tous ceux qui y résident. » Cela est
trop absolu; car on pourrait conclure qu'un mari écossais
aurait le pouvoir de battre sa femme et de l'enfermer dans
une cage si les époux résidaient en Angleterre, et tel
n'était certes pas l'avis de lord Robertson. Le mariage
est un fait complexe, il s'y trouve un élément privé et un
élément public, qui se heurtent souvent et se combattent;
de là la difficulté de la matière. Dans l'espèce, heureusement, il ne s'agit que de théorie.

50. « La femme est obligée d'habiter avec le mari; le
mari est obligé de recevoir sa femme. » Cette disposition
du code Napoléon est une conséquence de la puissance
maritale et de l'obéissance que la femme doit au mari. La
doctrine et la jurisprudence françaises admettent que si la
femme quitte le domicile conjugal, le mari peut la contraindre d'y rentrer, en vertu d'un jugement qui l'autorise
à employer même la force publique (2). Mettre les gendarmes à la disposition du mari pour forcer la femme à
vivre avec lui m'a toujours paru un singulier moyen de
rétablir la vie commune et l'union des âmes. Disons le
mot, cela est absurde et révoltant, et, de plus, inutile, car

---

(1) Story. *Conflict of laws*, p. 221, § 189. Il cite, comme autorité, Fergus
son. *On marriage and divorce*, p. 399 et 361.
(2) Voyez mes *Principes de droit civil*, t. III, p. 124, n° 93.

le mari ne peut pas mettre sa femme dans une cage de fer pour l'empêcher de s'enfuir du domicile conjugal, devenu une prison. Je suppose que le nouveau code des Belges refuse au mari l'emploi de la force, pourrait-il, s'il réside en France, demander aux tribunaux de l'y autoriser? Il me paraît certain que des Français résidant en Belgique ne pourraient pas user de cette contrainte, pas plus qu'un Anglais n'y pourrait mettre sa femme dans une cage de fer. Ici il serait vrai de dire, avec lord Robertson, que le mariage est de droit public; on peut même dire que c'est l'application d'un principe général du droit international privé; les voies d'exécution des jugements sont réglées par la procédure, et appartiennent, à ce titre, au droit public, lequel oblige les étrangers. Je ne pense pas qu'il y aurait un doute sur ce point.

Ne pourrait-on pas invoquer le même principe pour permettre à un mari belge de recourir à la force publique en France, avec autorisation de justice, pour contraindre sa femme à réintégrer le domicile conjugal? Ici, il y a un doute. Si l'on s'en tient à la loi qui régit la procédure, il faut décider que le mari belge peut user des voies d'exécution qu'elle autorise. Mais il y a un autre élément dans ce débat, c'est le mariage; les rapports qui en découlent entre epoux ne sont pas ceux de créancier et de débiteur. Si la loi personnelle du mari étranger lui défend de recourir à la force, ce statut national le suit en France; il n'y peut avoir sur la personne de sa femme un droit qu'il n'a pas en Belgique. La femme lui opposerait son statut personnel. Naît alors la question de savoir si le statut personnel en cette matière est dominé par le statut territorial. C'est demander si le droit de la société, son existence, sa conservation exigent que le mari étranger puisse faire ramener sa femme chez lui par les gendarmes. Il me semble qu'il suffit de poser la question pour la résoudre, car elle est presque ridicule. Comme, en droit, il n'est pas permis de plaisanter, quoique lord Ferguson ait mis de l'humour britannique dans son jugement, je répondrai sérieusement à une question sérieuse. Il y a un motif péremptoire pour décider que l'ordre social n'est

pas intéressé à ce que les maris étrangers aient le droit
d'employer la force pour contraindre leur femme à rentrer
au domicile conjugal. C'est que ce droit est contesté, et
il est très contestable ; ce n'est pas ici le lieu de discuter
la question, je l'ai fait ailleurs, et je me permets de renvoyer à mes *Principes de droit civil* : on y verra qu'il y a
des raisons de la plus haute gravité pour ne pas permettre
au mari de recourir à la force dans des relations que la
force vicie. Cela suffit pour écarter tout intérêt social : la
société n'a qu'un seul intérêt en cette matière, c'est que
le mariage soit ce qu'il devrait être, l'union des âmes,
et certes les gendarmes ne la rétabliront pas, si toutefois
elle a jamais existé, lorsque la femme fuit le domicile
marital ; si elle y trouvait le bonheur, elle y resterait.

51. Fiore dit que les tribunaux ne pourraient, sous
aucun prétexte, autoriser la femme à vivre séparée de
son mari (1). Cela est d'évidence, si la loi personnelle de
la femme ne lui permet pas de demander une séparation
de fait. Mais il y a des codes qui lui donnent ce droit,
et j'ai proposé, à leur exemple, d'organiser une séparation de fait dans les divers cas où la vie commune des
époux est rompue, sans qu'il existe un jugement qui prononce la séparation de corps, et sans qu'il y ait aucune des
causes déterminées qui, d'après le droit français et le
droit italien, permettent de demander la séparation. Tels
sont les cas où la femme quitte le domicile conjugal pour
ivresse habituelle du mari, ou pour mauvais traitements,
quand la brutalité du mari ne peut pas être considérée
comme une cause légale de séparation ; tel serait encore
le cas où la femme refuserait de suivre son mari dans le
domicile qu'il a le droit de choisir. Enfin il peut arriver, et
il arrive très souvent, que l'un des époux abandonne le
domicile conjugal, parce que, pour des causes quelconques, la vie commune est devenue impossible. Je suppose que la loi personnelle des époux les autorise à
demander une séparation de fait, temporaire ; pourront-
ils, en France et en Italie où cette séparation n'est pas

(1) Fiore, *Diritto internazionale privato*, p. 160, livre I, § 109.

admise, demander au juge qu'il les autorise à vivre séparément?

Pour mieux préciser le conflit, je commence par transcrire les dispositions des lois étrangères relatives à cette
séparation, que j'appelle séparation de fait pour la distinguer de la séparation de corps que l'on appelle le
divorce des catholiques, parce que, dans les pays catholiques, elle a été établie pour tenir lieu du divorce. Il
existe aussi une séparation temporaire dans les pays protestants. Le code suédois (de 1734) autorise une séparation de corps temporaire, lorsque la discorde éclate
entre époux. Glasson, dans son ouvrage sur le mariage
civil et le divorce, expose la législation suédoise dans ses
détails (p. 218); je crois inutile de les reproduire ici, le
principe suffit à mon but.

Le code saxon permet la séparation de corps provisoire
pour cause d'ivresse habituelle; c'est le juge qui en fixe
la durée. Si, après un an depuis l'expiration du délai
déterminé par le tribunal, l'habitude d'ivresse n'a point
cessé, l'autre conjoint peut demander le divorce. Les
mauvais traitements qui sont de nature à comprometttre
la santé donnent lieu à la séparation de corps temporaire;
le juge peut ensuite, s'il le juge nécessaire, prononcer le
divorce (art. 1733 et 1736).

Le code prussien admet aussi une séparation provisoire
(art. 724 et 733). La loi de l'empire allemand sur l'état
civil (du 6 février 1875) ne permet plus de prononcer la
séparation de corps pour toute la vie des époux; cela
implique qu'il maintient la séparation temporaire là où
elle existe, et là où les législations locales l'établiraient (1).

La séparation de corps temporaire n'est pas admise en
Italie, en France, en Belgique, dans les Pays-Bas. Cette
variété de législation peut donner lieu à un double conflit,
et le conflit serait fréquent si, comme je l'ai proposé, le
code des Belges consacrait la séparation à temps. Un
premier point me paraît certain; c'est que des époux fran-

_____

(1) *Das Reichsgesetz uber Beurkundung des Personenstandes, mit Com-
mentar von Hinschius* (2e édition, 1876), p. 200, note 74.)

çais ne pourraient pas demander la séparation temporaire, s'ils résidaient dans des pays où elle est admise.
En effet, leur statut national le défend, et ce statut les
suit à l'étranger, aussi longtemps qu'ils conservent la
nationalité française. Ils ne pourraient certainement pas
divorcer en Belgique, où le divorce est permis ; la législation française ayant aboli le divorce, des époux français
ne seraient pas admis à le demander, et nos tribunaux ne
pourraient pas le prononcer. Par identité de raison, les
époux ne pourraient demander une séparation temporaire,
la loi française n'admettant pas cette rupture momen-
tanée de la vie commune ; la séparation de corps ne peut
être prononcée que pour les causes déterminées qui donnent lieu au divorce. Vainement dirait-on que la législation territoriale du pays où les Français résident doit
l'emporter sur leur statut personnel ; l'Etat étranger n'a
aucun droit de régler l'union des époux qui ne lui appartiennent pas ; on ne peut pas considérer la séparation provisoire des conjoints comme une de ces lois de police qui
obligent les étrangers ; ce n'est pas l'ordre public qui est
blessé par la mésintelligence des époux, c'est la paix inté-
rieure de la famille, et l'union ou la désunion des âmes
n'est pas du domaine de la police ; les tribunaux n'auraient
le droit d'intervenir que si les désordres prenaient la proportion d'une infraction à la loi pénale ; ils devraient la
réprimer, mais ils n'auraient pas le droit d'autoriser les
époux à vivre séparément. Cette question ne dépend plus
de la loi pénale, elle tient au lien du mariage ; or nos tribunaux ne peuvent rompre ou relâcher le lien du mariage
que si la loi personnelle des époux le permet.

Autre est la question de savoir si des époux étrangers,
auxquels leur statut national permet de demander une
séparation de corps temporaire, pourraient l'obtenir en
France ou en Italie, où cette séparation n'existe point. Il
est de principe que le juge doit appliquer la loi étrangère
qui règle l'état et la capacité des parties, à moins que cette
loi ne soit contraire à un droit de la société. Il faut donc
voir si l'existence ou la conservation de la société serait
compromise en France ou en Italie, par la séparation

provisoire que les tribunaux prononceraient entre époux étrangers. L'ordre public serait-il troublé? les bonnes mœurs seraient-elles blessées? porterait-on atteinte à la loi du mariage? y aurait-il un scandale public à ce que des époux étrangers vécussent séparés de fait, bien que le mariage fût maintenu? A toutes ces questions il faut répondre négativement. Les mauvais ménages sont, en un certain sens, un trouble à l'ordre public, puisqu'ils sont une occasion incessante de conflits; ce trouble cesse par la séparation des époux; autorisée par le juge, elle ne blesse plus les bonnes mœurs, puisqu'elle est légale, tandis que la moralité est blessée quand un époux déserte le domicile conjugal en violant les devoirs que la loi lui impose; la violation de la loi est toujours un grand mal, et il importe à la conservation de la société de maintenir le respect qui lui est dû. On objectera qu'il y a un moyen de faire respecter la loi, c'est de forcer les époux à rétablir la vie commune, tandis qu'on affaiblit l'autorité de la loi quand on leur permet de vivre séparément, au mépris de leurs engagements. Je réponds que lorsque les âmes sont divisées, la vie commune est impossible. Quand l'un des époux est obligé de recourir aux gendarmes pour forcer son conjoint à cohabiter avec lui, il n'y a plus de vie commune, c'est-à-dire plus d'affection, plus de sentiments communs, donc le lien des âmes est brisé. Il faut accepter ce fait et le régulariser. La seule voie légale qui existe en France, c'est le divorce et la séparation de corps; mais la séparation ne peut être prononcée que pour les causes les plus graves, celles qui justifient le divorce; or il peut y avoir une mésintelligence profonde, et la vie commune peut devenir insupportable, sans qu'il y ait adultère, excès, sévices ou injure grave. Faudra-t-il éterniser cette communauté forcée? Ce serait perpétuer une cause de désordres journaliers, et par conséquent l'aggraver. Après tout, la loi a beau déclarer que les époux doivent cohabiter, si l'un d'eux déserte le domicile conjugal, la vie commune est rompue, et il est impossible de la rétablir, à moins de recourir tous les jours aux gendarmes, pour ramener l'époux fugitif. Avouons que ce serait là une mauvaise parodie du mariage. Quant au scandale que les tribunaux donneraient en permettant à des époux étrangers de vivre séparément, il est bien moindre que le scandale d'une séparation qui s'opère sans la permission du juge, et en violation de la loi. L'intervention de la justice ne crée pas le mal; le mal préexiste, le juge y met fin, autant que la chose est possible, en régularisant une situation illégale. Le droit de la société ne souffre donc aucune atteinte quand des époux étrangers sont autorisés à vivre séparément. Le vrai scandale cesse, celui de la discorde là où devrait régner l'affection, et celui de la violation de la loi, que les époux peuvent toujours braver.

§ II. — *L'autorisation maritale.*

Nº 1. CARACTÈRE DE L'AUTORISATION MARITALE.

52. Le code Napoléon frappe d'incapacité la femme mariée, en ce sens qu'elle ne peut faire aucun acte juridique sans autorisation maritale. Quel est le fondement de cette incapacité? Chose étrange! La réponse est qu'on ne le sait point, ce qui est déjà un témoignage contre le principe, et ce qui, en tout cas, rend très difficile la solution des questions auxquelles donne lieu l'application du principe, dans le droit civil international. Notre science se plaît trop aux abstractions; un pareil procédé ne sert à rien. La doctrine a beau décider que la loi de l'autorisation maritale est personnelle ou réelle, d'après l'idée qu'elle s'en forme; il faut voir avant tout si cette idée est celle du législateur; sinon la théorie n'aura aucune influence sur la vie pratique. Cependant le droit est une face de la vie; il doit donc prendre appui sur les faits; ce n'est pas à dire que notre science doive subir le joug des faits; elle doit critiquer autant qu'exposer, puisque le droit international privé n'est encore qu'à l'état de formation; mais la critique aussi doit prendre son point de départ dans la réalité pour la ramener aux vrais principes. C'est la raison pour laquelle j'entre dans de longs développements pour préciser la

signification des principes, avant de rechercher la nature du
statut et de discuter les questions auxquelles il donne lieu.

53. Merlin pose la question en ces termes : « Quels
sont les motifs et l'objet de l'autorisation maritale? » Il
répond qu'il y a *peu de matières* sur lesquelles les *opinions*
soient aussi *partagées* que sur celle-ci (1). Cela paraît singulier. L'incapacité de la femme et, par suite, la nécessité
de l'autorisation maritale, était une règle générale dans
les pays coutumiers, et l'on ne savait pas pourquoi la
femme devait être autorisée par son mari! Merlin énumère
quatre systèmes différents et conduisant chacun à des
conséquences différentes. Les plus anciens auteurs étaient
d'avis que la prohibition faite aux femmes de passer aucun
acte sans l'autorité de leurs maris avait pour seul motif
l'intérêt du sexe, c'est-à-dire, comme ils l'expliquent, la
faiblesse de la femme, son inexpérience des affaires ; ils
citaient, à ce propos, l'exemple de plusieurs peuples très
policés chez qui les femmes sont toujours en tutelle. Les
légistes belges Peck et Rodenburg abondaient dans ce
sens. Et telle est bien l'origine de l'incapacité de la
femme : toute femme était jadis incapable, fille, femme
mariée ou veuve. C'est la raison pour laquelle, dans les
vieux temps, on lui donnait un tuteur ; et c'est encore la
raison pour laquelle la femme mariée est sous puissance
maritale. Elle est un être inférieur, incapable par nature ;
il faut donc la placer sous une autorité quelconque qui la
guide, disons mieux qui fasse pour elle ce qu'elle est incapable de faire. C'est la malédiction de Dieu qui pèse sur
la femme, parce qu'elle s'est laissé séduire par le serpent,
elle a séduit Adam, elle est la cause de la chute, et elle a
introduit la mort dans le monde : « Tu seras sous puissance du mari et ton mari dominera sur toi. » On repousse
aujourd'hui cette première opinion en disant que nos lois
reconnaissant à la femme non mariée une capacité égale
à celle de l'homme, il est impossible d'admettre que la
femme mariée est incapable à raison de la faiblesse du

(1) Merlin, *Répertoire*, au mot *Autorisation maritale*, sect. II (t. II,
p. 170 de l'édition de Bruxelles).

sexe. Il est très vrai que l'incapacité de la femme s'est modifiée, de même que la puissance maritale s'est transformée, et ces transformations ont entraîné des inconséquences qui augmentent la difficulté. La législation française est inconséquente en déclarant la femme l'égale de l'homme quand elle est fille ou veuve, tandis qu'elle est frappée d'incapacité du moment où elle se marie. Toujours est-il que la tradition primitive de l'incapacité absolue de la femme et de son inégalité radicale n'a pas disparu entièrement de nos lois. On lit dans un Mémoire couronné par l'Académie des sciences morales et politiques (1) : « Dans le code Napoléon, l'idée traditionnelle de l'incapacité du sexe est entrée, du moins pour une large part, dans l'organisation de la puissance maritale. Sans cela, pourquoi le code aurait-il soumis la femme à la nécessité d'une autorisation, même dans les cas où le mari, absent, interdit ou mineur, est incapable de l'autoriser, et aurait-il, dans ces cas, remplacé son autorisation par celle de la justice? Pourquoi aurait-il exigé une autorisation spéciale et n'aurait-il pas permis au mari de s'en rapporter à la sagesse de sa femme pour décider de l'opportunité d'un contrat ou en régler les conditions? » Quand on allègue la faiblesse de la femme, on y oppose la force du mari, et l'inexpérience de la femme a pour antithèse l'intelligence du mari. C'est, au fond, la doctrine antique de l'inégalité radicale des deux sexes, que la Bible a rapportée à la création même, comme, dans l'Inde, on rapportait les castes au Créateur.

54. Dans une seconde, opinion on invoque l'utilité du mari. S'il fallait se décider d'après le nom et l'autorité des jurisconsultes qui soutiennent cette théorie, on devrait l'adopter sans hésitation ; on cite Coquille, d'Argentré, d'Aguesseau. Voici ce que dit l'illustre chancelier : « L'intérêt du mari a fait établir la nécessité de l'autorisation ; c'est un principe dont tous nos auteurs conviennent. » Cependant Merlin fait valoir de bonnes raisons pour

(1) Gide, *Etude sur la condition privée de la femme* (Paris, 1867), p. 475 et suiv.

rejeter ce second système. Il n'est pas aussi éloigné du premier qu'on serait tenté de le croire. Si la femme est un être inférieur, si elle est née sujette, le mari a le droit de dominer sur elle ; or, dans le droit primitif, on ne niait pas que la domination fût établie dans l'intérêt de ceux qui dominent. Les plus forts, disaient les sophistes, ces apologistes de la force, dominent sur les faibles, et ils font des lois à leur profit ; leur domination n'a point d'autre objet. A Rome, la puissance paternelle était établie dans l'intérêt du père, et il en était de même de la puissance maritale : enfants, femme, esclaves, tous étaient dans son domaine. Toute puissance est égoïste, et est exercée dans l'intérêt de celui à qui elle appartient. C'est en ce sens que le peuple entendait être souverain. Les anciens ignoraient que la puissance oblige. Cette transformation de la puissance se fit sous l'influence germanique ; le maître devint un protecteur. Mais ce n'est pas encore l'idéal moderne de l'égalité, du dévouement. La faiblesse de la femme la place sous la protection du mari, et qui dit protecteur dit maître. Toutefois, la protection implique aussi un devoir, et par là elle inaugure un nouvel ordre d'idées.

55. C'est à peu près ce que dit la troisième opinion citée par Merlin. L'autorisation a été introduite tant pour l'utilité de la femme que pour celle du mari. Plusieurs coutumes en avaient une disposition formelle. Tel était l'esprit des réformateurs de la coutume de Paris lorsqu'ils ont ajouté à l'article 223 que le contrat fait par une femme non autorisée était nul, *tant pour le regard d'elle que de son mari*. Plusieurs autres coutumes avaient la même disposition : Auxerre (art. 207), Sens (art. 111), Poitou (art. 225). C'est le système qui prévaut chez les auteurs modernes. D'après le droit commun, les époux sont associés pour leurs biens comme pour leurs personnes ; donc, ce que la femme fait, intéresse la famille, partant, le mari doit intervenir. Ne pourrait-on pas demander à ceux qui se font les défenseurs des intérêts de la famille pourquoi le mari intervient dans tous les actes de la femme, tandis que la femme n'a pas le droit d'intervenir dans les

actes du mari? Que dis-je? elle n'a pas même le droit de
se mêler de ses propres affaires : c'est le mari qui est
seigneur et maître de la communauté; il la dissipe, il la
perd, dit Pothier, sans que la femme ait le droit de l'en
empêcher, sauf en demandant la dissolution de cette
société inégale. La femme n'a pas même l'administration
de ses propres! Voilà ce que devient l'intérêt commun
dans le système de la protection, lisez : de la dépendance
absolue de la femme.

56. Il y a encore un quatrième système, celui du président Bouhier; il envisage la nécessité de l'autorisation
maritale comme une suite et un effet de la puissance qui
appartient au mari sur la femme. C'est au fond le premier
système de l'inégalité radicale de la femme : mais Bouhier le base sur des considérations morales qui, si elles
étaient fondées, auraient pour conséquence que l'autorisation maritale intéresserait les bonnes mœurs, et dépendrait, à ce titre, du droit public. On voit déjà que, dans
cet ordre d'idées, le statut de l'incapacité risque de devenir
un statut réel. Il faut donc entendre le président; il donne
de si bonnes raisons, dit Merlin, qu'il est impossible d'y
résister. L'ordre que la nature semble avoir établi pour
le gouvernement de la famille est que le mari s'occupe des
affaires du dehors de la maison, et que la femme s'occupe
de celles du dedans. C'est ce que disait une loi romaine ·
« Que les femmes ne s'écartent jamais de la pudeur, et
que jamais elles n'oublient, ni quels sont les travaux auxquels la nature les a destinées, ni quels sont ceux dont
elle leur a ordonné de s'abstenir (1). » Une loi canonique
porte : « Il ne convient pas que les femmes se répandent
au dehors et s'entremêlent dans les assemblées d'hommes (2). » Encore du temps de Chasseneux, quand une
femme mariée, en Bourgogne, passait auprès d'un homme,
l'usage voulait qu'elle se cachât la moitié du visage. C'est
dans cet esprit que nos anciennes coutumes avaient établi
que la femme ne pouvait contracter, ni paraître en juge-

---

(1) L. 6. C. *De receptis arbitriis.*
(2) Cap. II, *De judiciis in* vi[o].

ment sans l'autorité de son mari. D'ailleurs, s'il est vrai, comme on n'en saurait douter, que le mari soit le *conseil et le curateur-né de sa femme*, elle manquerait évidemment aux égards qu'elle lui doit si elle disposait de ses biens, sans daigner l'en avertir et le consulter. Il a donc été sagement établi qu'elle ne pourrait le faire sans son autorité. Merlin ajoute qu'il n'est pas possible de résister à ces raisons, dans les coutumes qui ont étendu jusqu'aux testaments la nécessité de l'autorisation maritale. Mais toutes n'ont pas été jusque-là. Merlin conclut que l'esprit des diverses coutumes est différent, et de là une diversité nécessaire de conséquences. Cependant toutes les coutumes s'accordaient à exiger l'autorisation du mari pour les actes entre-vifs; il devrait donc y avoir une raison générale de l'incapacité de la femme mariée. Pothier nous l'a dit en résumant les sentiments divers qui s'étaient fait jour dans l'ancien droit : « La puissance que le mari a sur la personne de la femme ne permet pas à sa femme de rien faire que dépendamment de lui (1). » Or, on sait ce que Pothier entend par la puissance du mari : c'est l'infériorité de la femme créée sujette. L'autorisation maritale est le dernier débris de cette dépendance. Si l'on en avait cru Pothier et tous les légistes imbus de la doctrine catholique, la servitude de la femme aurait été éternelle, car elle était écrite dans une loi révélée.

57. Les jurisconsultes coutumiers oubliaient qu'il y avait une autre tradition en France. Gillet, le rapporteur du Tribunat, constate ce fait, qui a une grande importance dans notre débat. L'autorisation maritale était une règle universellement admise dans les pays coutumiers. Même sous le régime de séparation de biens, les femmes restaient sous puissance du mari, elles n'avaient que l'administration et la jouissance libre de leurs biens; dès qu'il s'agissait d'un acte de disposition, elles avaient besoin de l'autorisation maritale. Dans les pays de droit écrit, au contraire, on permettait aux femmes dotales d'avoir des biens paraphernaux : pour ces biens, elles étaient entiè-

(1) Pothier, *Traité de la puissance du mari*, n° 3.

rement affranchies de la dépendance du mari; elles pouvaient non seulement les administrer et en jouir, mais encore en disposer sans autorisation. La section de législation du Tribunat, composée en majorité de légistes coutumiers, se prononça pour le système des coutumes. Pourquoi? « L'*indépendance* de la femme, dit Gillet, choquait les *idées établies* sur la protection que le mari doit à son épouse. » Les partisans du droit écrit en pouvaient dire autant de la *dépendance* où la femme était placée par les coutumes. Reste à savoir lequel des deux systèmes était le meilleur. Le rapporteur du Tribunat dit que le mari doit avoir le droit d'empêcher sa femme de perdre sa fortune par des dispositions imprudentes. La critique est une supposition gratuite : voyait-on dans les provinces du midi les femmes disposer imprudemment de leurs biens? Telle était la vraie question qui se présentait dans le conflit du droit coutumier et du droit romain. Les deux systèmes avaient une durée séculaire. Quels résultats avaient-ils produits? Est-ce que l'indépendance des femmes dotales les avait ruinées? Est-ce que la dépendance des femmes communes les avait empêchées de disposer de leurs biens sous l'influence du mari? Gillet se contente de célébrer les bienfaits du système de protection au lieu de constater les faits. Il ajoute que l'indépendance de la femme blesse surtout l'unité de vie qui est un des principaux caractères du mariage; il a raison de dire que le lien de l'affection se relâche là où il n'y a pas communauté d'intérêt (1). C'était un motif pour faire du régime de communauté le droit général de la France; mais cela ne prouve pas que la femme doive être subordonnée au mari et son inférieure.

58. Le rapport de Gillet soulève encore une autre difficulté. Si l'unité du mariage, si la protection dont la femme a besoin demandent qu'elle soit frappée d'incapacité, pourquoi lui permet-on de stipuler la séparation de biens et le régime dotal, avec cet effet qu'elle sera affranchie de son incapacité pour les actes d'administration et

---

(1) Gillet, *Rapport au Tribunat,* n° 18 (Locré, t. II, p. 405).

de jouissance et pour l'aliénation de son mobilier? Si sa
fortune est exclusivement mobilière, elle aura une indépendance complète, la puissance du mari ne sera plus
qu'un vain mot. Incapable de sa nature, née sujette, comment devient-elle capable et libre quand elle se marie
sous le régime de séparation ou sous le régime dotal?
Peut-elle devenir capable par sa volonté? La contradiction est palpable. La puissance maritale est d'ordre public, dit-on; Pothier enseigne qu'elle est de droit divin :
la femme est créée sujette. Et voilà que le législateur
l'autorise à s'affranchir de toute dépendance, de toute
autorisation!

La question si importante que j'examine a encore une
autre face. On parle beaucoup de la faiblesse de la femme;
on veut que le mari la protége par sa force. N'est-ce pas
livrer le faible à la merci du fort? Ici les faits sont certains. La protection tourne au préjudice du protégé. Tous
les jours il arrive que la femme aliène ses propres au
profit du mari, sous la pression de son protecteur : la
force aboutit à la spoliation. Ou l'on fait intervenir la
femme dans les aliénations des conquêts et dans les hypo-
thèques que le mari consent pour obtenir la renonciation
de la femme à la seule garantie qu'elle ait, son hypothèque
légale; encore une spoliation. On dira que l'indépendance
de la femme ne serait pas un remède au mal. Qui sait?
Si la femme avait l'habitude de soigner ses intérêts, elle
aurait peut-être le courage de les défendre contre son
mari. En tout cas, ce n'est pas en la déclarant sujette par
sa nature que l'on éveillera chez elle le sentiment de
l'énergie. L'esclavage ôte les forces, il n'en donne pas.

59. Le code italien a fait un premier pas hors de la
tradition; s'il n'est pas allé plus loin, c'est qu'il a dû transiger avec l'esprit conservateur incarné dans le sénat, et
les transactions sur les principes aboutissent nécessairement à des inconséquences. Il n'y a pas de demi-vérité :
on transige sur des intérêts, on ne transige pas sur les
principes. Le premier projet, celui de Miglietti, abolissait
l'autorisation maritale. Cette innovation fit jeter les hauts
cris à tous les vieux légistes : on aurait dit que le ministre

portait la main sur l'arche sainte du droit, que la famille
allait s'écrouler et avec elle la patrie. Est-ce que Miglietti
avait emprunté à quelque démocrate socialiste l'idée de
l'égalité juridique de la femme? Il la trouva établie dans
la législation autrichienne qui régissait la Lombardie et
Venise; et s'il y a un régime conservateur au monde,
c'est bien celui de l'Autriche. Les légistes lombards allé-
guaient d'excellentes raisons à l'appui de la loi qui accordait à la femme la même capacité qu'au mari; pour mieux
dire, le code autrichien ne lui donnait pas cette capacité
égale, il ne faisait que maintenir à la femme mariée le
droit qu'elle a comme jeune fille et comme veuve. Le système de l'incapacité de la femme mariée et de la capacité
de la femme non mariée est un tissu d'inconséquences.
Pendant le mariage et sous le régime de la communauté,
la femme reste complètement étrangère à la gestion des
intérêts communs, elle ne peut pas même administrer ses
biens. Elle devient veuve; et subitement on la reconnaît
capable, pleinement capable, quoiqu'elle ait perdu l'appui
et le conseil qu'elle trouvait dans son mari; elle dirige la
famille, ses intérêts et ceux de ses enfants; on en a vu
plus d'une rétablir les affaires et relever la fortune que la
mauvaise administration du mari avait perdue. Comment
s'est opéré ce miracle? Capable, tant qu'elle est jeune fille,
elle devient absolument incapable le jour de son mariage,
puis elle redevient capable quand elle a le malheur de
perdre son mari. Le bon sens autrichien ne croyait pas à
ces changements miraculeux.

Cependant la vive opposition des légistes l'emporta.
Le sénat, conservateur de son essence, voulait le maintien de l'autorisation maritale; la Chambre des députés
était plutôt favorable à l'abolition de l'incapacité traditionnelle. On transigea. L'autorisation fut conservée, mais ce
n'est plus l'incapacité absolue du code Napoléon : c'est
plutôt la capacité qui est la règle, et l'incapacité l'exception. C'est une victoire remportée sur une tradition séculaire; la puissance maritale est entamée; or, il n'y a pas
de demi-puissance maritale, comme il n'y a point de demi-
souveraineté : Pisanelli, l'un des auteurs du nouveau code,

dit que les dispositions du code italien ne sont pas le dernier mot du législateur (1). L'avenir dira le dernier mot, ce sera l'égalité.

60. Je dois m'arrêter au système italien, d'abord parce que c'est un premier pas vers l'égalité que j'ai proposée dans l'avant-projet de revision ; puis, parce que le nouveau principe donnera lieu à des conflits avec les législations étrangères, et de là naîtront d'importantes questions de droit civil international. L'article 134 du code italien porte : « La femme ne peut *donner*, aliéner des *immeubles*, les grever d'hypothèque, contracter des emprunts, céder ou recouvrer des *capitaux*, se rendre caution, transiger ni ester en justice relativement à ses droits, sans autorisation du mari. » Quand on compare cette disposition avec l'article 217 du code Napoléon, on aperçoit tout de suite une différence essentielle. Le code italien énumère et *limite* les actes que la femme est incapable de faire sans autorisation ; tandis que le code civil, tel qu'il est universellement interprété, frappe la femme d'une incapacité générale de faire un acte juridique quelconque sans y être autorisée par son mari.

Ainsi, d'après l'article 134, la femme ne peut donner, c'est-à-dire faire une donation solennelle par acte devant notaire ; mais elle peut faire toute autre libéralité, par exemple remettre une dette, sans être autorisée (2). De même le code italien défend à la femme d'aliéner ses immeubles sans autorisation : en faut-il conclure qu'elle ne peut pas s'obliger sans y être autorisée par son mari? Les auteurs français raisonnent ainsi, parce que l'incapacité de la femme est absolue. Il n'en est pas de même des légistes italiens ; la loi, disent-ils, ne défend pas à la femme de s'obliger, donc elle est capable ; son incapacité est strictement limitée aux cas prévus par la loi. Le projet du sénat posait en principe que la femme ne pouvait faire aucun acte autre que les actes d'administration ordinaire ;

---

(1) Pisanelli, *Dei progressi del diritto civile in Italia*, p. 77 et suiv. *Processi verbali della commissione speciale di coordinamento*, p. 50 53. Bianchi, *Corso elementare di codice civile italiano*, t. II, p. 544 et suiv.

(2) Bianchi, *Corso elementare di codice civile italiano*, t. II, p. 587, n° 167.

ce principe fut écarté par la chambre des députés; on admit comme règle la capacité de la femme d'agir sans autorisation, sauf dans les cas spécialement prévus par la loi; il en résulte que la femme peut ester en jugement et même transiger, quand il s'agit d'actes qu'elle a la capacité de faire.

Bianchi conclut qu'il y a une différence radicale entre le système français et le système italien. Le premier pose comme règle que la femme mariée est incapable, et il n'admet que quelques rares exceptions, telles que les actes conservatoires et les testaments, tandis que le second établit comme principe la capacité de la femme, et n'exige l'autorisation du mari que dans les cas expressément prévus par la loi. Dans cet ordre d'idées, l'incapacité et l'autorisation maritale deviennent des exceptions, et il va de soi que les exceptions sont de l'interprétation la plus stricte. Reste à savoir si les restrictions que le code italien apporte au droit de la femme ont une raison d'être. Toutes impliquent que la femme est incapable par nature ou du moins par éducation. Le législateur se défie de sa légèreté à ce point qu'il lui défend de recouvrer un capital sans autorisation, et de le céder, parce qu'il craint qu'elle ne dissipe les deniers qu'elle toucherait; c'est la mettre sur la même ligne qu'un mineur émancipé, c'est-à-dire un incapable; et cependant les auteurs du code italien n'ont pas voulu y inscrire cette assimilation. C'est une transition de l'incapacité à la capacité, de l'inégalité à l'égalité. Dès que l'on reconnaît que la femme est capable, et l'égale du mari, les exceptions n'ont plus de raison d'être; et si ces exceptions se justifiaient par la faiblesse et la légèreté de la femme, il faudrait la placer sous conseil non seulement quand elle est mariée, mais encore et surtout quand elle est jeune fille ou veuve.

J'invoque la capacité restreinte que le code italien reconnaît à la femme mariée, à l'appui de la capacité et de l'égalité complètes que je propose de consacrer dans le code des Belges. Ce qui s'est passé en Italie prouve que telle est la tendance du droit moderne. Le sénat voulait maintenir l'inégalité traditionnelle; il a dû céder : la

puissance du mari et l'obéissance de la femme ne figurent
plus dans le code italien; l'autorisation maritale n'est plus
qu'une exception. Donc l'égalité l'emporte en principe. Il
est vrai que les partisans de l'égalité ont dû faire une concession; par contre, les traditionnalistes ont été obligés de
céder sur la question de principe; et les principes ont une
force irrésistible; ils arrivent à leurs dernières conséquences, malgré la résistance qu'ils rencontrent. Les conservateurs ralentissent le mouvement, ils tentent vainement
de l'arrêter : la terre tourne et le progrès s'accomplit, que
les hommes du passé le veuillent ou non.

N° 2. NATURE DU STATUT DE L'AUTORISATION MARITALE.

61. La femme doit être autorisée par le mari pour faire
un acte juridique quelconque. C'est en cela que consiste
son incapacité. L'état d'une personne et l'incapacité qui
en est la conséquence forment un statut personnel; l'article 3 du code Napoléon le dit en termes généraux. Cette
disposition s'applique-t-elle à l'incapacité de la femme?
En théorie, la solution n'est pas douteuse. Toutefois Merlin a varié; après avoir soutenu pendant quarante ans que
le statut était personnel, il a fini par changer d'opinion.
Ces variations du grand jurisconsulte prouvent qu'il doit
y avoir des difficultés sérieuses en ce qui concerne le
principe, et les controverses dépendent naturellement du
principe que l'on adopte sur la nature du statut. Il y a
une première raison de douter, c'est le fondement de l'incapacité qui frappe la femme mariée. Si l'on admet avec
Pothier qu'elle dépend de la puissance maritale, et si la
femme est placée sous puissance en vertu de la volonté de
Dieu qui l'a créée sujette, il n'y a plus à hésiter. La
volonté divine ne change point d'après les nationalités;
elle est nécessairement universelle, et elle ne comporte
point d'exception; donc la femme étrangere est frappée
d'incapacité aussi bien que la femme française, la loi personnelle de la femme ne pouvant pas déroger à une loi
révélée. Mais raisonner ainsi, ce serait donner à la doctrine de Pothier une étendue et une portée qu'elle

v.   9

n'avait certainement pas dans l'ancien droit. Chose remarquable! Le *Répertoire* de Merlin, qui date de l'ancien droit, et qui énumère tant de systèmes différents sur le caractère de l'incapacité de la femme et sur la nécessité de l'autorisation maritale, ne prononce pas le nom de Pothier, et dans aucun des systèmes qu'il énumère, il n'est question de la doctrine de saint Paul, ni des paroles de la Genèse; le droit était, dès le dernier siècle, complètement sécularisé; les légistes ne se rendaient plus compte de l'origine et du caractère de la puissance maritale, et par suite de l'incapacité de la femme. Il faut donc laisser de côté toute théorie qui considérerait la puissance du mari et la subordination de la femme comme étant de droit divin.

Et elle n'est pas non plus de droit public. Le code Napoléon ne prononce plus le mot de puissance maritale, il ne parle que de la protection que le mari doit à sa femme et de l'obéissance que la femme doit au mari. L'obéissance a disparu du code italien; reste la protection, qui n'a d'autre effet en droit que l'autorisation dont la femme a besoin pour faire des actes juridiques. Cette protection ne concerne que des intérêts privés; voilà pourquoi la nullité de l'acte qui résulte du défaut d'autorisation n'est que relative. Les intérêts de la famille sont seuls en cause; donc le droit de la société n'est pas engagé dans le débat, ce qui est décisif en ce qui concerne la nature du statut. Quant à la bienséance que le président Bouhier invoque, elle ne constitue certes pas un intérêt de moralité tel, que l'on puisse dire que les bonnes mœurs exigent que la femme soit sous puissance, et qu'elle soit autorisée par son mari. On comprendrait que la puissance maritale eût ce caractère si, pour cause de bienséance, le mari représentait la femme dans les actes juridiques, pour l'empêcher d'être en contact avec les hommes, mais ce n'est pas ainsi que les choses se passent : le mari se borne à autoriser sa femme, ce qui se fait d'ordinaire par sa signature; la femme seule agit, contracte, plaide, donc l'autorisation ne l'empêche pas de se mêler aux hommes d'affaires, et partant la bienséance n'est qu'une raison de théorie, pour mieux dire une considération historique

qui jadis a pu avoir quelque influence, mais qui certainement n'en a plus dans nos mœurs actuelles. Les femmes
ne sont plus reléguées dans un gynécée; on parle de leur
conférer les droits politiques, une minorité imposante
s'est prononcée en faveur de cette idée au parlement
d'Angleterre; je ne dis pas que la proposition aboutira;
toujours est-il qu'elle suppose d'autres usages et d'autres
mœurs que l'excessive réserve dont parle Chasseneux. Ce
qui achève cette démonstration et lui donne le cachet de
l'évidence, c'est que Bouhier lui-même, tout en invoquant
la bienséance pour y fonder la nécessité de l'autorisation,
considère la loi qui l'exige comme un statut personnel.
Nous allons l'entendre.

62. Bouhier commence par dire que la puissance maritale souffre peu de difficultés. « On convient, en effet,
que, comme les lois qui l'ont établie affectent principalement la *personne* de la femme et son *état*, elles lui ôtent
la capacité de disposer de ses biens et d'agir en justice
sans l'autorité de son mari, quoique d'une manière qui
n'est pas uniforme partout. Ainsi nos meilleurs auteurs
conviennent que le statut du domicile que son mari et elle
ont choisi en se mariant détermine l'étendue du pouvoir
qu'elle a pour ce regard pour tous les biens qui lui appartiennent, et en quelque lieu qu'ils soient assis. D'où il
résulte que ce statut est personnel, et que sa disposition
suit la femme partout où elle juge à propos de disposer. »

« Et, au contraire, si elle et son mari, en se mariant,
ont établi leur domicile en un lieu où les femmes n'ont pas
besoin d'autorisation, elle doit jouir partout de la même
liberté, et même pour les biens qu'elle a dans les coutumes où l'autorisation lui serait nécessaire. »

Bouhier cite les auteurs qui professaient cette opinion;
chose remarquable, parmi eux se trouvent les chefs de
l'école réaliste, d'Argentré, Rodenburg et Voet. Ce qui
s'explique par le caractère qu'avait l'incapacité de la
femme, dans l'ancien droit; elle n'existait pas partout;
dans les pays de droit écrit, les femmes pouvaient agir
sans autorisation, et même dans les pays de coutumes,
leur incapacité différait d'un lieu à un autre. Il dépendait

donc d'elle et de son mari de fixer leur domicile dans une coutume qui la rendait capable; de sorte que sa capacité ou son incapacité dépendaient de leurs conventions matrimoniales; or les réalistes les plus décidés admettaient que les conventions des époux formaient un statut personnel. A la vérité, il y en avait, surtout dans les provinces belgiques, qui cherchaient à échapper à la personnalité, dans l'application du principe; ils distinguaient, comme Bourgoingne le faisait, entre l'obligation que la femme non autorisée contractait, et l'aliénation qu'elle faisait de ses immeubles; ils admettaient que l'obligation était nulle partout, mais ils prétendaient que, pour l'aliénation des immeubles, il fallait s'en tenir à la loi de la situation. C'était une conséquence de la maxime qui régnait dans nos provinces, à savoir que toutes coutumes sont réelles. Bouhier rejette cette distinction; c'est avec raison, dit-il, que Froland l'a censurée, car la validité de ces différents actes dépend de la capacité de la personne qui les passe et il est évident que cette capacité ne saurait se diviser (1).

63. Merlin se prononça d'abord pour l'opinion traditionnelle, en se plaçant sur le terrain des principes qui servaient à distinguer les diverses espèces de statuts. Il commence par rapporter la définition que d'Aguesseau donne des statuts personnels et réels : « Le véritable principe, en cette matière, dit le célèbre chancelier, est qu'il faut distinguer si le statut a directement les biens pour objet, ou leur affectation à certaines personnes, ou leur conservation dans les familles; en sorte que ce ne soit pas l'intérêt de la personne dont on examine les droits ou les dispositions, mais l'intérêt d'un autre dont il s'agit d'assurer la propriété ou les droits réels, qui ait donné lieu de faire la loi, ou si, au contraire, toute l'attention de la loi s'est portée vers la personne, pour décider en général de son habileté ou de sa capacité générale ou absolue. Dans le premier cas, le statut est réel; dans le second, il est personnel. »

(1) Bouhier, *Observations sur la coutume du duché de Bourgogne,* chap. XXIV, nᵒˢ 31-33 (t. I, p 673).

Merlin examine ensuite, avec grand soin, quel est l'objet du statut de l'autorisation. A quoi tend-il directement, principalement? Quel est le but essentiel? Est-ce de conserver les biens dans les familles? Ce peut être là une conséquence du statut, mais il peut aussi avoir pour effet de dépouiller la femme, puisqu'elle peut aliéner tous ses biens avec autorisation. Les coutumes ont déclaré la femme absolument incapable de rien faire sans l'autorisation de son mari. « Si, dit la coutume de Paris (art. 223), elle fait aucun contrat sans l'autorité de son mari, tel contrat est nul. » Le statut de l'autorisation n'a donc aucune relation directe aux biens; il ne se réfère qu'à la personne : donc il est personnel. S'il était réel, il faudrait en conclure que la femme mariée à Paris ne pourrait, sans l'autorité de son mari, aliéner les immeubles qu'elle possède à Paris, mais elle pourrait aliéner, sans autorisation, les immeubles qu'elle possède dans les pays de droit écrit, où l'autorisation est inconnue. Il en résulterait que la femme serait en partie capable, en partie incapable. Or, ce n'est point là ce que veut la coutume de Paris; elle veut absolument, impérieusement que si la femme fait aucun contrat sans l'autorité de son mari, ce contrat soit nul. Donc elle est incapable partout, et son incapacité l'empêche d'agir sans autorisation, dans les pays de droit écrit comme dans les pays coutumiers. Tel est aussi l'esprit des lois qui ont mis la femme sous puissance; elles ont voulu que la femme fût dans la dépendance de son mari; et il serait absurde que la femme fût dépendante pour les immeubles situés à Paris, et qu'elle fût indépendante pour les biens assis dans les provinces de droit écrit. Merlin ajoute que la jurisprudence n'a jamais varié sur ce point (1).

64. Merlin a changé d'opinion; il termine son article en disant : « Voilà comment je raisonnais il y a quarante ans. De nouvelles réflexions m'ont fait changer d'avis. » Il faut entendre le grand jurisconsulte, dont les variations

(1) Merlin, *Répertoire*, au mot *Autorisation maritale*, section X, n°s 11 et III (t. II, p. 239-243 de l'édition de Bruxelles).

étonneraient si l'on ne savait pas que le droit est une
mer de doutes. Le statut personnel, dit-il, cède devant
les lois qui sont d'ordre public et de bonnes mœurs
J'admets le principe, en ce sens que le statut territorial
domine le statut personnel de l'étranger. quand le droit
de la société est en cause. Est-il vrai que la société a
un intérêt d'existence, ou de conservation, ou de perfectionnement à ce que la femme étrangère soit régie par
la loi territoriale qui détermine la capacité des femmes
mariées? Merlin le croit (1). On peut invoquer en faveur
de cette opinion le témoignage de Coquille : « L'interdiction de contracter durant le mariage a son respect à ce
qu'une femme mariée, par bienséance, ne doit avoir communication avec d'autres sans le su et le congé de son
mari, pour éviter la suspicion (2). » Merlin en conclut que
l'autorisation maritale étant d'ordre public, et intéressant
les bonnes mœurs, la femme étrangère ne peut se prévaloir de son statut personnel. J'ai d'avance répondu
à cette argumentation en examinant la nature et la
portée du statut réel. On le formule mal en disant que
toute loi qui concerne l'ordre public et les bonnes mœurs
est un de ces statuts qui dominent le statut personnel,
parce que les droits de la société sont en cause. L'expression d'ordre public en matière de droit privé se rapporte
aux lois qui règlent l'état et la capacité des personnes
Ces lois sont d'ordre public, en ce sens qu'il n'est pas
permis aux particuliers d'y déroger (art. 6). C'est ainsi
que l'article 1388 dit que les époux ne peuvent déroger.
même par contrat de mariage, aux droits résultant de la
puissance maritale sur la personne de la femme. Mais de
là ne suit pas que la puissance maritale soit d'intérêt
social, et forme, à ce titre, un statut réel. Merlin ne s'est
pas aperçu que cette argumentation aboutissait à une
conséquence absurde ; toutes les lois qui concernent l'état
et la capacité des personnes étant d'ordre public, il en
résulterait qu'elles forment un statut réel, tandis que

(1) Merlin, *Répertoire*, au mot *Effet rétroactif*, section III, § II, art. 5,
nº III.
(2) Coquille, sur la *coutume du Nivernais*, chap. XIII, article 1er.

l'article 3 du code Napoléon les déclare personnelles, conformément à la tradition française. Il ne suffit donc pas qu'une loi soit d'ordre public pour être réelle, il faut qu'elle soit d'intérêt public; à ce titre, elle domine les lois personnelles, qui sont d'intérêt privé. Et à quel titre le statut de l'autorisation serait-il d'intérêt social? C'est une loi d'incapacité, et l'incapacité est d'ordre privé.

Ce qui paraît avoir décidé Merlin, c'est que les bonnes mœurs sont intéressées à l'incapacité de la femme mariée. Les bonnes mœurs aussi ne déterminent pas nécessairement la qualité des statuts; sinon il faudrait dire que toutes les lois relatives au mariage intéressant les bonnes mœurs forment un statut réel, auquel les étrangers seraient soumis aussi bien que les nationaux. En traitant des conditions requises pour pouvoir contracter mariage, j'ai dit que cette manière de considérer les bonnes mœurs, dans la matière des statuts, était inadmissible; il faut voir si les droits de la société sont en cause; or il y a bien des lois relatives au mariage qui sont de droit privé plutôt que de droit public, ce qui décide la question de la personnalité du statut. Quant au témoignage de Coquille, il ne dit pas ce qu'on lui fait dire, que l'autorisation maritale est établie pour un motif de moralité publique. C'est à cause du respect que la femme doit à son mari qu'il ne convient pas qu'elle traite avec des tiers sans son autorisation; cela prouve que l'incapacité est une conséquence de la puissance maritale, or, la puissance du mari concerne l'ordre public, elle est étrangère aux bonnes mœurs, en ce sens qu'elle n'est pas établie dans le but de les sauvegarder; qu'est-ce que les actes juridiques, pour lesquels la femme doit être autorisée, ont de commun avec la moralité? Il faut laisser là les mots si vagues de bonnes mœurs et d'ordre public, pour voir comment les choses se passent dans la réalité des choses. La femme commune est incapable : veut-elle aliéner, il lui faut l'autorisation maritale : qu'est-ce que la vente d'un immeuble a de commun avec les bonnes mœurs? Le plus souvent la femme vend pour remettre les deniers à son mari, dans l'intérêt de son crédit, ce qui peut être aussi l'intérêt de la famille. On ne dira certes pas que les bonnes mœurs jouent le grand rôle dans un débat qui ne roule que sur des questions de profit ou de perte.

65. Dans le système du code Napoléon, ainsi que d'après le code italien, la personnalité du statut, au point de vue des bonnes mœurs, ne saurait être contestée. L'article 1387 dit que les époux peuvent faire leurs conventions matrimoniales comme ils le jugent à propos, *pourvu qu'elles ne soient pas contraires aux bonnes mœurs*. Si l'autorisation maritale était prescrite dans un intérêt de moralité, il en faudrait induire que les époux ne peuvent y apporter aucune dérogation. Eh bien, je suppose que la femme ait une fortune exclusivement mobilière, ce qui devient la règle dans le commerce et dans l'industrie. Elle stipule le régime de séparation de biens; sous ce régime elle peut administrer ses biens et en jouir, elle peut aliéner son mobilier et en disposer sans autorisation maritale. Elle est donc affranchie à peu près complètement de la puissance maritale. Conçoit-on que le législateur, après avoir défendu aux époux de faire des conventions contraires aux bonnes mœurs, leur permette d'abolir l'autorisation maritale, si celle-ci était prescrite dans l'intérêt des bonnes mœurs? La question n'a point de sens.

Le code italien va plus loin que le code français. Il pose comme règle la capacité de la femme, l'incapacité est l'exception. De sorte qu'en principe la femme n'a pas besoin de l'autorisation de son mari. Cependant, d'après le droit italien, comme d'après le droit français, il est défendu aux époux de faire des conventions contraires aux bonnes mœurs. N'est-ce pas une preuve palpable que l'autorisation maritale n'intéresse pas les bonnes mœurs! Ou faudra-t-il dire qu'il est contraire aux bonnes mœurs que la femme fasse une donation par acte notarié, sans y être autorisée, tandis que les bonnes mœurs lui permettent de consentir une remise de dette à titre gratuit, sans autorisation maritale? La question est ridicule à force d'être absurde. Il faut donc laisser les *bonnes mœurs* de côté, dans ce débat, et il en est de même de l'ordre public.

Le code Napoléon ne permet pas aux époux de déroger aux lois qui règlent la puissance maritale sur la personne de la femme; cette puissance est donc d'ordre public, ce qui est incontestable dans le sens de l'article 6 du code Napoléon. Est-ce à dire que le statut de la puissance maritale soit un statut réel? Le seul droit que le mari ait sur la personne de sa femme, c'est un droit de protection, ce qui est plutôt un devoir; de son côté, la femme doit obéissance au mari, le tout dans l'intérêt de la bonne discipline de la famille C'est par une conséquence de ce principe que le code exige une autorisation spéciale pour chaque acte juridique que la femme est dans le cas de faire; et il défend, en principe, l'autorisation générale. Toutefois, il y a exception pour les actes d'administration, et même de disposition, quand il s'agit d'une femme commerçante. Et ici, le code italien va encore une fois plus loin que le code Napoléon : le mari peut toujours et pour toute espèce d'actes donner à sa femme une autorisation générale. Cela prouve de nouveau qu'il n'y a que des intérêts particuliers en cause, intérêts que les époux règlent comme ils l'entendent. Si le droit de la société était en jeu, on ne concevrait pas que le mari abdiquât son droit de protection : abdique-t-on un devoir? Et l'incapable qui a besoin d'être protégé peut-il stipuler que cette autorisation lui est inutile? Ces questions sont un tissu de contradictions, dans le système qui considère la puissance maritale et l'autorisation comme étant de droit public et d'intérêt général. Il faut donc conclure que ces statuts sont d'intérêt privé et, partant, personnels; ils suivent la femme partout; de son côté, la femme étrangère est régie, en France, par son statut national (1).

N° 3. APPLICATION DU PRINCIPE. JURISPRUDENCE.

66. J'ai signalé les différences qui existent entre le code Napoléon et le code italien, en ce qui concerne

(1) Dans le même sens, Fiore, *Diritto internazionale privato*, lib I, n° 109, p. 100 et suiv.

l'incapacité de la femme mariée et l'autorisation maritale; de là des conflits entre les deux législations. Il y en aura encore davantage entre le code français et le code des Belges, si l'on admet, dans le nouveau code, l'égalité des deux époux comme je l'ai proposé. Je vais appliquer à ces conflits les principes tels que je viens de les établir.

D'après le code Napoléon, l'incapacité de la femme est la règle, et elle est absolue pour les actes entre-vifs, sauf les actes conservatoires que tous les incapables peuvent faire. Le code italien, au contraire, pose comme règle la capacité, et l'incapacité est strictement limitée aux actes que la loi détermine. Il y a donc bien des actes qu'une femme italienne peut faire, et que la femme française ne peut pas faire. Une Italienne épouse un Français, elle devient Française; sa capacité sera régie par le code Napoléon; sera-t-elle capable d'après le code d'Italie ou incapable d'après le code français? L'incapacité qui la frappe étant un statut personnel, la solution n'est pas douteuse; quand même les deux époux seraient domiciliés en Italie, la femme serait incapable de faire sans autorisation un acte juridique quelconque, notamment ceux que le code italien lui permet de faire; elle ne pourra pas remettre une dette, elle ne pourra pas transiger ni plaider sur une remise pareille, tandis qu'elle aurait pu le faire avant son mariage. Le domicile n'est pas pris en considération, parce que, dans le droit français et d'après le droit italien, c'est la nationalité et non le domicile qui détermine le statut personnel.

Par contre, si des époux italiens étaient domiciliés en France, la femme, fût-elle Française d'origine, serait capable de faire tous les actes que le code d'Italie ne lui interdit point. Car la capacité de l'étranger en France est réglée par son statut national, de même que la capacité des Français en pays étranger est régie par le statut français. Je n'entre pas ici dans les difficultés qui pourraient se présenter en France ou en Italie, par suite de la contrariété des deux législations; je les ai examinées en exposant les principes généraux qui régissent le statut personnel.

La contrariété serait plus grande si le nouveau code des Belges adoptait le principe de l'égalité. Permettrait-on aux femmes françaises de faire en Belgique tous les actes juridiques dont la femme belge serait capable? Non certes. D'une part, le code Napoléon dit que les lois concernant l'état et la capacité des personnes régissent les Français même résidant en pays étranger; donc la femme française, incapable en France, reste incapable en Belgique, et elle pourrait demander devant les tribunaux français la nullité des actes qu'elle aurait faits en Belgique sans autorisation. En Belgique, ces actes seraient également nuls, en vertu du statut français qui régit la femme française. Il y a cependant une objection, et à première vue elle paraît spécieuse. On peut dire que la loi de l'égalité qui remplace la loi traditionnelle de l'inégalité est de droit public et qu'à ce titre elle intéresse les droits de la société, ce qui conduirait à cette conséquence que le statut territorial de l'égalité dominerait le statut personnel de l'inégalité. J'ai répondu d'avance à l'objection. Elle est fondée, au point de vue historique : l'incapacité qui frappe la femme mariée est une conséquence de la puissance maritale, et celle-ci est un débris de l'antique loi de la force, ou si l'on veut s'attacher à la tradition chrétienne, de l'infériorité native de la femme née sujette à l'homme. Mais l'inégalité fondée sur la force ou sur la création a cessé depuis longtemps de régner dans nos mœurs ; elle y est devenue si étrangère que l'on a de la peine à la comprendre; nos lois mêmes l'ignorent. Dans l'ancien droit, la femme des pays de droit écrit était affranchie de la puissance maritale pour ses biens paraphernaux, et quant à ses biens dotaux, l'administration et la jouissance en appartenaient au mari. On pouvait donc dire que la femme, au point de vue des actes juridiques, était l'égale de l'homme, l'autorisation maritale y étant inconnue. C'est un élément très important du débat. L'incapacité ou la capacité de la femme dépendaient du régime matrimonial, et ce régime dépendait des conventions des époux, donc de leur libre arbitre; la femme restait capable si elle adoptait le régime dotal, elle devenait incapable si

elle se mariait sous le régime de communauté. Est-ce
qu'une incapacité qui résulte des conventions est une inégalité radicale, fondée sur la création ou sur la force? La
question n'a point de sens. Il en est de même de l'égalité
que je propose comme loi des époux. Sans doute elle tient
à un principe philosophique, au progrès qui s'est accompli
dans la voie de l'égalité; l'humanité moderne ne veut plus
de la force qui domine la faiblesse; elle répudie le mythe
d'Adam et d'Eve, source d'inégalité entre les époux, et
source d'une superstition, celle de la chute, qui vicie encore
aujourd'hui le christianisme traditionnel. Mais ces considérations sont étrangères au droit. L'égalité que je propose est celle qui règne entre associés, et qui dépend de
leurs conventions. Notre science n'a rien de commun avec
le dogme de la chute, ni avec le règne de la force; les
relations entre époux sont les relations de deux associés.
Tel est le principe qui régira l'association conjugale
quant aux biens; il est en harmonie avec le principe qui
règne ou doit régner dans l'association des personnes,
l'affection commune qui réalisera l'union des âmes; celle-ci
exclut toute domination, toute dépendance, partant toute
inégalité.

S'il est vrai que la capacité de la femme dépend des
conventions matrimoniales, la question du statut est par
cela même décidée. On ne peut pas dire que le droit de la
société est en cause quand la femme donne au mari un
droit sur ses biens; elle peut lui en accorder l'administration et la jouissance; il en résultera que la femme ne peut
faire aucun acte qui puisse altérer ou compromettre les
droits du mari. Quel intérêt la société aurait-elle à s'y
opposer? Elle n'a aucun intérêt ni aucun droit à intervenir
dans le règlement des rapports entre les époux. Ceux-ci
peuvent convenir que le mari n'aura aucun droit sur les
propres de la femme; dès lors l'autorisation maritale
n'aurait plus de raison d'être; en théorie, bien entendu.
Le code italien est un premier pas fait vers ce régime de
l'égalité conventionnelle. Il suffit que les droits des époux
quant à leurs biens dépendent des conventions matrimoniales, pour que le droit de la société soit hors de cause.

Donc il ne peut pas s'agir en cette matière d'un statut réel. La femme belge aura en France pleine liberté de contracter si ses conventions matrimoniales n'y portent obstacle; tandis que la femme française, commune en biens, aura besoin de l'autorisation maritale en Belgique, et elle pourra administrer ses biens et en jouir, et même aliéner son mobilier et en disposer si elle est séparée de biens ou dotale; preuve que tout en cette matière dépend des conventions matrimoniales.

67. La jurisprudence, française et belge contient peu de décisions relatives à l'incapacité de la femme. Cela s'explique par cette circonstance que l'incapacité de la femme mariée est généralement admise dans les diverses législations; les différences ne portent que sur les détails, et les relations internationales privées ne sont pas assez fréquentes pour qu'il s'élève des contestations nombreuses sur des détails. La cour de Liége a jugé que le statut qui défend au mari d'aliéner les biens de la femme sans son consentement est réel (1). En apparence la décision est fondée sur la théorie des statuts, telle que d'Aguesseau l'a formulée. On dit que la loi a pour objet principal de conserver les immeubles de la femme. Il serait plus vrai de dire que tel est l'effet de la loi, en supposant que la femme refuse de consentir. Mais le mari a mille moyens de l'y contraindre. Si le but de la loi était réellement de conserver les biens de la femme, elle devrait imposer aux époux le régime dotal, comme le fait le code d'Italie, qui leur défend de stipuler une communauté universelle. A vrai dire, le statut dont il s'agit dépend des conventions matrimoniales et il soulève une simple question de capacité. Si le mari a le droit d'aliéner les biens de la femme avec son consentement, c'est que les conventions matrimoniales lui donnent ce pouvoir; la femme peut aussi stipuler que ses biens seront inaliénables. Or, les conventions dépendent de la volonté des parties. et qu'est-ce qu'il y a de plus personnel que la volonté? On ne peut pas même dire que le statut des conventions matrimoniales est personnel,

(1) Liege, 31 juillet 1811 (Dalloz, au mot *Lois*, n° 413).

pas plus qu'il n'est réel, car la loi ne l'impose pas, en
règle générale, aux époux ; elle leur laisse une entière
liberté ; c'est donc leur consentement qui fait leur loi, et
cette loi régit les époux partout où ils résident, partout
ou ils ont des biens. Si les époux stipulent que le mari ne
pourra pas vendre les biens de la femme sans son consentement, cette prohibition est absolue et générale, par la
volonté des parties contractantes ; cette volonté recevra son
exécution, quel que soit le domicile des époux, quelle que
soit la situation des biens. Ou dirait-on que les époux ont,
pour les biens situés en Allemagne, une autre volonté que
pour les biens situés en France, et que leur volonté
change s'ils changent de domicile ? Cela serait absurde.

J'ajoute que l'on s'exprime mal en disant que le mari
ne peut aliéner les biens de la femme sans son consentement. Le propriétaire seul a le droit d'aliéner ; si donc les
biens appartiennent à la femme, il est d'évidence que le
mari n'étant pas propriétaire, n'a pas le droit de les aliéner. C'est la femme qui aliène avec le consentement ou
l'autorisation du mari. D'après le droit français, cela est
certain. Le statut que la cour de Liége a déclaré réel ne
signifiait pas autre chose. Donc il s'agissait d'une question
de capacité, et non de la conservation des immeubles dans
la famille. Si l'aliénation ne peut se faire sans le consentement ou l'autorisation du mari, c'est à raison de l'incapacité de la femme, et cette incapacité forme un statut
personnel.

68. Une femme française épousa à Madrid un Espagnol. Les époux vinrent habiter la France, où la femme,
prenant la qualité de femme séparée, acheta le domaine
de Baugy. Le mari, ayant établi une maison de banque,
emprunta une somme de cent mille francs ; pour sûreté de
la dette, il hypothéqua le domaine de Baugy, et la femme
intervint comme débitrice solidaire. Faillite du mari, et
question de savoir si l'obligation contractée par la femme
était valable, ainsi que l'hypothèque. Le tribunal de la
Seine prononça la nullité par les motifs suivants :

La femme était devenue Espagnole en épousant un
Espagnol ; son état et sa capacité étaient donc régis par

la loi d'Espagne. Or, d'après ces lois, la femme ne peut s'obliger comme caution du mari, ni solidairement avec lui; une pareille obligation est nulle à l'égard de la femme, à moins qu'il ne soit prouvé qu'elle en a profité. Les lois qui ont ainsi réglé l'état et la capacité de la femme espagnole l'ont suivie en France, de même que les lois concernant l'état et la capacité des Français les régissent en pays étranger. On objectait, dans l'espèce, qu'en changeant de domicile, les époux avaient changé de statut; que, par suite, il fallait leur appliquer la loi française qui, permet à la femme de s'obliger solidairement avec son mari; le tribunal répond que l'état de la femme est fixé irrévocablement par la loi du domicile conjugal, et qu'il n'appartient pas au mari de rendre sa femme capable, d'incapable qu'elle était, par une simple translation de domicile. Le créancier des époux objectait encore qu'il ne pouvait connaître la loi espagnole, et qu'il serait trompé si on la lui appliquait. C'est l'objection de l'intérêt français, que j'ai discutée dans le deuxième volume de ces Etudes (nᵒˢ 48-51); le tribunal de la Seine y répond en disant que le créancier qui contracte avec des étrangers doit s'enquérir de leur état et de leur capacité, et que par cela seul que l'on traite avec eux on doit connaître leur condition.

Sur l'appel, la décision a été infirmée. A mon avis, il y a presque autant d'erreurs que de mots dans l'arrêt de la cour de Paris; je ne dis pas cela par envie de critiquer; c'est une nouvelle preuve de l'ignorance qui règne sur le droit civil international, et ce ne sont pas les magistrats qui en portent la responsabilité; ils ne peuvent pas savoir ce qui ne leur a pas été enseigné, et ils sont excusables de ne pas connaître une science sur laquelle, en 1831, il n'existait pas encore un ouvrage français, sauf les vieux auteurs, dont on n'apprend pas même les noms aux élèves en droit.

La cour discute d'abord une question qui ne paraît pas avoir été soulevée en première instance : le domaine de Baugy était-il un fonds dotal, et pouvait-il, comme tel, être hypothéqué? La cour décide la question négativement, sans s'enquérir du droit espagnol ; elle dit, en terminant sa discussion, que ce débat est inutile, vu que l'article 3 du code Napoléon contient une disposition impérative et d'ordre public qui doit être appliquée par le juge français. Il s'agit du deuxieme alinéa, qui est ainsi conçu : « Les immeubles, même ceux possédés par des étrangers, sont régis par la loi française. » C'est donc la loi française, dit la cour, qu'il faut nécessairement appliquer lorsqu'il s'agit d'apprécier la nature d'un immeuble. La cour oublie une autre disposition du même article, qui décide implicitement que l'état et la capacité des personnes sont régis par la loi nationale des parties. Or de quoi dépend la dotalité d'un immeuble ? Est-ce la loi de la situation qui impose la dotalité aux époux, ou sont-ce les époux qui stipulent la dotalité ? En droit français, la question n'en est pas une, puisque le code civil la décide. Pour que les immeubles soient dotaux, il faut une double convention : d'abord la stipulation du régime dotal, qui doit être expresse, puis une clause de dotalité (C. Nap.). Est-ce qu'une double convention est une de ces lois territoriales que l'article 3 impose aux étrangers comme aux indigènes ? La question n'a point de sens. Si la dotalité dépend de la volonté des parties, il fallait examiner quelle était cette volonté, donc recourir aux conventions matrimoniales, et les interpréter par la loi du domicile matrimonial, c'est-à-dire, dans l'espèce, par la loi espagnole. La question n'était, en aucun cas, décidée par le deuxième alinéa de l'article 3, elle l'était plutôt par le troisième, et il serait plus exact de dire qu'elle dépendait de l'intention des parties intéressées.

La cour examine ensuite la question de la validité de l'obligation solidaire contractée par la femme et garantie par une hypothèque. Voici le principe que la cour pose : « Le *domaine* hypothéqué a ladite obligation étant *situé en France*, il s'ensuit qu'il y a lieu de juger la *capacité* de la femme et la *validité* de son obligation d'après les lois *françaises*. » Ainsi, la *situation* de la *chose* qui fait l'objet d'un contrat détermine la *capacité* des *parties contractantes*. Si l'on demandait à la cour ou ce principe est établi. Au moyen âge, on raisonnait ainsi : l'âge auquel le vassal était admis à faire hommage était déterminé par la situation du fief, de sorte que la capacité variait d'après les diverses lois qui régissaient les divers fiefs (1). C'était l'application de la règle féodale qui réputait réelle toute coutume. Est-ce qu'il en est encore ainsi aujourd'hui? Depuis l'époque des glossateurs, et en France depuis le seizième siècle, on admet que la capacité est régie par la loi de la personne, et le code Napoléon a consacré cette tradition séculaire dans l'article 3; il est vrai que cet article ne parle que du statut personnel des Français, mais il est admis, presque universellement, que l'état et la capacité de l'étranger sont régis par sa loi nationale, comme le disait, dans l'espèce, le tribunal de la Seine. La cour d'appel conteste ce principe. Il faut l'entendre.

« Si, dit-elle, on n'admettait pas que la capacité est régie par la loi française (au moins quand les immeubles sont situés en France), on serait soumis à autant de lois étrangères qu'il y aurait d'étrangers possessionnés en France. » Sans doute, mais n'est-ce pas là l'effet naturel du statut qui régit l'état et la capacité des personnes? Autant il y a d'étrangers en France, autant il y a de statuts personnels; on ne pourrait éviter cette variété de lois qu'en niant le statut personnel ou national : or, comment le nier quand il est écrit dans le texte du code pour les Français? Et s'il y a un statut personnel pour les Français, comment n'y en aurait-il pas pour les étrangers? La cour ajoute qu'admettre autant de lois personnelles qu'il y a d'étrangers possessionnés en France, serait une *violation manifeste* de la disposition fondamentale écrite dans le deuxième paragraphe de l'article 3, aux termes duquel les immeubles, même ceux possédés par les étrangers, sont régis par la loi française. Je réponds que la cour ne s'aperçoit pas qu'elle fait une manifeste pétition de principe : elle invoque le deuxième paragraphe de l'article 3, et il s'agit précisément de savoir si ce paragraphe est applicable à la capacité des parties : c'est donc supposer

<hr />

(1) Voyez le tome Ier de ces Études, p. 270, no 197.

démontré ce qu'il faudrait commencer par démontrer,
et j'ajoute, ce qu'il est impossible de démontrer. En
effet, l'argumentation de la cour aboutit à nier le statut
personnel, dès qu'il est question d'aliéner ou d'hypothéquer un immeuble. Telle était, dans l'ancien droit, l'opinion des réalistes outrés, tels que Bourgoingne, mais son
avis était repoussé même par les légistes hollandais qui
donnaient le plus à la réalité (1); et sous l'empire du code
civil on ne peut plus soutenir cette opinion, puisqu'un seul
et même article établit les deux principes fondamentaux
des statuts, l'un le statut réel, en vertu duquel les immeubles situés en France sont régis par la loi française,
alors même qu'ils sont possédés par des étrangers,
l'autre, le statut personnel, en vertu duquel l'état et la
capacité de l'étranger sont régis par sa loi nationale.
Ces deux principes sont également généraux, il ne faut
pas annuler le second en donnant au premier une signification et une portée qu'il n'avait point dans la tradition
française.

La cour continue toujours dans le même ordre d'idées :
« Considérant qu'en thèse générale, soit en matière personnelle, soit en matière réelle, les contrats et obligations passés en France, et dont on a le droit de poursuivre l'exécution devant les tribunaux français, ne peuvent
être jugés et appréciés que par la législation qui est
propre à la France. » Cette maxime est celle des légistes
anglo-américains, qui nient le statut personnel et qui ne
veulent connaître que la *common-law* d'Angleterre. Telle
n'a jamais été la doctrine française, et je ne comprends
pas comment la cour peut l'admettre en présence de l'article 3, qui consacre la tradition française en admettant le
statut personnel pour l'état et la capacité des Français
qui résident en pays étranger, et, par conséquent, aussi
pour les étrangers qui résident en France. Si la prétendue
règle proclamée par la cour de Paris était acceptée, il
faudrait dire qu'il n'y a plus de droit civil international,
mais aussi il faudrait effacer de l'article 3 la disposition

_____

(1) Voyez le tome Ier de ces Etudes, p. 448, n° 309.

qui consacre le statut personnel, partant, la distinction des statuts, c'est-à-dire la base de notre science, telle que l'ancienne jurisprudence l'avait admise.

La cour de Paris dit que « chacun est tenu de se soumettre aux lois, parce que chacun est censé les connaître, que cette connaissance légale dérive de la promulgation qui en est faite dans le pays où les lois sont exécutoires ; mais que cette présomption ne peut s'étendre aux lois étrangères, puisque leur existence n'est ni publique ni certaine ; que, dès lors, elles ne réunissent pas les conditions qui pourraient les rendre obligatoires en France ». Voilà la négation radicale du statut personnel, alors même qu'il n'y aurait pas d'immeubles en cause ; en effet, l'état et la capacité de l'étranger devant être appréciés d'après la loi nationale qui le régit, c'est toujours une loi étrangère que les tribunaux devront appliquer. Si le juge français peut dire : « Je n'applique pas les lois étrangères, parce que je ne les connais pas, et je ne les connais pas, parce qu'elles ne sont pas légalement publiées en France ; » alors il faut dire qu'il n'y a jamais lieu à appliquer une loi étrangère, partant, qu'il n'y a ni statut personnel, ni droit civil international ; il faut dire, comme on le faisait sous le régime féodal, que toute loi est réelle ; que la loi française exclut toute loi étrangère ; que les nations modernes sont entourées chacune d'un mur chinois, pour écarter de leur sol les lois étrangères, et, par conséquent, les étrangers. Je ne demanderai pas ce que devient, dans cet ordre d'idées, l'idéal de notre science, la communauté de droit qui relie les peuples, il n'y a plus de science du droit civil international. Cela simplifie, il est vrai, la tâche du juge français : il ne connaît et n'a besoin de connaître que son code civil. Mais la cour de Paris a beau nier le droit civil international, il y a des siècles que les glossateurs en ont jeté les premiers fondements, et une jurisprudence également séculaire l'a consacrée ; puis est venu le code Napoléon qui a résumé la tradition en quelques règles inscrites dans l'article 3. Si l'opinion de la cour prévalait, il faudrait effacer tout cela ; mais on n'efface pas l'œuvre des siècles, les tribunaux sont obligés de

l'accepter et ils l'acceptent. Tous les jours il leur arrive
de juger d'après des lois étrangères, bien que ces lois ne
soient pas publiées en France et qu'elles n'y soient pas
légalement connues. Le juge est tenu de les appliquer
quand le fait juridique qu'il a à apprécier est régi par la
loi étrangère; il l'applique alors parce que c'est la règle
qui régit le débat, et que cette règle a une existence légale
dans le pays où elle a été portée. Il est inutile d'insister
sur ces principes élémentaires de notre science, puisque
je les ai exposés au long et au large (1) ; et il est inutile de
citer des témoignages, puisqu'ils se trouvent à toutes les
pages de ces Etudes.

La cour de Paris, après avoir nié le statut personnel,
finit par l'admettre, par hypothèse, et, se plaçant sur le
terrain de l'ancien droit, elle cherche à établir que ce statut change avec le domicile; que, par conséquent, la
femme espagnole, régie en Espagne par le statut espagnol, est régie en France par la loi française, si elle y
transporte son domicile. C'est, à mon avis, une nouvelle
erreur. Dans l'ancien droit, alors que la France était
régie par trois à quatre cents coutumes diverses, le statut
personnel était déterminé par le domicile; c'était une
nécessité. Sous l'empire du code civil, la nationalité a
pris la place du domicile. L'article 3 le dit en termes assez
clairs : « Les lois concernant l'état et la capacité des personnes régissent les *Français* même résidant en pays
étranger » ; c'est dire que les Français sont régis par leur
loi nationale, quelle que soit leur résidence; le changement
de domicile n'empêche donc pas que le statut personnel
continue à recevoir son application, il est inséparable de
la nationalité française. J'ai longuement établi ce principe dans le cours de ces Etudes (2). La cour de Paris ne
tient aucun compte du texte de l'article 3, ni des travaux
préparatoires, ni de l'abolition des coutumes. Après avoir
nié la tradition des statuts, elle y revient, et voudrait la
rétablir telle qu'elle existait dans un ordre de choses qui
a été radicalement changé par l'unité de législation. Par

(1) Voyez le tome II de ces Etudes, p. 469, n° 262.
(2) Voyez le tome II de ces Etudes, p. 185, n° 97.

une singulière confusion d'idées, la cour de Paris dit que
si le principe qui détermine le statut par le domicile était
reçu de province à province, il doit l'être, à bien plus forte
raison, de royaume à royaume, surtout dans les Etats
qui, comme la France, sont régis par une loi uniforme,
et dont la souveraineté absolue est le caractère dominant.
L'aberration est complète ; c'est précisément parce que la
France était jadis divisée en provinces, en villes et en
communes, régies par des coutumes diverses, que le statut
devait être déterminé par le domicile, le domicile étant la
seule marque qui distinguât les habitants d'un seul et
même Etat, tous Français de race ; mais cette distinction
est venue à tomber avec la cause qui lui avait donné naissance. C'est donc parce que le droit varie aujourd'hui,
non plus d'après le domicile, mais d'après la nationalité,
que le statut personnel, au lieu d'être déterminé par le
domicile, l'est par la nationalité de la personne.

Tous les principes de notre science étaient méconnus
par l'arrêt de la cour de Paris ; cependant sur le pourvoi,
il intervint un arrêt de rejet, prononcé par la chambre
civile, après délibéré en chambre du conseil. La cour de
cassation ne s'approprie pas toutes les erreurs que je
viens de relever ; elle n'a qu'une question à examiner :
Y a-t-il une loi violée ? Et pour qu'il y ait lieu à cassation,
il faut qu'il y ait violation d'une loi française. Or, l'article 3 dit bien que les lois concernant l'état et la capacité
des personnes régissent les Français même résidant en
pays étranger ; mais il ne dit pas qu'il en est de même des
lois étrangères qui régissent l'état et la capacité de l'étranger résidant en France ; de là suit, dit la cour de cassation, que l'arrêt attaqué ne peut avoir violé cet article.
J'ai examiné la question ailleurs (1). La décision de la
cour ne témoigne pas contre les principes de notre science,
mais elle prouve que ces principes n'auront l'autorité de
la loi que lorsqu'ils auront été sanctionnés par des traités.
Si l'on admet que la capacité de la femme étrangère est
régie par la loi française, la conséquence qui en résulte

(1) Voyez le tome II de ces Etudes, p. 498, nos 273 et suiv.

est évidente : l'obligation contractée par la femme espagnole était valable, et, par suite, l'hypothèque l'était aussi (1). Voilà un de ces conflits regrettables entre les diverses législations, comme il s'en présente tant : la même personne est incapable en Espagne et capable en France : la même obligation aurait été annulée par un tribunal espagnol, et elle est validée par un tribunal français. La justice change en traversant les Pyrénées. Plaisante justice! aurait dit Pascal. Il est certain que la pratique est encore loin de l'idéal que Savigny a assigné à notre science, la communauté de droit. La science ne suffit point, car elle n'a pas le droit de commander; il faudra que la diplomatie vienne à son aide et que les traités donnent aux principes la force obligatoire qui leur manque. Mais c'est à la science de préparer le terrain; voilà pourquoi je m'arrête si longuement à redresser les erreurs que je rencontre sur mon chemin; le terrain doit être déblayé avant que l'on y puisse construire.

69. Dans le cours des débats que je viens de retracer, il a été question du sénatus-consulte velléien. La cour de Paris s'est prévalue de l'ancienne jurisprudence. Je dois en dire un mot puisque ce sénatus-consulte paraît encore être en vigueur dans les pays de race latine. Je n'ose rien affirmer quand il s'agit du droit étranger, surtout d'une législation qui, comme celle d'Espagne, se compose d'une longue série de lois dont les plus anciennes remontent jusqu'aux Visigoths. Dans le procès jugé par la cour de Paris, on a émis les opinions les plus contradictoires sur le droit espagnol. Je le laisse de côté pour m'en tenir à l'ancien droit français.

La difficulté est de savoir si la loi romaine, qui défend à la femme de se porter caution, notamment pour son mari, est un statut personnel. Elle est décidée affirmativement par tous les jurisconsultes modernes. Je m'arrêterai à l'opinion de Fœlix, qui est d'autant plus remarquable qu'il donne, en général, tout à la réalité. L'auteur

---

(1) Rejet, Chambre civile, 17 juillet 1833 (Dalloz, *Répertoire,* au mot *Contrat de mariage,* n° 3914.

français cite l'arrêt que je viens de critiquer et il le critique également en termes assez vifs : « Sous le *prétexte*, dit-il, d'appliquer le statut réel, la cour a *violé* le statut personnel. La femme espagnole s'était rendue caution pour son mari, elle attaqua le cautionnement comme nul, aux termes du sénatus-consulte velléien, qui a conservé force de loi en Espagne. Cette demande en nullité était *évidemment* fondée sur le statut personnel de la demanderesse. » Demangeat fait sur cette opinion de Fœlix la remarque suivante : « Nous sommes heureux de voir M. Fœlix proclamer que la disposition du sénatus-consulte velléien, qui défend aux femmes d'*intercedere pro aliis*, est *évidemment* un statut personnel; nous partageons complètement cet avis. Mais il faut convenir que notre auteur s'écarte singulièrement de la doctrine qu'il a enseignée jusqu'à présent, et suivant laquelle il n'y a de statut personnel que celui qui affecte l'*universalité* de la condition des personnes : tel n'est certainement pas le caractère du sénatus-consulte velléien, qui se borne à défendre une certaine nature d'actes à des personnes généralement capables. La *contradiction* dans laquelle tombe M. Fœlix ne nous étonne point, car c'est là le propre des idées fausses, d'entraîner à des inconséquences ceux qui les ont une fois adoptées (1). »

La personnalité du statut velléien est admise par tous les auteurs français et allemands, Merlin (2), Chabot de l'Allier (3), Savigny (4). Fœlix cite encore un arrêt en ce sens de la cour suprême d'appel du grand-duché de Hesse. Telle était aussi l'ancienne jurisprudence et l'opinion de la plupart des auteurs, Froland, Boullenois, Duplessis, Bouhier. Je citerai l'opinion de ce dernier, sans contredit un de nos meilleurs jurisconsultes. Le président du parlement de Bourgogne pose le principe suivant : « Tout statut qui renferme une prohibition aux personnes qui lui sont sou-

---

(1) Fœlix, *Droit international privé*, t. I, p. 219 et note *a*, nᵒ 93 de la 4ᵉ édition.

(2) Merlin, *Répertoire*, au mot *Sénatus-consulte Velléien*, § II, nᵒ 1 (t. XXX, p. 357 de l'édition de Bruxelles).

(3) Chabot de l'Allier, *Questions transitoires*, t. II, p. 352.

(4) Savigny, *Das heutige römische Recht*, t. VIII, p. 358, 1.

mises, pour quelque cause publique, est personnel. Cette
règle est fondée sur la doctrine de Dumoulin, Coquille et
autres, que les coutumes qui regardent le bien universel
des peuples, les bonnes mœurs et l'honnêteté publique,
méritent d'être étendues hors de leur territoire. En effet,
on ne saurait douter que ce soit le vœu commun des
législateurs des provinces, soit qu'ils l'aient exprimé,
comme cela est arrivé quelquefois, soit qu'ils aient
négligé de le faire. Ainsi, par un intérêt mutuel, l'extension de ces sortes de coutumes, loin de trouver de l'obstacle dans les autres, doit y être extrêmement favorisée.
Telle est la défense faite aux femmes de se rendre caution
pour leurs maris, portée par le sénatus-consulte velléien
qui s'observe encore en Normandie, car il s'agit de
savoir si cette défense s'étend sur les biens que les femmes
ont hors de cette province. Le parlement de Paris ne fait
aucune difficulté de juger pour l'affirmative, quoique
l'autorité du sénatus-consulte soit abrogée dans son ressort (1). » Plus loin, Bouhier ajoute : « Il s'est pourtant
trouvé des jurisconsultes qui en ont douté, car de quoi
ne doute-t-on pas, surtout dans une matière où l'on est
si fort prévenu pour la réalité des coutumes? Mais heureusement d'habiles gens ont pris la peine de mettre
depuis peu cette question dans un si beau jour, qu'il n'y
a point d'apparence qu'elle souffre plus de difficulté dans
les tribunaux; d'où il suit que, dans les pays où cette loi
est observée, les cautionnements des femmes mariées
sont nuls, et ne peuvent avoir d'exécution sur leurs biens,
quoique assis dans des lieux où le Velléien est abrogé;
et, au contraire, si le cautionnement est fait par une
femme domiciliée dans un lieu où il lui est permis de le
faire, il a son exécution sur ses biens, quoique situés
dans une province où cette loi s'observe à la rigueur (2). »
Je recommande cette observation à ceux qui seraient tentés de suivre l'avis de la cour de Paris, que je me suis

---

(1) Bouhier, *Observations sur la coutume du duché de Bourgogne*,
chap. XXIII, nᵒˢ 75 et 76 (Œuvres, t. I, p. 664).
(2) Bouhier, *Observations sur la coutume de Bourgogne*, chap. XXVII,
nᵒˢ 5 et 6 (Œuvres, t. I, p. 751).

permis de critiquer d'un bout à l'autre ; on voit que, dans la tradition française, les légistes n'avaient aucun égard à la situation des biens quand il s'agissait d'un statut personnel : la personne dominait les biens, comme étant de bien plus grande considération et valeur, ainsi que le disaient déjà les jurisconsultes italiens au moyen âge, et comme l'ont répété, après eux, les jurisconsultes italiens.

N° 4. DROIT ANGLO-AMÉRICAIN.

70. Le droit étranger a peu d'intérêt en cette matière, sauf pour les conflits qui résultent de la contrariété des législations. J'ai traité de ces conflits en ce qui concerne le droit italien (n° 63). Les conflits si regrettables que présente la pratique du droit international privé ne disparaîtront que lorsque les législations arriveront à une certaine unité ; l'unité absolue, il ne faut pas l'espérer puisqu'elle est impossible. Dans la matière des personnes, la diversité, si elle ne s'efface pas tout à fait, tend à se modifier, à mesure que les nations se rapprochent et se confondent dans les mêmes sentiments et les mêmes idées. Or, les mœurs ont devancé partout les lois. Les lois parlent encore de puissance maritale, de puissance paternelle ; il se trouve même des sénats conservateurs qui voudraient fortifier le principe d'autorité. Vains efforts ! C'est le principe démocratique qui déborde. La seule autorité qui subsistera sera celle de la loi. Dans les familles, ce n'est pas la puissance qui doit régner, mais l'affection, le dévouement, le sacrifice. C'est le foyer de l'éducation, et l'éducation ne se fait plus comme jadis à coup de verges dans une prison domestique ; l'homme doit être élevé à la liberté, il faut donc traiter toute personne humaine comme un être libre, la femme aussi bien que l'enfant. Quand cette révolution se sera accomplie dans les mœurs, elle transformera aussi les lois ; alors il n'y sera plus question d'autorisation maritale ; dès maintenant, elle est devenue une vaine formalité. C'est une raison pour ne pas trop s'arrêter sur le droit traditionnel.

71. Le droit anglais est traditionnaliste par essence ;

les coutumes n'y sont pas progressives, comme Savigny
le croyait dans sa prédilection pour le droit coutumier,
tel qu'il s'est développé à Rome par la vie nationale et
par la science. Cela suppose un peuple doué de l'esprit
juridique, et les Italiens doués de tous les dons de la
nature possèdent aussi celui-là. Bien que les Anglais
soient une race politique, l'esprit du droit leur fait défaut;
on n'a qu'à voir le fatras incompréhensible de leurs lois,
pour s'en convaincre; les bons praticiens ne leur manquent point, mais ils n'ont pas un grand jurisconsulte.
Cela explique l'abîme qui existe entre les mœurs et le
droit. J'ai rapporté les paroles d'un lord écossais, qui
rappelle les cages de fer où le mari peut renfermer sa
femme, et la grosseur du bâton avec lequel il peut la
châtier (1). Et dans ce même pays, on propose de déclarer
les femmes électeurs et éligibles! Il en est du droit qui
permet au mari de châtier sa femme, comme du combat
judiciaire, ils datent du onzième siècle; c'est toujours le
régime féodal, le dur régime de la force qui règne dans
les lois; les mœurs ignorent le droit de la force, c'est au
contraire l'égalité, telle qu'on ne la soupçonne pas ailleurs,
qui y règne. Si l'Angleterre écrivait son droit, elle n'y
inscrirait certes pas la *cage de fer*, et la *baguette grosse
comme le doigt du juge* dont parle lord Robertson. Ce
moment viendra, car il est impossible que le droit reste
en opposition complète avec l'état moral de la nation. Il
en résulte que le droit qui régit l'incapacité de la femme
mariée a peu d'importance pour le droit civil international. Je dois le constater, à raison de la contrariété des
législations, et du conflit qui en résulte, mais ce n'est
pas dans un droit qui date du onzième siècle que nous
chercherons l'expression de la justice eternelle.

D'après le code Napoléon, la femme mariée est frappée
d'incapacité juridique, ce qui se concilie difficilement avec
l'égalité et la capacité de la femme non mariée ou veuve.
Mais l'incapacité est plus apparente que réelle; la femme
peut faire tous les actes juridiques avec autorisation du

(1) Voyez ci-dessus, n° 49, p. 111-112.

mari et, s'il refuse, elle peut se faire autoriser par justice. Il y a plus, la femme peut stipuler, par contrat de mariage, qu'elle aura la libre administration et la libre jouissance de ses biens, ce qui l'affranchit de la puissance maritale, et lui permet même d'aliéner son mobilier et d'en disposer sans autorisation aucune. D'après le droit anglais, la femme est en la garde du mari, comme les enfants mineurs, le terme est le même (*guardianship*) ; de sorte que la femme est sans droit, elle perd jusqu'à sa personnalité, pour se confondre dans celle du mari. Blackstone dit, en termes énergiques, que l'existence légale de la femme est suspendue pendant le mariage, en ce sens que les deux époux ne font qu'une personne aux yeux de la loi, et cette personne est celle du mari. De là, des conséquences qui nous paraissent plus qu'étranges. Il ne peut y avoir aucune convention entre le mari et la femme, le mari ne pouvant pas contracter avec lui-même. La femme n'est pas plus une personne à l'égard des tiers qu'à l'égard de son conjoint, elle est incapable de faire un acte juridique quelconque. Elle ne peut pas agir en justice, en son nom, alors même que l'action serait fondée sur un fait qui lui est essentiellement personnel, tel qu'une injure ou un fait dommageable ; il faut que son mari figure avec elle dans l'instance. En Angleterre, on peut dire, à la lettre : qui épouse la femme, épouse ses dettes ; toutes les dettes de la femme deviennent les dettes du mari, tandis que les dettes du mari restent étrangères à la femme. Quelle est l'origine de ce droit singulier ? Je ne demande pas sur quel principe il est fondé ; il ne saurait y avoir un fondement rationnel d'une loi qui est contraire à toute raison comme à tout droit. Les jurisconsultes anglais ne s'inquiètent ni de l'origine, ni de la raison des choses : pour eux, le droit est un fait, ils l'acceptent tel que la tradition l'a transmis. Mais le langage même de la *common-law* en révèle l'origine et le caractère. La femme mariée, dans le langage légal, s'appelle *feme-covert* ; c'est du français normand, donc, l'idée qu'il exprime remonte à l'époque de la conquête de l'Angleterre par les Normands. *Covert* est synonyme de

protection, mais il ne s'agit pas de la protection et de la
garde telles que l'entendent les coutumes germaniques,
qui s'inspirent de l'équité et de l'affection. On dit de la
femme qu'elle est *covert-baron* (*fœmina viro cooperta*),
le mari est son *baron*, son *lord* (1). Le langage est féodal,
et il est l'expression des mœurs féodales. C'est l'âge où
domine la force dans toute sa brutalité : le baron est roi
dans sa baronnie, c'est-à-dire maître absolu ; il est aussi
roi dans sa famille, maître à tel point, qu'il absorbe
jusqu'à la personnalité de sa femme ; lui seul, le *baron*,
le *lord*, l'homme de la force, est une personne, parce
qu'il est le plus fort. Les coutumes françaises disaient
aussi que le mari est seigneur et maître de la communauté,
mais elles n'ont jamais eu le soupçon d'une domination
pareille à celle des Normands d'Angleterre ; on doit
remonter jusqu'au vieux droit romain pour en avoir une
image, alors que la femme était dans la *main* du mari,
au même titre que les enfants et les esclaves. Faut-il
demander si la *feme-covert*, ou *covert-baron* répond aux
mœurs d'une nation qui songe sérieusement à conférer
les droits politiques à la femme?

72. Je dis que si l'Angleterre codifiait son droit, elle
ne l'écrirait pas tel qu'il existe depuis Guillaume le Conquérant. Les Anglais commencent à sentir la nécessité
d'une modification de leur *common-law* par l'initiative du
législateur. Ils y apportent des changements partiels, il
en résultera de nouvelles incohérences ; on ne modifie
pas un droit qui date de la féodalité, on l'abolit, parce
que l'état social du dix-neuvième siècle n'est plus celui
du onzième. Une loi du 9 août 1870 (*Married womens
property act*) reconnaît à la femme un droit de propriété séparée, donc une personnalité distincte de celle du
mari ; voilà la base du vieux système qui s'écroule ; aussi
le continuateur de Blackstone ne parle-t-il plus de la confusion des deux personnalités ; mais la femme mariée est
toujours *feme-covert ;* comment conciliera-t-on le vieux

---

(1) Blackstone, *Commentaries on the laws of England*, t. I, p. 442, III
(7ᵉ édition de 1775).

principe, que l'acte de 1870 n'abroge point, avec les droits qu'il accorde à la femme? La femme peut, en vertu de la loi nouvelle, stipuler une espèce de séparation de biens; étant propriétaire, elle peut faire des actes juridiques, intenter des actions en justice. Mais l'incapacité dont elle est frappée subsiste pour les biens qui lui échoient pendant la durée du mariage, alors qu'elle est *feme-covert*; de sorte que la prescription ne court point contre elle. Ainsi, elle est capable tout ensemble et incapable. Chose singulière! La femme qui, avant 1870, n'avait pas même d'existence aux yeux de la loi peut maintenant faire des actes que la femme française est incapable de faire : on lui permet de déposer à la caisse d'épargne, et de demander le remboursement de son livret sans le concours du mari (1). En France, on a proposé d'accorder la même faculté aux femmes mariées; la proposition parut si malsonnante, au sein de la chambre des députés, qu'elle fut retirée par ceux qui l'avaient faite dans un but économique et moral. Ainsi, le pays où régnait l'incapacité absolue de la femme devance le législation française! Le vieux chêne est attaqué dans ses racines, il tombera.

73. Il faut appliquer au conflit de la *common-law*, telle qu'elle est modifiée par l'acte de 1870, avec les lois du continent, ce que j'ai dit du conflit de la législation italienne et du code Napoléon (n° 63). Il n'y a aucun doute en ce qui concerne la capacité de la femme anglaise qui résiderait en France : elle y serait *feme-covert* en vertu de son statut personnel, incapable en principe, mais capable par exception, en vertu de la loi de 1870. Elle pourrait donc déposer ses économies à la caisse d'épargne, et les retirer sans le concours du mari. L'autorisation maritale, telle que le code Napoléon l'entend, est inconnue au droit anglais, et le mari anglais ne pourrait pas invoquer la loi française comme loi territoriale dominant le statut personnel de l'étranger. Le droit de la société est hors de cause; l'autorisation du mari ne concerne que des

(1) Stephen, *Commentaries on the laws of England*, t. II, p. 268, n° 3 (7ª édition).

intérêts privés, donc elle ne forme pas un statut réel. Quant à la question spéciale des dépôts faits à la caisse d'épargne, elle reçoit la même solution. Ici il y a un intérêt général et commun à toutes les nations. L'épargne est la base de l'ordre économique et de l'ordre moral ; en ce sens, on peut dire que le statut qui permet les dépôts aux incapables est de droit public; mais on ne peut pas dire que la loi qui défend aux incapables de faire des versements à la caisse d'épargne est d'intérêt social; et peut, à ce titre, être opposée aux étrangers ; la défense tient à un principe de droit privé, l'incapacité de la femme mariée, ce qui exclut la réalité du statut.

Il y a un jugement récent, en ce sens, du tribunal de la Seine. Le tribunal a décidé, en principe, que les lois qui règlent la capacité des femmes mariées pour l'exercice de leurs droits font partie de leur statut personnel, et suivent l'étranger en France. Par suite, il a été jugé « qu'une femme mariée, de *nationalité anglaise,* est régie par les lois de son pays; les dispositions de la loi française relatives à l'autorisation maritale ne lui sont pas applicables ». Dans l'espèce, le mari était atteint d'aliénation mentale ; la cour de chancellerie alloua à la femme une pension qui constitue un bien propre, à raison duquel elle n'est plus traitée comme *feme-covert ;* elle est considérée comme *feme-sole ;* elle peut disposer de ses biens propres, ainsi que des économies qu'elle fait sur ses revenus, et ester en justice sans autorisation. Le droit anglais ne connaît pas l'autorisation maritale ; la femme est ou sans droit aucun, ou affranchie de toute puissance. Dans l'espèce, la femme jouissait d'une indépendance complète (1).

La femme française qui est domiciliée en Angleterre reste soumise à son statut personnel ou national; l'article 3 le dit. Mais cette disposition n'a de force obligatoire qu'en France ; les légistes anglais n'admettent point le statut personnel comme un droit de l'étranger ; ils ne

_____

(1) Jugement du 6 août 1878 (Clunet, *Journal du droit international privé,* 1879, p. 62).

consentent à le reconnaître qu'à titre de courtoisie, ce qui revient à dire que chaque nation fait ce qu'elle juge de son intérêt de faire. C'est en ce sens que Story s'explique en ce qui concerne l'incapacité de la femme mariée. Les tribunaux anglais pourront donc valider des actes que la femme mariée a le droit de faire en vertu de l'acte de 1870, bien qu'ils soient posés par une femme française qui ne peut jamais agir sans autorisation maritale (1). Je proteste, aussi souvent que l'occasion s'en présente, contre la doctrine de l'intérêt, qui détruit le droit. N'admettant point ce prétendu principe, j'en rejette aussi les conséquences. D'après les vrais principes, les tribunaux anglais devraient décider la question de la capacité des femmes mariées, comme on la déciderait dans le pays auquel elles appartiennent. Telle est la communauté de droit qui, dans la doctrine de Savigny, doit régner entre les peuples civilisés. Cela n'empêche pas que les lois d'intérêt social obligent les étrangers. Telle est, à mon avis, la loi anglaise qui permet à la femme, malgré son incapacité, d'avoir un livret en son nom personnel, à la caisse d'épargne. Il y a un intérêt social, c'est celui de l'ordre et de la prévoyance dans toutes les classes de la société, et avant tout, dans les classes travailleuses, où, trop souvent, le mari s'oppose à l'épargne pour aller dépenser au cabaret non seulement son salaire, mais encore ce que la femme gagne par des prodiges d'économie. Donc, la loi est réelle, et partant, applicable aux étrangers.

74. Les émigrants qui fondèrent les colonies de l'Amérique y transportèrent la *common-law*. L'opposition qui résulte de l'origine féodale du droit anglais avec l'état social du dix-neuvième siècle, est encore plus choquante aux Etats-Unis qu'en Angleterre. Conçoit-on une république où la démocratie déborde, et qui est gouvernée par la loi que la rude main de Guillaume le Conquérant imposa aux Anglo-Saxons? Il n'y a plus de *lords* en Amérique, et il y a encore un *lord* dans chaque famille. La femme, légalement parlant, n'a point d'existence juri-

(1) Story, *Conflict of laws*, p. 186, § 136 de la 7e édition.

dique; elle n'est pas une *personne* capable de droit, et, quoique radicalement incapable, elle occupe des fonctions qui, dans notre continent, sont le partage exclusif de l'homme. La contradiction entre les mœurs et la loi est flagrante.

Toutes les colonies ne sont pas d'origine anglaise; la France, l'Espagne ont envoyé des colons en Amérique, et à leur suite, le droit français et le droit espagnol se sont introduits dans la république puissante qui occupe presque un monde à part. La Louisiane a son code emprunté en grande partie au code Napoléon; le Canada français est encore régi par la coutume de Paris. Puis, chacun des États-Unis est un corps de république, a son droit parti-culier, fondé sur des lois spéciales. De là, des conflits journaliers naissant de la contrariété des lois. C'est une situation analogue à celle de l'ancienne France. Cela explique le grand intérêt que les Américains attachent au droit international privé. C'est le conflit des coutumes diverses qui donne naissance à la théorie des statuts; le statut personnel était déterminé par le domicile. Chan-geait-il avec le domicile? C'était une grave difficulté : je l'ai examinée au long et au large dans le cours de ces Études. Quelle est la solution qu'on lui donne aux États-Unis? Story, cela va sans dire, s'en rapporte à l'intérêt de chaque État : règle aussi funeste, au point de vue de la justice et de la morale, qu'elle est incertaine dans son application. Je renvoie à la critique que j'ai faite du sys-tème anglo-américain. La personnalité du statut a aussi son inconvénient; cependant Kent, l'excellent juriscon-sulte américain, se prononce en faveur du statut person-nel quand il s'agit d'une incapacité généralement admise, telle que l'incapacité des mineurs et des femmes mariées[1]. Il est vrai que la puissance maritale est encore générale-ment admise ainsi que l'incapacité de la femme mariée, qui en est la conséquence; cela n'empêche pas qu'il y ait de grandes diversités en ce qui concerne l'étendue et la

---

(1) Kent, *Commentaries on american laws*, t. II, p. 620 (459) de la 12e édition.

portée de l'incapacité qui la frappe ; de là doivent résulter des difficultés pratiques que les légistes anglo-américains décident d'après l'intérêt de l'Etat où le litige est porté devant les tribunaux. Je ne nie point les difficultés, et, dans l'étude que j'ai consacrée au statut personnel, je crois y avoir fait droit; les difficultés, en tout cas, ne sont pas une raison pour subordonner la justice à l'intérêt.

§ III. *Du devoir d'éducation.*

Nº 1. L'INSTRUCTION OBLIGATOIRE.

75. Le code Napoléon contient un chapitre intitulé : Des obligations qui naissent du mariage; il y est traité du devoir d'éducation et de la dette alimentaire. Sur le devoir d'éducation, le code civil contient la disposition suivante : « Les époux contractent ensemble, par le fait seul du mariage, *l'obligation* de *nourrir, entretenir* et *élever* leurs enfants (art. 203). Je ferai pour le devoir d'élever les enfants ce que j'ai fait pour les droits et les devoirs respectifs des époux : avant de rechercher la nature du statut, j'examinerai quel est le caractère de *l'obligation* que la loi impose aux père et mère, et quelle en est la portée. Ces considérations générales, bien qu'elles paraissent étrangères à ces Etudes, en sont, en réalité, la partie la plus essentielle. J'ai dit, dans mon Cours élémentaire de droit civil, que les principes c'est tout le droit, et que les motifs sont l'essence des principes (1). Ce qui est vrai du droit civil, l'est aussi du droit international privé. La nécessité de recourir aux motifs des lois, pour en déterminer la nature réelle ou personnelle, est de toute évidence; c'est là la principale difficulté de notre science; mais aussi, quand on a pénétré dans l'essence des institutions civiles, il est facile d'en déterminer le caractère. Après tout, le droit est une science rationnelle, et c'est l'abaisser que de la réduire à constater des faits. Voilà pourquoi je ne me borne pas à

---

(1) Voyez l'Introduction de mon *Cours élémentaire de droit civil*, p. 5.

citer des arrêts, je discute la jurisprudence et, au besoin,
je la critique. C'est mon droit et mon devoir. Il en est de
même des lois; je m'y soumets comme citoyen; comme
légiste, je place le droit éternel du juste et de l'injuste
au-dessus du droit variable dont les lois sont l'expression.
Le droit civil international n'est pas arrêté, il se trouve
à l'état de formation; raison de plus pour l'établir sur le
fondement solide de la raison universelle.

Le code Napoléon s'exprime mal en disant que le
devoir d'éducation est une obligation que les *époux* contractent par le *fait seul du mariage;* cette obligation ne
naît pas du *mariage,* elle résulte de la *paternité;* le
mariage la constate et la rend certaine. Personne ne
conteste que celui qui donne le jour à un enfant soit
obligé de le nourrir et de l'élever. C'est Dieu qui lui
impose cette charge et qui place les enfants sous la protection de leurs père et mère. Qu'il y ait mariage ou non,
l'obligation est la même, le père naturel a charge d'âme,
aussi bien que le père légitime; mais, vu l'incertitude de
la paternité naturelle, le devoir qui incombe au père peut
être méconnu; c'est une aggravation de la faute qui a
donné naissance à l'enfant, et c'est une des bénédictions
du mariage que l'obligation de l'éducation et le bonheur
de la paternité s'y confondent. Toujours est-il que le code
Napoléon, en rattachant au mariage le devoir d'élever les
enfants, a rendu douteux, en droit strict, le devoir du père
naturel; il n'y a aucune disposition dans le code qui impose aux père et mère naturels l'obligation d'élever leurs
enfants. Il est inutile d'insister sur cette critique, puisque
tout le monde est d'accord que, malgré la mauvaise rédaction de la loi, elle est applicable aux parents naturels.

76. Le code Napoléon pose donc en principe que les
père et mère doivent *élever* leurs enfants; il ne parle pas
de l'instruction, mais il va sans dire que l'instruction est
comprise dans le devoir que la loi consacre. On ne saurait
séparer l'instruction de l'éducation; le but est de développer les facultés physiques, intellectuelles et morales
dont Dieu a doué l'homme; c'est ce que le législateur
français appelle *élever* l'enfant. Telle est la destination de

l'homme, la mission que Dieu lui donne en l'appelant à la vie. L'homme est un être imparfait, mais perfectible ; c'est par l'instruction et l'éducation qu'il se perfectionne : œuvre sans fin, qui n'est pas même arrêtée par la mort, car c'est précisément parce que l'homme est appelé à un perfectionnement infini qu'il est immortel. Sur ce point, il ne saurait y avoir aucun doute pour ceux qui croient que l'homme a une âme. On n'a pas encore nié que l'enfant a, en naissant, des facultés intellectuelles et morales, qui constituent son individualité, et qu'il a pour mission de développer. Sur ce point, la philosophie et la religion sont d'accord. Jésus-Christ dit à ses disciples : « Soyez *parfaits* comme votre Père dans les cieux. » Les philosophes n'ont pas d'autre idéal. Ceux-là mêmes auxquels la religion semble indifférente admettent la loi du perfectionnement infini. Lessing dit mieux, la religion n'est autre chose que l'éducation progressive du genre humain. Je me permettrai d'insister sur un point qui est essentiel, la nécessité de ne pas séparer l'éducation morale et le développement intellectuel.

Il est inutile d'insister sur l'instruction qui développe l'intelligence et la fortifie. C'est la tendance du siècle, je n'ai garde de la contredire ; seulement je demande que l'enfance et la jeunesse soient instruites dans l'esprit que je viens d'indiquer : il faut que l'enseignement soit une gymnastique de l'intelligence, de sorte que l'enfant apprenne à penser, et devienne un être pensant. L'élément moral de l'éducation est négligé dans nos écoles ; c'est un grand mal, auquel il faut se hâter de porter remède ; si l'intelligence seule était développée, sans que la conscience fût éclairée, on aboutirait à cette conséquence monstrueuse, que l'homme deviendrait plus mauvais à mesure qu'il serait plus intelligent. Il faut que l'enfant, quand son éducation est achevée, sache qu'il a des devoirs à remplir ; on doit donc les lui apprendre, les lui faire pratiquer, les lui faire aimer, de manière qu'il soit bien convaincu qu'il ne trouvera le bonheur que dans l'accomplissement de ses devoirs.

Il y a un autre écueil. On a cru que l'homme pouvait

atteindre la perfection morale sans avoir reçu aucune instruction. Les hommes de foi ont cette illusion. Je leur recommande deux maximes que je vais transcrire, l'une d'un philosophe catholique, l'autre d'un libre-penseur. Pascal dit : « On ne fait jamais le mal plus gaîment que lorsqu'on le commet par un *faux scrupule de conscience*. » Il y a donc de faux scrupules de conscience, qui poussent l'homme à faire le mal, et à le faire gaîment, sans l'ombre d'un remords ; c'est dire que la conscience est obscurcie, aveuglée : est-il nécessaire de rappeler les crimes fameux des moines régicides ? Il ne suffit donc pas d'écouter la voix de la conscience. « Sans doute, dit Mirabeau, il faut obéir à la conscience, mais il faut commencer par l'éclairer. » Et on ne peut l'éclairer qu'en développant et en fortifiant l'intelligence. Donc une double gymnastique, intellectuelle et morale. Il faut même y ajouter la gymnastique du corps, puisque le corps est l'instrument de l'âme. L'homme est un, et non triple, et c'est l'homme tout entier qui doit être développé. Voilà ce que j'entends par *élever l'enfant*.

77. Le soin d'élever l'enfant n'est pas un simple devoir moral ou religieux, il est inscrit dans la loi, c'est donc une obligation civile ; or il est de l'essence de l'obligation civile d'avoir une sanction. C'est dire que l'instruction est obligatoire, dans le sens juridique du mot. Les partis discutent en Belgique sur l'utilité, la nécessité, la légalité de l'instruction obligatoire ; c'est oublier qu'elle est écrite dans notre code. Seulement, le législateur a oublié d'ajouter une sanction à l'obligation qu'il a consacrée. A la rigueur, le gouvernement aurait le droit de prendre un arrêté royal pour l'exécution de l'article 203 en contraignant les parents à donner l'instruction à leurs enfants, sous les peines qui sanctionnent l'observation des arrêtés royaux. Qu'on le fasse par un arrêté ou par une loi, peu importe ; toujours est-il que toute obligation civile doit être sanctionnée, sinon ce ne serait qu'un devoir moral, et l'on n'inscrit pas les devoirs moraux dans la loi. Ce n'est pas ainsi que les auteurs du code civil ont considéré le devoir d'éducation. L'article 1409 énumère les dettes qui entrent dans le passif de la communauté, et parmi ces dettes figurent l'*éducation* et l'*entretien* des *enfants* : donc la dette est civile. Parmi les charges qui grèvent l'usufruit légal, figurent : la *nourriture*, l'*entretien* et l'*éducation* des enfants. Ce sont à peu près les termes de l'article 203. Le devoir d'éducation devient plus étendu quand les enfants ont des biens dont le père a la jouissance; dans ce cas, le père doit leur donner une éducation proportionnée à leur fortune personnelle (art. 385, 2°).

Dire que le devoir d'éducation est une obligation civile, c'est dire que le père peut être contraint à la remplir, puisque telle est l'essence de l'obligation civile. La loi peut donc le forcer à envoyer ses enfants à l'école, à partir de l'âge qu'elle détermine, et jusqu'à ce qu'il ait atteint l'âge que le législateur fixera, sauf à concilier cette contrainte avec la liberté d'enseigner qui existe en Belgique. Ce n'est pas ici le lieu de discuter cette question, je l'ai fait ailleurs (1). Je me bornerai à une remarque qui me paraît de la plus haute importance. En déclarant l'instruction obligatoire, la loi n'entend certes pas une instruction ni une éducation quelconques : se contenterait-elle d'une instruction donnée par des frères ignorantins, s'il était constant que ces maîtres ne possèdent point les premiers éléments de ce qu'ils doivent enseigner? Serait-ce une éducation que celle qui serait donnée par un homme que la justice a flétri pour attentat aux mœurs? Ces faits se sont présentés en Belgique. Il faut donc des garanties à l'État pour que l'instruction et l'éducation développent la raison et éclairent la conscience. Or, en Belgique, l'État ne connaît pas les maîtres des écoles libres ; ils ne sont soumis à aucune condition de capacité ni de moralité; le gouvernement n'a pas même le droit de les inspecter. La loi qui veut que les enfants soient élevés ne veut-elle pas, par cela même, qu'ils reçoivent une instruction et une éducation qui développent leurs facultés intellectuelles et morales? Si le bon sens et la

(1) Voyez mon livre intitulé : *Les Sociétés ouvrières de Gand.*

conscience étaient appelés à décider, la réponse ne serait certes pas douteuse.

78. On a objecté que l'instruction obligatoire viole la liberté du père de famille. Je dois dire un mot de cette face de la question, parce qu'elle exerce une grande influence sur la nature du devoir que la loi impose aux père et mère. Il faut que la notion de liberté soit bien altérée en Belgique pour que l'on invoque la *liberté* du père, à propos d'une *obligation* légale qui lui incombe. L'*obligation* est une *restriction* à la *liberté*. On est obligé par une *convention,* ou par un *fait* équivalent (quasi-contrat, délit, quasi-délit), ou, en vertu de la *loi*. On ne dit pas de celui qui commet un délit civil, qu'il est *libre* de le réparer; l'article 1382 dit qu'il y est *obligé*. Or, le père qui *n'élève pas son enfant* commet plus qu'un délit ordinaire se résolvant en dommages-intérêts, il tue son enfant intellectuellement et moralement; il est plus coupable que le père qui commet un infanticide; car qu'est-ce que la vie physique quand l'homme n'a reçu aucune éducation? Il est au-dessous de la brute; celle-ci a l'instinct pour la guider, tandis que, chez l'homme abruti, la lumière de la raison et de la conscience est éteinte. Y a-t-il des dommages-intérêts, quelque considérables qu'on les suppose, qui réparent la perte d'une âme? Il faut donc que l'Etat fasse directement ce que le père néglige de faire, en déclarant l'instruction obligatoire et en veillant à ce que l'obligation soit remplie.

Est-ce porter atteinte à la *liberté* du *père?* Je ne comprends pas ce que cette prétendue liberté a à faire dans ce débat. De quoi s'agit-il? D'élever l'enfant. La loi dit que le père est obligé de l'élever. Or, l'obligation est corrélative à un droit : si le père est tenu d'élever l'enfant, il s'ensuit que l'enfant a le droit d'être élevé. Ce droit est un droit absolu, car ce n'est que par l'éducation que l'enfant devient un homme et qu'il accomplit sa destinée. Je cherche en vain où est le *droit* du *père* et sa *liberté,* je ne trouve que des *devoirs*. Le devoir d'éducation doit être rempli à l'égard d'enfants mineurs, donc d'incapables; or l'Etat est le protecteur-né de ceux qui ne sont pas capables de veiller eux-mêmes à leurs droits et à leurs intérêts; donc, il doit intervenir pour contraindre les père et mère à élever leurs enfants, quand ils négligent de remplir leur devoir.

Je dis que la liberté est hors de cause. On prétend que le père, *obligé* d'élever ses enfants, a le *droit* de les élever comme il l'entend, en confiant leur éducation à qui il veut. Juridiquement parlant, cela est un non-sens; ce n'est pas à celui qui est obligé de décider comment il remplira son obligation. Pour savoir qui doit régler l'exécution de l'obligation, il faut voir d'où elle naît. Dans les obligations conventionnelles, tout se fait par concours de consentement; c'est la volonté des deux parties contractantes qui fait leur loi, ce n'est pas la volonté du débiteur. Dans les obligations qui se forment sans le consentement des parties, le débiteur est obligé en vertu de la loi. Il y a des obligations qui naissent de l'*autorité seule de la loi*: ce sont les termes de l'article 1370 du code Napoléon. Telle est l'obligation d'éducation; la nature la forme, mais la loi la consacre, et il faut cette consécration pour qu'il y ait une obligation civile. Puisque la loi impose l'obligation, c'est aussi la loi qui en détermine l'étendue et l'exécution.

Voilà ce que dit le droit, et le bon sens et la raison disent la même chose. L'instruction obligatoire implique qu'il y a des parents qui ne remplissent pas le devoir d'éducation ou qui le remplissent mal. Dire que le père de famille est libre d'élever ses enfants, ce serait dire que ceux qui ne veulent pas élever leurs enfants et ceux qui ne savent pas les élever sont libres de faire ce qu'ils veulent. Une pareille liberté est pire qu'une dérision, elle détruit le devoir d'éducation, et elle viole le devoir de l'État. Ceci n'est pas une accusation, c'est un fait. Les auteurs du code civil se sont contentés d'inscrire dans la loi le principe de l'instruction obligatoire, mais, de fait, le code a laissé aux parents une liberté illimitée. Qu'en ont-ils fait? A la fin du dix-neuvième siècle, l'ignorance est encore générale, et l'instruction presque nulle, surtout pour les femmes. L'obligation établie par l'article 203 est restée un vain mot.

Je ne dis point que les père et mère ne doivent pas intervenir dans l'éducation de leurs enfants : la nature, aussi bien que la loi, leur en fait un devoir. Mais il faut voir comment les choses se passent dans la réalité. Qu'est-ce que le père de famille fait de la liberté qu'on lui reconnaît, du devoir que je lui impose? Sur cent pères, il n'y en a pas un qui soit capable de remplir lui-même le devoir d'éducation, ou qui en ait le loisir. L'instruction est la plus difficile des missions, et l'éducation morale est plus difficile encore. Il faut l'étude et l'expérience pour devenir digne d'être instituteur de l'enfance et de la jeunesse. Un vieux proverbe dit : Chacun son métier. Saint Paul, le plus grand des apôtres, a exprimé la même pensée en disant que chaque homme a sa vocation. Laissez à ceux qui en ont la vocation et qui y sont suffisamment préparés la difficile tâche d'élever vos enfants, et contentez-vous de les seconder, au lieu de les contrecarrer comme font la plupart des parents. Oui, ceux qui, dit-on, ont la liberté d'élever leurs enfants comme ils l'entendent sont régulièrement un obstacle à l'éducation. La famille détruit et corrompt ce que l'on a tant de peine d'accomplir à l'école : voilà les plaintes que j'entends tous les jours, et je puis attester qu'elles ne sont que trop fondées. Ainsi, pour remplir le devoir d'éducation, on s'en rapporte à ceux qui en sont incapables, et qui contrarient même l'œuvre déjà si difficile à laquelle les maîtres doivent apporter tout leur dévouement!

Il y aurait bien des choses encore à dire sur la liberté du père de famille; je dois me restreindre aux considérations qui sont de nature à exercer une influence sur le droit international privé. J'ai dit que le code Napoléon fait de l'éducation un devoir, et l'*obligation d'élever les enfants* ne peut certes pas s'appeler une liberté. Dira-t-on que le père a la *puissance paternelle,* et que c'est en vertu de cette autorité qu'il exerce le pouvoir d'éducation? L'objection ne tient aucun compte de la transformation qu'a subie la puissance paternelle. Nos coutumes disaient: *puissance paternelle n'a lieu.* C'est dans cet esprit que les auteurs du code civil ont organisé la puissance paternelle : le mot ne se trouve que dans l'intitulé du titre IX, la chose n'y est plus. Ce qui était jadis une *puissance* est aujourd'hui un *devoir*, et ce devoir consiste précisément dans l'*obligation* d'élever les enfants; or, l'*obligation* ne s'est jamais appelée une *liberté*.

Cherchera-t-on la liberté du père de famille dans la *liberté d'enseignement?* En Belgique, la Constitution proclame la liberté d'enseignement la plus complète, sans conditions de capacité ni de moralité, sans inspection, sans contrôle. Une liberté pareille est une vraie monstruosité; il faut l'accepter, mais se garder de la rendre encore plus monstrueuse qu'elle ne l'est, en l'appliquant dans des circonstances où il n'est plus question de liberté. Liberté d'enseignement a toujours voulu dire liberté d'enseigner : enseigne qui veut, même les forçats libérés! Il n'y a pas une liberté à part d'enseigner pour *les pères de famille;* cela n'aurait point de sens. Est-ce que par hasard les pères de famille tiennent école en Belgique, et est-ce là la liberté que l'on revendique pour les *pères de famille?* Sans doute, tant qu'il ne s'agit que d'instruire l'enfant et de l'élever, le père peut se faire le maître au sein de la famille. Mais du moment où l'instruction devient une *obligation* civile ou politique, l'État a le droit d'intervenir, soit en donnant lui-même l'instruction, soit en s'assurant qu'elle est donnée. Notre loi sur l'enseignement primaire n'admet comme instituteurs que ceux qui ont fait leurs études dans une école normale de l'État, et qui ont subi les épreuves qu'elle prescrit. Il en est de même des officiers et des ingénieurs. Le même principe peut et doit être étendu à toutes les fonctions publiques. Ceci n'est plus une question de liberté : c'est un droit de l'État et un devoir de s'assurer si ceux qui veulent remplir un office public ont l'instruction nécessaire et surtout s'ils ont été élevés dans l'esprit de notre Constitution. Or, l'État a le même intérêt et le même droit de s'assurer si l'instruction obligatoire est donnée dans l'esprit de notre Constitution, et si l'instruction que les enfants reçoivent développe leurs facultés intellectuelles et morales, ou si elle a pour objet d'arrêter le libre développement de la

raison et d'aveugler les consciences. Si l'Etat ne trouve
les garanties d'une véritable instruction que dans les
écoles qu'il organise, il peut forcer les pères à y envoyer
leurs enfants; car son droit et son devoir est de s'assurer
si l'instruction forme des hommes ou si elle les déforme.

79. La question de l'instruction obligatoire a encore
une autre face, bien plus importante que les banalités
auxquelles je viens de répondre. Dans le sein de nos
populations ouvrières, elle se heurte contre une difficulté
économique qui touche au droit que le père a sur le travail de son enfant. Pourquoi met-on les enfants à la
fabrique dès l'âge de dix ou onze ans, et parfois à un âge
moins avancé? On en fait un reproche aux fabricants; cela
n'est pas juste; ils n'ont aucun intérêt à recevoir dans
leurs ateliers de petits enfants de six à onze ans; au contraire, ils sont intéressés à ce que les jeunes ouvriers aient
une certaine éducation intellectuelle, et que leurs forces
physiques soient assez développées pour qu'ils supportent le
travail pendant toute une journée. Les fabricants de Gand
ont adressé une pétition aux Chambres pour demander une
loi qui règle l'âge auquel les enfants seront admis dans les
divers ateliers. Ce sont les parents qui sollicitent l'admission des enfants dans les fabriques, et souvent ils trompent les directeurs des travaux sur l'âge de leurs enfants
pour obtenir cette faveur. Il y en a qui sont pressés par
le besoin; ils retirent leurs enfants de l'école pour profiter
du modique salaire qu'ils gagnent dans les fabriques.
L'instruction obligatoire, dit-on, leur enlèverait un bénéfice, puisque les enfants ne pourraient quitter l'école
qu'à un âge où leur instruction serait achevée. Il s'agit
de savoir si le père de famille est libre de mettre ses
enfants à la fabrique avant que leur instruction élémentaire soit achevée.

Le père, dit-on, est obligé de nourrir et d'entretenir la
famille; si son salaire ne suffit point, il faudra, ou lui
donner des secours, on lui permettre de profiter du travail de ses enfants. Je vais d'abord transcrire les textes
du code Napoléon qui sont relatifs aux droits et obligations des enfants. Le code commence par imposer au père

l'obligation de *nourrir, entretenir* et *élever* ses *enfants* (art. 203). Il dispose ensuite que les *enfants* doivent des *aliments* à leurs *père* et *mère* et autres *ascendants* qui sont dans le *besoin* (art. 205). Cette obligation est réciproque (art. 207). Enfin, l'article 208 déclare que les aliments ne sont accordés que dans la proportion des besoins de celui qui les réclame et de la fortune de celui qui les doit. Il résulte de ces dispositions que les enfants ont un droit à l'éducation, ce droit est absolu; bien entendu que l'étendue du droit dépend des facultés de l'enfant et de la fortune des parents. Il y a un minimum dans ce devoir qui incombe aux père et mère, c'est l'instruction et l'éducation que les enfants reçoivent dans les écoles primaires; tant que cette instruction n'est pas achevée, il ne peut être question d'un droit du père sur le travail de l'enfant; car l'enfant qui est à l'école est dans l'impossibilité de travailler et de gagner un salaire quelconque. Qui détermine la durée de l'instruction primaire? Rien, dans le code, n'indique que cela dépende du père, et il serait absurde que le législateur s'en rapportât à la volonté du débiteur pour fixer l'étendue de son obligation : c'est la loi qui impose l'obligation, c'est aussi la loi qui fixe la durée de l'instruction. Tant que cette obligation n'est pas remplie, l'enfant ne peut pas être contraint à travailler pour venir au secours de son père; l'obligation alimentaire, dans la plus large acception du mot, n'incombe qu'à l'enfant qui en a les moyens, qui a de la fortune, dit le code. La seule fortune de l'enfant d'un ouvrier de fabrique consiste dans son salaire. De là suit que l'obligation de l'enfant, et, partant, le droit du père sur le travail de l'enfant ne commence qu'à l'âge où l'enfant, après avoir achevé son éducation intellectuelle et morale à l'école primaire, devient ouvrier. Cela se fait d'ordinaire à l'âge de treize ou de quatorze ans. Nous voilà loin de ce qui se pratique dans nos villes de fabriques. Le père qui retire son enfant de l'école à l'âge de onze ans ou au-dessous de cet âge n'use pas d'un droit, il viole une obligation. Cela est décisif.

Ma conclusion est celle des lois qui ont été portées dans tous les pays civilisés sur le travail des enfants

dans les fabriques. Le législateur fixe l'âge auquel ils
peuvent y être admis. Cet âge est déterminé de manière
que l'enfant ait reçu l'instruction élémentaire avant d'entrer
à l'atelier. L'instruction obligatoire se combine ainsi avec
l'admission des enfants dans les fabriques. Le droit du
père sur le travail de l'enfant ne commence que lorsque
l'obligation d'éducation est remplie légalement. Je dirai
plus loin que la loi peut et doit exiger davantage.

L'Angleterre a inauguré un autre système, celui du
demi-temps. On admet l'enfant dans les ateliers avant
qu'il ait terminé son instruction primaire, dès l'âge de
dix ou onze ans, suivant le travail auquel il est destiné;
mais il ne travaille que pendant une demi-journée, pendant l'autre moitié, il est à l'école. Le père profite plus
tôt du salaire de l'enfant, et il en profite sans que l'éducation de l'enfant en souffre. On concilie ainsi les exigences
de l'instruction avec les nécessités des familles ouvrières.
Ce n'est pas ici le lieu d'exposer le système anglais dans
ses détails; on le trouvera dans un excellent rapport fait
au conseil communal de Gand par M. Wagener, en sa
qualité d'échevin de l'instruction publique.

80. L'instruction obligatoire, telle qu'on l'entend généralement, ne comprend que l'instruction des enfants jusqu'à l'âge de quatorze ans. A cet âge, l'éducation de
l'enfant est achevée légalement. Elle ne l'est certes pas
de fait. Si l'œuvre de l'éducation n'est pas continuée au
sortir de l'école, elle est manquée; l'enfant oubliera bien
vite le peu qu'il sait, et son développement moral sera
complètement entravé. De là, la nécessité des écoles
d'adultes que l'on organise partout. Cette instruction n'est
pas obligatoire, elle devrait l'être. On en aperçoit la nécessité dans nos villes manufacturières, et je suppose qu'il
en est de même partout. Un très petit nombre d'ouvriers
et d'ouvrières fréquentent nos écoles d'adultes, et il
importe qu'elles soient fréquentées par toute la population.
C'est un point d'une importance extrême; je dois m'y
arrêter un instant, parce que les plus graves intérêts de
la société sont engagés dans le débat.

On a dit que le monde civilisé est menacé d'une

nouvelle invasion de Barbares, et que ces Barbares se trouvent dans le sein de nos villes, ce sont les prolétaires. Le mot est d'une terrible vérité. Après la révolution de 1848, les ouvriers, gagnés, corrompus par les funestes doctrines des écoles socialistes, livrèrent bataille à l'ordre légal dans les rues de Paris; il fallut une lutte sanglante de trois jours pour les vaincre. La crainte du socialisme jeta la France dans les bras d'un César. On croyait les mauvaises passions domptées. L'Empire s'écroula, et, à ce moment même, les socialistes s'emparèrent de Paris, et la Commune trôna dans la capitale du monde civilisé. On vit les nouveaux Barbares à l'œuvre; plus destructeurs que les Barbares qui détruisirent l'empire romain, ils attaquaient tout, le mariage, la religion, la propriété, les œuvres de l'art et de l'intelligence. Paris fut en proie à une population de sauvages, ne rêvant que la destruction et l'anarchie, pour réaliser sur les ruines de notre civilisation le règne de ce qu'ils appellent la sainte égalité. Quelle égalité, grand Dieu! L'égalité des troupeaux paissant une même herbe! Plus de supériorité intellectuelle! c'est le privilége de riches. Plus d'art, plus de science! c'est le plaisir des riches. Le pétrole anéantira tout ce qu'il y a d'œuvres de génie, la gloire de l'esprit humain. Plus de religion, plus de Dieu! c'est une tyrannie, et les égaux ne veulent plus de maître, pas même leur Créateur.

La commune a été vaincue, après un siége en règle, après des batailles livrées. Est-elle détruite? Ce serait une folie de le croire. La force comprime, mais elle ne saurait guérir un mal qui tient à l'absence de développement intellectuel et moral et à la misère des classes travailleuses. La France, tranquille et prospère sous le régime du despotisme impérial, croyait qu'il n'y avait plus de socialistes, et voilà que tout à coup le gouffre s'ouvrit, et les mauvaises passions sévirent pendant des mois entiers avec une violence qui épouvanta le monde.

Quel est ce mal auquel la force est impuissante à apporter un remède? C'est l'ignorance et l'immoralité; les désordres en sont l'inévitable conséquence. Comment se fait-il que la population parisienne a ajouté foi aux insensés qui prêchent l'abolition de Dieu, de la famille et de la propriété? Si les ouvriers de Paris n'étaient pas d'une crasse ignorance, jamais la Commune ne serait parvenue à s'y implanter. Il faut régénérer la classe ouvrière en l'instruisant et en la moralisant. Mais il faut aussi lui apprendre qu'il dépend d'elle d'améliorer sa condition économique. Le moyen est simple et infaillible, c'est l'ordre, la prévoyance, l'économie : l'amélioration de la condition matérielle, intellectuelle et morale des ouvriers, des travailleurs, tel doit être le grand souci du législateur. Les lois contre les socialistes sont impuissantes, elles ne feront qu'aigrir les passions. L'instruction seule est impuissante, ainsi que l'éducation; les ouvriers souffrent et ils rêvent l'abolition de la propriété comme remède à leurs souffrances. Il faut leur apprendre qu'il y a un autre idéal, celui qui rendra tout homme propriétaire. Cet idéal n'est pas un rêve comme le socialisme, car il se réalise sous nos yeux; l'épargne scolaire, l'épargne des adultes, les sociétés ouvrières, tels sont les moyens inaugurés à Gand (1), pour résoudre le grand problème qui sera l'œuvre des siècles à venir. Ce n'est plus de la théorie, c'est de la pratique. Que le législateur s'inspire de ces sentiments et de ces idées, et le socialisme sera vaincu.

Ici je dois m'arrêter. J'ai indiqué la voie dans laquelle le législateur doit marcher; mais les lois que j'appelle ne sont point faites. On va seulement déclarer l'instruction obligatoire en France; en Belgique, notre Constitution est une entrave, nous n'avons pas même de loi sur le travail des enfants dans les fabriques. Cela se fera, parce que cela doit se faire, et bien d'autres choses se feront. Mais, pour le moment, elles ne sont pas faites, et le droit civil international, comme toute notre science du droit, implique l'existence d'un droit positif et de législations différentes; seulement je me permets d'ajouter que les légistes ont tort de s'en tenir au droit existant, ils perdent de vue

---

(1) Voyez ma brochure l'*Épargne dans les écoles de Gand,* ma *Conférence sur l'épargne* (couronnée par l'Académie), une brochure sur la *Société Callier;* mon livre sur les *Sociétés ouvrières de Gand.*

la plus belle partie de leur mission, celle d'appeler l'attention du législateur sur ce qu'il doit faire pour que le droit règne dans le monde : et dans la matière que je viens de traiter, tout est à faire, parce que rien n'a été fait. C'est mon excuse pour être entré dans des détails de théorie qui paraissent étrangers à ces Etudes.

N° 2. LA NATURE DU STATUT.

81. J'ai dit, en exposant les principes généraux qui régissent les statuts, que le droit de famille est une dépendance du statut personnel. Telles sont les lois qui règlent les conditions du mariage et les obligations qu'il crée entre les époux. En est-il de même des obligations et des droits qui existent entre les parents et les enfants? Il est certain que le devoir d'éducation qui incombe aux père et mère est un statut personnel, en ce sens qu'il suit la famille partout où elle s'établit. Tous les jours, nos ouvriers, quand l'ouvrage manque à Gand, vont en chercher en France. Qu'ils transportent leur famille en France ou qu'ils la laissent dans leur patrie, leur obligation subsiste : et il en est de même du droit qu'ils ont sur le travail de leurs enfants. Cela est d'évidence. Malheureusement l'obligation devient un droit illusoire pour les enfants, quand leur père les délaisse, comme cela se voit trop souvent dans nos classes ouvrières. Le père déserte le domicile conjugal, soit du vivant de sa femme, soit après sa mort; les enfants restent à charge d'une grand'mère ou d'une tante qui parfois n'ont elles-mêmes pas de quoi vivre. Que deviennent le droit des enfants et le devoir du père? Les malheureux enfants ne savent pas même ce que leur père est devenu. Un jour viendra, il faut l'espérer, où les conventions internationales s'occuperont du sort des femmes abandonnées et des enfants. Si l'on veut que le droit règne dans le monde, il faut que ceux qui ont un droit puissent le faire valoir partout et obtenir justice dans tous les pays civilisés. Et quand il s'agit de mineurs, c'est le cas ou jamais pour la société d'intervenir dans l'intérêt des incapables.

82. La difficulté quant au statut ne s'élève que si la famille entière change de domicile, ce qui se fait d'ordinaire sans changer de nationalité. Sera-t-elle régie en pays étranger par le droit personnel ou national des parties, ou peut-elle invoquer le droit territorial, et peut-on le lui opposer? Il est de principe que le statut réel domine le statut personnel, et, en cette matière, le statut est réel, quand le droit de la société est en cause. Or, s'il y a un droit social et un devoir, c'est celui de l'éducation. Quand une loi déclare l'instruction obligatoire, elle le fait parce que la conservation et le perfectionnement de la société l'exigent. Je suppose que l'instruction obligatoire soit décrétée en France, et elle ne tardera pas à l'être, cette loi obligera tous les habitants du territoire, les étrangers aussi bien que les Français. Vainement les Belges invoqueraient-ils leur statut personnel, qui ne les astreint pas jusqu'ici à faire instruire leurs enfants, en ce sens du moins que l'obligation écrite dans le code civil n'a pas de sanction; on leur répondrait que le législateur français a le droit d'imposer l'instruction à tous ceux qui habitent la France, parce que les plus graves intérêts de la société sont en cause. L'obligation que la loi territoriale impose au père, fondée sur la nature, existe partout, et la loi qui la sanctionne s'applique au père comme tel, sans considérer quelle est sa nationalité. C'est une loi de police qui, aux termes de l'article 3 du code Napoléon, oblige tous ceux qui habitent le territoire. Il y a une police préventive qui a pour objet de prévenir les délits; or, c'est l'ignorance, et les vices, les mauvaises passions qu'elle nourrit, qui alimentent les prisons. Cela est d'évidence, si par instruction on entend l'éducation morale; si le législateur avait plus de souci de la moralisation des classes inférieures de la société, les prisons seraient vides ou à peu près. Pourquoi le nombre des crimes reste-t-il le même et augmente-t-il avec la population? Est-ce une loi de l'humanité qu'il y ait chaque année le même chiffre de vols et d'assassinats en proportion de la population? Non, la fatalité du crime est la négation de la liberté et de la perfectibilité. Il y a une autre loi fatale, c'est que les causes restant les mêmes, les mêmes effets se produisent : laissez croupir les classes inférieures dans l'ignorance, l'immoralité et la misère, vous aurez nécessairement des criminels, vous les nourrissez en quelque sorte, et vous récoltez ce que vous avez semé. Je sais bien que l'instruction seule ne suffit point, il faut que l'instruction devienne une éducation et elle ne le deviendra que si la morale y domine. Et l'enseignement moral de tous les jours, de tous les instants qu'il faut donner à l'enfance et à la jeunesse doit être celui de l'ordre, de la prévoyance, de l'économie. L'instruction ainsi donnée transformera les classes travailleuses; s'il reste encore des brouillons, des agitateurs, les ouvriers ne les croiront plus : ils sauront que la ruine du capital entraînerait la ruine des travailleurs : ils sauront qu'il dépend d'eux d'assurer leur condition économique et de devenir capitalistes à leur tour. Ainsi considérée, l'instruction obligatoire écartera les dangers dont les fausses doctrines, unies aux mauvaises passions, menacent la société et la civilisation. On n'aura plus à craindre une nouvelle invasion de Barbares du jour où il n'y aura plus de Barbares.

Par la même raison, les lois qui règlent le travail des enfants dans les fabriques sont des lois réelles dans la terminologie de notre science. L'ouvrier belge qui va s'établir en France dirait vainement que sa loi nationale lui permet de mettre son enfant à la fabrique à six ans, et qu'elle lui donne un droit au produit de son travail. On lui répondrait que le législateur français a le droit et le devoir d'assurer la vie physique, intellectuelle et morale de tous ceux qui habitent le territoire et notamment des enfants. On lui dirait que la loi française ne reconnaît pas au père le droit de tuer ses enfants, pas plus intellectuellement et moralement que physiquement; et que des lois destinées à assurer la vie, à développer l'intelligence et à éclairer la conscience, sont applicables à tous ceux qui habitent le territoire sans distinction de nationalité. On me demandera pourquoi j'insiste pour démontrer ce qui est aussi clair que la lumière du soleil. C'est que je vis dans un pays où l'on se fait de la liberté une si fausse

idée que l'on y soutient et que l'on y pratique la liberté
de l'ignorance, qui, en fait, se confond avec la liberté de
l'immoralité. Si l'on voulait nourrir une race de Barbares,
pourrait-on s'y prendre mieux?

83. La Belgique n'est pas seule coupable. Il n'y a que
dix ans que le devoir d'éducation a été reconnu et sanc-
tionné en Angleterre (1). Je doute que cette obligation soit
établie par les lois des Etats-Unis. Les mœurs suppléent
à la loi, je le veux bien; mais cela ne doit pas empêcher
le législateur de venir en aide aux mœurs. L'Allemagne
seule a pratiqué l'instruction obligatoire, et la terrible
guerre d'il y a dix ans a prouvé que le développement
intellectuel est un élément de force.

Je n'ai pas de jurisprudence à citer en cette matière.
Là où il n'y a point de lois, il ne saurait y avoir de conflit entre les législations. Voilà une lacune dans notre
science qui témoigne contre les législateurs des pays dits
civilisés. Il y en a qui font des lois contre les socialistes;
on ne vaincra pas le socialisme à coups de lois, pas plus
qu'on ne l'a vaincu à coups de canon, à moins que les lois
que l'on fera n'aient pour objet de favoriser l'amélioration
de la condition matérielle, intellectuelle et morale de la
classe la plus nombreuse et la plus pauvre. Que l'on me
permette, en terminant, d'insister sur l'urgente nécessité
de transformer l'instruction. Elle n'a partout pour objet
que le développement intellectuel; encore serait-il plus
vrai de dire que le législateur ne semble se préoccuper
que d'une chose, c'est d'instruire, en augmentant les con-
naissances et les sciences que l'on cherche à inculquer à
l'enfance et à la jeunesse, tandis que le but essentiel est
négligé, celui de développer et de fortifier la raison. On
oublie surtout l'éducation morale. Jadis l'Eglise se char-
geait de ce soin; elle s'est bien mal acquittée de sa mission, car, si elle avait moralisé les classes inférieures, on
n'aurait pas à craindre une nouvelle invasion de Barbares. Toujours est-il que l'Eglise a perdu l'empire des

(1) Stephen, *Commentaries on the laws of England*, t. II, p. 293
(7ᵉ édition).

âmes; elle cherche à le reconquérir en s'emparant des générations naissantes, non pour les élever, mais pour les courber devant le prêtre. Là est le danger, là est l'ennemi de la civilisation moderne. Que les législateurs, dans tous les pays catholiques, se rappellent le mot de Leibnitz : « Donnez-moi l'éducation et je transformerai le monde. » Leibnitz aurait élevé les jeunes générations à la liberté, l'Eglise est occupée à les asservir. Et on la laisse faire. En Belgique, c'est un droit constitutionnel que la liberté de crétiniser l'enfance et la jeunesse! Heureusement qu'il y a une force plus grande que celle de l'Eglise, c'est celle des idées, de la libre pensée, de la vérité.

§ IV. De l'obligation alimentaire.

Nº 1. FONDEMENT ET ÉTENDUE DE L'OBLIGATION ALIMENTAIRE.

84. Le code Napoléon traite de la dette alimentaire dans le chapitre qui est intitulé : « Des obligations qui naissent du mariage ». Cela n'est pas tout à fait exact. Le devoir de nourrir et d'entretenir certains parents qui se trouvent dans le besoin découle des liens du sang, et de l'alliance qui imite la parenté. L'obligation alimentaire peut exister sans qu'il y ait mariage : les enfants naturels ont droit aux aliments. Le code français étend ce droit jusqu'aux enfants adultérins et incestueux, malgré l'excessive rigueur avec laquelle il les traite, dans l'intérêt de la morale, bien que la morale n'en profite guère. Cela prouve que la dette alimentaire est une dette sacrée aux yeux de la loi.

Le mot *aliments* a un sens technique, en droit; il comprend non seulement la nourriture, mais tout ce qui est nécessaire à la vie, le vêtement, le logement, les frais de maladie (C. Nap., art. 210 et 203). Les descendants et les ascendants se doivent réciproquement les aliments; la loi étend cette obligation aux alliés, dans la même ligne. Dans la ligne collatérale, il n'y a pas lieu à la dette alimentaire. Pourquoi la loi impose-t-elle cette obligation aux parents et aux alliés les plus proches? Les hommes

sont tous frères et tous se doivent secours et assistance.
Le devoir de charité est un devoir moral; ce n'est que par
exception qu'il devient une dette civile. C'est la société
qui, en général, organise l'assistance au profit des malheureux qui, par des causes quelconques, ne peuvent se
procurer par leur travail les choses nécessaires à la vie.
Mais ce devoir incombe, avant tout, aux parents les plus
proches ; c'est le cri de la nature qui nous dit que les
enfants doivent les aliments à leurs ascendants, et que
les ascendants les doivent à leurs descendants. Refuser
les aliments, disent les jurisconsultes romains, c'est donner la mort. Ceux qui reçoivent la vie et ceux qui la
transmettent sont par cela même obligés de la conserver.
La loi étend cette obligation aux alliés, à raison du lien
intime que l'alliance crée dans la ligne directe.

85. Tel est le système du code Napoléon. Pourquoi
limite-t-il la dette d'aliments aux parents et alliés en ligne
directe? La question a une grande importance, car les
principes qui régissent l'obligation alimentaire reçoivent
aussi leur application au devoir d'éducation, en ce qui
concerne les frais. Il s'agit de savoir si la famille tout
entière, dans les limites légales, doit contribuer aux
dépenses que nécessitent l'éducation des enfants et l'entretien des majeurs. Je reviendrai plus tard aux frais
d'éducation. Il faut, avant tout, déterminer l'étendue de
la dette alimentaire.

Le code Napoléon la restreint aux parents et alliés de
la ligne directe : c'est une limite arbitraire. En théorie,
l'homme a droit aux aliments dans la famille au sein de
laquelle Dieu l'a fait naître. Tous les jours il arrive que
des parents, parfois inconnus du défunt, viennent réclamer son hérédité parfois opulente. Puisque le lien de la
parenté s'étend jusqu'au douzième degré quand il s'agit
de recueillir une succession, les parents devraient bien
se rappeler le lien du sang qui les unit, quand il faut
pourvoir aux frais d'éducation d'un enfant pauvre, ou
quand un membre de la famille se trouve dans l'impossibilité de pourvoir aux premières nécessités de la vie. Si
la famille donne des droits, elle impose aussi des charges;

et, je le répète, ces droits et ces charges ont leur source dans la nature, disons mieux, dans la volonté de Celui qui nous attache à la famille au sein de laquelle il nous a fait naître.

Le code italien étend la dette alimentaire aux frères et sœurs, par une disposition ainsi conçue : « Les frères et les sœurs ont droit aux aliments *strictement nécessaires*, lorsque, pour *infirmité de corps* ou pour quelque autre *cause qui ne leur puisse être imputée*, ils ne peuvent se les procurer » (art. 141). Il y a des restrictions dans cette obligation ; j'y reviendrai. Pour le moment, je demande pourquoi le législatenr italien a limité la dette alimentaire aux frères et sœurs. Il y a de proches parents qui, dans l'esprit de la loi et dans nos mœurs, tiennent lieu de père et de mère : ce sont les oncles et tantes ; ils ne doivent pas les aliments à leurs neveux et nièces, et ceux-ci n'en doivent pas à leurs oncles et tantes. Quand les oncles et tantes sont riches et qu'ils n'ont pas d'enfants, les neveux et nièces reçoivent d'eux des bienfaits, ils sont appelés en première ligne à leur hérédité : ne leur doivent-ils rien quand ils sont pauvres? Conçoit-on que la nièce ait le droit de refuser un morceau de pain à sa tante?

Dans nos mœurs, les relations entre cousins germains ont quelque chose de l'intimité et de l'affection qui existent entre oncles et tantes et leurs neveux et nièces. Les liens de la parenté s'affaiblissent au cinquième et au sixième degré; mais tant que la loi les prend en considération pour appeler les parents à la succession, il faut aussi en tenir compte pour déterminer les devoirs qui naissent de la parenté. Il y a un vieil adage qui le dit : « *Ubi successionis emolumentum, ibi alimentorum onus esse debet.* » C'est un argument juridique, et le cri de la nature est ici d'accord avec les enseignements du droit. La voix du sang ne dit-elle pas au frère de nourrir et d'élever, s'il le faut, son frère et les enfants de son frère? On se plaint que les liens de la famille se relâchent. Ne pourrait-on pas se plaindre aussi de ce que le législateur ne semble se souvenir de la parenté que lorsqu'un parent vient à mourir? Et, dans ce cas, il étend tellement le lien de la parenté légale, que les héritiers sont inconnus du défunt, et que celui-ci ignore l'existence de ceux qui lui succéderont. Ne vaudrait-il pas mieux restreindre la parenté au sixième degré, sauf à lui donner des effets quant aux charges aussi bien que quant aux droits? Je pourrais appuyer ces considérations sur la tradition française, mais cela m'entraînerait trop loin. Je me bornerai à citer les coutumes qui donnaient action aux mineurs contre les parents, au défaut de leurs père et mère décédés ou bien tombés eux-mêmes dans l'indigence. Quand un enfant était sans ressources, on convoquait les parents pour lui donner un tuteur; l'entretien des enfants était mis à bail, les parents nominateurs dressaient un rôle de répartition entre *tous ceux* qui tenaient aux mineurs par les *liens du sang* et des *alliances* (1). Ainsi les frais d'entretien étaient supportés par toute la famille, les alliés compris. C'est, à mon avis, le vrai principe.

J'ai proposé d'inscrire cette obligation dans le nouveau code des Belges : elle serait plus logique que celle du code Napoléon, et elle permettrait de donner au mineur une éducation en rapport avec les facultés dont Dieu l'a doué. On pourrait tenir compte des restrictions que le code italien apporte à la dette alimentaire, quand les frères en sont tenus. L'obligation est fondée non seulement sur l'adage traditionnel que j'ai cité, mais aussi sur le lien de l'affection, et ce lien se relâche, à mesure que la parenté est plus éloignée. Cela suffit pour caractériser la dette alimentaire : elle est fondée sur la nature, sur les liens du sang, dans les limites que la loi détermine. Reste à savoir par quelle loi elle est réglée : est-ce par la loi de celui qui doit les aliments ou par la loi de celui qui les réclame?

N° 2. LA NATURE DU STATUT.

86. Les législations diffèrent en ce qui concerne l'étendue de l'obligation alimentaire. D'après le code

_____

(1) Merlin, *Répertoire*, au mot *Aliments*, § IV, n° III (t. I, p. 348 et 349, de l'édition de Bruxelles).

Napoléon, elle est limitée aux parents de la ligne directe, mais les alliés y sont compris. Aux Etats-Unis, les alliés ne doivent pas les aliments. Le code italien étend la dette alimentaire aux frères et sœurs. La contrariété des obligations est encore plus grande en ce qui concerne les enfants naturels. On connaît le système draconien du code civil. Les enfants naturels n'ont de filiation que lorsqu'ils sont reconnus; la reconnaissance est, en principe, volontaire; elle dépend de la volonté de la mère, alors même que la loi semble permettre à l'enfant de rechercher la maternité, car il doit avoir un commencement de preuve par écrit, et cet écrit doit émaner de la mère. Quant à la recherche de la paternité, elle est interdite; et il y a des enfants qui ne peuvent jamais être reconnus, ce sont ceux qui naissent d'un commerce adultérin ou incestueux.

Le législateur italien est plus humain. Il a maintenu, à la vérité, les principes généraux du droit français : l'enfant naturel n'a de filiation que par la reconnaissance volontaire de ses père et mère, ou par la reconnaissance forcée qui se fait à la suite de la recherche de la maternité; la recherche de la paternité est interdite. La reconnaissance même ne peut avoir lieu si l'enfant est né d'un commerce adultérin ou incestueux. Toutefois, sur ce dernier point, le code italien a consacré la doctrine que la jurisprudence française avait admise en ce qui concerne le droit aux aliments : l'enfant adultérin ou incestueux a action pour obtenir des aliments, si la paternité ou la maternité résulte d'une ·déclaration expresse contenue dans un écrit émané du père ou de la mère (art. 193).

Il y a des législations qui sont plus favorables à l'enfant naturel, et, il faut le dire, plus justes. Je renvoie les détails au titre de la Filiation et de la Paternité, en me bornant ici à noter la différence des législations en ce qui concerne l'obligation alimentaire. L'enfant naturel a droit à l'éducation et aux aliments, aussi bien que l'enfant légitime; ce droit implique l'obligation de ses père et mère de l'élever et de l'entretenir; donc l'enfant doit avoir une action pour les forcer à remplir les devoirs qu'impose la paternité. Il est de principe que la mère est toujours certaine; partant, il n'y a pas de distinction à faire entre la filiation naturelle et la filiation légitime en ce qui concerne les preuves de la maternité. La paternité est incertaine et ne s'établit, en général, que par voie de présomption, quand il s'agit de la filiation légitime ; toutefois, il y a une preuve, la possession d'état, qui établit la paternité naturelle avec la même certitude que la paternité légitime; donc, la loi doit l'admettre. Y a-t-il une raison pour prohiber la recherche de la paternité comme le font le code Napoléon et, à sa suite, les législations qui en procèdent? Tel n'est pas le droit commun de l'Europe. La recherche doit être admise au moins lorsqu'il y a des probabilités contre le père, telles qu'une promesse de mariage, ou la séduction. Il y a sur toutes ces questions une diversité infinie entre les loisdes divers pays et, par suite, des conflits inévitables. Je me borne ici à l'obligation alimentaire.

87. Cette obligation résulte de l'état de famille. En droit français, cela est évident; le code Napoléon en traite au titre du Mariage, et dans le chapitre intitulé *Des obligations qui naissent du mariage*. Or, il est généralement admis que les droits résultant de l'état de famille dépendent du statut personnel, en ce sens qu'ils sont réglés par la loi du pays auquel appartiennent les personnes qui les réclament. En théorie, cela ne fait aucun doute; la famille constitue un état; donc, l'article 9 du code civil est applicable : « Les lois concernant l'état et la capacité des personnes régissent le Français, même résidant en pays étranger » ; et, partant, l'étranger résidant en France est régi par sa loi nationale. Ce principe reçoit son application aux conditions requises pour pouvoir contracter mariage, et on doit l'appliquer également aux droits qui naissent de l'état de famille. Car il en est de l'état de famille, comme de l'état en général; la loi ne le considère pas d'une façon abstraite, elle a en vue la *capacité* qui résulte de l'état, et les droits attachés à la famille. C'est donc le statut personnel qui règle la *capacité* et qui détermine les *droits*. Je renvoie à ce qui a été dit dans le cous de ces Etudes (tome II).

88. L'application de ce principe à l'obligation alimentaire n'est pas sans difficulté. D'après le code Napoléon, l'obligation alimentaire existe entre alliés ; ce devoir trouve sa justification dans le lien intime que le mariage crée entre le conjoint et les ascendants ou les descendants de son conjoint : l'alliance imite ici la parenté et elle doit produire les mêmes effets. Dans le droit anglo-américain, les alliés ne doivent pas les aliments et ils n'y ont pas droit. Par quel principe se videra ce conflit?

Il y a une première hypothèse dans laquelle le conflit semble ne pas exister. Le demandeur et le défendeur sont Américains, donc régis par la *common law*. Si l'on applique le statut personnel, le juge français ne pourra pas accorder des aliments au demandeur, puisque les deux parties sont régies par leur loi nationale. Cependant la question est controversée. Aubry et Rau enseignent qu'il faut appliquer, dans l'espèce, la première règle de l'article 3, aux termes de laquelle les *lois de police* obligent tous ceux qui habitent le territoire. C'est dire que le droit aux aliments forme un statut réel, en ce sens que le droit public ou l'intérêt social exigent que les aliments soient fournis à l'étranger par ses proches alliés (1). En d'autres termes, le statut territorial ou réel domine, en cette matière, le statut personnel. N'est-ce pas étendre trop loin la disposition de l'article 3 et la notion du statut réel? Affirmer que le statut des aliments est réel et que la loi française qui accorde les aliments à l'allié doit l'emporter sur la loi américaine qui le leur refuse, c'est dire que le droit aux aliments intéresse l'existence et la conservation de la société française. Cela serait vrai si les aliments étaient une dépendance du droit public; or, l'obligation alimentaire est considérée par le code civil comme un devoir naissant du mariage, et le mariage appartient au droit privé. Telle est du moins la règle générale; ce n'est que par exception que certaines conditions requises pour la validité du mariage forment un statut réel qui domine le statut personnel de l'étranger. Le droit aux aliments

(1) Aubry et Rau, *Cours de droit civil français*, t. I, p. 82 (4ᵉ édition).

rentre-t-il dans ces exceptions? On peut invoquer l'équité, la voix de la nature; ces considérations sont, en effet, toutes-puissantes quand il s'agit des proches parents, ascendants ou descendants. Mais l'alliance n'est qu'un lien légal; nous allons entendre un juge américain qui nie que l'obligation alimentaire entre alliés soit fondée en équité, ce qui est certes contestable, mais cela prouve au moins qu'il ne s'agit pas d'une de ces lois dont l'observation est commandée par un intérêt social, telles que les lois de police. Bien moins encore peut-on dire que l'existence ou la conservation de la société soient intéressées à ce que les alliés fournissent les aliments à leurs alliés. La société ne périclite pas en Angleterre et aux Etats-Unis, bien que l'obligation alimentaire entre alliés y soit inconnue. Sans doute, celui qui n'a point les moyens de pourvoir à sa subsistance a le droit de réclamer des secours; l'assistance est réellement un devoir social, et en ce sens un statut réel, mais il faut voir qui est tenu d'assister une personne qui se trouve dans le besoin; la famille y est tenue, mais quels membres de la famille? Les alliés aussi bien que les parents? Les parents et alliés à tous les degrés? Toutes ces questions dépendent des lois qui régissent les divers pays, et ces lois, de leur nature, sont personnelles.

89. Il y a une seconde hypothèse dans laquelle le conflit est plus difficile à vider. C'est un Français qui réclame des aliments contre ses alliés américains. Le demandeur invoque son statut personnel, le code Napoléon, qui impose aux alliés l'obligation alimentaire. Le défendeur invoque aussi son statut national qui ne le soumet pas à la dette dont on exige le payement contre lui. Faut-il se prononcer pour la loi personnelle du débiteur ou pour la loi personnelle du créancier?

Je vais d'abord rapporter l'espèce qui s'est présentée devant la cour de Paris. Mariage célébré à Paris, en 1868, entre une demoiselle de New-York et un Français, La femme meurt en 1869, laissant un enfant. Le mari intente une action contre les père et mère de sa femme, tendante à ce qu'une pension lui soit payée pour ses propres besoins et pour ceux de sa fille. Jugement du tribunal de la Seine, confirmé en appel, qui condamne les beaux parents à payer à leur gendre une somme de 18,000 francs, dont 6,000 pour ses besoins personnels et 12,000 pour les besoins de sa fille mineure. La décision est fondée sur le code civil et ne dit pas un mot du conflit de la loi française et de la loi américaine. Les parents, après avoir vendu les biens qu'ils possédaient en France, retournèrent en Amérique. Leur gendre forma, devant la cour de circuit de New-York, une demande aux fins de se faire attribuer le bénéfice des condamnations prononcées en sa faveur par les juges français (1). A la date du 23 février 1873 intervint la décision suivante : « Considérant que l'objet du litige se rattache aux relations privées des citoyens américains et aux obligations qui résultent de ces rapports, le juge déclare que l'obligation sur laquelle est fondé le jugement français n'est pas conforme à la loi civile des défendeurs et n'est aucunement reconnue par la loi commune d'Angleterre et d'Amérique. » Le juge dit ensuite que la loi française qui oblige le beau-père à fournir des aliments à son gendre n'est pas fondée sur une règle d'équité. Il conclut en donnant gain de cause aux défendeurs (2).

Les jugements rendus en France et aux Etats-Unis sont l'un et l'autre d'une faiblesse extrême. Le tribunal de la Seine ne constate pas même le conflit du code civil et de la *common law*; la cour de New-York se borne à dire que l'obligation alimentaire entre alliés n'existe pas en Angleterre ni en Amérique, et que la loi française n'est pas fondée sur l'équité. Quant aux principes du droit civil international, d'après lesquels la difficulté devait être décidée, les juges des deux pays semblent en ignorer l'existence. Voilà où en est, dans la pratique, notre science à la fin du dix-neuvième siècle; on ne se douterait pas, en lisant le jugement américain, que Story, Wheaton et Whar-

(1) Les cours de justice des Etats-Unis ne se bornent pas à donner un simple *exequatur* aux jugements rendus en pays étrangers : ils procèdent à un nouvel examen du fond de l'affaire.

(2) *Journal du droit international privé*, de Clunet, t. I (1874), p. 45-47.

ton, aux Etats-Unis, et Phillimore, et Westlake en Angleterre, ont écrit des traités sur le droit international dans
ses applications au droit privé; et les magistrats de Paris
semblent ignorer aussi qu'en 1866 on a publié à Paris
la quatrième édition du Traité de Fœlix sur le droit
civil international. Quelle conclusion faut-il tirer de ces
décisions? Aucune. Les juges français ne connaissent que
la loi française, et le juge américain ne connaît que la
common law. Une pareille jurisprudence est sans autorité
aucune, car tant valent les motifs, tant valent les arrêts;
or, il n'y a ni principe, ni motif dans les jugements que
je viens de mentionner.

Toujours est-il que les arrêts rendus en France et aux
Etats-Unis constatent un conflit regrettable comme tous
ceux qui se produisent par la contrariété des législations.
La cour française accorde des aliments au gendre et à
son enfant mineure contre son beau-père; cette obligation
est considérée comme un devoir si sacré et si essentiel
que d'excellents jurisconsultes le rapportent au droit
public et veulent que la loi française soit appliquée aux
étrangers malgré leur statut personnel. Et la cour américaine refuse de sanctionner cette obligation, bien que reconnue par un tribunal français, en déclarant que ce prétendu devoir social n'est pas fondé en équité. L'antinomie
est absolue. Et, en fait, le conflit est insoluble. Vainement
le tribunal de la Seine se prononce-t-il pour le créancier
qui réclame les aliments. La décision ne pouvant recevoir
d'exécution en France, parce que le débiteur n'y possédait
pas de biens, le créancier est obligé de s'adresser aux
tribunaux des Etats-Unis, et là il est sûr d'échouer. Le
conflit ne recevant pas de solution judiciaire, il ne reste
qu'à faire appel aux traités. Que l'on ne dise pas que c'est
ajourner indéfiniment la solution et constater l'inanité de
notre science. On ne peut pas adresser cette objection ou
ce reproche à l'auteur de ces Etudes. J'ai reconnu, dès le
début de mon travail, que le droit civil international
n'aura d'existence positive, obligatoire que par les traités.
Serait-ce une autre illusion? Et dira-t-on que c'est une utopie que d'espérer que jamais la diplomatie s'occupera des

relations internationales privées pour y faire régner la justice, et réaliser la communauté de droit? Non, le droit n'est pas une illusion; il règne aujourd'hui au sein des nations civilisées et il n'y a pas toujours régné. Or, le droit est universel de son essence, il finira donc par régner sur la terre entière. Qu'importe que cette époque soit encore si loin de nous? Mille ans ne sont dans la vie de l'humanité que ce qu'un jour est dans la vie fugitive de l'homme. Il y a mille ans, la force régnait en souveraine en Europe : pourquoi d'ici à mille ans le droit ne régnerait-il pas entre les Etats, dans les rapports d'intérêt privé, comme il est respecté aujourd'hui dans le sein de chaque Etat?

90. Laissons là les lois contraires et la jurisprudence des divers pays également contraire, et consultons la doctrine. Il ne faut pas s'étonner si la même division y règne; c'est précisément parce que la doctrine n'est pas encore parvenue à l'unité, que l'unité ne peut exister, ni dans les législations, ni dans les décisions judiciaires. Il y a, sur notre question, une première opinion, qui s'en tient toujours au statut territorial. C'est la loi française, dit M. Demangeat, qui doit être appliquée quand la difficulté se présente devant un tribunal français : « Dans l'impossibilité où sont les juges de concilier les deux intérêts qui se trouvent en conflit, les juges français doivent appliquer la loi qui est pour eux la raison écrite (1). » Cette solution n'en est pas une. Inefficace en fait, elle est aussi inadmissible en théorie. La raison écrite n'est pas un principe de décider. Si les tribunaux appliquent tantôt le statut territorial ou réel, tantôt le statut national ou personnel, ce n'est pas parce que, dans un cas, la loi du territoire est l'expression de la raison, et que dans l'autre c'est la loi étrangère; le juge territorial, dit Savigny, doit décider, comme l'aurait fait le juge naturel des deux parties; pour mieux dire, il doit appliquer la loi qui est déterminée par la nature du fait juridique qui se présente devant lui, peu importe que cette loi soit ou non la raison écrite. Si la nature du fait juridique demande l'application

(1) Demangeat, *De la Condition des étrangers*, p. 361.

de la loi étrangère, le juge doit l'appliquer de préférence à la loi territoriale, quand même celle-ci serait plus équitable, car il ne juge pas en équité, il décide d'après le droit. Il en est ainsi dans le cas où deux Américains seraient en cause dans un procès sur une dette alimentaire entre alliés : la loi française, qui accorde les aliments au beau-fils, et qui l'oblige de les prester, est certainement plus équitable que la loi américaine qui lui refuse les aliments ; cependant le juge français doit, dans ce cas, juger d'après la loi nationale des parties. Le beau-fils n'aurait pas pu réclamer des aliments devant les tribunaux des Etats-Unis : pourquoi en obtiendrait-il en France? Et s'il n'est pas débiteur en vertu de sa loi nationale, pourquoi le deviendrait-il quand, par le hasard des circonstances, il est domicilié en France, ou résidant, ou passager? D'ordinaire, les tribunaux français se déclarent incompétents quand les deux parties sont étrangères, et les renvoient devant leurs juges naturels : devant ces juges le beau-fils n'aurait pas obtenu d'aliments, donc il ne doit pas en obtenir en France. La communauté de droit qui règne entre les nations le veut ainsi : le juge français décide comme aurait jugé le tribunal américain. Il n'y a qu'une objection, et elle serait décisive si elle était fondée. On dit que la dette alimentaire est une de ces obligations qui tiennent à l'intérêt de la société, et que cet intérêt est un intérêt d'existence et de conservation. J'ai répondu à l'objection en ce qui concerne les alliés (n° 88). On devrait l'admettre s'il s'agissait de la dette alimentaire entre parents en ligne directe. Le cas pourrait se présenter pour la parenté naturelle.

91. En théorie, l'obligation alimentaire existe entre parents naturels comme entre parents légitimes ; le lien du sang ne connaît point de légitimité. Il n'y a qu'une difficulté, et elle est grande ; la parenté légitime se constate par le mariage, il en résulte des preuves et des présomptions qui ne sont pas admises pour la paternité naturelle. Je laisse cette première difficulté de côté pour le moment, sauf à y revenir en traitant de la filiation naturelle. La paternité et la maternité peuvent être constantes, en fait ;

cela suffit-il pour que l'enfant naturel ait action contre son père, si telle est la loi du territoire où il intente son action? Ici on peut invoquer, à mon avis, le statut territorial ou réel. Les jurisconsultes romains disent que refuser les aliments, c'est donner la mort; si notre loi territoriale accorde les aliments à l'enfant naturel dès que la paternité est prouvée, en fait, le statut des aliments devient réel, en ce sens qu'il ne peut être permis au père étranger de tuer son enfant en France : la conscience publique s'élèverait contre une pareille barbarie, et par suite la justice doit avoir le droit de contraindre le père à remplir une obligation que la nature et la loi lui imposent. Il en serait ainsi, d'après la jurisprudence française, d'un enfant adultérin ou incestueux, dont la filiation serait constatée par un écrit sous seing privé. Cet enfant ne peut pas forcer son père à le reconnaître, parce que la loi prohibe sa reconnaissance, mais il peut réclamer des aliments parce que, en fait, sa filiation est constante. Cela décide la question. Il aurait droit à des aliments en France, quand même il n'en pourrait pas réclamer d'après sa loi nationale; parce que le statut français, étant réel, domine le statut personnel ou national de l'étranger.

Il y a une nouvelle objection contre cette solution : comment une seule et même obligation, la dette alimentaire, peut-elle, dans un cas, entre père et enfant naturel, former un statut réel, et, dans un autre cas, entre alliés, ne pas être un statut réel? C'est que le fondement de l'obligation diffère dans les deux hypothèses. Entre père et enfant, le cri de la nature prononce et décide, qu'il y ait une loi ou qu'il n'y en ait pas. Entre beau-père et beau-fils, il faut une loi; l'alliance a quelque chose de factice; cela est si vrai que dans l'ancien droit français, on disait : « morte ma fille, mort mon gendre; » et le code Napoléon admet aussi que l'obligation alimentaire peut cesser entre alliés (art. 206), au lieu que l'obligation entre parents ne s'éteint jamais. La nature de l'obligation est donc différente, ce qui conduit à une décision différente. Puisque la loi est l'unique source de l'obligation alimentaire entre alliés, il en faut conclure que la dette forme un statut per-

sonnel, et que l'étranger qui n'a pas droit aux aliments
d'après son statut national, n'en peut pas réclamer en
vertu de la loi du territoire où il réside. Il en est tout
autrement de la dette alimentaire entre parents, dans la
ligne directe ; la loi, quand elle la consacre, ne fait que
sanctionner une obligation que la nature impose d'une
manière impérieuse ; s'il y a des lois qui entravent l'action
de l'enfant naturel, elles ne sauraient être invoquées dans
un pays où le législateur, plus fidèle à la voix de la nature,
favorise l'action de l'enfant.

92. Cette doctrine devrait recevoir son application, à
mon avis, à la loi anglaise qui donne action à la mère
naturelle contre le père pour le forcer à supporter la dépense de l'entretien de l'enfant. Ce n'est pas, comme on le
croit, une recherche de paternité, ayant pour objet de
donner à l'enfant une filiation ; les enfants naturels,
d'après le droit anglais, sont *filii nullius*, légalement ils
n'ont point de père. L'action que la mère a contre le père
est purement alimentaire ; le père est condamné, s'il y a
lieu, à payer les frais d'entretien (1). Cette obligation
constitue un statut réel. D'après la législation anglaise,
cela n'est pas douteux ; si la mère est indigente, et si le
père ne supporte pas la dépense, la commune doit la
supporter. Il s'agit donc d'une véritable loi de police,
laquelle, aux termes de l'article 3 du code Napoléon,
oblige tous ceux qui habitent le territoire. De là suit
que la mère étrangère aurait action contre le père
étranger ou Anglais ; la nationalité des parties est indifférente quand il s'agit d'une loi réelle ; dans l'espèce, la
loi territoriale a toujours le caractère d'une loi de police,
qu'il s'agisse d'étrangers ou de nationaux, ce qui est
décisif.

93. Que faudrait-il décider si la loi étendait l'obligation alimentaire aux parents en ligne collatérale ? Le code
italien l'impose aux frères et sœurs ; dans l'ancien droit
français, toute la famille devait pourvoir à l'entretien des

---

(1) Stephen, *Commentaries on the laws of England*, t. II, p. 299 de la
7ᵉ édition.

mineurs sans ressources. J'ai proposé d'écrire cette obligation dans le nouveau code des Belges. Est-elle réelle, en ce sens que des étrangers pourraient réclamer le bénéfice de la loi territoriale? Fiore décide la question en ce sens : il donne action au père étranger en vertu de la loi italienne, parce qu'elle est d'ordre public (1). Il y a un motif de douter. La dette alimentaire n'existe pas, en général, à charge des parents collatéraux, ce qui fait tomber le motif principal de la réalité du statut. On ne peut plus dire que les aliments sont dus en vertu de la nature, et que le cri du sang tient lieu de loi. En effet, la parenté collatérale a des limites; la loi française l'étend jusqu'au douzième degré, le code d'Italie la limite au dixième; on pourrait et, à mon avis, on devrait la restreindre encore davantage. Il y a donc quelque chose d'arbitraire dans la parenté collatérale, ce qui exclut l'idée d'un devoir impérieux que le lien du sang crée et qui, à ce titre, doit incomber à toute personne, étrangère ou indigène. Toutefois je ne voudrais pas le décider ainsi d'une manière absolue. Si la loi, en étendant l'obligation alimentaire à la ligne collatérale, avait uniquement en vue les liens du sang, plus ou moins arbitraires et d'intérêt privé, il faudrait maintenir le principe de la personnalité du statut, par les motifs que je viens de dire : la loi n'aurait aucun caractère d'intérêt général, et par suite on ne pourrait pas la considérer comme un statut réel. Il en serait autrement si la loi, en chargeant les collatéraux de la dette d'aliments, avait pour objet d'en décharger les communes; elle se rattacherait alors à la bienfaisance publique, et elle aurait le même caractère que la taxe des pauvres, dont elle serait une dépendance. Je serais d'avis, dans ce cas, que la loi est réelle. Cela prouve que les formules générales, absolues, ne servent à rien ; elles ont, au contraire, un danger, c'est de méconnaître ce qu'il y a d'individuel dans les rapports juridiques. Tout dépend de la nature du droit ou de l'obligation, quand il s'agit de savoir si le statut est réel. Il est facile de décider que

_____

(1) Fiore, *Diritto internazionale privato*, p. 160.

les rapports de famille sont une dépendance du statut
personnel, mais la difficulté est grande lorsqu'il s'agit de
savoir si la loi territoriale tient à l'intérêt et au droit de
la société, et si, à ce titre, elle forme un statut réel. Ici
les formules ne servent pas à grand'chose, il faut pénétrer dans l'essence du fait juridique, et prendre surtout
en considération les motifs qui ont engagé le législateur
à établir une obligation quand il s'agit d'un devoir
légal.

94. Je dis que le statut personnel est facile à déterminer. Cela suppose que le statut de l'étranger est seul en
cause ; ainsi l'allié n'aura pas d'action contre son allié si
les deux parties sont américaines ; les étrangers étant
sans droit d'après leur loi nationale ne peuvent pas en
réclamer en France, sauf la difficulté que je viens d'examiner, et qui est grande, celle de savoir si le statut des
aliments est réel. La question du statut personnel n'est
pas toujours aussi simple. Il peut y avoir conflit entre
deux lois personnelles ; celle du débiteur et celle du créancier. Un Italien réclame en France des aliments contre
son frère naturalisé Français. Le demandeur fonde sa
créance sur sa loi nationale ; le défendeur invoque sa loi
nationale, d'après laquelle il n'est pas tenu de fournir des
aliments à son frère : laquelle des deux lois faut-il suivre ?
Il y a doute. L'Italien demandeur peut dire que son statut
personnel lui donne droit aux aliments contre son frère ;
or la dette alimentaire dépend du statut personnel. Si la
loi française reconnaît, au moins implicitement, le statut
personnel de l'étranger (C. Nap., art. 3), elle doit aussi
reconnaître les droits qui en résultent en prêtant l'appui
de son autorité au demandeur italien. Mais le défendeur
français peut répondre : En principe il n'y a de dette que
par un concours de consentement du créancier et du débiteur ; dans l'espèce, ce concours de volontés est remplacé
par la loi. Mais la loi italienne peut bien stipuler pour le
créancier italien, elle ne peut pas obliger le débiteur français ; pour que celui-ci soit tenu, il faut que la loi française l'y astreigne et tienne lieu de son consentement ; or,
le code civil ne l'oblige pas à fournir des aliments à son

frère; donc il n'y est pas tenu. Cette dernière opinion est
fondée sur la stricte légalité. Il est difficile d'admettre
que les tribunaux de France condamnent un Français à
une prestation dont il serait tenu, non pas de son consentement, mais en vertu de la loi italienne. Dans le silence
de la loi française, il faudrait un traité qui tînt lieu de la
volonté du législateur français. Reste à savoir sur quelle
base les traités seraient conclus : devraient-ils consacrer
toujours et dans tous les cas le droit de l'étranger, fondé
sur son statut national? Je crois qu'il n'y a rien d'absolu
en cette matière; les traités sont des conventions qui
règlent des intérêts, et tiennent compte naturellement de
l'intérêt de toutes les parties contractantes; elles peuvent
faire des concessions et en demander. Comme principe, il
faudrait admettre la loi personnelle; c'est bien là l'idéal
de notre science. Ce qui est un droit en Italie doit être
un droit partout. Reste à examiner, et ici il peut y
avoir divergence d'avis, si la loi étrangère n'a pas donné
une étendue excessive à la dette alimentaire. Dans l'hypothèse que je suppose, il n'y aurait pas excès, à mon avis.
Mais si une loi donnait une action alimentaire à tous les
parents, et si elle étendait la parenté jusqu'au douzième
degré, le traité pourrait stipuler que les parents étrangers
auraient, à la vérité, action contre leurs parents, mais seulement dans les limites de la parenté légale, telles qu'elles
sont déterminées par la loi territoriale (1).

95. La doctrine et la législation étrangères n'ont
aucune importance en cette matière. Un des auteurs les
plus récents, M. Brocher, se borne à dire : « La dette
alimentaire doit, en principe, être réglementée par la *loi
compétente* à ce qui a trait à la famille, bien que, dans
certains cas, elle puisse apparaître comme *mesure de
police*, régie par la loi locale (2). » D'après le plan de
l'auteur, il ne pouvait entrer dans les détails, mais cela
prouve combien les détails sont indispensables. Qu'est-ce
que la *loi compétente?* et pourquoi la loi de la famille

---

(1) Comparez mes *Principes de droit civil*, t. I, p. 129, n° 88.
(2) Brocher, *Nouveau Traité de droit international privé*, p. 213.

régit-elle le droit aux aliments? Quels sont ces *certains
cas* dans lesquels l'obligation alimentaire devient une
mesure de police, et pourquoi la loi locale est-elle alors
applicable? Si l'on ne répond pas à ces questions, à quoi
servira la formule abstraite? Elle sera même inintelligible
pour la masse des lecteurs.

Wharton dit qu'il s'est élevé en Allemagne un grand
nombre de questions perplexes et intriguées concernant
la nature de la dette alimentaire. Puis il nous apprend,
d'après Bar, qu'en Prusse on la considère comme une loi
de police (1). D'autres, en plus grand nombre, font découler
l'obligation alimentaire d'un délit civil ou d'un fait dommageable, mais ils ne s'entendent pas sur l'application
de leur principe. Je crois inutile d'exposer ces opinions
diverses. On ne peut pas dire que c'est une doctrine, puisqu'on ne donne pas les motifs sur lesquels ces systèmes
sont fondés, et qu'est-ce qu'un principe non motivé? Quant
à la diversité des lois, c'est un pur fait, sans importance
aucune. Que m'importe de savoir que l'on suit telle règle
en Bavière, telle autre en Prusse, et une troisième en
Saxe-Weimar-Eisenach, si j'ignore la raison de ces différences? Je dis cela, non pour critiquer les auteurs que
je viens de citer, mais pour m'excuser, moi, des longues
discussions dans lesquelles j'entre : on voit que c'est une
nécessité.

SECTION V. — Du divorce.

§ Ier. — *Considérations générales.*

N° 1. LE FONDEMENT DU DIVORCE.

96. Phillimore se plaint que sur cette importante et
difficile matière il règne une grande et lamentable diversité d'opinions, et parmi les auteurs et dans la jurisprudence (2). Story pose quelques-unes des questions embar-
rassantes qui se présentent devant les tribunaux. Fiore et

_____

(1) Wharton, *Conflict of laws*, § 257, p. 241. Bar, *Das internationale
Privatrecht*, p. 362, § 105.
(2) Phillimore, *Private international law*, p. 346, n° 494.

Schäffner en font autant, et ils disent qu'il est impossible d'y faire une réponse qui soit acceptée par les diverses nations (1). Les maîtres de notre science ne se demandent pas quelle est la raison de cette divergence de vues, et pourquoi le divorce, plus que les autres matières du droit international privé, embarrasse la doctrine et les cours de justice. Avant d'entrer dans le détail des difficultés, j'ai cru devoir examiner le caractère des lois dont il s'agit de déterminer, soit la personnalité, soit la réalité. Je vais faire la même chose pour le divorce; mais d'avance je dois renoncer à trouver une solution qui satisfasse la théorie et la pratique. En effet, le divorce, consacré par la plupart des nations comme un droit, est rejeté par d'autres comme un mal. Le dissentiment va plus loin : parmi les peuples civilisés, les uns estiment que le divorce est une institution morale, les autres la déclarent immorale. Chose plus étonnante! Les nations que l'on appelle civilisées sont toutes chrétiennes : eh bien, les unes répudient le divorce comme étant réprouvé par la loi de Dieu, tandis que les autres s'appuient sur l'Ecriture sainte pour l'autoriser.

Comment se fait-il que les nations modernes ne parviennent pas à s'entendre sur la légitimité du divorce, tandis que dans l'antiquité on n'en doutait pas? Cela ne prouverait-il pas qu'il y a des préjugés religieux qui obscurcissent le débat et qui empêchent l'entente? A mon avis, cela n'est point douteux; pour mieux dire, ce n'est pas une opinion qui me serait personnelle, c'est un fait. Quelle est l'institution qui, chez les peuples catholiques, remplace le divorce? C'est la séparation de corps. Eh bien, la séparation est d'origine catholique, les auteurs français l'appellent le divorce des catholiques. Voilà une preuve certaine de l'influence que la religion exerce dans cette matière; et tant que les passions religieuses régneront, il ne faut pas songer à une entente. Est-ce à dire qu'il faille désespérer d'arriver à des principes certains

(1) Story, *Conflict of laws*, p. 228, § 203; Fiore, *Diritto internazionale privato*, p. 171, n° 119; Schäffner, *Entwickelung des internationalen Privatrechts*, p. 158.

dans la matière du divorce ? La science y arrivera si elle
veut se dégager des passions religieuses ; et c'est bien là
sa tendance. Et quand la science sera complètement sécularisée, les lois aussi seront séculières. Nous approchons
de ce moment. Dans toutes les législations de l'Europe,
le mariage civil est admis, même dans les Etats catholiques, malgré les malédictions et les foudres de l'Eglise.
Si le mariage est sécularisé, le divorce doit l'être par
une conséquence logique. La France qui, sous l'influence
d'une réaction aveugle, a aboli le divorce, va le rétablir ;
il a été maintenu en Belgique et dans les provinces rhé-
nanes jadis réunies à la France, bien que les populations
soient catholiques. L'Angleterre, les Etats-Unis l'ont
consacré comme une institution générale. Voilà des signes
certains d'un nouvel ordre de choses. Il faut ajouter que
la religion elle-même se transforme. Le catholicisme
ultramontain fait de vains efforts pour ramener les peuples
aux superstitions du moyen âge et pour épaissir les ténèbres qui aveuglent l'intelligence ; l'instruction se généra-
lise et la lumière de la raison dissipe les ténèbres. Au bout
de cette révolution, la religion se confondra avec la morale ; alors notre problème sera résolu.

97. J'ai dit, dans le cours de ces Etudes, que la science
doit préparer le terrain sur lequel s'élèvera l'édifice de la
communauté de droit entre les peuples. Pour remplir cette
haute mission, il faut avant tout qu'elle se rende compte
des difficultés qu'elle a à vaincre. Or, il est facile de
voir que les légistes qui ont écrit sur le droit international privé ne voient pas quel est l'ennemi qu'ils ont à
combattre. Story, un des premiers maîtres de notre science,
ouvre son chapitre sur le divorce par un hommage rendu
au christianisme, qui, dit-il, a fait de la femme l'égale de
l'homme, tandis que jadis elle était l'humble compagne
et même l'esclave de son mari (1). Jusqu'où va l'illusion de
la foi et l'empire de la tradition ! J'ai cité les témoignages
de saint Paul et la conséquence que Pothier déduit de
l'Ecriture sainte : la femme est *née sujette*, Dieu l'a créée

(1) Story, *Conflict of laws*, p. 226, § 220, de la 7e édition.

telle, c'est dire qu'elle le sera toujours. Et voilà un jurisconsulte qui célèbre les bienfaits du christianisme pour
avoir donné l'*égalité* à la femme! Chose singulière! Le
code Napoléon porte les traces de l'inégalité de la femme,
et il prouve en même temps combien elle est funeste : il
place la fidélité parmi les devoirs qu'il impose aux époux,
mais la femme seule est obligée de remplir ce devoir; le
mari peut adultérer à son aise, pourvu qu'il ait soin de ne
pas tenir sa concubine dans la maison commune.

Story est protestant; il va donc sans dire que le jurisconsulte américain admet la légitimité du divorce. Mais,
d'après l'habitude des légistes anglais, il ne discute pas la
question de théorie, il se borne à déclarer que c'est le
droit incontestable du législateur d'établir le divorce (1).
Le droit *incontestable!* Story oublie que ce droit est contesté, nié par le chef de l'Eglise catholique; il est vrai
que de son temps la folie ultramontaine n'avait pas encore
atteint ses dernières limites; le pape ne qualifiait pas
encore le mariage civil de concubinage; toujours est-il
que la déraison est logique comme la raison. Nous touchons ici du doigt la cause de cette divergence d'opinions
que les jurisconsultes déplorent; mais Story, aveuglé par
son christianisme traditionnel, ne l'aperçoit point : comment pourrait-il y avoir jamais une communauté de droit
sur le divorce alors qu'une Eglise puissante le flétrit
comme un crime, tandis que les sectes protestantes, plus
chrétiennes que le catholicisme romain, le reconnaissent
comme une institution légitime.

Nouvelle singularité et nouveau témoignage des divi-
sions irrémédiables qui déchirent les sectes chrétiennes.
Story cite les paroles d'un juge écossais, lord Robertson :
« Parmi nous, les lois relatives au divorce sont fondées
sur l'autorité divine. Comment une personne, quelle qu'elle
soit, peut-elle se soustraire à l'obéissance qu'elle doit à
ces lois? » Le juge écossais en conclut que tous ceux qui
habitent l'Ecosse, les étrangers aussi bien que les indigènes, sont soumis au droit divin, tel qu'on l'entend en

(1) Story, *Conflict of laws*, § 201, p. 227.

Ecosse (1). Cependant l'Angleterre, également chrétienne
et appliquant l'Ecriture sainte, comme loi divine, aux empêchements du mariage, refuse de reconnaître les divorces
écossais; elle se soustrait donc à l'obéissance que toute
personne doit, comme le dit le juge écossais, à la loi de
Dieu. Passez en France; une Chambre, folle de réaction,
abolit le divorce au nom de la loi divine; mais, malgré
cette loi de Dieu, elle maintient le mariage civil et les
empêchements, sans se soucier de l'Ecriture sainte. Admi-
rons l'harmonie qui règne entre des nations également
chrétiennes, révérant comme une parole divinement révélée les mêmes Ecritures, et ne s'entendant sur aucun point
dans une matière où la religion est engagée ainsi que la
morale. Concluons qu'il faut laisser là la prétendue révélation qui, faite pour éclairer les consciences, les plonge
dans les ténèbres. La sécularisation du droit est la première condition requise pour arriver à la communauté de
droit. Que les légistes cessent donc de parler de mariages
chrétiens, de divorces chrétiens et de lois divines; et
qu'ils se contentent de faire des lois et de les interpréter
à la lumière de la raison et de la conscience que la raison
a éclairée. Les jurisconsultes anglo-américains, qui déplorent la diversité d'opinions qui règne dans la matière du
divorce, ne s'aperçoivent pas qu'eux-mêmes contribuent à
la perpétuer. Il faut qu'ils s'affranchissent avant tout des
chaînes de la tradition chrétienne s'ils veulent que l'unité
devienne possible.

98. Quel est le fondement du divorce? Quelle est sa
raison d'être? Quelles sont les causes qui le légitiment?
Voilà une première question à laquelle il faut une réponse
certaine, avant que l'on puisse examiner si la loi du
divorce forme un statut personnel ou réel. Il va sans dire
que les opinions diffèrent sur le point de départ, puisque
les uns admettent la légitimité du divorce, tandis que les
autres la nient. Ceux-là mêmes qui l'approuvent ne sont
pas d'accord sur les motifs, et c'est cependant là tout le
droit. Je commence par le droit français qui, à mon avis,

(1) Story, *Conflict of laws*, § 207, p. 231.

établit le vrai principe; je laisse de côté, pour le moment, le divorce par consentement mutuel.

Les auteurs du code civil partent du principe que le mariage est contracté dans un esprit de perpétuité. Le vœu de la perpétuité, dit Portalis, est le vœu même de la nature (1). Rien de plus vrai. Le mariage est l'union de deux âmes; or, conçoit-on que deux âmes s'unissent à temps? Au moment où elles s'unissent, elles aspirent à l'éternité du lien qui de deux êtres n'en fait qu'un; elles se persuadent que Dieu même les a créées l'une pour l'autre; elles sentent que, séparées, elles seraient des êtres incomplets; la vie commune dans ce monde ne leur suffit même pas, elles voudraient la continuer au delà de cette courte existence; elles aspirent à l'éternité, espérant que l'amour sera plus fort que la mort.

Tel est l'idéal. Contracté dans un esprit de perpétuité, le mariage est par cela même indissoluble. Les auteurs du code admettent cette conséquence comme règle. « Il faut, dit Portalis, que les lois opposent un frein salutaire aux passions; il faut qu'elles empêchent que le plus saint des contrats ne devienne le jouet du caprice et de l'inconstance. » Mais la règle reçoit une exception : « Sans doute, dit le premier consul, le mariage est indissoluble, en ce sens qu'au moment où il est contracté, chacun des époux doit être dans la ferme intention de ne pas le rompre. » Mais l'indissolubilité n'est pas une règle absolue; « ce système est démenti par les maximes et par les exemples de tous les siècles ». L'identité de l'homme et de la femme unis par le mariage est un idéal; mais que de fois cet idéal est une fiction, pour mieux dire, une déception amère! La loi doit-elle maintenir l'indissolubilité, alors que le principe sur lequel elle repose est en opposition avec la triste réalité? Aucun législateur, aucune religion ne l'a fait. Le catholicisme maintient, en apparence, avec une rigueur de fer, l'indissolubilité qui, pour lui, est un dogme; en réalité, il rompt le mariage en introduisant

---

(1) Portalis, *Discours préliminaire du code civil*, n° 51 (Locré, t. I, p. 168, édit. de Bruxelles).

la séparation de corps : car, dit Napoléon, cette institution fait cesser l'effet principal du mariage, la vie commune(1). Le divorce ne diffère de la séparation de corps que par le droit qu'il donne aux époux divorcés de contracter une nouvelle union.

On déplore les maux que produit le divorce ; on va jusqu'à dire qu'il est un mal dans son essence. L'orateur du gouvernement répond que le divorce est le remède d'un mal ; s'il est un remède quelquefois nécessaire, on ne doit pas le signaler comme essentiellement mauvais (2). Je crois qu'il faut aller plus loin et dire que le divorce est un droit dont on a tort de contester la moralité. Ceci est un point essentiel ; il tient à la notion même du mariage. Le mariage n'a pas toujours été ce qu'il est dans les sentiments de l'humanité moderne : saint Paul y voit l'union des corps : Napoléon a dit au conseil d'État que c'est l'union des âmes. La différence est capitale, et c'est parce que l'on n'en a pas tenu compte que le dissentiment est si grand sur la légitimité du divorce. Nous considérons aujourd'hui le mariage comme l'union de deux êtres qui se complètent l'un l'autre : c'est une école mutuelle de perfectionnement intellectuel et moral, le plus puissant instrument de notre éducation. Si, comme Jésus-Christ l'a dit à ses disciples, le perfectionnement est le but de notre existence, nous avons, par cela même, droit à tous les moyens qui nous aident à atteindre ce but. C'est dire que l'homme a un droit absolu au mariage, absolu en ce sens que le législateur ne doit pas le rendre impossible. Il doit donc permettre à celui qui est engagé dans les liens d'une union qui le démoralise, de les rompre, pour qu'il puisse en contracter une nouvelle qui réponde au but du mariage.

L'indissolubilité absolue du mariage est la négation de ce droit ; en ce sens, on peut dire que la faculté de divorcer est un droit que l'homme tient de Dieu, sans qu'il ait besoin d'être écrit dans un prétendu livre saint. On

.(1) Séance du conseil d'État du 16 vendémiaire an x, n° 9 (Locré, t. II, p. 482).

(2) Treilhard, *Exposé des motifs*, n° 7 (Locré, t. II, p. 564).

s'exprime mal en disant que le divorce rompt le mariage il ne fait que constater la rupture. Appellera-t-on mariage, la coexistence forcée de deux êtres qui, au lieu de s'aimer, se haïssent, qui, au lieu de s'aider dans le rude travail du perfectionnement moral, s'aident, en quelque sorte, à se démoraliser, les excès de l'un servant de provocation et d'excuse aux excès de l'autre, en sorte que le mariage, loin de moraliser les époux, devient une école d'immoralité? Quand l'objet du mariage ne peut être rempli, quand il est rompu de fait, la loi doit permettre aux époux d'en demander la dissolution définitive.

99. Reste à savoir dans quels cas on peut dire que le mariage est rompu, ce qui rend le divorce légitime. Portalis répond que les causes de divorce sont des infractions manifestes du contrat (1). C'est la formule juridique des idées que je viens d'énoncer. Le législateur ne peut pas dire que le mariage est l'union des âmes, et qu'il y a lieu de le rompre quand l'union fait place à la discorde. C'est là le langage de la théorie, ce n'est pas le langage des lois. L'union de sentiments, qui fait l'essence du mariage, se manifeste par des devoirs que le législateur a consacrés, et qui sont devenus par là des obligations juridiques. Aux termes de l'article 212, les époux se doivent mutuellement fidélité, secours, assistance. L'article 213 ajoute que le mari doit protection à sa femme, et la femme obéissance au mari. Et l'article 214 porte que la femme est obligée d'habiter avec le mari, et que, de son côté, le mari est tenu de la recevoir. Voilà l'union des âmes traduite en devoirs légaux. Si l'un des époux enfreint ces obligations, l'union n'existe plus, et, par suite, le mariage n'atteint plus le but en vue duquel il a été contracté; il devient, au contraire, un obstacle qui empêche les époux d'accomplir leur destinée; dès lors, l'époux lésé doit avoir le droit de demander la dissolution du mariage.

Telles sont, en effet, les causes déterminées du divorce d'après le code Napoléon. D'abord l'adultère, violation du devoir de fidélité (art. 229 et 230); seulement, par une

(1) Portalis, *Discours préliminaire*, n° 50 (Locré, t. I, p. 168).

inégalité qui révolte le sens moral, le code civil permet au mari de demander le divorce pour le simple adultère de sa femme, tandis que la femme ne peut demander le divorce pour cause d'adultère de son mari que lorsque celui-ci a tenu sa concubine dans la maison commune : c'est une tache qui doit disparaître de nos lois, car c'est une leçon d'immoralité et un encouragement à l'inconduite de l'homme, alors que le devoir du législateur est d'exiger l'observation du devoir égal dont il fait une loi pour les deux époux.

Les époux peuvent encore demander le divorce pour excès, sévices, ou injures graves de l'un deux envers l'autre (art. 231). C'est la violation manifeste de l'assistance et du secours qu'ils se doivent et du devoir spécial de protection dont le mari est tenu. Les excès, les sévices, les injures graves sont des crimes et des délits : qu'est devenue, dans ce cas, l'affection éternelle que les époux se sont jurée? La haine a chassé l'amour, si toutefois celui-ci a jamais existé; on dirait une réunion de criminels ou d'échappés du bagne. On sait qu'avant l'introduction du système cellulaire, les prisons étaient une école mutuelle de dépravation. Tel est le mariage quand les époux rivalisent d'inconduite et de mauvais traitements. Ce serait une dérision que d'appeler mariage cette coexistence de deux êtres qui, emportés par la haine, se laissent aller jusqu'à attenter à la vie l'un de l'autre. Ce serait l'enfer : heureusement que les damnés sont une horrible fiction ; n'en faisons pas une réalité douloureuse en forçant les époux à rester unis.

Telle est la théorie du divorce en droit français. Le législateur n'y est pas resté fidèle. Aux termes de l'article 232, la condamnation de l'un des deux époux à une peine infamante est pour l'autre une cause de divorce. Dieu relève l'homme qui tombe, quelque coupable qu'il soit. L'amour qu'il faut supposer entre conjoints ne doit-il pas porter l'époux moral à tendre une main secourable à celui qui s'est souillé d'un crime : s'il est banni, même du foyer domestique, où trouvera-t-il un asile et l'indulgence dont il a besoin pour se réhabiliter?

L'article 310 porte : « Lorsque la séparation de corps prononcée pour toute autre cause que l'adultère de la femme aura duré trois ans, l'époux qui était originairement défendeur pourra demander le divorce au tribunal, qui l'admettra, si le demandeur originaire, présent ou dûment appelé, ne consent pas immédiatement à faire cesser la séparation. » Cette disposition est en contradiction avec le motif pour lequel le législateur a consacré la séparation de corps. C'est une satisfaction donnée aux scrupules religieux qui ne permettent pas à l'époux demandeur d'agir en divorce ; cependant, la loi lui impose le divorce quand la séparation a duré trois ans. Cela n'est pas logique, c'est contraindre à divorcer celui des époux à qui ses croyances défendent le divorce. Je ne dis pas que le législateur doive tenir compte des croyances religieuses pour admettre la séparation de corps perpétuelle ; le législateur allemand l'a abolie, et il était dans son droit, comme je le dirai plus loin. Mais le code français l'a consacrée ; dès lors, il devrait être conséquent, et ne pas froisser les consciences, après avoir déclaré qu'il respectait leurs scrupules.

100. Le code Napoléon admet encore un autre divorce, celui par consentement mutuel. Je transcris l'article 233 qui pose le principe en ces termes : « Le consentement mutuel et persévérant des époux, exprimé de la manière prescrite par la loi, sous les conditions et après les épreuves qu'elle détermine, prouvera suffisamment que la *vie commune leur est insupportable* et qu'il existe, par rapport à eux, une *cause péremptoire de divorce.* » Il suit de là que l'expression *divorce par consentement mutuel* ne répond pas à l'intention du législateur. La loi n'entend pas autoriser les époux à divorcer par leur seule volonté. Portalis dit et répète que le mariage n'est pas un contrat ordinaire qui se dissout par le concours de volontés, comme il se forme par le consentement (1). Il dit que le consentement mutuel, tel que la loi l'organise,

(1) Séance du conseil d'Etat du 24 vendémiaire an x, n° 5 (Locré, t. II, p. 489).

est la *preuve* d'une autre *cause* légitime (1). Or, d'après le code civil, il n'y a d'autres causes légitimes du divorce que l'adultère, les excès, sévices et injures graves. S'il existe une de ces causes, elle peut être prouvée directement; pourquoi la loi se contente-t-elle de la présomption qui résulte du consentement mutuel? Treilhard en donne la raison dans l'*Exposé des motifs*. Il y a deux causes que l'époux lésé ne peut guère produire au grand jour de la publicité, ce sont les *excès* et l'*adultère*. Le mot vague d'*excès* a été employé pour cacher un attentat à la vie: comment veut-on que l'époux allègue une cause de divorce qui, si elle était prouvée, entraînerait contre son conjoint une condamnation à mort? Quant à l'adultère, c'est d'ordinaire le mari qui s'en plaint, car il a bon soin de ne pas tenir sa concubine dans la maison commune. Or, dans les mœurs françaises, c'est Treilhard qui parle, le mari qui accuse la femme d'adultère se couvre de ridicule. Ne serait-ce pas un bien si, dans des cas semblables, le divorce pouvait avoir lieu sans éclat et sans scandale? C'est dans ce but que les auteurs du code civil ont admis le divorce par consentement mutuel (2).

Le divorce par consentement mutuel trouva beaucoup de contradicteurs au conseil d'État. Napoléon le défendit avec insistance, et l'on peut croire que c'est sous son influence qu'il a été adopté. Le premier consul dit, comme Treilhard, que le *consentement* n'est pas la *cause* du divorce, mais un *signe* que le divorce est devenu *nécessaire*; et Réal, un des bons esprits du conseil, ajoutait qu'aucun homme d'honneur n'oserait former une demande en divorce pour adultère de sa femme; il en concluait qu'il fallait permettre aux époux de divorcer par consentement mutuel, en cachant la véritable cause du divorce.

L'expérience a prouvé que la supposition sur laquelle repose la théorie du code est fausse. Pour s'en convaincre, on n'a qu'à ouvrir la *Gazette des Tribunaux*. Les accusations les plus scandaleuses retentissent au grand jour de

(1) Séance du conseil d'Etat du 6 nivôse an x, n° 12 (Locré, t. II, p. 531).
(2) Treilhard, *Exposé des motifs*, n° 21 (Locré, t. II, p. 567).

la publicité : on ne redoute pas le scandale, on le cherche; la passion de la vengeance l'emporte sur la honte. Qu'est-ce donc que les divorces par consentement mutuel? Ils se font sans qu'il y ait une cause légale de divorce; la seule et véritable cause pour laquelle les époux rompent leur union, c'est l'incompatibilité d'humeur. La théorie du premier consul reproduite par Treilhard est une fiction. Il y a plus, les dispositions du code civil ne sont pas même en harmonie avec la théorie légale.

Le mari doit avoir vingt-cinq ans et la femme vingt et un pour pouvoir divorcer par consentement mutuel. Ne peut-il pas y avoir, avant cet âge, une cause légitime de divorce : l'adultère, les excès, les sévices, une injure grave? Pourquoi donc la loi ne permet-elle pas aux époux de rompre leur union, par consentement mutuel, comme ils le pourraient en prouvant la cause directement? Treilhard répond : « Il faut laisser aux époux le temps *de se connaître* et de *s'éprouver*; on ne doit pas recevoir leur consentement tant que l'on peut supposer que c'est une suite de la *légèreté de l'âge* (1). » L'*épreuve* dont parle l'orateur du gouvernement, la légèreté de l'âge qu'il suppose à des époux mineurs quant au mariage impliquent que le divorce est demandé, non parce qu'il existe une cause déterminée de divorce, mais parce qu'il y a incompatibilité d'humeur entre les époux. L'âge même indique que le mariage est dissous par le consentement, comme il se forme par le concours de volontés, quand les futurs époux sont majeurs.

Le divorce n'est plus permis après vingt ans de mariage. Pourquoi? Parce que, dit Treilhard, la longue et paisible cohabitation des époux atteste la *compatibilité de leurs caractères*. Donc, c'est l'incompatibilité d'humeur que la loi consacre implicitement comme cause du divorce en admettant le divorce par consentement mutuel. Au conseil d'Etat, on a avoué que l'*incompatibilité d'humeur* est une cause de divorce quand elle est réciproque (2).

(1) Treilhard, *Exposé des motifs*, n° 23 (Locré, t. II, p. 569.)
(2) Regnier et Emmery dans la séance du conseil d'Etat du 6 nivôse an X, n° 11 (Locré, t. II, p. 528).

Cette incompatibilité n'est autre chose que le consentement contraire des époux qui vient rompre un contrat
fait par le consentement. Emmery supposait qu'une cause
véritable de divorce produit l'incompatibilité d'humeur.
Il n'en est rien. L'adultère, les excès engendrent la haine,
et la haine ne recule pas devant l'éclat d'une action en
divorce. L'incompatibilité de caractères est tout autre
chose. Qui ne sait la mobilité des passions humaines, les
froissements et les antipathies qui naissent du manque
d'indulgence et, disons-le, du défaut d'affection véritable.
Voilà la cause du divorce par consentement mutuel.
Tronchet avait raison de dire que ce divorce ruine la
stabilité du mariage. En effet, c'est au fond la théorie
funeste qui assimile le mariage à un contrat ordinaire et
permet de le dissoudre, comme il s'est formé, par le consentement des parties contractantes. Qu'importe qu'il y
ait des conditions et des formalités? Des époux décidés à
divorcer ne reculeront pas devant cette gêne. Il dépend
donc d'eux, sans qu'il y ait une cause légitime de divorce,
de rompre leur union : c'est l'observation du ministre de
la justice au sein du conseil d'État, et elle condamne le
système du code. Le divorce sans cause légitime prouvée
est un attentat au mariage, un attentat à l'ordre social.

Nº 2. LE DIVORCE, LA RELIGION ET LA MORALE.

101. Je suis obligé de parler du divorce au point de
vue de la religion, pour mieux dire, des préjugés religieux. Que l'on ouvre les traités de droit international
privé, écrits par des légistes anglais ou américains, on
trouvera, à chaque page, les mots de mariage chrétien,
de droit commun de la chrétienté. Et s'il n'en est pas de
même des ouvrages français et italiens, l'influence des
idées religieuses n'en est que plus forte. Il y a bien des
hommes, en France et en Italie, distingués par leur intelligence, qui se disent catholiques sans croire aux dogmes
du catholicisme, que la plupart ignorent même. Que
dis-je? Il y a de prétendus libres penseurs qui restent
imbus des préjugés qu'une tradition séculaire a répandus

dans les esprits. Ce sont les adversaires les plus dangereux du progrès, dans le domaine des idées et dans celui des lois. On peut combattre les ultramontains, parce qu'on sait ce qu'ils pensent; mais comment combattre ceux qui ne savent pas eux-mêmes ce qu'ils pensent et qui se payent de mots et de paroles? La philosophie a ruiné le catholicisme officiel, mais il en reste des débris, consistant en sentiments plutôt qu'en idées; c'est ce que j'appelle les préjugés religieux. Il n'y a qu'un moyen de les vaincre, c'est de les mettre en face de la réalité des choses. C'est pour ce motif que j'ai dû combattre, dans ces Etudes, le christianisme fictif, que je rencontre à chaque pas comme une entrave à la communauté de droit que notre science a pour ambition de réaliser entre les peuples. Dans la matière du divorce surtout, le catholicisme est le grand obstacle; tant qu'au nom de la religion ou d'une morale empruntée à la religion, on déclarera que le divorce est une institution immorale, il y aura un abîme entre les législations qui admettent le divorce et celles qui le rejettent, et s'il était vrai que le catholicisme fût éternel comme la vérité, il en faudrait conclure que tout accord sur le divorce est impossible, et partant que la communauté de droit est une chimère. Il est donc de toute nécessité de prouver que la réprobation du divorce est un préjugé chrétien; le préjugé tombera avec le christianisme traditionnel.

102. Le divorce a été aboli en France par la loi du 6 mai 1816, sous l'influence des passions réactionnaires, à moitié politiques, à moitié religieuses, qui, à cette époque, dominaient dans la chambre que l'on a qualifiée d'introuvable; pour l'honneur de la France, il faut espérer que l'on n'en trouvera plus une pareille. La proposition d'abolir le divorce fut faite à la chambre des députés par de Bonald; c'était un catholique sincère, mais il osait penser, et il ne niait pas l'autorité civile en matière de mariage; ce qui fait que ce restaurateur du vieux régime passerait presque pour un hérétique dans le camp des ultramontains de nos jours. Il y a, dans le discours que de Bonald prononça pour motiver sa proposition, des con-

sidérations très élevées et très justes (1). J'en citerai une
sur laquelle je me suis trouvé d'accord avec lui, sans le
savoir. Il remarque que le divorce, pour mieux dire la
polygamie, fut de tous les désordres du paganisme celui
qui résista le plus longtemps à l'action de la religion
chrétienne. Il fallut, dit de Bonald, pour déraciner cette
immoralité, toute l'autorité du chef de l'Eglise, employée
quelquefois avec une rigueur que, loin de ces temps, nous
taxons si légèrement d'imprudence ou de hauteur. On me
permettra de reproduire ici l'hommage que j'ai rendu à
l'Eglise, et notamment à la papauté, dans mes *Etudes sur
l'histoire de l'humanité*. « Que serait devenue la société,
si les Barbares avaient trouvé, en détruisant l'Empire,
un culte comme le paganisme ou le mahométisme? La
polygamie, ou, ce qui est pire encore, une espèce de prostitution légale, et à sa suite une gigantesque corruption,
aurait usé bien vite la race que Dieu avait envoyée pour
régénérer le monde. Bénissons le christianisme, qui a mis
un frein à ces passions désordonnées en opposant au mélange impur des sexes la rigueur de ses lois sur le mariage (2). »

Le rapport fait sur la proposition par Trinquelagne
nous apprendra les motifs pour lesquels la chambre des
députés émit le vœu que le divorce fût aboli. Si le divorce
doit être aboli, c'est parce que le mariage est indissoluble
de son essence. Qui a établi cette indissolubilité? La
religion chrétienne : « Aux yeux de cette religion sainte,
le mariage n'est point un simple contrat naturel ou civil;
elle y intervient pour lui donner un caractère plus auguste.
C'est son ministre qui, au nom du *Créateur du genre
humain*, et pour le perpétuer, unit les époux, et consacre
leur engagement. Le nœud qui se forme prend dans le
sacrement une *empreinte céleste*, et chaque époux semble,
à l'exemple du premier homme, recevoir sa compagne des
mains de la *Divinité* même. Une union formée par elle ne

---

(1) *Archives parlementaires de* 1787 à 1860, publiées par Madival et
Laurent, t. XV, p. 609.
(2) Voyez mes *Etudes sur l'histoire de l'humanité*, t. V; Les Barbares
et le catholicisme, p. 372, n° 1, et p. 314 et suivantes (2° édition).

doit pas pouvoir être détruite par les hommes : de là son indissolubilité religieuse. Si ce dogme n'est pas reconnu par toutes le Eglises chrétiennes, il l'est par l'*Eglise catholique*, et la *religion de cette Eglise* est la *religion de l'Etat*. La *loi civile* qui *permet le divorce* y est donc en *opposition* avec la *loi religieuse*. Or, cette opposition ne doit point exister ; il faut donc pour les concilier que l'une des deux fléchisse, et mette ses dispositions en harmonie avec celles de l'autre. Mais la *loi religieuse* appartient à un *ordre de choses fixe, immuable, élevé au-dessus du pouvoir des hommes*. C'est donc à la *loi civile* de *céder*, et l'interdiction du divorce prononcée par la loi religieuse doit être respectée par elle (1).

Restait à prouver que Jésus-Christ a fait du mariage un sacrement, et que par suite il est indissoluble. Pour les catholiques, la réponse est facile : « *Papa locutus est, res finita est.* » Au point de vue du droit, il y a bien des choses à répondre. Le pape a aussi flétri le *mariage civil*, en le qualifiant de *concubinage*, et il a contesté au législateur laïque le droit de faire des lois sur le mariage. Donc il faut effacer du code civil non seulement le divorce, mais encore le titre du Mariage, et il faut abolir la Constitution belge, qui subordonne le mariage religieux au mariage civil. Que dis-je? Il faut abroger les dispositions fondamentales de notre Constitution sur la liberté religieuse, la liberté de la presse, que le pape a condamnées comme un délire. Il y a une autre réponse à faire, qui touche plus directement à l'objet de ces Etudes. L'Eglise catholique prohibe le divorce, sur le fondement d'une parole de Jésus-Christ; or le protestantisme orthodoxe respecte l'Evangile comme une parole révélée, et il admet néanmoins le divorce. Cela prouve au moins que l'Ecriture sainte laisse un doute, et ce doute suffit pour que l'on puisse écarter, au nom du droit, l'autorité de la religion, quand même la loi reconnaîtrait la religion catholique comme religion de l'Etat. Mais cette union de l'Eglise et de l'Etat, que la folle réaction de 1816 croyait éternelle,

(1) *Archives parlementaires*, t. XVI, p. 193.

est brisée ; partout la législation est sécularisée, même dans les pays les plus catholiques. Les faits donnent donc un démenti solennel au législateur français. Il n'est pas vrai que le divorce soit défendu par une loi révélée; donc la loi qui autorise ou qui prohibe le divorce n'a aucun caractère religieux. Je déduirai plus loin la conséquence qui résulte de ce fait, en ce qui concerne le droit civil international.

103. Je reviens à la loi de 1816. La chambre des pairs se joignit à celle des députés pour demander l'abolition du divorce. Des évêques y siégeaient, et ils ne déguisaient pas leur pensée, comme le font aujourd'hui les représentants du parti catholique. Ecoutons M. de La Luzerne, évêque de Langres : « Une seule considération devrait suffire : *Telle est la loi de Dieu.* Ce mot seul tranche toutes les difficultés (1). » Les catholiques sont d'une ignorance qui égale leur aveuglement. La *loi de Dieu?* Où est-elle écrite, cette loi? Dans les Evangiles! Les Evangiles ont été écrits en grec, par des écrivains grecs; et il se trouve que l'Eglise grecque, la plus ancienne et l'Eglise orthodoxe par excellence, autorise le divorce. Convenons que voilà une singulière *loi de Dieu!* Si Dieu voulait révéler la vérité par une voie miraculeuse, il la révélerait avec la clarté de l'évidence, pour éclairer les hommes, et ne leur laisser aucun prétexte de l'ignorer. Or la prétendue révélation de la loi du divorce est d'une telle obscurité, que les uns nient ce que les autres affirment. Laissons là, pour le moment, ce débat, et constatons les faits.

De Clermont-Tonnerre, évêque de Châlons, est plus précis et plus clair que la révélation : « La religion catholique est la religion de l'Etat; ce principe consacré par la Charte et qui aurait dû être le premier de la Charte, est une loi constitutionnelle du royaume. Donc le divorce ne peut plus être parmi nous une loi de l'Etat : autrement une loi de l'Etat serait subversive de la religion de l'Etat, elle l'attaquerait dans sa base, ce qui serait une

---

(1) *Archives parlementaires*, t. XVI, p. 355-374.

absurdité et une inconséquence intolérables. » L'évêque de Châlons, plus logique ou plus clairvoyant que les autres orateurs catholiques, dit que l'abolition du divorce ne suffit point, qu'il faut avant tout rendre au mariage son caractère religieux, en ordonnant que toute union conjugale, parmi les catholiques, soit consacrée par les bénédictions de l'Eglise(1). Ainsi, dans la pensée des catholiques vrais et sincères, l'abolition du divorce doit aboutir à l'abolition du mariage civil; c'est dire que la sécularisation de l'Etat et de l'ordre civil ferait place à un Etat catholique et à un ordre religieux. On voit que toute notre civilisation est en cause, et en Belgique notre Constitution même. J'y reviendrai.

La question est capitale; il faut que nous sachions pourquoi on réprouve le divorce, au nom de la religion chrétienne. D'après la Charte de 1814, les chambres n'avaient pas l'initiative; elles pouvaient seulement émettre un vœu, auquel le roi faisait droit, en présentant un projet de loi. Le 22 avril 1816, un projet relatif à l'abolition du divorce fut présenté à la chambre des pairs. Un rapport fut fait par M. de Lamoignon; il caractérise l'esprit du temps et le but que les catholiques avaient en vue. Le rapporteur accuse l'Assemblée nationale d'avoir décrété que « la loi ne considère le mariage que comme un *contrat civil* ». C'est, dit-il, une de ces lois qui ne s'expliquent que par les temps de *délire* où elle fut portée. Ce délire a cependant été consacré par la Constitution belge, œuvre d'une majorité catholique. Preuve qu'en dépit de leur prétendue révélation, les partisans du passé subissent la loi du progrès. Le mariage est devenu un contrat civil dans tous les pays appartenant à la civilisation chrétienne, comme on dit. Le projet fut voté par les deux chambres; la loi est précédée d'un préambule qui en résume l'esprit : « Louis, par la grâce de Dieu, roi de France et de Navarre, voulant rendre au mariage toute sa *dignité* dans l'intérêt de la *religion*, des *mœurs* et de la *monarchie* et des *familles*,

(1) *Archives parlementaires*, t. XVI, p. 621-626.

Nous avons ordonné et ordonnons ce qui suit : Le divorce est aboli. »

104. On voit que la religion joue le grand rôle dans
la loi qui abolit le divorce en France. Est-il vrai que le
divorce ait été condamné par la *loi de Dieu?* Il en est du
divorce comme du mariage civil; il survécut au christianisme; les empereurs chrétiens le maintinrent; une partie
de l'Eglise le consacra. Ce dernier point est essentiel dans
le débat sur le divorce. L'Eglise grecque l'a toujours pratiqué; or l'Eglise grecque est la plus ancienne, c'est elle
qui a conservé le plus fidèlement la tradition primitive,
en ce sens, elle a raison de s'appeler orthodoxe par excellence, plus orthodoxe que l'Eglise latine. On dit que Jésus-
Christ a réprouvé le divorce. Cette question, dit Pothier,
dépend de l'interprétation que l'on doit donner au célèbre
passage qui se trouve dans l'Evangile de saint Matthieu
(chap. XIX), où il est rapporté que les Pharisiens ayant
demandé au Christ s'il était permis à un homme de répudier sa femme pour une cause quelconque, Jésus leur
répondit que, par l'institution divine dans la création,
Dieu avait tellement uni l'homme et la femme qu'ils ne
devaient faire ensemble qu'une même chair; qu'il ne
devait donc pas être au pouvoir de l'homme de séparer ce
que Dieu avait uni. Les Pharisiens insistèrent et dirent
« Pourquoi donc Moïse a-t-il permis de répudier sa femme
en lui donnant un écrit de divorce » (*libellum divortii*)?
Jésus-Christ répondit : Ce n'est que par tolérance que la
loi a permis cela; et moi je vous dis que celui qui renvoie
sa femme, *si ce n'est pour cause d'adultère,* et qui en
épouse une autre, commet un adultère; et que celui qui
épouse la femme qu'un autre a renvoyée commet également un adultère.

Si l'on interprétait l'Evangile comme on interprète les
lois par la raison et le bon sens, il n'y aurait jamais eu
de doute sur le sens de ces paroles. Jésus-Christ proclame
l'indissolubilité du mariage comme règle, et sur ce point
tout le monde est d'accord; mais il admet une exception,
en cas d'adultère, sans même affirmer que ce soit la seule;
car il ne parle pas comme législateur; il oppose la morale

qu'il prêche à celle de la Loi ancienne : celle-ci permettait la polygamie et la répudiation : la morale évangélique, plus sévère, réprouve la polygamie et la répudiation,
qui équivaut à la polygamie. Car il ne s'agissait pas même
du divorce proprement dit ; il s'agissait du pouvoir arbitraire qu'avait le mari de renvoyer sa femme ; ce droit
détruisait le mariage dans son essence. Comment a-t-on
pu induire d'un texte qui admet la répudiation pour cause
d'adultère que Jésus-Christ réprouve le divorce pour
quelque cause que ce soit ? Les théologiens firent, comme
font les mauvais légistes, ils introduisirent une distinction
dans un texte qui n'en admettait aucune. Jésus-Christ
permet à l'homme de répudier sa femme pour cause
d'adultère et, par conséquent, de prendre une autre
femme, comme la femme répudiée pouvait prendre un
autre mari. Les théologiens lui firent dire que le mari
pouvait, à la vérité, chasser sa femme et se séparer d'elle
d'habitation, mais sans que le mariage fût dissous, et sans
que les époux séparés pussent contracter un nouveau mariage. En d'autres termes, les interprètes transformèrent
le divorce le plus outrageant tout ensemble et le plus
absolu, la *répudiation,* en une *séparation de corps;* c'est
faire dire à Jésus-Christ le contraire de ce qu'il dit. Le
passage que je viens de transcrire n'est pas le seul de
l'Evangile de saint Mathieu ; il y en a un autre, tout aussi
formel, où, tout en déclarant que celui qui épouse une
femme répudiée commet un adultère, le Christ ajoute :
*excepté le cas où la femme répudiée serait coupable
d'adultère* (chap. V). Si la règle est l'indissolubilité du
mariage, l'exception doit autoriser la dissolution, et comme
conséquence, le droit de contracter une nouvelle union ;
car on ne peut pas mettre sur la même ligne la femme
injustement répudiée, et qui reste femme mariée, et celle
qui est répudiée justement et qui cesse d'être femme
mariée : si elle est justement répudiée, le mariage est
dissous.

La question, dit Pothier, a souffert difficulté dans les
premiers siècles ; il serait plus exact de dire que la répudiation pour cause d'adultère était admise généralement.

C'était l'avis de Tertullien, le plus sévère des moralistes chrétiens; et ce n'était pas une opinion isolée. En 314, six cents évêques se réunirent à Arles, c'est un des conciles les plus célèbres et les plus nombreux; il n'osa pas décider la difficulté, dit Pothier; en réalité, il la décida, car il ne défend pas à l'homme qui avait répudié sa femme surprise en adultère de se remarier, il veut seulement qu'on lui donne le conseil de ne pas épouser une autre femme tant que la première vivra. S'il était certain que malgré la répudiation le mariage subsistât, le concile ne se serait pas contenté de conseiller aux hommes de ne pas se remarier, il le leur aurait défendu absolument. Saint Augustin était partisan de l'indissolubilité absolue du mariage, il n'admettait qu'une séparation d'habitation ou de corps; c'est cette opinion qui finit par prévaloir dans l'Eglise latine, par l'autorité du docteur de l'Occident; mais lui-même avoue que les opinions étaient partagées et que la question souffrait difficulté (1), donc elle était indécise. Et à qui fera-t-on accroire qu'une question restée indécise pendant quatre siècles soit décidée par l'Ecriture sainte? L'Eglise peut bien forger des dogmes, elle en a inventé de nos jours, et des plus absurdes. C'est un moyen sûr de discréditer son pouvoir divin : *Quos vult perdere Jupiter dementat.*

Mais si l'Eglise perd la raison, la raison conserve son droit, et elle peut affirmer, sur le terrain de l'histoire, que l'indissolubilité absolue du mariage est un préjugé catholique. Le synode de Soissons de 774 permet encore au mari de répudier sa femme coupable d'adultère, et l'on entendait par là qu'il avait le droit de se remarier. Les Assises de Jérusalem, rédigées au treizième siècle, attestent qu'à cette époque le divorce proprement dit était pratiqué. Les Assises vont plus loin que l'Evangile : chaque époux peut demander la répudiation au juge ecclésiastique toutes les fois que l'autre époux rend la vie commune insupportable, et celui qui obtient la répudiation a le droit

(1) Voyez les témoignages dans Pothier. *Traité du contrat de mariage,* nos 486-497.

de se remarier pourvu qu'il assure l'existence de son premier conjoint.

La réformation donne un dernier démenti au préjugé catholique. En désertant l'Eglise, les réformateurs restèrent d'autant plus attachés à l'Ecriture sainte; on peut affirmer que s'il y a encore des chrétiens dans le sens de l'Evangile, c'est parmi les protestants qu'on les trouve. Eh bien, les protestants n'hésitèrent pas à admettre le divorce non seulement pour adultère, mais pour d'autres causes tout aussi graves, puisqu'elles impliquent la violation d'un devoir essentiel du mariage. En parlant de répudiation pour cause d'adultère, disent les théologiens réformés, le Christ n'a pas entendu limiter le divorce à ce cas, il n'a fait que répondre à une question qui lui était posée pour trancher une controverse qui existait entre les diverses écoles. Il n'a rien dit du divorce pour causes déterminées par la loi civile, et il n'a jamais entendu parler comme législateur civil, son empire n'étant pas de ce monde (1).

105. Le préjugé catholique doit-il avoir une influence sur la législation? Poser la question, c'est la résoudre. En théorie, la question n'en est pas une. Autre est le domaine du droit, autre est celui de la religion. La religion est un rapport de l'homme à Dieu; c'est le sens philosophique que l'on peut donner aux célèbres paroles de Jésus-Christ : Mon empire n'est pas de ce monde. Sans doute, la religion agit sur les mœurs, et, en les transformant, elle transforme les lois. Mais cette influence n'est jamais qu'indirecte; elle ne s'exerce pas par voie d'autorité et d'empire. C'est parce que l'Eglise catholique a l'ambition de dominer sur la société civile, que celle-ci a fini par se séparer non seulement de l'Eglise, mais encore de la religion. Telle est la signification d'un fait qui se produit partout; la société civile se sécularise et la souveraineté appartient à l'ordre civil. La révolution française a inauguré ce nouvel ordre d'idées, et la sécularisation a fait le tour du monde, elle est consacrée jusque dans les

_____
(1) Glasson, _Le Mariage civil et le Divorce_, p. 27-31.

constitutions des peuples catholiques. Telle est la Constitution belge; elle distingue le mariage civil du mariage
religieux en subordonnant le sacrement à la célébration
du mariage par un officier laïque. Le mariage civil fait
également le tour du monde. Si le mariage est un contrat
civil, sa dissolution aussi dépend de l'ordre civil. Il n'y a
plus, aux yeux de la loi, ni catholiques, ni protestants, ni
juifs, il n'y a que des citoyens, des hommes. Le législateur fait la loi dans un intérêt général, et en s'appuyant
sur la raison et la conscience, sans s'inquiéter si ses prescriptions ou ses défenses sont d'accord avec les dogmes
des diverses sectes. Il lui arrive de punir comme un
crime un fait que des religions, et, parmi elles, une religion prétenduement révélée, consacrent comme un droit,
telle est la polygamie. Si le législateur a le droit et le
devoir de punir la polygamie sans s'inquiéter des lois
religieuses qui l'autorisent, il a aussi le droit et le devoir
d'organiser le mariage et le divorce sans tenir compte du
dogme catholique qu'il ignore. L'Eglise condamne le
divorce; c'est son affaire. La loi laïque l'autorise comme
un droit. L'Eglise a remplacé le divorce par la séparation
de corps; est-ce à dire que le législateur des pays catholiques doive admettre cette séparation? Ici nous touchons
à une question d'une haute importance : le législateur
doit-il prendre en considération les croyances religieuses
dans les lois qu'il porte sur la dissolution du mariage?

Quand le projet de code civil fut communiqué aux tribunaux, il y en eut qui repoussèrent le divorce comme
étant contraire à la liberté des cultes, ou, comme le disent
nos ultramontains modernes, comme violant la liberté de
l'Eglise. Voilà le préjugé catholique dans toute son absurdité, et il faut le dire, dans toute son outrecuidance : être
libre, pour l'Eglise, veut dire être souveraine, et dès
qu'on ne reconnaît pas sa souveraineté, on porte atteinte
à sa liberté. Portalis répond à l'objection que c'est, au
contraire, la liberté des cultes qui rend le divorce indis-
pensable, attendu qu'il y a des cultes qui l'admettent (1).

(1) Portalis, Discours préliminaire, n° 50 (Locré, t. I, p 168).

La question était mal posée. Portalis lui-même la posa dans des termes plus larges au sein du conseil d'Etat (1). Il s'agit de savoir si les croyances religieuses limitent l'action du législateur en matière de divorce. Sous l'ancien régime, la loi n'admettait pas le divorce, parce que l'Eglise le repoussait. C'est qu'à cette époque l'Eglise et l'Etat étaient étroitement unis : et tel est encore aujourd'hui l'idéal de l'Eglise. Le prétendu idéal était une source d'intolérance et un principe de persécution, l'Eglise imposant à l'Etat ses lois intolérantes et persécutrices. L'union de l'Eglise et de l'Etat fut rompue par la révolution, l'Etat fut sécularisé, la liberté religieuse proclamée. Dès lors, les diverses croyances restèrent étrangères à la législation. Qu'importe donc que la religion catholique défende le divorce, et qu'importe que les chrétiens protestants l'admettent? Le législateur qui serait convaincu que le divorce est contraire à l'essence du mariage, contraire à la moralité publique, aurait le droit de le prohiber, quand même tous les cultes le consacreraient. Par identité de raison, il peut admettre le divorce, bien que le catholicisme le réprouve.

La loi récente de l'empire d'Allemagne sur l'état civil et le mariage (6 février 1875) contient une application remarquable de ces principes. Dans les pays catholiques, la séparation de corps coexistait avec le divorce ; il en est encore ainsi dans le code Napoléon qui nous régit. On considère la séparation de corps comme le divorce des catholiques. Est-ce à dire que le législateur doive admettre la séparation de corps dans les pays où la religion catholique est professée? Treilhard, l'orateur du gouvernement, après avoir établi que le divorce est préférable à la séparation de corps, ajoute : « Mais le pacte social garantit à tous les Français la liberté de leur croyance ; des consciences délicates peuvent regarder comme un *précepte impérieux* l'indissolubilité du mariage. Si le divorce était le seul remède offert aux époux malheureux, ne placerait-

(1) Séance du conseil d'Etat du 14 vendémiaire an x, n° 5 (Locré, t. II, p 465).

on pas des citoyens dans la cruelle alternative de fausser
leur croyance ou de succomber sous un joug qu'ils ne
pourraient plus supporter? Ne les mettrait-on pas dans la
dure nécessité d'opter entre une lâcheté ou le malheur de
toute leur vie (1)? » Treilhard a tort de considérer la séparation de corps comme un droit découlant de la liberté
des cultes : la liberté religieuse, dans son sens le plus
absolu, ne concerne que la libre manifestation des opinions et des croyances ; elle n'a rien de commun avec les
institutions civiles. Il y a des protestants, des juifs, des
libres-penseurs en France et en Italie ; cependant la loi
ne leur permet pas de divorcer, sans que l'on puisse dire
qu'elle viole la liberté religieuse. De même, la loi peut
défendre la séparation de corps perpétuelle sans porter
atteinte à la liberté des catholiques. Le législateur allemand l'a fait : « Dans les cas où, d'après le droit actuel,
il y avait lieu à la séparation de corps perpétuelle entre
époux, on devra, à l'avenir, prononcer la dissolution du
mariage par divorce. En cas de séparation de corps prononcée avant la mise en vigueur de la présente loi, chacune des parties, à moins de réconciliation antérieure, a
le droit, en se fondant sur le jugement déjà rendu, de
demander le divorce suivant les formes ordinaires de la
procédure (art. 77). » Le législateur allemand part du
principe que la séparation perpétuelle lèse le droit de
l'époux séparé de contracter une union nouvelle. Dès lors
il a dû défendre la séparation prononcée pour toute la vie
des époux.

Le législateur français a sacrifié le droit aux préjugés
catholiques ; mais lui-même a reculé devant les conséquences de sa concession ; j'ai rapporté, en la critiquant,
la disposition du code civil (art. 310), qui autorise l'époux
défendeur à convertir la séparation en divorce, quand,
après trois ans, l'époux demandeur ne veut pas rétablir la
vie commune. Cela revient, en définitive, au système allemand de la séparation temporaire. Le droit strict le permet ; mais n'est-ce pas le cas de dire : *summum jus,*

---

(1) Treilhard, *Exposé des motifs*, nº 14 (Locré, t. II, p. 566).

summa injuria. Si les consciences sont encore aveuglées, n'est-ce pas, en grande partie, la faute du législateur lui-même qui, pendant des siècles, a négligé de les éclairer, et qui ne le fait pas encore aujourd'hui, se contentant d'instruire sans songer à affranchir les esprits?

106. Il faut tenir compte, à mon avis, des croyances, fussent-elles des préjugés, quand ces préjugés ont été nourris pendant de longs siècles, avec la connivence, disons le mot, la complicité du législateur laïque. En effet, tant que l'Eglise était unie à l'Etat, le pouvoir civil était le bras armé de ce que l'on appelait le pouvoir spirituel, l'Etat abandonnait l'éducation à l'Eglise, et par là, il lui livrait la société, et il l'aidait à inculquer ses superstitions aux générations naissantes. La Révolution déchira violemment l'union, mais l'Eglise ne cessa de protester contre les principes de 1789, dans l'ordre civil aussi bien que dans l'ordre politique, notamment contre la sécularisation de la société laïque. Pie VII adressa en 1808 au clergé de Pologne une instruction où il dit : « Reconnaître dans les mariages catholiques des publications *civiles*, des contrats *civils*, des divorces *civils*, c'est accorder au prince une autorité sur les sacrements, c'est convenir qu'il a une autorité absolue sur les choses et les causes purement ecclésiastiques, c'est dire qu'il peut mettre la main à l'encensoir et faire prévaloir ses lois sur celles de l'Eglise... Il fallait, dit le pape, que l'évêque de Varsovie fît connaître au gouvernement que les *dispositions du code civil* sur le *mariage* ne pouvaient s'appliquer aux *mariages catholiques* dans un *pays catholique*, que ce serait un *attentat inouï* et une *révolte manifeste contre les lois de l'Eglise*, une nouveauté induisant à l'erreur et au *schisme* (1). »

Pie IX a prononcé les fameuses paroles qui traînent maintenant dans la presse catholique, et que les législateurs ont tort de souffrir : Le mariage civil est un concubinage. Le pape écrit au roi de Sardaigne qui l'avait

---

(1) (Daunou), *Essai historique sur la puissance temporelle des papes,* t. II, p. 324 et suiv.

consulté sur le projet de loi relatif au mariage civil : « C'est un *dogme de foi* que le mariage a été élevé par Jésus-Christ à la dignité de *sacrement*, et c'est un point de doctrine de l'Eglise catholique que le *sacrement* n'est pas une qualité accidentelle surajoutée au contrat, qu'il est de l'*essence* même du *mariage* ; de telle sorte que l'union conjugale entre les chrétiens n'est légitime que dans le *mariage-sacrement, hors duquel il n'y a qu'un pur concubinage*. Une *loi civile* qui, supposant le sacrement divisible du contrat de mariage pour des catholiques, prétend en régler la *validité*, contredit la doctrine de l'Eglise, usurpe ses *droits inaliénables* et, dans la pratique, met sur le même rang le *concubinage* et le *sacrement de mariage* en les sanctionnant l'un et l'autre comme *également légitimes* (1) ».

La Constitution belge dit : « Le *mariage civil* devra toujours précéder la *bénédiction nuptiale* ». Le Congrès, dont la majorité était cependant catholique, s'est trompé ; il faut lire : « Le *concubinage légal* devra toujours précéder le *mariage-sacrement*. » L'injure que le pape lance contre le code civil est un non-sens ; ce qui n'empêche point les jeunes générations d'être élevées dans ce non-sens et dans le mépris des lois, donc, dans le mépris de la souveraineté nationale dont elles émanent. Voilà la signification et la conséquence de la doctrine catholique sur le mariage-sacrement et sur le mariage civil flétri du nom de concubinage. Et c'est un pape déclaré infaillible qui tient ce langage insultant ! Comment veut-on que les consciences ne soient pas profondément aveuglées, quand l'Eglise, qui devrait les éclairer, les trouble et les vicie dans l'intérêt de sa domination ? Il faut voir et entendre ce que devient la doctrine pontificale dans les pays catholiques, là où l'Eglise exerce encore quelque empire sur les âmes.

En France, un projet de loi propose le rétablissement du divorce. Les catholiques réclament et protestent. Voici

---

(1) La lettre, datée du 29 septembre 1852, a été publiée dans un journal de Milan, la *Bilancia*.

ce qu'on lit dans un discours incendiaire tenu à Lille par
un avocat catholique dont le langage injurieux et presque
ordurier a été hautement approuvé par la presse catholique de Belgique : « Quand les futurs époux déclarent,
devant l'officier de l'état civil, qu'ils veulent se prendre
pour mari et femme (C. Nap., art. 75), cela signifie
qu'ils *déclarent leur intention de vivre en concubinage.*
Si l'on appelle le *mariage civil* un *concubinage légal,*
c'est que la loi y attache des *effets légaux.* » Ainsi, on
fait dire à la loi, et à une loi qui a une autorité constitutionnelle en Belgique, qu'elle accorde des effets légaux
au concubinage, que dis-je? tous les effets du mariage
dépendent du *concubinage légal,* l'union des époux, leurs
droits et leurs devoirs, la légitimité des enfants : tout
notre ordre civil, l'existence même de la société repose
sur un concubinage autorisé par la loi! Jusque-là va
l'égarement des passions catholiques.

107. Nous savons maintenant ce qu'est le mariage
civil, ce qu'est le divorce dans la doctrine catholique, si
l'on peut donner le nom de doctrine à l'insulte et à l'outrage qui s'adressent à l'autorité sur laquelle reposent
les sociétés, l'autorité de la loi, et, en Belgique, l'autorité
de la Constitution. L'insulte a son bon côté : en Belgique,
en France, partout où le mariage civil existe, la doctrine
catholique est une révolte contre la loi. Cela suffit pour
lui enlever toute influence et dans le domaine de la
théorie du droit et dans l'application que les tribunaux
en font : on punit l'outrage aux lois et à la Constitution,
on n'en tient pas d'autre compte. La réprobation du
divorce par le chef infaillible de l'Eglise n'empêchera pas
la France de le rétablir. Déjà le rapport de la commission
est déposé. C'est un document important dans notre débat.

Le rapporteur, M. Renault, constate d'abord que si le
législateur français abolit le divorce en 1816, c'est uniquement parce que la religion catholique le prohibe ; or, la
Charte de 1814 déclarait que le catholicisme était la
religion de l'Etat ; partant, il semblait contradictoire de
maintenir une institution civile que l'Eglise proscrivait,
M. Renault l'avoue, mais il ajoute que logiquement les

chambres auraient dû abolir également le mariage civil,
le rapport en conclut que la loi de 1816 ne fut qu'une loi
de réaction religieuse, exclusivement dirigée contre l'indépendance de la législation civile. En écartant le dogme,
que reste-t-il? Tout le monde est d'accord qu'il y a des
causes graves qui autorisent la rupture de l'union conjugale; il n'y a de divergence d'opinion que sur le point de
savoir si, malgré la rupture de la vie commune, on doit
maintenir le lien du mariage, en ce sens que les époux
séparés ne peuvent contracter une union nouvelle; ou, si
le lien doit être dissous, de sorte que les époux soient
autorisés à se remarier. Cette question aussi a une origine religieuse, et elle ne serait jamais née si l'Eglise
catholique n'avait trouvé bon de remplacer le divorce par
la séparation de corps. Dans le droit ancien, antérieur au
christianisme, on ne savait ce que c'était que la séparation
de corps; c'est l'idée du sacrement qui a donné naissance
à une institution que l'on ne peut imposer comme loi générale sans violer un droit essentiel de l'homme, droit qui
est un devoir, le droit de mariage. Déjà, lors des travaux
préparatoires du code civil, la question fut posée sur ce
terrain. Treilhard, l'orateur du Gouvernement, dit très
bien que la véritable et la seule question est de savoir si le
divorce doit être préféré à la séparation de corps, et la réponse qu'il fait a la clarté de l'évidence. La séparation de
corps maintient le mariage, mais ce n'est qu'une fiction.
Qu'est-ce, en effet, que le mariage, sinon la vie commune?
Or , la séparation brise cette communauté d'existence
aussi bien que le divorce. En réalité, le mari n'a plus de
femme, et la femme n'a plus de mari. Qu'importe que
le lien subsiste, s'il ne produit plus aucun effet? Si ce
n'étaient les préjugés catholiques, personne ne songerait à maintenir un lien purement imaginaire : si on le
maintient, c'est pour l'honneur du dogme. Mais le dogme
même n'est sauvé qu'en apparence. En quoi consiste le
lien conjugal? Les articles 212 et 214 du code civil nous
l'apprennent : c'est la cohabitation des époux, la protection due par le mari à la femme, et l'obéissance de celle-ci
à son mari : ce sont les devoirs de fidélité, de secours,

d'assistance. Qu'est-ce qui subsiste de ces droits et de ces
obligations lorsque l'un des époux et parfois tous les
deux demandent la séparation de corps? « La femme, dit
M. Renault, au lieu de la protection, n'a rencontré que
l'outrage et l'abandon; le mari, qui avait droit à l'obéissance, s'est trouvé en face de la révolte; la fidélité a été
violée par le mari ou par la femme, le respect et l'affection qui donnent au mariage sa dignité, son charme et
sa force, se sont éteints dans les cœurs des époux; le
mépris et la haine trop justifiés les ont remplacés ». Et
on donne le nom de mariage à ces rapports! On veut les
maintenir comme un lien sacré! C'est pis qu'une dérision,
c'est la profanation d'une chose sainte (1).

Pourquoi donc l'Eglise tient-elle tant à l'abolition du
divorce? Pourquoi maintient-elle le semblant d'une union
qui, tous les jours, est souillée par l'adultère, et qui y
pousse? C'est parce que sa domination y est intéressée.
Elle veut plus que l'abolition du divorce, elle veut l'abolition du mariage civil, qu'elle commence par avilir et par
flétrir, elle veut qu'il n'y ait d'autre mariage que le
mariage-sacrement. Un sacrement à la naissance, un
sacrement lors du mariage, un sacrement à la mort!
L'Eglise domine par là sur l'existence tout entière de
l'homme, et par suite, elle domine sur la société civile.
La domination, voilà le mot qui résume tout le débat.

108. Cependant, un code que j'aime à citer dans ces
Etudes, le code italien, a aboli le divorce; pour mieux
dire, il a maintenu l'abolition qui était déjà consacrée par
le code sarde, lequel portait, article 144 : « Le mariage
ne se dissout que par la mort de l'un des époux et suivant
les lois de l'Eglise. » Dans le système du code sarde, les
lois de l'Eglise sont aussi les lois de l'Etat. Le code civil
s'ouvre par cette déclaration caractéristique : « La *religion catholique, apostolique et romaine* est la *seule religion de l'Etat.* » C'est le vieux régime de l'union de l'Etat
et de l'Eglise, lequel conduit à la subordination de l'Etat

---

(1) Renault, *Rapport* dans le *Journal officiel de la République française,*
31 janvier et 1er février 1880.

ou de l'Eglise, selon que le prince est faible ou fort. L'article 2 du code sarde ajoute : « Le *roi s'honore* d'être le *protecteur* de l'*Eglise* et d'en faire observer les *lois* dans *toutes* les *matières* qu'il appartient à l'*Eglise* de *régler.*» Tel est bien le mariage, puisque le mariage est un sacrement.

Le code sarde était un retour au moyen âge; il consacrait l'éternelle ambition de l'Eglise, sauf les rivalités d'ambition qui ont toujours fait de l'*union* de l'Eglise et de l'Etat une véritable guerre. On sait que l'Italie régénérée a pris pour devise l'*Eglise libre dans l'Etat libre*. C'est une nouvelle fiction. Si l'on entend la liberté à la façon de l'Eglise, elle veut dire domination, et on recule jusqu'au moyen âge. Si la liberté conserve son sens véritable, l'Eglise n'en veut pas, car elle est l'ennemie mortelle des libertés inscrites dans nos constitutions. Toujours est-il que l'Italie vit dans cet ordre d'idées fictif. Pourquoi le législateur italien a-t-il maintenu l'abolition du divorce! Serait-ce par respect pour la liberté de l'Eglise? Chose singulière, il n'y a pas eu de discussion sur cette question, la plus importante de toutes celles que présente la codification dans un pays catholique. Mais les interprètes du nouveau code nient que le code italien ait déclaré le mariage indissoluble par respect pour le dogme catholique; s'il a consacré l'indissolubilité, c'est parce qu'elle est de l'essence du mariage (1). Je me permets de douter que telle soit la vraie vérité. Que de fois il arrive au législateur des pays catholiques de subir la tyrannie des préjugés populaires et de déguiser sa pensée, même de dire le contraire de ce qu'il pense! Il y a dans la législation italienne une disposition qui ressemble singulièrement à une concession faite à la liberté de l'Eglise, disons mieux, à un préjugé catholique. La Constitution belge subordonne la bénédiction nuptiale à la célébration du mariage civil; cela a été décidé ainsi après une discussion solennelle, à la suite des scandaleux abus auxquels avait donné lieu en Belgique la liberté du mariage religieux, en 1814 et en 1830, le prince souve-

(1) Bianchi, *Corso elementare di codice civile italiano*, t. II, p. 779, n° 218

rain des Pays-Bas et le Gouvernement provisoire ayant eu la faiblesse de céder à des exigences que tout Etat a le devoir de repousser. Le législateur italien était donc averti de ce qui arriverait. Et les abus ne manquèrent point. Du 1er juillet 1866 (date de la mise en vigueur du code italien), jusqu'au 30 décembre 1871, il y eut, à Palerme et dans la banlieue, 2,859 mariages exclusivement religieux sur un total de 8,911 mariages (1). Ainsi près de 3,000 mariages qui, aux yeux de la loi, ne sont qu'un concubinage ; 3,000 familles, dans une seule ville, illégitimes et les enfants bâtards. Voilà les effets de la liberté! Et on pouvait, on devait les prévoir. On me dira tant que l'on voudra que l'on tolère, que dis-je? que l'on autorise ces scandales, par respect pour la liberté. Si ceux qui tiennent ce langage sont sincères, ils ne méritent pas d'être législateurs, et s'ils font une concession aux préjugés catholiques, ils sacrifient le droit de l'Etat, droit qui est aussi un devoir. N'y eût-il qu'un seul mariage nul, inexistant, par la faute de la loi, le législateur serait coupable!

109. L'indissolubilité, disent les interprètes italiens, est de l'essence du mariage. Et la raison? Puisque le législateur n'a pas trouvé bon de déclarer les motifs qui l'ont guidé, j'en suis réduit à recourir aux débats qui ont eu lieu en France sur la loi de 1816. Le rapport fait sur la proposition de M. de Bonald s'étend longuement sur les maux qui résultent du divorce, pour les enfants, pour la famille, pour la société (2). Eh! qui les nie? Mais les défenseurs de l'indissolubilité se font une singulière illusion sur la cause du mal. Ce n'est pas le divorce qui produit le mal, il ne fait que le constater ; c'est parce que la rupture du mariage existe par le crime des époux, que le divorce devient une nécessité. Si les deux époux sont adultères, le maintien forcé de cette union répondra-t-il à l'idéal du mariage, l'union indissoluble des âmes? La question est une amère dérision.

---

(1) Glasson, *Le Mariage civil et le Divorce*, p 71.
(2) *Archives parlementaires*, par Madival et Laurent, t XVI, p. 193.

Le gouvernement, en présentant la loi qui abolit le
divorce, dit que « le projet tendait à faire disparaître du
code une loi également contraire à la *politique* et à la
morale » (1). Louis XVIII, dans le préambule, dit aussi
que le projet rend au *mariage* toute sa *dignité*, dans
l'intérêt de la *religion*, des *mœurs* et de la *monarchie*.
Ce sont des affirmations ; malheureusement dans les
débats législatifs on se contente trop souvent de mots et
de paroles. Nous allons entendre les orateurs. Je laisse
la religion de côté, puisque j'en ai longuement parlé ; je
ne sais ce que la *monarchie* a de commun avec l'indissolubilité du mariage. Peut-être la Restauration croyait-
elle qu'en restaurant le dogme de l'Eglise, elle consolidait
l'édifice monarchique. Les faits n'ont guère répondu à
ces illusions : le divorce est encore aujourd'hui aboli en
France, ce qui n'a pas empêché trois monarchies de
s'écrouler, la royauté a fini par être abolie, et il est plus
que probable que l'abolition est définitive. Ou le législateur de 1816 croyait-il consolider les familles et par là la
monarchie en abolissant le divorce ? Cette question touche
au côté moral du débat, et c'est le plus essentiel. Les
restaurateurs du passé se faisaient une étrange idée du
divorce et de son influence politique. Au sein de la
Chambre des pairs, le vicomte du Bouchage dit très
sérieusement « qu'en *attaquant* une *institution ancienne*,
des hommes profondément pervers avaient amené vingt-
cinq années de révolution et de malheurs. « On ne se
serait jamais douté que la Révolution fût la conséquence
néfaste du divorce. En l'abolissant, la Restauration
croyait sans doute clore cette ère malheureuse. Nous y
sommes encore engagés, et la seule fin que l'on aperçoive,
c'est le maintien définitif de la république.

En assistant au débat sur l'élément moral du divorce,
nous entrons en plein verbiage. L'indissolubilité du
mariage, dit M. de Lamoignon, attache les *parents* à leur
famille et les *citoyens* à leur *patrie*. N'y a-t-il pas de
famille, par hasard, chez les protestants et chez les Belges

(1) *Archives parlementaires*, t. XVII, p. 388.

qui pratiquent le divorce? Et les Anglo-Américains sont-ils moins attachés à leur patrie que les peuples catholiques? Les Allemands viennent d'abolir la séparation de corps, pour la remplacer par le divorce; ont-ils moins de patriotisme que les Français? Le rapporteur de la chambre des pairs continue et dit que « l'indissolubilité du mariage donne des *mœurs* à la *société*, et que l'humanité lui doit ses plus doux sentiments (1) ». S'il était vrai que les peuples catholiques qui rejettent le divorce sont plus moraux que les peuples protestants qui l'admettent, tout serait décidé. On pourrait affirmer le contraire; mais, au lieu d'établir des comparaisons toujours irritantes, je prierai les adversaires du divorce de consulter l'histoire publique des nations qui maintiennent l'indissolubilité du mariage. Quel débordement d'immoralité au dix-huitième siècle! Les époux ne divorçaient pas, non; mais chacun vivait à part dans des relations ouvertement adultérines. Que dire des mœurs de la Régence et de la fange où se vautrait Louis XV? La royauté est morte dans la boue. On dit que dans tel pays catholique on s'arrange très bien de l'indissolubilité du mariage, en le brisant de fait. N'est-ce pas à cela qu'aboutit la séparation de corps? Le plus souvent, on n'y recourt même pas, et l'on vit dans le désordre, à l'ombre du mariage. Voilà comment l'indissolubilité du mariage *forme les mœurs*. Sans doute si la loi déclarait le mariage dissoluble au gré des caprices et des mauvaises passions, elle favoriserait l'immoralité, car le mariage deviendrait, ce qu'il était à Rome sous l'empire, une prostitution légale, mais le code civil ne fait pas cela; le plus souvent le divorce est prononcé pour cause d'adultère, et Jésus-Christ lui-même, à qui l'on rapporte l'indissolubilité du mariage, ne permettait-il pas de répudier la femme adultère?

Je demande pardon au lecteur de l'inexprimable ennui qu'il doit éprouver en assistant à un débat qui se résume en mots vides de sens. Mais il faut bien aller jusqu'au bout. « Le divorce, dit M. de Lamoignon, affaiblit le

---

(1) *Archives parlementaires*, t. XVII, p.433.

respect filial, et il refroidit l'amour paternel. » Toujours
la même confusion d'idées. Le mal préexiste au divorce,
et alors même que les deux époux ne divorceraient pas,
il est difficile aux enfants de respecter leurs père et mère,
quand ceux-ci se livrent à tous les excès au vu et au su des
malheureux enfants, pour qui la vie de famille devient
un enfer. Et comment le père aimerait-il ses enfants,
quand il sait ou qu'il soupçonne qu'ils sont le fruit de
l'adultère? S'en prendra-t-on au divorce? Tous ces maux
sont la cause du divorce, ils n'en sont pas les effets.

Dira-t-on avec le rapporteur que « le divorce est contraire à l'affection conjugale »? Sans doute, les époux qui
divorcent ne s'aiment point. Mais je suppose qu'ils divorcent parce qu'ils ne s'aiment plus, et que ce n'est pas
parce qu'ils divorcent qu'ils cessent de s'aimer. Parcourez
toutes les causes de divorce que le code civil admet, elles
impliquent que le désordre et la haine ont pris la place de
l'affection, si toutefois il y a jamais eu de l'amour. Si dans
cette situation on force les époux à rester unis toute leur
vie, dira-t-on que l'indissolubilité du mariage va les porter à s'aimer? Ou croit-on que l'indissolubilité est une
panacée qui empêche les époux de se détester, et qui les
empêche d'adultérer? La raison s'égare dans ce cliquetis
de mots sonores : affection des époux, bonheur des
enfants, pudeur et bonnes mœurs! En vérité, les pays
catholiques, et la France en particulier, doivent être un
paradis terrestre depuis que le divorce est aboli! Lisez
la *Gazette des tribunaux*, lisez les procès où le grand
monde vient étaler ses ignominies, et vous saurez ce que
vaut cette affirmation du noble pair que « le divorce est le
corrupteur des mœurs ». On se trompe si l'on croit que
les passions prévoient et calculent. Que le mariage soit
dissoluble ou indissoluble, que leur importe? La fougue
des sens domine les époux coupables, et ils s'y abandonnent tout entiers. Unissons tous nos efforts pour moraliser les générations naissantes : là est le salut.

M. de Lamoignon finit son rapport par une comparaison entre le divorce et la séparation de corps, comme
avait fait Treilhard, et comme vient de faire M. Renault.

Que le lecteur compare et qu'il juge! Les époux séparés, dit-on, n'en surveillent pas moins leurs enfants. Cela ressemble à une mauvaise plaisanterie. Je demanderai à M. de Lamoignon si le mari surveille aussi l'éducation des enfants adultérins auxquels sa femme adultère continue à donner le jour et dont elle a soin « de lui signifier la naissance afin qu'il n'en ignore »? Voilà la hideuse réalité. Elle fait un étrange contraste avec l'idylle du noble pair : « C'est surtout pour les enfants, dit-il, que le mariage a été établi, et c'est surtout leur intérêt qu'il faut considérer. » Il n'est pas exact de dire que le mariage est établi surtout pour les enfants; c'est, encore une fois, l'idée catholique, qui ne voit dans le mariage que l'union des corps et oublie que l'homme et la femme s'unissent par amour, et cette affection profonde qui leur fait quitter père et mère a pour but providentiel leur perfectionnement. Est-ce que ce but est atteint par la séparation de corps? Quant à dire que les enfants seront moins malheureux si leurs parents sont séparés de corps que s'ils sont divorcés, c'est une nouvelle affirmation qui ne repose sur rien. Est-ce que le mari de la femme adultère aimera des enfants qui peuvent ne pas lui appartenir, et leur apprendra-t-il à aimer leur mère? La haine des époux augmente précisément parce que malgré eux ils sont rivés l'un à l'autre, comme le forçat à sa chaîne, et c'est cette haine qui fait le malheur des pauvres enfants.

Enfin on dit que « la séparation de corps laisse une porte ouverte à la réconciliation ». Voudrait-on nous donner le chiffre de ces réconciliations? Les annales judiciaires nous apprennent que les débordements vont leur train, et par conséquent les haines s'enveniment. Il a fallu faire une loi qui permît au mari de désavouer les enfants de sa femme séparée de corps. Voilà un démenti sanglant donné à la séparation de corps, que l'on représente comme une institution morale, parce qu'elle maintient l'indissolubilité du mariage. C'est vraiment un spectacle bien moral que ces mariages indissolubles, où chaque année il naît des enfants adultérins. M. de Lamoignon termine en disant, que « le divorce ferme toute issue à la réconciliation, et qu'il entraîne après lui les regrets et les remords ». Sur ce point le rapporteur a raison. C'est une critique du code civil, mais ce n'est pas une critique du divorce, car il y a un moyen bien simple de corriger le vice de notre législation, c'est de permettre aux époux divorcés de se réunir de nouveau. L'auteur de ces Etudes en a fait la proposition dans l'avant-projet de revision du code civil.

110. Les motifs d'ordre public que l'on invoque pour justifier ou pour critiquer le divorce ont donné lieu à un système de législation et de jurisprudence tout différent de celui qui nous régit. Brougham dit, dans un discours célèbre qu'il a prononcé dans une instance en divorce devant la chambre des lords comme chancelier d'Angleterre, qu'il y a deux manières de considérer le divorce. La dissolution du mariage est d'ordinaire prononcée contre l'époux pour avoir manqué aux obligations qui naissent du mariage, au profit de l'époux innocent, qu'il affranchit des liens d'une union où il a trouvé le malheur au lieu du bonheur qu'il espérait. C'est la théorie du code Napoléon et de la plupart des législations étrangères. En Ecosse, dit lord Brougham, le divorce est une peine que la loi prononce en général pour cause d'adultère, dans l'intérêt de la moralité publique plutôt que dans l'intérêt de l'époux offensé. Je dois m'arrêter à cette doctrine à raison des conséquences auxquelles elle conduit dans le droit civil international. Si le divorce est une peine, la loi qui le régit devient une loi pénale, donc de police, et à ce titre, elle oblige tous ceux qui habitent le territoire, les étrangers aussi bien que les nationaux (C. Nap., art. 3). Peu importe, dans cet ordre d'idées, quelle est la nationalité des époux, et si leur loi personnelle autorise le divorce ou si elle le prohibe. Les lois pénales n'admettent pas de parcilles considérations, elles frappent le coupable, alors même que la loi de sa patrie ne le punirait pas : il a violé l'ordre public, la moralité telle qu'on l'entend dans le pays aux lois duquel il a contrevenu, il doit subir sa peine (1).

(1) Le discours de Brougham se trouve dans Story, *Conflict of laws,* p. 248, en note.

Ainsi lors même que les époux appartiendraient à un pays catholique où le divorce est prohibé comme contraire à la loi de Dieu, les cours d'Ecosse prononceraient le divorce si, par le dérèglement de ses mœurs, l'époux coupable d'adultère porte atteinte à l'ordre moral. La conséquence est grave, elle a mis en conflit la législation de deux peuples unis dans un même Etat, les Ecossais et les Anglais, mais conservant leurs lois distinctes. Le conflit pourrait s'étendre à tous les pays. Il nous faut voir si cette manière de considérer le divorce est fondée en droit et en raison.

Nous allons d'abord entendre les partisans de la théorie écossaise. Elle a été adoptée aux Etats-Unis par la cour de Massachussets; je transcris l'arrêt : « Les lois qui règlent le mariage et le divorce dépendent du code pénal plutôt que du code civil. Elles n'ont pas pour objet de maintenir et de sanctionner un contrat intervenu entre particuliers; le mariage n'est pas un contrat ordinaire, il en résulte des droits et des obligations qui intéressent sans doute les époux, mais qui intéressent avant tout la société; les devoirs des époux sont déterminés en vue de l'ordre public et des bonnes mœurs, pour assurer le bonheur général de la nation. Quand l'un des époux commet un adultère, sa conduite immorale est un scandale public; si la loi autorise son conjoint à demander la dissolution du mariage, ce n'est pas parce que le contrat de mariage a été violé à son préjudice, et ce n'est pas pour lui accorder une réparation en le dispensant, de son côté, de remplir les obligations que le contrat lui impose; l'époux injurié met seulement en mouvement l'action de la loi; celle-ci intervient pour prononcer la dissolution du mariage, parce que l'union des conjoints, si elle continuait, serait un scandale permanent qui troublerait profondément la paix publique et l'ordre moral. Dès lors cette union doit être rompue à titre de punition infligée à celui qui est l'auteur du trouble (1). » Je ne sais si les cours américaines vont aussi loin que celles d'Ecosse, qui pro-

_____

(1) Story, *Conflict of laws*, § 229, p. 256 de la 7ᵉ édition.

nonçaient la dissolution de mariage contracté par des
Anglais en Angleterre, bien que d'après les lois anglaises
le mariage fût indissoluble. Le principe, une fois adopté,
conduirait à ces conséquences; mais aux Etats-Unis il
n'a pas prévalu. Story rapporte un arrêt de la cour
suprême de Pensylvanie, qui rejette la doctrine écossaise
comme une erreur (1). Dans la doctrine, le principe pénal
est décidément repoussé par tous les auteurs qui le mentionnent (2).

La théorie écossaise repose sur une confusion d'idées.
Qu'est-ce qu'un délit, et qu'est-ce que la peine? Le délit
est l'infraction d'une loi pénale qui établit une peine
contre ceux qui troublent l'ordre public; la peine est
infligée comme réparation du mal que le coupable a fait
en troublant la paix et la tranquillité de la société, en
portant atteinte à des droits dont la violation doit être
sanctionnée pour sauvegarder l'existence et la conservation de la société civile. Voilà pourquoi les coupables sont
poursuivis au nom de la société, par des fonctionnaires
qui, dans notre législation, portent le nom d'officiers du
ministère public. Est-ce ainsi que les choses se passent
en matière de divorce? Il peut y avoir un délit dans la
cause pour laquelle le divorce est prononcé : ce délit est,
en général, poursuivi par le ministère public; et le coupable est puni des peines établies par les lois pénales, l'em-
prisonnement ou même la mort. Ces peines n'ont rien de
commun avec le divorce qui est la rupture d'un contrat.
Les excès, les sévices, les injures peuvent constituer des
délits : le ministère public poursuivra les coupables et
requerra l'application des peines; cela peut se faire sans
que le divorce soit prononcé. Ouvrons le code Napoléon :
depuis la loi de 1816 il n'y a plus de divorce; est-ce à
dire que les délits, à raison desquels le divorce pouvait
être demandé, resteront impunis? Alors même que le
divorce existait, l'époux innocent et victime de ces délits
pouvait ne pas demander le divorce; cela se voit encore

(1) Story, *Conflict of laws*, § 205, p. 230, note.
(2) Bar, *Das internationale Privatrecht*, p. 329, § 92, note 4. Brocher,
Nouveau Traité de droit international privé, p. 183.

tous les jours en Belgique; ce qui n'empêche pas l'action pénale d'avoir son cours. Pour l'adultère, il y a un principe spécial; l'époux adultère est puni d'après le code pénal, mais seulement sur la plainte de l'époux offensé (art. 390). Qu'il y ait divorce ou séparation de corps, l'adultère est toujours puni (C. Nap., art. 298 et 308); seulement, en cas de séparation de corps, le mari reste maître d'arrêter l'effet de la condamnation en consentant à reprendre sa femme (C. Nap., art. 309). Il y a là deux ordres d'idées qui se rencontrent, mais sans se confondre. La jurisprudence écossaise les confond. En France, le divorce est aboli sans que l'on se soit jamais plaint que la répression des délits en souffrît. Si l'on en demande le rétablissement, c'est dans l'intérêt des époux et de leur droit. C'est, en définitive, le droit de l'époux qui est l'élément décisif dans ce débat : et, à ce point de vue, le divorce n'a rien de commun avec la peine. Quant aux conséquences qui découlent du principe écossais, elles tombent avec le principe; nous les retrouverons dans le cours de cette Etude.

N° 3. LES CAUSES DU DIVORCE.

111. Les causes du divorce jouent un grand rôle dans le droit civil international. Forment-elles un statut personnel ou un statut réel? La question donne lieu à d'inévitables conflits, à raison de la contrariété des législations diverses. Pour décider ces conflits, il faut avant tout apprécier la nature des causes pour lesquelles le divorce peut être demandé. A mon avis, le code Napoléon consacre les vrais principes, sauf quelques vices de détail. Le système est irréprochable : pour qu'il y ait lieu à divorce, il faut une violation d'un devoir essentiel découlant du mariage. Cela écarte l'abus du divorce, sous forme de répudiation, tel qu'il existait dans l'antiquité. Quand même les deux époux seraient d'accord, leur consentement ne suffit point pour dissoudre leur union; car, à la différence des autres contrats, le mariage est contracté dans un esprit de perpétuité. C'est encore là un principe du droit français, et ici l'on peut invoquer l'intérêt de la morale ; il est inutile que j'y insiste, il suffit de rappeler les scandales des divorces romains à une époque où les maris changeaient de femme aussi souvent que de chemise. Le mariage dissoluble au gré des passions mobiles des époux n'est plus qu'une prostitution légale.

Reste à déterminer quelles sont les violations des devoirs conjugaux qui doivent entraîner la dissolution du mariage. Sur ce point encore le code Napoléon a consacré les vrais principes. L'adultère est la plus grave des infractions à la loi du mariage ; Jésus-Christ lui-même, tout en réprouvant la répudiation, permet au mari de répudier sa femme pour adultère. Chose remarquable ! Il n'est pas parlé dans les Evangiles du droit que la femme a de répudier son mari adultère. La distinction que le code français fait entre l'adultère de la femme et celui du mari remonterait-elle jusqu'aux origines du christianisme? Elle n'en serait pas moins fausse : il n'y a pas deux morales, il n'y en a qu'une ; et si les hommes veulent que leurs femmes soient chastes et pures, il faut qu'ils commencent par être purs et chastes. Excuser les dérèglements du mari, tant qu'il ne tient pas sa concubine dans la maison commune, c'est les légitimer, légalement parlant : l'article 230 est une erreur, condamnée par les meilleurs esprits du conseil d'Etat, repoussée par les législations nouvelles ; il importe de le constater (1).

Je considère aussi comme une erreur et comme une inconséquence la cause de divorce établie par l'article 232 : « La condamnation de l'un des époux à une peine infamante sera pour l'autre une cause de divorce. » Le code dévie ici de son principe. Le crime de l'un des époux rend sans doute impossibles l'estime et l'affection de son conjoint ; mais toutes les causes de désaffection ne sont pas une violation des devoirs conjugaux : l'ivresse, l'oisiveté, la dégradation morale, les vices, rendent l'homme ou la femme méprisables, sans que l'on puisse dire que l'un des devoirs consacrés par le code

(1) Voyez plus haut, p. 94, nos 40-44.

civil soit violé. Donc il n'y a point de cause de divorce (1).

112. Le divorce par consentement mutuel est également une inconséquence. Les auteurs du code civil ne voulaient point autoriser le divorce par un simple concours de volontés des deux époux, ce serait ravaler le mariage et en faire une espèce de bail à courte durée. Mais le législateur croyait qu'il y avait certaines causes, telles que l'adultère et les excès, que les époux ne pouvaient pas produire au grand jour; il leur permit, sous les conditions les plus rigoureuses, de demander le divorce par consentement mutuel, convaincu que le consentement ainsi donné impliquait l'existence d'une cause légitime. Le législateur s'est trompé. Une erreur n'est pas un principe et ne saurait en avoir l'autorité.

113. D'un autre côté, les auteurs du code civil n'ont pas autorisé le divorce pour rupture volontaire et malicieuse de la vie commune. L'*abandon* ou l'*absence* ainsi caractérisé est admis par la plupart des législations comme une cause de divorce. Le code néerlandais, qui suit généralement le code Napoléon, consacre les mêmes causes déterminées de divorce en y ajoutant l'abandon malicieux d'un époux par l'autre pendant cinq ans au moins (art. 266). Le code autrichien, antérieur au code français, définit la *désertion malicieuse* en ces termes : « Pour abandonnement intentionnel, lorsque la résidence de l'époux qui a quitté le domicile conjugal est inconnue et qu'il n'a pas reparu, dans le délai d'un an, quoique sommé par une citation judiciaire publique (art. 115, n° 2). »

Le code prussien qualifie la *désertion malicieuse* d'abandon *volontaire*, pour le distinguer de l'absence. La femme est tenue de suivre son mari partout où il établit son domicile : si elle refuse de le suivre malgré une ordonnance du juge, le mari peut demander le divorce. De même, si le mari refuse constamment et sans motif de recevoir sa femme, celle-ci peut demander le divorce.

Le code italien et celui du canton de Vaud placent

---

(1) Comparez ce que j'ai dit plus haut, n° 101, et plus bas, n° 115.

aussi l'abandon volontaire parmi les causes de séparation de corps et de divorce; le dernier exige que l'absence du conjoint ait duré cinq ans sans apparence de retour.

On voit que l'abandon volontaire et malicieux est la violation d'un devoir essentiel que la loi impose aux époux, celui de la vie commune, sans laquelle il n'y a plus de mariage. Or, le divorce est légitime, en principe, pour violation d'un devoir conjugal, donc on doit le permettre pour rupture de la vie commune. Pour distinguer l'*abandon* de l'*absence,* les lois le qualifient, les unes de *volontaire,* les autres de *malicieux.* Celui qui s'absente ne le fait pas pour abandonner son conjoint, il le fait par un motif d'utilité ou d'agrément; tandis que celui qui abandonne volontairement son conjoint met fin à la vie commune, de propos délibéré : en ce sens, l'abandon est *malicieux;* l'époux qui quitte le domicile conjugal ne veut plus remplir aucun des devoirs qui découlent du mariage : si c'est le mari, il ne veut plus recevoir sa femme, ni la protéger, ni lui donner secours et assistance : si c'est la femme, elle ne veut plus habiter avec le mari, ni le suivre, ni lui obéir ; les secours et l'assistance deviennent impossibles. Ce n'est plus là le mariage, le lien conjugal est rompu.

114. Il y a des codes qui permettent le divorce pour cause d'absence proprement dite, c'est-à-dire la disparition de l'époux, dont on n'a plus de nouvelles, de sorte que son existence même est douteuse, Tel est le code prussien. Après dix ans d'absence, le conjoint peut faire procéder à la déclaration de décès, et, par suite, il est libre de contracter un nouveau mariage (art. 692 et 693). Le code des Pays-Bas contient une disposition analogue. Après dix ans d'absence, le tribunal peut autoriser le conjoint de l'absent à se remarier. Si l'absent reparaît après la célébration du mariage, il peut, à son tour, se remarier (art. 549-551). De sorte que, dans cette hypothèse, il y aura deux mariages entachés de bigamie, et la bigamie sera légale. Cela me paraît injustifiable. L'absence ne constitue pas une violation du devoir conjugal; c'est dans un but légitime que l'époux a quitté le domicile conjugal, s'il ne reparaît pas, s'il ne donne pas de ses nouvelles, on suppose que c'est pour des causes indépendantes de sa volonté. Donc on ne peut lui reprocher de violer ses devoirs et de rompre le lien conjugal.

115. Le code prussien (art. 693) et le code du canton de Vaud placent la folie et la fureur parmi les causes de divorce; le dernier exige deux conditions : il faut d'abord que l'époux soit âgé de moins de soixante ans, et, en second lieu, que la maladie dure depuis cinq ans et soit incurable. A mon avis, c'est une erreur législative, et une erreur n'est pas un principe. L'époux qui demanderait le divorce pour cause d'aliénation mentale de son conjoint violerait un devoir matrimonial, et le plus naturel de tous, celui qui l'oblige à lui prêter secours et assistance. C'est bien quand cette terrible maladie le frappe que l'époux doit témoigner son affection pour le malheureux ou la malheureuse qui a perdu la raison. L'autoriser à demander, de ce chef, le divorce, c'est lui donner une leçon de brutal égoïsme. Que le législateur s'en garde! Cette plante vénéneuse croît sans que l'on prenne la peine de la cultiver; il faudrait, au contraire, tâcher de la déraciner, car l'égoïsme est la lèpre qui ronge les sociétés modernes.

J'en dis autant des maladies contagieuses qui figurent dans plusieurs codes comme cause de divorce. On lit dans le code du canton de Vaud (art. 132) : « Une maladie contagieuse de l'un des époux sera pour l'autre une cause de divorce, pourvu qu'elle soit invétérée et incurable. » Le code autrichien contient une disposition analogue pour la séparation de corps (art. 109, 5°). La maladie, corporelle ou mentale, n'est pas une violation des devoirs qui résultent du mariage. Cela est décisif. C'est une contradiction d'imposer aux époux le devoir de secours et d'assistance, et de leur permettre de déserter un conjoint malade. Il y a, à la vérité, une maladie contagieuse qui retentit dans les scandaleux procès en séparation de corps portés devant les tribunaux français. La cour de Nîmes a jugé que le fait du mari d'avoir été atteint, à plusieurs reprises, du mal vénérien n'est pas une cause de divorce (1). Je m'abstiens de réflexions en me bornant à constater que les maris mettent à profit les leçons de morale que le code civil leur donne: les plus viles des relations adultérines sont un droit légal pour eux, s'ils les nouent dans les maisons publiques!

116. Il y a une tendance funeste dans les législations qui admettent soit le divorce, soit la séparation de corps: c'est de favoriser la rupture du mariage ou du moins de la vie commune, en admettant comme causes des motifs presque frivoles. Je lis dans le code italien qui a rejeté le divorce parce qu'il porte atteinte à l'indissolubilité du mariage : « Le mari est obligé de recevoir sa femme et de lui fournir tout ce qui lui est nécessaire pour les besoins de la vie, selon ses facultés et son état. La femme peut demander la séparation de corps quand le mari, sans juste motif, n'adopte pas une résidence fixe, ou quand, en ayant les moyens, il refuse de la fixer d'une manière qui convienne à sa condition. » (art. 152). Un interprète du code italien avoue que cette cause de séparation est bien faible (2); disons le mot, elle est futile. Quand le mari n'a pas de résidence fixe, la femme n'est pas tenue de le suivre. Voilà la sanction naturelle de l'obligation imposée au mari. Mais de là à demander le divorce ou la séparation de corps il y a loin. On ne peut dire qu'il y ait rupture de la vie commune, puisque d'un jour à l'autre le mari peut la rétablir en prenant un domicile qui convienne à la femme.

Le code prussien a multiplié outre mesure les causes de divorce. On l'accuse, et non sans raison, d'avoir relâché le lien du mariage à force d'en faciliter la dissolution (3). Telle n'est certes pas l'intention du législateur, mais ses dispositions y aboutissent. Il autorise le divorce pour cause d'ivrognerie : ce vice est certes le fléau des ménages ouvriers, mais est-ce en permettant le divorce qu'on le guérira ? Là n'est pas la question, d'ailleurs, l'ivrognerie

(1) Nîmes, 14 mars 1842 (Dalloz, *Répertoire*, au mot *Séparation de corps*, nᵒˢ 55 et 77, 2ᵒ).
(2) Bianchi, *Corso elementare di diritto civile italiano*, t. II, p. 795, nᵒ 225.
(3) Glasson, *Le Mariage civil et le Divorce*, p. 106.

est-elle une violation du devoir conjugal? Elle mettra souvent le mari dans l'impossibilité d'entretenir sa femme. C'est un grand mal, il tient à l'absence de tout développement moral dans les classes inférieures; si la loi autorisait le divorce de ce chef, les trois quarts et demi des mariages seraient rompus. Le code prussien autorise encore le divorce pour impuissance, pour impossibilité complète et incurable de cohabitation, pour refus obstiné du devoir conjugal. On voit que c'est un théoricien qui a rédigé ce code : je ne sais si ces théories sont pratiques; elles soulèvent des procès dégoûtants, dans l'intérêt de la morale! Il y a un domaine sur lequel le législateur fera bien de ne pas s'aventurer, c'est celui des relations intimes des époux, des sentiments, de la délicatesse; tout ce qu'il peut faire, et ce qu'il ne fait pas assez, c'est de veiller à ce que les consciences soient éclairées, en dirigeant l'instruction de manière qu'elle humanise les hommes, et que la fine fleur de l'éducation croisse là où règnent maintenant les mœurs grossières et incultes.

117. Il me faut encore dire un mot de la législation anglaise, puisque la *common-law* joue un grand rôle dans ces Etudes. Jusqu'en 1857, le mariage était réputé indissoluble en Angleterre; en effet il ne pouvait être dissous que par les cours ecclésiastiques, lesquelles, fidèles à la tradition de l'Eglise, n'admettaient qu'une séparation de corps *à thoro et mensâ*. Toutefois le parlement prononçait le divorce pour cause d'adultère, en vertu de son pouvoir souverain, le parlement pouvant tout faire, selon le mot anglais, sauf un homme d'une femme et une femme d'un homme. Le droit écossais, au contraire, admettait le divorce pour adultère et abandon malicieux. De là des conflits regrettables entre les deux législations, les cours anglaises refusant de reconnaître les divorces prononcés par les tribunaux écossais. L'acte de 1857 abolit les cours ecclésiastiques, et établit une cour spéciale pour le divorce et les causes matrimoniales. Ce n'est rien moins qu'une révolution, dit Phillimore (1); peu de personnes,

---

(1) Phillimore, *Private international law*, p. 372.

relativement, pouvaient obtenir le divorce par acte du parlement, à cause des frais énormes de la procédure; de fait, le mariage était donc indissoluble : la loi de 1857 le rend dissoluble. Les causes du divorce sont analogues à celles du code Napoléon : l'adultère, la cruauté (ce qui comprend les excès et les sévices du code français); la loi anglaise ajoute la désertion pendant deux ans, ce qui est le droit commun. Le législateur a maintenu la différence entre l'adultère du mari et celui de la femme; le mari peut demander le divorce contre la femme adultère; la femme ne peut demander le divorce contre le mari adultère que lorsqu'il y a des circonstances aggravantes, l'inceste, la bigamie, le rapt, excès et sévices ou désertion (1). Singulière leçon de morale que le législateur donne à l'homme! La loi est même absurde à force de priviléges. Les excès suffisent pour autoriser le divorce; donc ce n'est pas permettre le divorce pour adultère, que d'exiger, en outre, les excès.

La nouvelle législation n'est pas applicable à l'Ecosse ni à l'Irlande, ni aux îles normandes, ni aux colonies (2). C'est une source intarissable de conflits : ici, on suit l'ancien droit canon et, partant, on rejette le divorce : là on admet le divorce pour adultère, tandis que pour sévices ou mauvais traitements on prononce seulement la séparation de corps, et néanmoins on autorise le divorce pour abandon malicieux. Il serait inutile de chercher un principe dans ces divergences : c'est la tradition qui partout l'emporte sur la raison.

La législation des Etats-Unis est encore plus compliquée : chaque Etat jouissant du pouvoir législatif, il en résulte une variété infinie du droit entre les divers Etats, soit quant aux causes du divorce, soit quant à l'autorité qui le prononce. Il y a des Etats qui ont maintenu l'indissolubilité anglaise, en ce sens que les deux chambres de la législature peuvent seules prononcer le divorce. La

*(1) Stephen, *Commentaries on the laws of England*, t. III, p. 277-282 de la 7ᵉ édition.

(2) Glasson, *Le Divorce*, p. 97, note 2. Comparez Schäffner, *Entwickelung des internationalen Privatrechts*, p. 153 et suiv.

plupart admettent le divorce judiciaire. L'adultère est généralement une cause de divorce, mais avec des variétés; dans le Mississipi il faut, pour que la législature puisse prononcer le divorce, que l'adultère ait été commis dans le territoire de l'Etat, et que les époux y soient domiciliés. Il en est de même de l'abandon malicieux. La Géorgie n'admet pas la désertion malicieuse; l'adultère est l'unique cause de divorce, mais la loi n'exige point que l'adultère ait été commis sur le territoire, ni que les époux y aient leur domicile. L'abandon de la femme doit être un fait assez commun. car il figure presque dans toutes les lois, et comme il n'y a aucune célébration authentique du mariage, pas même des témoins, il doit être très facile de mettre fin au mariage, et très difficile d'en prouver l'existence (1).

118. Il est difficile, pour mieux dire impossible, de dire quelle est l'influence des législations sur la moralité. Il y a un fait certain, c'est que le nombre des divorces va en augmentant; les partisans de l'indissolubilité du mariage s'en font une arme contre les lois qui autorisent le divorce. A vrai dire, les mœurs ne dépendent guère des lois. Nous en avons la preuve en Belgique. On a cité le nombre croissant des divorces comme un témoignage contre le code Napoléon qui nous régit; on a oublié de dire que le nombre des séparations de corps va aussi croissant (2). En Angleterre, l'indissolubilité a fait place à la dissolubilité du mariage; de sorte que le divorce a cessé d'être un privilége pour l'aristocratie; toutefois, un auteur peu favorable au divorce remarque que l'acte de 1857 n'a produit aucun abus, parce que dans les mœurs anglaises on s'est toujours fait une haute idée du mariage. Le même auteur trace un tableau désolant des mœurs américaines; Glasson dit que la famille, telle que nous la comprenons, n'existe plus aux Etats-Unis,

(1) Schaffner, *Entwickelung des internationalen Privatrechts*, p. 155-157

(2) Dans l'année judiciaire de 1861 à 1862 il y a eu 56 divorces; quinze ans plus tard (année 1875 à 1876), il y en a eu 135. En 1861, il y a eu 35 séparations de corps; en 1876, le nombre s'est élevé à 65 (Statistique officielle de la justice civile).

qu'elle a été sacrifiée aux intérêts de l'individu dont la liberté ne connaît presque plus de bornes (1). L'accusation me paraît suspecte; elle semble dirigée contre la démocratie américaine, et de témoignages, on n'en cite pas.

Il en est de même de la Suisse : en 1876, il y a eu 4 divorces sur 100 mariages, tandis qu'en Belgique la proportion est de 0,27 pour 100. Cependant on se plaint qu'en Belgique aussi et partout les divorces vont en augmentant : l'auteur finit par apostropher les partisans du divorce, en s'écriant : « *Et nunc erudimini* (2). » La démonstration est loin d'être concluante : en Belgique, le nombre des séparations de corps augmente également, et si c'est dans une moindre proportion que les divorces, c'est que les croyances religieuses s'en vont. La vraie conclusion à tirer de ces faits, c'est de mettre les législateurs de tous les pays en demeure de s'occuper de l'éducation morale des nouvelles générations, au lieu de se borner à les instruire !

§ II. — *La loi du divorce forme-t-elle un statut personnel ?*

N° 1. LE DROIT FRANÇAIS.

I. *Le principe.*

119. Il n'y a guère de doute qu'en droit français, la loi qui régit le divorce ne forme un statut personnel. Le droit des familles, et notamment le mariage qui les constitue, est une dépendance du statut qui régit l'état des personnes. Il en doit être de même du divorce qui dissout le mariage : en ce qui concerne le divorce, on peut invoquer les termes du code Napoléon : « Les lois concernant l'*état* et la *capacité* des personnes régissent les Français même résidant en pays étranger. » Or le divorce est cer-

(1) Glasson, *Le Mariage civil et le Divorce*, p. 97 et 227.
(2) Glasson, *Le Mariage civil et le Divorce*, p. 163-165.

tainement relatif à l'*état* des époux, puisqu'il le change complètement; l'homme cesse d'être mari, la femme cesse d'être femme mariée. Et ce changement d'état a pour conséquence un changement de capacité : il n'y a plus de puissance maritale, plus d'autorisation du mari, la femme reprend sa liberté et son égalité. La communauté qui existait de droit commun entre les époux est dissoute ; l'homme n'a plus aucun droit sur les biens de la femme, et celle-ci reprend la libre disposition de son patrimoine. On doit en dire autant de la séparation de corps, que les auteurs français appellent le divorce des catholiques; elle laisse, à la vérité, subsister le lien du mariage, mais c'est un lien fictif; l'obligation de cohabiter, qui constitue l'essence du mariage, vient à cesser, et par suite il n'y a plus ni vie commune, ni intérêts communs; la capacité de la femme change, ce qui prouve qu'il est intervenu un changement dans son état ; elle reprend la libre administration et la jouissance de ses biens; elle peut s'obliger dans ces limites, sans autorisation maritale, elle peut même aliéner son mobilier et en disposer. Ainsi le divorce et la séparation de corps concernent l'état et la capacité des personnes, donc ils forment un statut personnel (1).

120. On fait une objection ; Demangeat la formule en ces termes : « Nous avons certaines lois qui sont bien personnelles, en ce sens qu'elles ne régissent point principalement les biens, et qui cependant sont, par la *force même des choses*, applicables à l'étranger qui se trouve sur notre territoire : ce sont *toutes les lois* qui, du moins à notre point de vue, intéressent l'*ordre public* et les *bonnes mœurs*. C'est là un principe qui est incontestable en lui-même. » Demangeat avoue que les applications que le principe entraîne sont sujettes à contestation ; il n'hésite cependant pas à l'appliquer au divorce : « Notre loi, dit-il, indépendamment de toute idée religieuse, a reconnu que le divorce est un mal social, et, dans tous les cas, il serait, dans nos mœurs actuelles, un scandale

(1) C'est l'avis de Brocher en ce qui concerne le divorce, il ne parle pas de la séparation de corps (*Nouveau Traité de droit international privé*, p. 131, n° 35).

public (1). » J'ai déjà rencontré l'objection formulée par
Demangeat, et j'ai contesté le prétendu principe qu'il
déclare incontestable. Pour mieux dire, le texte même du
code le repousse. L'article 3 consacre la doctrine traditionnelle des statuts; il définit le statut personnel, celui
qui concerne l'*état* et la *capacité* des personnes; or les lois
qui sont relatives à l'état et à la capacité sont précisément
celles qui intéressent l'ordre public et les bonnes mœurs.
Il en est ainsi notamment des lois qui régissent la famille,
et surtout le mariage. Dans la théorie de Demangeat, il
faudrait donc dire que les conditions requises pour pouvoir contracter mariage ne sont pas des lois personnelles;
or l'exemple que Portalis cite, quand il parle des statuts
personnels, est empruntée au mariage. Le principe de
Demangeat aboutit à cette conséquence absurde, que les
lois qui, d'après le texte et l'esprit de la loi, sont des statuts personnels, ne forment pas des statuts personnels (2).

Rejetant le principe, je dois rejeter aussi l'application
que l'on en fait au divorce. Demangeat dit que la loi
prohibe le divorce comme un mal, indépendamment de
toute idée religieuse. Voilà bien le préjugé catholique, et
l'on voit que j'ai eu raison de le combattre, puisque nous
le rencontrons dès le début de cette Etude sur la personnalité ou la réalité de la loi qui régit le divorce. J'ai rapporté au long et au large les motifs que l'on a allégués en
1816, pour abolir le divorce; n'est-ce pas l'idée religieuse,
disons mieux, la superstition catholique qui y domine?
Tout le reste ne consiste qu'en affirmations, et les affirmations ne sont le plus souvent que des mots et des
paroles, *verba et voces*. N'en faut-il pas dire autant de
cette banalité que, dans nos mœurs actuelles, le divorce
serait un scandale? Est-ce que par hasard l'adultère
public, déhonté, affiché, serait un spectacle édifiant et fait
pour moraliser? Demangeat trouve que permettre à des
étrangers divorcés de se marier en France serait un
scandale public. Ailleurs on permet aux étrangers de

(1) Demangeat, *Histoire de la condition civile des étrangers en France*,
p. 383
(2) Voyez le tome II de ces Etudes, p. 350, nos 191-194.

divorcer, alors même que leur statut personnel s'y opposerait, par une raison identique, c'est que la violation publique de la foi conjugale est un scandale qui blesse les mœurs et les corrompt. Qui est dans le vrai? Il faut laisser là les grands mots de scandale, de mal social, et pénétrer dans les profondeurs du mariage; je l'ai fait, avant d'entrer dans les difficultés de la matière, et je le ferai encore en discutant ces difficultés, qui sont grandes.

121. On pourrait objecter un arrêt de cassation, rendu, chambres réunies, dans la célèbre affaire de Mac-Mahon. Il suffit de rappeler les faits et la décision définitive pour se convaincre que la cour suprême n'a pas préjugé la question que j'examine. Mac-Mahon, Irlandais de race, contracta mariage en France avec une Française. Il quitta la France, pendant la Révolution, et passa à l'ennemi; on le considéra comme émigré. Sur la demande de sa femme, et conformément aux lois révolutionnaires, le divorce fut prononcé. Rentré en France, comme prisonnier de guerre, Mac-Mahon demanda la nullité du divorce; il obtint deux fois gain de cause devant les cours de Paris et d'Orléans; les arrêts des cours d'appel furent chaque fois cassés. Le dernier se fondait sur la qualité d'étranger du demandeur, d'où résultait que les lois françaises ne lui étaient pas applicables. Ce motif touchait à la question du statut personnel, que je discute pour le moment. Merlin, procureur général, soutint que Mac-Mahon était devenu Français, et que, fût-il étranger, il fallait lui appliquer la loi du 26 germinal an XI, qui interdit toute demande en nullité des divorces prononcés avant le code civil. Le divorce avait été introduit en France par les lois de la Révolution; ces lois avaient un caractère politique, notamment celles qui autorisaient le divorce pour cause d'émigration ou d'absence; elles le permettaient sur la seule preuve de l'absence ou de l'émigration, sans autre épreuve, et sans formalité aucune. Le code civil restreignit la faculté de divorcer dans des limites très étroites. Dans la crainte que les lois révolutionnaires ne donnassent lieu à des procès sans fin, le législateur crut devoir prohiber toute demande en nullité des divorces prononcés antérieure-

ment. Merlin explique très bien le caractère politique de
la loi du 26 germinal. « Le législateur a dû considérer,
dit-il, que l'esprit de parti s'attachait toujours à ces
affaires; qu'elles fournissaient toujours matière à des
déclamations virulentes contre les lois de 1792 et de
l'an III, et plus encore contre la Révolution, sans laquelle
sans doute ces lois n'auraient jamais existé, mais sans
laquelle aussi nous gémirions sous le joug de la féodalité
et de toutes les horreurs qu'elle traînait à sa suite. » La
loi de l'an XI ayant pour but de proscrire des recherches
qui tendaient à perpétuer des agitations et des souvenirs
qu'il importait d'éteindre, on doit la considérer comme
une loi de police générale qui assujettit à son empire tous
ceux qui habitent le territoire (1).

Ainsi la question soumise à la cour de cassation n'était
pas de savoir quelle est la nature de la loi qui régit le
divorce, si elle forme ou non un statut personnel, il
s'agissait d'une loi spéciale de droit public plutôt que de
droit privé, donc réelle de sa nature. Tel est le sens de
l'arrêt; il suffit de le lire pour s'en convaincre.

« Attendu qu'il résulte du texte précis de la loi du
26 germinal an XI que l'intention du législateur a été,
après avoir établi, par le code civil, une nouvelle législation sur le divorce, d'interdire désormais toute demande
en nullité des divorces prononcés antérieurement, que
ces *dispositions générales*, fondées sur des *vues d'ordre
public* et sur des *motifs politiques du plus haut intérêt*,
s'appliquent spécialement aux divorces prononcés pour
cause d'émigration ou d'absence...

« Attendu que c'est dans ce sens que la loi du 20 septembre 1792 et celle du 26 germinal an XI ont été expliquées et interprétées par l'avis du conseil d'Etat du
11 prairial an XII...

« Attendu que le sieur Mac-Mahon ne peut pas se
soustraire à l'application de la loi, sous le prétexte qu'il
est étranger, non soumis à la législation française, parce

_____

(1) Tel est aussi l'avis de Brocher, *Traité de droit international privé*,
p. 132. J'ai eu tort d'émettre un doute sur ce point dans mes *Principes de
droit civil*, t. I, p. 169, n° 106.

qu'en se pénétrant des *considérations à la fois politiques et morales* qui ont dicté la loi du 26 germinal, ainsi que des *circonstances* dans lesquelles elle a été rendue, il est impossible de n'y pas reconnaître une disposition d'*ordre public*, ayant pour but, ainsi que le dit l'avis du conseil d'État, de *proscrire des recherches tendantes à perpétuer* des *agitations* et des *souvenirs* qu'il *importe essentiellement d'éteindre*; que, sous ce rapport, elle doit être considérée comme une véritable loi de *police générale* qui assujettit indistinctement à son empire *tous les individus,* soit *Français,* soit *étrangers résidant* sur le *territoire français,* et qui frappe par conséquent tous les divorces prononcés avant le code civil, dans toute l'étendue de ce territoire, soit entre les Français, soit même entre des Français et des étrangers (1). »

On voit qu'il n'est pas question du code civil dans l'arrêt Mac-Mahon; le débat porte sur une loi politique et de circonstances. Il est vrai que cette loi est qualifiée d'*ordre public;* mais cette expression si vague n'a pas, dans l'arrêt, le sens qu'elle a, en général, dans le droit privé; elle ne désigne pas une loi d'*état* et de *capacité;* elle est synonyme de loi de police, et, dans l'espèce, cette loi était certainement politique, puisqu'elle avait pour objet de pacifier les esprits, à la fin d'une révolution qui avait bouleversé la société jusque dans ses fondements. Des lois pareilles sont réelles de leur essence, et reçoivent par conséquent leur application à tous les habitants du territoire. On ne peut donc pas se prévaloir du mot d'*ordre public* qui se trouve dans l'arrêt Mac-Mahon pour en induire par voie d'analogie que toute loi concernant le divorce est d'*ordre public* et doit à ce titre régir tous les habitants, Français ou étrangers. J'ai dit ailleurs que la vague expression d'*ordre public* prêtait à la confusion; et ce serait confondre des ordres d'idées tout à fait distincts que de mettre sur la même ligne la loi générale qui régit le divorce, et une loi de circonstances; toutes deux, dans le langage du

(1) Merlin, *Répertoire,* au mot *Divorce,* section IV, § X (t. VIII, p. 179-232 de l'édition de Bruxelles).

droit, intéressent l'*ordre public*, mais la loi générale est d'ordre public, en ce sens qu'elle concerne la famille et le mariage, ainsi que l'état et la capacité des personnes, tandis que la loi de circonstances est une loi politique : la première est de droit privé, la seconde de droit public.

122. Dans la même affaire Mac-Mahon, il est intervenu un arrêt de la cour de Paris où il se trouve une proposition contraire à la doctrine que j'enseigne. Il ne vaudrait pas la peine de la relever si Merlin ne s'en était emparé pour appuyer le système qu'il soutenait. On lit dans l'arrêt de la cour de Paris : « Quoique Mac-Mahon soit étranger, attendu qu'il a contracté mariage avec une Française sur le territoire français; que dans sa position en 1789, époque de son mariage, la *volonté* des *contractants* et de la *famille de Latour* a été nécessairement que le *pacte nuptial* et les *conventions matrimoniales* des époux fussent également *régis* par les *lois françaises*. » Merlin approuve cette décision, et il essaye de la justifier au point de vue de la doctrine des statuts personnels. On doit distinguer, dit-il, la *capacité de se marier*, et le *lien matrimonial*. La capacité est évidemment réglée par le statut personnel, parce qu'elle tient à l'état des personnes. Mais une fois la capacité reconnue, le *mariage* devient un *contrat ordinaire* qui se parfait par le concours du *consentement* des *futurs époux*, et dont les *effets* sont réglés par la loi du pays où il se passe. Qu'un Français fasse une *vente* en Belgique, où il a son *domicile*, sa *capacité* sera réglée par la loi française; mais la loi du *domicile* statuera sur les *effets* de la *vente*, sur sa *rescision* pour cause de *lésion*. Ce qui est vrai de la *vente* doit l'être du *mariage*. Contracté en France, il est régi, quant à ses effets, par les lois françaises; c'est elle qui décidera s'il y a lieu à divorce ou non (1).

Non, ce qui est vrai de la vente ne l'est point du mariage. On admet généralement que les contrats sont faits sous l'empire de la loi qui régit le lieu où il se passe; mais

---

(1) Merlin, *Répertoire,* au mot *Divorce,* t. VIII, p. 185 et suiv. de l'édition de Bruxelles.

pourquoi? Parce que les effets des conventions dépendent exclusivement de la volonté des parties contractantes, et l'on suppose qu'elles s'en rapportent à la loi du lieu où elles sont domiciliées. En est-il de même du mariage? C'est un contrat, sans doute, mais uniquement en ce sens qu'il exige le consentement des parties; du reste les conditions et les effets ne dépendent en rien de leur volonté. Cela est vrai surtout de la dissolution du mariage. Vainement les futurs époux voudraient-ils contracter une union indissoluble, si leur loi personnelle admet le divorce, le mariage pourra être rompu. Tout aussi vainement voudraient-ils contracter une union dissoluble quand leur loi personnelle prohibe le divorce. Le mariage est d'ordre public non seulement quant à la capacité des parties, mais aussi pour les effets qu'il produit; dès lors, c'est la loi personnelle qui régit le divorce, et non la loi du lieu où le mariage est contracté. Ce dernier principe est celui du droit anglais. J'y reviendrai.

123. J'ai encore une autre réserve à faire contre la doctrine de Merlin. Il fait dépendre le statut personnel du domicile des parties contractantes. C'est une réminiscence de l'ancien droit dans lequel Merlin est né et a été élevé. Le code Napoléon a remplacé le principe du domicile par celui de nationalité. J'ai discuté la question ailleurs (1). Pour le moment il suffit de remarquer que le seul article du code civil qui parle du statut personnel implique que le statut est déterminé par la nationalité des parties intéressées : aux termes de l'article 3, les lois concernant l'état et la capacité des personnes régissent les *Français* même résidant en pays étranger; donc tout en étant domiciliés en pays étranger, où ils se marient, les époux sont régis par la loi française quant à leur mariage et quant au divorce.

124. L'article 3 du code Napoléon ne parle que du statut personnel des Français; et le seul effet qu'il y attache, c'est qu'il régit les Français en pays étranger. Or, en France, le divorce est aboli; de là suit que les

(1) Voyez le tome II de ces Etudes, p. 185, nᵒˢ 97 et 98.

époux français ne pourraient pas divorcer en Belgique, où le code Napoléon a été maintenu. Au point de vue du droit français, cela est d'évidence. Les Français ne peuvent pas se soustraire à l'empire des lois françaises en établissant leur domicile à l'étranger; le statut personnel est inhérent à leur nationalité, et il leur reste attaché, tant qu'ils conservent la qualité de Français. Peuvent-ils divorcer en se faisant naturaliser en pays étranger? Cette question soulève de nombreuses difficultés; je la traiterai à part.

La personnalité du statut qui régit le divorce des Français a encore une autre face. Le divorce a été aboli en France, pour des motifs de religion, et soi-disant de morale et de politique. Ailleurs, pour les mêmes motifs la loi autorise le divorce, quelle que soit la loi nationale des époux : des Français domiciliés en Ecosse seraient admis à y divorcer, et à y contracter un nouveau mariage. Quel serait l'effet de ces actes en France? Ils seraient nuls; le premier mariage y serait toujours considéré comme subsistant, et par suite le second serait entaché de bigamie. C'est le déplorable conflit qui se présentait pour les mariages anglais et les divorces prononcés en Ecosse : j'y reviendrai. En droit français la solution ne serait pas douteuse.

125. Les étrangers sont-ils aussi régis par leur statut national en France? L'affirmative, bien que controversée, est généralement admise. Il y a une conséquence de ce principe qui n'est pas douteuse. Des époux étrangers auxquels leur statut personnel ne permet pas le divorce ne pourraient point divorcer en Belgique, et il ne peut être question pour eux de divorcer en France, ils auraient contre eux et leur statut personnel et le statut territorial. Mais que faut-il décider des Belges auxquels leur statut personnel permet le divorce, et qui sont domiciliés en France? Si le statut personnel avait une autorité absolue, il faudrait répondre sans hésiter que les tribunaux français devraient prononcer le divorce. C'est bien là l'application du principe fondamental de notre science, à savoir que le droit de la personne la suit partout où elle réside;

le droit personnel étant déterminé par la nationalité, les Belges qui s'établissent en France continuent à y être régis par leur droit national, lequel leur permet de divorcer. Ce droit doit être respecté partout, pour que la communauté qui existe entre les nations soit réalisée. Donc les tribunaux français devraient prononcer le divorce des époux belges conformément à la loi belge. Je suppose, pour simplifier le débat, que les Belges aient un domicile légal en France conformément à la jurisprudence française. Vainement dirait-on que le divorce est aboli en France par la loi de 1816. Il est de toute évidence que le législateur français n'a pas prétendu abolir le divorce en Belgique et dans tous les pays où il existe. L'abolition du divorce ne concerne que les Français. Or les tribunaux compétents pour un procès entre étrangers domiciliés en France ne jugent point d'après la loi française, ils doivent appliquer la loi qui régit le fait juridique, et cette loi est la loi nationale des parties qui sont en cause, puisqu'il s'agit d'une question d'état dont la solution dépend du statut personnel.

126. Telle serait la solution de la difficulté si le statut personnel recevait son application d'une manière absolue, en ce sens que le juge compétent devrait toujours, et sans exception aucune, appliquer la loi étrangère, dès que les parties invoquent leur statut personnel. Mais le statut personnel n'a point cette autorité absolue. Il est de principe que le statut réel ou territorial, ou, comme on dit aussi, le statut du for compétent, domine le statut personnel, dans les cas où le droit des étrangers se trouve en opposition avec le droit de la société ou de l'Etat au nom duquel les juges rendent la justice. Sur le principe même, il n'y a aucun doute. Il était admis dans l'ancien droit, où on lui donnait une autorité trop grande, au moins dans l'école des réalistes qui partaient du principe que toute loi est réelle, comme étant une émanation de la souveraineté illimitée de l'Etat. Dans la doctrine moderne on n'admet plus la souveraineté absolue, ni la réalité absolue de la loi, qui en est la conséquence. La réalité n'est admise que dans les cas où les droits de la société sont en conflit avec les droits des particuliers; dans ce conflit, c'est le droit de la société qui l'emporte. En ce sens le statut territorial, expression de la puissance souveraine, tient en échec le statut personnel de l'étranger, expression d'une souveraineté étrangère : l'indépendance de la puissance souveraine le veut ainsi. Reste à savoir dans quels cas l'Etat a droit et intérêt à ce que la loi territoriale ou réelle domine la loi personnelle de l'étranger. C'est la difficulté capitale de notre science.

J'ai essayé de la résoudre pour le mariage, en faisant une part à chacun des deux principes qui sont en lutte, la personnalité et la réalité. La loi réelle doit l'emporter, dès qu'il y a un droit social en cause. Le code Napoléon (art. 3) le dit pour deux catégories de lois : d'abord celles qui concernent les immeubles, lesquels sont régis par la loi française, même ceux possédés par des étrangers; en second lieu les lois de police et de sûreté obligent tous ceux qui habitent le territoire. Les premières ne sont pas en cause dans la matière du divorce. Il faut en dire autant des lois de police et de sûreté, au moins si l'on entend par là les lois pénales. A la vérité, il y a une doctrine qui considère le divorce comme une peine; à ce titre elle fait un devoir au juge de le prononcer quelle que soit la nationalité des époux, et partant leur statut personnel : telle est la jurisprudence des cours d'Ecosse; elle a trouvé faveur aux Etats-Unis; partout ailleurs on la rejette, pour le moment je la laisse de côté, puisqu'elle n'a jamais été invoquée ni en France ni en Belgique. Mais l'expression *lois de police* a encore un autre sens, plus large, dans lequel elle comprend toutes les lois de droit public, par opposition aux lois de droit privé. Est-ce que l'article 3 ainsi entendu reçoit son application aux lois qui autorisent le divorce ou qui le rejettent? Le mariage et la dissolution du mariage tiennent au droit public, en un certain sens, c'est que la société civile et la moralité reposent sur le mariage; mais de là on ne peut pas induire que toutes les lois qui régissent le mariage soient des statuts réels qui dominent le statut personnel de l'étranger. Le mariage touche aussi à des intérêts privés, en tant qu'il est un droit pour l'individu et un devoir ; à ce titre, il constitue un droit privé, et partant il est une dépendance du statut personnel. Il y a donc dans le mariage un mélange de lois qui dépendent du droit public et de lois qui dépendent du droit privé, par conséquent il s'y trouve des statuts réels et des statuts personnels. Je crois avoir démontré cette proposition en ce qui concerne les conditions requises pour pouvoir contracter mariage, et les obligations qui découlent du mariage. Il en est de même du divorce. En principe, le divorce est de droit privé, puisqu'il concerne les droits des époux ; ces droits ont été lésés, les obligations corrélatives ont été violées, le but du mariage est manqué, et ne peut plus être atteint, donc les époux ont droit à ce qu'il soit rompu : institué, dans les desseins de Dieu, pour être un moyen de perfectionnement, il menace de devenir une école mutuelle de corruption et de dégradation. Donc l'union des âmes, rompue de fait, doit être dissoute. Sous ce rapport, le divorce est de droit privé, puisque c'est la destinée de l'individu qui est en cause. Il faudrait en induire que la faculté de divorcer est un droit essentiel de l'individu, donc un statut personnel.

127. Mais ici nous nous heurtons contre un obstacle qui établit une différence capitale, en fait, entre le mariage et le divorce. Le mariage est établi partout, tandis que le divorce est approuvé dans un pays et rejeté dans l'autre. C'est déjà une grave dérogation à la faculté absolue de divorcer que je viens de reconnaître à toute personne. De là un conflit à peu près insoluble en fait. D'abord, comme je viens de le dire, la prohibition du divorce affecte la personne et la suit partout, aussi longtemps qu'elle reste soumise aux lois qui l'établissent. Ne pouvant divorcer en France, les Français ne peuvent pas divorcer en pays étranger. Vainement considérerait-on, dans le pays où ils sont établis, le divorce comme un droit absolu, tenant à la moralité publique, ou même comme une peine destinée à maintenir l'ordre social, si les Français divorçaient en Écosse ou aux États-Unis, la dissolution de leur mariage serait considérée comme non avenue en France ; ils ne seraient pas admis à y contracter un second mariage et s'ils se mariaient à l'étranger, leur union serait flétrie en France, ils seraient bigames et leurs enfants adultérins.

Voilà une première exception au droit absolu de divorce; en théorie, il existe et il faut le maintenir; mais, en fait, il se heurte contre un obstacle invincible: la loi positive qui nie le droit de divorcer et le prohibe. Le conflit ne pourrait pas même être vidé par des traités, les nations peuvent transiger sur leurs intérêts, elles ne sauraient transiger sur des principes qu'elles considèrent comme étant de l'essence du mariage. Jamais la France ne consentira, aussi longtemps que le divorce y sera prohibé, à reconnaître la validité des divorces que des Français feraient prononcer en pays étranger et, par suite des seconds mariages que les époux divorcés y contracteraient. Et l'Ecosse ne consentirait pas davantage à abolir la jurisprudence qui consacre la validité des divorces prononcés par ses cours entre étrangers. Le conflit est insoluble à raison des motifs pour lesquels le législateur français abolit le divorce et le législateur écossais l'autorise. D'une part, on dit que le divorce est contraire à la religion, à la morale et à la politique, et d'autre part, on dit que le divorce est fondé sur la conservation de l'ordre moral et social. J'ai dit d'avance de quel côté est la vérité, et le devoir de la science est de la maintenir envers et contre tous. Le divorce a été aboli en France par un préjugé catholique; un préjugé qui tend à flétrir le mariage civil, et à ruiner l'indépendance de la souveraineté nationale, n'est pas une raison, puisqu'il est contraire à la raison; dès lors, il est certain qu'il disparaîtra, et, quand le divorce sera rétabli dans la législation française, il finira par pénétrer aussi dans les autres pays catholiques. C'est une question de temps, mais le temps est pour la vérité.

Le droit absolu de divorce doit-il être maintenu comme statut territorial, dans les pays où la loi autorise les époux à divorcer, quel que soit le statut des époux, quand même leur loi nationale défendrait le divorce? Je viens de dire que l'Ecosse ne renoncerait pas à la jurisprudence de ses cours. Ici cependant, la transaction serait possible, elle pourrait se faire dans l'intérêt même de l'ordre moral. Sans doute le divorce est un droit absolu, mais, tant que ce droit n'est pas reconnu dans tous les Etats, il n'est qu'une abstraction. Et si les tribunaux le maintiennent à l'encontre des lois étrangères qui prohibent le divorce, qu'en résultera-t-il? Des conflits scandaleux, des mariages réputés légitimes dans un pays et criminels dans un autre, des enfants considérés ici comme légitimes et là comme bâtards adultérins. Qu'est-ce que la morale gagnera à ce droit absolu de divorcer? Ne vaut-il pas mieux s'en tenir au statut personnel et refuser le divorce aux étrangers à qui leur loi nationale défend de dissoudre le mariage? Les transactions, dira-t-on, demandent des concessions réciproques. Ce n'est pas mon avis; sur le terrain du droit international, le législateur doit admettre ce qui est le plus favorable à la communauté de droit entre les peuples. Que le législateur respecte le statut personnel, dans l'intérêt de l'ordre universel, pour éviter des conflits déplorables, c'est un devoir, ou, comme on dit, la courtoisie internationale l'exige. De son côté, le législateur qui prohibe le divorce entre nationaux pourrait et devrait, à mon avis, consentir à ce que les étrangers fussent admis à divorcer par les tribunaux de son pays. La souveraineté est hors de cause, puisqu'il s'agit d'un droit privé. Quant à la religion et à la morale, le législateur français peut bien imposer à ses nationaux une conception religieuse et morale qu'il croit être en harmonie avec l'essence du mariage, mais il doit reconnaître un droit égal aux législateurs étrangers; et s'il veut que le statut personnel des Français soit respecté dans les pays étrangers par des raisons de droit ou de courtoisie, ces mêmes raisons doivent l'engager à respecter le statut personnel des étrangers, et à lui prêter main-forte en autorisant ses tribunaux à prononcer le divorce entre étrangers.

Il y a encore un terrain sur lequel la doctrine du droit absolu de divorcer est soumise à des restrictions. Le mariage est aussi un droit absolu; cependant, personne ne conteste que le statut personnel de l'étranger soit restreint par le statut territorial du pays où le mariage se contracte. Il y a même une tendance à exagérer l'influence du statut réel : il en est ainsi dans la législation italienne et dans la jurisprudence française. Ici, il est vrai de dire qu'il y a des causes de divorce qui dépendent du statut personnel, tandis qu'il y en a d'autres pour lesquelles le statut réel domine le statut national. Le partage est très difficile à faire par la voie de la doctrine, il est même impossible, là où, comme en Italie, le code a tranché la difficulté, en déclarant la loi italienne indistinctement applicable au mariage des étrangers. Toutefois, il est bon que la science décide la question, en examinant les diverses causes de divorce, et leur importance relative.

II. *Jurisprudence*

128. Nous quittons le domaine des abstractions pour celui de la jurisprudence. J'ai parfois reproché aux auteurs qui traitent du droit international privé d'attacher une trop grande importance aux arrêts. La jurisprudence, quelle que soit son autorité, ne fait pas loi, même comme interprétation du droit positif; à plus forte raison n'a-t-elle aucune autorité quand il s'agit de rechercher les principes d'une science qui n'est encore qu'à l'état de formation. Je me permets de critiquer les lois qui ne sont pas en harmonie avec l'idéal de notre science. J'ai le droit, et c'est aussi un devoir, de soumettre la jurisprudence à un examen critique. Sur les nombreuses questions qui se présentent dans le conflit des lois sur le divorce, il n'existe que peu de décisions judiciaires. Cela se comprend. Les lois sur le divorce antérieures au code civil ne sont que de l'histoire; ce sont presque les seules questions que Merlin examine. Quant au divorce du code civil, il a été aboli dès 1816. De là la rareté des causes internationales en matière de divorce. La seule qui ait été vivement agitée devant les tribunaux est celle de savoir si des étrangers, légalement divorcés d'après la loi de leur pays, peuvent contracter un nouveau mariage en France. La jurisprudence des cours d'appel s'était prononcée pour la négative; on pouvait la croire fixée en ce sens, quand, en 1860, il survint un arrêt de cassation, sur le réquisitoire de Dupin, qui renversa l'opinion généralement admise en France. C'est un fait considérable dans l'histoire de notre science, et, à vrai dire, elle n'est encore qu'une histoire. Il faut nous y arrêter.

Je commence par rapporter les faits de la cause et les décisions portées par les premiers juges. Une femme anglaise épousa en 1841 un Hollandais demeurant à La Haye. En 1858, le tribunal de cette ville prononça le divorce des deux époux. La femme divorcée ayant voulu se remarier en France, où elle résidait, le maire du 10e arrondissement de Paris refusa de célébrer l'union. Sur l'action intentée devant le tribunal de la Seine pour faire condamner l'officier de l'état civil à passer outre à la célébration du mariage, le juge déclara la demande non recevable. Le tribunal reconnaît le principe du statut personnel en ce qui concerne la capacité requise pour contracter mariage, mais il ajoute que, d'après le droit international, l'étranger ne saurait invoquer son statut quand ce statut est en opposition avec une loi prohibitive d'ordre public. Or, telle est la loi qui a aboli le divorce en France. « En effet, dit le tribunal, le mariage est de *droit public,* il tend à épurer les mœurs, et constitue la base essentielle de la famille et de la société. » Le premier juge aurait pu et dû invoquer les motifs pour lesquels le divorce, admis en France depuis 1792, fut aboli en 1816 : c'était là l'objet essentiel du débat. La cour d'appel combla cette lacune en ajoutant un motif nouveau : « Considérant que la loi du 8 mai 1816 qui, en abolissant le divorce, a consacré en France l'indissolubilité du mariage, a tous les caractères d'une loi d'ordre public; que le statut personnel de l'étranger, alors même qu'il lui permet le divorce et lui donne la faculté de se remarier dans son pays, ne saurait prévaloir sur une loi d'ordre public, à laquelle, en

France, nul ne peut refuser de se soumettre; confirme (1).

La question est posée sur son véritable terrain. En vertu de son statut personnel, la demanderesse aurait pu se remarier; elle ne le peut pas, parce que son statut personnel est dominé par la loi de 1816 qui a tous les caractères d'un statut d'ordre public, c'est-à-dire *réel*, dans le sens traditionnel de ce mot. Restait à prouver que tel est le caractère de la loi qui abolit le divorce. C'est ce que la cour de Paris ne fait point; son arrêt se borne à affirmer, ce qui revient à dire que la loi abolitive du divorce forme un statut réel parce qu'elle forme un statut réel. Sur le recours en cassation, le procureur général Dupin conclut à la cassation. Il établit d'abord que le statut personnel de l'étranger régit son état et sa capacité en France, de même que la loi personnelle des Français règle leur état et leur capacité en pays étranger. Ce principe n'était pas contesté. Dupin en déduit cette conséquence que l'étranger divorcé d'après les lois de son pays, étant capable, d'après sa loi nationale, de se remarier, était par cela même capable de contracter un nouveau mariage en France, puisque sa capacité dépendait de sa loi personnelle. Dire, comme le faisait le tribunal de la Seine, que si, dans l'espèce, la femme étrangère était capable, par contre, le Français avec lequel elle voulait se marier était incapable, c'était résoudre la question par la question : où est la loi qui déclare le Français incapable d'épouser une étrangère divorcée, et capable de se remarier en vertu de sa loi nationale? La loi de 1816 ne parle que des Français, auxquels elle interdit le divorce, de même que le code civil, qui le permettait, ne parlait que des Français; ni la loi de 1816 ni le code Napoléon ne disent un mot des étrangers ; l'état et la capacité de ceux-ci sont régis par leur loi nationale. Il fallait donc établir que, par exception à l'article 3, qui consacre implicitement le statut personnel de l'étranger et qui lui permet de se marier en France quand sa loi nationale le déclare capable, ledit statut ne peut pas être invoqué

_____

(1) Paris, 4 juillet 1859 (Dalloz, 1859, 2, 153).

quand c'est une femme divorcée qui veut s'y marier;
quelle est la loi qui établit cette exception au statut personnel de l'étranger? Est-ce la loi du divorce? Il faut le
prouver. Et, ni le tribunal de la Seine, ni la cour de
Paris ne le prouvent. Chose singulière! Ni la cour dont
l'arrêt était attaqué, ni le procureur général qui en
requiert la cassation ne disent ce que c'est qu'une *loi
d'ordre public,* ni pourquoi cette loi tient en échec le statut
personnel de l'étranger; ils ne disent pas davantage, ils
ne prouvent du moins pas que la loi abolitive du divorce
est ou n'est pas une de ces lois qui l'emportent sur le statut
national de l'étranger. La question appartenait au droit
civil international. C'est sur le terrain de ce droit que le
débat devait être porté; c'était la tradition et la doctrine
qu'il fallait consulter. Malheureusement le seul auteur qui
eût une autorité en France, Fœlix, gardait le silence, et
son commentateur, Demangeat, se prononçait contre
l'étranger divorcé, ainsi que Mailher de Chassat. Raison
de plus pour combattre leur opinion. Dupin ne les nomme
pas, il combat des objections sans dire qui les fait. Il en
résulte que son réquisitoire n'a point la clarté et l'évidence qui distinguent cet esprit si clair et si net. Il n'y a
qu'un point qu'il traite avec sa verve habituelle. En
1816, on disait que le divorce est destructif de la religion,
de la morale et de l'État. Dupin laisse la monarchie de
côté, il ne parle qu'en termes couverts de la religion; il
s'arrête à la morale.

La situation de Dupin était assez délicate. Il n'était pas
partisan du divorce, il avait toujours voté ou parlé contre
les propositions faites à la chambre des députés pour le
rétablir. Est-ce une raison pour déclarer le divorce immoral, en ce sens que la loi qui l'abolit doive être considérée
comme sauvegardant un intérêt essentiel de la société,
intérêt de conservation, puisque sans la morale la société
ne saurait exister? Dupin le nie : « Si, parce que, après
avoir longtemps admis le divorce, notre législation a fini
par le répudier, elle est devenue en cela plus parfaite,
et, si l'on veut, plus morale, il n'en faut pas induire que
les autres peuples qui ont retenu le divorce dans leurs

usages, dans leurs lois, sont des peuples immoraux, et que les Français, parce qu'ils ne peuvent pas divorcer entre eux, ne puissent pas, sans offenser la morale, épouser des femmes étrangères qui sont devenues libres conformément aux lois de leur pays. N'abusons pas de ce nom de morale pour nous en attribuer orgueilleusement le monopole! Parmi les choses contraires aux bonnes, mœurs, il faut distinguer ce qui blesse la morale de tous les siècles et de tous les peuples, de ce qui blesse seulement les mœurs publiques de telle ou telle cité. La loi naturelle défend le vol, le meurtre; ces choses sont contraires aux bonnes mœurs de tous les pays. Il n'en est pas de même du divorce; il est défendu plutôt par la loi religieuse et civile que par la loi naturelle. A la vérité, ce sont des motifs d'ordre public très élevés qui ont armé le rigorisme de la loi civile et religieuse : c'est la sainteté du contrat de mariage, c'est l'intérêt des enfants et de l'épouse : c'est le besoin de réprimer une inconstance déréglée, et d'imprimer à l'union conjugale ce respect qui s'attache à tout ce qui est immuable! Mais, malgré ces hautes considérations, dont on peut regretter que tous les peuples n'aient pas senti l'importance et la gravité, *on ne peut pas dire que la loi naturelle et la loi morale universelle s'opposent au divorce.* Aussi le divorce a-t-il été admis et il l'est encore chez beaucoup de nations. Il était admis par la loi que Moïse avait donnée au peuple hébreu, appelé par excellence le peuple de Dieu. Il le fut dans la Grèce antique , il le fut chez les Romains; il est inscrit avec toutes ses conditions dans le code que Justinien publia dans le sixième siècle de l'ère chrétienne. Il était pratiqué chez les Francs , le moine Marculfe en donna la formule; et depuis, au plus fort de la catholicité, on en a vu des exemples. L'Eglise grecque n'a pas cessé d'admettre le divorce. En Russie, comme en Grèce, et sous la même allégation d'orthodoxie, le divorce est autorisé. Enfin, le divorce est admis en Angleterre, il est admis en Prusse et dans tous les Etats protestants d'Allemagne; il l'est en Hollande, il l'est à notre frontière, par la catholique Belgique. S'ensuit-il donc que ces peuples soient immoraux? Et parce que nous avons introduit dans nos lois une réforme utile à nos mœurs, résulte-t-il de cela seul entre eux et nous une barrière qui nous empêche de reconnaître aussi le droit qu'ils ont de régler l'état de leurs citoyens d'une autre manière? »

Il y a quelque chose de contradictoire dans ces paroles. C'est au nom de la morale que Dupin réprouve le divorce. Donc le divorce est immoral; et chaque pays n'a-t-il pas le droit de repousser une institution immorale avec le scandale qui en résulte d'un second mariage contracté alors que le premier conjoint vit encore? Que si des peuples nombreux de tous les temps, de tous les lieux, ont pratiqué le divorce sans qu'on puisse les accuser d'être moins moraux que les Français, cela ne prouverait-il pas que la morale est hors de cause, et que la vraie raison pour laquelle le divorce a été aboli en France est le préjugé catholique, qui influence ceux-là mêmes dont les croyances ne sont pas catholiques? Dupin ne parle qu'en termes voilés de ce préjugé : « Reste donc le murmure vague d'un *scrupule qui n'ose pas se produire à découvert, et qui s'enveloppe* comme dans un *nuage*, en alléguant l'*ordre public* et les *bonnes mœurs.* » Qu'est-ce que ce *scrupule?* et pourquoi n'ose-t-il pas se produire *à découvert?* pourquoi se déguise-t-il sous des allégations qu'il emprunte au langage des lois, les bonnes mœurs, l'ordre public? C'est le préjugé catholique que je dénonce dans tout le cours de cette Étude; à mesure que le catholicisme perdra de son autorité, la vraie morale se fera jour. Le conseiller rapporteur, Sévin, tient un langage plus hardi et plus vrai; il est bon de l'entendre, c'est l'annonce d'une révolution qui ne tardera pas à s'accomplir : « Quant à l'empêchement tiré de l'honnêteté publique, de l'outrage fait aux mœurs du pays par le spectacle de l'union que l'époux contracte du vivant de son conjoint, on a pu, à cette occasion, *troubler des consciences, éveiller des scrupules;* mais il n'y a là rien qui doive arrêter le *jurisconsulte,* ni embarrasser l'*organe de la loi.* » Dupin venait de dire que les tribunaux français ne sont, ni une officialité, ni un synode. Sévin ajoute : « Il est certain qu'à l'époque où fut votée la loi de 1816, il régnait des *préoc-cupations politiques et religieuses* peu en harmonie avec les grands principes de cette époque mémorable qui avait *sécularisé la législation.* Peut-être la loi abolitive du divorce fut-elle due à ces tendances, mais il faut voir ce qu'il y a dans cette loi, et non ce qu'auraient voulu y mettre peut-être ceux qui la proposaient. » Le rapporteur rappelle ce qui se passa en 1816. Le gouvernement, cédant à une opinion extrême, proposa à la chambre des pairs une loi qui aggravait la loi abolitive du divorce; il y avait beaucoup d'époux divorcés, le projet leur permettait de se réunir, mais il leur interdisait tout autre mariage jusqu'a-près le prédécès de l'un d'eux; ce projet voté par les pairs, malgré les plus vives protestations, excita tant de récla-mations que l'on n'osa pas porter devant l'autre chambre un projet de loi qui n'était pas né viable. Il resta donc acquis, et Merlin établit ce point avec une évidence ma-thématique, que les époux français divorcés avant la loi de 1816 peuvent se remarier en France (1); cela tranche la question de l'élément moral du débat. Si le mariage d'un divorcé produisait un de ces scandales énormes, comme le serait un mariage polygamique, évidemment le législateur aurait dû défendre aux époux divorcés avant la loi de 1816 de se remarier en France. Il le pouvait et il aurait voulu le faire; les passions religieuses et réac-tionnaires l'y poussaient; mais il ne l'a pas fait. Si les époux français peuvent contracter un nouveau mariage sans que l'ordre social soit troublé, pourquoi les époux étrangers ne le pourraient-ils pas? Y a-t-il une plus grande immoralité quand c'est un étranger divorcé qui veut se remarier, que lorsque c'est un Français?

L'arrêt de cassation reproduit l'argumentation de Du-pin. La cour invoque le statut personnel; ceci est déjà un point important à noter pour notre science; car on a nié que le code civil consacrât le droit personnel de l'étranger; la cour de cassation le consacre dans les termes les plus formels : « Les lois personnelles qui régissent

_____

(1) Merlin, *Questions de droit,* au mot *Divorce,* § XII

l'état et la capacité des personnes, suivent les Français,
même résidant en pays étranger, et suivent également en
France l'étranger qui y réside. C'est donc par les lois de
son pays, par les faits accomplis dans ce pays conformément à ses lois, que doit être appréciée la capacité de
l'étranger pour contracter mariage en France. Donc
l'étranger dont le premier mariage a été légalement dissous dans son pays, soit par le divorce, soit par toute
autre cause, a acquis définitivement sa liberté, et *porte
avec lui cette liberté partout où il lui plaira de résider.* »
Vient l'objection tirée de la loi de 1816. La cour de cassation reconnaît que cette loi est d'ordre public; elle
admet, comme conséquence de ce principe, qu'il n'est pas
permis d'y déroger par des conventions particulières
(C. Nap., art. 6); elle admet encore que les officiers de
l'état civil ne pourraient pas prononcer le divorce des
étrangers en France, et que les tribunaux ne pourraient
les y autoriser, ni sanctionner les divorces qui auraient
été prononcés. Sur ce point je fais mes réserves. La cour
ajoute que la loi de 1816 doit être renfermée dans les
limites qu'elle s'est tracées, par respect pour les principes
du droit les plus incontestés : c'est le respect dû aux
législations étrangères statuant sur l'état et la capacité
des personnes soumises à leur souveraineté. Ce qui prouve
que la morale est hors de cause, c'est que la loi de 1816
permet aux époux français divorcés antérieurement de
contracter un nouveau mariage en France. Ceci est le
côté faible de l'arrêt.

129. Le respect des législations étrangères ne va pas
jusqu'au point de sacrifier au statut personnel de l'étranger les droits de la société française et les intérêts essentiels de l'Etat. Il y a donc des cas dans lesquels la loi territoriale ou réelle domine la loi nationale de l'étranger.
La loi abolitive du divorce n'est-elle pas une de ces lois?
La réponse que la cour de cassation fait à cette question
n'est pas décisive. D'une part, elle déclare que la loi de
1816 est d'ordre public, à ce point que les officiers de
l'état civil français ne pourraient prononcer le divorce, et
que les tribunaux ne pourraient autoriser ni sanctionner

un divorce entre étrangers. Et, d'autre part, elle avoue
que le mariage en France d'époux divorcés ne porte
aucune atteinte aux bonnes mœurs. Il est difficile de concilier ces deux propositions. La difficulté augmente quand
on recourt aux discussions qui ont eu lieu sur la loi de
1816 ; il y a eu quelques voix contre la proposition, dans
les deux chambres, l'immense majorité l'a votée, et pas
un membre de l'infime minorité n'a protesté contre les
préjugés réactionnaires qui entraînaient le pouvoir législ-
latif ; bien moins encore y avait-il, à en juger par les
débats, le moindre dissentiment dans la majorité sur les
motifs pour lesquels le divorce a été aboli. Ces motifs
sont énoncés dans le préambule du projet présenté au nom
du roi : c'est la religion, la morale, la monarchie. Ne
sont-ce pas là les bases de l'ordre social ? Que le législateur se soit trompé, aveuglé par l'esprit réactionnaire de
l'époque, peu importe. La loi n'en est pas moins telle qu'il
a voulu la faire : dans sa pensée, le divorce ébranlait les
fondements de la société. Et ce qu'il réprouvait, c'était
précisément le droit de contracter un second mariage, car
c'est là le seul caractère qui distingue le divorce civil
du divorce que l'Eglise admet sous le nom de séparation
de corps. Le législateur qui réprouve avec une espèce
d'horreur le mariage des époux divorcés peut-il l'admettre quand il s'agit d'étrangers ? La courtoisie internationale ne va pas jusque-là. Quant à l'argument que le rapporteur et la cour puisent dans le droit, qui appartient
aux époux français divorcés avant la loi de 1816, de se remarier, il n'est pas aussi sérieux qu'il en a l'air : on invoquait le droit acquis des époux, à tort suivant moi, mais
c'est là le motif de la réprobation qui frappa le projet
réactionnaire. Si l'on avait posé la question relativement
aux étrangers divorcés, elle aurait certes été résolue
contre eux. Malgré ces considérations, je me range à
l'opinion de la cour de cassation, par la raison que la
question n'a pas été posée, donc on ne peut pas dire qu'elle
ait été résolue. Quant aux discours prononcés dans les
deux chambres, c'est un verbiage, sans valeur aucune,
ni juridique, ni morale : or, ce n'est pas ce verbiage qui

fait loi, c'est le texte. Il faut donc écarter les travaux préparatoires pour s'en tenir strictement à la loi.

Je dois dire un mot des dissidences de la doctrine, parce qu'elles se sont produites précisément dans les traités qui ont pour objet le droit international privé. Mailher de Chassat a écrit à une époque où la jurisprudence s'était prononcée contre le mariage, en France, des époux étrangers divorcés d'après leur loi nationale. Il ne nie pas le statut personnel, mais il pose en principe que le juge ne peut pas reconnaître les effets de ce statut, quand *ils peuvent blesser la législation, les mœurs, l'opinion, l'ordre public français ;* car, magistrat français, son premier devoir est de faire respecter et d'appliquer les lois de son pays, lorsqu'on se prévaut devant lui d'une législation étrangère pour accomplir un fait qu'elle réprouve (1). L'argumentation est d'une faiblesse extrême. Si l'on entendait le principe au pied de la lettre, il n'y aurait plus de droit international privé, parce qu'il n'y aurait plus de conflit : tout statut personnel de l'étranger invoqué par lui, en France, *blesse la législation française,* puisqu'il y est contraire, et toute loi étrangère qui est en opposition avec une loi française *blesse* encore l'*opinion ;* il est même inutile de recourir aux *mœurs* et à l'*ordre public* pour la repousser. Quand l'admettra-t-on ? Quand elle sera en harmonie avec la législation française ! Cela n'est pas sérieux.

Demangeat avait sous les yeux l'arrêt de la cour de cassation de 1860 en annotant l'ouvrage de Fœlix (2) ; il trouve que cet arrêt n'est pas sérieux, que la cour affirme, mais qu'elle ne prouve point. Voyons si sa doctrine est plus sérieuse. Demangeat dit que le divorce a *quelque chose* de contraire à l'ordre public et aux bonnes mœurs. *Quelque chose !* Qu'est-ce à dire ? L'auteur n'ose pas même dire qu'il y a une loi territoriale qui est décidément con-

---

(1) Mailher de Chassat, *Traité des statuts ou du Droit international privé* (1845), p. 263.

(2) Demangeat, sur Fœlix, *Droit international privé,* t IV, p 68, note (de la 4e édit). En sens contraire, Bertauld, *Questions de code Napoléon,* t I, p. 29, nos 29-33.

traire aux bonnes mœurs et à l'ordre public. Même langage indécis quand l'auteur répond à un argument *très
sérieux* de Merlin, repris par Dupin et adopté par la cour
suprême : la validité des mariages contractés par des
époux français avant la loi de 1816. La position, dit-il,
n'est pas tout à fait la même : le Français divorcé avant
1816 avait *en quelque sorte* une *promesse* de *l'autorité
française*, promesse que le législateur de 1816 ne pouvait ni ne voulait méconnaître. Que l'on veuille bien me
dire ce que c'est qu'une *promesse en quelque sorte!* Et
que l'on *prouve* surtout, au lieu d'affirmer, que la loi qui
permet le divorce engendre un droit acquis! Enfin, dit-on,
il résulterait du mariage d'époux étrangers divorcés en
France une atteinte à l'ordre public (et la preuve?), une
espèce de scandale. Qu'est-ce qu'une *espèce de scandale?*
Ainsi, une *espèce de scandale*, une *promesse en quelque
sorte* et *quelque chose* de contraire à l'ordre public et aux
bonnes mœurs? Voilà les arguments sérieux que l'on
oppose à la cour de cassation!

130. Les cours d'appel se sont rangées à l'avis de la
cour de cassation. La cour d'Orléans, à laquelle l'arrêt de
cassation a renvoyé l'affaire, répond aux reproches que je
viens de transcrire : « Considérant que le divorce a été
longtemps admis en France, et que son rétablissement a
été plusieurs fois proposé par le pouvoir législatif (la
chambre des députés); qu'il est reconnu par la plupart
des nations qui entourent la France, et que l'application,
sur ce point, du statut personnel ne compromet pas les
principes essentiels de morale universelle et d'ordre
public (1). »

Il y a cependant des velléités de résistance. Avant de
les apprécier, je dois constater les faits. Un Belge, né à
Lille, y contracte mariage avec une Française en 1868,
en 1869, le tribunal de première instance de Tournai
prononce la séparation de corps entre les époux, sur la
demande de la femme; après trois ans, le défendeur
obtint le divorce, en vertu de l'article 310 du code Napo-

---

(1) Orléans, 19 avril 1860, Chambres réunies (Dalloz, 1860. 2, 82).

léon; puis il voulut contracter un nouveau mariage à
Lille avec une Française; le maire de Lille refusa de
procéder aux publications et à la célébration du mariage.
Le tribunal de première instance approuva son refus par
une décision ainsi motivée : « En admettant que les effets
du mariage contracté à Lille soient régis, non par la loi
du lieu où est intervenu le contrat, mais par le statut
personnel du demandeur. » J'arrête le premier juge, à
son début. S'il était convaincu que le mariage fût régi par
la loi du lieu du contrat, pourquoi ne le dit-il pas nette-
ment, au lieu de le dire par voie de supposition? C'était
un moyen très simple de vider le débat. Et si tel n'était
pas son avis, pourquoi mêler cette insinuation ou cette
supposition à son jugement? Ce n'est donc que par hypothèse que le tribunal admet que le mariage contracté à
Lille par un Belge avec une Française est régi par son
statut national. « Il est de principe, continue le tribunal,
que le statut personnel d'un étranger ne saurait être
appliqué lorsqu'il est contraire à l'*ordre public* et aux
bonnes mœurs du pays dans lequel il doit recevoir son
exécution. Or, le caractère de la loi qui a établi en
France l'indissolubilité du mariage a été consacré par la
discussion qui en a précédé l'adoption; il est incontestable que cette loi a été une loi d'*ordre public*. Donc,
l'esprit aussi bien que la lettre de cette loi seraient mani-
festement violés, s'il était permis au mari divorcé de contracter un second mariage du vivant de sa première
femme, *surtout* dans la ville qu'ils ont toujours habitée et
qu'ils habitent encore tous deux aujourd'hui et devant
l'officier de l'état civil qui a célébré la première union.
Ces faits porteraient à l'*ordre public* français une grave
atteinte; le statut personnel du défendeur ne saurait dès
lors prévaloir sur les dispositions formelles de notre
législation. » Le tribunal conclut qu'à bon droit le maire
de Lille considère le demandeur comme toujours engagé
dans les liens de son premier mariage, et refuse d'avoir
égard aux actes d'une juridiction étrangère qui ont admis
et prononcé le divorce, mais dont, en vertu du principe de
l'indépendance des Etats, la force expire à la limite du

territoire français. » La cour de Douai confirma la décision avec adoption des motifs du premier juge (1).

Pourvoi en cassation. La cour casse pour violation des articles 147 et 3 du code civil et pour fausse application de l'article 6 du même code, et de la loi du 8 mai 1816. L'article 147 permet de contracter un second mariage lorsque la preuve de la dissolution du premier est rapportée. Or, cette preuve est faite, de la part de l'étranger, quand il justifie que son mariage a été dissous conformément aux lois de la nation à laquelle il appartient : sa capacité étant réglée en pareille matière par son statut personnel, la liberté qu'il a acquis de se remarier le suit en France, et le fait juridique qui la lui a rendue ne saurait y être méconnu, même quand la nouvelle union qu'il projette doit avoir lieu avec une Française. On exciperait en vain de la loi du 3 mai 1816 qui a aboli le divorce en France; rien, dans son texte, ne révèle la pensée de refuser l'effet d'une dissolution légale aux divorces qui seraient régulièrement prononcés entre étrangers par les tribunaux de leur pays ; cette loi n'a donc fait que consacrer par son silence le respect dû aux législations étrangères statuant sur l'état et la capacité des personnes soumises à leur souveraineté. On objecte que l'ordre public et les bonnes mœurs s'opposent au mariage que l'étranger divorcé voudrait contracter en France. L'objection tombe devant cette considération que le Français lui-même, divorcé avant la loi de 1816, a toujours été admis en France, depuis la promulgation de cette loi, à contracter un nouveau mariage, et qu'il n'existe aucune raison de décider que ce qui est moralement et légalement permis dans un cas puisse, dans l'autre, être réputé contraire à l'ordre public et aux bonnes mœurs. Le premier juge avait insisté sur une circonstance particulière à la cause, à savoir que le premier mariage avait été contracté avec une Française. Peu importe, dit la cour, puisque la femme étant devenue étrangère, la sentence qui a prononcé le divorce a toute l'autorité d'un juge-

(1) Douai, 8 janvier 1877 (Dalloz, 1878, 2, 7).

ment rendu entre étrangers, et que, si la femme redevient Française, ce n'est qu'autant que son mariage est
considéré comme étant légalement dissous. De là suit que
la cour de Douai a violé les articles 147 et 3 du code
civil et faussement appliqué l'article 6 de la loi de 1816(1).

Il manque quelque chose à cette démonstration. Le
premier juge invoquait les discussions qui avaient précédé
l'adoption de la loi de 1816, mais sans citer les paroles
prononcées à la tribune des chambres réactionnaires de
cette triste époque; le tribunal de Lille ne dit pas un mot
de la religion qui a déterminé l'abolition du divorce; cela
me fait soupçonner que c'est précisément le préjugé
catholique qui a inspiré les juges, mais en habiles élèves
des jésuites, ils ont évité de parler de religion pour se
donner l'apparence de magistrats qui n'écoutent que la
voix du droit et de la justice. Si je leur fais tort, qu'ils
me le pardonnent, mais la composition des tribunaux et
des cours de France autorise tous les soupçons. Toujours
est-il que la cour de cassation aurait dû suivre le premier
juge sur ce terrain, car là est la vraie difficulté. Il fallait
déterminer le caractère que doit avoir une loi pour lui
donner la nature d'un statut réel qui domine le statut
personnel de l'étranger. Les mots d'*ordre public* et de
bonnes mœurs ne suffisent pas pour décider la difficulté.
La cour de cassation a raison de dire que c'est faire une
fausse application de l'article 6 du code civil, que de
l'appliquer à la question de savoir si un statut est réel.
L'article 6 est tout à fait étranger à la théorie de la réalité
et de la personnalité des statuts : s'il suffisait qu'une loi
concernât l'ordre public et les bonnes mœurs pour qu'elle
formât un statut réel, toutes les lois personnelles deviendraient réelles, car l'ordre public et les bonnes mœurs
sont certainement intéressés au mariage et aux conditions requises pour pouvoir se marier. Il faudrait donc
dire que la capacité de se marier constitue un statut réel :
ce serait effacer de l'article 3 la disposition qui consacre
le statut personnel.

(1) Cassation, 15 juillet 1878 (Dalloz, 1878, 1, 340).

J'ai dit mon avis sur la valeur de la discussion qui a précédé l'adoption de la loi de 1816 et sur l'importance qu'il faut y attacher dans notre débat. La cour de cassation n'y a aucun égard; elle se borne à constater que rien dans le texte de la loi de 1816 ne concerne la question qui fait l'objet du débat, ce qui est décisif au point de vue de l'interprétation de la loi. La doctrine consacrée par la cour suprême, et dans laquelle elle persiste, est un fait considérable. Il est donc entendu que le divorce par lui-même n'est pas une institution immorale ni contraire aux droits de la société, car c'est là ce que l'on entend par une loi contraire à l'ordre public. Je m'empare de cette jurisprudence pour décider les autres questions qui se présentent dans cette difficile matière.

131. Il y en a une qui, à mon avis, ne présente pas le moindre doute. Aux termes de l'article 228 du code Napoléon, la femme ne peut contracter un nouveau mariage qu'après dix mois révolus depuis la dissolution du premier. Cet empêchement purement prohibitif a pour objet de prévenir l'incertitude qui règne sur la filiation de l'enfant dont la femme accoucherait dans un délai rapproché, l'enfant pouvant, d'après les présomptions sur la grossesse, appartenir également au premier mariage et au second. On demande si la femme étrangère, divorcée dans un pays qui lui permet de se remarier immédiatement après la prononciation du divorce, est soumise à cet empêchement quand elle se remarie en France? La cour de Paris s'est prononcée pour l'affirmative par un arrêt où les mots d'*ordre public* reviennent à chaque ligne. La cour aurait mieux fait de dire ce qu'elle entend par cette expression vague et banale. C'est, dit-elle, une *prohibition d'ordre public* basée sur le soin de prévenir les *filiations équivoques* et sur des raisons de *décence publique*. La filiation équivoque n'est-elle pas avant tout un intérêt privé, qui se débat entre le premier et le second mari? Quant à la décence publique, on pourrait l'invoquer lorsque le mariage est dissous par la mort, mais où est la raison de délicatesse qui empêche la femme divorcée de se remarier de suite? Le code pénal, continue la cour,

prononce une peine contre l'officier de l'état civil qui
célèbre le mariage au mépris de l'article 228, ce qui
manifeste particulièrement le caractère d'*ordre public* de
cette disposition *prohibitive*. C'est mal raisonner, car
l'argumentation est contradictoire : c'est précisément
parce que l'empêchement est purement *prohibitif,* qu'il
n'est pas d'*ordre public*, pour me servir de cette mauvaise
expression ; s'il était d'intérêt social que le mariage ne
pût avoir lieu, la loi en aurait fait un empêchement
dirimant ; mais cette rigueur eût été absurde, puisqu'il se
peut qu'il n'y ait aucun débat sur la filiation. Cependant
toute prohibition doit avoir une sanction ; voilà pourquoi la loi établit une peine contre l'officier de l'état civil.

Dans l'espèce, la femme étrangère invoquait son statut
personnel, la loi de Francfort, qui lui permettait de se
remarier aussitôt après son divorce. La cour de Paris
répond que le statut personnel est sans application possible en France quand il y rencontre une disposition prohibitive fondée sur l'*ordre public*. Qu'est-ce que cet *ordre
public* qui tient le statut personnel en échec ? La cour ne
le dit point. La loi francfortoise prévoit le danger de la
confusion de part et elle décide la difficulté ; dès lors l'incertitude disparaissait, puisque le premier mari était régi
par le statut francfortois. L'arrêt répond toujours par le
même argument, pour mieux dire, par le même mot :
« Les conditions de l'*ordre public* en France dépendent
uniquement des règles souveraines de la loi française ; les
tribunaux ne sauraient chercher d'équivalent à la sagesse
de ces règles dans les dispositions du droit étranger : une
prohibition d'*ordre public*, clairement exprimée par nos
lois, exclut d'une manière absolue tout ce qui tend, pour
quelque cause que ce soit, à l'enfreindre ; donc, l'*ordre
public* prévaut de toute nécessité sur le statut étranger
qui le viole (1). » Ne dirait-on pas que l'existence de la
société française est compromise, parce qu'une femme
allemande invoque son statut personnel contre un empêchement prohibitif établi par le code civil ?

(1) Paris, 13 février 1872 (Dalloz, 1873, 2, 160).

132. Des époux belges domiciliés en France pourraient-ils demander le divorce devant les tribunaux français en vertu de leur statut personnel? Je ne pense pas
que la question se soit présentée en France, et si elle se
présentait, elle serait, je n'en doute pas, décidée négativement. L'arrêt de la cour de cassation de 1860, que je
viens de discuter, préjuge la solution dans un de ses considérants : « Il n'est pas permis aux tribunaux d'ordonner
ou de sanctionner des divorces que les officiers de l'état
civil ne pourraient prononcer. » Le conseiller rapporteur,
dans cette célèbre affaire, se prononce dans le même sens
de ce que le divorce est aboli en France, Sévin conclut que
des étrangers, quoique mariés sous une loi qui autorise le
divorce, ne pourraient pas demander aux tribunaux français la dissolution de leur mariage par une voie prohibée
en France (1). Toutefois une opinion contraire a été émise
par un magistrat qui a joui en France d'une immense
autorité. Troplong, dans un réquisitoire qu'il prononça,
comme avocat général à la cour de Nancy, dit qu'une
femme anglaise aurait pu demander à un tribunal français
de prononcer son divorce, en supposant le tribunal compétent. Il invoque à l'appui de son opinion la tradition de
l'ancien droit. « On sait que les juifs admis en France
avaient, avant la révolution, le privilége de se gouverner
d'après leurs usages. Il y a donc assimilation complète
entre les juifs et les étrangers. De même que l'état d'un
étranger est réglé, même en France, par les lois de son
pays, de même l'état du juif était réglé par ses usages.
Or, un des usages des juifs était le divorce. Eh bien, à
une époque où le divorce était prohibé en France par les
lois de l'Eglise unie à l'Etat, alors que le divorce était
considéré comme une profanation, les tribunaux français
prononçaient le divorce des juifs lorsqu'ils le demandaient
et qu'il etait contesté. » Troplong cite une sentence du
Châtelet de Paris du 10 mars 1779. Bien plus, les juifs
divorçaient à Rome, et ni le pape, ni l'inquisition n'y
mettaient obstacle, parce que c'était une de leurs immu-

(1) Rapport sur l'arrêt de 1860 (Dalloz, 1860, 1, 64).

nités; de même que, pour un étranger, c'est une immunité d'être gouverné par les lois de son pays, quant à l'état. Par la même raison, les tribunaux auraient prononcé le divorce entre étrangers appartenant à des pays où le divorce est permis (1).

Merlin énonce une opinion analogue. Il suppose que, sous l'ancien régime, avant l'introduction du divorce en France, deux époux mariés en Pologne fussent venus s'y établir. La loi polonaise permettait le divorce. « Si l'un des conjoints avait demandé le divorce devant nos tribunaux, très certainement nos tribunaux n'auraient pas repoussé cette action, sous prétexte que la loi française condamnait le divorce; ils l'auraient accueillie sur le fondement que le divorce était reconnu par la loi de Pologne (2). » Si les tribunaux français avaient jugé ainsi à une époque où le divorce était considéré comme prohibé par la loi de Dieu, à plus forte raison devraient-ils le prononcer sous l'empire de notre législation civile qui est sécularisée, et qui, si elle a aboli le divorce, n'a entendu l'abolir qu'entre Français, et non entre étrangers. Des Anglais peuvent divorcer en Angleterre, des Belges peuvent divorcer en Belgique; c'est leur statut personnel, ce statut les suit partout. La jurisprudence de la cour de cassation de France consacre les effets du divorce, et le plus considérable, le droit de contracter un nouveau mariage. Si elle admet l'effet du divorce en France, elle doit aussi admettre le divorce, d'où cet effet découle. La cour dit que l'état et la capacité de l'étranger sont régis par sa loi personnelle, sans que l'on puisse lui opposer la loi abolitive du divorce; c'est décider que l'abolition du divorce ne forme pas un statut réel dominant le statut personnel. Dès lors on ne peut l'opposer à l'étranger qui invoque son statut national. Dira-t-on que l'officier de l'état civil ne peut agir qu'en vertu de la loi française, laquelle ne connaît pas le

---

(1) Le réquisitoire de Troplong est cité par Dupin dans son réquisitoire sur l'arrêt de 1860 (Dalloz, 1860, 1, 59). Comparez, quant aux divorces des juifs dans l'ancien droit, Merlin, *Questions de droit*, au mot *Divorce*, sect. III, § IV (t. VIII, p. 157 de l'édition belge).

(2) Merlin. *Répertoire*, au mot *Divorce*, sect. IV, § X.

divorce, et que les tribunaux ne peuvent dissoudre le mariage, alors que les lois françaises le déclarent indissoluble? Entre Français, oui, mais la loi de 1816 n'a pas eu la prétention de défendre le divorce aux étrangers. Ceux-ci sont régis par leur statut personnel. La question est donc toujours de savoir s'il y a un statut réel qui domine le statut national de l'étranger. Il est de jurisprudence que les tribunaux français reconnaissent les divorces prononcés entre étrangers; ils ordonnent, au besoin, à l'officier de l'état civil de procéder au second mariage d'un époux divorcé; pourquoi ne pourraient-ils pas admettre le divorce et ordonner à l'officier de l'état civil de le prononcer? La question de droit est identique : c'est l'application du statut personnel de l'étranger, sans qu'on puisse lui opposer le statut prohibitif du divorce comme statut réel dominant le statut national. L'ordre public et les bonnes mœurs ne sont pas plus blessés dans le cas où les tribunaux déclareraient le mariage dissous, que dans le cas où ils ordonnent à l'officier de l'état civil de marier un époux divorcé, parce que son premier mariage est dissous.

J'ai dit, dans mes *Principes de droit civil*, que c'est un de ces conflits de lois contraires qui ne peuvent être vidés que par un traité (1). Sans doute, si les tribunaux français refusaient de prononcer le divorce entre étrangers, il n'y aurait d'autre solution possible que les conventions internationales. Mais nous sommes si loin du temps où les traités codifieront le droit international privé, que la science doit faire tous ses efforts pour parvenir à une solution judiciaire du conflit. Les époux étrangers ont le droit de divorcer, et, par suite, de contracter un nouveau mariage; car le mariage est un droit absolu tout ensemble et un devoir, dans les desseins de Dieu. La première union étant rompue de fait par le crime de l'un des époux, parfois de tous les deux, il faut que cette union qui est devenue criminelle et malheureuse, et qui empêche les époux d'accomplir leur destinée, soit dissoute. En ce sens le divorce est aussi un droit absolu, et tout droit doit être

_____

(1) *Principes de droit civil*, t. I, p. 137, n° 92.

sauvegardé. Or, l'impossibilité de divorcer en France peut
rendre le divorce impossible. J'ai supposé que les époux
sont domiciliés en France, c'est donc là que se trouvent
leurs juges naturels ; ils n'ont plus de domicile dans leur
ancienne patrie, le plus souvent ils ont perdu leur nationalité d'origine ; donc, leur action, si on ne la reçoit pas
en France, ne serait reçue nulle part. Ce n'est d'ailleurs
qu'en France seule que la demande peut être efficace ;
c'est là que régulièrement se sont passés les faits, c'est là
que se trouvent les témoins ; si les tribunaux, qui seuls
peuvent apprécier les circonstances de la cause, refusent
de prononcer le divorce, le droit périra. Et un droit peut-
il périr, alors que ceux à qui il appartient veulent l'exercer? Ce serait une singulière communauté de droit entre
les nations, que celle où les étrangers ne trouveraient de
justice nulle part. Il est impossible que cela soit, car le
droit doit régner dans le monde.

On dira que la justice française est arrêtée par un principe de droit public qui ne lui permet pas d'agir : c'est
que la prononciation en France par des tribunaux français d'un divorce réprouvé par la loi serait un trouble
à l'ordre social, et des juges institués pour maintenir l'ordre social peuvent-ils eux-mêmes le troubler? C'est une
impossibilité juridique devant laquelle toutes les considérations doivent céder. Voilà l'objection dans toute sa
force ; je vais essayer d'y répondre. Est-il vrai que la
prononciation d'un divorce entre étrangers par des tribunaux français serait une atteinte à l'ordre social?

Il faut d'abord mettre la religion hors de cause. Chose
remarquable. Les cours qui évidemment sont inspirées par
un préjugé catholique n'osent plus invoquer le motif qui
les fait agir ; le mot de religion ne se trouve pas dans
leurs arrêts, tandis que, en 1816, il figure en première
ligne dans les discussions des chambres et dans le préambule de la loi. Cela prouve qu'une profonde révolution
s'est opérée. Dans la charte de 1814, le catholicisme
était la religion de l'Etat. L'Etat avait donc une religion ;
aujourd'hui il n'en a plus : le mot même ne se trouve plus
dans notre Constitution, bien qu'elle soit l'œuvre d'une

majorité catholique. La sécularisation de l'ordre civil est
devenue le droit commun de l'Europe, de là le mariage
civil qui partout remplace le mariage religieux comme
contrat obligatoire; c'est plus que séparer la religion de
l'Etat, c'est subordonner l'ordre religieux à l'ordre civil.
Cela est décisif dans notre débat. Ni la loi, ni la justice
n'ont à se préoccuper de la religion. Donc la prononciation du divorce par des tribunaux français n'est pas un
trouble à l'ordre social, en ce qui regarde la religion, pas
plus que le code pénal ne porte atteinte à l'ordre social
en punissant comme un crime la bigamie que la loi de
Moïse, loi révélée, permettait aux juifs.

Reste l'ordre moral : s'il était vrai que la prononciation
d'un divorce par des tribunaux français fût une atteinte à
la morale, il faudrait, sans hésiter, l'interdire, car le maintien de l'ordre moral est le droit le plus essentiel de la
société, puisqu'il en est le fondement. La jurisprudence
de la cour de cassation que je viens d'exposer (n°s 128-130)
répond à l'objection. On prétendait aussi, et la pratique
ainsi que la doctrine des cours d'appel étaient en ce sens,
que la morale serait compromise si des époux divorcés
en pays étrangers pouvaient se remarier en France, et on
insistait sur le caractère moral de la loi de 1816, qui abolit le divorce, l'abolition, dans l'esprit du législateur, étant
fondée précisément sur la nécessité de sauvegarder l'ordre
moral en maintenant l'indissolubilité du mariage. La cour
de cassation n'a tenu aucun compte des déclamations qui
avaient retenti en 1816 dans les deux chambres; son rapporteur, M. Sévin, déclare que les passions qui avaient
inspiré les orateurs ne se trouvaient pas dans la loi, et
que la cour n'était liée que par la loi; et le procureur
général, M. Dupin, se moqua, avec sa verve gauloise, de
ceux qui avaient la prétention de posséder le monopole
de la morale. On criait au scandale, après 1816, parce
qu'on permettait à des époux divorcés de se remarier en
France, comme on crie au scandale quand, au nom de leur
droit, des époux étrangers viennent demander que les
tribunaux français prononcent la dissolution de leur mariage. La cour de cassation a décidé qu'il n'y avait pas de

scandale à reconnaître les divorces étrangers et à leur
donner effet en France, donc il n'y a pas de scandale non
plus à ce que des tribunaux français prononcent le divorce
de deux étrangers. Ce n'est pas le seul cas dans lequel
l'application de lois étrangères pourrait scandaliser des
esprits prévenus en faveur des lois nationales. Des Anglais, des Américains peuvent se marier à douze ans sans
le consentement de leurs ascendants; s'ils se présentent
devant l'officier de l'état civil en France, il sera obligé
de célébrer leur mariage, et de les déclarer unis au nom
de la loi : est-ce une raison pour crier au scandale, parce
que cela est contraire à nos mœurs? Ces mœurs ne sont
que des habitudes, parfois des préjugés, or, des préjugés
et des habitudes n'ont rien de commun avec la moralité.
Si l'on tenait compte de ces préjugés catholiques, car c'est
bien dans le catholicisme qu'ils ont leur source, on aboutirait à des conséquences absurdes, impossibles. Le divorce, dit-on, est une institution immorale, et prononcer
le divorce, fût-ce entre étrangers, est une atteinte à
l'ordre moral. Soit, mais s'il en est ainsi, il faut être
logique, et dire que jamais, dans aucun cas ni pour
aucun motif, les tribunaux français ne pourront tenir
compte du divorce prononcé entre étrangers en pays
étranger : le divorce sera pour eux une chose inexistante,
parce que, en France, c'est un fait illicite. Merlin va
nous dire qu'en dépit de tous les préjugés catholiques,
les tribunaux français seront forcés de reconnaître la validité des divorces étrangers, et, mieux que cela, de leur
donner effet.

Une femme belge, divorcée, vend un immeuble en
France. Elle vient ensuite demander la nullité de la vente,
en disant que son divorce n'est pas reconnu en France,
que, partant, son mariage subsiste, et qu'elle est incapable
d'aliéner. Merlin demande où serait l'avocat qui oserait
prostituer son organe à la défense d'une pareille cause?
où serait le juge qui oserait accueillir une pareille
demande. Donc forcément le tribunal reconnaîtra l'existence des divorces étrangers; c'est un fait qu'il constate,
et est-ce porter atteinte à l'ordre social que de constater

un fait (1)? J'ajouterai que prononcer un divorce, c'est aussi constater un fait; le mariage est rompu par les mauvaises passions des époux, il n'y a plus d'union des âmes, pour mieux dire, il n'y en a jamais eu : la haine règne là où devrait régner l'affection; le crime s'étale au foyer domestique, l'adultère s'affiche. Que demande-t-on au juge? De constater que le mariage est rompu et de le déclarer en conséquence dissous. Où est l'atteinte à l'ordre moral? où est le scandale? Il y aurait scandale à maintenir une union souillée par le crime, et à perpétuer l'adultère. Le divorce ne crée pas le scandale, il y met fin. Et n'est-ce pas là le devoir de la justice?

133. La question que je viens d'examiner a une autre face, sur laquelle j'appelle l'attention des jurisconsultes français, peu favorables, je le crains, à la thèse que je défends. Dans l'opinion de la cour de cassation, les juges français ne pourraient pas prononcer le divorce entre époux étrangers, parce que le divorce est aboli en France, et que cette abolition est d'ordre public, ou, comme il vaudrait mieux de le dire, de droit ou d'intérêt social. Si dans les pays catholiques, par un préjugé dont parfois on ne se rend pas même compte, les légistes repoussent le divorce comme contraire à la morale, par contre, dans les pays protestants, le divorce est considéré comme une institution essentiellement morale, et comme un droit de l'homme. Poussés à bout, ces deux principes conduisent à des conséquences également déplorables. En France, au nom de l'ordre public et des bonnes mœurs, les juges refusent de dissoudre le mariage de deux époux étrangers, bien que leur statut personnel autorise le divorce. Que feront les juges dans un pays où le divorce est consacré par la loi, comme une sauvegarde de la morale! Ils prononceront, au nom de l'ordre public et des bonnes mœurs, la dissolution du mariage de deux époux à qui leur statut personnel ne permet point de divorcer. Le scandale sera également grand dans les deux hypothèses.

(1) Merlin, *Questions de droit*, au mot *Divorce*, § XIII. Comparez le réquisitoire de Dupin sur l'arrêt de 1860 (Dalloz, 1860, 1, 62).

En France le droit des époux sera méconnu ; leur union est indissoluble, et sous ce beau nom, les passions les plus criminelles continueront à souiller le foyer domestique. Ailleurs, en Ecosse, en Allemagne, on permettra à des époux français de divorcer, malgré l'abolition du divorce en France, et par suite de contracter un nouveau mariage. Valable là où il a été célébré, ce mariage sera un crime en France ; les enfants, légitimes dans un pays, seront des bâtards adultérins dans l'autre. Et tout cela, au nom de l'ordre public et de la morale! Cela ne prouverait-il pas que la vraie morale est sacrifiée, et que les vrais principes sont méconnus?

Je constate d'abord la jurisprudence. Les légistes français se sont peu intéressés à ce qui se passe en Angleterre ; cependant là le conflit entre des principes contraires a conduit aux scandales que je viens de supposer. Des époux anglais, mariés en Angleterre, demandent et obtiennent le divorce devant une cour écossaise. Le mari divorcé contracte un second mariage en Angleterre, il y est poursuivi pour crime de bigamie et envoyé aux galères. Je reviendrai sur ce conflit entre la *common-law* et la loi d'Ecosse. Le même scandale s'est produit aux portes de la France, sans que les légistes s'en soient émus. Je reproduis, d'après le *Journal du droit international,* l'arrêt de la cour des Deux-Ponts.

En 1862, mariage d'une femme bavaroise avec un Français, Edmond de Gaston, célébré à Landau. La femme demande le divorce en 1869. Le tribunal de Landau rejette la demande, en se fondant sur le statut personnel des époux ; la femme, devenue Française par son mariage, était régie par la loi française, donc son statut personnel lui interdisait le divorce. C'est ce que la cour d'Orléans a décidé dans la célèbre affaire Mac-Mahon. « La femme, porte l'arrêt, suit la condition de son mari ; le mariage forme pour eux un état unique et indivisible tel, qu'ils n'ont plus qu'une même patrie, un même domicile, un même droit ; cet état, qui constitue le pacte ou le lien matrimonial, est donc nécessairement réglé par les lois qui régissent la condition

du mari (1). » Or, le statut du mari français prohibe le
divorce, donc les époux ne peuvent pas plus divorcer en
pays étranger qu'en France, puisque leur statut les suit
partout où ils résident.

Le tribunal de Landau, après avoir rappelé ces principes, dit que le statut personnel de l'étranger ne peut pas
toujours être appliqué, qu'il reçoit une restriction s'il est
contraire à une loi du pays où on l'invoque, quand cette
loi concerne l'ordre public. Or la loi bavaroise, qui est le
code Napoléon, tout en autorisant le divorce, ne le commande point, elle permet aux époux de demander la séparation de corps; c'est la seule action que puisse former
une femme devenue Française par son mariage. Aucun
motif d'ordre public ne s'opposait donc à ce que la femme,
dans l'espèce, fût soumise à son statut personnel, la loi
française.

Cette décision a été réformée par la cour d'appel des
Deux-Ponts. La cour reconnaît que les parties sont françaises, mais elle insiste sur le domicile qu'elles ont dans
la Bavière rhénane. Dès avant son mariage, de Gaston
avait fixé son domicile dans le Palatinat; dans son contrat
de mariage il est dit qu'il demeure à Landau; depuis son
mariage, il a acquis des biens importants dans le pays où
il n'a cessé de résider. La cour en conclut que les Français, domiciliés dans la Bavière rhénane, ont droit à la
protection que la loi accorde à ceux qui y résident. L'arrêt établit ensuite que la cour est compétente. J'admets
ces prémisses comme des faits constants. La cour en conclut que la loi du territoire doit être seule appliquée
dès qu'il s'agit d'une loi d'ordre public, telle que celle qui
autorise le divorce. En effet, dans l'esprit du code civil
qui régit encore le Palatinat, le divorce est admis lorsque
l'un des époux a violé un devoir essentiel résultant du
mariage, et a rendu par là la vie commune impossible à
son conjoint; il ne pourrait rester engagé dans les liens
du mariage sans manquer à la moralité et à l'honneur.
Le mariage a été célébré dans le Palatinat, c'est là que

_____

(1) Merlin, *Répertoire*, au mot *Divorce*, sect. IV, § X.

se sont passés les faits sur lesquels la demande en divorce s'appuie; le mari ne saurait donc invoquer, contre la loi du lieu où il est domicilié, le statut de la loi française (1).

L'arrêt est très faiblement motivé, les motifs se réduisent à un mot, c'est que le divorce est d'ordre public. En France, on dit que l'abolition du divorce est d'ordre public. Les juges allemands disent, et ils ont raison, qu'une vie commune indissoluble, alors que l'honneur d'un des époux est blessé, serait une union immorale; les juges français, se plaçant au point de vue de l'indissolubilité du mariage, disent que c'est une chose immorale que de rompre une première union pour en contracter une seconde, du vivant du premier conjoint. Ce sont deux affirmations contradictoires, dont l'une détruit l'autre. J'en conclus qu'aucune des deux n'est exacte, et que dans les deux hypothèses, il faut s'en tenir au statut personnel. La contrariété des lois, en cette matière, et la diversité des sentiments et des idées prouvent que, dans l'état actuel des choses, il n'est pas permis d'affirmer, d'une manière absolue, que le divorce est une institution immorale, en ce sens que les époux ne pourraient pas divorcer en France, bien que leur loi personnelle autorise le divorce; ni que le divorce est une institution nécessaire, parce que le mariage, le vrai mariage, l'union des âmes, est un droit. Cette dernière doctrine est, à mon avis, la vraie; mais ce n'est pas une raison pour permettre le divorce au nom de la morale et de l'ordre public. On ne dira pas que l'existence de la société serait en danger en France, si les tribunaux français prononçaient le divorce entre étrangers; et on ne dira pas non plus, que la conservation de la société serait compromise en Allemagne, parce que des époux étrangers, auxquels leur statut personnel défend de divorcer, n'y peuvent obtenir le divorce. En définitive, l'adoption ou la prohibition du divorce est une de ces questions que le législateur de chaque pays décide d'après l'état des mœurs; ajoutons-y les préjugés. Il en résulte que la loi,

---

(1) Arrêt du 27 juin 1870 (*Journal du droit international privé*, de Clunet, 1870, p. 120).

en cette matière, est une dépendance de la nationalité, donc elle est essentiellement personnelle, et elle doit suivre la personne partout où elle réside. Permettez aux Allemands de divorcer en France, puisque leur statut national le leur permet; mais ne prononcez pas en Allemagne le divorce de deux époux français, malgré leur statut national qui le prohibe. C'est le seul moyen de prévenir des conflits scandaleux, et c'est aussi donner satisfaction aux justes exigences des nationalités diverses; chaque peuple a le droit de demander à être juge souverain de ce qu'il estime être moral ou immoral, mais aucun n'a le droit d'imposer sa manière de voir aux autres : la reconnaissance du statut personnel concilie ces intérêts contradictoires.

III *Les causes du divorce.*

134. Les causes du divorce diffèrent d'un pays à l'autre, et il en est de même des causes pour lesquelles, dans les pays catholiques, on autorise la séparation de corps. On pourrait croire que du conflit des lois contraires il doit naître des procès nombreux sur le point de savoir si les lois qui déterminent les causes du divorce forment un statut personnel ou un statut réel, et sur la question, plus difficile, de savoir si le statut territorial, en cette matière, domine le statut personnel. Il n'en est rien. Je ne connais pas un seul arrêt, rendu par les cours de France ou de Belgique, sur le conflit des lois qui déterminent les causes de divorce ou de la séparation de corps. La raison en est qu'en fait les actions en séparation ou en divorce sont presque toujours fondées, du moins en France et en Belgique, sur l'adultère, plus rarement sur les excès, sévices ou injures graves. Puis les tribunaux français se déclarent régulièrement incompétents pour connaître des demandes en séparation de corps entre étrangers, de sorte que le conflit ne peut pas éclater.

En Belgique, les tribunaux se déclarent compétents, mais les seules difficultés qu'ils aient u à décider jusqu'ici concernent le changement de nationalité. J'y reviendrai.

Il y a cependant une différence notable entre le code Napoléon, qui est encore le nôtre, et les législations étrangères. Le code civil admet, en apparence, deux divorces : l'un pour causes déterminées, et l'autre par consentement mutuel. Il en résulte une différence essentielle dans la procédure, et pour certains effets que produit le divorce. Mais, au fond, les deux divorces se confondent, puisque le consentement mutuel, tel que le code Napoléon l'organise, suppose l'existence d'une cause déterminée du divorce. On peut donc établir comme règle que tout divorce repose sur une cause déterminée. Reste à examiner si les lois qui établissent ces causes forment un statut personnel.

Sur ce point, il ne saurait y avoir de doute. Les causes du divorce s'identifient avec le divorce. Si le divorce dépend du statut personnel, il en doit être de même des causes pour lesquelles le divorce est prononcé. Les causes surtout ont un lien intime avec les sentiments, les idées, les mœurs des divers peuples ; elles tiennent donc à la nationalité, et partant au statut national Pourquoi le code prussien multiplie-t-il les causes de divorce ? Ce n'est certes pas pour affaiblir le lien du mariage ; on ne peut supposer cette intention à aucun législateur ; c'est plutôt parce que les Allemands se font une très haute idée du mariage, qu'ils en admettent plus facilement la dissolution. Dès que la désunion des époux prouve que l'idéal du mariage ne peut plus être atteint, le législateur permet de le rompre ; un mariage sans affection réciproque est, à ses yeux, un état immoral, il importe d'y mettre un terme. Le divorce devient, dans cet ordre d'idées, un droit absolu, qu'il faut admettre pour que la destinée de l'homme puisse s'accomplir. Il n'en est pas de même dans les pays catholiques qui autorisent le divorce, ou du moins la séparation de corps ; l'idée qui y domine est celle de la perpétuité et de l'indissolubilité de l'union conjugale ; on n'y tient pas compte de la liberté de l'homme, il l'abdique en se mariant ; si l'on permet néanmoins le divorce ou la séparation des époux, c'est quand la vie commune est devenue impossible par les crimes de l'un d'eux, crimes qui violent les obligations essentielles résultant du mariage et qui, de fait, rompent le lien conjugal. C'est toujours l'idée que l'on attribue à Jésus Christ : pas de divorce, sauf pour adultère, ou pour une cause ayant la même gravité. Ce système s'est maintenu là même où la domination de l'Eglise catholique a été brisée, sans cependant que l'on ait rompu avec le christianisme traditionnel. Tels sont les peuples de race anglo-saxonne. L'Angleterre, quoique devenue protestante, est restée attachée au dogme catholique; voilà pourquoi le mariage y était réputé indissoluble sauf en vertu d'un acte du parlement, c'est-à-dire par l'effet de la souveraineté nationale.

135. Il résulte de là des différences profondes entre les diverses législations, en ce qui concerne les causes du divorce. Faut-il, malgré ces différences, maintenir le principe de la personnalité? Ou y a-t-il des causes qui tiennent au statut réel, et qui n'ont d'effet que là où le législateur les consacre? Si la question pouvait être résolue, en théorie ou par la voie de conventions internationales, il faudrait décider que, tout en maintenant comme règle la personnalité du statut qui détermine les causes du divorce, il y a lieu d'admettre des exceptions fondées sur l'intérêt social, c'est-à-dire que, dans les cas déterminés par les traités, le divorce ne pourrait pas être demandé par les étrangers, sauf à les renvoyer devant les tribunaux de leur pays, dont l'accès leur serait toujours ouvert. En effet, là où le mariage est considéré comme indissoluble, sauf quand les époux eux-mêmes l'ont rompu par leurs crimes, il est difficile de permettre aux époux étrangers de divorcer pour des causes moins graves; ce serait porter atteinte à une règle fondamentale de la législation nationale, dont le maintien est considéré, à tort ou à raison, comme une base de l'ordre social et de la moralité publique : le statut territorial doit, dans ces cas, l'emporter sur le statut personnel de l'étranger.

Il serait assez facile, toujours en théorie, de faire le partage entre le statut réel et le statut personnel. Il y a des causes du divorce qui sont reçues à peu près partout; ce sont celles que le code Napoléon appelle causes déterminées, et qui impliquent toutes une violation des obligations essentielles du mariage : adultère, excès, sévices, injures graves. On pourrait y ajouter la désertion malicieuse; il n'y a plus de mariage quand l'un des époux fuit le domicile conjugal, précisément parce qu'il refuse de remplir les devoirs que la vie commune impose. Ce fait est aussi grave que l'adultère, car l'union des âmes suppose la vie commune, et un travail commun de perfectionnement; dès que cette communauté d'existence est brisée, il ne peut plus être question de mariage; l'union des époux est rompue. Dès lors l'époux abandonné doit avoir le droit de demander partout, à l'étranger comme dans sa patrie, la dissolution légale d'un lien que son conjoint a dissous de fait. Il n'y a pas lieu, dans ce cas, d'opposer à l'étranger qui demanderait le divorce pour désertion malicieuse la loi territoriale, qui, comme le code civil, n'admet point cette cause de divorce; car, quoique notre loi ne la consacre pas, elle n'y est pas contraire, si l'on considère son esprit. Ce qui caractérise le divorce admis par le code Napoléon, c'est que les tribunaux ne le prononcent que lorsque la rupture est, en réalité, consommée : le juge se borne à la constater et à la rendre légale. Or, y a-t-il une rupture plus éclatante du lien conjugal que celle qui résulte de l'abandon malicieux de l'un des conjoints? On peut contester la gravité de l'injure, on peut nier qu'il y ait excès ou sévices, ces faits se passent dans l'intimité de la vie conjugale; mais la désertion ne se nie point : c'est un scandale public, auquel il importe de mettre un terme, en dégageant l'époux abandonné d'un lien que son conjoint a déchiré.

Dans tous les cas où le mariage est rompu de fait, les époux ont un droit absolu au divorce; en ce sens, le statut est personnel, il suit les époux partout où ils résident; ils peuvent invoquer, en Belgique, l'abandon malicieux, quoique notre code civil ignore cette cause de divorce ou de séparation. L'ordre moral, loin de s'y opposer, l'exige; la société n'a aucune raison d'imposer sa loi territoriale à l'étranger; l'application de la loi étrangère aura, au contraire, ce bien, que l'attention du législateur sera appelée sur une lacune que présente la loi nationale, et qu'il importe de combler, dans l'intérêt de l'ordre moral universel. J'en dis autant de la différence qui existe entre les diverses législations en ce qui concerne l'adultère du mari. De ce que le code Napoléon ne l'admet comme cause de divorce que dans le cas où le mari a tenu sa concubine dans la maison commune, conclura-t-on que cette disposition forme un statut réel qui domine le statut de l'étranger, si ce statut permet à la femme de demander le divorce, pour adultère simple, sans qu'il y ait la circonstance aggravante de l'insulte et du mépris? Ce serait très mal raisonner; au fond, la loi étrangère et la loi territoriale sont d'accord, il existe une cause grave de divorce, puisqu'il y a adultère. Que l'adultère soit plus ou moins outrageant, qu'importe? la fidélité n'en est pas moins violée, et ce devoir se trouve en tête des obligations que l'article 212 du code civil impose aux époux. La femme étrangère peut donc invoquer l'esprit de la loi territoriale, cela suffit pour qu'on ne puisse pas lui opposer le texte comme un statut réel; il serait absurde et presque ridicule de prétendre que les maris étrangers doivent avoir le droit d'adultérer, et que l'existence de la société serait compromise si la femme étrangère obtenait le divorce pour adultère simple, en vertu de son statut personnel. On n'a qu'à recourir à la discussion du conseil d'État sur l'article 230, pour se convaincre que cette disposition est une erreur législative; l'application de la loi étrangère serait un enseignement pour le législateur territorial, et une leçon de morale pour la nation.

136. Il n'en serait pas de même des causes de divorce admises par le statut personnel de l'étranger, quand ces causes n'impliquent pas une violation d'un devoir essentiel du mariage. Telles sont les maladies mentales ou physiques de l'un des époux qui, d'après plusieurs lois, autorisent son conjoint à divorcer. Ce que j'ai dit ici même (n° 115) de cette cause de divorce prouve que loin de rompre la vie conjugale, la maladie impose, au contraire, au conjoint de l'époux malade le devoir de l'assister. C'est une mauvaise leçon que le législateur donne à une nation, que celle de l'égoïsme ; il doit, au contraire, tâcher d'extirper cette plante vénéneuse. Et s'il s'est trompé, est-ce à dire que cette erreur doive devenir le droit commun de tous les peuples? L'erreur est grave, car elle ruine le fonde ment de la morale, laquelle implique le dévouement et le sacrifice. Et n'est-ce pas entre époux que l'on est en droit d'exiger cette abnégation, cet oubli de soi-même? De quel front l'époux égoïste viendrait-il soutenir que le mariage ne peut plus être pour lui une école de perfectionnement moral, alors que la maladie de son conjoint lui offre, au contraire, de pratiquer la plus rare de toutes les vertus, le dévouement de tous les jours, de tous les instants? J'en conclus que l'époux étranger ne pourrait pas, en Belgique, demander le divorce pour cause de maladie de son conjoint. Notre loi territoriale forme en cette matière un statut réel, parce que le droit le plus essentiel de la société est en cause, le développement moral de la nation.

J'en dis autant de l'absence, dans le sens légal du mot. L'éloignement de l'un des époux, sans qu'il y ait désertion malicieuse, n'est pas une violation d'un devoir matrimonial, c'est un malheur qui frappe le conjoint présent : pour peu qu'il ait une véritable affection pour l'absent, il ne doit pas même songer à un second mariage, alors que celui à qui il a promis son amour peut revenir d'un jour à l'autre. C'est une mauvaise loi que celle qui légitimerait l'oubli de la foi jurée, et qui aboutirait à consacrer la bigamie, de son autorité, dans le cas où l'absent reviendrait et trouverait son conjoint engagé dans de nouveaux liens. Une conséquence aussi immorale suffit pour que l'étranger ne puisse pas se prévaloir de son statut personnel.

Il en serait encore de même de la cause de séparation admise par le code italien, dans le cas où le mari n'aurait point de domicile fixe (n° 116). On peut dire, à la vérité, que le mari manque à une obligation légale ; mais toute violation d'un devoir n'est pas une cause légitime de divorce. Le mari est obligé de fournir à la femme tout ce qui lui est nécessaire pour les besoins de la vie, selon ses facultés et son état (C. Nap., art. 214). S'il ne le fait pas, parce qu'il est un pingre, sera-ce une raison pour autoriser le divorce? Le code Napoléon, qui établit cette obligation, n'y met point cette sanction, et à mon avis, il a raison. Même dans les contrats pécuniaires, toute violation d'une obligation ne suffit point pour que le juge en prononce la dissolution. A plus forte raison, le législateur ne doit-il pas permettre le divorce pour le moindre manquement de l'un des conjoints. Multiplier les causes de divorce, c'est le faciliter et le favoriser. Ce système aboutit à avilir le mariage, pour en faire une prostitution légale.

Je me garderai d'adresser ce reproche au législateur prussien ; mais il est certain qu'il a trop sacrifié au droit absolu du mariage. L'inspiration est excellente, mais le résultat peut être déplorable. Il faut se garder, en matière de lois, de vouloir réaliser l'idéal ; le législateur doit prendre les hommes tels qu'ils sont, êtres imparfaits, ayant pour mission de se perfectionner, mais toujours dans les limites de leur imperfection nécessaire. Le mieux, dit un vieux proverbe, est l'ennemi du bien. Si, sous couleur de perfectionnement, les époux divorcent tous les huit jours, à la recherche d'une union qui réalise leur idéal, que deviendra le mariage? Ce qu'il était sous l'empire romain. Ces considérations s'appliquent surtout au divorce pour incompatibilité d'humeur, ce qui revient à dire que le mariage se dissout par la volonté, comme il se forme par le consentement. Un pareil principe serait en opposition avec l'essence du mariage; il est contracté dans un esprit de perpétuité, c'est là sa grandeur. Favoriser la mobilité des passions, au lieu de leur mettre un frein, ce serait ravaler le mariage, pour en faire un accouplement animal, et tout cela sous prétexte d'un idéal de perfection. Que le législateur songe aux ordres religieux, qui devaient réaliser la perfection évangélique ; les moines dédaignaient le mariage, comme un lien des corps qui assimilait l'homme à la brute. Qu'est-il advenu de cette aspiration à la perfection absolue, que je veux croire sérieuse? Les anges de pureté sont devenus des démons d'impureté.

Ceci m'amène à une nouvelle difficulté. Sous le nom de divorce par consentement mutuel, le code Napoléon consacre, en réalité, le divorce pour incompatibilité d'humeur, ce qui revient à dire que les époux divorcent quand il leur plaît de rompre la vie commune. Telle n'était certes pas l'intention du législateur français. Il s'est trompé. Les époux mariés sous l'empire du code civil, en Belgique, par exemple, pourraient-ils demander le divorce par consentement mutuel dans les Pays-Bas, où cette espèce de divorce n'existe plus?.J'ai aussi proposé de le supprimer dans le futur code des Belges, tandis que la loi sur le divorce, que l'on prépare en France, le maintient. Dans ce conflit de lois contraires, que faut-il décider de la nature du statut consacré par le code Napoléon? Il y a un doute. Le divorce par consentement mutuel, tel que les auteurs du code civil l'ont entendu, n'est autre chose que le divorce pour cause déterminée, et la loi qui admet ces causes pour autoriser la dissolution du mariage forme un statut personnel; dans cet ordre d'idées, il faudrait permettre à des époux français de divorcer par consentement mutuel dans les Pays-Bas, et s'il y a lieu, en Belgique, d'après le nouveau code. C'est la solution légale de la difficulté. Légalement, les tribunaux ne pourraient pas opposer aux époux étrangers qui demanderaient le divorce conformément au code Napoléon que le prétendu divorce pour une cause déterminée, mais cachée, est une fiction, et qu'en réalité, les époux divorcent parce que tel est leur bon plaisir; les époux demandeurs répondraient, la loi à la main, qu'il existe pour eux *une cause péremptoire de divorce* (c. Nap., art. 233). Cela me paraît décisif.

137. Il y a une question plus douteuse encore. Le code Napoléon n'admet pas la séparation de corps par le consentement mutuel des époux, pas même sous les conditions rigoureuses prescrites pour le divorce par consentement mutuel. Au contraire, le code des Pays-Bas rejette le divorce par consentement mutuel, et il admet la séparation de corps par la seule volonté des époux, qui ne veulent plus de la vie commune. Puis, après un certain laps de temps, la séparation de corps est transformée en divorce (art. 291 et suivants). Le système néerlandais est sujet à

des objections très graves, que j'ai formulées en exposant les motifs du futur projet de revision du code civil.

Il y a d'autres diversités entre les législations étrangères et la législation française. Les lois allemandes
admettent une séparation temporaire, tandis que la séparation de corps, dans le système du code civil, est perpétuelle; c'est, comme on dit, le divorce des catholiques.
le droit que les époux ont de rétablir la vie commune
n'est qu'une fiction. La loi récente portée en Allemagne
établit un système tout à fait opposé, elle ne permet pas
de prononcer une séparation de corps à vie; le législateur
allemand s'est inspiré d'une idée vraie; il ne faut pas
que la loi mette obstacle au mariage, puisque le mariage,
dans les desseins de Dieu, est tout ensemble un droit et
un devoir. Vainement objecte-t-on les scrupules des époux
catholiques qui ne leur permettent point de demander le
divorce ; le législateur n'a pas à s'inquiéter des préjugés
religieux, il dispose en vue de l'intérêt général et conformément aux droits de la société; l'ordre civil domine les
croyances religieuses. Naît maintenant la question de
savoir quelle est la nature de la loi allemande : forme-
t-elle un statut personnel pour les Allemands, en ce sens
qu'ils ne pourraient pas demander en France ou en Belgique une séparation perpétuelle? Et pourrait-on opposer
le statut allemand aux époux étrangers qui voudraient,
en vertu de leur statut personnel, demander la séparation
perpétuelle en Allemagne?

La séparation de corps, en principe, forme un statut
personnel, ainsi que les causes de séparation. Il y a
identité, sous ce rapport, entre la séparation et le divorce;
les deux institutions ne diffèrent que par leurs effets, en
ce qui concerne le droit de contracter un nouveau
mariage. Il faut donc décider sans hésiter que les époux
allemands ne peuvent obtenir en Belgique qu'une séparation temporaire, en ce sens que la séparation prononcée
par nos tribunaux n'aurait d'autre effet en Allemagne
que si elle était prononcée par un tribunal de l'empire.
De même, des époux hollandais qui obtiendraient la séparation en Belgique ou en France seraient soumis à la loi

néerlandaise en ce qui concerne les effets de la séparation. Sur ce point il n'y a aucun doute; mais pourraient-
ils demander à nos tribunaux une séparation par consentement mutuel? Ici, il y a doute. Dans l'opinion que j'ai
enseignée sur le divorce, on doit appliquer aux époux
étrangers leur statut personnel; s'ils peuvent, comme je
le crois, demander le divorce en France quoique la loi
de 1816 l'ait aboli, à plus forte raison peuvent-ils demander la séparation de corps par leur seul consentement.
Même, abstraction faite de cette considération, je ne vois
pas de motif d'intérêt social qui s'oppose à ce que des
époux étrangers soient séparés de corps par nos tribunaux, sur leur consentement mutuel, alors que rien ne les
empêche de se séparer de fait pendant toute leur vie : il
n'y a réellement pas d'intérêt social en cause. Autre est la
question de savoir si les Allemands et les Néerlandais,
séparés de corps, pourraient demander le divorce devant
nos tribunaux, conformément à leur statut. Dans mon
opinion, oui, par le motif que je viens de dire; mais
je crains que mon avis ne reste isolé. Et il va sans
dire que si l'on admet que les tribunaux français ne peuvent pas prononcer le divorce entre étrangers, ils ne le
peuvent pas non plus, si le divorce est demandé comme
suite de la séparation de corps. Je fais cependant une
restriction à l'opinion que je viens d'énoncer. Dans le
système du code néerlandais, la séparation volontaire
peut conduire à un divorce volontaire. Ce principe est
incompatible avec notre droit; et il est aussi inconciliable
avec ma théorie sur les causes du divorce. Je n'admets
pas le statut personnel quand il est en opposition avec
l'essence du mariage; or, il n'y a plus de mariage quand
les époux peuvent le rompre à leur gré. Partant, nos tribunaux ne pourraient jamais admettre un divorce volontaire, conséquence d'une séparation volontaire.

IV. *Les effets du divorce.*

138. L'effet essentiel du divorce est que les époux
divorcés peuvent contracter un nouveau mariage. C'est

en cela que consiste le divorce, et c'est cet effet qui le distingue de la séparation de corps. Il va sans dire que la loi qui permet aux époux divorcés de se remarier forme un statut personnel ; tout ce que j'ai dit de la personnalité du statut s'applique donc au droit qui en résulte, pour les époux divorcés, de contracter une union nouvelle. Dans mon opinion, ce droit, qui constitue leur état, suit les époux divorcés partout où ils résident, même dans les pays qui n'admettent pas le divorce ; telle est aussi, comme je l'ai dit, la jurisprudence française. La doctrine est divisée, ce qui prouve combien notre science est encore incertaine (n°ˢ 128-30).

La faculté de se remarier est soumise à certains empêchements. D'abord les époux divorcés ne peuvent plus se réunir (c. Nap., art. 295). Quand le divorce est prononcé pour cause d'adultère, l'époux coupable ne peut jamais se marier avec son complice (c. Nap., art. 298). Dans le cas de divorce prononcé pour cause déterminée, la femme divorcée ne peut se remarier que dix mois après le divorce prononcé (art. 296). Si le divorce a lieu par consentement mutuel, aucun des deux époux ne peut contracter un nouveau mariage que trois ans après la prononciation du divorce (art. 297). Ces empêchements n'existent pas dans toutes les législations ; de là une nouvelle source de conflits. Mais le conflit n'a guère d'importance en cette matière, en ce qui concerne le statut personnel. Les empêchements au mariage qui résultent du divorce suivront, à la vérité, les nationaux en pays étranger ; mais si leur mariage y est célébré, il sera valable, même dans la patrie des époux divorcés, puisque les empêchements ne sont que prohibitifs, d'après le code Napoléon ; or, les empêchements conservent à l'étranger le caractère que leur donne le statut personnel des époux. Si donc l'officier de l'état civil étranger procède à la célébration du mariage malgré l'empêchement résultant du divorce d'après le code Napoléon, le mariage ne pourra être attaqué. Dans mon opinion, il y aurait exception si les époux belges célébraient leur mariage à l'étranger, dans le dessein d'éluder et, partant, de frauder leur loi nationale ; la fraude à la loi vicie tous les actes, et la loi belge ne saurait valider des actes qui se font dans le but de violer ses prohibitions. Vainement dirait-on que les époux ne font, à l'étranger, que ce qu'ils pourraient faire en Belgique si un officier de l'état civil consentait à les marier. Il y a une différence, et elle est grande. En Belgique, les époux ne trouveront pas d'officier public qui se prête à la violation de la loi; dans le cas de l'article 296, l'officier encourrait une peine; le législateur a oublié de sanctionner les autres empêchements, mais toujours est-il que l'officier belge violerait la loi en procédant au mariage, tandis que l'officier étranger ne doit obéissance qu'à la loi de son pays.

139. La question de la nature des empêchements prohibitifs a encore une autre face. On demande si les époux étrangers légalement divorcés seraient soumis, en Belgique, aux prohibitions établies par le code Napoléon. Je viens d'examiner la question en ce qui concerne le délai de dix mois pendant lequel la femme divorcée ne peut se remarier (n° 131). Il a été jugé en France que ce délai était obligatoire pour la femme étrangère, parce que c'est une disposition d'ordre public. On pourrait en dire autant des autres empêchements et, en général, de toutes les dispositions du code qui concernent le mariage, car toutes sont d'ordre public. J'ai répondu d'avance à l'objection. Il en est de même de l'intérêt des bonnes mœurs que l'on pourrait invoquer. Je prends comme exemple la défense faite à l'époux coupable d'adultère de se marier avec son complice; elle a certainement un but moral; les termes mêmes de l'article 298 manifestent la réprobation dont le législateur frappe ces coupables relations : *jamais,* dit la loi, l'époux coupable d'adultère ne pourra se marier avec son complice. Voilà, peut-on dire, une preuve certaine que les bonnes mœurs s'opposent à ce que l'époux adultère se marie avec celui qui est complice de son crime : et permettra-t-on à l'étranger de blesser ouvertement les bonnes mœurs en Belgique? Je réponds que, dans l'espèce, la moralité est chose relative. Le législateur français considère le mariage d'un époux adultère avec son complice comme profondément immoral; la loi

anglaise, au contraire, l'autorise dans l'intérêt des bonnes
mœurs ; que dis-je ? on est même réputé manquer à l'honneur, en Angleterre, lorsque, après avoir séduit une
femme mariée, on ne répare pas sa faute en l'épousant(1).
Ainsi l'Anglais complice d'une femme adultère se trouverait, en Belgique, dans cette étrange situation qu'il
serait réputé agir contre les bonnes mœurs en épousant
la femme adultère, et il manquerait à un devoir de délicatesse en ne l'épousant pas ! Au point de vue de l'honneur, les Anglais ont certainement raison ; et les Français
n'ont pas tort de repousser l'union des deux coupables,
alors que le crime a peut-être été commis pour arriver au
divorce et à un nouveau mariage. On voit par là combien
il est vrai de dire qu'aucune nation ne doit avoir la prétention d'avoir le monopole de la morale ; donc, il faut
laisser à chaque législateur le soin de régler ce qui concerne les mœurs d'après les sentiments et les idées de
la nation pour laquelle il fait des lois, sans les imposer
à ceux qui appartiennent à une autre nation. C'est dire
que les lois qui touchent aux bonnes mœurs sont personnelles, au moins dans l'espèce, car il faudrait se garder de généraliser ces considérations, pour en induire
que la morale est toujours chose variable : elle est progressive comme tous les éléments de notre vie, et sa tendance est certainement d'arriver à l'unité ; dès maintenant,
il y a des points sur lesquels toutes les nations civilisées
sont d'accord : elles repoussent la polygamie et la punis-
sent comme un crime, or, les lois pénales sont essentiellement réelles, aux termes du code Napoléon (art. 3), et
obligent par conséquent les étrangers, quel que soit leur
statut personnel.

140. Le divorce a aussi des effets pécuniaires. D'après
le code Napoléon, l'époux contre lequel le divorce a été
prononcé perd tous les avantages que l'autre époux lui
avait faits, soit par leur contrat de mariage, soit depuis
le mariage contracté (art. 299) ; et il perd, de plus, l'usufruit des biens qui appartiennent à ses enfants (art. 386).

---

(1) Glasson, *Le Mariage civil et le Divorce*, p. 98.

Ces déchéances prononcées par la loi contre l'époux coupable sont des peines civiles qui frappent l'ingratitude. Forment-elles un statut personnel? L'affirmative ne me paraît pas douteuse; il en est des effets du divorce quant aux biens, comme des effets qui concernent les personnes; les lois qui les règlent sont une dépendance de la loi qui consacre le divorce; donc elles participent du caractère de personnalité; l'époux coupable encourt les déchéances dont la loi le frappe, partout où il réside. Cela est même admis par les Anglo-Américains; mais ils y font une restriction pour les déchéances qui concernent les immeubles; en ce point, ils appliquent la doctrine traditionnelle qui répute réels les statuts immobiliers; de sorte que l'époux coupable conserverait les biens immeubles que son conjoint lui aurait donnés, si ces biens étaient situés dans un pays dont les lois ne prononcent pas ces déchéances, et, par contre, l'époux coupable serait déchu des donations immobilières, quant aux biens situés là où les lois établissent cette peine, quand même son statut personnel ne l'établirait pas. Il en serait de même de l'usufruit immobilier (1).

Faut-il suivre cette doctrine en droit français? On peut invoquer, pour l'affirmative, l'article 3 du code Napoléon, qui dispose en termes absolus que les immeubles, même ceux possédés par des étrangers, sont régis par la loi française. Il est vrai que le code civil consacre la doctrine traditionnelle des statuts, mais, par cela même, il faut l'entendre telle qu'on l'entendait dans l'ancien droit français. J'ai établi, dans le cours de ces Etudes, que la tradition française, après avoir établi comme règle la réalité des coutumes, avait modifié cette maxime féodale par la personnalité des lois qui règlent l'état et la capacité des personnes; et le code Napoléon reproduit cette restriction, puisque, à côté des lois réelles, il reconnaît des lois personnelles. Ces lois ont-elles uniquement pour objet les personnes, ou réagissent-elles sur les biens? Le premier système était celui des réalistes, qui restaient attachés au

_____

(1) Story, *Conflict of laws*, p. 264, § 230 e (7e édition).

vieil adage que toute coutume est réelle; l'opinion contraire prévalait en France; celui qui était capable quant
à sa personne l'était aussi pour ses biens, de sorte qu'il
pouvait disposer des biens situés dans les coutumes où,
d'après les lois locales, il aurait été incapable; et l'incapacité personnelle s'appliquait aux biens dont l'incapable
aurait pu disposer d'après la coutume de la situation (1).
Cette doctrine reçoit son application au divorce. C'est un
état général régi par la loi personnelle des époux divorcés; cet état n'est pas limité aux personnes, il s'étend à
leurs biens. Il est certain que la femme divorcée reprend
la libre disposition de son patrimoine; par contre, elle
subit les déchéances prononcées par la loi contre l'époux
coupable. Peu importe la situation des biens.

On voit, dans l'espèce, combien la règle de la réalité
des statuts immobiliers est irrationnelle, disons le mot,
absurde. Des époux belges divorcent en Belgique; l'époux
coupable perd l'usufruit des biens que ses enfants possèdent. Dans la doctrine de la réalité, cette déchéance est
limitée aux biens situés en Belgique; l'époux conserverait
donc l'usufruit des biens situés dans un pays où cette
déchéance n'existerait point ; mais il y serait déchu de
l'usufruit des biens mobiliers pour lesquels on suit la loi
du domicile ou de la nationalité. Quel chaos de contradictions juridiques et morales! Quoi! l'époux est coupable, ingrat, indigne, mais il ne l'est que pour les meubles, il ne l'est pas pour les immeubles, donc indigne
tout ensemble et digne! Indigne pour les immeubles ou
digne selon leur situation! C'est bien le cas de s'écrier
avec Pascal : Plaisante justice qui règle la dignité ou
l'indignité d'après la nature et la situation des biens!
L'absurdité est encore plus évidente quand on recourt
aux raisons que l'on allègue pour justifier la réalité des
statuts immobiliers. Portalis dit que la souveraineté ne
serait plus entière si une loi étrangère régissait des
immeubles situés en France (2). Qu'est-ce que la puissance
souveraine a de commun avec l'ingratitude d'un époux

(1) Voyez le tome II de ces Etudes, p. 92. n° 54.
(2) Voyez le tome II de ces Etudes, p. 257, n° 136.

coupable d'adultère? Est-ce qu'une nation cesserait d'être
souveraine si la femme adultère était déchue de l'usufruit
des biens situés sur son territoire, ou si elle perdait le
bénéfice des donations que son mari lui a faites d'immeubles qui y sont situés? Ces questions n'ont pas de sens,
et c'est rendre un bien mauvais service au droit civil
international que de décorer du nom de science des
maximes qui pouvaient avoir leur raison d'être sous le
régime féodal, mais qui, dans les sociétés modernes,
n'ont plus aucun fondement, ni en droit, ni en morale.

141. Le divorce par consentement mutuel produit un
effet tout particulier quant aux biens des époux; la propriété de la moitié des biens de chacun des conjoints
est acquise de plein droit aux enfants nés de leur mariage
(C. Nap., art. 305). C'est une de ces conditions rigoureuses
que les auteurs du code civil ont imaginées pour en induire
qu'il existe une cause péremptoire du divorce, cause que
les époux ont un intérêt moral à cacher (art. 233). La privation d'une moitié des biens étant une condition du
divorce, il en faut conclure que la loi qui l'établit est une
loi personnelle, puisqu'elle s'identifie avec le divorce. Ici
revient la restriction que les réalistes apportent à la personnalité des lois qui règlent l'état : dans leur doctrine il
faut dire que les époux ne seront pas privés de leurs biens
situés dans un pays où n'existe pas le divorce par consentement mutuel tel que le code Napoléon l'entend. La conséquence, encore une fois, témoigne contre le principe. Des
époux belges divorcent à Verviers par consentement mutuel. Leurs biens sont situés en Allemagne. Dans l'opinion
des réalistes, ces époux conserveront leurs biens ; puisque
la loi allemande ne connaît pas le divorce que le code
civil admet sous couleur de consentement mutuel. Il en
résultera que ce divorce, dans l'espèce, ne sera plus ce
qu'il doit être dans la pensée du législateur, un divorce
pour une cause péremptoire que les époux tiennent
cachée ; car une condition essentielle, la plus rigoureuse,
fera défaut, celle de la perte des biens. La doctrine de la
réalité de la loi, en ce qui concerne les immeubles, aboutit
donc à vicier le divorce tel que la loi nationale des époux

le conçoit. Est-ce qu'au moins la réalité, dans l'espèce, sauvegarde l'indépendance de la souveraineté allemande? La question a l'air d'une mauvaise plaisanterie. Est-ce que l'Allemagne a un intérêt d'existence à ce que le divorce par consentement mutuel, admis par notre code civil, soit vicié dans son essence? La communauté de droit, qui est l'idéal du droit international privé, conduit à d'autres conséquences. Elle veut que le droit règne sur la terre, et comme chaque peuple a ses sentiments et ses idées, elle veut que le droit, qui en est l'expression, soit respecté partout, comme si les diverses nations ne formaient qu'un seul corps. Ce n'est pas à dire que notre science ne tienne aucun compte de la souveraineté et de l'indépendance des nations : elle subordonne, au contraire, le droit des individus au droit de la société, et, par conséquent, le statut personnel au statut réel. Mais il faut pour cela que la société ait un droit, que son existence, sa conservation, son perfectionnement soient en cause; s'il ne s'agit que d'intérêts privés et de droits privés, le statut personnel doit recevoir son application partout; le législateur territorial n'a aucune raison de s'y opposer; il est, au contraire, intéressé à respecter les droits des particuliers et les lois étrangères qui les règlent, afin qu'à l'étranger on respecte aussi ses lois, et que, de cette manière, une justice égale règne partout. La doctrine moderne concilie tous les droits et tous les intérêts, tandis que la doctrine des réalistes sacrifie les droits des individus et méconnaît l'autorité des lois nationales au profit de la loi territoriale, alors même que celle-ci n'a aucun intérêt à faire prévaloir ses dispositions.

N° 2. LE DROIT ITALIEN.

142. Le code italien n'admet pas le divorce, il considère l'indissolubilité comme étant de l'essence du mariage. C'est un principe gros de conséquences en ce qui concerne le droit international privé. Logiquement il en faudrait conclure que la loi italienne ne peut, en aucune manière, reconnaître le divorce, ni les effets du divorce, car si le divorce est en opposition avec l'essence du mariage, de son côté, le mariage est le fondement de la société civile et la base de la moralité; il est donc impossible que les tribunaux italiens tiennent compte des lois étrangères qui consacrent le divorce. Il va sans dire que les Italiens ne peuvent pas divorcer en pays étranger : en ce sens le divorce est un statut personnel qui suit les Italiens partout où ils résident (1). Sur ce point je suis d'accord avec les jurisconsultes italiens. Mais ils vont plus loin; ils n'admettent pas que l'étranger puisse divorcer en Italie, et telle est, en effet, la conséquence logique du principe de l'indissolubilité du mariage, telle que le code italien l'entend : conçoit-on qu'un tribunal prononce la dissolution du mariage sous l'empire d'une loi qui le déclare indissoluble dans un intérêt social? Quel que soit le droit de l'étranger, il doit céder devant le droit de la société (2). Les Italiens oublient que l'homme aussi a des droits et qu'il peut les faire valoir contre la société, à moins que celle-ci n'ait un droit certain à lui opposer. Et peut-on dire que le droit de la société soit certain quand il s'agit de savoir si le mariage est ou non indissoluble de son essence, alors que le divorce est à peu près le droit commun de l'Europe et de l'Amérique? L'Angleterre a abandonné le principe de l'indissolubilité, la France va bientôt le rejeter. Sans doute, l'Italie peut le maintenir et l'imposer aux étrangers, mais il s'agit ici, non de ce que l'Italie peut faire, mais de ce que les principes demandent qu'elle fasse : l'idée l'emporte sur le fait, car l'avenir appartient à l'idée.

Même sur le terrain du droit positif, le code italien est très inconséquent. C'est la loi la plus libérale qui ait été faite pour les étrangers, elle leur donne l'égalité qu'aucune loi ne leur a encore accordée. Mais pour que l'égalité soit complète, il faut que l'étranger soit régi par son droit national, dans toutes les relations d'intérêt privé, et j'entends ici par intérêt privé tout ce qui n'est pas de droit

(1) Fiore, *Diritto internazionale privato*, p. 184.
(2) Lomonaco, *Diritto civile internazionale*, p. 61. Fiore, *Diritto internazionale privato*, p. 173.

public. Le divorce ou, s'il y a lieu, la séparation de corps sont-ils de droit public? Le code italien exagère l'étendue et la portée des lois que nous appelons réelles, parce qu'elles reçoivent leur application à tous ceux qui habitent le territoire; il suffit qu'une loi concerne l'ordre public et les bonnes mœurs pour qu'elle soit réelle (Dispositions préliminaires, art. 12). Or, telles sont certainement les lois qui règlent les conditions et les effets du mariage; de là la conséquence que le divorce, qui rompt le lien conjugal, et la séparation de corps, qui le relâche, forment un statut réel. J'ai combattu le principe dans le cours de ces Etudes, et je rejette les conséquences qui en découlent.

143. Fiore enseigne que les causes de divorce forment un statut réel, et il en faut dire autant de la séparation de corps (1). La conséquence est logique, mais elle témoigne contre le principe. Fiore lui-même avoue que les causes de séparation ou de divorce n'ont pas toutes la même importance. Le code italien permet à la femme de demander la séparation de corps quand le mari n'a pas de domicile fixe et convenable pour la recevoir. Bianchi traite cette cause de futile (2). Il peut donc y avoir des causes de divorce ou de séparation qui ne touchent pas aux droits essentiels de la société, et qui, par conséquent, ne forment pas un statut réel, quoiqu'elles concernent l'ordre public et les bonnes mœurs, dans le sens le plus large de cette expression. Et si cela est vrai des causes du divorce, n'en faut-il pas dire autant du divorce lui-même?

Une femme italienne épouse un Belge; les époux adoptent le régime de communauté légale. Puis le divorce est prononcé par un tribunal de Belgique, la communauté est dissoute, les biens communs se partagent: comprendra-t-on dans le partage les biens situés en Italie? Fiore semble décider que le divorce ne peut avoir aucun effet en Italie, le jugement qui l'a prononcé ne pouvant pas y être rendu exécutoire. Aussi les époux divorcés seront toujours considérés comme mariés, et communs en biens, quant aux

---

(1) Fiore, *Diritto internazionale privato*, p. 173, n° 121.
(2) Bianchi, *Corso elementare*, t. II, p. 795, n° 225.

immeubles italiens. Voilà une logique qui aboutit à une conséquence absurde. Que devient le principe de la personnalité dans cet ordre d'idées? J'ai dit que si l'on prend au pied de la lettre l'article 12 du code italien, il en résultera que tous les statuts personnels deviendront réels. C'est ce qui arrive pour le divorce. On reconnaît que la faculté de divorcer dépend du statut personnel quand il s'agit de défendre aux Italiens de divorcer en pays étranger; mais s'agit-il de l'étranger, non seulement on lui défend de divorcer en Italie, mais on refuse de reconnaître le divorce qui aurait été prononcé par les tribunaux de son pays. Qu'est-ce que le droit public d'Italie et l'intérêt de la société italienne ont de commun avec le règlement d'intérêts purement privés entre époux divorcés?

144. La logique conduit encore à une autre conséquence: c'est que les étrangers divorcés ne peuvent contracter un nouveau mariage en Italie. C'est l'avis d'Esperson (1). Cette doctrine fait une singulière figure dans un ouvrage intitulé : « Le principe de *nationalité* appliqué aux *relations civiles internationales* ». Si le principe de nationalité domine dans notre science, n'en faut-il pas conclure que le droit national de l'étranger doit être respecté en Italie? Or, en vertu de son droit national, l'étranger a été divorcé; le jugement qui a prononcé la dissolution de son mariage a changé son état et sa capacité; reconnu capable de contracter un nouveau mariage, il doit avoir le droit de se marier partout; si on ne lui permet pas de se marier en Italie, on méconnaît son droit national, dans un pays dont le droit international privé est fondé sur la nationalité. N'est-ce pas une contradiction manifeste? Non; dit Esperson, et il a raison au point de vue du code italien. Les dispositions préliminaires commencent par consacrer le principe du statut personnel, puis l'article 12 ajoute : « Nonobstant les dispositions des articles précédents, en *aucun cas*, les *lois*, les *actes* et les *jugements* d'un pays étranger et les conventions particu-

---

(1) Esperson, *Il principio di nazionalità, applicato alle relazione civili internazionali*, p. 79, n° 21.

lières ne pourront déroger aux lois *prohibitives* du royaume qui concernent les *personnes*, les biens ou les actes, ni aux *lois* qui *intéressent en quelque manière que ce soit l'ordre public et les bonnes mœurs.* » On voit que le législateur italien a voulu écarter d'une manière absolue l'empire des lois étrangères, dès que l'*ordre public* et les *bonnes mœurs*, tels que lui les conçoit, sont en cause. Or, les jurisconsultes italiens disent que l'indissolubilité du mariage et la prohibition du divorce ont été établies par la considération de l'ordre public et des bonnes mœurs; donc, les tribunaux italiens ne peuvent tenir aucun compte des lois étrangères qui admettent le divorce, ni des jugements étrangers qui le prononcent.

Cependant l'opinion d'Esperson n'a pas trouvé faveur en Italie. Fiore s'est prononcé pour la doctrine consacrée par la cour de cassation de France (n° 128) sans même mentionner le dissentiment(1). Son argumentation est purement théorique; il ne cite pas l'article 12 du code italien, de sorte que les deux légistes se combattent sans se rencontrer; l'un se place sur le terrain du code italien, et, à ce point de vue, Esperson a certainement raison; l'autre ne considère que les principes du droit international, et Fiore a raison au point de vue des principes. L'opinion de Fiore est la mienne, il est inutile que je répète ce que j'ai dit. Mais je m'empare de l'opposition que je constate entre les deux écrivains italiens pour combattre la réalité des statuts d'ordre public et de bonnes mœurs. La législation italienne est celle de la France; l'une et l'autre rejettent le divorce; si le législateur français, en l'abolissant, a été inspiré par des préjugés religieux, tandis que le législateur italien invoque l'essence du mariage, cela est assez indifférent : la religion est une considération d'ordre public aussi bien que l'essence du mariage. Qu'importe que le législateur de 1816 se soit trompé en se laissant égarer par un préjugé? Dans l'opinion presque unanime des publicistes, consacrée par la plupart des codes, le législateur italien s'est également trompé. Qu'est-ce, en

Fiore, *Diritto internazionale privato*, p. 190, n° 134.

définitive, que cette essence du mariage, sinon la perpétuité, l'indissolubilité du lien conjugal? Et n'est-ce pas l'Eglise catholique qui a fait prévaloir cette prétendue loi divine? Donc le droit français et le droit italien sont identiques. Et cependant ils aboutissent à des conséquences contraires. En dépit des préjugés catholiques, les étrangers divorcés sont admis à se remarier en France; tandis que le code italien, si l'on veut rester fidèle au texte et à l'esprit de la loi, défend aux tribunaux d'avoir égard aux *jugements* étrangers qui ont prononcé le divorce; ces jugements sont en opposition avec une loi italienne d'ordre public et de bonnes mœurs, donc on ne peut y avoir aucun égard. D'où vient cette contrariété entre le droit français et le droit italien? De l'extension démesurée que l'article 12 du code d'Italie donne au statut réel. Il fallait le limiter aux lois qui sont de droit social; or, la loi qui prohibe le divorce n'est point de droit social, puisque la plupart des nations civilisées pratiquent le divorce, sans que l'existence et la conservation de la société en soient compromises; ce qui est décisif. On ne dira pas que la société italienne péricliterait si des étrangers divorcés y pouvaient contracter mariage, alors que ce fait passe presque inaperçu en France. La formule de l'article 12 est mauvaise, et elle doit nécessairement aboutir à des conséquences qui sont en opposition avec le principe même de nationalité sur lequel repose le code italien.

Nº 3. LE DROIT ALLEMAND.

145. L'Allemagne n'a pas encore de code civil; lors donc que l'on parle d'un droit allemand, on entend par là la doctrine de ses jurisconsultes. Mais précisément parce qu'il n'y a point de loi générale, la science a une autorité plus grande que là où le droit a été codifié; c'est plus qu'une doctrine, elle fait partie du droit positif sous le nom de *Juristen-Recht*. Dans le domaine du droit civil international, la science allemande n'est pas encore arrivée à l'unité, pas plus que la législation Il en est, du reste, de même partout; à vrai dire, le droit international

privé n'existe pas encore et n'est qu'à l'état de formation
J'en ai fait l'aveu dès le début de ces Etudes, qui n'on
d'autre objet que de constater l'un des éléments de ce
immense conflit, le droit international, tel qu'on l'entend
en France et dans les pays régis par le code Napoléon
en notant les principes analogues ou contraires qui règnen
ailleurs. L'auteur de ces Etudes n'a d'autre ambition que
celle d'aller à la recherche des principes qui sont appelé
à réaliser un jour l'idéal qu'un grand jurisconsulte a tracé
à notre science, la communauté de droit entre les nations
Le mot est d'un jurisconsulte allemand, un maître de
la science. Nous allons l'entendre sur la question du
divorce.

J'ai remarqué, dans le cours de ces Etudes, que les
jurisconsultes allemands, tout en rejetant la théorie traditionnelle des statuts, ont une certaine prédilection pour
la réalité des lois. Cette tendance est naturelle dans le
système de Wachter, l'auteur de l'excellente dissertation
sur le conflit qui existe entre les lois privées des divers
Etats ; le juge, d'après lui, doit appliquer la loi du pays
où il est appelé à rendre la justice, à moins qu'il ne résulte
de la nature même de la loi que le législateur n'a pas
voulu l'imposer aux étrangers, ou aux faits juridiques qui
se sont passés dans un autre pays. C'est dire, comme on
le faisait dans l'ancien droit, avant Bouhier, que la réalité
est la règle, et la personnalité l'exception. En formulant
ainsi le principe qui sert de point de départ à Wachter,
je dépasse peut-être sa pensée, car tout, dans ce système,
dépend de l'appréciation du juge. Le principe, qui a l'air
d'être pratique, ne l'est guère. Le jurisconsulte allemand
ne dit qu'un mot du divorce. Une femme étrangère,
divorcée dans son pays, veut contracter un nouveau mariage. L'officier de l'état civil refuse de la marier : faut-il
appliquer la loi étrangère ou la loi nationale? Il y a deux
questions. D'abord il faut voir si la femme étrangère est
légalement divorcée : c'est naturellement sa loi personnelle qui décide la difficulté. En supposant le divorce
valable, reste à savoir si l'on peut épouser une femme
divorcée ; sur ce point le juge doit appliquer la loi territo-

riale. Sans doute, si elle contient une disposition à cet
égard. Mais si elle garde le silence, et telle est la réalité
des choses, en France, en Italie, où le divorce n'est pas
admis : comment le juge saura-t-il quelle est l'intention
du législateur? Wachter n'entre pas dans ce débat (1);
c'est cependant dans l'application que les difficultés abondent.

146. Savigny commence par dire, en traitant du mariage, qu'en cette matière les considérations religieuses et
morales jouent un rôle considérable; or, la morale et la
religion donnent à la loi un caractère impératif d'une
telle force qu'il n'est plus permis au juge de consulter une
loi étrangère; c'est dire qu'il ne doit avoir égard à aucune
autre loi. Dans l'ancien droit, on aurait dit que la loi sur
le divorce est essentiellement réelle. Reste à déterminer
quelle loi doit être appliquée. Tout dépend de la compétence, puisque le juge est obligé d'appliquer la loi territoriale. Savigny dit que c'est le juge du domicile du mari
qui est seul compétent pour connaître du divorce des
époux; partant, c'est la loi de ce domicile qui devra être
appliquée. Il ajoute : en règle générale. Cela suppose
qu'il y a des exceptions : quels sont les cas dans lesquels
le juge du domicile devra appliquer une autre loi? et
quelle est cette loi? Savigny ne donne pas de réponse à
ces questions.

Le système de Savigny soulève une difficulté préliminaire : quel est le domicile du mari qui déterminera la loi
que le juge est tenu d'appliquer en matière de divorce?
Est-ce le domicile que le mari avait lors du mariage, et
que l'on appelle le domicile matrimonial? Ou est-ce le
domicile actuel, celui qu'il a au moment où l'action en
divorce est intentée? On sait que, dans la doctrine de Savigny, le statut dépend de la loi du domicile, tandis que,
d'après les codes de France et d'Italie, c'est la nationalité
qui détermine le statut personnel. Il s'agit de savoir si le
changement de domicile ou de nationalité aura pour effet

---

(1) Wachter, *Die Collision der Privatrechtsgesetze verschiedener Sta-
ten* (*Archiv fur civilistische Prax* s, t. XXV, p 187).

de changer la loi qui régit le divorce. Question redouta-
ble qui a donné lieu à d'affligeants débats : j'y reviendrai.
Pour le moment je me borne à constater que, dans le système du domicile, on ne peut s'attacher au domicile matrimonial lorsque les époux ont changé de domicile. Le
divorce tient essentiellement à l'ordre public, de quelque
manière que l'on entende ce mot. En matière d'état, comme
en matière de bonnes mœurs, tout dépend de la volonté
du législateur ; il n'y a pas pour les époux de droit acquis
à divorcer ou à ne pas divorcer en vertu de leurs conventions matrimoniales ; les époux ne pourraient pas, quand
même ils le voudraient, contracter un mariage dissoluble,
si leur loi personnelle consacrait le principe de l'indissolubilité ; de même qu'en Belgique les époux conviendraient
vainement que leur mariage sera indissoluble, puisque
leur loi personnelle le déclare dissoluble. Savigny finit
par dire que dans la matière du divorce il y a une contrariété extraordinaire dans les opinions des auteurs et dans
les décisions des tribunaux (1). Cela me permet d'ajouter
mon dissentiment en faisant mes réserves.

Savigny accepte, sans les discuter, les considérations
morales et religieuses qui déterminent le législateur dans la
matière du divorce. Sans doute, quand la loi a décidé,
l'interprète doit se soumettre, sauf à discuter, en théorie,
si le législateur a raison, et à le combattre quand, sous
couleur de morale et de religion, il n'a fait que céder à
des préjugés ; or, les préjugés abondent quand il s'agit
d'une institution que l'Eglise catholique réprouve, et il y
a des pays qui sont restés catholiques, tout en secouant
le joug du pape. Chose singulière ! La jurisprudence
française a montré, dans la question du divorce, une plus
grande indépendance d'esprit que les jurisconsultes italiens
et allemands. Peu importent, a dit le rapporteur de l'arrêt
de 1860, les préjugés qui régnaient en 1816 ; ces préjugés
ne sont pas écrits dans la loi qui a aboli le divorce ; donc
le juge n'en doit tenir aucun compte (n° 128). Au point de
vue de l'interprétation des lois, cela peut être contesté.

(1) Savigny, *System des heutigen romischen Rechts*, t. VIII, p. 337, n° 6.

Toujours est-il que le devoir de la science est de protester contre des préjugés qu'on voudrait lui imposer. En Allemagne surtout, les jurisconsultes peuvent remplir cette grande mission avec plus de liberté que partout ailleurs, puisqu'ils ne sont pas enchaînés par des codes. Dans le domaine du droit international privé, nous jouissons tous de cette indépendance, puisque nous ne sommes pas liés par des textes; profitons-en pour bannir des préjugés dangereux, car ils tendent à soumettre la société civile à la domination d'une Eglise ambitieuse, qui, si elle en avait le pouvoir, ne laisserait point subsister le nom de liberté, ni pour l'individu, ni pour l'Etat.

Le principe du domicile, qui est généralement admis par les jurisconsultes allemands, donne lieu à bien des difficultés qui légitiment le doute. Nous allons les retrouver en exposant les théories des auteurs qui se rattachent à l'école de Savigny, s'il peut être question d'école dans une science qui est encore livrée au mouvement désordonné des opinions individuelles.

147. Schaffner a écrit avant Savigny; le célèbre jurisconsulte de Berlin constate que sur le principe il est d'accord avec Wachter et Schäffner qui l'ont précédé. Ce dernier était avocat à Francfort; praticien, il va tout droit au but, c'est sa supériorité ; nous autres professeurs et théoriciens, nous aimons un peu trop à juger toutes choses du haut de nos systèmes. Le juge, dit Schaffner, qui est appelé à décider si un mariage peut être dissous, et pour quelle cause le divorce peut être prononcé, doit uniquement tenir compte des lois qui régissent le pays où il rend la justice; car le divorce est de droit public, et le droit public domine toutes les lois particulières que les parties voudraient invoquer. Peu lui importe quelle est la loi du lieu où le mariage a été célébré, ainsi que la loi qui existe au domicile des époux ; les décisions que le juge porterait en vertu des lois étrangères seraient en opposition avec les lois de droit public qu'il est tenu de respecter. Ainsi le code Napoléon, qui est toujours en vigueur en Belgique, admet le divorce par consentement mutuel : des époux belges pourront-ils se présenter devant des juges écossais, pour faire recevoir leurs consentements respectifs avec toutes les formalités et les conditions que la loi française exige? Cela est inadmissible, car la loi écossaise ne reconnaît qu'un seul divorce, celui qui est fondé sur l'adultère, et sur la désertion malicieuse ; et elle considère le divorce comme une peine que le juge prononce pour violation de la foi jurée et pour le maintien des bonnes mœurs et de l'ordre public troublés par les crimes des époux et le scandale qu'ils donnent. Supposons maintenant que les époux belges se présentent à Rome devant un tribunal ecclésiastique; Schäffner écrivait en 1841, alors qu'il y avait encore une Rome pontificale, et des juges d'Eglise· est-ce que ces juges seront tenus de prononcer le divorce, parce que le code civil le permet, alors que le tribunal ne connaît d'autre loi que le droit canon? Le juge est enchaîné par le droit public de l'Etat au nom duquel il rend la justice; tout statut personnel cède devant la loi territoriale quand celle-ci est une dépendance du droit public. Les causes du divorce participent au caractère de réalité qui distingue le droit de divorcer.

Des tribunaux belges ne pourraient pas prononcer le divorce d'époux étrangers, en vertu de leur statut personnel, pour des causes plus ou moins futiles, en ce sens du moins qu'elles n'impliquent pas la violation d'un devoir essentiel résultant du mariage; telle serait la maladie incurable de l'un des époux, mentale ou physique. Ce serait porter atteinte à l'essence du mariage, tel que le législateur belge le conçoit; donc le divorce serait contraire à un droit de la société, ou, comme dit Schaffner, au *jus publicum*.

Le principe de la réalité de la loi sur le divorce a d'autres conséquences plus graves encore. Si à Rome un juge ecclésiastique ne peut pas prononcer le divorce de deux époux belges, parce que le droit de l'Eglise s'y oppose, par contre les tribunaux écossais devront prononcer le divorce de deux époux italiens ou français malgré la prohibition du divorce par les codes d'Italie ou de France. En effet, le divorce étant de droit public, ou, ce qui revient au même, de droit pénal, comme disent les cours écossaises, le juge est tenu de prononcer le divorce, comme il prononce des peines pour vol ou pour meurtre, sans s'inquiéter plus de la nationalité des époux, qu'il ne considère la nationalité des voleurs et des assas sins (1).

Ces conséquences sont logiques, une fois le principe admis, mais le trouble qu'elles entraînent dans les relations de famille ne témoigne pas en faveur du principe. Si on l'admet, il faudra décider que des époux français domiciliés en Belgique y pourront divorcer. Il en est de même dans la doctrine de Savigny. Pour écarter l'objection de fraude, je suppose que le domicile soit de bonne foi. Les époux divorcés contractent un nouveau mariage ; ils ont des enfants. Quelle sera la valeur de ces divorces et de ces mariages en France? Les divorces seront nuls, ainsi que les mariages qui les auront suivis. Schaffner l'admet, et cela est d'évidence, quand on se place au point de vue de la loi française. Donc les époux seront bigames, et ils pourront être condamnés aux galères pour avoir divorcé et s'être remariés en vertu du droit civil international tel qu'on l'entend en Allemagne, et j'ajoute, en Ecosse et aux Etats-Unis. Les enfants seront illégitimes, et traités de bâtards, exclus comme tels des successions qui s'ouvriront en France. Il y a de ces regrettables conflits, résultant de la contrariété des lois diverses. Si les principes étaient certains, on devrait les maintenir malgré ces scandales. Mais nos principes n'ont point cette certitude; dès lors, il faut chercher à éviter les conflits par la voie de la jurisprudence, en attendant que les traités les vident. J'ai essayé de le faire dans cette Etude, tout en défendant ce que je crois être les vrais principes, afin de préparer la future communauté de droit entre les nations. On voit combien elle est nécessaire dans l'intérêt des familles, et j'ajoute, de la morale; car la morale souffre, aussi bien que le droit, de la contrariété des lois et des décisions judiciaires. J'ai supposé que les divorces et les mariages

---

(1) Schäffner, *Entwickelung des internationalen Privatrechts*, p. 159, § 124

avaient eu lieu de bonne foi. Mais qui ignore la mobilité
des passions humaines? Divorcés de bonne foi, remariés
de bonne foi, les époux ou l'un d'eux veulent rompre le divorce et le mariage; ils n'ont qu'à se présenter devant un
tribunal de France, et tout sera annulé. Ces conflits scandaleux ne sont pas imaginaires, ils se sont produits en
Angleterre, par suite de la contrariété des lois anglaises
et des lois écossaises; ils se sont produits pour d'autres
causes en France, et ce qui a été jugé en France est jugé
en sens contraire par un tribunal belge. En présence de
cette diversité d'opinions et de décisions judiciaires, on
ose à peine dire que telle opinion est vraie, et que telle
décision judiciaire est erronée. Cependant il n'y a qu'une
vérité, et notre mission est de la chercher sans relâche.
Acquittons-nous de cette rude tâche, avec l'amour de la
vérité, c'est la seule passion qui soit permise au jurisconsulte. Dégageons-nous surtout de la misérable vanité qui
se croit si facilement infaillible, ce qui est la pire de toutes
les erreurs; ce n'est qu'à ce prix que nous serons dignes
d'écrire sur le droit et de le pratiquer.

148. Bar, le seul auteur moderne qui ait écrit, en
Allemagne, un traité complet sur le droit international
privé, se prononce contre la réalité des lois qui admettent
ou rejettent le divorce (1); il invoque le principe de Wachter. Comment le législateur peut-il avoir l'intention de
décider si le mariage est dissoluble ou indissoluble, en ce
qui concerne des époux étrangers? Lui-même se prononce
par des considérations puisées dans les sentiments et les
idées du peuple pour lequel il fait des lois; tantôt il obéit
à des préjugés religieux, tantôt il croit que la morale commande l'indissolubilité du mariage, ou que les droits de
l'homme exigent impérieusement qu'il puisse divorcer; dès
lors il serait absurde et contradictoire qu'il voulût imposer
une loi dictée, par des motifs particuliers à une nation,
aux autres nations qui n'ont point les sentiments, les
idées, les préjugés à raison desquels le législateur a
admis le divorce ou l'a rejeté, ou, en le consacrant, l'a au-

---

(1) Bar, *Das internationale Privatrecht*, p. 327, § 92.

torisé pour telle cause et non pour telle autre. Ainsi les auteurs du code civil étaient convaincus que le point d'honneur ne permettait pas au mari d'invoquer l'adultère de la femme pour agir en divorce; c'est le motif pour lequel ils ont organisé le divorce par consentement mutuel, qui cache la véritable cause de la rupture du mariage; les autres peuples ignorent ces délicatesses, et les faits prouvent que le législateur lui-même s'est trompé. En Angleterre, on estime que l'honneur commande à celui qui a séduit une femme mariée de l'épouser quand le divorce a rompu le mariage de la femme adultère; le code Napoléon, au contraire, réprouve le mariage entre l'époux coupable et son complice: jamais, dit-il, ils ne pourront se marier (art. 298). Voilà bien le caractère des lois personnelles: elles tiennent aux causes multiples qui distinguent les nationalités diverses; donc elles doivent varier avec les nationalités, mais aussi suivre chaque personne partout où elle s'établira, tant qu'elle conservera sa nationalité.

149. Mais la personnalité des lois qui régissent le divorce n'est pas un principe absolu, dit Bar; et, à vrai dire, aucune loi n'est personnelle, en ce sens qu'elle l'emporte partout et toujours sur la loi territoriale; il y a, au contraire, des cas où la loi territoriale domine le statut personnel. Cela n'a jamais été contesté. La difficulté est de préciser ces cas; c'est le grand problème de notre science, dit Savigny, et dans aucune matière la difficulté n'est aussi grande que dans le mariage et notamment pour le divorce. Si la loi du territoire réprouve le divorce comme une atteinte portée à la moralité, on ne peut pas permettre au juge de le prononcer, quand même les époux seraient étrangers, et que, d'après leur loi nationale, le mariage serait dissoluble: la moralité est le premier des droits sociaux, parce que c'est le premier devoir et le grand intérêt de la société. N'en faut-il pas conclure que le juge doit, d'un autre côté, prononcer le divorce entre étrangers auxquels il n'est point permis de divorcer, si la loi territoriale considère le divorce comme une réparation du scandale qui résulte de la conduite immorale, criminelle des époux ou de l'un d'eux? De même si la loi terri-

toriale autorise le divorce pour une cause morale, telle
que la désertion malicieuse de l'un des époux, le juge du
for compétent ne doit-il pas dissoudre le mariage pour
cette cause, quand même la loi personnelle des époux ne
l'admettrait pas? Il y a une troisième hypothèse, dans
laquelle la loi du divorce semble prendre un caractère
réel qui domine le statut personnel des époux. Celui-ci
autorise les époux à divorcer par leur seule volonté, ou
même par la volonté de l'un d'eux, qui répudie son conjoint, comme cela se faisait à Rome et chez les Juifs; au
contraire, la loi du territoire où le divorce est demandé
réprouve comme destructive du mariage soit la répudiation, soit la dissolution du lien conjugal par le consentement des époux : le juge pourrait-il prononcer des
divorces entre étrangers, alors que la loi de son pays les
réprouverait comme destructifs de l'ordre moral, et par
suite de l'ordre social?

150. Voilà le conflit dans toute sa gravité. Il y a
deux droits en présence, également sacrés, le droit des
époux et le droit de la société : lequel doit céder à
l'autre? Je réponds avec la tradition : le droit de l'individu.
La souveraineté est en cause; donc la loi, émanée de la
puissance souveraine, doit être maintenue contre la loi
étrangère. Bar a une autre solution : le juge du territoire
où les époux n'ont point leur domicile est incompétent
pour prononcer le divorce, car il devrait admettre ou
rejeter le divorce, en contradiction avec des lois d'intérêt
général au nom desquelles il rend la justice, tantôt prononçant le divorce quand sa loi le réprouve, tantôt l'admettant pour des causes que sa loi considère comme des-
tructives du mariage; et si, en vertu de sa loi territoriale,
il prononçait le divorce entre époux auxquels leur loi
nationale défendrait de divorcer, il aiderait ces époux à
violer leur loi, ce qui serait en opposition non seulement
avec la courtoisie internationale, mais aussi avec la communauté de droit que notre science ambitionne d'établir
entre les peuples. C'est dire que, dans l'intérêt général, le
juge doit se déclarer incompétent et renvoyer les parties
devant leur juge national, ou, comme disent les Allemands,

devant le juge de leur domicile. Le domicile, dans leur doctrine, détermine la loi personnelle ; de quoi les époux se plaindraient-ils s'ils sont jugés d'après des lois qui ont été faites pour eux, en vue de leurs sentiments et de leurs idées, de leurs préjugés mêmes ? Vainement les époux diraient-ils qu'ils entendent se soumettre à la juridiction du lieu où ils résident. Le choix de la juridiction est impossible dans une matière où tout est d'ordre public.

Les époux auraient bien des objections à faire contre cette théorie fondée sur la compétence. D'abord le principe même n'est pas universellement admis. Les tribunaux français se déclarent incompétents entre étrangers, notamment quand le débat porte sur une question d'état. Mais ce renvoi aboutit parfois à un vrai déni de justice (1). En Belgique, nos tribunaux connaissent des contestations entre étrangers, dès qu'ils y ont un domicile, d'après le droit commun, ou même une simple résidence ; et alors le conflit reparaît. D'ailleurs, d'après le code Napoléon et d'apès le code italien, le statut personnel dépend, non du domicile, mais de la nationalité. Voilà un nouveau conflit, et il est insoluble tant que les peuples ne se seront pas entendus pour déterminer le principe d'où dépend la personnalité du statut. Dans tout le cours de ces Etudes, j'ai défendu le principe français, qui a reçu une autorité nouvelle par la consécration que lui a donnée le code italien. D'après le droit français, tel qu'on l'applique en Belgique, les époux étrangers y peuvent avoir un domicile, tout en conservant leur nationalité. Dans la doctrine du domicile, il faudrait dire que ces époux seront régis par notre droit et non par leur droit national ; il en résulterait que des Français seraient admis à divorcer en Belgique, à y contracter de nouveaux mariages, tandis que ces divorces et ces mariages seraient en opposition avec leur loi nationale, et en France, ils seraient certainement considérés comme nuls. Au lieu de mettre fin au conflit ou de le prévenir, la doctrine du domicile l'aggrave.

Les objections abondent contre la loi du domicile. Si

(1) Voyez le tome IV de ces Etudes, p. 121, n° 57.

le domicile détermine la loi du divorce, il en faut conclure
que cette loi changera avec le domicile. Les époux se sont
mariés dans un pays où ils avaient leur domicile, et qui
permet à la femme de demander le divorce pour le simple
adultère du mari. Celui-ci transporte son domicile dans
un État dont la loi n'admet point le divorce ou ne l'admet
pour cause d'adultère que si le mari tient sa concubine
dans la maison commune. Le droit de la femme périra-
t-il ? Bar dit que, dans ce cas, il faut permettre à la femme
de conserver son domicile, puisqu'il ne peut pas dépendre
du mari d'enlever à la femme un droit qu'elle a en vertu
de la loi de son domicile. Les légistes américains enseignent la même doctrine (1). En droit français, elle est
inadmissible. La femme mariée a un domicile légal, celui
de son mari, elle ne peut pas, par sa volonté, acquérir
un domicile différent; quand même elle ne suivrait pas le
mari dans son nouveau domicile, elle n'y serait pas moins
légalement domiciliée. Il ne lui resterait qu'une chose à
faire, dans l'espèce, c'est de soutenir que le mari a changé
de domicile en fraude de ses droits, que, par suite, ce
changement de domicile est nul. Mais ici elle rencontre-
rait pour adversaire Bar, qui enseigne qu'il n'y a point de
fraude à user d'un droit.

151. Le légiste hollandais Asser avoue que la loi
du divorce forme un statut personnel, cependant il se prononce pour la doctrine généralement admise de la réalité,
par la raison que le divorce, qu'on l'admette ou qu'on le
réprouve, a un lien intime avec la religion et la morale(2).
Cela est exact. Mais n'en est-il pas de même du mariage?
Il faudrait donc considérer comme réelles toutes les lois
qui concernent le mariage, les conditions requises pour
pouvoir se marier, les effets du mariage quant aux devoirs des époux. Il faudrait aller plus loin. La puissance
paternelle n'a-t-elle pas pour fondement les mœurs? Et
les lois qui régissent la filiation naturelle ne sont-elles
pas dominées à ce point par des considérations morales,
que le droit des enfants leur est absolument subordonné,

(1) Bar, *Das internationale Privatrecht*, p. 330, § 92.
(2) *Schets van het internationaal privaatregt*, p. 85 et suiv.

disons mieux : sacrifié ? Si l'élément moral suffit pour que
les lois soient réelles, toutes les lois d'état personnel
prendront le caractère de réalité, et on finira par aboutir
à la vieille maxime de la féodalité que toute coutume est
réelle. Ce n'est certes pas là l'avis de M. Asser. La raison
pour laquelle la réalité domine dans la matière du divorce
tient à un préjugé religieux qui prend une couleur morale. Or, la religion, et, notamment, le christianisme traditionnel, a toujours eu la prétention de posséder la vérité
absolue. En voyant à quoi aboutit cette prétention, on
devrait se défier de la vérité absolue dans le domaine de
la religion et de la morale. L'Eglise catholique a élevé
sur cette base le despotisme le plus absolu, une tyrannie
telle, dit Lamennais, que si elle l'emportait, le mot de
liberté disparaîtrait du langage des hommes. Il y a sans
doute une morale absolue comme il y a une vérité absolue;
mais les hommes n'en ont pas le monopole; que dis-je ?
créatures imparfaites, ils ne la conçoivent même pas.
Laissons aux théologiens leur absolutisme en toutes
choses; le droit est plus modeste; il se contente d'aspirer
à l'unité sans prétendre qu'il y arrivera jamais. Que
chaque nation maintienne dans ses lois la morale, telle
qu'elle la comprend, mais qu'aucune n'impose sa morale
comme la seule vraie aux autres nations; les rayons épars
de la vérité éternelle, telle que les hommes l'aperçoivent,
suffisent pour les éclairer : qu'ils s'en contentent. Ils ne
perdront rien en renonçant à la prétention de la vérité
absolue, puisque c'est une chimère tout ensemble et un
danger, et ils y gagneront en liberté. Cette tolérance que
les hommes doivent à des idées qu'ils ne partagent pas
conduit, dans le domaine du droit, à la courtoisie internationale, ou, ce qui vaut mieux, à la reconnaissance universelle du droit de chaque nation; cela n'empêche pas l'empire exclusif des diverses souverainetés dans les matières
où la puissance souveraine est en cause.

M. Asser, sans entrer dans ces considérations, comprend que la réalité absolue des lois qui régissent le divorce anéantirait le droit personnel des étrangers, et rendrait de nouveau les lois ennemies, comme les lois et les

peuples l'étaient au moyen âge. Le légiste hollandais
croit, avec Bar, que la compétence des tribunaux du
domicile donne satisfaction aux individus et aux lois
étrangères. En théorie, oui ; en fait, non. Il en résulterait
une mobilité extrême dans les lois personnelles : ce qui a
engagé les anciens statutaires à admettre la personnalité,
c'est précisément le besoin de maintenir l'état des personnes, malgré leur changement de domicile ; le bon sens
se révolte contre l'idée qu'en changeant de domicile,
l'homme change d'état ; que de majeur qu'il était il rede-
vienne mineur, que d'incapable la femme devienne capable. Ne serait-il pas plus absurde encore que l'union des
époux devienne dissoluble, alors que d'après leur loi nationale elle est indissoluble, ou réciproquement, et cela
par la seule raison que les époux ont établi leur domicile
dans un pays dont les lois admettent ou rejettent le divorce,
contrairement à leur loi personnelle ? Tout le monde admet
que la dissolubilité ou l'indissolubilité du mariage ne tient
pas à la volonté des époux ; cependant ne la rend-on pas
dépendante de leur volonté, si l'on attache la loi qui régit
le divorce au domicile, lequel varie d'après la seule volonté
des parties, leur intérêt, parfois leur caprice ?

Nº 4. LE DROIT ANGLO-AMÉRICAIN

I. *Le conflit entre l'Angleterre et l'Ecosse.*

152. Jusqu'en 1858 le mariage était réputé indissoluble en Angleterre ; les cours ecclésiastiques, seules
compétentes en matière de mariage, refusaient de le dissoudre : fidèles au droit canon, elles n'admettaient que la
séparation de corps. Toutefois le parlement prononçait
le divorce en vertu de sa toute-puissance. Ce n'était pas
un jugement, c'était une loi, car il fallait pour l'admission
du divorce le concours de la chambre des communes, de
la chambre des lords et du roi. Dans cet ordre d'idées, le
divorce formait un vrai statut réel dans l'acception féodale du mot. Si les coutumes étaient réputées réelles dans
l'ancien droit, c'est qu'elles étaient l'expression de la sou-

veraineté locale; apres la destruction du régime féodal,ce caractère des coutumes n'était plus qu'un souvenir de leur première origine, donc une fiction plus qu'une réalité. En Angleterre, au contraire, les actes qui prononçaient le divorce et le droit en vertu duquel le mariage était déclaré dissous, étaient un exercice direct de la souveraineté nationale et de la souveraineté telle qu'on la comprend en Angleterre. En Belgique et dans aucun Etat constitution-nel, le pouvoir législatif ne songerait à prononcer des divorces; quoique la nation soit souveraine, elle délègue sa puissance aux grands pouvoirs, et l'un de ces pouvoirs ne peut pas empiéter sur l'autre; les tribunaux rendent des jugements; les chambres, de commun accord avec le roi, font des lois. En Angleterre, au contraire, il est de principe que le parlement peut tout faire, sauf un homme d'une femme, ou une femme d'un homme. Il faut donc dire que le statut du divorce en Angleterre était réel dans toute la force du mot. Le parlement, en vertu de sa toute-puissance, faisait la loi et l'appliquait.

Dans cet ordre d'idées, il est impossible que le mariage entre Anglais soit dissous par un jugement étranger : les tribunaux étrangers, pas plus que les cours de justice d'Angleterre, ne peuvent exercer un droit qui est une émanation de la toute-puissance du parlement. On conçoit qu'un tribunal étranger rende un jugement que les tribu-naux anglais auraient le droit de rendre; mais on ne com-prend pas qu'un tribunal belge ou français prononce un divorce entre époux anglais, car, en le prononçant, ils feraient une loi applicable à des personnes qui dépendent de la souveraineté anglaise; est-ce qu'un tribunal étranger peut exercer le pouvoir législatif en Angleterre? La ques-tion est un non-sens. Un Anglais, dit Story, ne peut pas divorcer en pays étranger, parce qu'en vertu de l'allé-geance perpétuelle qui le lie à son suzerain, le roi, il est regi partout par la loi anglaise; et cette loi exige pour le divorce le concours des deux chambres du parlement et du roi. Cela est décisif (1).

(1) Story, *Conflict of laws*, p 230, note (du § 205), 7° édition. La note est extraite de la jurisprudence américaine.

153. Ce principe reçoit son application à l'Ecosse.
D'après le droit écossais, le divorce est prononcé par les
cours de justice, et elles le prononcent indépendamment
de la nationalité des époux ; j'ai déjà constaté cette parti-
cularité (n° 110). La jurisprudence écossaise considère le
divorce comme une peine pour violation d'un devoir moral,
dont l'accomplissement importe à la société. Kent donne
une autre interprétation à cette singulière idée ; le divorce
est commandé par une loi d'intérêt public et de bonnes
mœurs ; il dépend donc essentiellement du statut réel (1).
Les cours d'Ecosse appliquent cette doctrine aux mariages
contractés en Angleterre entre Anglais. Il paraît étrange,
au premier abord, que les tribunaux d'un pays qui fait
partie de la Grande-Bretagne prononcent un divorce qui,
d'après le droit anglais, ne peut être ordonné que par une
loi ; mais bien que l'Ecosse fasse partie du Royaume-Uni,
elle est considérée comme un Etat à part, souverain et
indépendant en ce qui concerne le droit. Si donc l'Angleterre avait le droit de dire, en vertu de sa puissance souveraine, qu'elle ne reconnaissait pas les divorces écossais,
parce que, d'après son droit public, il ne pouvait y avoir
d'autres divorces que ceux qui étaient prononcés par le
parlement en vertu de sa puissance ; l'Ecosse, de son côté,
pouvait dire que ses cours de justice n'étaient pas liées
par le droit anglais, que, par conséquent, elles pouvaient dissoudre le mariage de tous ceux qui résidaient
sur son territoire, dès que l'ordre public et la moralité
y étaient intéressés. Le législateur écossais, en vertu
de sa souveraineté, avait le droit d'autoriser les cours
d'Ecosse à prononcer le divorce entre époux anglais,
du moment qu'ils résidaient sur son territoire et qu'ils
troublaient l'ordre public et les bonnes mœurs. De son
côté, le législateur anglais était dans son droit en ne
reconnaissant pas les divorces écossais ; il ne pouvait pas
même les reconnaître, tant que le parlement seul était en
possession de dissoudre le mariage, considéré en principe comme indissoluble.

(1) Kent, *Commentaries on american law*, t. IV, p. 133-136 (112 et suiv.).

On a cru qu'il y avait contradiction dans la doctrine anglaise. Elle admettait la validité des mariages contractés en Ecosse par des Anglais, devant le forgeron de Gretna-Green, sans l'observation des conditions prescrites par la loi anglaise et au mépris de cette loi; et elle refusait de reconnaître les divorces écossais, quand même les époux anglais auraient eu un domicile de bonne foi en Ecosse. La contradiction n'était qu'apparente : elle s'explique par la nature différente des lois qui régissent le mariage et de celles qui régissent le divorce. Le mariage n'est pas contracté par acte du parlement, comme il est dissous par la puissance souveraine. Pendant des siècles le mariage se contractait valablement par le seul concours de consentement des parties, sans solennité aucune et sans intervention de l'Eglise ni de l'Etat. Mais, une fois formé, aucune puissance humaine ne pouvait le dissoudre, parce que le mariage était réputé indissoluble en vertu de la volonté de Dieu. La réforme changea cet état de choses ; elle admit le divorce ; mais, par une singulière anomalie, l'Ecosse calviniste maintint le mariage de l'ancien droit canonique par le seul consentement des époux (*verba de præsenti*), et elle permit à ses cours de justice de le dissoudre pour cause d'adultère ou d'abandon malicieux, la loi de Dieu ne pouvant pas être que le trouble apporté à l'ordre public et aux bonnes mœurs par les désordres des époux restât impuni. L'Angleterre, au contraire, restée catholique, sans pape, rejeta le mariage par le seul consentement, comme le concile de Trente l'avait rejeté, et elle maintint l'indissolubilité du mariage comme principe; si elle autorisa le divorce par acte du parlement, on n'en pouvait induire que le mariage fût dissoluble, c'était plutôt une conséquence de son droit public qui permet au parlement de tout faire; il peut changer la constitution, à plus forte raison peut-il changer la loi du mariage, en déclarant dissous un mariage qui est indissoluble. Dans cet ordre d'idées, il n'y avait pas contradiction à reconnaître la validité des mariages écossais, et à ne pas déclarer nuls les divorces prononcés par les cours d'Ecosse.

154. Tel était le conflit qui existait entre des lois voisines, régissant deux nations sœurs, soumises à la même souveraineté. Il conduisait à des conséquences déplorables. Des époux anglais divorcés en Ecosse pouvaient-ils contracter une union nouvelle en Angleterre ? D'après le droit écossais, oui ; car leur premier mariage étant dissous, ils devenaient capables de se remarier ; c'est l'effet essentiel du divorce. Mais le droit anglais leur opposait un obstacle invincible. Heureux s'ils ne trouvaient pas de ministre du culte ni d'officier civil qui voulût les marier ! Car s'ils contractaient un second mariage, ils étaient bigames aux yeux de la loi anglaise, sujets aux peines qui frappent la félonie, leurs enfants étaient des bâtards adultérins. Le cas se présenta ; il est fameux dans l'histoire du conflit anglo-écossais, sous le nom de *Lolley's case*. Deux naturels anglais se marient en Angleterre ; le mari s'étant rendu en Ecosse, où il avait un domicile ou une résidence, peu importe, car la jurisprudence écossaise n'exige pas un domicile proprement dit, demanda et obtint le divorce. Puis il retourna en Angleterre et s'y maria. Il fut décidé par les douze juges d'Angleterre que le divorce était nul, le mariage entaché de bigamie et le coupable fut condamné à la transportation pour sept ans et envoyé aux galères (1).

Un légiste écossais, qui a écrit un traité sur le mariage et sur le divorce, insiste sur les abus qui peuvent résulter de la jurisprudence des cours écossaises ; que dis-je ? elle provoque ces abus. Il y a de grands Etats où le divorce est prohibé, même pour adultère, la France, l'Italie. Eh bien, dit Fergusson, notre jurisprudence les invite à venir en Ecosse, et afin qu'on ne puisse pas leur reprocher que le crime d'adultère a été commis en pays étranger, les époux auront soin d'adultérer publiquement, puis, quand ils auront acquis une certaine résidence qui rendra les tribunaux d'Ecosse compétents, ils obtiendront le divorce et ils se remarieront. Tout sera pour le mieux si les époux restent en Ecosse. Mais s'ils rentrent dans leur

---

(1) Story, *Conflict of laws*, § 218, p. 236

patrie, ils risqueront, comme Lolley, d'être poursuivis comme bigames, leur second mariage sera annulé, le premier maintenu comme indissoluble. Le mari aura donc deux femmes, dont l'une sera considérée comme divorcée légalement en Ecosse, et l'autre comme épouse légitime, tandis qu'en Angleterre, la femme divorcée sera toujours considérée comme seule femme légitime, et la seconde femme sera réputée concubine, complice de bigamie. Les enfants nés du second lit seront tout ensemble légitimes en Ecosse, et adultérins en Angleterre, admis à succéder en Ecosse, exclus de l'hérédité en Angleterre, là portant le nom de leur père, ici sans nom, sans filiation (1).

155. Il faut ajouter que ce conflit n'a pas de solution. La réalité du statut admise en Ecosse et en Angleterre est une impasse. Si la jurisprudence écossaise n'a pas rempli le monde d'époux divorcés et remariés, de bigames et d'enfants adultérins, c'est que les hommes sont attachés par des liens le plus souvent éternels à leur patrie, et si les époux, après avoir divorcé en Ecosse, rentraient dans leur patrie, ils y seraient traités de bigames; pour échapper aux galères, il ne leur resterait qu'à errer sur la terre étrangère, comme la princesse de Bauffremont, divorcée en Allemagne, malgré son statut français, puis devenue princesse de Bibesco, bannie de fait de la France, séparée de ses enfants, qu'il lui est interdit de voir. Cette situation est affreuse, et l'on comprend qu'elle ne tente personne. Peu nous importe que les scandales soient rares ou nombreux, nous n'avons affaire qu'aux principes.

On voit à quoi conduit le principe de la réalité des lois : les lois ennemies et les familles divisées, déchirées, le tout au nom de la souveraineté absolue, indépendante des Etats. Je renvoie les partisans de ce système au moyen âge; à cette époque, la souveraineté était absolue comme le droit de propriété avec lequel elle se confondait, mais aussi les lois étaient ennemies et les hommes étaient ennemis : *homo homini lupus.* Tel n'est pas notre état social; les Anglais eux-mêmes, qui sont restés féodaux, ont

(1) Fergusson, *On marriage and divorce*, Introduction, p. 18 et 19.

reculé devant les conséquences de la réalité. Il importe de le constater. J'ai combattu le réalisme anglo-américain dans tout le cours de ces Etudes ; ici, je puis m'en épargner la peine ; les *law-lords* eux-mêmes se chargent de ce soin.

Quel est le principe anglais en ce qui concerne la nullité des divorces écossais ? J'ai dit que tout divorce prononcé par une cour étrangère, entre époux anglais, est nul. Cela est vrai, et cela n'est point vrai. Cela paraît vrai d'après lord Eldon, qui donnait ce sens à la décision des douze juges dans le *Lolley's case*. Et cela est certain d'après lord Brougham : « Si jamais, dit-il, chose a été évidente, c'est bien la décision des juges de Westminster Hall » (1). Eh bien, ce qui paraissait incontestable au lord chancelier d'Angleterre, a été contesté, et si bien contesté que l'on ne sait pas encore aujourd'hui à quoi s'en tenir. Si, dit-on, les cours anglaises ont annulé les divorces écossais, c'est que les époux n'étaient pas domiciliés de bonne foi en Ecosse ; ils s'y étaient rendus, non pour y résider, mais pour obtenir le divorce, ce sont des divorces frauduleux, en ce sens que les époux ont eu pour but de frauder la loi anglaise de l'indissolubilité du mariage. La décision des juges anglais serait tout autre s'il s'agissait d'époux établis de bonne foi en Ecosse (2). S'il en est ainsi, il faut dire qu'il n'y a qu'une chose certaine dans le droit anglais, c'est son incertitude. Les Anglais en conviennent (3).

II. *La loi de* 1858.

156. Phillimore dit que la loi de 1858, qui déclare le mariage dissoluble et institue une cour de divorce, n'est rien moins qu'une révolution dans le droit privé et dans la condition des familles. Il semble craindre que la révolution ne soit destructive du mariage (4). Je laisse là ces craintes ; il ne faut pas y attacher trop d'importance ; traditionnalistes par nature, les hommes de loi sont tou-

(1) Voyez les témoignages dans Story, *Conflict of laws*, p. 237, note, § 218 de la 7ᵉ édition.
(2) Voyez la décision du docteur Lushington dans Story, p. 238, § 219
(3) Phillimore, *Private international law*, p. 340, n° 497.
(4) Phillimore, *Private international law*, p. 372, n° 520.

jours opposés à toute innovation, comme si le monde allait s'écrouler dès que l'on touche à l'arche sainte de la tradition. Il est certain que le changement opéré par la loi de 1858 est radical, si l'on prend au sérieux l'indissolubilité du mariage, sous le régime antérieur. A vrai dire, c'était une fiction. Le divorce existait, puisqu'il était prononcé par le parlement, et personne, en droit, n'était empêché de s'adresser au parlement pour obtenir le divorce. S'il y avait relativement peu de divorces, c'est que les frais du procès étaient énormes; de fait, le divorce était une institution aristocratique, comme toutes les institutions anglaises. La démocratie envahit le vieux régime féodal; le droit privé se démocratise comme le droit public. C'est en cela que consiste la révolution opérée par la loi de 1858.

Je n'ai à m'occuper du divorce qu'au point de vue du droit civil international. Sous l'ancien régime, le mariage était indissoluble, et le divorce ne pouvait être prononcé que par une loi; on en concluait que le divorce de deux époux anglais prononcé par des tribunaux étrangers n'avait aucun effet en Angleterre; il en était ainsi notamment des divorces écossais. Toutefois le principe n'a jamais été formulé en ces termes par les cours anglaises: celles-ci ne procèdent que par espèce, à raison des faits et circonstances de la cause; or, la bonne foi ou la fraude jouant un grand rôle dans les affaires de divorce, on ne pouvait jamais savoir si les cours d'Angleterre annulaient les divorces écossais, uniquement parce qu'elles considéraient le mariage comme indissoluble, ou si elles les déclaraient nuls à raison de la mauvaise foi des époux, ceux-ci n'ayant, en Ecosse, qu'un domicile fictif, et y divorçant pour faire fraude à la loi anglaise. Le législateur anglais ne procède pas plus par principes que les tribunaux. En déclarant le mariage dissoluble, rien n'eût été plus naturel que de se prononcer sur la valeur des divorces étrangers, car c'était à l'occasion de ces divorces que le législateur avait opéré un changement radical dans les effets du mariage. La loi de 1858 se borne à créer une cour de divorce, et à déterminer les causes pour lesquelles le mariage peut être dissous. On en pourrait induire que rien n'est changé à l'ancien ordre de choses, sinon que le Parlement est remplacé par une cour de justice. Mais ce changement n'implique-t-il pas toute une révolution, dans le droit autant que dans les mœurs? On ne peut plus admettre comme principe que le mariage est indissoluble d'après le droit anglais; la législation anglaise entre dans le droit commun en permettant à une cour de justice de dissoudre le mariage; il ne faut plus une loi pour prononcer le divorce, un jugement suffit, et si un jugement suffit, n'en faut-il pas induire que les juges étrangers ont qualité pour dissoudre les mariages entre époux anglais? Le motif pour lequel on déclarait les mariages indissolubles venait à tomber du moment que la dissolution du mariage n'était plus un acte de la puissance souveraine. Dans le nouvel ordre de choses, la réalité absolue de la loi du divorce n'a plus de raison d'être; la réalité était une conséquence du principe qu'il fallait un acte de la puissance souveraine pour dissoudre un mariage anglais; du moment que le mariage peut se dissoudre par un jugement, la conséquence doit tomber avec le principe d'où elle découlait (1).

157. Ainsi raisonnaient les légistes, encore n'y mettaient-ils pas cette rigueur, car les jurisconsultes anglais, de même que les magistrats, ne procèdent pas par principes, comme nous sommes habitués à le faire; ils ne parlent pas de la réalité de la loi du divorce, ni de la personnalité; ils n'ont en vue qu'un cas particulier : les divorces écossais seront-ils reconnus en vertu de la loi nouvelle? Il n'avait jamais été décidé en termes formels que ces divorces étaient radicalement nuls; on pouvait soutenir et on avait soutenu qu'ils étaient valables, en supposant que les époux anglais eussent un domicile de bonne foi en Ecosse, et qu'il n'y eût ni collusion ni fraude. Ce qui favorisait le système de l'annulation, c'est qu'il y avait régulièrement fraude, en ce sens du moins que les époux cherchaient à échapper à la rigueur de la loi anglaise, qui exigeait l'intervention du parlement pour dis-

(1) Wharton, *Conflict of laws*, p. 208, n° 217. Phillimore, *Private international law*, p. 372, n° 520.

soudre le mariage. Il n'en était pas de même sous l'empire de la loi nouvelle : les Anglais n'avaient plus besoin de s'établir en Ecosse, en y acquérant un domicile fictif, pour obtenir la dissolution de leur mariage; ils pouvaient l'obtenir en Angleterre de la cour de divorce. Il n'y avait plus lieu de frauder la loi anglaise en s'adressant à un tribunal écossais, puisque la loi anglaise était identique au fond avec la loi d'Ecosse. Dès lors, la difficulté principale, celle de la bonne foi des époux qui divorçaient en Ecosse, venait à tomber; comme ils n'avaient pas de motifs de frauder la loi anglaise, leur bonne foi ne pouvait être suspectée. Il ne restait qu'une question : les tribunaux écossais sont-ils compétents pour prononcer le divorce d'époux anglais et mariés en Angleterre? Or, leur compétence n'avait jamais été niée formellement, et elle ne pouvait plus l'être sous la loi nouvelle, puisque le divorce rentrait dans le droit commun; les tribunaux écossais devenaient compétents pour le divorce comme pour toute autre cause matrimoniale, à condition que les époux eussent leur domicile en Ecosse. Ce n'était plus qu'une question de domicile, et le domicile est de fait plus que de droit; la difficulté de droit disparaissait.

158. Toutefois les légistes anglais disent que la question est toujours controversée. En 1868, la chambre des lords, siégeant comme cour d'appel, annula un divorce prononcé entre époux anglais par une cour écossaise. Tout le débat roula sur la question de savoir si les époux avaient un domicile en Ecosse. Les law-lords reconnaissaient que si le domicile était véritable, le divorce serait tout aussi valable que s'il avait été prononcé en Angleterre par la cour de divorce Mais, dans l'espèce, le mari, qui avait toujours vécu dans des relations adultérines, avait conservé son domicile en Angleterre; il était allé en Ecosse uniquement pour obtenir la dissolution de son mariage, qui, entre lui et sa femme, n'avait jamais été consommé. Dans un pareil état de choses, disait lord Westbury, le mari n'avait réellement pas de domicile en Ecosse; il restait soumis à la loi anglaise, et il aurait dû se présenter devant la cour de divorce; valider le divorce, ce serait autoriser les tribunaux écossais à usurper la puissance souveraine sur des sujets anglais (1).

En 1870, il se présenta, devant une cour anglaise, une espèce plus singulière. Le mari avait toujours conservé son domicile en Angleterre; la femme divorça aux Etats-Unis, dans l'Etat d'Iowa, après six mois de résidence, son mari n'y ayant jamais mis le pied, puis elle contracta un second mariage dans l'Etat d'Illinois. Le juge, lord Penzance, reconnut que si des époux anglais établissaient leur domicile en pays étranger, les tribunaux de ce pays seraient compétents pour prononcer leur divorce; ainsi, ce n'est plus qu'une question de compétence. Mais on ne saurait admettre que la femme aille divorcer aux Etats-Unis, alors que son mari est domicilié en Angleterre, sans que le mari sache même que sa femme demande le divorce. L'avocat de la femme, un Américain, soutint cependant que tout cela était très régulier aux Etats-Unis. Il va sans dire qu'un pareil divorce devait être annulé (2).

L'ouvrage de Wharton a été publié en 1872, celui de Phillimore (2e édition), en 1874. L'un et l'autre constatent que la difficulté des divorces étrangers n'a pas encore reçu de solution définitive. Toutefois, les documents qu'ils citent attestent que la validité des divorces étrangers n'est plus une question de statut, mais de domicile et de compétence (3).

III. *Le droit américain.*

159. Quand je parle du droit américain, j'entends la jurisprudence des cours, car, aux Etats Unis, pas plus qu'en Angleterre, le législateur n'a prévu le conflit des lois en matière de divorce. En Amérique, ces conflits sont plus fréquents, et par conséquent plus affligeants que par-

---

(1) Wharton, *Conflict of laws*, p. 210, § 220.
(2) Wharton, *Conflict of laws*, p. 212, § 221.
(3) Voyez notamment le rapport fait en 1868 par la *Royal Marriage Commission*, cité par Wharton, p. 214, § 223. Comparez Phillimore, *Private international law*, p. 377, n° 521.

tout ailleurs, à cause du grand nombre d'Etats (1) qui tous jouissent du pouvoir législatif, et ont chacun un droit particulier. La jurisprudence aussi est divisée et varie d'un Etat à l'autre, de sorte que le droit américain est un mythe; si on voulait l'exposer d'une manière complète, il faudrait citer tous les arrêts rendus par les cours d'une cinquantaine d'Etats : ce travail ne serait pas sans intérêt, mais en Belgique il serait impossible de le faire, car il n'existe dans aucune de nos bibliothèques des recueils de jurisprudence américaine. Je dois me borner à quelques citations empruntées aux auteurs qui ont écrit sur le droit international privé.

Un mariage est célébré dans l'Etat de Massachusets; les époux établissent leur domicile dans l'Etat de Vermont et y divorcent pour une cause qui n'autorisait pas la dissolution du mariage, d'après la loi de l'Etat où l'union avait été contractée; la bonne foi des époux, en ce qui concerne le domicile, n'était pas contestée. Il a été jugé par la cour de Massachusets que le divorce était valable, par la raison que c'est la loi du domicile lors de la prononciation du divorce qui décide le débat. L'argumentation de la cour est celle des cours écossaises. La loi du divorce dépend du droit criminel plutôt que du droit civil; il s'agit moins du contrat intervenu entre les parties, que des devoirs que le mariage leur impose; ces devoirs intéressent non seulement les époux, mais encore l'ordre public, les bonnes mœurs, et, partant, la société tout entière. L'ordre public est troublé quand le désordre règne dans les familles, la morale publique souffre de ces scandales; or, toute lésion de ces grands intérêts doit être réprimée par les tribunaux de l'Etat où elle se produit. Qu'importe le lieu où le mariage a été célébré? Ce n'est pas l'ordre de l'Etat de Massachusets qui est troublé, c'est l'ordre de l'Etat de Vermont, où les époux vivent; or, c'est à chaque Etat de pourvoir à la répression d'un trouble qui compromet sa conservation, et il y pourvoit avec une entière indépendance; il lui appartient

---

(1) En 1877, il y avait 39 Etats et 7 territoires.

par conséquent de déterminer les causes du divorce; et les jugements que portent ses tribunaux doivent être reconnus partout, parce qu'ils ne font que constater un fait, le trouble de l'ordre social, et la répression de ce trouble (1).

La décision de la cour de Massachussets est-elle fondée sur un principe généralement admis en Amérique? Phillimone le dit, bien qu'il y ait deux jugements contraires (2). Je n'oserais pas l'affirmer. En tout cas, les motifs sur lesquels la décision est fondée sont très contestables; ils n'ont une apparence de vérité que dans les cas où la cause du divorce constitue un délit, tel que l'adultère, les excès, sévices et injures. Encore le délit n'a-t-il rien de commun avec le divorce; la violation des lois pénales donne lieu à une action publique pour l'application de la peine et à une action civile en dommages-intérêts; or le divorce n'est pas une peine, ni une indemnité pour le préjudice causé par le délit, c'est une rupture du mariage pour violation des devoirs que le mariage impose : le divorce peut être prononcé sans qu'il y ait un délit; le code Napoléon l'autorise quand l'un des époux a été condamné à une peine infamante. Ce n'est pas pour le crime de l'époux, c'est à raison de l'honneur blessé que le législateur permet le divorce. Bien moins encore y a-t-il délit quand le divorce est permis pour maladie mentale ou physique, pour incompatibilité d'humeur, ou même par simple consentement.

160. Je conclus qu'un principe qui repose sur des bases aussi peu solides n'est pas un principe. Ce qui le prouve, c'est l'incertitude de la doctrine et de la jurisprudence. Kent déplore le conflit des lois anglaises et des lois d'Écosse; il dit qu'il n'y a pas de questions plus intriguées que celles qui naissent de la contrariété des lois en matière de divorce (3). Des plaintes plus graves ont été émises par des jurisconsultes américains. Chaque État étant maître et souverain dans le domaine des lois civiles

(1) Story, *Conflict of laws.* § 229, p. 256 de la 7e édition.
(2) Phillimore, *Private international law,* n° 504, p. 356 de la 2e édition.
(3) Kent, *Commentaries on american law,* t. II, p. 132 (111).

agit à sa guise, au gré de ses intérêts ou de ses passions, et les tribunaux sont entraînés par ce funeste exemple. L'arbitraire prend la place du droit, et l'arbitraire, en matière de divorce, c'est la ruine du mariage. Je veux bien croire que les juges américains sont inspirés par un sentiment d'équité ; mais comment peuvent-ils savoir si leurs décisions sont équitables quand ils prononcent le divorce, comme je viens de le dire (n° 158), sur la demande de la femme, sans que le mari ait été entendu, que dis-je? alors que le mari n'avait jamais mis le pied sur le territoire de l'Etat où l'on déclarait son mariage dissous, donc, pour des faits qui s'étaient passés ailleurs et dont la cour ne pouvait pas même avoir une connaissance certaine? Wharton se plaint amèrement du nombre croissant des divorces, de la facilité déplorable avec laquelle on les accorde dans quelques Etats pour des causes futiles, ou pour des motifs qui ne sont pas même établis par des témoignages contradictoires. Il en résulte, dit-il, que des jugements rendus par des tribunaux étrangers jettent le trouble dans les familles et dans la société; c'est une usurpation de la souveraineté de l'Etat auquel les époux appartiennent, et la pire de toutes, puisqu'elle aboutit à démoraliser les populations et à ruiner ainsi le fondement de l'ordre social(1). L'éditeur de Story, qui a complété par des additions l'excellent ouvrage du grand jurisconsulte, dit que la jurisprudence relâchée de quelques Etats américains est une honte pour les Etats-Unis. Heureusement, ajoute-t-il, ce mépris pour les principes du droit international ne se rencontre pas dans les Etats qui se respectent et dont la jurisprudence jouit d'une juste autorité (2). N'est-ce pas une dernière illusion? Y a-t-il des principes de droit international privé? Ceux que l'on admet en Europe, sur le continent, sont rejetés en Angleterre et aux Etats-Unis. Que les jurisconsultes anglo-américains y réfléchissent sérieusement; de l'excès du mal pourra venir le remède; et il n'y en a pas d'autre que des con-

(1) Wharton, *Conflict of laws*, § 207, p. 204.
(2) Story, *Conflict of laws*, § 230 *d*, p. 264 de la 7ᵉ édition.

ventions internationales; mais pour que des traités deviennent possibles, il faut que les idées se rapprochent, et pour atteindre ce but, il faut laisser là la vieille routine qui s'en tient aux décisions des tribunaux. Au lieu de commenter sans cesse et toujours le *Lolley's case*, il faut remonter aux principes, en se dégageant de toute influence traditionnelle et de tout préjugé religieux. Ce n'est qu'à cette condition que notre science réalisera la communauté de droit entre les nations.

161. Story, après avoir rappelé les bienfaits du christianisme en matière de mariage, ajoute que son intention n'est point de discuter le droit qu'a le pouvoir législatif d'autoriser le divorce; ce droit est exercé partout, et est hors de toute contestation. Voilà le préjugé chrétien et le défaut de la science américaine. Story oublie qu'il y a une Eglise qui se dit apostolique par excellence, et qui flétrit le mariage civil de concubinage, et nie que le législateur civil ait le droit d'autoriser le divorce. Il fallait donc discuter la question du divorce et des causes du divorce, puis établir une théorie quelconque sur la matière, au point de vue du droit civil international. Au lieu de cela, Story pose comme un principe incontestable la légitimité du divorce; puis, sans tenir aucun compte du droit catholique, il déclare qu'il est certain qu'un divorce prononcé régulièrement, conformément à la loi du pays où le mariage a été célébré et où les parties sont domiciliées, sera considéré partout comme valable (1). Story ajoute qu'il faut tenir compte de deux faits, de la loi du lieu où le mariage est contracté et de la loi du domicile; mais il ne dit pas quelle est la part qu'il faut faire à chacune de ces lois, et c'est là la grande difficulté. Il y a plus : aucun des deux éléments n'est essentiel. Quelle influence le lieu de la célébration peut-il avoir sur la dissolubilité ou l'indissolubilité du mariage ? Les tribunaux français se refuseraient de prononcer le divorce d'époux français qui se seraient mariés en Belgique, bien que, d'après la loi belge, leur mariage fût dissoluble;

_____

(1) Story, *Conflict of laws*, § 201, p. 227 de la 7e édition

et les cours d'Ecosse auraient dissous le mariage de ces mêmes époux, quand même il aurait été contracté en France, où le divorce est aboli. Donc, la loi du lieu est indifférente, et avec raison. Le lieu où un mariage est célébré dépend du hasard ou de la volonté des parties. Est-ce que le hasard peut rendre le mariage dissoluble ou indissoluble? La volonté des parties est tout aussi indifférente, car il n'est pas en leur pouvoir d'admettre ou de rejeter le divorce. Le domicile a-t-il plus d'efficacité? Oui, quand il se confond avec la nationalité, ce qui, en fait, est la règle; non, quand les époux, tout en conservant leur nationalité, sont domiciliés en pays étranger. On peut dire du domicile ce que je viens de dire du lieu du contrat, il dépend de la volonté des parties : est-ce que des époux français, en venant établir leur domicile en Belgique, seraient admis à y divorcer? Non, certes, quoique la loi belge admette le divorce ; nos tribunaux, refuseraient de prononcer le divorce, parce que, pour divorcer, il faut être capable, et la capacité des époux français est déterminée par leur statut national, lequel leur défend le divorce. Vainement les Français établiraient-ils leur domicile en Ecosse ou aux Etats-Unis; ils y trouveraient bien des tribunaux qui dissoudraient leur mariage, mais cette dissolution serait considérée comme non avenue en France, de sorte que s'ils se remariaient, ils seraient réputés bigames et punis comme tels. Ainsi le domicile ni le lieu du contrat ne seraient pris en considération en France.

162. Il est inutile d'insister sur la *loi du lieu,* parce qu'elle est rejetée dans tous les systèmes et par toutes les législations. Ceux-là mêmes qui admettent la *loi du lieu* pour les contrats ordinaires, la repoussent pour le mariage et avec raison. Si l'on détermine la loi des contrats d'après le lieu où ils sont passés, c'est que l'on suppose que telle est l'intention des parties contractantes, ce qui implique qu'il dépend de leur volonté de fixer la loi qui les régit; tel est, en effet, le principe fondamental en matière d'obligations contractuelles : « Les conventions légalement formées tiennent lieu de loi à ceux qui les ont faites. »

(C. Nap., art. 1134). Cette disposition du code civil est
une règle universellement reçue. Dira-t-on aussi que le
mariage, sa dissolubilité ou son indissolubilité dépendent
de la loi que les parties se sont faite en se mariant (1)?
Personne n'oserait le dire, donc il faut laisser de côté la
loi du lieu en matière de mariage : et l'on s'étonne, à juste
titre, qu'un jurisconsulte éminent, comme Story, l'ait
maintenue comme un des éléments essentiels du débat. Je
ne m'explique cette doctrine que par la puissance de la
tradition anglaise, dans laquelle la *lex loci contractûs*
passe pour un article de foi. Mais l'Angleterre elle-même
commence à l'abandonner ; en rendant le mariage dissoluble par jugement, la·loi de 1858 entraîne cette conséquence forcée, que le divorce prononcé en pays étranger
entre des époux anglais est valable : la validité dépend
donc non plus du *lieu*, mais du domicile. La jurisprudence
américaine a également déserté la doctrine de Story; elle
s'attache au domicile actuel des époux en y mettant seulement comme condition que le domicile ait été établi de
bonne foi; elle ne tient aucun compte de la loi du lieu ou
le mariage a été célébré(2). L'annotateur de Story exprime
l'espoir que le principe du domicile finira par être adopté
comme une règle universelle par tous les Etats chrétiens;
mais il a soin d'ajouter que par domicile il entend un
domicile fixe et permanent des deux époux. Cette condition préviendrait les abus scandaleux que l'on fait du
domicile dans quelques Etats de l'Amérique du Nord;
mais elle ne donnerait pas satisfaction aux exigences de
la loi nationale, telle qu'on l'entend en droit français. Un
domicile *fixe* et *personnel* n'est pas un domicile *invariable,*
car le domicile est variable de son essence; les époux
peuvent donc changer de domicile : changeront-ils de loi?
Si oui, alors tout est compromis, au point de vue des
principes du droit international; car on sera forcé d'admettre que des époux français, domiciliés en Belgique, y
pourront divorcer. Nos tribunaux se refuseraient à pro-

---

(1) Bar, *Das internationale Privatrecht,* p 329. Comparez Brocher,
Droit international privé, p 135 et suiv.
(2) Story, *Conflict of laws,* § 230 *a*, p. 261 de la 7e édition.

noncer un divorce pareil, et, en tout cas, les tribunaux français n'en admettraient jamais la validité. Voilà donc le conflit qui reparaît, et il est éternel dans le système du domicile. Nous allons voir ce que le conflit devient dans le système de nationalité.

§ III. *Le divorce et la nationalité.*

Nº 1. LE PRINCIPE.

163. D'après le droit français, le statut personnel est déterminé par la nationalité. Les époux français sont donc régis par la loi française, aussi longtemps qu'ils conservent leur nationalité. Le changement de domicile n'exerce aucune influence sur le statut : aux termes de l'article 3 du code Napoléon, « les lois concernant l'état et la capacité des personnes régissent les Français même résidant en pays étranger (1) ». Or, le code civil, tel qu'il a été modifié par la loi du 8 mai 1816, interdit le divorce; cette prohibition engendre une incapacité pour les Français de divorcer, quelle que soit la loi du pays où ils résident. Mais le statut personnel n'est pas immuable; attaché à la nationalité, il change avec la nationalité; le Français naturalisé en Belgique perd la qualité de Français (C. Nap., art. 17), il cesse donc d'être régi par la loi française, et il est soumis à la loi de la nation dont il devient membre. Le changement de nationalité emporte donc changement de statut. Reste à savoir quelle est l'influence du nouveau statut sur la loi du divorce. J'ai déjà examiné la question en termes généraux (2), ainsi que les difficultés qui concernent le changement de nationalité de la femme; mais j'ai ajourné l'examen du point le plus difficile de ce difficile débat, le changement de nationalité de la femme séparée de corps et la valeur du nouveau mariage qu'elle contracte. Avant d'entrer dans l'examen de la question, il est bon de rappeler les principes, tels

(1) Voyez le tome II de ces Etudes, p. 185, nos 97 et 98.
(2) Voyez le tome III de ces Etudes, p. 528, nos 301-307.

que je les ai exposés dans le cours de ces Etudes. La
solution serait facile si les principes étaient certains ou
du moins généralement admis; mais on peut dire de tout
le droit international privé ce que je viens de dire du
droit anglo-américain en matière de divorce : il n'y a
malheureusement qu'une seule chose qui soit certaine,
c'est l'incertitude. Qui oserait dire, dans ce conflit de
doutes, que tels principes sont vrais et que les autres sont
erronés? Si la modestie est de rigueur dans la mer de
doutes que l'on appelle le droit, elle est encore plus nécessaire dans la matière dont je vais commencer l'examen;
les plus illustres jurisconsultes sont en désaccord : que
dis-je? les nations se combattent; les passions sont en jeu.
Je n'ai d'autre intérêt dans ce débat que la vérité; les
principes que je vais appliquer n'ont pas été forgés pour
le besoin de la cause, je les ai établis dans le cours de
ces Etudes, après mûre discussion; tout en étant persuadé
de leur vérité, je cherche à donner satisfaction aux opinions que je ne partage point; car rien n'est absolu en
droit, le plus souvent il y a une part de vérité dans les
doctrines contraires; je cherche à la dégager pour que
l'on en tienne compte dans les lois ou dans les traités. Si
l'on veut que les conventions internationales deviennent
possibles, il ne faut pas commencer par irriter les débats :
les études de droit international privé doivent se faire
dans un esprit de conciliation; c'est le seul moyen de préparer la communauté de droit entre les peuples.

I. *Première hypothèse. Les deux époux changent de nationalité.*

164. Les époux émigrent; la famille abdique l'ancienne
patrie et en acquiert une nouvelle. C'est son droit. Quel
que soit le système que l'on adopte sur l'expatriation, le
changement de patrie est valable dans l'espèce. Dans mon
opinion, il n'y a plus de puissance maritale, plus d'autorisation nécessaire à la femme pour faire un acte juridique
quelconque; a-t-elle des droits qui lui sont personnels,
elle les exerce librement, comme le mari exerce les siens.
S'agit-il de droits et d'intérêts communs, les deux époux

agissent de commun accord. Or, l'expatriation de la famille est certainement un droit et un intérêt des deux époux et de leurs enfants; donc elle doit se faire par concours de volontés. Et c'est bien ainsi qu'en fait les choses se passent, même sous l'empire de nos lois, qui subordonnent la femme à l'homme et qui exigent une autorisation du mari ou de justice, pour que la femme puisse faire un acte juridique : la femme n'est pas une esclave obéissante, elle est l'égale de l'homme. Dans le système de l'autorisation, la femme qui émigre avec son mari est tacitement autorisée par lui, puisqu'il concourt dans l'acte d'émigration, dont le plus souvent il prend l'initiative ; donc l'expatriation est juridiquement valable en ce qui concerne la femme. Il y a un autre système que le code italien a consacré et qui règne aussi en Suisse, en Allemagne, et chez les peuples de race anglo-saxonne ; l'unité de famille est considérée comme le principe dominant ; la femme qui prend la nationalité du mari lors du mariage la suit aussi quand le mari change de patrie pendant la durée du mariage ; on ne s'enquiert pas de sa volonté ; pour mieux dire, elle consent, en se mariant, à suivre toujours la condition de son mari. L'unité de famille est le vrai principe, il évite tous les conflits, le statut des époux dépendant toujours d'une seule et même loi. Seulement il peut se heurter contre la volonté de la femme ; si elle refuse de suivre son mari à l'étranger, la vie commune est rompue, et partant, le mariage. Que deviendra alors le mariage? Sera-ce une cause de divorce ou au moins de séparation? Je laisse cette difficulté de côté; elle doit être décidée par le législateur; j'ai essayé de le faire dans le projet de révision du code civil.

L'expatriation est consommée ; les époux français ont acquis une patrie nouvelle. Quelle loi réglera leur statut en ce qui concerne le divorce? En changeant de patrie, ils changent de statut, puisque le statut personnel est une dépendance de la nationalité. Dans l'espèce, il n'y a aucun doute, puisque le principe du domicile aboutit à la même conséquence. Les époux changent de domicile en même temps qu'ils changent de patrie, partant, leur statut

change, soit qu'on l'attache au domicile, soit qu'on l'attache à la nationalité. Si donc les époux français s'établissent dans un pays dont la loi admet le divorce, leur
mariage, d'indissoluble qu'il était, deviendra dissoluble.
C'est une conséquence très grave du changement de
patrie; et c'est précisément à raison de cette profonde
modification que subit le mariage, qu'il convient de demander le concours de volontés pour l'expatriation des
époux. Non pas que la dissolubilité ou l'indissolubilité du
lien conjugal dépende de la volonté des époux ; c'est la
loi qui la leur impose par des motifs d'intérêt social; mais
nés et élevés dans les idées et les sentiments, dans les préjugés même qui ont porté le législateur à déclarer le mariage indissoluble, les époux, ou l'un d'eux, d'ordinaire la
femme, peuvent répugner à rendre leur union dissoluble.
Si les deux époux sont d'accord, ils doivent agir en conséquence; ils sauront d'avance que la loi de leur mariage
sera changée s'ils abdiquent la nationalité française et
le statut de l'indissolubilité du mariage qui en dépend.
Si l'un des époux, la femme, je le suppose, refuse de
se soumettre à un nouveau statut, il y aura conflit entre
les conjoints : c'est à la loi de le régler.

165. Il n'y a aucune difficulté, dans cette première
hypothèse, sur les effets du changement de patrie. Les
époux qui, en vertu du statut français, ne pouvaient pas
divorcer pourront obtenir le divorce en vertu de leur
nouveau statut, si, comme je le suppose, ce statut autorise la dissolution du mariage. Merlin le dit, sans manifester un doute (1), et, en réalité, il n'y en a point. J'ai
supposé une expatriation, c'est-à-dire une abdication sérieuse de la patrie d'origine, et l'acquisition également
sérieuse d'une patrie nouvelle. Mais les choses ne se passent pas toujours ainsi. Il se peut que la naturalisation
obtenue par les époux, dans un pays dont la loi autorise
le divorce, n'ait été demandée que pour se soustraire à la
loi française qui défend aux époux de divorcer. Alors

---

(1) Merlin, *Questions de droit*, au mot *Divorce*, § XI (t. V, p. 350, édition
de Bruxelles).

surgit une question qui n'est point sans difficulté. On demande si une naturalisation acquise en fraude de la loi française n'est pas viciée dans son essence. Il est certain que la fraude vicie tous les actes juridiques ; et il n'y en a pas de plus grave que celle qui s'attaque à l'autorité de la loi et qui la ruine, et ruine par là le fondement même de la société. La fraude entache donc aussi la naturalisation. Mais quand peut-on dire qu'il y a fraude? On a dit que celui qui fait ce qu'il a le droit de faire ne fraude pas la loi ; cela est vrai, mais à une condition, c'est qu'il fasse sérieusement et loyalement ce qu'il a le droit de faire. J'ai le droit d'abdiquer ma patrie en me faisant naturaliser en pays étranger ; j'use de ce droit, je deviens Belge, Suisse, et, en vertu de mon nouveau statut, je divorce. Si les époux qui changent ainsi de patrie ont la volonté sérieuse de renoncer à leur nationalité d'origine, ils font ce qu'ils avaient le droit de faire ; leur naturalisation sera valable, et, par suite, leur divorce, ainsi que le nouveau mariage qu'ils auront contracté. Il est vrai qu'ils changent la loi sous laquelle leur première union avait été célébrée : ils avaient contracté un mariage indissoluble, et ils rompent un lien qui, dans leur intention commune, devait être indissoluble. Si l'on appréciait ces faits au point de vue du droit privé, on serait tenté de dire que les époux n'usent pas d'un droit, qu'ils violent au contraire la loi sous l'empire de laquelle ils se sont mariés. D'après le droit français, ils ne peuvent pas apporter le moindre changement à leurs conventions matrimoniales, quand même ils seraient d'accord pour le faire ; la loi du mariage est immuable. Et on leur permet le plus radical des changements, leur mariage qui devait être indissoluble va devenir dissoluble ; et, en rompant leur union personnelle, ils rompent en même temps les conventions qu'ils avaient faites quant à leurs biens. N'y a-t-il pas là une contradiction manifeste? Non, l'objection ne tient pas compte d'un élément qui domine les intérêts pécuniaires, le principe de liberté. Dieu, en nous donnant une patrie par notre naissance au sein d'une famille déterminée, ne nous y attache pas comme le serf était attaché à la glèbe, comme l'esclave était rivé à sa chaîne ; il nous a doués de la liberté, le plus beau de ses dons. Nous pouvons abdiquer notre patrie d'origine, quand nos prédilections, nos intérêts, nos passions politiques nous y excitent. La liberté d'aller et de venir est inscrite dans nos constitutions depuis 1789 ; cette liberté ne peut nous être enlevée par la loi, et bien moins encore par nos conventions. Qu'importe que le contrat de mariage des époux soit immuable? Cela est vrai, tant qu'ils conserveront leur nationalité et leur loi nationale. Mais il leur est permis de s'expatrier, et avec la patrie nouvelle qu'ils acquièrent, ils acquièrent une nouvelle loi. Voilà comment il se fait que leur union, d'indissoluble qu'elle était, deviendra dissoluble. C'est la conséquence d'une liberté constitutionnelle, et si l'exercice de cette liberté est légitime, la conséquence qui en résulte ne saurait être illégitime (1).

Il y a plus, et il faut aller plus loin. Je suppose que les époux ne s'expatrient que pour obtenir la dissolution de leur mariage. Leur expatriation n'en sera pas moins valable, pourvu qu'elle soit sérieuse et elle le sera s'ils ont abdiqué leur patrie pour en acquérir une nouvelle. Les motifs pour lesquels ils ont émigré sont multiples, et, légalement parlant, ils sont tous légitimes, puisqu'ils sont l'exercice d'un droit. Parmi ces motifs, je n'en connais pas de plus juste que le dissentiment qui existe entre les convictions du citoyen et les lois que la majorité lui impose. Et qu'est-ce que la loi qui a déclaré le mariage indissoluble en France? Elle date de 1816, c'est l'œuvre d'une chambre qualifiée d'introuvable, un des premiers actes d'une réaction aveugle qui voulait ramener la France sous le despotisme de l'Eglise uni au despotisme de l'Etat, la plus impossible des révolutions, puisqu'elle tend à ressusciter un passé qui est mort. Cette loi blesse la conscience de tous ceux qui ne sont pas catholiques. Quoi de plus naturel et de plus légitime que de se soustraire à une législation qui viole les droits de l'homme, sous pré-

(1) Brocher, *Nouveau Traité de droit international privé*, p. 125 et suiv.

texte de religion et de morale? C'est le droit des minorités et le seul qui leur reste. Celui qui abdique sa patrie parce que les lois qu'il doit subir heurtent ses convictions et blessent ses droits, ne fait pas fraude à ces lois, il les renie. Donc, l'expatriation, quand elle aurait ouvertement pour objet de secouer le joug de la loi de 1816, est licite : c'est le cas de dire qu'il n'y a point de fraude à faire ce qu'on a le droit de faire.

J'ai supposé que l'expatriation est sérieuse, elle peut être fictive, et elle l'est quand les Français qui veulent divorcer demandent la naturalisation en pays étranger, non pas pour y acquérir une nouvelle patrie, mais dans le but unique d'obtenir le divorce, et, le divorce obtenu, de contracter un nouveau mariage qui leur fait perdre la patrie à peine acquise et leur rend parfois la nationalité française par un nouveau mariage; j'en ai cité, ici même, un exemple emprunté à la jurisprudence. Une femme française naturalisée en Suisse divorce, puis elle se remarie avec un Français et recouvre ainsi une nationalité qu'elle n'avait abdiquée qu'en apparence, pour faire prononcer son divorce en Suisse et rentrer immédiatement en France, où elle se remarie, en contractant une nouvelle union indissoluble, après avoir rompu son premier mariage, à la suite d'une naturalisation demandée pour échapper à l'indissolubilité de son union (1). La fraude était palpable.

En voici un autre exemple. Je le cite comme réponse à une objection que j'ai combattue ailleurs. On dit qu'il n'y a jamais de fraude, en ce sens qu'il est impossible de prouver que celui qui a usé de son droit l'ait fait pour frauder la loi. Le 22 juin 1835, une dame Desprades fait prononcer contre son mari sa séparation de corps. Dans les premiers jours de juin 1836, le mari partit pour la Suisse, accompagné d'une demoiselle Plasse, de Niort, où étaient domiciliés les époux Desprades. Arrivé en Suisse, il demanda, dans la commune de Landen, canton de Bâle campagne, le droit de bourgeoisie, qui lui fut

(1) Voyez le tome III de ces Etudes, p. 530, n° 302.

accordé le 13 juin. Question de finances. Le 5 juillet suivant, il se fit naturaliser Suisse, puis, en vertu d'une autorisation de se remarier délivrée par le conseil de Bâle campagne, il contracta mariage avec la demoiselle Plasse, le 19 juillet. Peu de jours après, le sieur Desprades revint à Niort, dans un domaine où il avait depuis longtemps fixé son domicile. Sa seconde femme étant morte, le 3 mai 1837, à la suite de couches, Desprades se présenta devant le maire de La Rochelle pour contracter un troisième mariage avec une demoiselle Chopin. L'officier de l'état civil ayant refusé de prêter son ministère, Desprades alla en Suisse, et s'y remaria le 20 août 1838; puis il rentra en France et s'établit dans son domaine de la Monjetterie. Après sa mort, un débat s'éleva entre les enfants issus de ces trois mariages : l'enfant né de la première union était seul légitime, les autres furent déclarés bâtards adultérins, les mariages de leur père ayant été contractés du vivant de sa première femme. On opposa la naturalisation, le divorce prononcé en Suisse, puis les mariages célébrés en Suisse. La cour de Poitiers déclara la naturalisation frauduleuse; par suite le divorce et les mariages venaient à tomber. Sur le pourvoi en cassation, il intervint un arrêt de rejet. Je me borne à transcrire les considérants qui concernent la fraude. « S'il est permis, dit la cour, aux citoyens français de se faire naturaliser en pays étranger et même d'y emmener leurs femmes françaises, pour les y soumettre aux lois du pays qu'ils adoptent, cette règle, qui tient à l'indivisibilité du mariage, reçoit exception lorsque le mari ne fait usage de l'autorité maritale que pour pouvoir rompre les liens conjugaux et dépouiller sa femme de ses droits en la privant de l'appui et de la protection qu'il lui avait promis, et qu'il lui devait d'après les lois françaises. Attendu que la cour de Poitiers a reconnu et déclaré en fait que Desprades avait employé des manœuvres frauduleuses pour se dégager des liens dans lesquels le retenait la loi française, en portant atteinte aux droits de sa femme; Attendu qu'elle a déclaré également que les mariages qu'il avait contractés étaient les suites de ces mêmes fraudes... » (1). La fraude était patente. Le mari n'avait pas la moindre intention de changer de nationalité; il n'allait en Suisse que pour y faire rompre son mariage, il n'y restait que le temps suffisant pour y accomplir des actes frauduleux, puis, après ce voyage en Suisse, il revenait en France, dans son domicile, sans songer qu'il fût Suisse, tenu comme tel des charges de sa nationalité nouvelle, et sans songer à exercer les droits qu'elle lui donnait. Est-ce là une expatriation? Est-ce là l'usage du droit qui appartient à l'homme d'abdiquer sa patrie? Tout est frauduleux et vicié par la fraude.

II. *Deuxième hypothèse. L'un des époux change de nationalité.*

166. L'un des époux peut-il changer de nationalité sans le concours de son conjoint? Nos lois ne prévoient pas la difficulté. En théorie, et en faisant abstraction des principes qui régissent les rapports du mari et de la femme en droit français, je n'hésiterais pas à répondre : Non, les époux doivent avoir la même nationalité et la même loi personnelle, comme ils doivent avoir une même âme en deux corps. C'est bien là l'esprit du code Napoléon quand il dispose que l'étrangère qui épouse un Français suivra la condition de son mari, et qu'il en est de même de la femme française qui épouse un étranger (art. 12 et 19). Si, au début du mariage, l'unité de patrie et, par suite, de statut, est la loi des époux, n'en doit-il pas être de même pendant le mariage? Ou dira-t-on que pendant le mariage l'unité peut faire place à la division? Cela n'a point de sens. Si le code civil n'a pas dit formellement que la femme suivrait toujours la loi du mari, c'est qu'il n'a pas prévu la difficulté, et il ne l'a pas prévue, parce qu'il arrive si rarement que le mari change de nationalité, et on pouvait moins encore prévoir que la femme prétendrait avoir le droit d'abdiquer la nationalité de son mari, tant que le mariage dure. Mais peut-on s'autori-

(1) Rejet après délibéré en chambre du conseil, 16 décembre 1845 (Dalloz, 1846, 1, 7).

ser du silence de la loi pour soutenir qu'aucun des deux époux ne peut, par une volonté isolée, changer de nationalité? En droit français, cela me paraît impossible. Le mariage repose sur le principe de l'inégalité, le mari exerce la puissance maritale; la femme est subordonnée au mari, à qui elle doit obéissance, et qu'elle doit suivre partout où il juge à propos de résider (C. Nap., art. 212-214). Dans cet ordre d'idées, on ne conçoit guère qu'il faille le concours de la femme quand le mari veut abdiquer sa patrie. Tout ce que l'on peut admettre, c'est que la naturalisation du mari laisse à la femme la patrie que lui donne sa naissance ou son mariage. La naturalisation du mari sera donc un acte qui lui est personnel, et qui n'affecte pas la condition de la femme; sauf à celle-ci à changer de nationalité avec son mari, par l'effet de sa volonté, ce qui nous ramène à la première hypothèse. On peut admettre aussi, à la rigueur, que la femme seule change de nationalité avec autorisation de son mari. Cela est logique dans le système de la naturalisation individuelle, et dans le système qui permet au mari de changer de nationalité pendant le mariage. Mais la conséquence à laquelle on aboutit est en opposition avec l'essence du mariage. Si le mariage est l'union des âmes, comme Napoléon l'a dit au conseil d'Etat, les deux époux ne sauraient avoir une patrie différente, des droits différents, des devoirs différents. Cela est contradictoire dans les termes. Si le législateur veut maintenir l'idéal du mariage, il ne peut permettre la naturalisation individuelle de l'un des époux ; il faut que les conjoints s'entendent, et s'ils ne parviennent pas à s'entendre, qu'ils se séparent : mieux vaut la séparation que la guerre intestine au foyer domestique.

167. Le mari français se fait naturaliser en Belgique. Son droit est incontestable et n'a jamais été contesté devant les tribunaux, que je sache. Il ne peut s'agir, dans le système du code Napoléon, d'un concours de la femme ; le mari est le chef de la famille, et, comme tel, seigneur et maître; il agit seul; la femme n'est pas appelée à consentir, elle doit obéissance au mari; celui-ci établit-il son domicile en pays étranger, y acquiert-il la naturalisation, la femme doit le suivre, elle aura son domicile légal là où son mari est domicilié. Mais elle conserve sa nationalité. Cela est de jurisprudence (1) et, dans la doctrine du code civil, il doit en être ainsi. Il ne consacre pas le principe de l'unité de famille pendant toute la durée du mariage, et les lois sur la naturalisation la considèrent comme l'exercice d'un droit individuel : personne ne peut être privé de sa nationalité sans sa volonté. Dans cet ordre d'idées, on ne conçoit pas que la femme perde sa qualité de Française par le fait de son mari ; Elle restera donc Française, alors que son mari devient étranger.

Quelles vont être les conséquences de ce fait que les auteurs du code civil n'ont pas prévu? Il y en a une qui ne saurait être contestée, et qui, je crois, ne l'a jamais été. Le mari devenu étranger ne jouira plus des droits civils en France. Cela résulte du texte même de la loi. Le titre Ier du premier livre du code Napoléon traite « de la *jouissance* et de la *privation* des *droits civils*.» Qui jouit des droits civils? L'article 8 répond : Tout *Fran-çais*. Vient ensuite le chapitre II, qui a pour objet : la *privation* des *droits civils*. La section 1re est intitulée : « De la *privation* des *droits civils* par la *perte* de la qualité de *Français*. » Donc le Français perd la jouissance des droits civils en perdant la qualité de Français, et le premier article de la section nous dit que « la qualité de *Français* se perd par la *naturalisation* acquise en pays étranger ». Ainsi, dès l'instant que le Français est naturalisé, il cesse de jouir des droits civils en France. Donc le mari naturalisé en pays étranger ne jouira plus des droits civils en France. Sa femme, au contraire, restée Française, continuera à jouir des droits civils, alors même qu'elle est forcée de suivre son mari à l'étranger. Voilà la division de la loi civile qui régit les époux, conséquence logique de la naturalisation individuelle du mari

Là ne s'arrête pas la division. La naturalisation ne donne pas seulement la jouissance des droits civils, elle

(1) Voyez le tome III de ces Etudes, p. 287, n° 161.

détermine aussi la loi d'après laquelle ces droits sont exercés : le statut personnel dépend de la nationalité. L'article 3 du code Napoléon le suppose et cela est assez généralement admis. Si les auteurs du code avaient traité des statuts, comme ils traitent de la jouissance des droits civils, ils auraient dit : « Le statut personnel des Français est régi par leur loi nationale ; s'ils se font naturaliser en pays étranger, ils cesseront d'être régis par la loi française. » Quel sera leur nouveau statut ? Dans la doctrine qui admet le principe de nationalité, on répond que le Français sera régi par le statut de sa nouvelle patrie ; il en serait ainsi si le Français était naturalisé en Italie ou en Belgique. Si l'on admet que le statut dépend du domicile, il faut dire que le statut du Français naturalisé en Belgique ou en Italie sera déterminé par son nouveau domicile. Régulièrement, le domicile sera identique avec la patrie du Français naturalisé, car c'est pour s'établir à l'étranger qu'il a demandé la naturalisation, et il ne l'a obtenue que sous la condition d'une résidence plus ou moins longue. Dans tout système, la naturalisation emporte le changement de statut pour le mari naturalisé, tandis que la femme conservera le statut français. Cela ne peut guère être contesté, et, si l'on admet le principe, il en faut accepter les conséquences.

Ces conséquences ne donnent même pas lieu à difficulté, tant qu'il ne s'agit que de droits pécuniaires. Je suppose que les deux époux soient cousins germains ; ils sont appelés à une hérédité qui s'ouvre en France ; les droits du mari seront réglés par la loi étrangère qui forme son statut, tandis que les droits de la femme seront régis par la loi française, dans la doctrine qui admet le principe de nationalité. Les droits des époux seront régis par une loi différente, parce qu'ils ont une nationalité différente et un statut différent. Ne faut-il pas appliquer le même principe en matière de divorce ? Si, en changeant de nationalité, le mari change de statut, et si son nouveau statut admet le divorce, il pourra demander le divorce ; sa femme, au contraire, restée Française, ne pourra pas demander la dissolution du mariage, puisque son statut national le lui défend. La conséquence est certaine si le principe est certain. Or, la jurisprudence française admet la validité de la naturalisation pourvu qu'elle ne soit pas faite en fraude des droits de la femme, et en fraude de la loi ; et je suppose qu'il n'y a aucun soupçon de fraude. Le mari s'est fait naturaliser en Belgique, à une époque où il n'existait aucune cause de divorce, il ne pouvait donc pas songer à la dissolution de son mariage. Une cause de divorce survient ; pourquoi ne pourrait-il pas le demander? C'est un droit attaché au nouveau statut qui le régit depuis qu'il est devenu Belge ; c'est ce statut qui gouverne désormais son état et sa capacité, et il lui permet d'agir en divorce. Cela paraît décisif ; c'est, en effet, la conséquence logique du principe que je viens de poser ; si on l'applique au droit de succession et à tous les autres droits privés, pourquoi ne l'appliquerait-on pas au mariage? Est-ce qu'un seul et même principe peut avoir des conséquences différentes? On ne pourrait l'admettre que s'il y avait, dans le mariage même, un obstacle qui s'opposât à ce que le changement de nationalité ou de statut reçût son application au divorce. Ici est le vrai siége de la difficulté. Elle n'a pas arrêté la cour de Bruxelles. La cour a décidé à deux reprises, en 1867 et en 1878, que le mari français naturalisé en Belgique, y pouvait demander le divorce. J'ai rapporté ces arrêts en traitant de la naturalisation (1). Comme c'est l'application des principes au mariage et au divorce qui a provoqué des objections, je dois revenir sur la question.

Il faut distinguer deux ordres d'idées que l'on a confondus, à mon avis, le domaine de la théorie, et celui de la loi. Pour le moment, je laisse la théorie de côté, et je reste sur le terrain du droit positif. Le mariage s'oppose-t-il à ce que le mari use de son statut personnel pour demander le divorce? Ce serait une exception aux effets du statut personnel : où cette exception est-elle écrite? Le statut personnel est établi par l'article 3 du code Napoléon, qui consacre la doctrine traditionnelle. Il est de prin-

(1) Voyez le tome III de ces Etudes, p. 533, n°s 304 et 305.

cipe que la loi personnelle règle l'état et la capacité de la personne, sous tous les rapports, sauf quand il est en conflit avec un statut réel, c'est-à-dire un statut territorial d'intérêt public. Dans l'espèce, ce conflit n'existe pas; il y a opposition entre deux statuts personnels, celui du mari et celui de la femme; or, les deux statuts ont la même force, l'un ne peut donc pas neutraliser l'autre. Si le statut personnel de la femme lui défend le divorce, ce statut ne peut pas l'emporter sur celui du mari qui lui permet de demander le divorce. Vainement allèguerait-on les meilleures raison du monde pour empêcher le mari de divorcer en vertu de son statut personnel, ce serait apporter une dérogation à ce statut, c'est-à-dire déroger implicitement à l'article 3 qui le consacre avec ses conséquences; or, l'interprète n'a pas ce droit-là. Les raisons qu'il peut alléguer s'adressent au législateur; c'est dire, comme l'a fait la cour de Bruxelles, qu'il peut y avoir lacune dans la loi, mais il n'appartient qu'au pouvoir législatif de la combler. Cela me paraît décisif.

168. Nous allons entendre les objections. Elles pourront être très fondées en théorie, mais être sans force contre la loi positive. Cela ne m'empêchera pas d'en tenir compte; car mon but n'est pas seulement d'exposer l'état de notre législation; si je la trouve contraire aux principes, je me permets de la critiquer. Dans l'espèce, c'est plus qu'un droit, c'est un devoir, car il s'agit de mettre fin à un conflit affligeant; si cela est impossible sur le terrain de la législation, cela pourra se faire par la voie des conventions internationales, et c'est cette voie qui seule donnera à notre science la certitude qui lui fait défaut.

Il y a une première objection que j'écarte quoiqu'elle ait été faite par le meilleur de nos jurisconsultes. Ecoutons Merlin : « De deux époux français, l'un se fait naturaliser dans un pays où le divorce est permis; il ne pourra demander le divorce contre l'autre resté Français. De même que pour la formation du mariage, il faut, dans chacune des deux parties, la capacité de se marier, de même pour la dissolution du mariage, il faut en chaque

époux la capacité de divorcer (1). » Wharton reproduit
la décision de Merlin comme une doctrine certaine,
sans même la motiver (2). Fiore est plus explicite; il
répète ce que dit Merlin: le mari peut bien, en se faisant
naturaliser en pays étranger, acquérir un nouveau statut
qui lui permet de divorcer, mais il ne peut changer
le statut de sa femme, ni la rendre capable de divorcer,
alors que son statut national la rend incapable, et sans
la capacité des deux époux, il ne saurait y avoir de divorce (3). Il me semble que l'argumentation cloche; elle
suppose que la dissolution du mariage repose sur le
même principe que sa formation, ce qui n'est pas exact.
La capacité de se marier est à peu près la même dans
toutes les législations, mais bien que le mariage se forme
de la même manière en ce qui concerne la capacité, la
capacité de divorcer diffère grandement; d'abord il y a
des lois qui prohibent le divorce, et celles-là mêmes qui
l'admettent diffèrent quant aux causes pour lesquelles
elles l'autorisent. Cela prouve qu'il n'y a aucune analogie,
bien moins encore parité entre la formation du mariage
et sa dissolution. Les deux faits juridiques dépendent de
considérations essentiellement différentes. Le mariage se
forme par le consentement, il ne se dissout point par un
consentement contraire. Peu importe donc que l'un des
époux soit capable de divorcer et l'autre incapable. Alors
même que les deux époux seraient incapables, en ce sens
que le divorce leur serait interdit, les tribunaux pourraient et devraient prononcer la dissolution du mariage,
si la loi en vertu de laquelle ils rendent la justice, considérait le divorce comme une dépendance du droit pénal
ou du droit public. Il en était ainsi en Ecosse avant la loi
anglaise de 1858; les cours prononçaient le divorce
d'époux anglais mariés en Angleterre, quoique leur mariage fût indissoluble d'après la loi anglaise, et que, par
conséquent, aucune des parties n'eût la capacité de divor-

(1) Merlin, *Questions de droit*, au mot *Divorce*, § XI.
(2) Wharton, *Conflict of laws*, p. 206, § 214 Il faut ajouter que Wharton
ne fait que l'office de rapporteur, il ne décide rien.
(3) Fiore, *Diritto internazionale privato*, p. 135, n° 182.

cer, en ce sens qu'aucune d'elles ne pût demander le divorce à une cour étrangère, preuve que le divorce ne dépend point de la capacité des parties. Il faut donc laisser de côté toute comparaison entre la capacité de se marier et la capacité de divorcer.

Un professeur italien insiste sur les conséquences immorales qui résulteraient du divorce que le mari obtiendrait et du second mariage qu'il contracterait, alors que sa femme restée Française serait toujours considérée comme mariée : « La loi, dit M. Guelfi (1), qui retient la femme en état de mariage et sous la puissance de son mari, quoique celui-ci soit devenu étranger, ne peut pas en même temps valider le divorce et le second mariage accomplis à l'étranger. Ce serait, dans une certaine mesure, autoriser la bigamie et garantir le spectacle brutal d'un mari ayant deux femmes. » Sans doute, une seule et même loi ne saurait refuser à la femme de divorcer et de se remarier, et permettre au mari de divorcer et de se remarier. Mais, dans l'espèce, on ne peut faire ce reproche à la loi française, elle ne permet à aucun des époux de divorcer, mais elle leur permet de se faire naturaliser en pays étranger ; c'est en vertu de la loi étrangère que le mari naturalisé obtient le divorce et se remarie ; et c'est en vertu de la loi française que la femme restée Française ne peut pas divorcer ni se remarier. Il y aurait ici un de ces déplorables conflits qu'engendre la contrariété des lois, sans qu'on puisse l'imputer à une loi plutôt qu'à l'autre.

169. J'arrive à une objection plus sérieuse qui a été faite par M. Labbé et qu'il soutient avec une grande puissance de logique (2). Il pose d'abord comme principe que tout contrat ne peut être régi que par une seule loi, et ne peut être dissous que par une seule loi ; de là il conclut que, lorsqu'un contrat est formé, l'une des parties ne

---

(1) Guelfi (professeur à l'Université de Rome), *Della naturalizzazione, della separazione personale e del divorzio*, p. 23.

(2) Labbé, *De la Naturalisation et du Divorce au point de vue des rapports internationaux* (*Journal du droit international privé*, t. IV (1877), p. 20 et suiv.

peut, par un changement de nationalité et par sa soumission à une loi nouvelle, introduire un changement dans
le contrat, en forçant l'autre à subir une loi que celle-ci
n'a pas acceptée comme règle de leurs rapports. M. Labbé
applique ce principe au mariage. L'unité de contrat entraîne encore ici l'unité de loi. Cette loi peut, à la vérité,
changer durant le mariage, mais, à toute époque, elle
doit être la même pour les deux époux. L'un deux ne peut
donc pas, en se faisant naturaliser en pays étranger, altérer le contrat en le rendant dissoluble pour lui, tandis
qu'il resterait indissoluble pour son conjoint : comment
concevoir un mariage dissous pour le mari et subsistant
pour la femme? La femme demeurée Française s'est mariée sous l'empire d'une loi qui déclare l'union indissoluble; tant que la loi qui a présidé à l'union n'est pas
changée, le mariage ne saurait être dissous par la volonté
de l'un des époux.

J'admets volontiers cette doctrine en théorie, avec une
réserve néanmoins en ce qui concerne la parité que l'auteur établit entre les contrats ordinaires et le mariage.
Dans les contrats pécuniaires, c'est la volonté des parties
qui leur tient lieu de loi; elles le déclarent indissoluble,
et, par suite, il ne peut être dissous que par leur volonté
commune. Il n'en est pas de même du mariage, c'est la
loi qui le déclare indissoluble en France, et dissoluble en
Belgique; les époux ne pourraient pas contracter en
France un mariage dissoluble, ni un mariage indissoluble en Belgique Mais la loi, pendant la durée du
mariage, peut en changer les effets; il est plus que probable que ce changement va se faire en France, et
que les mariages contractés indissolubles seront déclarés dissolubles. Cela peut même se faire sous l'empire
de la législation actuelle, si les deux époux obtiennent
la naturalisation en Belgique; ils changent de loi, dans
ce cas, mais ce sera toujours une seule et même loi qui
régira leur union. Le mari peut-il, en se faisant naturaliser en Belgique, changer par sa seule volonté la loi
du contrat, et le rompre, alors que la femme restée Française ne peut et ne veut pas le rompre? Je pose la ques-

tion en théorie et j'y réponds en théorie. Dans mon opinion, l'égalité doit régner entre les époux, et, par suite, rien de ce qui concerne leurs droits communs ne peut se faire que par un concours libre de volontés. S'il en est ainsi des intérêts pécuniaires, à plus forte raison doit-on exiger ce concert de volontés quand il s'agit de l'essence du mariage : contracté indissoluble sous une loi qui prohibe le divorce, le mariage doit rester indissoluble, à moins que, de commun accord, les époux ne changent de loi en changeant de nationalité. Dans cet ordre d'idées, le changement de nationalité de l'un des époux sans le concours de l'autre ne se conçoit point. Mais cette opinion n'est qu'une théorie. Aucune législation ne la consacre. Il faut donc l'écarter quand on discute une question de droit positif, et se placer sur le terrain du droit commun. Or, le droit commun est que le mari est le chef de la famille, et, comme tel, seigneur et maître; il agit seul, sans le concours de sa femme. Il peut, non seulement établir son domicile là où il veut, il peut aussi changer de nationalité. Logiquement, la femme devrait changer de nationalité avec lui, comme elle change de domicile avec lui ; alors l'unité de loi serait maintenue. Il y a des législations et ce sont les plus nombreuses, qui, pour maintenir l'unité de famille, imposent à la femme la condition du mari, la femme étant censée, en se mariant, consentir à suivre la nationalité du mari pendant le mariage, comme lors du mariage. Mais la législation française ne consacre pas ce système; la femme reste Française alors que son mari se fait naturaliser. La conséquence est que l'unité de loi fait place à la dualité, la femme est régie par le statut français, tandis que le mari sera régi par le statut belge; la femme ne pourra pas demander le divorce, tandis que le mari pourra divorcer. C'est un conflit déplorable, mais les lois seules ou les traités peuvent y mettre un terme.

170. J'ai supposé que le mari change de nationalité, divorce et se remarie. La femme a-t-elle le même droit? Dans le système du code civil, la femme est frappée d'incapacité juridique, elle ne peut faire aucun acte sans autorisation maritale. Cette incapacité s'étend-elle à la naturalisation? La loi ne prévoit pas la difficulté; il faut donc recourir à l'intention du législateur, ce qu'on appelle l'esprit de la loi. En déclarant la femme incapable de faire des actes juridiques, le législateur a voulu, d'une part, maintenir l'autorité du mari, comme chef, et, d'autre part, sauvegarder les intérêts de la famille. Si la femme ne peut faire même un acte d'administration sans y être autorisée par le mari ou par la justice, à plus forte raison ne peut-elle pas faire un acte qui changera son statut personnel, et réagira par conséquent sur toutes les relations de droit privé où ce statut intervient. Sous l'empire du code Napoléon, la femme naturalisée aurait perdu la jouissance des droits civils en France, et notamment le plus considérable de ces droits, celui d'hérédité. Conçoit-on que la femme incapable ait la capacité de se dépouiller de ses droits civils? Je laisse de côté les considérations morales et politiques, puisque le législateur n'y a pas songé en formulant le principe de l'incapacité; je m'en tiens au texte de l'article 217, et j'en induis que les incapacités particulières qu'il établit impliquent l'impossibilité, pour la femme mariée, de changer de statut.

Il est inutile d'insister, puisque personne n'a soutenu que la femme puisse se faire naturaliser sans autorisation; il est même douteux qu'elle le puisse avec le consentement du mari. La question suppose que le mari français conserve sa nationalité, et que sa femme veuille changer de patrie. L'hypothèse seule est étrange, et je ne pense pas qu'elle se soit jamais présentée, dans les termes que je viens de dire. D'après le code civil, la femme suit la condition du mari : la femme peut-elle s'affranchir de cette condition, et le mari y peut-il consentir? Ce serait une étrange anomalie. Je suppose que, d'après la loi du pays où la femme veut se faire naturaliser, il n'y ait point de puissance maritale, le mari, en autorisant la naturalisation, abdiquerait donc sa puissance; cela est juridiquement impossible. Les considérations morales et politiques seraient tout aussi puissantes, si le législateur y avait songé; mais le silence du code ne me permet pas de

les invoquer. Toutefois on admet généralement que la
femme peut se faire naturaliser avec autorisation du
mari (1). Il y a un motif qui justifie cette opinion, quelle
que soit l'anomalie qui en résulte. Si changer de patrie
est un droit pour le mari, il est difficile de refuser le
même droit à la femme. Le mariage n'enlève pas à la
femme la jouissance de ses droits, il en modifie seulement l'exercice, en ce sens que la femme ne peut les exercer qu'avec autorisation. C'est une anomalie, car la naturalisation isolée de la femme détruit l'unité de patrie et
de loi qui est certainement dans les vues du législateur,
puisqu'il veut que la femme suive la condition du mari.
C'est dire que l'opinion à laquelle je souscris malgré moi
est contraire aux vrais principes ; je l'ai combattue dans
le cours de ces Etudes, en établissant comme loi du mariage l'unité de famille (2). Cette loi prévaut dans la plupart des pays, en Allemagne, en Suisse, en Italie, en
Angleterre ; j'ai proposé de l'introduire dans le nouveau
code des Belges ; elle mettra fin au conflit que je viens de
signaler ; malheureusement il y en a un autre qui subsistera et qu'il sera plus difficile de prévenir.

171. La femme séparée de corps peut-elle se faire
naturaliser en pays étranger sans l'autorisation de son
mari ou de justice? Nous touchons ici à la fameuse
affaire Bauffremont. Avant de l'aborder, je dois dire un
mot de la question que je viens de poser et qui, d'après
le droit français, n'en est pas une. Qu'est-ce que la séparation de corps? Les époux sont séparés de corps, mais le
mariage subsiste. C'est l'Eglise qui a établi la séparation
de corps ; son but est de maintenir le lien conjugal, qu'elle
déclare indissoluble. Elle maintient, en conséquence tous
les effets du mariage, à l'exception de l'obligation de la
vie commune. Notamment, la femme reste sous puissance
maritale, partant, elle continue à être incapable ; si la loi
déroge à son incapacité en lui permettant d'administrer
ses biens et d'en jouir librement, c'est que la communauté

---

(1) Labbé, dans le *Journal du droit international privé*, de Clunet, t. II
(1875), p. 416, § 2.
(2) Voyez le tome III de ces Etudes, p. 291, n° 163.

étant dissoute, la femme devait reprendre l'administration de ses biens, et une administration journalière ainsi qu'une jouissance de tous les jours, soumise à la nécessité de l'autorisation, est une impossibilité absolue, alors que la femme vit loin de son mari. Mais l'exception confirme la règle; la femme ne peut disposer de ses immeubles, elle ne peut ester en justice sans autorisation; elle n'est capable que par exception, et dès qu'elle ne se trouve pas dans les termes de l'exception, elle rentre dans la règle, qui est l'incapacité. Or, aucun texte ne permet à la femme séparée de corps de se faire naturaliser sans autorisation. Cela est décisif. Le principe étant certain, il faut accepter la conséquence. L'incapacité de la femme séparée de corps est identique avec l'incapacité de toute femme mariée; il s'ensuit qu'elle ne peut pas demander la naturalisation ni l'obtenir sans autorisation. Et il est d'évidence que cette incapacité la suit en pays étranger, l'article 3 du code civil le dit, et le bon sens le dirait si la loi ne le disait point. La naturalisation s'accorde en pays étranger, et la première condition requise pour qu'elle puisse être accordée, c'est que celui qui demande la naturalisation soit capable; or, la naturalisation implique l'abdication de la patrie d'origine; il faut donc avoir la pleine capacité de disposer de ses droits pour demander la naturalisation. Loin d'avoir cette liberté de disposition, la femme séparée de corps en est privée, comme toute femme mariée; donc elle ne peut se faire naturaliser sans une autorisation qui couvre son incapacité. La naturalisation qui lui serait accordée, sans qu'elle fût autorisée, est nulle comme tout acte que la femme séparée de corps fait, sans en avoir le droit, et sans y être autorisée; et le mari peut en demander la nullité (1).

Tels sont les principes du droit français; ils sont incontestables. Je ne connais qu'un seul auteur qui les ait contredits. C'est Blondeau. M. Labbé dit que c'était un esprit puissant, un penseur original, qui remaniait profondément

---

(1) Labbé, dans le *Journal du droit international privé*, de Clunet, t. II (1875), p. 412 et suiv.

tout ce qu'il touchait, et qui *forçait la pensée du législateur à entrer dans le cadre de ses conceptions personnelles.* Je permets aux philosophes de combattre la loi
quand elle est mauvaise, et je les y convie. Mais le jurisconsulte n'a pas le droit de faire violence à la loi pour lui
faire dire le contraire de ce qu'elle dit. Un pareil système
d'interprétaion est déplorable, car si l'autorité du texte et
des principes est ébranlée, tout devient incertain. Je crois
inutile de combattre l'opinion de Blondeau ; M. Labbé l'a
fait, et il ne reste rien debout de la doctrine imaginaire
d'un auteur que je suis fâché de contredire, puisqu'il est
Belge ; mais le respect de la vérité l'emporte sur toute
autre considération. Dans le débat de l'affaire Bauffremont, je serai obligé de critiquer la doctrine de M. Bluntschli, mon ami de cœur : c'est parce que je l'aime que j'ai
le droit et le devoir de lui dire ce que je pense.

Nº 2. L'AFFAIRE BAUFFREMONT.

I. *La jurisprudence française.*

172. Nos lecteurs connaissent les faits. La dame Hen-
riette-Valentine de Riquet, comtesse de Caraman-Chimay,
Belge de naissance, épousa le prince de Bauffremont,
Français. Un jugement du tribunal de la Seine, du
7 avril 1874, confirmé par la cour de Paris, prononça la
séparation de corps, sur la demande de la princesse. Le
3 mai 1875, la dame de Bauffremont se fit naturaliser,
sans l'autorisation de son mari, dans le duché de Saxe-
Altenbourg, puis, en vertu de la loi allemande, qui considère comme divorcés les époux catholiques séparés de
corps, elle épousa le 23 octobre 1875, devant l'officier de
l'état civil de Berlin, le prince Bibesco, Roumain. Le
prince de Bauffremont demanda la nullité du mariage et
de la naturalisation en vertu de laquelle la princesse
s'était remariée. Il soutint que sa femme, quoique séparée de corps, n'avait pu, sans autorisation, abdiquer
la nationalité française, et que, par suite, le second mariage qu'elle avait contracté était nul en vertu de l'arti

cle 147 du code civil, lequel défend de contracter un
second mariage avant la dissolution du premier. Le jugement rendu par le tribunal de la Seine consacra la doctrine que je viens d'établir, et il le fit en d'excellents
termes. D'abord le tribunal rappelle le principe qui régit
la femme mariée non séparée de corps : « Attendu que
pendant le mariage la femme n'a pas capacité pour consentir, sans l'autorisation de son mari, des actes qui seraient de nature à engager son patrimoine ; qu'à plus forte
raison elle ne saurait, sans cette autorisation, modifier
son état civil ou sa nationalité ;... que la loi, en soumet-
tant la femme au pouvoir marital pour les actes de la vie
civile, a eu principalement en vue de maintenir l'autorité
du mari chef de la famille, ainsi que de l'association conjugale ; que, dès lors, la nécessité de l'autorisation maritale procède du mariage, et qu'elle s'impose à la femme
tant que le mariage n'est pas dissous. » Reste à savoir si
la séparation de corps modifie ces principes. Le tribunal
répond : « Attendu que la séparation de corps a pour
effet de relâcher le lien conjugal sans le rompre ; que,
maintenant le mariage, elle maintient le principe de l'autorité maritale, et qu'elle ne relève la femme de son incapacité que dans la mesure étroite que la loi détermine. »
   Jusqu'ici les principes sont certains, au point de vue
du droit français. On fait cependant une objection fondée
sur le code civil. Il est généralement admis que la femme
séparée de corps peut se choisir un domicile différent de
celui qu'elle avait avant le jugement qui prononce la séparation de corps. N'en faut-il pas induire que, pouvant
changer de domicile, elle peut aussi changer de nationalité ! Le tribunal de la Seine répond : « Si, le devoir de
cohabitation ayant cessé, la femme séparée de corps peut
se choisir elle-même un domicile distinct, elle ne saurait
exercer ce droit que pour autant qu'il ne porterait aucune
atteinte à sa nationalité. Spécialement, elle ne pourrait
faire un établissement en pays étranger sans esprit de
retour en dehors de l'autorisation maritale, et répudier
ainsi la qualité de Française, suivant l'article 17 du code
civil. » Ce point encore me paraît incontestable, toujours,

bien entendu, au point de vue du droit français. Autre
chose est le domicile, d'après notre droit, autre chose est
la nationalité. Le domicile que la femme séparée prend
en pays étranger laisse son statut personnel intact, elle
continue à être régie par la loi française. Tandis que, si
elle changeait de nationalité, elle changerait de statut, et
elle perdrait la jouissance des droits civils en France. Le
tribunal a raison d'en conclure que la femme séparée ne
peut pas s'établir en pays étranger sans esprit de retour :
d'une part, elle perdrait sa nationalité, et elle n'a pas le
droit d'en disposer : d'autre part, elle renoncerait au statut français et, restant Française, elle n'a pas le droit de
renoncer à son statut national.

La conclusion est évidente si l'on admet les prémisses.
Puisque la princesse de Bauffremont n'a pas pu se faire
naturaliser sans autorisation maritale, la naturalisation
qu'elle obtint à Saxe-Altenbourg était nulle, et avec elle
tombait le second mariage qu'elle avait contracté à Berlin, étant encore engagée dans les liens du premier. Le
tribunal ajoute que la naturalisation est viciée par une
autre cause de nullité : « Attendu que la princesse de
Bauffremont a sollicité et obtenu la nationalité de Saxe-
Altenbourg, non pas pour exercer les *droits* et accomplir
les *devoirs* qui en découlaient en établissant son domicile
dans cet Etat, mais dans le *seul but d'échapper aux prohibitions de la loi française* en contractant un second
mariage, et d'aliéner sa nouvelle condition aussitôt qu'elle
l'aurait acquise ; que l'acquisition d'une qualité qui tient
à l'état des personnes, et, par conséquent, à l'ordre public,
lorsqu'elle a lieu dans ces conditions, ne saurait, même
avec l'autorisation maritale, constituer l'*exercice légitime*
d'une *faculté* conférée par la loi ; qu'elle n'en serait que
l'*abus*, et qu'à ce titre elle ne pourrait faire obstacle à
l'action en nullité que l'article 184 du code civil ouvre
contre le second mariage qui en aurait été la suite ; qu'il
appartiendrait toujours à la justice de réprimer des entreprises également contraires aux bonnes mœurs et à
la loi. »

Le tribunal s'est placé exclusivement sur le terrain du

droit français. Sous ce rapport, sa décision prête à la critique. La question soulève une difficulté dont la solution dépend du droit international privé, puisqu'il y a conflit entre le droit français et le droit allemand. Il fallait donc prouver que la question devait être décidée par la loi française. Le tribunal, au début de son jugement, écarte la législation·allemande : « Attendu que le tribunal n'a pas à décider que les actes dont la nullité est poursuivie (la naturalisation et le mariage de la princesse de Bauffremont) demeureront valables ou seront désormais sans effet, dans l'étendue de territoires qui échappent à la souveraineté française, qu'il n'a même pas à examiner quelle est leur valeur intrinsèque au regard de la loi étrangère, sous l'empire de laquelle ils sont intervenus ; qu'il a seulement à rechercher, et qu'il lui appartient de dire si les actes dont s'agit ont été ou non accomplis en violation de la loi française et pour faire échec à des droits qu'elle protége, et s'ils doivent ou non produire effet là ou cette loi conserve toute sa puissance et s'impose au respect de tous. » Ceci n'est qu'une face de la question, il y en a une autre, et c'est la première que le tribunal aurait dû examiner. Il y·a un conflit d'actes et de lois : un mariage contracté en France et un second mariage contracté en Allemagne : une nationalité acquise en France et abdiquée en Allemagne : une nouvelle nationalité, donc un nouveau statut, d'ou naît un conflit de la loi française et de la loi allemande. Dans cette collision, ne fallait-il pas examiner d'abord quelle est la loi qui doit recevoir son application ? Si c'est la loi française, le tribunal a raison ; si c'est la loi allemande, il a tort. Le tribunal ne dit rien de cette difficulté, qui est cependant le point essentiel du débat : j'y reviendrai.

Voici la décision du tribunal : « Déclare nul et de nul effet le mariage contracté par la princesse de Bauffremont devant l'officier de l'état civil de Berlin, ensemble l'acte de naturalisation qui lui confère la nationalité de Saxe-Altenbourg ; fait défense à la princesse de Bauffremont de se qualifier à l'avenir de princesse Bibesco. »

173. Ce jugement fut confirmé par la cour de Paris,

sauf en un point. Le tribunal avait déclaré nul l'acte de
naturalisation : c'était dépasser son pouvoir et l'objet du
litige. Les tribunaux n'ont pas le droit d'annuler les actes
émanés d'une souveraineté étrangère ; et il était inutile
d'annuler la naturalisation, il suffisait de décider qu'elle
ne pouvait être opposée au prince de Bauffremont. Du
reste, la cour adopte les motifs des premiers juges en
répondant aux objections que la princesse de Beauffremont
avait proposées. On soutenait que la validité de la naturalisation et, par suite, la validité du mariage, devaient
être décidées d'après la loi allemande et non d'après la
loi française. C'est le vrai terrain du débat. La cour de
Paris répond que la femme française, quoique séparée de
corps, ne peut changer de nationalité sans l'autorisation
du mari. Ce premier point est certain. Or, dit la cour,
l'incapacité de la femme mariée tient à son statut personnel, et ce statut s'attache à sa personne et la suit partout
où elle fixe sa résidence ou son domicile. Il s'ensuit que
la princesse de Bauffremont était régie en Allemagne par
la loi française, quant à son incapacité de demander la
naturalisation. Elle était d'autant plus incapable, que son
objet, en acquérant la nationalité de Saxe-Altenbourg,
n'était point de devenir sujette de cet Etat ; son but était
d'arriver, au moyen de la naturalisation, à changer la
séparation de corps en divorce, contre la volonté de son
mari, sans laquelle elle ne pouvait rien faire, et contre la
disposition de la loi française qui lui défendait de divorcer. Ainsi, tout ce que la princesse voulait faire, elle était
incapable de le faire en Allemagne aussi bien qu'en
France, puisque la capacité de la femme mariée dépend
de son statut national, donc, dans l'espèce, de la loi française et non de la loi allemande.

On objectait, dans l'intérêt de la princesse de Bauffremont, que la naturalisation est un acte de droit public, que
l'Etat étranger, usant de son droit souverain, est libre
d'accomplir, et que, s'il l'accorde, la naturalisation est
valable partout. Ici éclate le conflit entre la loi allemande
et la loi française. Nous allons entendre d'abord comment
la cour de Paris le vide. Elle dit que les tribunaux fran-

çais n'ont pas à examiner si la naturalisation envisagée comme acte de souveraineté est valable ou non; le mutuel respect que les souverainetés se doivent entre elles commande cette réserve aux juges devant lesquels on se prévaut de la naturalisation accordée par un Etat étranger; mais ils ont le droit et le devoir de ne tenir aucun compte de cet acte souverain, si on l'invoque pour autoriser la femme mariée et séparée de corps à convertir la séparation en divorce. La naturalisation accordée en Allemagne n'empêche pas le mariage de la princesse de Bauffremont de subsister en France, elle ne peut pas le rompre au préjudice du mari, puisque ce serait porter atteinte à ses droits; le prince de Bauffremont peut donc repousser cet acte qu'on lui oppose, quelles qu'en soient d'ailleurs, d'après la loi étrangère, la régularité et la valeur.

Dans cet ordre d'idées, la naturalisation perd de son importance; ce qui domine dans le débat, c'est la loi du mariage, son indissolubilité : « Il s'agit du plus solennel et du plus important des contrats, qui non seulement ne peut être rompu contre la volonté de l'un des contractants, mais encore ne peut jamais l'être du mutuel consentement des deux époux. Vainement la princesse de Bauffremont aurait acquis par sa seule volonté une nationalité étrangère; vainement même son mari, resté Français, lui aurait donné une autorisation expresse, le caractère synallagmatique et le caractère indissoluble du mariage, s'opposent, dans l'un comme dans l'autre cas, à ce que soit la femme seule, soit même les deux époux d'accord, ce qui n'est pas dans l'espèce, *éludent* les *dispositions d'ordre public* de la loi française qui les régit (1). »

Je dirai plus loin mon avis sur le conflit des statuts; pour le moment je fais mes réserves contre les termes trop absolus de l'arrêt de Paris. Sans doute, tant que les époux restent Français et sont régis par la loi française, ils ne peuvent pas déroger à l'indissolubilité du mariage, pas même de leur consentement mutuel; et, à plus forte

_____

(1) Paris, 17 juillet 1876, chambres réunies (Dalloz, 1878, 2, 1).

raison, la femme ne le peut-elle pas, fût-elle autorisée par
son mari.

Ce principe s'appliquerait encore au cas où l'un des
époux ou les deux époux se feraient naturaliser pour frauder la loi de l'indissolubilité du mariage; la naturalisation fût-elle régulière et valable d'après la loi étrangère,
serait nulle en France. Je suis d'accord sur tous ces points
avec la cour de Paris. Mais si les deux époux se font
naturaliser de bonne foi, dans l'intention sérieuse de s'expatrier, ils cessent d'être Français, ils ne sont plus régis
par la loi française; si leur nouvelle loi nationale leur
permet de divorcer, ils pourront demander la dissolution
de leur mariage sans qu'on puisse les accuser d'éluder la
loi française, car cette loi n'est plus la leur. Dans mon
opinion, il en faut dire autant si le mari change de bonne
foi de patrie et de statut; et il faudrait même le dire de
la femme, si la femme se faisait naturaliser de bonne foi
avec autorisation du mari. Le changement légal de statut
modifie la loi du mariage.

174. Sur le pourvoi en cassation, il intervint un arrêt
de rejet de la chambre civile, au rapport de M. Pont, et
sur les conclusions de l'avocat général Charrins. La cour
décida, comme l'avait fait le premier juge, que la princesse
de Bauffremont, devenue Française par son mariage,
était restée Française, malgré la séparation de corps
qu'elle avait obtenue, la séparation ayant pour effet seulement de relâcher le lien conjugal sans le dissoudre. De
là suit que la princesse était Française et mariée en
France, lors du mariage par elle contracté à Berlin, avec
le prince Bibesco, à la suite de la naturalisation par elle
obtenue dans le duché de Saxe-Altenbourg. La cour ne
tient aucun compte de cette naturalisation, émanée de la
seule autorité de la demanderesse, ce qui, aux yeux de la
loi française, la rendait nulle. Peu importe la régularité
et la valeur juridique de cet acte d'après la loi allemande;
l'arrêt attaqué n'avait rien à statuer et n'a rien statué à cet
égard; il s'est placé *uniquement* au *point de vue de la loi
française* qui *domine le débat* et s'*impose aux parties*. Or
la loi française, qui seule règle les effets du mariage de ses

nationaux, en déclare le lien indestructible ; la princesse,
Française, ne pouvait donc pas transformer sa condition de
femme séparée en celle de femme divorcée, en se sous-
trayant à la loi française par une naturalisation ; elle ne
le pouvait pas, quand même elle aurait été autorisée par
son mari pour obtenir la naturalisation. La cour constate
ensuite, d'après l'arrêt attaqué qui avait adopté les motifs
des premiers juges, que la princesse avait sollicité et
obtenu cette nationalité nouvelle, non pas pour exercer
les droits et accomplir les devoirs qui en découlent, mais
dans le seul but d'échapper aux prohibitions de la loi
française en contractant un second mariage, et d'aliéner
sa nouvelle nationalité aussitôt qu'elle l'aurait acquise.
La cour conclut qu'en décidant, dans ces circonstances,
que des actes ainsi faits en *fraude de la loi française*, et
au *mépris d'engagements antérieurement contractés en
France*, n'étaient pas opposables au prince de Bauffremont, l'arrêt attaqué avait statué conformément aux principes de la loi française sur l'indissolubilité du mariage (1).

175. Au point de vue de la loi française, la décision
est irréprochable. Reste à savoir s'il est vrai, comme la
cour l'affirme, que, dans l'espèce, la loi française s'impo-
sait aux parties, qu'elle dominait le débat, et que les tribunaux devaient se placer uniquement sur le terrain de la
loi nationale des époux. Il me semble qu'il y a, sur ce
point une lacune dans l'arrêt. Le pourvoi invoquait l'article 3 du code Napoléon, § 3, qui détermine l'effet du
statut personnel. Si la princesse avait conservé son statut
personnel, si elle était encore Française lorsqu'elle contracta un second mariage à Berlin, ce second mariage
était certainement nul, mais la difficulté est précisément
de savoir si, en se faisant naturaliser en Allemagne, elle
avait changé de statut, et si, par conséquent, la validité
du second mariage devait être jugée d'après la loi allemande. En principe, et abstraction faite des circonstances
de la cause, la question soulève plus d'une difficulté.
D'abord la femme séparée de corps peut-elle se faire natu-

(1) Rejet, chambre civile, 18 mars 1878 (Dalloz, 1878, 1, 201).

raliser sans autorisation maritale? D'après le droit français, non (n° 171); or la capacité du Français qui demande la naturalisation est régie par son statut personnel, donc par la loi française. Vainement dirait-on que la loi allemande reconnaît à la femme séparée le droit de se faire naturaliser; la capacité n'est pas régie par la loi territoriale, la loi du lieu où la naturalisation est accordée, elle est régie par la loi nationale de la personne qui demande et obtient la naturalisation. C'est là un principe élémentaire de notre science, et le code civil le consacre : « Les lois concernant l'état et la capacité des personnes régissent les Français même résidant en pays étranger. » La princesse de Bauffremont, Française au moment où elle sollicitait la naturalisation, était incapable de l'obtenir, sans y être autorisée par son mari; partant la naturalisation acquise sans autorisation ne pouvait être opposée au mari; ni le changement de statut qui résulte de la naturalisation. En ce sens, la cour de cassation a raison de dire que la princesse de Bauffremont était Française, et régie par la loi française, au moment où elle contracta un second mariage à Berlin.

Il y a une objection : le statut personnel n'est pas une règle absolue, il cède devant une loi d'intérêt général; dans ce cas, le statut territorial, ou réel, domine le statut personnel. Y avait-il, dans l'espèce, un de ces statuts réels? On pourrait dire que la naturalisation est un acte qui dépend du droit public, et que le droit public forme un statut réel qui l'emporte sur le statut national. Je crois que l'objection porte à faux; la naturalisation est de droit public en ce sens que c'est la loi territoriale qui en détermine les conditions et les effets, mais la loi territoriale ne peut pas rendre capable de demander la naturalisation une personne qui d'après son statut national est incapable; ici il n'y a plus d'intérêt public en cause; la souveraineté de l'État qui naturalise n'est pas intéressée à naturaliser un incapable; la capacité ou l'incapacité est une question de droit privé. La loi allemande sur les naturalisations consacre implicitement ces principes; l'article 3 de la loi du 16 avril 1871 est ainsi conçu : « La naturalisation ne doit être accordée aux étrangers que lorsqu'ils sont capables de disposer de leur personne (1) d'après les lois du pays auquel ils ont appartenu jusqu'alors, ou s'ils ne jouissent pas de cette capacité, quand ils ont l'assentiment de leur père, de leur tuteur ou curateur. » Quelle loi détermine cette capacité? C'est le statut personnel de l'étranger, et ce statut, d'après le code civil, est celui de la nation à laquelle l'étranger appartient. L'Allemagne a-t-elle un intérêt quelconque, d'existence, de conservation, de perfectionnement, à naturaliser des étrangers incapables? En théorie, non. Que la princesse de Bauffremont soit Française ou Allemande, c'est une question d'intérêt privé, de convenances particulières, cela ne regarde pas la souveraineté allemande. Donc le statut personnel de l'étranger reste debout, en face de la loi de droit public de naturalisation.

Telle est la solution de la question en théorie. Je reviendrai sur les objections que font les publicistes allemands. Dans l'espèce, la difficulté qui naît du conflit des lois disparaissait. La cour de cassation prend soin de dire que la décision de la cour de Paris est inattaquable, *dans les circonstances de la cause*, c'est-à-dire, comme elle l'explique, parce qu'il s'agissait d'actes faits en fraude de la loi française et au *mépris d'engagements antérieurement contractés en France*. Il y avait donc double fraude : fraude à une loi d'ordre public, qui était l'indissolubilité du mariage et prohibe le divorce ; fraude aux engagements contractés par la princesse de Bauffremont. Or la fraude vicie les actes mêmes qu'une personne a le droit de faire : si deux époux français se font naturaliser en pays étranger, uniquement pour frauder la loi abolitive du divorce, leur naturalisation est inopérante, le divorce, et les seconds mariages qui l'auraient suivi, seront considérés comme non avenus. Sur ce point il y a accord unanime non seulement de la doctrine et de la jurisprudence françaises, mais aussi de la jurisprudence

___
(1) La loi dit *dispositions fähig.* M. von Holtzendorff dit que cela signifie, *capable de disposer de ses biens.* Cela n'est pas admissible : on ne dispose pas de ses *biens* en se faisant naturaliser ; on dispose de sa *nationalité.*

et de la doctrine étrangères, notamment en matière de divorce. Si les époux, quoiqu'ils aient le droit de changer de nationalité et de statut, ne peuvent le faire en fraude de la loi et en fraude des droits d'un tiers, à plus forte raison la femme ne peut-elle pas, par un acte qu'elle n'a pas le droit de faire, frauder la loi française sur l'indissolubilité du mariage, et frauder les droits de son mari. Cette considération est décisive et elle met fin à tout doute. On ne peut pas invoquer la souveraineté allemande pour maintenir un acte fait en fraude de la souveraineté française. Les nations sont solidaires, ou elles devraient l'être quand il s'agit de maintenir le droit, et le respect dû à la loi, sans lequel il n'y a plus ni droit ni justice, et y a-t-il une société possible sans justice et sans droit? Voilà le vrai intérêt général, que tous les Etats doivent sauvegarder, parce que l'existence de tous est compromise; loin de prêter la main à la fraude, ils doivent l'arrêter quand ils le peuvent. J'ai enseigné que les tribunaux belges ne devraient tenir aucun compte d'une naturalisation frauduleuse obtenue en Belgique par des Français qui veulent frauder leur loi nationale. Ce qui est vrai du pouvoir judiciaire est vrai aussi du pouvoir législatif et du pouvoir exécutif. La naturalisation individuelle ne s'accorde qu'après enquête; si l'instruction constate que l'étranger qui la demande n'a d'autre objet que de frauder la loi nationale, la solidarité d'honneur qui existe entre les Etats fait un devoir au gouvernement de refuser la naturalisation. Et cela n'était-il pas évident dans l'espèce? Est-ce que l'Etat de Saxe-Altenbourg a pu croire un instant que la princesse de Bauffremont voulait devenir Altenbourgeoise? Le fait eût été si extraordinaire, qu'il suffisait pour éveiller le soupçon d'un dessein caché, donc d'une fraude; dès lors le devoir du gouvernement était de s'abstenir. Et tel était encore son devoir, si l'on considère l'incapacité de la femme mariée qui demandait la naturalisation. Entre le statut national de la princesse de Bauffremont qui la déclare incapable, et le statut territorial qui, je le suppose, la déclare capable, il n'y avait pas à hésiter : la capacité n'est pas une question de territoire ni de souveraineté, c'est une question de statut personnel, national, à moins qu'il n'y ait un intérêt social en cause qui domine le statut personnel; et où serait bien l'intérêt social qui exige que la princesse de Bauffremont devînt Altenbourgeoise, malgré l'incapacité qui la frappait? Nous aboutissons toujours à la même conséquence : c'est le statut personnel de la princesse qui décide le débat. La cour de cassation a donc raison de dire que la loi française devait recevoir son application.

II. *Jurisprudence belge.*

176. L'affaire Bauffremont a été portée devant la justice belge, par suite d'une saisie-arrêt que le prince de Bauffremont a faite en Belgique en exécution des décisions rendues par les tribunaux français. Je laisse de côté toutes les questions étrangères au débat qui concerne la naturalisation obtenue par la princesse en Allemagne, et le mariage qu'elle y a contracté. Le tribunal de Charleroi a décidé les graves difficultés que présente ce procès, dans un sens contraire à celui qu'a adopté la cour de cassation de France. A mon avis, il s'est trompé. Nous allons l'écouter.

Le tribunal commence par dire que « la naturalisation conférée à la princesse de Bauffremont par le duché de Saxe-Altenbourg est un acte de l'autorité souveraine de ce pays ». Cela est certain et les tribunaux français n'ont pas contesté le principe. Quelle est la conséquence que le tribunal de Charleroi en déduit? « Selon les principes du droit public, dit-il, aucun pouvoir, en dehors de l'autorité allemande, ne peut ni en *discuter la validité*, ni en *modifier les effets*. » Sans doute, les divers Etats sont souverains, et la souveraineté est indépendante de son essence : il est certain que la souveraineté française ne peut pas défaire ce que la souveraineté allemande a fait. Le tribunal de la Seine avait méconnu cette regle du droit des gens, en prononçant la nullité de la naturalisation accordée à la princesse de Bauffremont par le duché de Saxe-Altenbourg : sa décision a été réformée, sur ce point, par la cour de Paris. Mais est-il vrai, comme l'ajoute le tribunal de Charleroi, que la *validité* des actes faits par l'autorité souveraine d'un Etat étranger ne peut être *discutée* en France, et que les *effets* n'y peuvent être *modifiés?* Si les Etats étrangers sont souverains, la France aussi est souveraine, et en vertu de sa souveraineté elle a le droit d'écarter tous les actes d'une souveraineté étrangère qui porteraient atteinte à la sienne, ou qui annuleraient des actes légitimement faits, en exécution de la loi française, émanation de la nation souveraine. La France a donc le droit, et sa souveraineté lui en fait un devoir, de *discuter* les actes d'un Etat étranger, afin d'examiner si, au point de vue de sa puissance souveraine, ces actes doivent être reconnus comme valables. Elle a encore le droit et le devoir d'examiner si les *effets* des actes émanés d'un Etat étranger sont compatibles avec ses lois, et s'ils ne lèsent pas des droits légitimement acquis par ses nationaux en vertu de la loi française. Cela se fait tous les jours pour les jugements rendus par les tribunaux étrangers : les tribunaux français les examinent, les discutent, et s'il y a lieu, refusent de leur donner force exécutoire en France. Chose singulière, le tribunal qui reproche implicitement à la cour de cassation d'avoir méconnu l'indépendance de la souveraineté allemande en discutant la naturalisation et le mariage de la princesse de Bauffremont, et en refusant d'accorder effet à ces actes en France, le tribunal de Charleroi, dis-je, en a fait autant de l'arrêt de la cour de Paris auquel il a refusé l'exequatur, en décidant que la cour n'avait pas juridiction sur la princesse, devenue princesse Bibesco, et que la procédure n'était pas régulière. Voilà bien une *discussion* de la *validité* d'un acte émané d'une souveraineté étrangère, et une *modification* de ses effets. Est-ce que par hasard les jugements ne seraient pas des actes souverains? ou est-ce que le pouvoir judiciaire dont ils émanent ne serait pas une délégation de la nation souveraine, aussi bien que le pouvoir exécutif qui accorde une naturalisation, ou qui célèbre un mariage? Et s'il est permis de *discuter* les *actes* du *pouvoir judiciaire*, et d'en *écarter* les *effets*, pourquoi ne serait-il pas permis de *discuter* les *actes* du *pouvoir exécutif* et d'en *écarter* les *effets?* Cela se fait en vertu d'un seul et même principe, l'indépendance des Etats : libre à la souveraineté allemande d'accorder des naturalisations et de célébrer des mariages, ces actes recevront en Allemagne tous les effets qu'ils peuvent y produire : mais libre aussi à la souveraineté française de ne pas reconnaître ces actes, et de leur refuser tout effet.

J'insiste sur le principe qui sert de point de départ au tribunal de Charleroi, parce que la décision du débat en dépend. Le tribunal l'a emprunté à la doctrine allemande. Bluntschli et Holtzendorff ont défendu vivement les droits de la souveraineté. Je transcris quelques lignes de la brochure de Bluntschli : « La naturalisation de la comtesse de Caraman-Chimay (séparée de corps d'avec le prince de Bauffremont), accordée dans le duché de Saxe-Altenbourg, est un acte souverain du gouvernement ducal, sur la valeur duquel sont uniquement et exclusivement compétentes les autorités du duché de Saxe-Altenbourg ou celles de l'empire allemand (1). » Les publicistes allemands oublient ce qui s'est passé, entre l'Allemagne et les Etats-Unis, au sujet du service militaire auquel étaient soumis tous les émigrants au moment de la naturalisation qu'ils obtenaient en Amérique. Si la naturalisation est un acte politique dont la validité ne peut être discutée que par l'autorité qui l'a accordée, il faut décider que les Prussiens, naturalisés aux Etats-Unis, cessent immédiatement d'être citoyens de l'empire d'Allemagne, et qu'ils ne devaient pas plus le service militaire en Prusse que tout autre Américain. Est-ce ainsi que l'a entendu le gouvernement prussien? Quand il parvenait à saisir un de ces Prussiens naturalisés, il l'enrégimentait comme Prussien, et il lui infligeait les peines que le milicien avait encourues comme réfractaire. Ainsi le gouvernement prussien ne tenait aucun compte de la naturalisation acquise aux Etats-Unis; il la considérait comme non

(1) Bluntschli, *De la Naturalisation en Allemagne d'une femme séparée de corps en France et des effets de cette naturalisation* (Paris, 1876), p. 9.

avenue, et ne lui reconnaissait aucun effet en Prusse; souverain dans les limites de son territoire, il *discutait* la *validité* de la naturalisation américaine, et il en *modifiait* les *effets,* en ce qui concerne les droits de la Prusse sur ses sujets et les obligations de ceux-ci envers leur patrie. Si le pouvoir exécutif peut exercer ce contrôle, comment pourrait-on refuser le même droit au pouvoir judiciaire?

177. Le tribunal de Charleroi continue : « Attendu que le pouvoir judiciaire, pas plus en France qu'*ailleurs,* n'a qualité pour contrôler cette procédure (la naturalisation allemande) émanant de l'autorité d'un pays étranger, que l'opinion contraire admettant la *revision* des actes d'un autre gouvernement consacrerait un système qui violerait *évidemment* tous les principes du droit des gens. » J'ai souvent dit que l'on devrait se garder de parler d'*évidence* en droit; on a beau dire que telle chose est *évidente,* ce n'est qu'une affirmation et mieux vaut une bonne raison que toutes les affirmations du monde. Le tribunal qui reproche implicitement à la cour de cassation de France « la violation évidente de tous les principes du droit des gens », a fait précisément ce qu'il juge *évidemment* contraire au droit des gens; il a *revisé* l'acte d'une souveraineté étrangère en déclarant irrégulière et nulle, pour incompétence, la décision rendue par la cour de Paris. Il est vrai qu'il se fonde sur une loi, celle qui concerne l'exécution des jugements étrangers; mais il avoue aussi que l'application de cette loi à l'espèce est douteuse. Fût-elle certaine, elle confirmerait la jurisprudence française. Pourquoi l'exécution des jugements étrangers est-elle subordonnée à un exequatur par les tribunaux indigènes? N'est-ce pas pour sauvegarder les droits de l'Etat et des tiers? Et n'est-ce pas précisément là la raison pour laquelle la cour de cassation de France a écarté l'acte de naturalisation et le second mariage de la princesse de Bauffremont? A-t-elle violé *tous les principes du droit des gens* en décidant que la princesse ne pouvait se faire naturaliser en Allemagne sans autorisation de son mari, et qu'elle ne pouvait contracter un second mariage avant la dissolution de sa première union par la mort de son mari?

La décision dépend du droit international privé, plutôt que du droit des gens public. Il s'agit de savoir si une femme française, séparée de corps, peut se faire naturaliser en Allemagne, sans y être autorisée par son mari, et se marier ensuite comme Allemande, au mépris de la loi française et du droit des tiers. J'admets un instant la solution que le tribunal donne à ces questions. A quoi aboutit-elle? A annuler ce qui s'est fait légitimement en vertu de la loi française, donc, à porter atteinte à la souveraineté française et aux actes émanés de cette souveraineté. D'après la loi française, la femme séparée de corps reste femme mariée et, comme telle, soumise à la puissance maritale; elle ne peut se faire naturaliser, sans le consentement de son mari. Le tribunal de Charleroi décide que la naturalisation de la princesse de Bauffremont, femme séparée de corps, est valable, quoiqu'elle ait agi sans autorisation maritale. Cette décision viole la loi française, donc la souveraineté française, dont la loi est une émanation. Le tribunal de Charleroi décide que la princesse de Bauffremont, femme française, peut changer la séparation de corps en divorce, au mépris de la loi française, et contracter un second mariage du vivant de son mari. Encore une violation de la loi française et de la souveraineté française. Au point de vue de la France, on peut donc rétorquer tous les reproches que le tribunal de Charleroi adresse à la cour de Paris et à la cour de cassation de France. La décision du tribunal, ou, pour mieux dire, la doctrine allemande, que le tribunal s'est appropriée, viole la souveraineté française en permettant à une femme française de se faire naturaliser, sans autorisation; elle viole la souveraineté française en validant le second mariage d'une femme française, avant la dissolution du premier par la mort de son mari, ce qui aboutit à légitimer la bigamie et l'adultère; elle viole la souveraineté française en permettant à la princesse de Bauffremont de rompre son mariage que la loi française déclare indissoluble, de sorte que la femme se remarie, tandis que le mari reste engagé dans les liens du premier mariage.

Si la violation de la souveraineté allemande est d'*évidence*, au point de vue de la doctrine allemande, la violation de la souveraineté française est tout aussi *évidente*, au point de vue de la doctrine française. L'évidence que le tribunal de Charleroi invoque conduit à un conflit qui n'est que trop évident. Il faut voir si ce conflit aurait pu être évité.

178. Le tribunal de Charleroi cite l'article 3 du code Napoléon, aux termes duquel « les lois concernant l'état et la capacité des personnes régissent les Français même résidant en pays étranger ». C'est le principe du statut personnel, il témoigne contre la décision que le tribunal a portée, et en faveur de la jurisprudence française. La princesse de Bauffremont, Française par suite de son mariage, est régie par la loi française en ce qui concerne son état et sa capacité, quoique résidant en Allemagne. Au moment où elle demandait la naturalisation dans le duché de Saxe-Altenbourg, elle était donc soumise à la loi française, partant, frappée d'incapacité juridique, ne pouvant faire aucun acte qu'avec autorisation maritale, incapable de changer de nationalité par sa seule volonté; dès lors le gouvernement altenbourgeois aurait dû lui refuser la naturalisation, parce qu'on ne donne pas la naturalisation à un incapable. Si la princesse de Bauffremont avait intenté une action judiciaire en Allemagne, le défendeur lui aurait opposé une fin de non-recevoir, fondée sur le défaut d'autorisation, et le tribunal l'aurait déclarée non recevable, par application du statut personnel qui régit l'étranger; incapable en vertu de la loi française, la femme mariée est incapable en Allemagne comme en France. Vainement le tribunal de Charleroi dit-il « que le duché de Saxe-Altenbourg était seul compétent pour décider si la princesse réunissait les conditions (nécessaires) pour que sa demande de naturalisation lui fût octroyée, et que si cette autorité souveraine n'a pas exigé, à cette fin, le consentement de son mari, c'est qu'elle a jugé que cette formalité n'était pas nécessaire ». Non, dans les questions de statut personnel, l'autorité territoriale ne décide pas d'après son bon plaisir, elle décide d'après la loi nationale de l'étranger. Que dirait-on d'un tribunal allemand qui admettrait une femme étrangère, séparée de corps, à plaider sans autorisation? On dirait que ce tribunal méconnaît les principes les plus élémentaires du droit civil international qu'il est chargé d'appliquer; dès que l'étranger est demandeur, le tribunal doit consulter son statut personnel, pour décider s'il est capable ou non, et, partant, le juge doit déclarer non recevable la femme étrangère qui veut plaider sans y être autorisée. Par la même raison, le gouvernement altenbourgeois devait écarter la demande de la princesse de Bauffremont, parce que, pour être naturalisée, il faut être capable, et cette capacité est régie par la loi française. Objectera-t-on qu'il n'y a point de texte qui déclare la femme mariée incapable de se faire naturaliser sans autorisation, et que les auteurs sont en désaccord? Je réponds que la femme mariée est frappée d'incapacité juridique à raison de la puissance maritale; que, partant, l'incapacité de la femme est absolue, et qu'il suffit que la loi ne lui permette pas de changer de nationalité par sa seule volonté, pour qu'elle doive être autorisée. Dans l'espèce, le doute seul aurait dû engager l'autorité allemande à refuser la naturalisation; car il était facile de deviner le motif pour lequel la princesse de Bauffremont demandait à être naturalisée dans le duché de Saxe-Altenbourg; elle voulait faire fraude à son statut national, convertir la séparation en divorce et contracter mariage au mépris de la loi française. En accordant la naturalisation, le gouvernement favorisait la fraude; cependant, sur ce point capital le jugement garde un silence absolu.

Il y avait donc un moyen de prévenir le conflit affligeant et immoral qui est résulté de la naturalisation et du mariage que la naturalisation avait pour but de préparer. Le droit international privé en faisait un devoir à l'autorité allemande; la responsabilité du scandale retombe sur celui qui pouvait et qui devait l'empêcher. Le tribunal invoque encore une autre disposition du code français : aux termes de l'article 17, la qualité de Français se perd par la naturalisation acquise en pays étranger. Par la naturalisation obtenue en Allemagne, dit-on, la princesse changeait de statut, elle n'était plus régie par la loi française, elle était régie par la loi allemande, et cette loi permettait à la femme séparée de corps de se remarier. Sans doute, la naturalisation a pour conséquence un changement de statut; mais pour que la femme mariée puisse abdiquer son statut national, il lui faut l'autorisation de son mari, encore cette autorisation serait-elle inopérante, si elle avait pour but de frauder la loi de l'indissolubilité du mariage. La femme séparée de corps ne pourrait pas plaider, elle ne pourrait pas faire une donation, elle ne pourrait aliéner un immeuble, sans y être autorisée, et on lui permettrait de renoncer à sa patrie et à son statut national, par sa seule volonté, et j'ajoute, par une volonté frauduleuse!

L'argument du tribunal est emprunté à Bluntschli. Le célèbre publiciste croit que le code civil a voulu prévenir tout conflit en attachant la perte de la nationalité française à la naturalisation, dès que celle-ci est acquise conformément à la loi étrangère (1). Que mon excellent ami me permette de lui dire que cela n'est pas sérieux. Le gouvernement français n'a pas entendu donner à des incapables le droit de se jouer de leur incapacité en se faisant naturaliser pour échapper à l'incapacité qui les frappe. Cela serait contraire à tout principe, et notamment au principe du statut personnel, en vertu duquel l'incapable reste incapable en pays étranger. Les notions les plus élémentaires du droit suffisent pour le décider ainsi. Est-ce que l'incapable peut jamais, par sa volonté, s'affranchir de son incapacité? Il est inutile d'insister. J'ai rapporté, dans le cours de ces Etudes, la jurisprudence française, qui refuse d'admettre la validité de la naturalisation que des mineurs acquièrent en pays étranger, comme conséquence de la naturalisation accordée à leur père (2). Cependant, dans ce cas, la naturalisation s'opère

---

(1) Bluntschli, *De la Naturalisation en Allemagne d'une femme séparée de corps en France*, p. 8.
(2) Voyez le tome III de ces Etudes, p. 296, n⁰ˢ 166 et 167.

par le seul fait de la loi étrangère, sans la volonté du mineur; tandis que la naturalisation de la femme mariée se fait par sa volonté, et, dans l'espèce, il faut ajouter qu'elle s'est faite par sa volonté frauduleuse.

179. Il faut donc abandonner le reproche que le système de la cour de cassation de France viole évidemment tous les principes du droit des gens. « Une imputation » qui peut être si facilement rétorquée par la doctrine française, doit être écartée du débat; elle ne sert qu'à aigrir les esprits. Je continue à exposer l'argumentation du tribunal de Charleroi.

« Si la jurisprudence et la doctrine ont parfois diversément interprété la valeur à accorder à un acte de naturalisation, c'est parce que les principes généraux du droit international, fondés sur l'indépendance de chaque nation, ont été mal appréciés. » C'est un nouveau reproche adressé non seulement à la décision de la cour de cassation, dans l'affaire Bauffremont, mais encore à la jurisprudence, en général, ainsi qu'à la doctrine. On prétend qu'elles se sont trompées. En quoi? Le tribunal répond : « C'est, en effet, faire une *fausse application* de ces principes que de n'admettre les *droits personnels* découlant de la naturalisation que pour autant qu'ils n'aient rien de contraire aux lois de la nationalité d'origine. » Le vrai principe serait donc celui-ci : que les personnes incapables, telles que mineurs et femmes mariées, ne sont pas régies, en ce qui concerne leur naturalisation, par leur loi nationale; quand même elles ne pourraient pas se faire naturaliser en vertu de leur statut personnel, à raison de leur incapacité, leur naturalisation sera néanmoins valable, dès qu'elle leur est accordée par un Etat étranger, conformément à ses lois, et c'est cet Etat qui a seul le droit de connaître de la validité de l'acte qu'il a posé. Le tribunal applique ce principe à l'affaire Bauffremont : « La princesse ayant acquis la nationalité dans le duché de Saxe-Altenbourg, et y étant domiciliée, c'est la législation de ce pays qui détermine son état personnel et sa capacité quant au mariage. »

Le droit est une mer de doutes, et la mer devient un

océan quand il s'agit du droit international privé. Ce
que le tribunal avance comme le vrai principe, je le considère comme une hérésie juridique. Sur l'état et la capacité des Français qui résident ou sont domiciliés à l'étranger, nous avons un texte, c'est l'article 3 du code
Napoléon, que le tribunal invoque, et ce texte détruit
toute son argumentation. Quand on dit que le statut
national d'une personne la suit partout, cela veut dire
que s'il s'agit d'un litige qui dépend du statut personnel,
ce statut doit recevoir partout son application : le tribunal saisi de la contestation appliquera la loi nationale
des plaideurs, partant, la loi étrangère, si les parties
sont étrangères, donc, la loi française quand un Français
est en cause devant un tribunal allemand; si ledit Français est incapable d'agir en vertu de son état, le juge le
déclarera non recevable. Et ce qui est vrai du pouvoir
judiciaire est aussi vrai de l'autorité administrative. Si un
tribunal allemand portait un jugement dans une cause
où figure une femme française non autorisée, sa décision
serait nulle quant à la femme, et serait considérée en
France comme non avenue. Par identité de raison, la
naturalisation accordée à une femme mariée non autorisée
est nulle et ne saurait produire aucun effet en France.
Avant de déterminer les effets de la naturalisation, il
faut voir si la naturalisation existe et si elle est valable.
Et si l'existence ou la validité de la naturalisation est
contestée devant un tribunal français, c'est naturellement
ce tribunal qui décidera si l'acte dont on se prévaut est
une naturalisation, et si le Français qui l'a obtenue était
capable de la demander. Si le Français était incapable
de se faire naturaliser, le juge décidera qu'il est resté
Français, et que, partant, il reste soumis à la loi française. La loi française suit l'incapable partout où il se
trouve ; c'est le droit et le devoir du législateur de protéger ses nationaux incapables, à l'étranger aussi bien
qu'en France; l'incapable ne peut se soustraire à cette
protection ni s'en affranchir par un acte de sa volonté,
car il est incapable de vouloir. Dire que par la naturalisation qu'un incapable acquiert, il cesse d'être incapable,

est une proposition contradictoire dans les termes : c'est une hérésie juridique.

Cette appréciation du nouveau principe mis en avant par le tribunal de Charleroi paraîtra sévère. Je vais dire ce qu'en pense un jurisconsulte français. M. Louis Renault, professeur de droit à Paris, dit que « le jugement du tribunal de Charleroi a introduit un *élément nouveau* dans la discussion de l'affaire Bauffremont, mais un *élément erroné*. Jamais on n'avait eu l'idée de donner à une naturalisation un effet absolu, même dans le pays d'origine du naturalisé, et il est à penser qu'on ne l'aura pas davantage à l'avenir ». M. Renault constate que le tribunal n'a fait que redire ce qu'avait dit un éminent jurisconsulte, M. Bluntschli; puis il ajoute : « Si ce n'était la grande autorité qui s'attache très justement au nom du professeur de Heidelberg, je me bornerais à transcrire les propositions admises par le tribunal; je les trouve tellement contraires à tous les précédents doctrinaux, judiciaires et administratifs, aux principes les plus élémentaires du droit public et du droit des gens, j'oserais dire même au bon sens, que je ne m'attarderai pas à les réfuter (1). »

180. Je tiens à rétablir la vérité en ce qui concerne mon excellent ami Bluntschli. Ce qui le préoccupe surtout dans ce débat, c'est l'élément moral, donc la question du divorce et de la séparation de corps; la naturalisation ne joue qu'un rôle secondaire dans sa pensée. Lui-même dit dans sa dissertation : « La différence principale entre le droit français et le droit allemand porte moins sur la naturalisation que sur le divorce. *Au fond*, c'est aussi le *différend principal* dans la question pendante, bien que la solution définitive dépende avant tout de la naturalisation. » C'est donc au point de vue du divorce que Bluntschli a examiné l'affaire Bauffremont. Son sens moral s'est révolté contre une législation et une jurisprudence qui condamnent une femme innocente à être liée toute sa

(1) L. Renault, *L'affaire de Bauffremont devant la justice belge* (*Journal du droit international privé*, de Clunet, 1880, t. VII, p. 178).

vie à un homme que les tribunaux ont déclaré convaincu
« d'habitudes de libertinage et d'inconduite, attestées par
des faits répétés, incompatibles avec la dignité du mariage,
inexcusables en toute situation et d'un caractère d'autant
plus blessant et injurieux que le rang des époux est plus
élevé (1) ». On dirait un forçat rivé à sa chaîne. Bluntschli
se demande s'il n'y a aucun moyen pour la femme de
rompre cette chaîne d'infamie et de malheur. La loi alle-
·mande permet à la femme séparée de contracter un nouveau mariage; elle n'admet point la séparation de corps
perpétuelle, avec défense de se remarier. Pourquoi la
femme étrangère ne profiterait-elle pas de ce bénéfice, en
se faisant naturaliser en Allemagne? La loi allemande
protége les esclaves contre leur maître, les serfs contre
leur seigneur, les moines contre l'Eglise qui les asservit;
elle doit protéger aussi la femme séparée de corps qui
veut briser ses fers, et chercher dans une nouvelle union
le bonheur qu'elle n'a pas trouvé dans la première.

Rien de mieux en théorie. La première cause du conflit
entre le droit allemand et le droit français, c'est la loi
réactionnaire de 1816, qui abolit le divorce sous l'influence
des préjugés catholiques. Toujours est-il que le mariage
est indissoluble en France, et il l'est en Italie, où l'on proteste que le législateur n'a point cédé à des passions religieuses. La source du conflit subsiste donc. La femme
française peut-elle se soustraire à la loi de l'indissolubilité
du mariage en se faisant naturaliser en Allemagne,
malgré son incapacité? La solution de la question ne dépend pas de la théorie, elle dépend du droit positif. D'après
le code Napoléon, la femme mariée, fût-elle séparée de
corps, ne peut ni abdiquer sa nationalité, ni renoncer à
son statut personnel. Donc forcément, elle reste Française,
et elle est régie par la loi française, pendant toute la durée
de son mariage, et son union n'est rompue que par la
mort de son conjoint.

Un second mariage, pendant la vie de son premier

---

(1) Ce sont les termes du jugement qui a prononcé la séparation de
corps entre les époux de Bauffremont. Bluntschli le reproduit dans sa
brochure, p, 35,

mari, est une impossibilité juridique, car c'est un crime aux yeux de la loi française. La femme ne peut, par sa seule volonté, rendre possible ce que la loi française déclare impossible. La naturalisation que la femme séparée obtiendrait en Allemagne n'apporte aucun changement à ces principes, car cette naturalisation est demandée et obtenue en violation du statut national de la femme : la loi française ne peut reconnaître aucun effet à un acte qui la viole.

J'ajoute que, dans l'espèce, cet acte a été fait en fraude de la loi française. Cette considération touche à l'élément moral du débat. J'appelle sur ce point toute l'attention de Bluntschli, qui aime à placer la religion et la morale au-dessus du droit strict. Le respect de la loi, quelque dure, quelque injuste même qu'on la suppose, n'est-il pas la base de l'ordre social? C'est le droit qui est le lien nécessaire des hommes dans la société civile; tous doivent s'y soumettre. Sans doute, si le joug de la loi leur pèse, ils peuvent émigrer, abdiquer une patrie qui ne respecte pas leurs droits naturels; mais il faut pour cela qu'ils soient capables de disposer de leur personne, et il faut de plus que l'abdication qu'ils font de leur patrie d'origine soit sincère et loyale. Les incapables n'ont pas la libre disposition de leur personne, donc ils ne peuvent renoncer à leur patrie ni à leur statut. Et ceux qui sont capables ne peuvent changer de nationalité, par simulation, dans le seul but d'échapper à des lois qui leur pèsent, et sans avoir l'intention sérieuse d'acquérir une nouvelle patrie. Je renvoie, sur ce point, à ce que j'ai dit dans le cours de ces Etudes (1). Ici j'insiste sur le côté moral de l'affaire Bauffremont. J'admets le droit d'émigration; je l'admets, alors même que les époux français ne change-raient de nationalité que dans le but de rompre leur ma-riage, pourvu que leur naturalisation soit sérieuse. Mais ce droit n'appartient pas à la femme mariée; on ne lui permettrait pas de divorcer en Allemagne, tant qu'elle serait Française; ce qu'elle ne pourrait faire ouvertement,

(1) Voyez le tome III de ces Etudes, n° 301-304.

loyalement, le peut-elle sournoisement, par un acte simulé, la naturalisation, demandée uniquement pour frauder la loi française, et sans l'intention sérieuse d'acquérir une nouvelle patrie? Légalement non. Et moralement pas davantage. Ce serait la morale des jésuites, qui justifie le moyen par le but; le moyen qui consiste à frauder la loi, pour échapper à l'iniquité de ses dispositions, ne saurait jamais être justifié. Il y a encore quelque chose de plus mauvais que la plus mauvaise des lois, c'est de légitimer la fraude à la loi. Celui qui s'arroge le droit d'éluder la loi qu'il croit injuste est sur une pente dangereuse, où il est fatalement entraîné à méconnaître l'autorité de toutes les lois qui blessent ses intérêts, ou qui heurtent ses passions. Nous le voyons sous nos yeux, en France et en Belgique : les congrégations religieuses violent incessamment, systématiquement, les lois qui ont aboli les corporations : elles existent par la fraude et elles vivent de fraude; la conscience de ceux qui se disent par excellence les disciples de Jésus-Christ, des religieux et des religieuses qui prétendent pratiquer la perfection évangélique, est tellement viciée, qu'ils ne se doutent même pas de l'énormité du mal qu'ils font, et des incalculables conséquences qu'il entraîne pour la moralité publique. Il n'y a qu'un moyen d'arrêter le mal, c'est de réprouver toute fraude à la loi, quelque inique que la loi puisse être.

181. La question morale soulevée par Bluntschli a aussi un côté juridique. Est-il vrai, comme il le dit, que la femme séparée soit une esclave fugitive qui a rompu ses fers, et à laquelle la loi étrangère doit aide et protection contre le tyran qui l'opprime? Si la comparaison était une réalité, on pourrait dire que le statut personnel de la femme est dominé par le statut territorial. J'ai enseigné ici même que le moine étranger, bien que mort civilement d'après son statut national, reprend la capacité pleine et entière s'il s'établit en Belgique. A plus forte raison, en serait-il ainsi de l'esclave et du serf qui se réfugierait sur une terre libre. Si donc la femme était une esclave, elle reprendrait en Allemagne sa liberté naturelle, et le premier droit de la femme, comme le dit Bluntschli, est le mariage, parce que la nature la destine à être épouse et mère. Mais est-il besoin de dire que la situation de la femme mariée d'après la loi française n'est pas celle d'un esclave? En se mariant, elle se soumet à la loi de l'indissolubilité du mariage. Est-ce que la loi qui déclare indissoluble l'union de deux époux est une loi de servitude? Bluntschli lui-même dit que la perpétuité du lien conjugal est l'idéal du mariage; il ajoute que la réalité ne répond pas toujours à l'idéal : quand la vie réelle devient un enfer, les époux doivent avoir le droit de rompre un lien odieux qui n'est plus qu'une cause ou une occasion de crimes.

Laissons là la comparaison entre la femme et l'esclave et plaçons-nous dans la réalité des choses. Le statut personnel de la femme française ne lui permet point de rompre son mariage en demandant la naturalisation en Allemagne, ce qui lui permettrait de changer la séparation en divorce et de contracter un nouveau mariage. Mais le statut personnel est dominé par le statut territorial quand les droits de la société sont engagés dans le débat, et d'après les principes établis dans ces Etudes mêmes, la société est intéressée quand il s'agit de son droit public ou des principes fondamentaux de son existence civile. Or, telle est, dira-t-on, la liberté du mariage; c'est pour cette raison que la loi de l'empire allemand rejette la séparation de corps perpétuelle. Dès lors peut-elle admettre cette séparation chez une femme étrangère? N'est-ce pas le cas de dire que la loi du territoire doit l'emporter sur celle de la personne? Je ne le crois point. Dans l'état actuel des mœurs, on ne peut affirmer que la loi de l'indissolubilité du mariage soit une loi de servitude; pas plus qu'on ne peut affirmer que le divorce soit une conséquence certaine de la liberté. Bluntschli lui-même reconnaît que les divers peuples ont de bonnes raisons pour avoir des lois différentes; il rend justice à la loi française sur l'indissolubilité du mariage, en déclarant que c'est un idéal, quoique l'idéal soit irréalisable. On peut en dire autant de la loi du divorce; ce n'est pas le bien absolu; il n'y a rien d'absolu en cette matière; je suis partisan du divorce, mais si je devais choisir entre la faculté presque illimitée du divorce, telle qu'elle existe dans la législation prussienne, et l'indissolubilité du mariage, je préférerais la rigueur catholique au relâchement protestant. Dès lors on ne peut plus dire que la faculté de divorcer soit un des droits essentiels qui servent de base à la société, et, par suite, le statut du divorce ne saurait être considéré comme un de ces statuts réels qui, par leur importance politique ou civile, dominent le statut national. Il en est de même du statut de l'indissolubilité du mariage; la jurisprudence française permet à l'étranger divorcé de se remarier en France; elle n'impose pas aux étrangers l'indissolubilité du mariage comme une loi réelle tenant à l'existence ou à la conservation de la société française. Que les Allemands en fassent autant de la loi du divorce en attendant que l'affaiblissement des préjugés religieux permette d'introduire le divorce dans les pays catholiques.

182. Je viens de recevoir (1) l'arrêt rendu le 5 août 1880, dans la trop fameuse affaire Bauffremont par la cour de Bruxelles. La cour a mis à néant le jugement du tribunal de Charleroi. Ce résultat était facile à prévoir : au point de vue du droit français, qui est le nôtre, et au point de vue du droit civil international, tel que le code Napoléon le consacre dans son article 3, il ne saurait y avoir deux avis sur une question que l'on est parvenu à embrouiller par de faux principes, comme je viens de le dire, mais qui, réduite à ses termes essentiels, est d'une simplicité extrême.

La cour commence par constater que la séparation de corps, prononcée entre les conjoints de Bauffremont, en affranchissant la princesse du devoir de cohabitation et en lui rendant la libre administration de ses biens, l'a laissée engagée dans les liens du mariage, et l'a maintenue, par conséquent, sous l'autorité maritale pour tous les actes qui n'en sont point exceptés. Or, la princesse, devenue Française par son mariage, est régie par une loi qui dé-

(1) Ecrit au mois d'août 1880.

clare le mariage indissoluble; elle se trouve, par suite, dans l'impossibilité de contracter un second mariage du vivant de son premier mari, dont elle reste la femme légitime jusqu'à sa mort.

Pour échapper à cette loi de son mariage, loi d'ordre public, la princesse de Bauffremont soutient qu'elle n'est plus Française, qu'ayant changé de patrie par la naturalisation qui lui a été accordée dans le duché de Saxe-Altenbourg, elle est régie par la loi allemande, et que d'après cette loi la séparation de corps est assimilée au divorce, ce qui lui a permis de contracter un second mariage avec le prince Bibesco, intervenant au procès. Cela suppose que la princesse a pu, valablement et utilement se faire naturaliser en Allemagne, sans le concours et l'autorisation de son mari. Or, la princesse était femme française, au moment où elle a demandé et obtenu la naturalisation; elle était donc, quant à sa capacité, régie par la loi française, en vertu de l'article 3 du code civil. Femme française, elle était frappée d'incapacité juridique; elle ne pouvait donc, par sa seule volonté, abdiquer sa nationalité française, changer de statut, et transformer la séparation de corps en divorce : c'est-à-dire anéantir tous les effets de son mariage, tels qu'ils sont établis par la loi française. La conséquence est que tout ce qu'elle a fait est nul.

La cour ne pose pas le principe en ces termes, mais elle en accepte les conséquences. Je ne sais si l'intimé a reproduit, devant la cour, sa théorie de la naturalisation, fondée sur l'indépendance des Etats; il est certain que l'arrêt ne mentionne plus les prétendus principes que le tribunal de Charleroi avait accueillis comme une vérité. L'habile avocat qui dirigeait le procès en appel aura compris que les théories des publicistes allemands n'avaient aucune chance de succès en Belgique. Avant de savoir si une femme française naturalisée en Allemagne, sans le concours de son mari et malgré lui, est régie par la loi allemande, en ce qui concerne la séparation de corps et le divorce, il faut examiner si la femme séparée de corps peut se faire naturaliser par sa seule volonté. La naturalisation n'est pas seulement l'acquisition d'une patrie nouvelle, c'est aussi la perte de la nationalité française, et la renonciation au statut français. La cour s'attache surtout au fait de renonciation; elle dit que la femme ne peut pas renoncer à la nationalité française que la loi lui a donnée par son mariage. D'après le code civil, cela est d'évidence. La femme est sous puissance du mari; elle lui doit obéissance, elle ne peut rien faire sans son autorisation. Comment pourrait-elle se soustraire à son autorité, briser malgré lui et malgré la loi les liens du mariage indissoluble qu'elle a contracté, et contracter de son vivant une union nouvelle; de sorte qu'elle serait tout ensemble princesse Bibesco en Allemagne et princesse de Bauffremont en France? Autant de questions, autant d'impossibilités juridiques.

La cour de Bruxelles dit que la naturalisation est un contrat (1) entre l'étranger qui la sollicite et l'Etat qui l'accorde; or la capacité des contractants est un élément essentiel de tout contrat. En accordant la naturalisation à la princesse de Bauffremont, dont la condition était notoire, le gouvernement de Saxe-Altenbourg traitait avec une personne incapable de s'engager envers lui; car au moment où elle consentait à devenir Allemande, elle était femme française, et à ce titre incapable en Allemagne comme en France. La cour ne déduit pas la conséquence qui résulte de ce principe; je l'ai fait en disant que le gouvernement altenbourgeois aurait dû refuser la naturalisation à la princesse, à raison de l'incapacité dont elle était frappée, car cette incapacité tient au statut personnel, et ce statut suit la femme française en Allemagne, comme elle suit les Allemands en France. Le duché de Saxe-Altenbourg aurait dû agir ainsi d'autant plus que la princesse ne se faisait naturaliser que pour frauder la loi française, loi qu'elle avait acceptée et qu'elle devait subir, malgré sa rigueur; or les Etats ne doivent pas prêter la

---

(1) Je n'aime pas cette idée d'un *contrat* dans un acte de souveraineté. Mais, peu importe; tout acte juridique qui implique un consentement exige la *capacité* de celui qui consent. La doctrine de la cour est donc exacte.

main à la fraude qui détruit l'autorité de la loi, base de l'ordre social. Que l'on ne dise point que ces récriminations sont inutiles! Non, le jurisconsulte est l'organe de la justice, il doit toujours élever la voix pour le maintien du droit.

La cour se borne à dire que si *néanmoins,* usant de son droit souverain, le gouvernement de Saxe-Altenbourg a cru pouvoir octroyer la naturalisation à la princesse, cet acte ne peut évidemment avoir effet en dehors du duché. Il en résulte un conflit entre le statut allemand et le statut français; dans cette collision, la loi française doit l'emporter, parce qu'elle se rattache à des droits antérieurement acquis; et l'on ne saurait admettre que, sous prétexte du respect dû aux actes d'une souveraineté étrangère, la princesse puisse réclamer en France les effets d'une naturalisation allemande qui a été concédée *au mépris* et *en violation* des lois d'ordre public réglant en France son état et sa capacité.

La cour ajoute que les jugements rendus en France sur le second mariage de la princesse ne sont pas sujets à révision en Belgique, qu'ils y ont l'autorité de chose jugée. C'est mon avis, mais je n'entre pas dans ce débat, étranger à la question que je traite pour le moment. J'ai été heureux de constater cet accord entre la justice belge et la justice française; nos lois sont les mêmes, et c'eût été un scandale de plus, et une affliction de plus, si les cours de Belgique et les cours de France avaient jugé en sens contraire. J'attends avec confiance la décision de notre cour suprême, si l'on tente le recours en cassation.

DEUXIÈME PARTIE — Le régime matrimonial.

§ I. *La famosissima quæstio.*

N° 1. LE RÉGIME MATRIMONIAL DÉPEND-IL DU STATUT RÉEL OU DU STATUT PERSONNEL?

183. Sous le régime féodal, toute coutume était réelle; on entendait par là qu'elle était souveraine, et l'on admettait que la souveraineté s'étendait sur toutes les choses

qui se trouvaient sur le territoire du souverain, alors
même qu'elles appartenaient à un étranger, ainsi que sur
toutes les personnes, sans distinction entre les naturels et
les aubains. Dans cet ordre d'idées, il n'y avait pas de
statut personnel; on aurait considéré comme une atteinte
portée à la puissance souveraine du seigneur que des
choses ou des personnes se trouvant sur le territoire fussent régies par une loi étrangère. En effet, dans le système féodal, la terre était souveraine, et on ne concevrait
pas que la terre fût souveraine hors de son territoire : en
ce sens, les coutumes, expression de la souveraineté,
étaient réelles, c'est-à-dire souveraines (1).

Les glossateurs, les premiers, admirent, à côté des statuts réels, un statut personnel pour les coutumes ou lois
qui régissent l'état et la capacité des personnes. Ils ne
comprenaient pas que l'état des personnes et la capacité
ou l'incapacité qui en résultent variassent d'une seigneu-
rie, d'une cité à l'autre : peut-on être ici majeur, là mineur? ici capable, là incapable? Si je suis reconnu
capable ou incapable par la coutume où j'ai mon domicile,
cet état ne doit-il pas me suivre partout où je réside? Expression de ma personnalité, le statut personnel n'est-il
pas inhérent à ma personne (2)?

En distinguant des statuts personnels et des statuts
réels, les glossateurs jetèrent les fondements d'une science
nouvelle, celle du droit international privé. La distinction
fut reçue en France, mais elle eut de la peine à s'accli-
mater. Cela se comprend. La réalité des coutumes impliquait leur souveraineté, et la souveraineté était considérée
comme une puissance absolue; dire qu'il y avait des personnes et des choses qui n'étaient pas soumises à la souveraineté de la coutume, n'était-ce pas diviser, démembrer
un pouvoir qui est indivisible de son essence, et qui n'est
plus rien s'il ne comprend pas tout? L'objection était irré-
futable tant que l'on admettait que la souveraineté était
réelle et absolue. Cela explique les hésitations et les

(1) Voyez le tome 1er de ces Etudes, p. 270, no 197.
(2) Voyez le tome 1er de ces Etudes, p. 305, no 220.

inconséquences des jurisconsultes qui suivaient la doctrine des glossateurs, et la longue résistance que leur opposaient les partisans de la réalité des coutumes.

Au seizième siècle, Charles Dumoulin posait encore comme règle que toute coutume est réelle : cependant le grand jurisconsulte devint, peut-être sans s'en douter, chef d'une école nouvelle qui donnait à la personnalité des statuts une importance et une étendue qu'elle n'avait pas eues dans l'école des glossateurs. Consulté sur la nature et les effets d'un contrat de mariage, Dumoulin fut d'avis que les conventions matrimoniales dépendaient du statut personnel, en ce sens qu'elles étendaient leur empire sur tous les biens des époux, même sur ceux qui étaient situés dans une autre coutume que celle de leur domicile. Cela était d'évidence quand les époux avaient fait une convention expresse ; les conventions des parties dépendent de leur volonté, et la volonté de l'homme ne connaît pas les limites d'un territoire, elle embrasse, au besoin, le monde entier. Mais que fallait-il décider si les époux ne faisaient aucune convention? Ils étaient régis, dans ce cas, par la coutume du lieu où ils établissaient leur domicile ; c'était une communauté coutumière ou légale. N'est-ce pas dire que la coutume reprend, en ce cas, tout son empire? Non, répond Dumoulin, car la communauté coutumière n'est pas imposée aux époux ; en se mariant sans contrat de mariage, ils se soumettent tacitement au régime que la coutume établit ; c'est une convention tacite, or la convention tacite est de la même nature que la convention expresse ; c'est toujours la volonté des époux qui y domine. Sur ce point, d'Argentré combattit vivement l'opinion de Dumoulin. Quand les époux se marient sans contrat, dit-il, ils s'en rapportent à la coutume ; ils veulent que la coutume leur tienne lieu de contrat ; ils doivent donc l'accepter avec le caractère qui lui est propre ; or, il est de l'essence des coutumes d'être réelles ; toutes-puissantes dans leur territoire, elles n'ont aucune autorité hors de ses limites : chaque coutume est souveraine dans le territoire sur lequel elle règne. La souveraineté exclusive, jalouse, des coutumes tenait à cœur à d'Argentré bien plus que la volonté des parties contractantes. Sa doctrine domine encore aujourd'hui chez les Anglo-Américains, restés attachés à la réalité des coutumes.

184. J'ai rendu compte de ce célèbre conflit dans l'Introduction historique de ces Etudes (1). La lutte continua. En France, l'opinion de Dumoulin l'emporta, mais non sans opposition, et il resta toujours quelque doute et quelque hésitation dans la doctrine. Dans les Provinces-Unies, la discussion fut reprise avec une vivacité nouvelle au dix-septième siècle. La cour du Brabant hollandais se prononça pour la réalité du statut matrimonial. Cette décision, attaquée avec violence, fut défendue par un membre de la cour, le conseiller Vander Muelen, dans une dissertation qu'il publia sous le titre de *Famosissima quæstio*. Le meilleur de nos anciens jurisconsultes, Jean Voet se prononça, dans le siècle suivant, pour la personnalité du statut. Sa réponse est un chef-d'œuvre. Je m'arrêterai à ce débat, sans trop entrer dans les détails ; il mérite une place dans des Etudes où l'histoire joue un grand rôle. Notre science n'est encore qu'une histoire, ou une tradition. A ceux qui croiraient que c'est de l'histoire ancienne, je répondrai en citant un arrêt récent de la cour suprême de la Louisiane. La *common-law* anglaise, qui forme aussi le droit commun de la plupart des Etats de l'Union américaine, ne connaît pas la théorie des statuts; c'est une loi féodale dont les origines remontent à la conquête de l'Angleterre par les Normands, et elle est restée empreinte de l'esprit de la féodalité. Toutefois, les cours des Etats-Unis, comme celles d'Angleterre, sont obligées de prendre en considération la distinction des statuts quand le débat soulève une question de droit civil international. Des époux mariés, soit en pays étranger, soit dans un autre Etat de l'Union, s'établissent dans la Louisiane et y acquièrent des biens. Ces acquisitions sont-elles régies par la loi de leur domicile matrimonial, ou par la loi de leur nouveau domicile? La cour suprême

(1) Voyez, sur le conflit entre Dumoulin et d'Argentré, le tome Ier de ces Etudes, p. 383, n°s 273-282.

de la Louisiane, saisie de la difficulté, s'est livrée à un long examen de la doctrine des statuts.

Elle avoue que le statut de communauté est considéré comme personnel par la plupart des légistes français et hollandais, mais, se fondant sur l'autorité de l'ancienne loi espagnole, elle décide que le statut est réel; de sorte que les époux, mariés ailleurs, qui viennent s'établir dans la Louisiane, y sont régis par la loi de cet Etat quant aux biens qu'ils y acquièrent (1). Une question décidée il y a une dizaine d'années n'est pas de l'histoire ancienne. Je dois ajouter qu'elle a été mal décidée; je parle des principes, n'ayant pas sous les yeux le texte de l'arrêt, je ne sais quelle est la loi espagnole que la cour invoque. Il est donc bon de discuter encore la *question fameuse* qui a déjà été l'objet de tant de débats. Je me fais fort de prouver que la cour de la Louisiane s'est trompée, que le statut de communauté n'est pas réel. Il y a plus, il n'est pas même exact de dire qu'il soit personnel. Ce point me paraît d'évidence. Je me sers rarement de ce mot, mais, dans l'espèce, je n'hésite pas à le prononcer.

185. Qu'est-ce qu'un statut, soit personnel, soit réel? C'est une coutume ou une loi qui s'imposent aux parties intéressées. Le statut est-il réel, il régit toutes les personnes, toutes les choses qui se trouvent sur le territoire, indépendamment de la volonté des parties, qui sont liées comme le sont tous ceux qui doivent obéissance à la loi. Dans l'espèce jugée par la cour de la Louisiane, les acquisitions faites par les époux étrangers qui s'établirent dans cet Etat se sont trouvées régies par la loi territoriale, qu'ils l'aient voulu ou non. Vainement diraient-ils qu'ils entendent que leur communauté soit régie par la loi de leur domicile matrimonial, ou par leur statut personnel, les juges ne les écouteraient pas, comme la cour, de fait, n'a pas écouté la partie qui prétendait écarter la loi du territoire; cette loi est souveraine, et si elle déclare

---

(1) Lawrence, *Commentaire sur les Eléments du droit international de Wheaton* (t. III, p. 12-14), analyse l'arrêt sans en citer la date précise, et nous n'avons, je crois, dans aucune de nos bibliothèques de Belgique, les recueils d'arrêts, publiés aux Etats-Unis.

qu'elle sera appliquée à tout époux qui habite la Louisiane, obéissance est due à ses commandements, et les particuliers ne peuvent pas vouloir le contraire de ce que veut la puissance souveraine. Si, au contraire, le statut est personnel, ce n'est plus la loi du territoire qui recevra son application, c'est celle de la personne, loi déterminée soit par son domicile, soit par sa nationalité; selon que la loi, pour décider si un statut est personnel, a égard au domicile ou à la nationalité ; une fois que la loi personnelle est connue, elle s'applique aussi malgré les parties; si, dans l'espèce, la cour de la Louisiane avait considéré le statut comme personnel, la loi du domicile ou de la nation aurait été appliquée, alors même que les époux auraient déclaré se soumettre à la loi territoriale; la loi ne demande pas à ceux qu'elle régit s'ils veulent accepter ses dispositions, elle les leur impose.

Tel est le caractère essentiel de tout statut. Est-ce aussi là le caractère du statut qui régit les biens des époux? Le code Napoléon répond à la question, et sa décision est celle de toutes les lois concernant les conventions, parce qu'elle découle de l'essence des contrats : « La loi ne régit l'association conjugale, quant aux biens, qu'à défaut de conventions spéciales, *que les époux peuvent faire comme ils le jugent à propos* » (art. 1387). Le régime matrimonial dépend donc entièrement de la volonté des époux; si la loi en détermine les règles, ce n'est pas pour y soumettre les parties contractantes, elle ne fait que prévoir ce que les parties veulent quand leur intention est de se marier sous le régime de communauté, mais elle leur laisse une entière liberté de vouloir le contraire : elle ne leur impose rien, absolument rien. Partant on ne peut pas dire que la loi soit un statut, dans le sens traditionnel du mot, que je viens de rappeler. Qu'est-ce donc que les conventions matrimoniales? C'est l'expression de la volonté des époux, et cette volonté est souveraine. Du reste, le principe formulé par l'article 1387 n'est pas particulier au contrat de mariage, c'est un principe universel; l'article 1134 le dit : les conventions tiennent lieu de *loi* à ceux qui les ont faites. En cette matière, les contractants sont législateurs, ils jouissent d'une autonomie complète.

Dans cet ordre d'idées, la réalité ou la personnalité des statuts n'a plus de raison d'être; disons mieux, elle n'a point de sens. Pourquoi disait-on, au moyen âge, que les statuts sont réels? Pourquoi cette maxime fut-elle considérée comme une règle du droit français? Parce que le statut réel est l'expression de la volonté souveraine; or, quand la souveraineté a parlé, sa décision devient obligatoire pour tous, naturels ou étrangers, et elle est applicable à toutes choses, sans qu'il y ait à distinguer si ces choses appartiennent à des étrangers ou à des naturels. Il en est de même du statut personnel; la loi le détermine et elle ne permet pas aux particuliers d'y déroger (C. Nap., art. 6); la raison en est que la loi règle les statuts par des considérations d'intérêt général, ce qui exclut toute autonomie des parties intéressées. Quand la loi veut, les particuliers n'ont plus rien à vouloir. C'est parce que la volonté de la loi est toute-puissante, et qu'elle n'admet aucune exception, que les anciens statutaires ne voulaient pas entendre parler de statuts personnels, qui mettraient la volonté d'une loi étrangère au-dessus de la loi territoriale: c'eût été, d'après eux, diviser la souveraineté, c'est-à-dire la détruire. Est-ce que cette notion de la souveraineté reçoit une application au statut de la communauté? La souveraineté est hors de cause, puisqu'elle déclare elle-même, par l'organe de la loi qui régit les biens des époux, que ceux-ci sont libres de faire tout ce qu'ils veulent, de déroger à la loi, de vouloir le contraire de ce que dit la loi; les contractants sont souverains, et c'est la loi qui les déclare souverains : comment la puissance souveraine pourrait-elle se plaindre de ce que les parties portent atteinte à sa souveraineté? Si les conventions des parties leur tiennent lieu de *loi*, cette *loi* n'est pas en opposition avec la souveraineté, puisque la volonté souveraine s'en rapporte à la volonté des particuliers. Partant, le statut du régime matrimonial n'est pas un statut dans le sens traditionnel du mot; c'est une convention et non un acte fait en vertu d'un commandement, et le législateur permet aux époux de faire telles conventions qu'ils jugent à propos; il n'y a donc pas de conflit possible entre la souveraineté et les conventions. Ainsi, il faut dire, non pas que le régime matrimonial dépend du statut personnel, c'est-à dire d'une loi étrangère; il faut dire qu'il dépend de la volonté des parties. Je déduirai plus loin les conséquences qui découlent de ce principe.

186. La *famosissima quæstio* est l'image des destinées du droit civil international : elle remonte jusqu'aux glossateurs, et la solution qui a pour elle le grand nom de Dumoulin et celui de Jean Voet, jurisconsulte consommé et un des chefs de l'école réaliste, est encore contestée de nos jours. Il en est de même de notre science; inaugurée par les glossateurs, patronnée en France par l'autorité d'un jurisconsulte qui mérita d'être appelé l'oracle du droit coutumier, consacrée par la jurisprudence des parlements, propagée par une nombreuse littérature, dans les Pays-Bas, en Allemagne, en Italie, elle est encore, à la fin du dix-neuvième siècle, à l'état de controverse. Une cour américaine s'est écartée, dans le débat sur le statut de communauté, de la doctrine qui règne depuis des siècles sur le continent européen; c'est aussi de la *common-law* d'Angleterre et des Etats-Unis que vient la résistance contre une science qui a l'ambition d'établir entre tous les peuples la communauté de droit. Est-ce à dire qu'il faille désespérer d'arriver à des principes certains dans la *famosissima quæstio*, et dans les questions innombrables qui surgissent tous les jours du conflit des lois diverses? Non certes; et le débat si fameux qui s'est d'abord élevé entre Dumoulin et d'Argentré en est le témoignage décisif. D'Argentré a fondé une école qui a pris pour devise que toute coutume est réelle; elle a combattu les légistes qui procèdent de Dumoulin et qui revendiquent une place tous les jours plus grande pour la loi personnelle. Eh bien, au sein de cette école, un réaliste décidé, Jean Voet, s'est prononcé pour la personnalité du statut qui régit la communauté, quoiqu'il eût contre lui la jurisprudence de son pays : la force de la vérité l'a emporté sur les préjugés de la tradition. Il en sera de même de tous les principes du droit international privé. La résistance de la *common-law* sera vaine. Voet avait aussi commencé par professer l'opinion générale des réalistes; il finit par l'abandonner, et sa démonstration a une rigueur mathématique. Vainement la cour de la Louisiane est-elle revenue à la doctrine de d'Argentré, on ne ressuscite pas des erreurs mortes dans le domaine des idées. La *common-law* cédera aussi; dès maintenant elle accorde, à titre de courtoisie, ce qu'elle refuse à titre de droit; c'est une inconséquence qui témoigne contre le réalisme féodal des Anglo-Américains. C'est cet esprit féodal qui est le vrai adversaire· de notre science au sein de la race anglo-saxonne; mais la féodalité aussi disparaîtra; la civilisation moderne a entamé le vieux chêne, il tombera. Alors la résistance cessera, parce qu'elle n'aura plus de raison d'être. Que dis-je? Les Anglais sont la plus personnelle des races; c'est par opposition à leur génie qu'ils sont devenus réalistes en droit; quoique la féodalité ait des racines séculaires dans le sol anglais, l'esprit national est encore plus fort, car les nations sont de Dieu, et la féodalité n'est qu'une forme transitoire dans le développement de l'humanité.

N° 2. LA SOLUTION DE LA « FAMOSISSIMA QUÆSTIO » DANS L'ANCIEN DROIT FRANÇAIS.

187. Froland pose la question en ces termes : « Je demande si la femme mariée à Paris, où elle et son mari avaient leur domicile au temps de leur mariage, peut avoir part, comme commune, dans les acquêts que son mari a faits dans des provinces où la communauté n'est point admise, *sous prétexte* qu'elle a été stipulée par leur contrat de mariage (1). » On voit déjà, par la manière dont la question est posée, que le praticien français n'est pas favorable à la prétention de la femme. L'autorité de la convention n'est-elle qu'un *prétexte?* Les époux n'ont-ils pas le droit de faire telles·stipulations qu'ils veulent, et leur volonté ne doit-elle pas être respectée? Aux yeux de Fro-

---

(1) Froland, *Mémoires sur les statuts*, t. Ier, p. 181, nᵒˢ II et III.

land, il y a une autorité plus grande que celle de la
volonté des parties, c'est l'autorité de la loi. « L'*intention*
des parties, dit-il, n'est point, en pareil cas, ce qui doit
fixer la résolution du magistrat; la seule chose qui lui
tombe en charge d'examiner est leur *pouvoir*, c'est-à-dire
s'il leur a été permis de faire des stipulations telles qu'il
leur a plu par rapport à leurs intérêts, et *capables de ren-
verser les sacrées dispositions de nos coutumes* (1). » Ne
dirait-on pas que les époux commettent un sacrilége en
faisant leurs conventions matrimoniales comme ils l'entendent? Leur droit est écrit aujourd'hui dans le code
civil (art. 1387), et c'est le droit commun en matière de
conventions : si les contractants peuvent en user quand
ils vendent et achètent, pourquoi n'auraient-ils pas le
même droit quand ils dressent un contrat de mariage?
Il est vrai que les *sacrées coutumes* ne contenaient pas de
titre sur la vente, tandis qu'elles traitaient toutes de la
communauté; mais cela n'empêche pas les conventions
matrimoniales d'être un contrat aussi bien que la vente,
et tout contrat ne dépend-il pas de la volonté des parties
intéressées? Leur autonomie à cet égard est aussi ancienne que le droit. La circonstance purement historique
que les coutumes établissaient la communauté n'en change
point la nature, ni par conséquent les droits des époux.

Froland résume les traits principaux du débat qui
s'était élevé au seizième siècle entre Dumoulin et d'Argentré. Après avoir exposé les raisons du jurisconsulte
breton, il ajoute : « Quoiqu'on pût défendre cette opinion
par beaucoup d'exemples et d'autorités, il faut cependant
convenir que celle de M. Charles du Molin a prévalu, et
que depuis longtemps on vit au palais dans cet usage de
donner à la femme mariée à Paris sous le régime de la
communauté part dans tous les conquêts sans examiner
leur situation (2). » Ainsi la jurisprudence l'emporta sur
les *sacrées coutumes*. Si elles avaient, en cette matière,
l'autorité que Froland leur suppose, il aurait dû la main-

---

(1) Froland, *Mémoires*, t. Ier, p. 195.
(2) Froland, *Mémoires*, t. Ier, p. 194, no VIII, et p. 200, no IX.

tenir et la défendre envers et contre tous. J'aime le respect qu'il professe pour les coutumes, et je voudrais que nous eussions le même respect pour nos lois. Mais ce respect doit être sérieux, et quand la jurisprudence se met en opposition avec la loi, il faut que force reste à la loi.

Dans l'espèce, la jurisprudence avait liberté entière, car les coutumes que Froland invoque n'étaient point de celles qui lient les parties contractantes; les parlements pouvaient donc et devaient respecter la liberté des époux qui leur tenait lieu de loi; et que veulent-ils en stipulant la communauté? La jurisprudence ne se décide guère par des motifs de théorie; ce qui décide les juges, ce sont les avantages ou les inconvénients pratiques. Or, la doctrine de la réalité du statut de communauté avait des conséquences qui blessaient le bon sens tout ensemble et le sens moral. Les arrêts disaient que si les acquisitions faites par le mari dans une province qui n'admet point la communauté n'étaient point communes, il serait au pouvoir du mari qui verrait que sa femme décéderait probablement la première, d'acquérir des biens dans cette province, et de rendre ainsi illusoires les conventions arrêtées en leur contrat de mariage. Est-ce là ce que les époux ont voulu? Est-ce là ce que veut la bonne foi? Froland se rend à ces raisons (1), ce qui prouve qu'il avait tort de parler des *sacrées coutumes*; la volonté de l'homme est tout aussi sacrée quand il s'agit d'intérêts privés, où la loi elle-même s'en rapporte à ce qu'il veut.

188. J'ai supposé jusqu'ici avec Froland que les époux ont fait un contrat de mariage dans lequel ils stipulent la communauté. Que faut-il décider si les époux n'ont point fait de contrat? Dans ce cas, dit le légiste français, ils sont toujours communs en biens, mais ils le sont en vertu de la coutume; or, la coutume est réelle, donc, le statut de communauté l'est aussi. Telle était la doctrine que d'Argentré opposait à Dumoulin qui maintenait la personnalité du statut dans cette hypothèse, et son opinion fut adoptée par les meilleurs jurisconsultes. Grand

(1) Froland, *Mémoires*, t. Ier, p. 203, no X, et p. 208, no XI.

est l'embarras de Froland. Il rappelle un mot de Montaigne. Un juge, rencontrant dans les livres des questions douteuses et problématiques, écrivait à la marge : *questions pour l'ami ;* insinuant par là que sur de pareilles questions l'amitié, sans intéresser la conscience, peut quelquefois déterminer l'esprit suspendu par l'égalité de raisons de part et d'autre. Froland penche pour la réalité du statut de communauté. Les parties n'ayant pas exprimé leur volonté, on ne peut plus dire que c'est leur volonté qui fait loi ; dans leur silence, c'est la coutume qui déclare les époux communs en biens, or, la coutume est réelle, elle ne dépasse point les limites de son territoire. Vainement Dumoulin dit-il qu'il y a volonté tacite des époux, et que, par conséquent, il y a toujours communauté conventionnelle. Pure subtilité, répondait d'Argentré ; les parties n'ayant point parlé, le juge doit présumer ce qu'elles ont voulu ; or, la présomption est certainement qu'elles se sont rapportées à la coutume, avec le caractère de réalité qui lui est propre ; on ne peut pas croire qu'elles aient voulu l'étendre en lui donnant de l'autorité dans des pays où naturellement elle doit n'en avoir aucune ; pour étendre les effets de la coutume, le silence des parties ne suffit point, elles auraient dû parler, leur silence témoigne donc contre la volonté que Dumoulin leur suppose (1).

Froland ne s'exprime pas en termes aussi précis ; il a contre lui des autorités considérables qu'il n'ose pas heurter de front ; il craint d'être accusé d'amour-propre, pour mieux dire, de présomption. J'admire cette modestie, mais elle a des limites, et ne faut-il pas dire : *Amicus Plato, amicus Socrates, sed magis amica veritas?* » En habile avocat, Froland tourne la difficulté. Dans l'ancien droit, la jurisprudence formait la grande autorité ; mais les arrêts n'étant pas motivés ni publiés sur la minute, il y avait toujours moyen de discuter et de disputer. Il en résultait une incertitude extrême. Notre légiste s'en prévaut pour affaiblir la portée des témoignages qu'on lui

(1) Froland, *Mémoires sur les statuts,* t. I⁰ʳ, p. 272, chap. III.

oppose : aux auteurs qui se prononçaient en faveur de la femme, ou de la personnalité du statut de communauté, Froland répond « que les uns se sont surpris dans des faits, que d'autres l'ont été dans la citation et l'application des arrêts ; qu'il y en a qui ont posé des principes trop vagues que l'on ne saurait appliquer en tous cas ; ou qu'ils ont dit des choses qui sont fort susceptibles de contestation, ou contraires à l'usage. Je ne pense donc pas, dit-il, que ce soit un crime à celui qui n'aurait pas pour leur sentiment sur cet article une déférence absolue, jusques au point de n'y pouvoir résister. » Sa conclusion est qu'il n'y a pas de principes fixes et certains sur la matière. Sur ce point, malheureusement, Froland avait raison, puisque l'on conteste encore, au dix-neuvième siècle, ce qui paraissait certain à Dumoulin au seizième. « Comme il est bien difficile, dit-il, de concilier ensemble la jurisprudence des arrêts, l'usage et le sentiment des auteurs, un chacun aura la liberté de s'expliquer sur la matière comme il lui plaira, sans qu'on y doive trouver la moindre chose à redire. »

C'est presque la conclusion désespérante à laquelle est arrivé Story : il n'y a point de principes certains dans notre science. Ce serait dire que notre science est une chimère. Froland et Story ne réfléchissent pas que ce qui produit cette incertitude extrême dans la doctrine des statuts, c'est d'abord l'influence de la tradition, puis la nature du droit coutumier qui est incertain de son essence. Les coutumes étaient *sacrées* pour les anciens légistes, plus sacrées que les lois, parce que leur origine se perdait dans la nuit des temps, et la *réalité* des coutumes passait pour un axiome que personne n'osait attaquer. La personnalité de certains statuts avait été admise par exception : mais jusqu'où l'exception s'étendait-elle ? On ne le savait pas ; partant, tout était sujet à controverse, même les choses les plus évidentes. Quoi de plus certain que cette proposition de Dumoulin, que les époux mariés sans contrat adoptent tacitement le régime de communauté tel qu'il est réglé par la coutume ou par la loi, de sorte que la communauté coutumière ou légale est aussi une communauté conventionnelle? Cependant d'Argentré et après lui Froland crient à la subtilité, à la chimère; à les entendre, c'est l'esprit subtil du grand jurisconsulte qui a créé ces choses imaginaires. Quoi! je sais que si je me marie sans contrat de mariage, je serai régi par la communauté telle que la coutume ou la loi l'organisent; c'est ce régime que je veux adopter; je n'ai pas besoin de le stipuler, la coutume ou la loi le stipulent pour moi, elles disent ce que moi j'aurais dit si j'avais fait un contrat; si donc je suis marié sous le régime de la communauté, c'est par ma volonté. Ainsi la communauté résulte du consentement tacite des époux, et l'on viendra me dire que la communauté n'est pas conventionnelle? Ici est l'erreur des réalistes, d'Argentré en tête; leur respect pour les *sacrées coutumes* était tel, qu'il leur répugnait de voir dans la communauté coutumière la volonté des époux; la coutume restait souveraine dès que les époux ne parlaient point, donc le statut était réel, comme la coutume. A vrai dire, la coutume est hors de cause, c'est la volonté des époux qui fait tout, elle leur tient lieu de loi, donc il n'est pas question de statut, ni personnels, ni réels; la question, si question il y a, est décidée par la volonté des parties.

189. Boullenois a imaginé un autre moyen de se tirer d'embarras. Si l'on ne considère la communauté que comme une société de biens, on doit décider que le statut est réel. Pour échapper à cette conséquence, Dumoulin a imaginé une convention tacite, ce qui rend le statut personnel, comme le sont tous les contrats; mais cette convention n'est pas sans difficulté. On peut l'admettre pour la communauté, parce qu'elle est en harmonie avec l'intention des parties contractantes; il serait contraire à l'équité que le mari, en acquérant des biens dans une coutume de non-communauté, pût priver sa femme de sa part dans lesdits biens, alors que les biens sont acquis avec les deniers communs, et que ces deniers proviennent, en partie du moins, de la fortune de la femme, ou de sa collaboration. Mais si l'on accepte le principe de la convention tacite pour la communauté établie par les coutumes, ne faut-il pas l'étendre à toutes les dispositions que les coutumes contiennent sur les droits pécuniaires des époux, tels que les gains de survie, le douaire de la femme? Le principe, ainsi généralisé, renverserait tout, dit Boullenois, et d'autre part, il ne résout pas même les difficultés qui se présentent en matière de communauté. Si le mari acquiert des biens dans le territoire d'une coutume qui prohibe la communauté, entreront-ils néanmoins dans la société de biens que la commune du domicile conjugal établit entre les époux? C'était une question très controversée dans l'ancien droit ; elle peut encore se présenter dans le droit moderne, à raison du conflit des législations nationales : le code français fait de la communauté le régime de droit commun, tandis que le code italien défend aux époux de stipuler la communauté, sauf celle des acquêts qui peut être jointe au régime dotal; de là la question de savoir si la communauté expresse ou tacite, formée en France, comprend les biens situés ou acquis en Italie (1).

Boullenois croit que l'on préviendrait toutes ces difficultés, si l'on considérait le régime de communauté comme une dépendance de l'état des personnes, ce qui rendrait le statut personnel; or, ce statut n'est pas limité par le territoire, il suit la personne partout où elle réside, et il s'étend aux biens, donc aux acquisitions que le mari faisait, dans l'ancien droit, sur le territoire d'une coutume de non-communauté, ou même prohibitive de communauté. Reste à savoir si la communauté concerne l'état des personnes « Quand une coutume, dit Boullenois, dit qu'il y aura communauté de biens, ou qu'il n'y en aura pas entre conjoints, elle veut certainement fixer l'état et la condition des conjoints ; elle veut, dans le premier cas, qu'ils soient associés en biens, et cela perpétuellement, et tout le reste de leurs jours ; et dans le second, elle veut que, quoique destinés à vivre ensemble pendant toute leur vie, il n'y ait jamais entre eux aucune société

(1) Boullenois, *Traité de la personnalité et de la réalité des lois*, t. II, p 238 et 239, 299 et 300 ; t. Iᵉʳ, p. 757 et suiv.

de biens; et cette manière de vivre ainsi entre gens unis
à perpétuité par les liens du mariage, me paraît former
entre eux un état et une condition qui les affectent, et qui
sont inséparables de leurs personnes, et c'est véritable-
ment le cas de dire que la coutume regarde la personne,
et non la chose acquise (1) ».

L'expédient, car ce n'est pas autre chose, n'est pas heureux. Il est de principe que le contrat de mariage n'a
pour objet que les biens des époux; il ne règle pas leur
état ni leur capacité; on doit dire plus, il ne peut pas
même régler ce qui touche à l'état, car l'état est d'ordre
public, ainsi que la capacité ou l'incapacité qui en résulte;
or, les particuliers ne peuvent point faire de conventions
sur l'état des personnes (C. Nap., art. 6); cette matière
étant d'intérêt général est par cela même dans le domaine exclusif du législateur. C'est ce que dit en termes
clairs et formels le code Napoléon. Après avoir déclaré
que la loi ne régit l'association conjugale, *quant aux
biens*, qu'à défaut de conventions spéciales que les époux
peuvent faire comme ils le jugent à propos, l'article 1387
ajoute : « pourvu qu'elles ne soient pas contraires aux
bonnes mœurs, et en outre, sous les modifications qui suivent. » Ces restrictions concernent précisément l'*état* des
personnes : « Les époux ne peuvent déroger ni aux droits
résultant de la *puissance maritale* sur la *personne de la
femme* et des enfants, ni aux droits confiés au survivant
des époux par le titre de la *Puissance paternelle*, et par
le titre de la *Minorité, de la Tutelle et de l'Emancipa-
tion* » (art. 1388), c'est-à-dire aux dispositions qui sont
relatives à l'*état* des personnes, lequel est d'ordre public,
dans le sens de l'article 6 du code civil. La loi sépare
donc absolument ces deux ordres d'idées, les conventions
des époux quant à leurs biens, et les règles qui déterminent leur état : les premières dépendent exclusivement de
la volonté des parties contractantes, les autres sont dans
le domaine exclusif du législateur. Donc, on ne peut pas

____

(1) Boullenois, *De la Personnalité et de la réalité des lois*, t. Iᵉʳ, p. 737 et
suiv.

considérer le statut de communauté comme un statut personnel concernant l'état, sinon il faudrait en induire que le régime de communauté ne peut pas être réglé par les époux, tandis qu'il dépend entièrement de leur autonomie.

Pourquoi Boullenois est-il à la recherche d'un expédient pour déclarer personnel le statut de communauté? Il abonde dans le sens de Dumoulin; il croit avoir trouvé un moyen de faire taire d'Argentré et ses partisans; leurs *cris*, comme il s'exprime, *l'importunent*. On s'étonne qu'étant dans ces sentiments, il n'ait pas accepté le principe de Dumoulin, qui mettait fin à tout doute. Le statut de communauté n'est ni réel, ni personnel; il dépend exclusivement de la volonté des parties, et ce qu'elles veulent a effet partout, tant qu'il ne s'agit que d'intérêts privés. Cela sauvegarde pleinement l'autorité du législateur; elle est hors de cause, puisque lui-même permet aux époux de faire tout ce qu'ils veulent. On se demande ce qui arrête Boullenois? C'est la tradition séculaire de la réalité des coutumes. Elles étaient réputées souveraines; les légistes craignaient de toucher à leur autorité. J'ai dit, dans l'Introduction historique de ces Etudes, que Boullenois n'osait pas étendre le principe des statuts personnels; il l'aurait bien voulu, mais les principes généraux ne le lui permettaient pas; à son avis, il aurait fallu une loi qui changeât ces principes (1). Voilà pourquoi il a cherché un autre moyen pour concilier la doctrine de Dumoulin avec la tradition. Le principe de Dumoulin était plus simple et plus juste. Il maintient le respect pour la loi, et il donne satisfaction aux nécessités de la vie pratique. L'esprit timide des praticiens s'effrayait des conséquences auxquelles conduisait la doctrine de Dumoulin; le grand jurisconsulte lui-même n'avait pas osé appliquer son principe à toutes les dispositions des coutumes qui relevaient de la volonté des parties intéressées. C'était l'exagération d'un excellent sentiment; le progrès doit se concilier avec l'élément de conservation, sinon les sociétés

_____

(1) Voyez le tome Ier de ces Etudes, p. 500, no 345.

V.   26

seraient incessamment bouleversées. La résistance que le progrès rencontre dans le domaine du droit est plus sérieuse encore que celle contre laquelle il se heurte dans le domaine politique : c'est que la vie de tous les jours, de tous les instants est en jeu; on ne peut pas rompre brusquement avec le passé. La résistance a donc sa légitimité ; il faut en tenir compte.

190. Bouhier est un partisan décidé du principe de personnalité ; il procède de Dumoulin, mais il est plus conséquent que lui. Cela prouve qu'un lent progrès s'était accompli dans les idées ; le président du parlement de Bourgogne a la gloire de s'en être fait l'organe. Sur la *famosissima quæstio*, il n'hésite plus comme Froland, il n'a pas les scrupules de Boullenois ; bien que magistrat, il n'a point la timidité des praticiens. Bouhier est de la lignée des grands jurisconsultes ; nous allons l'entendre.

« Pour traiter ces questions avec ordre, j'observerai d'abord que la *liberté publique* et la *faveur des mariages* ont autorisé l'usage de se soumettre, en se mariant, à telle coutume qu'on le juge à propos, quoique ce ne soit pas celle du domicile des contractants, ou du moins de l'un d'eux (1). » C'est le principe fondamental qui gouverne la matière ; le code Napoléon l'a formulé dans le premier article du titre qu'il a consacré au *Contrat de mariage*. liberté complète pour les époux de faire telles conventions qu'ils *jugent à propos*. C'est le mot de Bouhier, bien que je doute que les auteurs du code civil aient consulté Bouhier, les orateurs du gouvernement et du Tribunat ne le citent jamais ; cela prouve que le mot et l'idée résultent de la nature des choses. Bouhier ajoute : *et la faveur du mariage*. Ce motif est de trop ; il peut faire croire que la liberté des époux est une faveur, un privilége, tandis que c'est, en réalité, le droit commun. On ne s'explique cette légère déviation des vrais principes que par l'influence qu'une tradition séculaire exerce sur les esprits les plus fermes ; c'est comme un dernier hommage que le savant

(1) Bouhier, *Observations sur la coutume du duché de Bourgogne*, chap. XXI, n° 15 (Œuvres, t 1er, p 582).

magistrat rend à la réalité des coutumes, en paraissant admettre que le statut des conventions matrimoniales devrait dépendre de la coutume du domicile, et que c'est pour favoriser le mariage que les coutumes se sont départies de leur autorité. Il n'en est rien ; Bouhier place en première ligne la liberté publique, et la liberté implique que le droit des époux est une règle et non une exception.

Quelle est la nature des conventions portées au contrat de mariage? Sur ce point il n'y avait pas de doute ; d'Argentré lui-même était d'accord avec Dumoulin. Aussi Bouhier ne s'y arrête point ; il dit, en passant, que les conventions sont personnelles, et ont leur exécution partout où les contractants ont des biens, pour y fonder la règle identique des conventions tacites, telles que les conventions matrimoniales des époux qui, au lieu de faire un contrat de mariage, s'en rapportent aux dispositions de la coutume qui les régit : je dirai plus loin quelle est cette coutume. Les dispositions des coutumes, en cette matière, ne font que supposer, ou, comme nous disons, présumer ce que les futurs époux veulent : ce sont les articles du contrat tacite qu'ils font. Ceci est un point essentiel dans notre débat. Dumoulin a, le premier, établi ce principe ; mais d'Argentré et, à sa suite, les réalistes, et même Froland, prétendaient que c'était une pure subtilité, rien que des mots et des paroles ; bref, une chimère. Bouhier rétablit la vraie vérité. Les dispositions des coutumes sur la communauté ne sont pas des lois que le législateur a créées pour les imposer aux contractants ; elles se sont introduites par l'usage ; il était tout naturel qu'un usage presque général des habitants d'un même pays se tournât insensiblement en coutume et qu'on l'étendît à ceux qui n'avaient pas pris la précaution de faire les mêmes stipulations ; on présumait qu'ils avaient eu intention de se conformer à ce qui se pratiquait plus communément entre leurs concitoyens (1). Qu'ont fait les rédacteurs des cou-

(1) Bouhier, *Observations sur la coutume de Bourgogne*, chap. IX, n° 19 (Œuvres, t. Ier, p. 434).

tumes ? Ils ont voulu rendre de droit général des clauses que l'usage avait rendues fréquentes, particulièrement dans les contrats de mariage, soit pour épargner aux contractants la peine et la dépense de les faire rédiger par écrit, soit parce qu'il a paru utile aux législateurs, pour le bien de la société, qu'elles fussent généralement observées, à moins que les parties n'y eussent expressément dérogé. Par cela même qu'elles n'y dérogent point, elles les adoptent, puisque ceux qui se marient doivent avoir un régime quelconque quant à leurs biens. De là découle une conséquence très importante quant à la nature du statut de communauté : « Comme les conventions expresses sont personnelles, en ce sens qu'elles ont leur exécution sur tous les biens des contractants, quelle que soit leur situation, il en doit être de même des statuts qui supposent ces sortes de conventions comme si elles avaient été réellement faites. » Outre l'axiome vulgaire que *taciti et expressi eadem vis*, on comprend que le bien public l'exige de la sorte, puisque cela est utile aux parties et à la société. Les contractants se reposent à cet égard sur la prévoyance de la loi municipale. (1)

Bouhier ajoute que nous avons l'obligation à Dumoulin d'avoir le premier fait l'application de cette vérité à la communauté légale, introduite entre les conjoints par la plupart de nos coutumes: « Il fit voir que les dispositions des coutumes tiennent lieu de contrat aux époux qui ne font pas de contrat, et il mit la chose dans une telle évidence, que tous les efforts que fit d'Argentré pour contredire son opinion n'empêchèrent point qu'elle prévalût dans nos tribunaux, et qu'elle fût adoptée par nos meilleurs auteurs (2) ». Toutefois il y avait encore des opposants; Bouhier cite les légistes belges : Everard, président du conseil de Malines ; Peck, Paul Voet, Vander Muelen, l'auteur de la dissertation sur la *famosissima quæstio*, Froland même, en contradiction sur ce point avec ses

---

(1) Bouhier, *Coutume de Bourgogne*, chap. XXVI, nos 1 et 2 (t. Ier, p. 713).

(2) Bouhier, *Coutume de Bourgogne*, chap. XXIII, nos 71 et 72 (t. Ier, p. 663 et suiv.)

propres principes ; l'ouvrage de Jean Voet n'avait pas encore paru.

Des provinces entières restaient attachées à la doctrine traditionnelle, la Bretagne, la Normandie, la Belgique, les Provinces-Unies. Bouhier prouva que la tradition n'avait plus de raison d'être ; née à une époque où les diverses provinces étaient toujours en guerre, et maintenaient avec jalousie la souveraineté exclusive de leurs coutumes, elle était en opposition avec un ordre politique où toutes les provinces obéissaient au même souverain et étaient amies au lieu d'être ennemies. Je renvoie à ce que j'ai dit dans l'Introduction historique de ces Etudes (1). Ainsi, aux yeux de Bouhier, la réalité des coutumes était un débris de la féodalité politique qu'il fallait répudier avec l'organisation sociale où elle avait pris naissance. Nous voilà loin du respect un peu superstitieux de Froland pour l'autorité des *sacrées coutumes*.

Il y a des objections ; Bouhier y répond en s'appuyant sur le principe de Dumoulin que la communauté légale est une convention tacite. D'Argentré accusait Dumoulin de subtilité ; Bouhier adresse le même reproche à d'Argentré et à tous les réalistes qui disaient que la communauté légale avait son principe dans la loi, et que la loi n'a pas plus de force que le législateur, dont l'empire ne saurait s'étendre au delà de son territoire. C'est un sophisme, répond Bouhier, qui a plus de subtilité que de vérité ; la loi qui établit la communauté suppose une convention entre les époux ; elle lui suppose par conséquent toute l'étendue qu'elle aurait par le droit commun si elle était expressément stipulée. Boullenois craignait que si l'on admettait une convention tacite pour la communauté, on ne fût forcé de l'étendre à toutes les dispositions coutumières. Non, dit Bouhier ; on admet que la communauté légale est une convention tacite, parce que c'est une société de biens, donc un contrat qui se forme par la volonté tacite des époux ; de même on admettra le consentement tacite des époux pour les choses qui tombent ordinairement en

(1) Voyez le tome 1er de ces Etudes, nos 19, 21, 330.

conventions, tels que les avantages matrimoniaux et autres choses pareilles ; mais quand. il s'agit de statuts coutumiers qui ne reposent pas sur une convention, il va de soi que la règle de Dumoulin ne recevra pas d'application (1).

191. Je ne continue pas cette discussion, puisque je retrouverai les objections auxquelles Bouhier répond dans le débat qui s'éleva sur la *famosissima quæstio* de Vander Muelen ; les réponses que Voet y fait auront plus de poids, puisqu'elles viennent d'un réaliste décidé. Bouhier constate, en terminant, que l'opinion de Dumoulin avait prévalu dans la plupart des tribunaux. M. de Lamoignon, dans ses arrêtés, en avait voulu faire une loi générale du royaume, par cette décision : « Quand il y a communauté de biens entre le mari et la femme, y entreront les acquisitions faites dans les lieux où la communauté n'est pas reçue. » Ce témoignage est décisif; Lamoignon avait essayé de faire ce que les auteurs du code civil ont exécuté, grâce à la révolution, qui brisa toutes les résistances que les projets de modification avaient rencontrées dans l'ancien régime ; il n'innovait point, il se bornait à formuler les principes généralement reçus. Au dernier siècle, Pothier fut, sans s'en douter, le précurseur de l'œuvre réalisée par le premier consul ; ses lumineux traités résumaient la science coutumière, en empruntant en même temps au droit romain les dispositions qui lui avaient mérité le titre de raison écrite. Il ne traite qu'incidemment des principes du droit civil international; c'est probablement la raison pour laquelle les auteurs du droit civil ont négligé cette matière, à laquelle ils ne consacrent qu'un seul article : Pothier ne leur avait pas frayé la voie. Cependant Pothier a résumé en quelques pages lucides tout ce qui avait été dit d'essentiel sur la *famosissima quæstio*. Je vais rapporter ses décisions; quoique le législateur français ne les ait point insérées dans le code, on doit les suivre, comme s'il les avait con-

---

(1) Bouhier, *Coutume de Bourgogne*, chap. XXVI, nᵒˢ 5-20 (t. Iᵉʳ, p. 714-716).

sacrées, car elles découlent des principes qui y sont établis.

La communauté se divise en conventionnelle et légale ou coutumière. Elle est conventionnelle quand les conjoints font une convention par laquelle ils stipulent qu'il y aura communauté de biens entre eux. Elle est légale ou coutumière quand les époux ne font pas de convention expresse; cette communauté est réglée par la loi du domicile que les époux avaient lors de leur mariage. Quoique cette communauté soit légale, ce n'est pas néanmoins la loi qui en est la cause immédiate; elle n'est pas formée, dit Dumoulin, *vi ipsius consuetudinis immediate et in se.* La cause immédiate qui produit et établit cette communauté est une convention qui n'est pas, à la vérité, expresse et formelle, mais qui est virtuelle et implicite, par laquelle les parties, en se mariant, quand elles ne se sont pas expliquées sur leurs conventions matrimoniales, sont censées être tacitement convenues d'une communauté de biens, telle qu'elle a lieu par la coutume du lieu de leur domicile. Cette communauté n'est appelée légale que parce que c'est une communauté sur laquelle les parties, par cette convention tacite, s'en sont entièrement rapportées à la loi. La loi même, lorsqu'elle dit : *Homme et femme sont uns et communs en tous biens meubles et conquêts immeubles,* ne renferme pas un précepte; elle n'ordonne pas à l'homme et à la femme qui se marient d'être *uns et communs,* puisqu'il leur est très permis de convenir du contraire; elle déclare seulement qu'ils sont censés être convenus d'être communs en biens lorsqu'ils n'ont pas fait de contrat de mariage.

De là il suit que lorsque des personnes domiciliées dans la coutume de Paris, qui déclare les époux *uns et communs en biens,* contractent mariage, la communauté légale qui a lieu en ce cas, suivant ladite coutume, s'étend à tous les héritages que les conjoints acquerront durant leur mariage, fussent-ils situés dans des provinces dont la loi n'admet pas la communauté lorsqu'elle n'a pas été stipulée.

Telle est la doctrine de Dumoulin. Pothier ajoute que d'Argentré la contredit mal à propos, en disant que la coutume de Paris, n'ayant point d'empire hors de son territoire, ne peut rendre conquêt un héritage situé hors de son territoire, et dans une province où la loi n'admet la communauté que lorsqu'elle est stipulée : d'où il conclut que lorsque des Parisiens se sont mariés sans contrat, la femme ne peut prétendre droit de communauté dans un héritage situé dans le Lyonnais, que le mari aura acquis durant le mariage; la coutume de Paris, qui a établi leur communauté, ne pouvant rendre conquêt un héritage sur lequel elle n'a aucun empire. Pothier répond avec Dumoulin que ce n'est pas la coutume qui imprime aux immeubles acquis durant la communauté la qualité de conquêts, c'est la convention tacite que les époux ont formée d'être communs en biens meubles et conquêts immeubles; or, cette convention tacite a la même force qu'une convention expresse, et doit, par conséquent, rendre communs les héritages que le mari acquerra, quelque part qu'ils soient situés.

Pothier conclut que la disposition des coutumes qui admettent une communauté entre homme et femme, sans que les parties s'en soient expliquées, n'est pas un statut réel qui ait pour objet immédiat les choses qui doivent entrer en communauté; c'est plutôt un statut personnel, puisqu'il a pour objet immédiat de régler les conventions que les personnes soumises à la coutume, à raison du domicile qu'elles ont sur son territoire, sont censées avoir faites sur la communauté de biens en se mariant (1).

Il eût été plus exact de dire que le statut n'était ni réel, ni personnel, puisqu'il n'est pas établi par une loi, ni par une coutume; il est établi par les conventions des parties, donc par leur volonté. Tous les anciens jurisconsultes, même Bouhier, s'expriment ainsi; l'habitude de distinguer tous les statuts en réels et personnels leur faisait croire qu'il fallait rapporter toutes les dispositions des coutumes à l'un ou à l'autre de ces statuts; ils ne réfléchissaient point que les conventions ne sont point des statuts, puisqu'elles dépendent de la volonté des parties

(1) Pothier, *Traité de la communauté*, article préliminaire, nᵒˢ 8-12.

contractantes, tandis que les statuts émanent de la puissance souveraine. Il n'est donc pas exact de dire que le statut de communauté est personnel, puisque ce n'est pas un statut.

Pothier suppose toujours que le statut de communauté est déterminé par le domicile matrimonial. C'est un point très important, sur lequel je reviendrai, la difficulté s'étant reproduite sous l'empire du code Napoléon. Pour le moment je me borne à rapporter les applications que Pothier fait du principe de Dumoulin.

Deux Parisiens se marient sans contrat de mariage; leur communauté s'étendra sur les héritages que le mari acquerra dans les coutumes de non-communauté; non pas en vertu de la coutume de Paris qui n'a point d'empire sur des héritages situés hors de son territoire, mais en vertu de la convention tacite qui est intervenue entre les parties. Il en serait de même si un Parisien épousait sans contrat une femme d'une province dont la loi n'établit pas la communauté : on présume que les époux ont voulu se marier selon la coutume du mari, puisque par le mariage la femme suit le domicile et, comme nous disons aujourd'hui, la nationalité du mari. Cette présomption tient à l'ancienne théorie du domicile matrimonial, sur laquelle je reviendrai. Par contre, si des personnes domiciliées à Lyon, pays de droit écrit, se mariaient à Paris, elles ne seraient pas communes en biens, puisqu'elles sont censées s'être mariées suivant le droit observé à Lyon; or, le droit écrit n'admet pas la communauté, à moins qu'elle ne soit expressément stipulée.

Pothier suppose encore qu'une aubaine se marie, sans contrat, avec un Parisien ou un Orléanais; elle pourra prétendre droit de communauté; car ce n'est pas la coutume ou la loi qui donne aux femmes droit de communauté, c'est la convention tacite qui intervient entre les conjoints, et cette convention est du droit des gens, dont les aubains sont capables (1).

_____

(1) Pothier, *Coutume d'Orléans*, introduction au titre X, n°ˢ 3 et 4; et *Traité de la communauté*, article préliminaire, n° 13.

192. Vander Muelen était conseiller à la cour du Brabant hollandais; la cour s'étant prononcée pour la réalité du statut de communauté, un légiste belge, Stockmans, critiqua la décision en termes vifs, et même inconvenants. Combattre les doctrines que nous croyons erronées est plus qu'un droit, c'est le devoir du jurisconsulte; mais il ne lui appartient pas de s'attaquer aux personnes. Stockmans se moqua des praticiens, magistrats haut placés, qui étaient si entichés de leur réalité, dit-il, qu'il eût été plus facile d'enlever à Hercule sa massue, et d'arrêter la foudre que Jupiter a en ses mains, que de réformer un préjugé qui confond toutes choses (1). Vander Muelen prit la défense de la cour dans une dissertation sur la question fameuse (*famosissima quæstio*) qui partageait depuis si longtemps les meilleurs esprits. Le savant magistrat est un esprit très modéré, il blâme l'arrogance dans les deux camps, d'Argentré aussi bien que Stockmans (2); il pouvait ajouter Dumoulin, dont la rudesse est extrême; les mœurs étaient encore rudes, et au barreau moins qu'ailleurs on ménageait ses adversaires.

Vander Muelen dit, dans sa Dédicace, que son but principal est de prouver que la communauté procède, non des conventions matrimoniales que font les époux, mais du statut qui l'établit. C'est la thèse que d'Argentré soutenait contre Dumoulin. Celui-ci enseignait que la communauté coutumière ou légale était une communauté conventionnelle, et s'étendait, par conséquent, à tous les biens des contractants, quelle que fût leur situation : en ce sens, le statut était personnel. D'Argentré et à sa suite Vander Muelen prétendent que la communauté a été introduite par les coutumes, qu'elle est donc essentiellement statu-

---

(1) Stockmans, *Decisiones brabantinæ* (Dec. 50, p. 116 de l'édit in-fol.). Comparez le t. Iᵉʳ de ces Etudes, p. 435 et 56.

(2) *Decisio brabantina super famosissima quæstione*, auctore Joanne Vander Muelen, Domino de Niecop, Portengen, etc , senatore ejusdem Curiæ, etc., 1698, p. 73 (se trouve à la suite des *Œuvres* de Stockmans, in-8°, Bruxelles, 1695, dans l'édition qui se trouve à la Bibliothèque de Gand.)

taire, d'où suit qu'il faut appliquer la règle générale qui régit les statuts : toute coutume est réelle quand elle a pour objet les biens, et telle est certes la coutume qui déclare les époux *uns et communs en biens.* Ainsi la décision de la *fameuse question* dépend de l'origine de la communauté.

Ceux qui admettent que la communauté est régie par la loi du domicile matrimonial, et qu'elle s'étend à tous les biens que le mari acquiert, quand même ils seraient situés dans un pays de non-communauté, disent que la communauté procède de la volonté des époux. C'est une société de biens, donc un contrat, et cette société est une suite et une conséquence de la société des personnes qui est formée par le mariage, lequel est aussi un contrat; partant, tout dépend du consentement des parties contractantes. Vander Muelen conteste le point de départ. S'il était vrai que la communauté résultât du mariage, elle devrait exister dans tous les pays, car le mariage est partout une société de personnes; les époux devraient donc partout former une société de biens. Or, il n'en est pas ainsi. En France, dans toutes les provinces de droit écrit, on suit le régime dotal, lequel exclut la communauté, les conjoints étant séparés de biens; donc la société de personnes peut exister sans qu'il y ait une société de biens. Il en était ainsi à Rome, et il en serait ainsi partout si les coutumes n'avaient introduit la communauté; c'est donc parce que la coutume déclare les époux *uns et communs en biens*, que la communauté existe entre eux, quoiqu'ils ne la stipulent point. Si des époux domiciliés dans un pays de droit écrit se marient sans contrat de mariage, ils ne seront pas communs en biens. Pourquoi? Parce que la loi de ces pays n'établit pas la communauté; s'ils sont communs dans les Pays-Bas, c'est parce que la loi le veut ainsi (1).

Je vais mettre en regard de cette argumentation l'opinion que Pothier émet sur l'origine de la communauté. Il définit la communauté une espèce de société de biens

---

(1) Vander Muelen, *Decisio brabantina*, p. 75 et suiv.

qu'un homme et une femme contractent lorsqu'ils se marient. Cette société de biens entre conjoints est fondée sur la nature même du mariage; le mariage étant « *viri et mulieris conjunctio individuam vitæ consuetudinem continens* ». C'est la définition des Institutes. Modestin ajoutait que le mariage est « la communication du droit divin et humain ». Dans la doctrine chrétienne, on dit mieux encore : « Les époux sont deux dans une même chair : et là où il y a une même chair, il y a aussi un même esprit. » Ce sont les paroles de Tertullien. Là où il y a un même esprit, une même chair, un même droit divin et humain, une communauté de la vie entière, ne doit-il pas y avoir communauté d'intérêts? Pothier répond : « Cette convention entre l'homme et la femme, que le mariage renferme, de vivre en commun pendant toute leur vie, fait présumer celle de mettre en commun leur mobilier, leurs revenus, les fruits de leurs épargnes et de leur commune collaboration. Suivant l'ancien droit français, la simple cohabitation produisait une société tacite et taisible entre ceux qui avaient habité ensemble par an et jour; à plus forte raison, entre mari et femme (1). » Pothier a raison. On ne conçoit pas une communauté de la vie entre époux sans une société de biens; c'est pour cela qu'on les appelle *conjoints*. Seraient-ils *conjoints* s'ils étaient *séparés d'intérêts?* Sans doute l'affection commune peut exister sans que les biens soient communs; mais il est vrai aussi que là où les intérêts sont divisés, il y a danger que les sentiments finissent par se diviser : voyez ce qui se passe quand la femme commune est séparée judiciairement de son mari, l'union des époux est relâchée quoique le mariage subsiste. Il est donc bon, et partant naturel, que là où les cœurs sont unis, les intérêts le soient également: la société des biens est une suite logique de la société des personnes.

Qu'importe que les Romains n'aient pas connu la communauté de biens entre époux? Cela ne prouve qu'une chose, c'est que le mariage chez les anciens n'avait pas

---

(1) Pothier, *Traité de la communauté*, article préliminaire, n° 2.

l'intimité qu'il a chez les peuples de race germanique. Et si tous les peuples modernes n'ont pas adopté le régime de communauté, cela tient à des causes accidentelles qui n'empêchent point la vérité du principe que Pothier emprunte aux coutumes. Vander Muelen a l'air de croire que les coutumes sont des lois qui ont créé la communauté; ce serait une erreur. Ce régime remonte si haut que l'on n'en connaît pas même l'origine; il est certain qu'il procède, non du législateur, mais des mœurs. Vivre en commun, c'est mettre en commun les choses sans lesquelles la vie commune serait impossible, le mobilier qui sert à l'usage des conjoints, le fruit du travail et les épargnes, donc aussi les acquêts; si les immeubles propres sont exclus de cette société de biens, cela tient à des causes accidentelles et passagères. Il est inutile de s'arrêter à ces détails qui n'ont aucune importance dans notre débat. Il suffit que la communauté, telle qu'elle existe en droit français, se soit formée par le consentement naturel et le plus souvent tacite des époux, pour que l'on soit en droit d'en conclure que la communauté coutumière n'est autre chose que la communauté voulue par les époux, donc une communauté conventionnelle. Si les conjoints étaient communs en biens avant qu'il n'y eût des coutumes arrêtées, et longtemps avant qu'elles ne fussent écrites, et s'ils étaient communs sans stipulation par la nature d'une vie commune, à plus forte raison la communauté continua-t-elle à être conventionnelle quand les rédacteurs des coutumes y formulèrent ce qui se pratiquait sous leurs yeux, à savoir que « les époux sont uns et communs en biens meubles et conquêts immeubles ». Ce n'était pas une innovation, les coutumes se bornaient à constater un fait général; la communauté resta ce qu'elle était, une société de biens résultant de la nature du mariage, tel que les populations le comprenaient d'instinct plus que par un raisonnement ou par une convention juridique.

Vander Muelen fait à ce sujet une objection qui est très juste et qui, néanmoins, témoigne contre lui. On prétend, dit-il, que les époux qui se marient sans contrat conviennent tacitement d'adopter le régime de communauté.

D'Argentré n'avait pas tort de dire que c'est là une chimère ; la plupart de ceux qui se marient, ajoute le magistrat hollandais, ne songent pas à la communauté qui va exister entre eux ; donc, si elle existe, c'est en vertu de la coutume (1). Vander Muelen aurait hardiment pu aller plus loin et affirmer que les futurs époux ne savent pas même ce que c'est qu'un régime, ni des propres et des acquêts, ni des remplois, ni toutes les difficultés qui embarrassent le régime traditionnel. Mais qu'importe! la communauté s'est introduite par les mœurs et elle se maintient par les mœurs. Ceux qui se marient savent très bien une chose, c'est que leur vie va être commune; s'ils ne songent pas à régler leurs intérêts pécuniaires, c'est que la plupart n'en ont point au moment où le mariage se célèbre, ce qui n'empêche pas qu'ils entendent mettre en commun tout ce qu'ils ont, leur chétif mobilier et leur travail; si ensuite ils font des économies sur le produit de leur travail, s'ils prospèrent, s'ils acquièrent des biens, est-ce que par hasard ils ne voudraient pas que des biens achetés avec des deniers provenant d'une collaboration commune soient communs? Ils ne savent pas ce que c'est qu'un conquêt ni un propre, mais ils savent que tout ce qu'ils ont leur appartient en commun : c'est en fait une communauté universelle, parce que les pauvres ont à un plus haut degré que les riches le sentiment profond de cette communication du droit divin et humain dont parle Modestin, quoiqu'ils ne comprennent pas le langage du jurisconsulte.

193. Vander Muelen fait une concession qui ruine tout son système. Il accorde qu'une société d'acquêts naisse, non du mariage, mais du travail commun ; là se borne ce que la vie commune implique; cette société ne comprend aucun propre, pas même le mobilier (2). Eh, qu'importe! Dès qu'une société quelconque se forme entre époux quant aux biens, la thèse du magistrat hollandais est ruinée dans son fondement. La composition de la société de biens varie nécessairement, d'un pays à l'autre, d'une province à

(1) Vander Muelen, *Decisio brabantina*, p. 102.
(2) Vander Muelen, *Decisio brabantina*, p. 93 et suiv.

l'autre; ce sont là des accidents que les circonstances historiques et locales amènent. L'essentiel est l'idée d'une communauté quelconque, suite du mariage. A la vérité, Vander Muelen nie que la société d'acquêts résulte du mariage; elle vient, dit-il, de la collaboration commune. N'est-ce pas jouer sur les mots? Pourquoi y a-t-il collaboration entre tel homme et telle femme? N'est-ce pas parce qu'ils sont mariés, et que le mariage est une communauté de vie? Le jurisconsulte brabançon ne veut pas que rien de propre aux époux entre dans la société d'acquêts qu'il suppose exister entre eux. Il ne réfléchit point que si tout était propre, il n'y aurait plus rien que l'on pût faire entrer dans la société d'acquêts. Qu'est-ce qu'il y a de plus propre que le travail, expression de notre activité et de nos facultés? Le travail de la femme est-il celui de l'homme? Dans le système que je combats, la collaboration devrait se borner aux nécessités de la vie, puis celles-là satisfaites, chacun des époux garderait en propre ce qu'il a gagné par son industrie. Non, ce n'est pas là le cours naturel des choses. Les premiers objets que les époux mettent en commun, ce sont précisément les meubles, et Vander Muelen veut les exclure de sa société! On peut soutenir que les époux, en se mariant, mettent en commun tout ce qu'ils possèdent, meubles et immeubles : ce n'est certes pas au moment où ils confondent leur destinée pour toute leur vie qu'ils songent à avoir des intérêts divisés; s'ils ne savent ce que c'est que des acquêts, ils savent encore moins ce que c'est que des propres, alors qu'ils entendent ne former qu'une âme en deux corps. Telle était la coutume de Hollande; le code des Pays-Bas s'est approprié l'idée de la communauté universelle, et en a fait le régime de droit commun. C'est la bonne théorie; les distinctions que l'on faisait jadis entre les propres et les acquêts, et que le code Napoléon a reproduites, n'ont plus de raison d'être dans notre état social; l'essence du mariage est la vie commune, donc aussi communauté de biens. Ainsi, la patrie de Vander Muelen a répudié sa doctrine; loin de limiter la société de biens aux acquêts, le code néerlandais l'a étendue à tous les propres présents et

à venir. Or, la communauté universelle a pour principe
la communauté de vie dans le mariage, et partant le consentement des époux. Ainsi s'écroulent toutes les bases
sur lesquelles Vander Muelen a élevé son frêle édifice.

194. Jean Voet commença par enseigner que le statut
de communauté est réel. Il ne faut pas s'en étonner : le
grand jurisconsulte était un réaliste décidé ; il ne voulait
pas même admettre un statut personnel, sauf par courtoisie, ce qui implique qu'en vertu du droit strict de la
souveraineté il n'y a point de statut personnel. Il changea
d'avis sur la question de communauté, non pas qu'il ait
admis, par exception, un statut personnel en cette matière ; sa conviction, à cet égard, resta entière ; mais il
s'aperçut, avec son sens si droit, que la personnalité ou la
réalité des statuts n'étaient pas en cause dans la question
que l'on débattait depuis des siècles, ce qui est très vrai,
de sorte que c'est un jurisconsulte réaliste qui a établi le
vrai principe sur ce que l'on appelle à tort le statut personnel des conventions matrimoniales. Ce qui a trompé
les anciens jurisconsultes, c'est, d'une part, que la communauté semblait établie par les coutumes en termes impéra-
tifs : les époux *sont* uns et communs en biens meubles et
conquêts immeubles, ce qui faisait dire aux réalistes que
le statut était réel. D'autre part, les défenseurs de la personnalité, voulant que la communauté eût effet partout,
quelle que fût la situation des biens, attribuaient cet effet
à la personnalité du statut, tel étant le caractère distinctif
du statut personnel. Voet dit très bien que le statut de
communauté n'est ni réel, ni personnel ; cela lui laissait
liberté entière dans ce débat fameux. Il n'est donc pas en
contradiction avec lui-même en soutenant que la loi qui
régit la communauté a effet, même hors de son territoire ;
s'il en est ainsi, ce n'est pas parce que la communauté
forme un statut personnel, c'est uniquement parce que la
communauté est une convention, et qu'il est de l'essence
des conventions d'étendre leur effet sur tous les biens des
parties contractantes. Cela décide le débat (1).

---

(1) J. Voet, *Commentarius ad Pandectas*, lib XXIII, tit. II, n° 85 (t. II,
p. 50 et suiv.).

Voet n'admet point que la communauté soit une conséquence du mariage; il dit comme Vander Muelen (qu'il ne
cite pas) que si les époux étaient communs en biens, ils
devraient l'être partout; la communauté aurait donc dû
exister chez les Romains. L'argument est faible; peut-être
Voet écartait-il le mariage pour qu'on ne pût pas l'accuser
d'admettre un statut personnel; car si la communauté
était une conséquence nécessaire du mariage, on aurait
pu dire que l'accessoire devait être de même nature que
le principal, et comme le mariage dépendait du statut
personnel, on aurait pu en dire autant de la communauté.
C'eût été mal raisonner. Voet ne s'aperçoit pas que tout
est contractuel dans le mariage, l'union des personnes,
de même que la société des biens. Ce qui prouve que la
convention domine en cette matière, c'est que la coutume
n'oblige pas les époux. Dans la province de Hollande, la
coutume établissait la communauté universelle; cela
n'empêchait pas les époux de stipuler la communauté
d'acquêts qui était établie par la coutume de Frise. Donc
tout dépend de leur volonté. Cela n'était pas douteux
quand les parties avaient déclaré leur volonté d'une manière expresse. D'Argentré lui-même admettait que, dans
ce cas, le contrat de mariage étendait son empire hors du
territoire de la coutume; et la raison en est bien simple,
c'est que la coutume est hors de cause; il s'agit des effets
de la convention, et la volonté des parties ne connaît pas
les limites du territoire. Reste à savoir si la volonté tacite
a la même force.

D'Argentré le nie; il prétend que la communauté tacite
est une chimère, une chose imaginée par Dumoulin pour
les besoins de sa cause. Voet commence par demander ce
que c'est qu'une convention tacite. Les partisans de la
réalité disaient qu'il fallait un fait qui démontrât la volonté
des parties aussi bien que les paroles dont elles pourraient
se servir. Voet le nie; il cite comme exemple la remise
faite par le créancier au débiteur de l'acte sous seing privé
constatant la créance. Ce fait par lui-même n'implique
certainement pas que le créancier renonce à son droit;
car sa créance peut très bien subsister quoiqu'il n'ait pas

d'écrit, l'écrit n'ayant pour objet que la preuve littérale.
Cependant, la loi admet, dans ce cas, une convention, ou
un concours de consentement entre les parties; le créancier, se dépouillant de la preuve littérale de son droit, est
censé y renoncer en remettant l'écrit au débiteur, et celui-
ci accepte cette remise avec la volonté d'être libéré. Il y
a d'autres contrats tacites. La présence et le silence de
l'une des parties, alors que l'autre agit pour elle, suffisent
pour qu'il y ait mandat. Il y a plus; il n'est pas même
nécessaire que le maître soit présent à l'acte posé par la
partie qui agit pour lui; il suffit qu'il ait connaissance de
l'acte et qu'il garde le silence; il y a, dans ce cas, concours de consentement et, par suite, contrat. Le mandat
peut même exister sans que le mandataire ait encore posé
un acte quelconque; il suffit que le mandant sache que le
mandataire a la volonté d'agir; son silence implique qu'il
y consent; dès lors les volontés concordent et le contrat
se forme. Je citerai comme exemple un cas qui présente
une grande analogie avec la communauté. Il se forme,
par le fait du mariage, un mandat tacite, par lequel le
mari charge sa femme de faire les achats nécessaires pour
les besoins journaliers du ménage. A l'instant même où
l'officier de l'état civil prononce que les futurs époux sont
unis par le mariage, le mandat prend naissance, sans que
la femme ait posé aucun fait; donc c'est le mariage qui
engendre le contrat. En se mariant, les époux commencent
une vie commune; pour vivre, il faut que les époux achètent les choses nécessaires à leur subsistance; la nécessité
des choses veut que ces acquisitions soient faites par la
femme ou sur ses ordres, donc il y a consentement tacite
des deux conjoints à ce que la femme soit mandataire du
mari. N'en est-il pas de même de la communauté? Le mariage, dans nos mœurs, est un contrat solennel, donc
exprès, et le mariage est l'union des âmes. Dans nos
mœurs, cette union implique une société de biens; les
époux n'ont pas même besoin d'y penser pour que la société
se forme, et, de fait, ils n'y pensent guère quand ils se
présentent devant l'officier de l'état civil pour contracter
mariage, pas plus que le mari ne songe en ce moment à

donner mandat à sa femme pour les dépenses de ménage;
cependant le mandat se forme, ce qui implique qu'il y a
un consentement des deux époux, quoique leur volonté ne
se soit pas portée sur ce point; la volonté de se marier
suffit, parce que celui qui veut la fin veut aussi les moyens.
N'en faut-il pas dire autant de la communauté de biens?
Il n'y a pas de mariage sans vie commune, et il n'y a point
de vie commune sans une certaine communauté d'intérêts;
les époux fussent-ils séparés de biens, il y a toujours
entre eux une certaine collaboration, seulement cette collaboration est mal organisée, car la femme travaille, et
c'est le mari qui en profite.

Voet cite encore d'autres exemples de conventions
tacites. Les parties contractantes sont tenues de leur faute,
et de la faute telle qu'elle est déterminée par la loi, ou, à
défaut de texte, par les principes généraux de droit.
Faut-il pour cela une convention expresse? Non, certes;
au moment où elles contractent, elles ne songent pas que
l'une d'elles manquera à ses engagements; si elles y son-
geaient et si elles le prévoyaient, elles ne contracteraient
pas. Cependant il est très vrai de dire qu'elles répondent
de leur faute par un concours de consentement. Pourquoi le code Napoléon pose-t-il en principe que le débiteur doit mettre à l'exécution de ses engagements le soin
qu'un bon père de famille met à gérer ses affaires, ce qui
veut dire qu'il est tenu de toute faute, comme s'expriment
les jurisconsultes romains? Cela est fondé sur l'intention
des parties contractantes; quand je contracte, j'entends
que celui de qui je stipule une chose ou un fait exécute
son obligation avec la même diligence qu'un bon père de
famille apporte dans la gestion de ses intérêts; peu
importe que mon débiteur soit un homme négligent; il est
libre de négliger ses intérêts, mais il n'est pas libre d'être
négligent dans l'exécution de ses engagements. Voilà une
intention tacite, d'où découle l'obligation de répondre de
toute faute. Cependant il est très vrai de dire qu'en contractant les parties n'ont point pensé à la théorie des
fautes; ce qui n'empêche pas la faute d'être conventionnelle. Cela est si vrai qu'il y a une autre faute qui ne

dépend pas du consentement, on l'appelle faute aquilienne, c'est une loi qui l'a formulée ; elle existe quand, par son fait, une personne cause un dommage ; le code Napoléon l'en déclare responsable, quand même il y aurait simple imprudence ; le débiteur est tenu, dans ce cas, de la faute la plus légère. Ici, il n'y a aucune convention, aucun consentement, la loi seule parle, et elle parle dans l'intérêt général autant que dans l'intérêt de la partie lésée ; voilà pourquoi elle est plus sévère que lorsqu'il s'agit d'intérêts privés, comme dans la faute conventionnelle.

Ce que Voet dit de la faute conventionnelle s'applique à toutes les suites des contrats. Quand je vends ou que j'achète, est-ce que je prévois toutes les conséquences qui résulteront de la vente? On peut hardiment affirmer que les parties n'y songent pas, et que parfois elles ne les comprendraient pas plus que les époux qui se marient sans contrat ne pensent à la composition active et passive de la communauté légale, qu'ils adoptent tacitement. Cependant on ne niera pas que les contractants, en cas de vente, se soumettent au droit commun tel qu'il est établi par le code civil, ou, à défaut de code, par la doctrine. Voilà une masse de conventions tacites. Pourquoi n'en serait-il pas de même pour le droit des époux concernant leurs biens? On dira qu'il y a une différence, c'est qu'en cas de vente, il existe un contrat exprès, en vertu d'un consentement formel ; les parties s'en rapportent tacitement à la loi pour régler les effets de leur convention ; tandis que, en cas de mariage, le contrat, même la communauté, est tacite ; n'est-ce pas une chimère qu'un pareil contrat? Non, car il est intervenu un contrat entre les parties, le mariage ; ce contrat implique la nécessité d'un régime quelconque, et tout régime est conventionnel ; donc, dans le silence des parties, il doit se former une communauté tacite. Il nous semble que la démonstration est complète.

N° 4. LE DOMICILE MATRIMONIAL.

195. L'opinion que le statut des conventions matrimoniales est personnel était généralement suivie en France, dans la seconde moitié du dix-huitième siècle. Le témoignage de Pothier est décisif ; il se prononce pour la doctrine de Dumoulin, en disant que d'Argentré avait eu tort de la combattre ; la réalité du statut était donc rejetée comme une erreur. Restait à déterminer quel était le statut personnel qui régissait les conventions matrimoniales. Dans la théorie de l'ancien droit, le statut personnel dépend du domicile. L'application de ce principe au contrat de mariage, exprès ou tacite, soulève de grandes difficultés. D'abord, l'assimilation du statut des conventions matrimoniales au statut personnel n'est pas tout à fait exacte ; l'un et l'autre statuts s'étendent, à la vérité, aux biens, quelle que soit leur situation, mais c'est par des raisons différentes ; le statut personnel proprement dit, celui qui règle l'état et la capacité des personnes, s'attache à l'individu et le suit partout, par la puissance de la loi qui crée le statut ; tandis que les conventions matrimoniales dépendent, non de la loi, mais de la volonté des parties contractantes. La différence est radicale, et elle s'oppose à ce que l'on applique au statut matrimonial la loi du domicile ; on conçoit que la loi du domicile régisse l'état, parce que le domicile se confond d'ordinaire avec l'origine ou la nationalité, et ce sont les circonstances dans lesquelles une personne est placée depuis sa naissance qui déterminent le législateur à lui donner un certain état et une certaine capacité ; mais cet élément essentiel du statut personnel fait défaut dans le statut des conventions matrimoniales ; ici c'est la volonté qui domine, et la volonté n'a rien de commun avec l'état physique, intellectuel et moral du pays où elle se manifeste. Ainsi des personnes qui se marient à Paris, en pays coutumier, peuvent adopter, au lieu du régime de communauté, le régime dotal ; et réciproquement ceux qui se marient dans un pays de droit écrit peuvent se soumettre au régime de communauté. D'une part, c'est la loi qui commande, d'autre part, c'est la volonté de l'homme qui décide. Cela prouve qu'il est impossible d'identifier le statut personnel avec le statut des conventions matrimoniales.

Il y a encore entre les deux statuts une autre différence qui donne lieu à une nouvelle difficulté. Le domicile est un, comme l'état des personnes, et il n'y a aussi qu'une loi du domicile qui fixe l'état et la capacité. Tandis que le statut des conventions matrimoniales dépendant de la volonté des parties peut varier d'après cette volonté. Et quand même on voudrait s'en tenir au domicile comme marque ou présomption de la volonté des époux, on est arrêté par de nouveaux doutes; si le domicile des deux époux diffère, s'attachera-t-on au domicile du mari ou à celui de la femme? Ou tiendra-t-on compte du domicile où le mariage est célébré? Il peut encore y avoir un quatrième domicile, celui où les futurs époux ont l'intention de s'établir après leur mariage. Et si la loi de ces quatre domiciles est différente, pour lequel se prononcera-t-on? Au milieu de ces incertitudes il n'y a qu'une chose qui soit certaine, c'est que l'on ne peut appliquer la loi générale du domicile aux conventions matrimoniales.

196. Si la loi du domicile doit être rejetée comme déterminant le statut des conventions matrimoniales, il faut chercher un autre principe. A vrai dire, ce n'est pas une question de statut, puisque tout dépend de la volonté des parties contractantes; il faut donc voir ce que les époux ont voulu. La difficulté est grande, puisque l'on suppose que les parties n'ont pas déclaré leur volonté. Nous allons d'abord entendre la tradition, puisque le droit civil international repose sur la tradition, les auteurs du code civil s'étant bornés à établir quelques principes généraux empruntés au droit traditionnel.

Bouhier pose la question en ces termes : Il n'y a pas eu de contrat; ou, dans celui qui a été passé, il ne se trouve rien qui fasse connaître l'intention des parties; il faut donc la présumer, ce qui est purement conjectural; voilà pourquoi les auteurs sont de différents avis (1). Il me semble que la question n'est pas bien posée. Les époux peuvent avoir une intention sans l'exprimer; il en est ainsi de la communauté légale qu'ils adoptent, par cela

_____

(1) Bouhier, *Observations sur la coutume du duché de Bourgogne,* chap. XXI, n° 13 (Œuvres, t. I, p. 582).

seul qu'ils ne font pas de contrat de mariage; on ne dit pas que cette communauté est présumée, on dit qu'elle est tacite, elle est conventionnelle en ce sens, et les conventions ne reposent pas sur des conjectures. C'est seulement quand les parties n'ont eu aucune intention, qu'il faut recourir à des présomptions ou, comme dit Bouhier, a des conjectures. La distinction entre la volonté tacite et la volonté présumée est d'une grande importance. C'est le juge qui décide, d'après les faits et les circonstances de la cause, ce que les parties ont voulu; mais quand les parties n'ont rien voulu, le juge peut-il conjecturer quélle aurait été leur volonté si leur attention s'était portée sur le fait litigieux? D'après la rigueur des principes, le législateur seul a ce droit, car c'est créer une convention, et le juge a seulement le droit de constater ce que les parties ont voulu, il ne peut pas vouloir pour elles. Les anciens jurisconsultes ne s'embarrassaient pas de cette difficulté; dans le silence de la loi, ils la faisaient; peu importait donc que les parties eussent une intention ou non, au besoin le juge et l'interprète présumaient leur volonté par des conjectures. Dans cet ordre d'idées, la volonté tacite et la volonté présumée se confondaient.

197. Sur quoi fondait-on, dans l'espèce, les présomptions ou les conjectures? Sur le domicile; et comme il pouvait y avoir plusieurs domiciles, il se forma plusieurs avis. Bouhier en énumère cinq (1). Le premier suit la coutume du lieu où le contrat a été passé, ce qui comprend encore deux cas, celui où le mariage a été célébré, sans qu'il y ait de conventions matrimoniales expresses, et celui où il y a un contrat de mariage passé dans un autre lieu que celui de la célébration de l'union des époux. Cette opinion ne trouva pas faveur. On rejette communément, dit Bouhier, la coutume du lieu où le mariage a été célébré, et celle du lieu où le contrat a été passé, quand aucun de ces lieux n'est celui du domicile de l'un des conjoints. Une demeure passagère, faite dans un endroit, et

(1) Bouhier, *Coutume de Bourgogne*, chap. XXI, nos 19-27 (Œuvres, t. I, p. 582-584).

la passation d'un acte qui s'y fait par hasard ne peuvent pas faire présumer qu'on ait eu intention de se soumettre à la coutume qui y règne.

Il y avait une opinion plus singulière et que je ne mentionne que pour montrer quelle était l'incertitude de l'ancien droit; elle déterminait le statut matrimonial d'après la coutume du lieu où les conjoints étaient domiciliés lors du décès du prémourant. Comment un domicile que les parties ne pouvaient prévoir peut-il déterminer leur intention? Même en faisant abstraction de leur volonté, leurs droits étant acquis du jour du mariage, il faut qu'il y ait une coutume qui les fixe dès le même jour; sans cela il y aurait trop à craindre pour la femme, puisque le mari pourrait ou diminuer ses droits, ou même les anéantir en transférant son domicile dans une coutume qui favoriserait sa mauvaise volonté pour elle. C'est la remarque de Bouhier.

En écartant ces opinions, il restait à choisir entre le domicile du mari et celui de la femme. Les anciens arrêts du parlement de Paris penchaient pour le domicile de la femme; et tel semble aussi être l'avis de Froland. Cela paraissait très naturel, puisque la plupart des avantages matrimoniaux, tels que les droits de communauté, le douaire, l'augment de dot, les donations de survie, les bagues et joyaux, regardent la femme; il y a donc lieu de présumer qu'elle a choisi la coutume dont elle était le mieux instruite, pour y soumettre ses conventions. Cependant les meilleurs jurisconsultes, Dumoulin en tête, se prononcèrent pour le domicile du mari, et telle était, du temps de Bouhier, la jurisprudence uniforme des parlements. La femme, en se mariant, prend le domicile du mari, elle a donc nécessairement l'intention de s'y fixer; d'où l'on doit conclure qu'elle est censée se soumettre à la loi de ce domicile. On objectait que le contrat de mariage se passant avant la célébration, la femme n'est pas encore soumise à la coutume de son mari, et que partant on doit supposer qu'elle préfère la sienne. Bouhier dit que c'est là une vaine subtilité, le contrat de mariage ayant la même date que le mariage, sans lequel il n'existe point.

En droit, cela est vrai; mais c'est moins une question de droit qu'une difficulté de fait; il s'agit de savoir quelle est l'intention de la femme, au moment où elle passe l'acte; or, à ce moment, elle ne connaît pas la coutume de son futur époux; et comment aurait-elle l'intention de suivre une coutume qu'elle ignore? C'est la raison pour laquelle plusieurs auteurs distinguaient si la femme connaissait la coutume de son futur conjoint ou si elle l'ignorait. Dumoulin repousse cette distinction : la femme, dit-il, ne doit pas ignorer qu'elle va avoir le domicile de son mari ; c'est à elle de s'instruire de ce qui s'y pratique, et il n'est pas vraisemblable que sa famille le lui laisse ignorer. Si la femme et sa famille ne s'en sont pas informées, elles doivent s'imputer leur négligence : elles sont censées savoir ce qu'elles ont pu et dû savoir. Rien de mieux si les époux et leurs parents étaient des jurisconsultes; mais la présomption que les hommes sont censés savoir le droit, alors que la plupart ne savent point lire, est certes la plus déraisonnable des présomptions.

Ainsi la loi qui régit les conventions matrimoniales est celle du domicile du mari. Il faut cependant ajouter une réserve que fait Dumoulin : si le mari a le dessein de s'établir au domicile de la femme, c'est alors là le vrai domicile matrimonial. Cette remarque de Dumoulin est importante; elle prouve que l'intention des époux est l'élément décisif du débat. Pothier applique la règle de Dumoulin à l'espèce suivante. Un Lyonnais épouse une Orléanaise à Paris, dans le dessein d'aller établir son domicile à Orléans; on demande si la coutume d'Orléans sera le statut matrimonial des époux. La raison de douter est que le domicile ne peut s'acquérir que par le fait de l'habitation joint à l'intention d'y fixer son principal établissement; or, dans l'espèce, le Lyonnais n'avait pas encore perdu son domicile à Lyon, et n'en avait pas acquis un à Orléans, où il n'était pas établi. Néanmoins, dit Pothier, il faut dire qu'il suffit que le Lyonnais eût dessein de fixer son domicile à Orléans, pour qu'Orléans soit censé le lieu de son domicile matrimonial, et pour qu'il soit censé avoir voulu suivre pour son mariage les lois d'Orléans plutôt que celles du domicile qu'il allait quitter (1). Donc le statut matrimonial dépend non du domicile, mais de la volonté des époux; il faut ajouter que la volonté de la femme, dans l'ancienne doctrine, est celle du mari, dès le moment où les futurs conjoints arrêtent leurs conventions matrimoniales.

§ II. *Le droit moderne.*

198. En droit français la *question fameuse* qui a divisé les meilleurs jurisconsultes n'en est plus une. Le code Napoléon ne contient qu'un seul article sur les statuts. Aux termes de l'article 3, les immeubles, même ceux possédés par des étrangers, sont régis par la *loi française*; et les *lois* concernant l'état et la capacité des personnes régissent les Français même résidant en pays étranger. C'est la distinction des statuts réels et des statuts personnels. Il est certain que, d'après le texte de l'article 3, la communauté, soit légale, soit conventionnelle, ne forme pas un statut personnel, car la société de biens que les époux forment en se mariant est étrangère à leur état et à leur capacité; les époux ne peuvent pas, par leurs conventions matrimoniales, régler leur état, c'est la loi qui le détermine; et il n'est pas permis aux particuliers de déroger par leurs conventions particulières aux lois qui intéressent l'ordre public (C. Nap., art. 6). La communauté n'est pas non plus un statut réel, il est vrai que les conventions matrimoniales ont pour objet les biens des époux, et l'on en pourrait induire, comme le faisaient quelques auteurs dans l'ancien droit, que le statut de communauté est réel quant aux immeubles, et personnel quant aux meubles; mais avant d'examiner la nature de ce qu'on appelle statut de communauté, il faut voir s'il s'agit d'un statut proprement dit. Le statut est une loi qui s'impose aux particuliers, soit qu'elle commande, soit qu'elle prohibe. C'est en ce sens que le code civil dit que les *immeubles* sont régis par la *loi*

---

(1) Pothier, *Traité de la communauté*, article préliminaire, n° 16.

française, ce qui suppose que la loi entend régir les biens, en obligeant les propriétaires de s'y soumettre. En est-il ainsi des conventions matrimoniales qui ont pour objet des immeubles ? L'article 1387 dit, au contraire, que les époux peuvent régler leur association quant aux biens, comme ils le jugent à propos. La loi n'intervient que dans le silence des parties intéressées ; encore n'est-il pas exact de dire que c'est la loi qui régit la communauté, pas plus que la loi ne régit la vente et les autres contrats, puisque les parties y peuvent déroger ; si les époux qui ne font pas de contrat de mariage sont placés sous le régime de la communauté légale, c'est parce que telle est leur volonté tacite ; il suffit qu'ils parlent pour que la loi cesse de leur être applicable ; si la loi a quelque empire sur leur régime, c'est parce qu'ils s'y soumettent et qu'ils acceptent la communauté, telle que la loi l'a organisée, comme répondant à leurs intentions et à leurs intérêts. Donc la communauté dite légale est en réalité une communauté conventionnelle. Cela décide la question du statut.

199. Les conventions des parties, dit le code civil (art. 1134), leur tiennent lieu de loi. Quelle est la portée de cette loi ? Elle a un effet plus étendu que les lois qui émanent du législateur. Celles-ci sont limitées au territoire, d'après le code Napoléon, quand elles concernent les immeubles ; il n'y a que les lois d'état et de capacité qui suivent la personne partout où elle réside, tandis que les conventions que font les particuliers régissent leur personne, quelle que soit leur résidence, et leurs biens, quel que soit le lieu où ils sont situés.

Au premier abord, il paraît singulier que les lois que les particuliers se font aient une autorité plus grande que les lois générales qui émanent de la nation souveraine. Rien de plus naturel cependant. La souveraineté nationale commande ou elle prohibe, mais elle n'a cette puissance que dans les limites du territoire sur lequel elle règne : hors de ces limites, une autre souveraineté exerce un empire égal et indépendant. Il n'en est pas de même des conventions des particuliers ; si le code civil les appelle des *lois*, c'est pour marquer qu'elles lient les parties contractantes et le juge qui doit les appliquer; l'obligation qui en résulte n'est pas limitée à un certain territoire, la personne obligée est obligée partout, et il en est de même de ses biens. Entre vifs, il a toujours été admis que les parties pouvaient disposer de leurs biens comme elles l'entendent, quelle que soit la situation des immeubles; et depuis que le droit d'aubaine est aboli, elles peuvent encore en disposer par testament. Or, si les parties peuvent contracter une société qui comprend leurs biens situés dans divers pays, pourquoi, en adoptant le régime de communauté, ne pourraient-elles pas y comprendre leurs biens n'importe où ils sont situés? Leur droit n'est pas circonscrit dans les limites d'un État, et leur volonté encore moins. Ainsi, rien n'empêche que la communauté dite légale comprenne tous les biens que le mari acquerra, sans distinguer le lieu de leur situation. C'est en ce sens que l'on disait dans l'ancien droit que le statut de communauté était personnel. L'expression est impropre; mais l'idée qui y est attachée ne souffre plus aucun doute. Personne ne soutient plus, comme le faisait d'Argentré, que la communauté légale soit une société procédant de la loi et formant un statut réel. Voet a dissipé les derniers doutes qui pouvaient subsister. C'est un point acquis à la science; la communauté légale est une communauté conventionnelle (1). Cela est décisif dans notre débat: la *famosissima quæstio* est tranchée définitivement.

200. Il est vrai que l'on rencontre encore, dans les auteurs et dans les arrêts, des réminiscences de la vieille doctrine et des vieilles erreurs; mais ce ne sont plus que des dissentiments isolés, sur lesquels il est inutile de s'arrêter. Ce serait renouveler un débat qui est vidé. Ainsi, Odier dit que la communauté légale ne résulte pas d'une convention présumée des parties, qu'elle est établie par la *seule force de la loi*; il déclare qu'il met la loi, expression de la volonté générale, fort au-dessus de l'expression présumée de cette volonté de deux particuliers. J'ai relevé,

(1) Voyez mes *Principes de droit civil*, t. XXI, p. 231, n° 298

dans mes *Principes de droit civil*, les inexactitudes qui se trouvent dans ces paroles (1). La jurisprudence n'a pas non plus la précision qu'elle devrait avoir, et comme à l'étranger, et notamment chez les Anglo-Américains et chez les Allemands, on y attache une importance que les décisions judiciaires n'ont plus sous l'empire des codes, je crois devoir rectifier, dans ces Etudes, les idées inexactes ou fausses qui s'expliquent par l'empire que la tradition exerce dans notre science.

La cour de Bruxelles dit que, dans l'esprit des coutumes de la Belgique, le statut de la communauté conjugale était personnel. Cela est très vrai d'après l'ancien droit, et cela est encore vrai sous l'empire du code civil, en ce sens que la communauté étendait son empire sur les biens situés hors du territoire de la coutume. La cour dit très bien qu'il n'y a pas à distinguer entre la communauté légale et la communauté conventionnelle. Dans l'espèce, il s'agissait d'un mariage contracté sous la coutume d'Alost, sans contrat anténuptial; les époux, porte l'arrêt, avaient tacitement admis, pour le règlement de leurs droits matrimoniaux, les dispositions de cette coutume; de sorte que ces dispositions doivent avoir entre eux les mêmes effets que si elles avaient été littéralement insérées dans un contrat écrit. Or, la convention tacite a le même effet que la convention expresse; elle s'étend par conséquent à tous les biens, sans égard au lieu de leur situation (2).

Il est plus exact de dire que le statut de communauté n'est ni réel, ni personnel, et que s'il a effet sur tous les biens, quelle que soit leur situation, c'est par la force de la convention et par la volonté des parties contractantes. Dans un arrêt plus récent, la cour de Bruxelles fait valoir les deux considérations. Des époux s'étaient mariés sous l'empire des chartes générales du Hainaut, puis s'étaient établis dans le Brabant, sans qu'il fût prouvé que lors de leur mariage ils eussent l'intention de fixer leur domicile ailleurs. D'après l'ancienne doctrine, les conventions

_____

(1) Odier, *Contrat de mariage*, t. I, p 48, n° 37. Comparez mes *Principes de droit civil*, t. XXI, p. 233, n° 299.
(2) Bruxelles, 30 mai 1833 (*Pasicrisie*, 1833, 2, 150).

tacites dépendaient des chártes du Hainaut, et il fallait appliquer cette loi aux acquisitions faites dans le Brabant. Le statut matrimonial, à ce point de vue, doit être considéré comme un statut personnel. « Au surplus, ajoute l'arrêt, l'application de cette règle est une conséquence immédiate de la volonté tacite des époux (1). »

Ce dernier principe vaut mieux, et il importe toujours que le langage soit exact, parce que l'inexactitude du langage conduit facilement à des erreurs en droit. Deux Belges, domiciliés en Belgique, se marient en Prusse et font un contrat de mariage devant un commissaire de justice et notaire à Wesel. Première difficulté : les conventions matrimoniales des Belges à l'étranger sont-elles régies par la loi étrangère ou par la loi belge? La question n'est pas sans difficulté ; j'y reviendrai. C'est une question de volonté ; dans l'espèce, l'intention des parties n'était guère douteuse, puisqu'elles avaient conservé leur domicile en Belgique ; donc, si elles s'étaient mariées sans contrat, on aurait dû admettre qu'elles avaient adopté le régime de communauté légale. Mais les époux avaient fait un contrat, la question était de savoir dans quelle forme ce contrat devait être rédigé. Ce n'était plus là une question de statut personnel ; il fallait appliquer la règle universellement reçue, d'après laquelle le lieu où l'acte est reçu en détermine la forme. La forme de l'acte est indépendante du statut personnel. Cependant la cour l'invoque pour décider que les époux étaient mariés sous le régime de la communauté légale, à raison de leur qualité de Belges domiciliés en Belgique (2). Sur le pourvoi en cassation, il intervint un arrêt de rejet (3). Au fond, la cour de Bruxelles peut avoir bien jugé ; je n'entre pas dans ce débat, qui m'éloignerait trop de mon sujet ; toujours est-il qu'elle a eu tort d'invoquer le statut personnel là où tout dépendait de la volonté des parties contractantes ; puis le conflit du prétendu statut personnel avec la règle *Locus regit actum* rend la décision de la cour

---

(1) Bruxelles. 12 avril 1854 (*Pasicrisie*, 1855, 2, 254).
(2) Bruxelles, 11 avril 1838 (*Pasicrisie*, 1838, 2, 108).
(3) Rejet, 25 février 1839 (*Pasicrisie*, 1839, 1, 20).

tellement obscure qu'on a de la peine à la comprendre.
Ces matières sont assez difficiles par elles-mêmes pour
que l'on doive éviter d'augmenter la difficulté par l'inexactitude du langage.

201. La cour de cassation, dans l'arrêt que je viens
de citer, pose comme principe que « le code civil en
vigueur en Belgique est le statut qui régit, quant à la
communauté, les futurs époux qui, étant Belges d'origine,
ont, lors du contrat, leur domicile en Belgique et l'y ont
conservé depuis leur mariage. » Il ne faut pas entendre
l'arrêt en ce sens que les époux belges qui se marient à
l'étranger sans contrat sont nécessairement soumis à la
loi belge, s'ils sont domiciliés en Belgique lors du mariage,
et s'ils y ont conservé leur domicile. La question de savoir
quelle est la loi qui régit les époux quant à leurs biens
ne dépend point du statut, elle dépend de leur volonté,
et la volonté n'est pas, en droit, déterminée par le domicile, c'est une question de fait; si les parties n'ont pas
exprimé leur intention, le juge doit la chercher dans les
circonstances de la cause. Le domicile des époux est une
de ces circonstances, comme je vais le dire.

Avant tout, il faut voir si le principe du domicile matrimonial, tel qu'on l'entendait dans l'ancien droit, doit
encore recevoir son application sous l'empire du code
civil. La négative est certaine, à mon avis. D'abord, l'ancien droit considérait à tort les conventions matrimoniales
comme dépendant du statut. C'est une erreur qu'il faut
répudier, par cela seul que le code ne la reproduit pas;
tous nos textes supposent que c'est l'élément conventionnel
qui domine dans les conventions matrimoniales, tacites
ou expresses, ce qui exclut l'idée de statut personnel ou
réel. Ensuite, il y a une différence capitale entre l'ancien
droit et le droit moderne. Tant que la France était régie
par des coutumes variant d'une province et d'une ville à
l'autre, la question de savoir par quelle coutume les biens
des époux étaient régis se présentait tous les jours entre
habitants d'un seul et même Etat; pour la décider, on
s'attachait au domicile des époux, et s'ils avaient un domicile différent, on suivait de préférence celui du mari : de

là la doctrine du domicile matrimonial. Cette doctrine semblait appliquer au statut personnel de communauté le principe qui régissait tout statut personnel, il dépendait du domicile des parties; seulement, comme il arrivait souvent que la femme n'avait pas le domicile du mari, on s'en tenait à ce dernier, par la raison que la femme prend le domicile du mari, en abandonnant celui qu'elle avait. Ici l'intention de la femme jouait un rôle, et c'est encore l'intention des parties qui déterminait le domicile matrimonial, quand les futurs époux se proposaient, lors de la célébration du mariage, de fixer leur demeure dans un lieu autre que le domicile du mari. Il y avait dans cette doctrine une confusion de l'élément conventionnel et de l'élément statutaire. Dans le droit moderne, le domicile n'a plus l'importance qu'il avait jadis : le droit est le même pour toute la France, la diversité du droit n'existe plus qu'entre les nations. De sorte que la difficulté qui se présentait journellement avant la codification ne se présente plus maintenant que lorsque des époux de même nation se marient à l'étranger, ou lorsque les époux appartiennent à des nations différentes. La diversité du droit procédant de la nationalité, naît la question de savoir si le régime dépend de la nationalité. Dans l'esprit de l'ancien droit, il faudrait répondre affirmativement. Si c'est le statut *personnel* qui régit la communauté, on doit appliquer à ce statut le nouveau principe qui découle de l'article 3 du code Napoléon ; le domicile est remplacé par la nationalité dans la matière des statuts, donc le statut des conventions matrimoniales serait la loi nationale des deux parties, et, en cas de différence de nationalité entre les conjoints, on suivrait de préférence la loi du mari, puisque la femme prend, en se mariant, la nationalité de son conjoint. Mais, dans le droit moderne, on ne peut plus raisonner ainsi. La communauté ne forme pas un statut personnel, il dépend exclusivement de la volonté des parties contractantes ; il faut donc laisser là la théorie des statuts pour s'en tenir à l'intention des époux.

202. La doctrine et la jurisprudence ont de la peine à s'affranchir des liens de la tradition. Merlin maintient le langage traditionnel, tout en posant le vrai principe, qui n'est pas celui de l'ancien droit. En traitant du statut réel qui régit tous les immeubles, aux termes de l'article 3 du code Napoléon, il remarque que ce statut reçoit exception, quand des étrangers, possesseurs d'immeubles situés en France, adoptent expressément dans leur contrat la loi étrangère; dans ce cas, la loi n'agit pas comme loi, elle agit comme convention. Puis Merlin demande si l'on doit admettre la même solution dans le cas où les parties ont passé leur contrat dans un pays autre que celui de la situation des biens; il répond qu'en thèse générale il n'y a nul doute sur l'affirmative : c'est la fameuse règle que les contrats s'interprètent par la loi du lieu où ils ont été passés. Il est de principe, en effet, que les contractants, en traitant dans un pays, se soumettent aux lois qui y régissent les contrats. Puis Merlin ajoute que ce principe reçoit une modification par rapport au contrat de mariage; elle consiste en ce que ce contrat étant toujours censé passé, non dans le lieu où le mariage se célèbre, mais dans celui où les époux se proposent, en le célébrant, de fixer leur domicile, et que l'on appelle, pour cette raison, le domicile matrimonial, c'est par la loi de ce lieu que l'on interprète les conventions nuptiales, et que l'on y supplée, s'il n'en a pas été rédigé par écrit. En réalité, dit Merlin, cette modification ne change rien au principe; elle n'influe que sur la détermination de ce qu'on doit entendre par la loi du lieu du contrat (1).

Le principe de Merlin est exact, les contractants peuvent choisir la loi par laquelle ils seront régis, quelle que soit la situation de l'immeuble. Mais quand ils n'expriment pas leur volonté, doit-on admettre qu'ils se soumettent à la loi du lieu où ils traitent? J'ai déjà fait mes réserves sur la *loi du lieu*; dans la matière des conventions matrimoniales, Merlin aurait dû l'écarter; c'est, en réalité, par une fiction qu'il la maintient, en supposant que le lieu où les époux contractent mariage est le domicile où ils se pro-

---

(1) Merlin, *Répertoire*, au mot *Loi*, § VI, n° II (t. XVIII, p. 431, de l'édition de Bruxelles).

posent de s'établir; c'est ainsi qu'il arrive à déterminer les
conventions matrimoniales par la loi de ce domicile. Le
principe de Merlin vaut mieux que toutes ces fictions;
puisque les époux sont libres de choisir telle loi qu'ils veulent, il faut voir quelle est la loi qu'ils ont voulu adopter;
c'est dans les faits et circonstances de la cause que l'on
doit chercher leur intention, et non dans des fictions et
des présomptions.

203. M. Brocher a raison de critiquer le principe traditionnel du domicile matrimonial, mais je ne voudrais pas
m'associer à la conclusion à laquelle il aboutit. Le jurisconsulte genevois reproduit l'objection que nous avons
déjà rencontrée chez Vander Muelen (n° 193). Du domicile
matrimonial on peut dire ce que d'Argentré disait de la
convention tacite des époux, que c'est une chimère. Bien
des époux seraient fort embarrassés si on leur demandait
quel domicile ils entendent prendre après leur mariage.
S'il y a doute pour les époux, comment les tiers intéressés
sauront-ils quel est le domicile matrimonial des conjoints,
et partant la loi qui les régit quant à leurs biens? En
supposant même que les époux aient eu une intention
arrêtée, il sera toujours très difficile de la prouver; la
preuve sera surtout difficile pour les tiers. Dans l'incertitude où se trouveront les juges, ils se décideront le plus
souvent pour le domicile que le mari avait lors du mariage, ou celui qu'il a pris après la célébration; mais
est-on bien sûr que les parties ont entendu adopter la
loi de ce domicile? M. Brocher conclut que l'on ferait
bien de renoncer à l'idée d'un contrat tacite, à cause des
incertitudes auxquelles donne lieu ce principe dans la
pratique. Mieux vaudrait admettre, dit-il, qu'en l'absence d'un contrat, le régime matrimonial serait celui de
la loi personnelle des époux, lors de la célébration du
mariage (1). Il me paraît impossible que l'on fasse abstraction de la volonté tacite des époux; ce serait mettre
la volonté du législateur à la place de la volonté des parties, alors que le législateur lui-même déclare que les

(1) Brocher, *Nouveau Traité de droit international privé*, p 225-227.

conventions tiennent lieu de loi à ceux qui les ont formées
(C. Nap., art. 1134). La difficulté de constater la volonté
tacite n'est pas une raison de la méconnaître. L'intérêt
des tiers doit sans doute être pris en considération, mais
l'intérêt ne peut jamais l'emporter sur le droit, sauf au
législateur à en tenir compte quand il formule les principes.

Il faut chercher un moyen d'obtenir des futurs époux la
déclaration de leur volonté. La difficulté se présente
quand des étrangers se marient en Belgique, ou que des
Belges se marient à l'étranger. Pour les mariages célébrés en Belgique, le législateur peut exiger que les parties
déclarent leur volonté. D'après une disposition de la loi
hypothécaire, les futurs époux doivent faire connaître à
l'officier de l'état civil la date de leur contrat de mariage,
et le notaire qui l'a reçu; on pourrait exiger en outre
qu'ils déclarent la loi à laquelle ils entendent se soumettre,
la loi belge ou leur loi nationale : l'officier public appelle-
rait d'avance leur attention sur ce point; s'ils omettaient
de faire la déclaration, ils seraient censés adopter le régime
de droit commun, c'est-à-dire la communauté légale.
Quant aux Belges qui se marient à l'étranger, ils doivent
faire des publications en Belgique; dans ces publications,
ils déclareraient s'ils entendent adopter le régime de la
loi belge ou le régime légal du pays où ils célèbrent leur
mariage; à défaut de cette déclaration, ils seraient réputés
en Belgique s'être mariés sous le régime de la communauté légale.

Cette solution, cela va sans dire, ne regarde que la
théorie; c'est une proposition qui est à l'adresse du législateur. Il en est de même de l'idée que M. Brocher met
en avant; il n'appartient pas à l'interprète de renoncer au
principe du contrat tacite, il doit admettre l'existence
d'une convention, dès qu'il y a consentement, que la volonté soit tacite ou expresse. Il nous faut donc voir quel
principe on doit suivre, en attendant que le législateur ait
décidé la difficulté.

204. M. Brocher a raison d'écarter la doctrine traditionnelle du domicile matrimonial. La question de savoir

quelle est la loi qui régit les biens des époux dépend de la volonté des parties contractantes : c'est la règle que Dumoulin établit pour tout contrat, et elle ne saurait être contestée. Reste à savoir comment, à défaut de contrat, on peut connaître cette volonté. C'est une difficulté de fait que les tribunaux décideront d'après les circonstances de la cause. Le premier élément que le juge doit prendre en considération, c'est la connaissance que les époux ont de la loi qui doit les régir ; or la loi du domicile matrimonial peut leur être tout à fait inconnue. Des Français se proposent, en se mariant, d'établir leur domicile en Angleterre; voilà le domicile matrimonial. Est-ce à dire que les époux connaissent le droit anglais auquel ils sont censés se soumettre, dans la théorie traditionnelle? Et s'ils ne le connaissent point, peut-on leur supposer l'intention de le suivre?

Quelle est la loi que les époux connaissent ou sont censés connaître, en vertu de la présomption que les lois sont connues de ceux qui sont tenus de les observer? C'est la loi nationale. Si des étrangers se marient en Belgique, ils ne connaîtront pas, en général du moins, la loi belge, donc ils ne peuvent pas avoir l'intention de la suivre; la seule loi qu'ils soient censés connaître est celle de la nation à laquelle ils appartiennent; donc c'est la loi nationale des époux qui les régira quant à leurs biens. C'est le principe italien, comme je le dirai plus loin. Mais on ne peut pas l'admettre comme règle absolue. Il ne faut pas perdre de vue que l'intention des époux est une question de fait, et je cherche, pour le moment, quels sont les éléments constitutifs de ce fait. La nationalité est un des éléments, mais ce n'est pas le seul. Supposez que des étrangers soient établis depuis longtemps en Belgique, ils y ont le siége de leurs affaires, ils y ont fixé leur domicile; dans ces circonstances, le domicile jouera un grand rôle : les époux, quoique étrangers, connaîtront mieux les lois belges que les lois étrangères; donc il est probable qu'en se mariant sans contrat, ils auront eu en vue les lois du pays où ils sont domiciliés.

En définitive, il n'y a rien d'absolu en cette matière,

puisque tout dépend de l'intention des époux. C'est le juge qui décidera, dans chaque espèce, quelle a été cette intention. Telle est l'opinion que j'ai professée dans mes *Principes de droit civil* (1). Les auteurs ont établi comme règle que les conventions matrimoniales dépendent de la nationalité; mais ils restreignent ensuite cette règle, en admettant, par exception, et suivant les circonstances, que les époux ont entendu suivre la loi du pays où ils se proposent de fixer leur domicile matrimonial. L'exception est une réminiscence de l'ancien domicile matrimonial, mais fondée sur l'intention des époux. Ainsi interprétée, l'exception doit être considérée comme la règle, en ce sens que le juge n'a d'autre loi à appliquer, en cette matière, que la volonté des parties; et cette volonté peut différer d'une espèce à l'autre; ce qui fait qu'il n'y a point de règle proprement dite. Aussi les interprètes du code civil ne disent-ils point, comme on le faisait jadis, que le domicile, par lui seul, détermine la loi du mariage; *on pourrait*, dit-on, l'admettre; cela dépend donc de l'appréciation du juge. On ajoute, *d'après les circonstances* (2). C'est bien là l'élément décisif; pourquoi ne pas s'en tenir à ce principe, sauf à en laisser l'application au juge? Les tribunaux ont nécessairement un pouvoir discrétionnaire, dès qu'il s'agit de rechercher l'intention des parties contractantes, puisque la décision dépend d'un point de fait.

205. La jurisprudence est plus attachée à la tradition que la doctrine; elle aime à se décider par les précédents. Quand il s'agit de mariages contractés sous l'empire de nos anciennes coutumes, il va sans dire que les cours doivent appliquer le principe du domicile matrimonial. C'est ce qu'a fait la cour de Bruxelles sans se demander si telle était l'intention des époux (3). Toutefois la volonté des parties joue un si grand rôle dans cette matière, que les juges se voient forcés d'en tenir compte. Les

---

(1) Voyez le tome XXI de mes *Principes*, p. 236, n° 201.
(2) Duranton, t. XIV, p. 96, n° 88. Aubry et Rau, t. V, p. 204 et suiv., notes 1 et 2, § 504 *bis*. Rodière et Pont, *Contrat de mariage*, t. Ier, p. 26, n° 35 et 36. Comparez mes *Principes de droit civil*, t. XXI, p. 236, n° 201.
(3) Bruxelles, 25 avril 1817 (*Pasicrisie*, 1817, p. 376) et 15 mai 1833 (*Pasicrisie*, 1833, p. 150).

époux, domiciliés à Anvers, y célébrèrent leur mariage; mais ils firent dresser leur contrat par un notaire de Bruxelles; le juge induisit de là, ainsi que des autres faits de la cause, que les époux avaient en vue de fixer leur domicile dans cette ville; il en conclut que c'était là leur domicile matrimonial et que par conséquent ils étaient régis par la coutume de Bruxelles (1). Il faut interpréter dans le même sens un arrêt de la même cour qui a décidé que c'est la loi du lieu où les époux ont fixé leur domicile immédiatement après leur union, qui doit régler leurs droits matrimoniaux (2). On ne doit pas prendre cette décision dans un sens matériel et absolu; la cour a jugé, dans une autre espèce, que les époux étaient régis par la coutume du lieu où ils étaient domiciliés lors de la célébration du mariage, bien que, peu de mois après, ils eussent fixé leur domicile dans un autre lieu. La cour fait cette réserve : à moins qu'il ne conste qu'ils avaient déjà, à l'époque de leur mariage, l'intention d'y transférer leur domicile (3).

Doit-on maintenir cette théorie sous l'empire du code civil? La question s'est présentée devant la cour de cassation de Belgique. Deux Belges, domiciliés en Belgique, vont en Prusse, dans le seul but d'y passer leur contrat de mariage; puis ils reviennent en Belgique, où ils restèrent toujours domiciliés. C'est l'hypothèse la plus simple, si l'on s'en tient au domicile. Les époux n'ayant jamais eu de domicile en Prusse sont régis par la loi belge, qui est celle de leur domicile, aussi bien que leur loi nationale; il faut ajouter que telle était aussi l'intention des époux : ils ne pouvaient certes pas connaître la loi prussienne, après avoir passé quelques jours à Wesel; ce séjour en Allemagne n'était qu'un voyage, et un voyage n'a rien de commun avec le statut de communauté; rien n'indiquait d'ailleurs, dans les circonstances de la cause, que les époux eussent songé à se soumettre à la loi prussienne. La cour

---

(1) Bruxelles, 11 mai 1818 (Pasicrisie, 1818, p. 94).
(2) Bruxelles, 24 juillet 1819 (Pasicrisie, 1819, p. 445).
(3) Bruxelles, 20 avril 1825 (Pasicrisie, 1825, p. 384). Comparez Liége, 30 juillet 1850 et 3 avril 1850 (Pasicrisie, 1850, 1, p. 87 et 261).

de cassation décida en ces termes : « Considérant que, dans l'espèce, le code civil en vigueur en Belgique était le statut qui régissait, quant à la communauté, les futurs époux qui, d'après l'arrêt attaqué, Belges d'origine, avaient, lors du contrat, leur domicile en Belgique où ils l'ont conservé depuis le mariage (1). » L'arrêt rendu au rapport d'un excellent jurisconsulte, M. Defacqz, ne dit pas un mot de l'intention des époux; j'aurais préféré qu'elle y figurât, plutôt que le domicile; la décision eût été la même, et elle serait plus juridique.

206. La cour de cassation de France, dans un arrêt très ancien, établit le vrai principe. Un Français s'était marié à Bruxelles avec une femme belge. L'intention des futurs époux était de s'établir en France. Il fut jugé que le domicile matrimonial devait être considéré comme fixé à Bruxelles. Sur le pourvoi, il intervint un arrêt de rejet; la question, dit la cour, était de nature à être décidée d'après les actes, les faits et les circonstances (2). Merlin avait soutenu que, dans l'espèce, le mariage était régi par la loi française, et au point de vue des anciens principes, il avait raison. C'était une question de domicile plutôt que d'intention ; mais comme le domicile dépend de l'intention, les deux principes se confondent parfois en fait.

. Dans cette même affaire, il était intervenu un premier arrêt de la cour de cassation qui établit une distinction. La cour admet la maxime que les effets du mariage doivent se régler d'après les lois du domicile marital, quand les deux époux sont d'une même nation, mais domiciliés dans des coutumes différentes; dans ce cas, leur contrat est régi par les principes du droit civil, partant, par la loi du domicile matrimonial. Mais il en est autrement quand les époux ne sont pas citoyens du même Etat; alors leurs pactes doivent, d'après les auteurs les plus graves, se régler suivant les principes du droit des gens, et par

---

(1) Rejet, 25 février 1839 (*Pasicrisie*, 1839, 1, 20).
(2) Rejet, section civile, 11 germinal an XIII (Merlin, *Répertoire*, au mot *Conventions matrimoniales*, § II (t. VI, p. 435, de l'édition in-8° de Bruxelles).

conséquent suivant les lois du pays où le contrat a été passé. Cette distinction, dit la cour, est conforme à l'équité naturelle, qui ne permet pas qu'une femme étrangère puisse être trompée par celui qui, venant contracter avec elle dans sa patrie, et sous l'empire de ses lois, prétendrait ensuite soumettre les stipulations de son contrat à des lois étrangères qu'elle ignore et qu'elle n'était pas obligée de connaître (1). Au point de vue de la doctrine traditionnelle, cette distinction et l'application que la cour en fait ne peuvent pas se justifier. L'ancien droit ne prenait en considération que le domicile ; or, dans l'espèce, le domicile matrimonial était certain, c'était la France ; il fallait donc appliquer la loi française. Mais si l'on admet avec la cour de cassation que la loi des conventions matrimoniales se détermine par la volonté des parties, alors le domicile, pour mieux dire la nationalité, aura une grande influence dans le débat. Il sera très logique d'admettre que les époux qui ont le même domicile, la même nationalité, la même loi, s'en rapportent à cette loi pour régir leurs biens, car ils connaissent cette loi, et partant ils sont censés s'y soumettre. Mais s'ils appartiennent à des nations différentes, et que leurs lois nationales diffèrent, il n'y a plus d'intention commune, parce que le mari ne connaît pas la loi nationale de la femme, et la femme ignore la loi nationale du mari. Dans cette incertitude il ne reste qu'une solution : adopter la loi du lieu où le contrat a été passé. C'était jadis, et c'est, aujourd'hui encore, une règle admise pour les contrats en général ; c'est sans doute pour ce motif que la cour de cassation l'appelle une règle du droit des gens. A vrai dire, c'était présomption que les interprètes avaient imaginée pour trancher une difficulté inextricable. A mon avis, le législateur seul a ce pouvoir. J'en ai fait l'objet d'une disposition dans l'avant-projet de revision du code civil. La cour de cassation a réellement fait la loi, dans le silence de la loi.

Un autre arrêt de la cour de cassation décide que c'est

(1) Cassation, 11 thermidor an III (Merlin, *Répertoire*, au mot *Conventions matrimoniales*, p 399 et suiv.)

une question d'intention. Dans l'espèce, le mari Français résidait en Espagne avant son mariage ; il s'y maria avec une Française, sans contrat. Après le décès de la femme, un procès s'éleva sur le point de savoir si les conventions tacites des époux devaient être réglées par la loi espagnole ou par le code Napoléon. La cour de Pau se prononça pour la loi espagnole. Il est de principe, dit-elle, reconnu par les auteurs anciens et nouveaux les plus recommandables, ainsi que par une jurisprudence constante, que la législation applicable aux intérêts civils d'un mariage est celle du lieu où les époux vont établir leur domicile immédiatement après le mariage, et où il appert qu'ils ont l'intention de fixer le centre de leurs affaires et d'élever leur famille ; que ce domicile est qualifié de matrimonial et résulte des diverses circonstances qui s'y rattachent. La cour ajoute que le domicile matrimonial est distinct des domiciles antérieurs des époux et du lieu même où le mariage a été contracté. Cela est vrai, si par domicile matrimonial on entend le lieu dont la loi, dans l'intention des époux, doit régir leurs biens ; mais, si ce domicile existe là où les époux entendent fixer le centre de leurs affaires, comme le dit la cour de Pau, ce domicile n'est autre chose que le domicile ordinaire, tel que le code civil (art. 102) le définit ; ce ne serait donc qu'un domicile qui vient prendre la place d'un ancien domicile, et il faudrait dire que c'est le domicile qui détermine le statut matrimonial. La cour énumère ensuite les diverses circonstances qui prouvent que les époux avaient l'intention de se fixer en Espagne et d'y acquérir, par conséquent, un domicile matrimonial, sans qu'il soit nécessaire d'examiner, dit l'arrêt, si le mari avait conservé ou non son domicile d'origine en France ; car le domicile matrimonial a uniquement pour objet de déterminer les lois qui régissent les conventions matrimoniales. Si tel est le sens du domicile matrimonial, ce mot n'a plus, en droit moderne, la signification qu'il avait dans l'ancien droit ; il vaudrait donc mieux l'abandonner pour s'en tenir à l'intention des parties. C'est bien là ce que la cour de cassation a voulu dire, en prononçant le rejet du pourvoi ·

« Attendu que, pour décider si le mari, qui résidait en Espagne avant son mariage, avait eu la volonté d'y constituer son domicile matrimonial, et *de se marier sous l'empire de la loi espagnole*, l'arrêt attaqué s'est appuyé sur des *faits nombreux*, sur des *actes* et des *circonstances* qu'il a *souverainement appréciés* (1). » C'est le vrai principe, à mon avis, mais mieux vaudrait laisser là le terme traditionnel de *domicile matrimonial*, qui n'est fait que pour égarer l'interprète, car il doit croire qu'il s'agit d'un domicile, tandis qu'en réalité, le domicile n'est invoqué que pour marquer l'intention des époux.

La cour de cassation elle-même le dit dans un autre arrêt. Un mariage est célébré à Florence entre un Français et une Italienne. Quel était leur régime? La cour de cassation pose en principe que le choix du régime auquel seront soumis les intérêts civils des époux dépend de leur volonté et de celle des personnes qui les assistent, s'ils sont mineurs. Puis la cour constate que l'arrêt attaqué a apprécié la volonté des époux d'après les circonstances qui ont accompagné le mariage et desquelles l'arrêt inférait qu'ils avaient fixé leur *domicile matrimonial* en Toscane. Qu'est-ce que la cour entend par là? C'est que la volonté des époux et de ceux qui assistaient la mineure avait été de soumettre les intérêts civils des époux aux lois qui existaient en Toscane, c'est-à-dire au droit romain. Donc, le prétendu domicile matrimonial n'est autre chose que la volonté des parties de se soumettre à telle ou telle loi, volonté que le juge apprécie d'après les faits de la cause (2).

207. La jurisprudence des cours d'appel est dans le même sens. Il est toujours question de *domicile* dans les arrêts; c'est une expression impropre, et il en résulte une certaine confusion. Les cours ne se demandent pas si les époux connaissaient la loi qu'ils sont censés adopter tacitement; elles se bornent à rechercher quel est le *domicile matrimonial* des conjoints. Un Français se marie à la

Havane avec une Espagnole, sans faire de contrat de mariage. Par quelle loi sont régies les conventions tacites des époux? « Il est de principe, dit la cour de Bordeaux, que lorsqu'un Français épouse hors de France une étrangère, sans contrat, c'est la *nationalité* du *mari*, et, par conséquent, la *loi* de son *domicile* qui déterminera le régime matrimonial, à moins qu'il ne soit démontré qu'au moment de la célébration, l'époux avait l'intention formelle de se fixer à l'étranger, sans esprit de retour. » On voit que les cours imaginent des principes pour le besoin de la cause. Si l'on demandait à la cour où elle a trouvé le prétendu principe, qui fait dépendre la loi du mariage de la *nationalité* du mari, et, partant, de son *domicile?* Ne peut-on pas être domicilié à la Havane et rester néanmoins Français? Les étrangers qui établissent leur domicile en France avec autorisation ne conservent-ils pas leur nationalité? Sans doute, si un Français s'établit à l'étranger, sans esprit de retour, il ne peut plus être question du statut français, puisqu'il abdique sa nationalité française ; mais ne peut-il pas se soumettre au statut espagnol, tout en restant Français? L'affirmative est certaine. Donc il faut laisser là l'*esprit de retour*, qui n'a rien de commun avec notre débat. La cour établit ensuite que tous les faits de la cause prouvent que le mari avait l'intention de rentrer en France. Ce n'est pas là la question ; et l'on voit ici que le principe du domicile ne fait qu'égarer les interprètes. Leur seule préoccupation devrait être de rechercher l'intention des parties, en ce qui concerne la loi à laquelle elles entendent se soumettre. Il est certain que le mari, tout en conservant sa nationalité française, ainsi que son domicile d'origine, pouvait déclarer qu'il entendait se soumettre à la loi espagnole qui était celle de sa future ; et s'il pouvait faire cette déclaration expresse, il pouvait aussi avoir cette volonté tacite.

Puis, en supposant que le mari ait eu l'intention d'adopter la communauté du code civil, est-ce que l'on en pouvait dire autant de la femme? Ici est la grande difficulté ; la cour n'y touche point ; elle ne parle que du mari, alors que les conventions matrimoniales exigent, comme tout contrat, le consentement de la femme. On dira que la femme veut nécessairement ce que le mari veut. Pendant le mariage cela peut se soutenir, mais avant? J'ai déjà répondu qu'à mon avis il fallait une loi, dans le cas de doute sur la volonté tacite des époux (n° 205). La cour conclut que les époux ont entendu se soumettre à la loi française, et, qu'à défaut de contrat de mariage, ils sont placés sous le régime de la communauté légale (1). Il est cependant plus que probable que la femme, en se mariant, ne savait pas ce que c'est que la communauté; donc son consentement tacite est une fiction; et ne faut-il pas une loi pour établir des fictions?

Il se peut cependant que l'intention des époux résulte clairement des faits de la cause. Un homme de race anglaise, mais d'origine inconnue, vint, à sa majorité, s'établir en France; il y conserva pendant de longues années, et sans interruption, une habitation à la ville et des maisons de campagne; il plaça la totalité de sa fortune en rentes françaises; il n'avait jamais eu un établissement en Angleterre. Pour légitimer des enfants naturels, il se maria avec leur mère, conformément aux lois françaises. Ses affections comme ses intérêts étaient dans sa patrie d'adoption, tandis qu'en Angleterre il ne connaissait ni lieu de naissance, ni foyer domestique, ni famille. Malgré ces circonstances, le tribunal de la Seine avait décidé que les époux n'étaient pas mariés sous le régime de la communauté légale; il appliqua le principe du domicile matrimonial, lequel rendait applicable la loi anglaise, les époux ayant établi leur domicile en Angleterre après le mariage. Cette décision fut infirmée en appel. Le mari n'avait pas, il est vrai, de domicile légal en France, d'après la jurisprudence française, puisqu'il ne s'y était pas établi avec autorisation du gouvernement. Mais qu'importe le domicile? C'est l'intention qui décide. Or, le mari avait promis à la femme de l'épouser sous le régime de communauté; il s'était conformé à la loi française pour

(1) Bordeaux, 2 juin 1875 (Sirey, 1875, 2, 291).

légitimer ses enfants ; la probabilité était certes qu'il voulait aussi donner à sa femme les avantages de la communauté (1).

208. On a soulevé une autre difficulté pour le cas où des étrangers se marient en France. Peut-on dire que, pour eux, il y a une communauté légale? La question prouve combien l'esprit étroit du code civil a rétréci l'esprit des interprètes. Si le contrat de mariage dépendait du droit civil, dans le sens de l'article 11 du code Napoléon, on pourrait soutenir que le régime établi par la loi française ne regarde pas les étrangers. Mais le contrat de mariage appartient à ce que l'on appelle le droit des gens, comme tous les contrats ; et les contrats sont régis par la loi que les parties elles-mêmes se font, donc il n'y a pas à distinguer entre étrangers et Français (2). Seulement, on ne peut pas dire de l'étranger ce que l'on dit du Français que, par cela seul qu'il ne fait pas de contrat de mariage, il adopte la communauté légale, pas plus qu'on ne peut dire du Français qui se marie en pays étranger qu'il se soumet à la loi étrangère ; c'est une question de volonté, et il est souvent très difficile de décider quelle est la volonté des époux. Le domicile suffit-il? Deux Italiens se marient en France sans contrat. La cour d'Aix constate qu'ils étaient domiciliés à Toulon ; de là elle conclut que les effets du mariage devaient se régler par la convention tacite, en vertu de laquelle les futurs époux étaient présumés adopter le régime de communauté légale. Cela est trop absolu. Le seul domicile ne suffit point ; c'était l'ancienne doctrine, mais le code ne la reproduit point. Puisque tout dépend de la volonté des parties, leur domicile ne pourrait être qu'une présomption de volonté, et il ne saurait y avoir de présomption, en cette matière, sans loi. La cour ajoute qu'il y a d'autres circonstances qui viennent confirmer cette présomption. Dans l'espèce, il n'y avait guère de doute sur l'intention des époux d'adopter le régime de communauté, le mari lui même l'avait reconnu dans plu-

(1) Paris, 3 août 1849 (Sirey, 1849, 2, 13).
(2) Paris, 15 décembre 1853 (Sirey, 1853, 2, 6).

sieurs actes et déclarations émanés de lui après le décès
de sa femme (1). Il y avait une autre difficulté, la disposition prohibitive du code sarde; je dois m'y arrêter un
instant. Le code du royaume de Sardaigne défendait de
contracter une autre communauté conventionnelle que
celle des acquêts; cette disposition a été reproduite par le
code italien: forme-t-elle un statut personnel établissant
une incapacité spéciale? ou est-ce un statut réel? La cour
de cassation de France a jugé que le statut n'a pas pour
objet de régler l'état et la capacité des personnes; il interdit seulement aux époux une convention relative à certains
biens. Cela révèle l'esprit de la loi : elle veut que ces biens
restent propres aux époux, afin de les conserver dans les
familles. La prohibition n'a donc d'effet que pour les biens
situés en Italie; elle n'en a aucun en France (2). Ne faut-il
pas ajouter que le juge admettra difficilement que les Italiens aient l'intention d'adopter la communauté française;
comme leur loi nationale la leur défend, on ne peut guère
supposer qu'ils veuillent la stipuler; car leurs biens situés
en Italie n'y seraient point soumis, ce qui, le plus souvent,
rendrait la convention inutile : cela exclut, en général, la
convention tacite. Toutefois, il faut se garder de poser une
règle générale dans une matière où tout dépend de la volonté des parties.

209. Je citerai encore, à titre de curiosité juridique,
un arrêt de la cour de cassation de France, en cause de
deux époux, juifs algériens. Dans l'Introduction historique de ces Études, j'ai parlé du système des lois personnelles qui régissaient les personnes appartenant à la
même race, sous l'empire des Franks. Un fait analogue
s'est produit dans les temps modernes, par suite de la
conquête, dans l'Inde anglaise et dans l'Algérie. Le vain-
queur a laissé aux Algériens indigènes leurs lois civiles
et religieuses; leurs conventions sont donc régies par leurs
lois nationales; toutefois, il leur est permis de renoncer à
ces lois pour adopter les lois françaises : c'est une porte

(1) Aix, 24 novembre 1854 (Dalloz, 1857, 2, 43).
(2) Rejet, chambre civile, 4 mars 1857 (Sirey, 1857, 1, 2, 3).

ouverte pour arriver à l'assimilation des-races, et là où
la religion n'est pas un obstacle absolu, les races finissent
par se confondre sous une loi unique. Il en est ainsi des
juifs : en Europe, ils ne se distinguent plus de la population au milieu de laquelle ils vivent par le droit; l'égalité, sous ce rapport, est absolue; et en Algérie, cette
révolution se fait par la volonté des parties contractantes.
L'ordonnance du 26 septembre 1842 porte (art. 37) :
« Les indigènes sont présumés avoir contracté entre eux
selon la loi du pays, à moins qu'il n'y ait convention contraire. » La cour de cassation a appliqué cette exception
aux conventions matrimoniales. Dans l'espèce. les époux,
juifs algériens, s'étaient mariés à la mairie de Blidah,
devant l'officier de l'état civil, sans contrat de mariage.
De là la question de savoir s'ils s'étaient soumis tacitement à la loi française? La situation des juifs algériens
est, au fond, la même que celle des étrangers; ils conservent leur statut national, quoiqu'ils soient Français;
mais ils peuvent adopter le statut français, et, par conséquent, se soumettre à la communauté légale du code civil.
La présomption bien naturelle est qu'ils ont entendu suivre leur loi nationale; mais la présomption admet la
preuve contraire. La cour de cassation dit très bien que
la volonté de se soumettre à la loi française ne doit pas
être expresse; il suffit qu'elle résulte clairement de la
teneur ou de la nature de l'acte. Tel est le fait des futurs
époux, régis par la loi mosaïque, qui se présentent volontairement devant l'officier de l'état civil, qui le requièrent
de procéder à la célébration de leur mariage, qui doivent
déclarer s'ils ont fait des conventions matrimoniales
devant notaire, et dont l'union a été prononcée avec
les conditions de la loi française. Il est vrai que le
mariage diffère du contrat de mariage, en ce sens que
chacune de ces conventions a ses règles particulières;
toutefois, ces actes sont intimement liés l'un à l'autre.
Pothier dit que la communauté de biens est une conséquence du mariage qui établit la vie commune, et tel est
aussi le système du code civil; en l'absence d'un contrat
notarié, les époux sont censés vouloir être communs en

biens, comme ils le sont en sentiments et en idées (1)

210. Les conventions matrimoniales expresses ou
tacites sont-elles modifiées quand les époux établissent
leur domicile dans une autre coutume ou loi, ou lorsqu'ils
changent de nationalité? J'ai examiné la question de principe dans le cours de ces Etudes. Ici je me borne à citer
un jugement, bien rendu au fond, mais qui accuse une
singulière confusion d'idées, comme presque toutes les
décisions concernant le droit international privé. La loi
écossaise répute paraphernaux, c'est-à-dire propres à la
femme, tous les objets d'utilité et d'agrément à l'usage de
sa personne. Une femme anglaise, mariée à un Ecossais,
réclamait le bénéfice de cette disposition, en France, contre un créancier de son mari, qui avait saisi les biens de
son débiteur en France, et, entre autres objets mobiliers,
ceux que la loi écossaise attribue à la femme. Le créancier prétendait qu'il avait contracté à Londres, sous la foi
des garanties que lui offre la loi française. C'était une
première difficulté : la volonté, pour mieux dire, l'intérêt
du créancier français étaient indifférents; il ne s'agissait
pas de l'interprétation du contrat, il s'agissait de son exécution. Sur ce point, le créancier soutenait que les meubles
des étrangers étaient régis en France par la loi de leur
situation, toutes les fois qu'un intérêt français était engagé
dans le débat. C'est un de ces principes que les avocats
imaginent pour le besoin de leur cause. Le créancier ne
pouvait saisir que les biens de son débiteur; or, dans l'espèce, il avait saisi des effets mobiliers qui appartenaient
à la femme du débiteur. Restait à savoir si la femme pouvait invoquer la loi écossaise pour établir son droit de
propriété. Le tribunal dit très bien que ce n'était pas la loi
étrangère, comme telle, qui régissait la cause; les conventions matrimoniales, tacites ou expresses, dépendent
exclusivement de la volonté des contractants, donc la loi
écossaise avait la force d'une convention tacite. Cette convention changeait-elle quand les époux changeaient de
domicile? Non, c'était l'opinion qui avait fini par l'empor-

(1) Rejet, 5 janvier 1876 (Sirey, 1876, 1, 308).

ter dans l'ancien droit, et qui, à plus forte raison, doit être suivie sous l'empire du code, puisque le domicile ne détermine plus le statut.

Cela est décisif, et le tribunal aurait dû s'arrêter là. Mais, comme il arrive souvent aux plaideurs d'accumuler des raisons bonnes ou mauvaises, sans réfléchir que les mauvais arguments affaiblissent les bons, le juge, dans l'espèce, après avoir établi solidement le droit de la femme, ajoute qu'elle pouvait invoquer son statut personnel, qui la suit partout et régit nécessairement les choses intimement attachées à sa personne. Le statut personnel était hors de cause, puisque ce statut ne concerne que l'état et la capacité de la personne (1). Il est vrai que la doctrine traditionnelle soumet les objets mobiliers au statut personnel; mais l'application de ce principe est controversée et elle est douteuse. Mieux valait donc s'en tenir à la règle établie par Dumoulin sur la force des conventions, règle qui est au-dessus de toute contestation.

§ II. *Applications du principe des conventions matrimoniales tacites.*

211. Dumoulin, le premier, établit le principe que les conventions matrimoniales tacites produisent le même effet que les conventions expresses. C'était à l'occasion d'un procès sur lequel il donna un avis devenu célèbre. La décision était donc spéciale; c'est ce qui faisait dire à d'Argentré que le prétendu principe avait été imaginé par Dumoulin pour le besoin de sa cause. Il s'agissait de savoir si les biens acquis par le mari dans des coutumes qui n'admettaient pas la communauté devenaient des conquêts, auxquels la femme prenait part. Fallait-il limiter à cette espèce le principe des conventions tacites? Cette restriction n'aurait pas eu de sens, puisque le principe est, de sa nature, général. Toutefois Dumoulin

---

(1) Jugement du tribunal de Boulogne-sur-mer, du 11 février 1854 (Dalloz, 1854, 3, 37).

hésita, et il fut inconséquent en refusant d'appliquer son principe au statut qui exclut les filles de la succession paternelle, sur le fondement d'une renonciation tacite (1). On conçoit que son rude adversaire triomphe de cette inconséquence; il ne faut pas lui en laisser le bénéfice. Dès que les coutumes ne font que consacrer la volonté tacite des contractants, le statut est personnel; pour mieux dire, il ne s'agit plus de statut, c'est une loi que les parties se sont faite, et la volonté de l'homme, quand il ne s'agit que de ses intérêts privés, n'est pas assujettie aux limites de la souveraineté territoriale; elle embrasse, au besoin, le monde entier. J'ai dit que les anciens légistes s'effrayaient de cette extension qu'ils trouvaient désordonnée. Aujourd'hui le statut personnel a fait bien d'autres conquêtes; il envahit tout le domaine des intérêts privés, en ne laissant au statut réel que le domaine des droits sociaux qui concernent l'existence, la conservation ou le perfectionnement de la société. A plus forte raison faut-il soustraire à la réalité ou à la souveraineté territoriale les lois conventionnelles, qui procèdent de l'autonomie des particuliers; ce ne sont pas là des statuts proprement dits, ils ne touchent pas à la souveraineté; donc la puissance souveraine et ses organes, les légistes, auraient tort de s'effrayer de ses envahissements. L'autonomie des époux ne s'arrête que devant l'ordre public et les bonnes mœurs. Cette restriction, écrite dans le code Napoléon (art. 1387-1390), est de droit, car il est de principe partout que l'on ne peut déroger, par des conventions particulières, aux lois qui intéressent l'ordre public et les bonnes mœurs.

212. Est-ce à dire que ces dispositions du code civil forment un statut réel, ce qui aurait pour conséquence de les limiter au territoire et d'y assujettir les étrangers? Non. L'ordre public dont il est question dans l'article 1388 se rapporte à l'état des personnes; or, l'état dépend du statut personnel; il en résulte que les Français ne pourraient, à l'étranger, faire des conventions matrimo-

_____

(1) Voyez le tome 1er de ces Etudes, p 404, n° 283.

males qui dérogeraient à la puissance maritale, à l'autorité paternelle, à la législation des tutelles. Quant aux
étrangers qui se marient en Belgique, ils sont régis, en
ce qui concerne leur capacité, par leur statut national,
lequel est dominé seulement par les lois belges qui sont
d'ordre social. Les prohibitions de l'article 1389 sont
d'une autre nature; elles ont pour objet de maintenir
l'égalité dans les successions. Obligent-elles les étrangers? J'ai déjà traité cette question, qui présente de
grandes difficultés; j'y reviendrai dans la suite de ces
Études. Quant à l'article 1390, il est fondé sur un motif
d'intérêt social, ce qui conduit à la conclusion que les
étrangers y sont soumis aussi bien que les naturels du
pays (1).

213. La même difficulté se présente pour les articles
1394 et 1395. J'ai traité, dans le cours de ces Etudes, la
question de savoir si les formes dans les contrats solennels sont de l'essence du contrat. Oui, à mon avis (2). Il
s'ensuit que les Belges ne peuvent faire un contrat de
mariage à l'étranger que dans la forme authentique. Les
étrangers qui font des conventions matrimoniales en
Belgique devraient également passer l'acte par-devant
notaire; un contrat de mariage rédigé sous seing privé
ne produirait aucun effet, du moins en Belgique. Le code
Napoléon veut de plus que les conventions matrimoniales
soient arrêtées avant le mariage, et il défend d'y apporter
aucune dérogation après la célébration du mariage. J'ai
enseigné, dans mes *Principes de droit civil*, que l'article
1394 est applicable aux contrats de mariage que les
Français passent en pays étranger, parce que l'époque à
laquelle le contrat doit être dressé tient à la solennité, et
la solennité est de l'essence des contrats solennels. Il
résulte de là une conséquence très importante, c'est que
le contrat de mariage reçu à l'étranger postérieurement
au mariage n'aurait aucune existence légale en Belgique,
et n'y produirait aucun effet; les époux seraient censés

---

(1) Comparez Brocher, *Nouveau Traité de droit international privé*,
p. 247. n° 42.
(2) Voyez le tome II de ces Etudes, n°ˢ 240-244.

mariés sous le régime de la communauté légale, quand
même ils auraient adopté un autre régime par leur
contrat (1).

La cour de cassation de France a rendu un arrêt en
sens contraire. Elle pose en principe que la détermination
de l'époque à laquelle doit intervenir le contrat de mariage, comme tout ce qui dépend de sa *forme extérieure*,
est soumise à la règle *Locus regit actum* (2). A mon avis, la
cour confond les contrats solennels avec les contrats non
solennels; la forme dans ceux-ci ne concerne que la
preuve, laquelle dépend de la loi du lieu où le contrat est
passé. Il en est tout autrement de la solennité; dans les
contrats solennels, la forme de l'acte et tout ce qui y a
rapport sont de la substance du contrat; et comme c'est
dans un intérêt général que la loi établit la solennité,
elle ne peut reconnaître aucun effet à des contrats non
revêtus des formes qu'elle prescrit. En ce sens, la solennité forme un statut réel; il n'y a pas d'hypothèque, pas
de contrat de mariage, pas de donation, aux yeux de la
loi belge, quand l'acte n'est point authentique; peu
importe si l'acte est passé par des Belges à l'étranger ou
par des étrangers en Belgique; le statut réel n'a aucun
égard à la qualité des personnes, et le droit de la société
domine le droit des individus.

On objecte que les articles 1394 et 1395 ne créent pas
une incapacité personnelle de contracter et ne forment,
par conséquent, pas un statut personnel qui suive les
Français en pays étranger (3). C'est mal poser la question. D'abord le statut des formes n'est ni personnel ni
réel, c'est un statut particulier qui doit être interprété
d'une manière différente selon la diversité des actes.
Ensuite la solennité dans les contrats solennels est établie
à raison d'un intérêt social; en ce sens, il est réel,
comme je viens de l'expliquer. Je renvoie à ce que j'ai

(1) Voyez mes *Principes de droit civil*, t. XXI, p. 81, nos 58-60.
(2) Cassation, 11 juillet 1855 (Sirey, 1855, 1, 699).
(3) Montpellier, 25 avril 1844 (Sirey, 1845, 2, 7). Toulouse, 7 mai 1866
(Sirey, 1867, 1, 134). Comparez, dans le même sens : Troplong, *Contrat
de mariage*, no 179. Aubry et Rau, t. V, p. 252, et note 2, § 503 *bis* (de la
4ᵉ édition).

dit, dans ces Etudes, sur la règle *Locus regit actum* (1).

Je reviens à l'arrêt de la cour de cassation qui soulève encore une autre difficulté de droit civil international. Dans l'espèce, un Français avait épousé une Italienne à Florence, sans faire de contrat avant la célébration du mariage. Postérieurement au mariage, les époux passèrent un acte par lequel ils réglèrent leurs conventions matrimoniales conformément au droit romain, qui régissait à cette époque la Toscane. Ce contrat était-il valable? Oui, dit la cour de cassation. Le choix du régime auquel sont soumis les intérêts civils des époux dépend de leur volonté et de celle des personnes qui doivent les assister s'ils sont mineurs. Or, l'arrêt attaqué, appréciant la volonté des époux d'après les circonstances qui avaient accompagné leur mariage à Florence, en conclut qu'ils avaient fixé leur domicile matrimonial en Toscane, ce qui veut dire que leur intention était de se soumettre au droit romain, qui y règle le régime des époux. Jusqu'ici il n'y a aucune difficulté : les époux, quoique Français, pouvaient adopter le régime dotal, conformément à la loi de leur domicile matrimonial. Restait à savoir dans quelle forme et à quelle époque devait être dressé leur contrat de mariage, s'ils voulaient en faire un. La cour de cassation répond que les époux s'étaient conformés à la loi de la Toscane, qui autorise les pactes dotaux après le mariage, ce qu'ils pouvaient faire en vertu de la maxime *Locus regit actum*. Dans mon opinion, cette règle ne reçoit point d'application aux contrats solennels. Les époux étaient libres de choisir entre le régime de communauté, d'après la loi personnelle du mari, et le régime dotal, conforme au statut national de la femme ; mais ils n'étaient pas libres de changer les conditions substantielles du contrat de mariage. Ces conditions étant établies dans un intérêt général, il en résulte que le statut est réel, et que, partant, un pacte nuptial, postérieur au mariage, ne peut avoir aucun effet en France.

214. J'ai dit que notre science est un océan de doutes

(1) Voyez le tome II de ces Etudes, nᵒˢ 233-255.

Dans la doctrine de la cour de cassation que je me suis
permis de critiquer, l'immutabilité des conventions matrimoniales ou leur mutabilité dépendrait de la loi du lieu
où l'acte a été passé ; or cette loi étant indépendante de la
volonté des parties, ce serait le législateur territorial qui
déterminerait si les conventions matrimoniales sont im-
muables, ou si elles peuvent être changées après la célébration du mariage. Tel n'est pas l'avis de Fœlix, qui n'a
pas connu l'arrêt de la cour suprême ; il arrive à la même
conclusion, mais par un motif différent. L'auteur part du
principe que les parties contractent conformément à la loi
du lieu où l'acte se passe ; c'est la fameuse *lex loci con-
tractùs*, qui retentit si souvent dans les arrêts. Fœlix en
conclut que les parties entendent aussi se soumettre à la
loi locale, en ce qui concerne l'immutabilité ou la mutabilité de leurs conventions (1). N'acceptant pas le principe
qui sert de base à cette argumentation, je rejette aussi la
conséquence que l'on en déduit. De son côté, Demangeat,
l'annotateur de Fœlix, répudie également l'opinion de
l'auteur qu'il commente : l'immutabilité des conventions
matrimoniales dépend, d'après lui, du statut personnel,
et il critique aussi l'arrêt de la cour de cassation que je
viens de rapporter (2). Autant d'interprètes, autant d'avis.
Si l'on s'en tient, comme on le doit, à la tradition, puisque
le code l'a consacrée implicitement, il est impossible de
voir un statut personnel dans l'immutabilité des conventions matrimoniales, car cette immutabilité n'a rien de
commun avec l'incapacité ou la capacité des époux ; le
mari est capable, et la femme le devient dès qu'elle est
autorisée ; néanmoins les époux ne peuvent pas changer
leurs conventions après la célébration du mariage. Quant
à la doctrine de Fœlix, elle suppose que la mutabilité ou
l'immutabilité des conventions matrimoniales tient à leur
volonté, ce qui est une erreur manifeste : la loi défend aux
époux de changer leurs conventions matrimoniales, et ce
qu'elle leur défend en France, elle ne peut pas le leur

(1) Fœlix, *Traité de droit international privé*, t. Ier, p. 246, n° 108, de la
4ᵉ édition.
(2) Demangeat, sur Fœlix, t. Ier, p. 247, note *a*, et p. 85, note *b*.

permettre à l'étranger, sinon rien ne serait plus facile que d'éluder des prohibitions qui, de l'aveu de la cour de cassation (1), sont d'ordre public, c'est-à-dire d'intérêt public et de droit social, donc réelles, dans le sens que je donne à cette expression.

Fœlix et son commentateur sont encore en opposition sur une question qui tient à celle que je viens de toucher. Des époux étrangers font un contrat de mariage sous l'empire d'une loi ou d'une coutume qui permet de changer les conventions matrimoniales durant le mariage. Ils se font naturaliser en France : auront-ils le droit de modifier leur contrat, nonobstant l'article 1394 du code civil? Oui, dit Fœlix; non, dit Demangeat. Le commentateur, à mon avis, a raison. Les époux naturalisés sont soumis aux lois françaises dans toutes les dispositions d'ordre public et d'intérêt général; or tel est l'article 1395. Il est vrai que la naturalisation n'opère ses effets que pour l'avenir, et qu'elle ne porte aucune atteinte aux droits acquis. Fœlix semble considérer la faculté de changer les conventions matrimoniales comme un droit acquis : ce serait une erreur. Que le statut soit personnel ou réel, peu importe; s'il est personnel, il faut dire qu'il n'y a point de droit acquis en matière d'état; et il en est de même s'il est réel, le droit de la société dominant toujours les droits des particuliers.

215. J'en viens aux applications directes du principe de Dumoulin concernant les conventions tacites. Bouhier en cite une qui est très remarquable. Les remplois et les recompenses jouent un grand rôle dans le régime de communauté. Anciennement, dans tous les pays coutumiers, le prix des propres de la femme qui avaient été aliénés pendant le mariage était regardé comme un meuble de communauté, dont le mari avait la moitié, si la femme était commune, et même le tout, si la femme renonçait à la communauté. Cet usage était injuste et certainement contraire à l'intention des parties intéressées; pour l'écarter, les époux stipulaient la clause de remploi dans les contrats de mariage, au profit de la

---

(1) Cassation, 4 décembre 1867 (Sirey, 1868, 1, 153).

femme. Cette clause devint si fréquente, que la dernière rédaction de la coutume de Paris la rendit de droit commun, et de là elle a passé dans le code civil. Bouhier en conclut que si la femme s'est mariée sous une coutume de remploi, elle doit l'avoir sur tous les biens de son mari, quand même ils seraient situés dans un pays où le remploi ne serait pas reçu, ou du moins dans une coutume où le remploi ne serait pas admis sans une stipulation expresse : telle était la coutume de Bar.

Mais aussi, ajoute Bouhier, si la femme était mariée dans la coutume de Bar, sans stipulation de remploi, je tiens qu'elle ne devrait point l'obtenir en quelque coutume que ce fût. C'est l'application du principe des conventions tacites. Elle trouva de l'opposition dans les provinces où le réalisme féodal s'était maintenu, comme dans la Normandie. « Nous tenons cette maxime, dit Basnage, qu'il ne se fait pas de remploi de coutume à coutume. » Bouhier combat vivement cette jurisprudence inique(1). Je crois inutile d'entrer dans ce débat; il est vidé. Le code Napoléon a fait du remploi une règle générale de la communauté ; donc elle régit les époux qui se marient sans contrat ; pour mieux dire, les époux conviennent tacitement que la femme a droit au remploi, et, partant, une action contre son mari, en cas d'insuffisance de la communauté, et elle aurait cette action sur les biens de son mari, quand même ils seraient situés dans une coutume de non-remploi. Il va sans dire qu'il en est de même de l'action en récompense ou en indemnité qui appartient à la femme contre la communauté, et, s'il y a lieu, sur les biens personnels du mari, quand la communauté a tiré un profit de ses propres; le principe est identique, et une fois l'action ouverte pour le remploi, elle doit appartenir a la femme pour les récompenses, quelle que soit la situation des biens. C'est l'application du principe de Dumoulin (2).

216. Le principe s'applique aux héritiers des époux.

---

(1) Bouhier, *Observations sur la coutume du duché de Bourgogne,* chap. XXVI, n°s 89-100 (Œuvres, t. Ier, p 725).
(2) Bouhier, *Observations sur la coutume de Bourgogne,* chap. XXVI, n°s 101 et 102 (t. Ier, p. 727).

C'est la remarque de Bouhier au sujet de la continuation de la communauté entre l'époux survivant et les enfants mineurs. Il n'est pas douteux que les conventions matrimoniales ne regardent les héritiers des conjoints autant qu'eux-mêmes, et quelquefois davantage. Car, par exemple, le partage de la communauté ne se fait guère entre les deux conjoints, c'est ordinairement entre le survivant et les héritiers du premier mourant. Ainsi quand ils contractent une communauté dans la coutume de Paris, c'est sous la condition tacite des articles 240 et 241 de cette coutume, qu'en cas que, l'un des deux étant mort, l'autre vienne à se remarier, les enfants mineurs du premier lit demeureront en communauté avec le survivant, à moins que ce dernier n'ait fait un bon et loyal inventaire des effets communs. Le code Napoléon n'a pas admis cette continuation de communauté; il l'a remplacée par d'autres garanties au profit des enfants mineurs. Ces nouvelles dispositions, quoiqu'elles soient dues à l'initiative du législateur, sont adoptées tacitement par les époux qui se marient sans contrat, et ont, par conséquent, effet d'une convention tacite sur les biens situés dans les lieux où la loi ou la coutume auraient maintenu la continuation de communauté.

Bouhier remarque encore, sur ce point, que la convention tacite relative à la continuation ou la non-continuation de la communauté, régirait les époux, alors même qu'ils changeraient de domicile, et qu'ils se fixeraient dans une coutume qui contiendrait des dispositions contraires à celles de leur domicile. Cela est incontestable si l'on admet le principe de Bouhier que le statut de communauté est immuable. Le code civil a consacré cette immutabilité quand il y a un contrat de mariage, et il en est de même, sans doute aucun, quand les conventions sont tacites. L'immutabilité subsiste-t-elle quand les époux changent de nationalité? J'ai examiné la question dans le cours de ces Etudes (1).

_____

(1) Voyez le tome III de ces Etudes, p. 523. nos 298 et 299. Comparez Bouhier, *Observations sur la coutume de Bourgogne*, chap. XXII, nos 125-128, 132-134 (Œuvres, t. Ier, p. 638 et 639).

Bouhier discute encore la question de savoir si la continuation de communauté aurait lieu dans les coutumes qui n'admettent point cet usage. Il se prononce pour l'affirmative, en vertu du principe de communauté tacite. Dans notre droit moderne, la question se présente d'une manière différente. Le code civil a abrogé les coutumes, par des motifs d'intérêt général, et par conséquent les dispositions qui admettaient la continuation de la communauté; dès lors la non-continuation de la communauté a un caractère de réalité : elle domine tous les statuts contraires.

217. Bouhier met encore au rang des statuts qui sont fondés sur une convention tacite ceux qui accordent à la femme la faculté de renoncer à la communauté. La question était controversée; Boullenois considérait le statut comme réel. Anciennement les femmes ne jouissaient pas de ce droit. Comment s'est-il introduit? Il est difficile de rien affirmer en cette matière, nous ne connaissons pas même les origines de la communauté. Toutefois ce que Bouhier dit est probable. La faculté de renoncer est contraire à la nature du contrat de société, on ne saurait donc présumer que la loi l'ait accordée, comme on le prétend, d'abord aux femmes nobles, puis aux roturières; on doit croire plutôt qu'il a été stipulé d'une manière expresse dans les contrats de mariage; l'exception se justifiait du reste par des motifs d'équité, particuliers à la société spéciale qui se forme entre époux. A la différence des sociétés ordinaires, c'est l'un des associés, le mari, qui en est le seigneur et maître, il a le droit de disposer des biens de la communauté et de la ruiner; quoi de plus juste que de donner à la femme le droit de répudier une communauté que le mari a endettée sans son concours! La stipulation était si équitable qu'elle devint d'un usage ordinaire; et par suite les rédacteurs des coutumes en firent le droit commun. C'est bien là le caractère des conventions tacites. Bouhier conclut qu'il n'y a que le faux entêtement de la réalité des coutumes qui ait pu donner cours à l'opinion contraire (1). Le président se permet

(1) Bouhier, *Observations sur la coutume de Bourgogne*, chap. XXV, n° 44 (Œuvres, t. Ier, p 707), et chap. XXVI, n° 77 (t. Ier, p. 723).

rarement cette vivacité de langage; dans l'espèce, le reproche était mérité. Rien de plus faible que l'argumentation de Boullenois. On appelle, dit-il, statut réel celui qui
dirige principalement et directement les biens, et qui n'est
pas la suite nécessaire de l'état et de la condition de la
personne; or une disposition qui donne ou qui ôte le
douaire, telle que la renonciation à la communauté,
dirige principalement les biens (1). Bouhier répond que,
pour apprécier la nature d'un statut, il faut voir quel est
son objet principal; or la renonciation a pour but et
pour effet de dégager la femme des liens de la société
de biens qui existe entre époux; la formation de cette
société dépendant de la convention des parties, il en
doit être de même de sa dissolution. C'est l'argument
de Dumoulin. Bouhier ajoute une considération décisive; la privation du douaire en cas de renonciation
n'était pas le droit commun et universel; elle ne peut
donc déterminer la nature de la renonciation en général (2).

Ce qui est vrai de la renonciation l'est aussi des effets
de la renonciation. Cependant la question a été controversée; le parlement de Bourgogne a jugé que l'effet de la
renonciation, quant au douaire coutumier, était régi par
la coutume du lieu où les biens du mari étaient situés.
Bouhier fait là-dessus la remarque suivante, qui caractérise bien l'esprit du vieux droit français : « Quoique cet
arrêt soit rendu contre les principes que j'ai établis, il ne
me surprend point; il est intervenu dans un temps où ces
sortes de questions n'étaient point encore éclaircies, et où
l'on n'avait qu'une règle, que l'on appliquait indistinctement : savoir que les coutumes étaient réelles. Pour peu qu'on
lise les auteurs de ces temps-là, on n'y trouve presque que
cette maxime qu'ils ramènent à tout propos et sans discernement quand il s'agit d'interpréter les coutumes ! » Le parlement de Bourgogne revint sur sa jurisprudence. Chose
singulière! Il avait décidé que les statuts de renonciation

(1) Boullenois, *Dissertation sur les statuts*, Question XII, p. 235-236.
(2) Bouhier, *Observations sur la coutume de Bourgogne*, chap. XXVI,
nos 80 et 81 (t. Ier, p. 724).

et de douaire étaient personnels dans une espèce où le douaire était stipulé par contrat de mariage, et dans une autre espèce où il s'agissait du douaire coutumier, il avait déclaré le statut réel. Les décisions étaient contradictoires dans les termes. La personnalité finit par l'emporter (1).

218. Dans l'ancien droit, le principe des conventions tacites recevait de nombreuses applications aux avantages que les coutumes accordaient aux femmes. Quelle était la première origine de ces libéralités? Sur ce point, il ne saurait y avoir de doute. « Si ce n'était le préjugé de la réalité des coutumes, dit Bouhier, on reconnaîtrait bientôt que le législateur n'ayant aucun intérêt à favoriser ces sortes d'avantages, dont plusieurs, au contraire, mériteraient bien plutôt d'être supprimés, ou du moins restreints, il n'en doit pas être regardé comme l'auteur. Il est bien plus naturel de penser, continue notre président, que l'ascendant des femmes sur la plupart des hommes, et la trop grande facilité de ces derniers à se porter à tout ce qui pouvait plaire à celles qu'ils ont envie d'épouser, en sont l'unique cause; car ces motifs les ayant engagés à faire aux femmes des présents plus ou moins considérables, cela s'est insensiblement tourné en usages, jusque-là que les rédacteurs des coutumes ont fait une règle générale de ce qui n'était auparavant que l'effet des conventions particulières. »

D'après cela il était facile de déterminer la nature du statut qui régit les gains matrimoniaux. Lorsque ces libéralités se faisaient par conventions précises, on ne doutait pas qu'elles se réglassent par la loi du domicile marital. Pourquoi, dit Bouhier, n'en serait-il pas de même des conventions tacites que l'on suppose renfermées dans les dispositions coutumières? Cependant les réalistes opposaient de la résistance, tout en avouant qu'il y avait une convention tacite. Boullenois maintenait le principe de la réalité du statut : il disait que les droits de la femme devant être pris sur les biens du mari, la loi de son domicile

---

(1) Bouhier, *Coutume de Bourgogne*, chap XXV, nᵒˢ 45-49 (t. 1ᵉʳ, p. 708).

ne pouvait être invoquée; c'était ruiner la souveraineté territoriale que d'y soustraire les biens situés sur le territoire. Toujours la même confusion entre les statuts qui dépendent de la loi et ceux qui dépendent des conventions. Le mari n'est-il pas maître d'imposer sur ses biens telles charges qu'il lui plaît? Et s'il le peut faire par une convention expresse, pourquoi ne le pourrait-il pas par une convention tacite (1)?

219. Le douaire de la veuve était le plus usuel des avantages matrimoniaux que les coutumes donnaient à la femme. On appelait *douaire préfix* celui qui était stipulé par contrat de mariage ; il était sans doute plus ancien que le *douaire coutumier;* l'usage en a commencé par les stipulations des contractants, qui ont, plus tard, tourné en coutume générale, par suite de l'ordonnance de Philippe-Auguste (1214). Quand le douaire préfix était constitué en y affectant tous les biens du mari, on s'accordait à dire qu'il pouvait se prendre sur tous ces mêmes biens, en quelques coutumes qu'ils fussent situés; en ce sens, les statuts concernant cette espèce de douaire étaient personnels. Si le douaire était assigné sur quelque héritage particulier du mari, il y avait quelque difficulté. Bacquet et Froland tenaient qu'il fallait suivre la coutume où l'héritage était situé, par la raison que les coutumes sont réelles, et qu'elles doivent par conséquent régir tous les fonds qui sont enclavés dans leur territoire. A vrai dire, il n'y avait pas de raison suffisante pour distinguer ce second cas du premier; car le douaire, pour être assigné sur un certain héritage, n'en est pas moins conventionnel, et par conséquent sujet à la loi de toutes les conventions dont l'exécution porte sur tous les biens du débiteur. Comme le dit très bien Dumoulin, il faut moins considérer l'assignat que l'obligation dont il est l'accessoire, et l'accessoire ne saurait modifier la nature du principal. En effet l'assignat n'est ajouté que pour la commodité du débiteur, ou pour la plus grande sécurité du créancier; malgré l'assignat, le

---

(1) Bouhier, *Coutume de Bourgogne*, chap. XXVI, nᵒˢ 103-111 (t. Iᵉʳ, p. 727). Comparez Boullenois, *Des Démissions de biens*, Quest. VI, p. 159.

douaire reste conventionnel, ce qui est décisif dans notre débat (1).

Que faut-il dire du *douaire coutumier?* Bouhier dit que tous ceux qui en ont parlé, et notamment Renusson, Froland et Boullenois, se sont prononcés pour la réalité du statut. Il ne m'appartient pas, ajoute-t-il, de lutter contre un pareil torrent par lequel moi-même j'ai été entraîné jadis (2). Toutefois il fait des réflexions dans le sens de l'opinion contraire, en les laissant au jugement des plus habiles; à mon avis, elles sont péremptoires. On ne connaissait pas anciennement le douaire coutumier : « Jadis femme n'avait douaire, sauf le convenancé », dit Loisel. Ce fut le roi Philippe-Auguste qui introduisit le douaire légal par son ordonnance de 1214. La fixation du douaire ne saurait en avoir changé la nature; elle n'a fait qu'en régler la quotité et en marquer l'assignat, mais cet assignat, comme je viens de le dire, ne rend point réelle l'obligation, qui est personnelle de sa nature. Et on ne peut pas dire qu'un assignat légal ait quelque chose de plus réel que l'assignat conventionnel. Ainsi l'ordonnance de Philippe-Auguste, à laquelle se sont conformés ensuite les rédacteurs des coutumes, en rendant légal le douaire qui, auparavant, était de pure volonté, n'a fait que suppléer le douaire conventionnel, dans les contrats où il n'en était pas fait mention, ou suppléer les contrats de mariage quand il n'y en avait point eu (3). En définitive, il n'y a aucune différence entre le douaire et les autres gains nuptiaux, sinon que le douaire a été fixé par une ordonnance, tandis que les autres avantages de la femme ont été déterminés par les coutumes, mais cela n'influe pas sur la nature du statut; les coutumes ont la même force que la loi; si les dispositions de la loi sont de telle nature qu'elles dépendent de la volonté des parties, elles forment un statut personnel, comme toute convention. Il

---

(1) Bouhier, *Coutume de Bourgogne,* chap. XXVI, nos 136-151 (t. Ier, p. 732)

(2) Merlin est resté fidèle à la tradition (*Répertoire,* au mot *Gains nuptiaux,* § II, n° 1, p. 488 du t XII de l'édition in-8° de Bruxelles).

(3) Bouhier, *Coutume de Bourgogne,* chap. XXVI, nos 152-154 ,t. Ier, p. 734 et suiv.

n'y a plus de coutumes aujourd'hui, toutes les dispositions concernant les contrats sont établies par la loi; cela
n'empêche pas ces dispositions d'être personnelles, en ce
sens qu'elles procèdent de la volonté des parties contractantes, et cette volonté ne connaît pas de limite territoriale.

220. La jurisprudence est en ce sens. D'après la coutume de Bruxelles, le survivant était héritier mobilier, et
il avait l'usufruit des biens du prédécédé. Etait-ce un
droit de succession ou un avantage matrimonial? La
question est douteuse, surtout quant au droit concernant
les meubles. Toutefois la jurisprudence s'est prononcée
pour la doctrine traditionnelle, qui voyait un gain nuptial
dans tous les avantages que les coutumes accordaient à
la veuve. Partant, ces droits s'exerçaient sur tous les biens
du mari, quelle qu'en fût la situation (1).

En droit moderne, il n'y a plus de gains nuptiaux. Les
droits de la femme survivante ont été traités avec une
grande négligence par les auteurs du code civil. Il y a
lieu de réformer cette partie de la législation française.
Le code Napoléon n'a maintenu que certains priviléges
qui appartiennent à la femme à raison de la condition
subordonnée qu'elle a sous le régime de communauté. Ces
dispositions sont une dépendance de la communauté, dite
légale, partant elles sont conventionnelles, et par suite
elles forment un statut personnel, comme toutes les conventions matrimoniales.

221. Autant la loi est favorable aux libéralités que les
époux se font avant la célébration du mariage, autant elle
se défie des donations faites postérieurement. Il y a des
lois qui les prohibent; le code Napoléon les autorise, mais
il les déclare révocables, ce qui permet à l'époux donateur
de les anéantir. Quelle est la nature de ces dispositions?
Le statut est-il personnel ou réel? C'est une des questions
les plus controversées de notre science.

La controverse remonte aux glossateurs, Bartole est

_____

(1) Rejet, 8 prairial an XIII (Merlin, *Répertoire*, au mot *Gains nuptiaux*,
§ II, n° 1, t. XII de l'édition in-8° de Bruxelles, p. 418), Bruxelles, 25 avril
1817 et 15 mai 1833 (*Pasicrisie*, 1817, p. 376, et 1833, 2, 150).

le chef de tous ceux qui ont tenu pour la personnalité du statut, en quoi il a été suivi par plusieurs ultramontains (c'est-à-dire Italiens), étrangers et français; parmi ces derniers je citerai Coquille et Ricard. Balde, au contraire, accoutumé à contredire Bartole, s'est déclaré pour la réalité du statut et a eu un grand nombre de partisans. Il a même réuni, sur ce point, les suffrages de Dumoulin et d'Argentré, et leur autorité a entraîné non seulement les auteurs modernes, Froland, Boullenois, mais encore la jurisprudence des parlements. Je vois même, dit Bouhier, que l'on a pris ce parti dans l'édit perpétuel des archiducs Albert et Isabelle (art. 13), ce qui n'est pas étonnant, puisque cet édit donne tout à la réalité, conformément à la doctrine qui régnait dans les Pays-Bas. Faut-il faire comme Froland, et se soumettre à la majorité? Après avoir exposé les raisons alléguées pour les deux avis, il avoue, malgré ses préventions pour la réalité dans lesquelles il avait été nourri, qu'il faut convenir qu'il ne serait pas absolument impossible de défendre l'opinion de Bartole, si l'on voulait bien regarder les choses dans un esprit dégagé de tout préjugé, et oublier pour un moment les arrêts qui ont décidé la question. Pourquoi donc se prononce-t-il en faveur de l'opinion contraire? « Il faut, répondit-il, se rendre à la pluralité des voix (1). » Non, dans notre science on ne compte pas les voix, on pèse les témoignages, et fût-il seul de son avis, le jurisconsulte doit le maintenir s'il croit qu'il est conforme aux principes. Boullenois aussi penchait, en théorie, pour la personnalité du statut; il remarque que Dumoulin est inconséquent à son principe de la convention tacite, en n'appliquant pas ce principe au statut des donations; et il convient que si l'on faisait un règlement sur cette question, il serait en faveur de la loi matrimoniale, ce qui préviendrait bien des difficultés et des inconvénients. Mais, dit-il, un jurisconsulte n'est pas un législateur, il ne peut décider que d'après les principes de la matière. Quels sont

(1) Froland. *Mémoires sur les statuts,* t. II, chap. XVIII, p. 847, 864, 924 et 925.

ces *grands principes*, comme Boullenois les appelle(1)? C'est la doctrine traditionnelle de la réalité des coutumes. L'auteur ne réfléchit point que s'il fallait respecter la tradition, on n'aurait jamais admis des statuts personnels.

Bouhier, après avoir constaté la contrariété des opinions, finit par dire : « Essayons de noùs mettre dans cette situation qui devrait être celle de tous les juges, et examinons la chose indépendamment de l'autorité des arrêts et de la pluralité des suffrages, qui ne sert souvent qu'à nous entraîner dans l'erreur. » La disposition qui défend aux époux de se faire des libéralités vient du droit romain; l'empereur Antonin en donne les motifs dans d'excellents termes que le président Bouhier a résumés : « L'honneur et la paix des mariages; la crainte d'en voir troubler la concorde par des vues intéressées, et le danger d'exposer les bons cœurs à se dépouiller entièrement par des excès d'une tendresse inconsidérée. » Il n'y a rien dans tout cela que de très personnel. Boullenois lui-même l'avoue; et ne faut-il pas déterminer la nature des statuts par les motifs qui les ont fait porter?

Les coutumes ont encore étendu les prohibitions de la loi romaine en défendant même aux époux de faire des dispositions à cause de mort, afin de couper entièrement la racine à la cupidité des conjoints. On a donné une autre raison de cette défense. Dans nos mœurs, dit un réaliste belge, et un des meilleurs, Bourgoingne, l'objet véritable de la prohibition est la conservation des biens dans la famille, et l'intérêt des héritiers; or cet objet regarde les biens et les droits successifs; cela suffit pour changer la nature du statut et le rendre réel. Bouhier demande aux défenseurs de la réalité où ils ont trouvé ce prétendu motif du statut qui défend aux époux de se faire des libéralités. Ce n'est assurément pas dans le texte, il faut donc que ce soit dans leur imagination. Mais, puisque nos coutumes n'ont fait que rendre générale la disposition du droit romain, n'est-il pas naturel de leur donner le même motif? Bouhier ajoute qu'il embrasse ce sentiment avec

(1) Boullenois, *Traité de la réalité et de la personnalité des lois*, t. II, p 107-112.

d'autant plus d'assurance, qu'il est celui de plusieurs jurisconsultes célèbres, et de deux surtout dont l'autorité est
d'un grand poids. Le premier est Guy Coquille ; j'ai rapporté son opinion dans l'Introduction historique de ces
Études (1). Le second est Ricard, l'auteur d'un traité sur
les *Donations*, un des chefs-d'œuvre de notre science.
« Pour mon sentiment, dit-il, j'estime que l'on doit seulement considérer le domicile des conjoints indubitable,
d'autant que les coutumes permettant les donations en
général, et les interdisant à l'égard de certaines personnes,
cette restriction est un statut personnel, qui a pour fondement une raison civile et politique, qui considère seulement la personne et non la chose, à l'égard de laquelle la
loi a disposé par une disposition générale, permettant la
donation des choses qui sont sous sa puissance ; de sorte
que si elle l'a interdite en particulier aux conjoints, il résulte de cette prohibition une simple incapacité personnelle, qui ne prend nullement son origine de la chose
(puisque de soi elle est susceptible d'être comprise dans la
donation), mais simplement de la considération de la personne qui doit, par conséquent, être régie par la coutume
qui a son empire sur le donateur, qui est celle de son domicile (2). »

L'objection éternelle des réalistes était que les statuts
n'avaient aucun pouvoir sur les biens qui étaient hors de
leur sphère d'action. Bouhier y répond avec Coquille que
les coutumes, quoiqu'elles n'aient point d'empire direct
sur les biens qui sont hors de leurs limites, ont néanmoins
un pouvoir indirect, en bridant les volontés des personnes
qui auraient le droit d'en disposer, et qui sont soumises à
la loi municipale. La réponse n'aurait pas satisfait des
logiciens sévères, tels que les Voet ; il fallait attaquer le
principe même, comme je l'ai fait dans le cours de ces
Études, en prouvant que la souveraineté des coutumes ou
des lois est hors de cause quand il s'agit de matières
d'intérêt privé. Les réalistes, qui reprochaient à leurs adversaires de sacrifier la souveraineté des coutumes, étaient

(1) Voyez le tome Ier, p. 411, no 287.
(2) Ricard, *Des Donations*, no 325.

inconséquents ; pour être logiques, ils auraient dû rejeter
le statut personnel ; mais la force des choses les obli-
geait à l'admettre ; seulement ils y ajoutaient une restriction, en exigeant que le statut fît abstraction de toute
matière réelle. Bouhier a raison de leur répondre que cela
est insoutenable, car il n'y a presque pas de loi qui n'ait
rapport aux biens, donc il n'y aurait point de statut personnel. C'était l'avis de Voet, mais après avoir rejeté le
statut personnel, en vertu du droit strict, il se vit obligé
de le reconnaître, à titre de courtoisie, pour ne pas rendre
la vie des nations impossible. La courtoisie doit se transformer en droit : il en est ainsi en théorie, cela ne suffit
point, il faut que les traités lui donnent une sanction positive.

La jurisprudence était décidément réaliste en cette matière, et dans l'ancien droit son autorité était plus grande
encore qu'aujourd'hui. Bouhier, quoique premier président, s'en plaint ; les juges se laissaient entraîner par
l'exemple des arrêts, « quoique la question fît de la peine à
plusieurs ». Que les *consultants*, dit-il, invoquent les arrêts,
soit ; mais les *jurisconsultes* doivent-ils plier sous cette
autorité? Bouhier leur rappelle le mot de Justinien : « *Non
exemplis, sed legibus judicandum est* (1). » Ces paroles sont
encore bonnes à citer à la fin du dix-neuvième siècle. Les
cours de Belgique suivent la même jurisprudence (2). »

222. Au point de vue de la doctrine traditionnelle, la
réalité du statut n'est guère douteuse (3). Il n'en est pas
de même si l'on adopte les principes que j'ai professés
dans ces Etudes. Vainement dit-on que la loi a pour but
de conserver les biens aux époux ; il faut voir les motifs
pour lesquels elle leur défend de s'avantager. Capables de
disposer de leurs biens au profit des tiers, il ne leur est
pas permis de les donner à leur conjoint. C'est donc une
prohibition qui doit avoir son fondement dans le mariage.
Le législateur a craint l'influence excessive d'un conjoint

---

(1) Bouhier, *Coutume de Bourgogne*, chap. XXVII, n°s 37-82 (t. Ier,
p. 756 et suiv.).
(2) Liége, 30 juin 1826 (*Pasicrisie*, 1826, p. 219).
(3) Rejet, chambre civile, 4 mars 1857 (Sirey, 1857, 1, 247).

sur l'autre. N'en résulte-t-il pas une violence morale, un vice de consentement? Et tout ce qui tient au consentement n'est-il pas essentiellement personnel? Merlin avoue que les motifs de la loi sont personnels; cependant il se prononce pour la réalité. Pour discerner si un statut est réel ou personnel, dit-il, il ne faut pas s'arrêter aux motifs qui ont guidé le législateur, on ne doit considérer que l'objet sur lequel porte la loi. Or, quel est l'objet de la loi qui défend les avantages entre époux? C'est de les empêcher de se dépouiller mutuellement; ce statut porte donc sur les biens, partant il est réel (1). Voilà une doctrine contre laquelle je proteste de toutes mes forces. J'ai un grand respect pour la loi, mais je ne sépare jamais le texte de l'esprit qui l'a dictée; les motifs sont l'âme de la loi : sépare-t-on l'âme du corps? Le législateur craint que le consentement des époux ne soit altéré par l'influence abusive que l'un exerce sur l'autre : borne-t-il sa crainte et sa sollicitude aux immeubles situés en France? Conçoit-on que le consentement des époux soit vicié pour ces biens, et qu'il ne le soit pas pour les biens situés ailleurs? Il leur serait interdit de se dépouiller en France, et on leur permettrait de se dépouiller en Angleterre!

223. Les auteurs qui ont.écrit sur le droit international privé se partagent sur cette question, comme le faisaient les anciens statutaires. Ceux qui procèdent des réalistes se prononcent pour la réalité : tels sont Rocco (2) et Fœlix; mais Fœlix est contredit par son annotateur. Demangeat a une tendance prononcée pour la personnalité, ce qui le met à chaque pas en opposition avec l'auteur qu'il commente; il critique également l'arrêt de la cour de cassation que j'ai rapporté (3). Le droit français a permis aux époux de se faire des libéralités pendant le mariage, mais pour sauvegarder la liberté du donateur, il dispose que ces donations sont révocables. Quelle est la nature de

---

(1) Merlin, *Questions de droit,* au mot *Avantage entre époux,* § 2 Tel est aussi l'avis de Delvincourt et de Duranton.

(2) Rocco , *Dell' uso e autorità delle leggi del regno delle Due Sicilie,* p. 420 et suiv.

(3) Fœlix, *Droit international privé,* t. Ier, p. 123, et note *a* de Demangeat.

cette disposition (art. 1096)? La question est au fond la même que celle que je viens de discuter ; en effet, les motifs pour lesquels le code civil déclare les donations entre époux révocables sont les mêmes que ceux qui avaient engagé le législateur romain à les prohiber. Mais la personnalité est plus évidente dans le système du code Napoléon ; on ne peut plus dire que la loi a voulu conserver les biens aux époux, puisqu'elle leur permet d'en disposer au profit de leurs conjoints ; si elle les déclare révocables, c'est par la crainte que le consentement du donateur n'ait pas été libre ; et cette même crainte avait porté le législateur romain et les coutumes à défendre les libéralités entre époux ; au point de vue des motifs, les deux dispositions sont identiques, et partant la solution est la même. Aussi le dissentiment qui divise les auteurs sur la nature du statut prohibitif se reproduit-il sur la révocabilité des donations entre époux. Fœlix déclare les donations entre époux révocables, quand les biens sont situés en France, alors même que les époux se seraient mariés sous une loi étrangère qui maintient l'irrévocabilité de ces donations. Demangeat, au contraire, n'hésite pas, dit-il, à dire que la loi de la situation des biens doit être sans influence sur la question de savoir si les donations sont révocables ou irrévocables ; il lui paraît *évident* que le statut est personnel (1).

224. Il y a un régime tout contraire à celui de la communauté, c'est le régime dotal, qui tire son nom du caractère spécial qu'il imprime à la dot de la femme : ses biens dotaux sont inaliénables, au moins ses immeubles, et la jurisprudence française a étendu l'inaliénabilité au mobilier dotal. On demande si le régime dotal, en ce qui concerne la nature du statut, est soumis aux principes qui régissent la communauté. L'affirmative ne me paraît pas douteuse. Tout régime procède des conventions que font les époux ; or les conventions ne dépendent pas des statuts, elles procèdent de l'autonomie des parties contrac-

(1) Fœlix, *Droit international privé*, t. Ier, p. 218, et la note *b* de Demangeat.

tantes; si l'on dit qu'elles forment un statut personnel, c'est seulement pour marquer qu'elles étendent leurs effets sur tous les biens des contractants, quelle que soit leur situation; la volonté de l'homme ne connaît point de limites territoriales. Cela est vrai du régime dotal, comme de tout autre régime. Seulement les lois territoriales peuvent apporter une modification au principe. Le code Napoléon permet aux époux de déclarer qu'ils entendent se marier sous le régime dotal (art. 1391), mais il veut que cette déclaration soit expresse (art. 1392); il ne peut donc pas y avoir de soumission tacite au régime dotal; les époux qui se marient sans déclaration de régime sont censés mariés sous le régime de communauté légale (art. 1400). Le code italien établit une règle toute contraire; les peuples de race latine sont si attachés au régime dotal, que le législateur en a fait une règle absolue, ne permettant pas même de stipuler le régime de communauté, sauf la société d'acquêts que les époux dotaux peuvent former. Il suit de là que les époux étrangers qui se marient en Italie peuvent adopter tacitement le régime dotal. Nous en avons vu un exemple dans un arrêt de la cour de cassation de France (n° 208). Si des Italiens se mariaient en France, sans faire un contrat de mariage, il faudrait voir quelle a été leur intention; ils peuvent se soumettre à la communauté, au moins quant aux biens situés en France; la prohibition portée par le code italien de stipuler la communauté française, n'est pas un obstacle: la cour de cassation l'a jugé ainsi. J'y reviendrai.

Le principe que les époux peuvent se soumettre à tel régime qu'ils veulent choisir souffrirait encore une autre restriction; si la loi territoriale interdisait un régime par un motif d'intérêt public, les étrangers ne pourraient pas l'adopter, pas plus que les indigènes. Le code italien prohibe la stipulation du régime de communauté; il y aurait des motifs très graves de prohiber le régime dotal qui est certainement contraire à l'intérêt public, puisqu'il met hors du commerce une masse de biens, et qu'il empêche la femme de se servir de sa fortune pour augmenter ou relever le crédit du mari. Je suppose que le nouveau code des Belges prohibe le régime dotal; cette prohibition formerait un de ces statuts que nous appelons réels, et qui régissent tous les biens et toutes les personnes se trouvant sur le territoire; de sorte que les contrats passés a l'étranger, et adoptant le régime dotal, n'auraient aucun effet sur les biens situés en Belgique, et les étrangers pas plus que les Belges ne pourraient stipuler ledit régime.

225. L'inaliénabilité des biens de la femme a soulevé des controverses séculaires, et l'on pourrait croire qu'elles dureront jusqu'à ce que le législateur y mette fin. Il faut d'abord préciser quel est le véritable point de la difficulté. Aux termes de l'article 1428 du code Napoléon, le mari ne peut aliéner les immeubles personnels de la femme sans son consentement. Quelle est la nature de cette prohibition? Forme-t-elle un statut réel? La cour de Liége l'a jugé ainsi, par la raison que la loi a pour objet principal de conserver les immeubles de la femme (1). C'est mal raisonner. La femme est propriétaire et elle peut disposer de ses biens, sous tous les régimes, sauf sous le régime dotal. Seulement, comme elle est incapable, elle a besoin de l'autorisation du mari ou de justice. Cette autorisation n'a pas pour objet de conserver les biens de la femme; elle a uniquement pour but de couvrir son incapacité. Or, l'état de femme mariée et l'incapacité qui en résulte tiennent au statut personnel, donc l'article 1428 ne saurait former un statut réel. Si cet article dit que le mari ne peut aliéner les immeubles de la femme sans son consentement, c'est pour déterminer les droits que le mari a comme administrateur légal des biens de la femme, sous le régime de communauté; n'ayant qu'un pouvoir d'administration, il ne peut pas aliéner. La loi s'exprime donc mal en disant que le mari ne peut aliéner sans le consentement de la femme; ce n'est jamais le mari qui aliène les biens de la femme, puisqu'il n'en est pas propriétaire, c'est la femme qui aliène, autorisée

(1) Liége, 3] juillet 1811 (Sirey, 1811, 2, 534). Comparez mes *Principes de droit civil*, t. 1er, p. 179, n° 114.

du mari ou de justice. Il suit de là que l'article 1428 n'a
rien de commun avec l'inaliénabilité des biens de la
femme ; ses biens sont aliénables, c'est un des avantages
du régime de communauté ; la femme peut venir en aide
à son mari, pour étendre ses affaires ou pour les rétablir.
Je cherche vainement ce qu'il y aurait de réel dans un
statut qui dépend entièrement des conventions matrimoniales des époux. En effet, la société de biens qui
existe entre les époux est un effet de leur volonté, et
qu'est-ce qu'il y a de plus personnel que la volonté? et
qu'est-ce qu'il y a de plus illimité? Si les époux se marient en France sous le régime de communauté, exprès ou
tacite, leur volonté est que la femme reste propriétaire
de ses biens, et qu'elle puisse les aliéner avec autorisation. Est-ce que la volonté des époux et leurs conventions
n'auront d'effet qu'en France? Si la femme a des biens en
Allemagne, en Angleterre, ces biens seront-ils placés
sous un autre régime? La volonté des époux changerait-
elle d'après la situation des biens? Ces questions n'ont
point de sens; la volonté ne se divise pas et ne se contredit pas; les époux veulent en Allemagne ce qu'ils veulent en France, parce que leur raison de vouloir est la
même. En définitive, l'article 1428 est une des règles de
la communauté; donc il dépend des lois qui régissent la
communauté, c'est-à-dire qu'il forme un statut personnel,
dans le sens que la tradition attache à ce mot. L'article
1428 n'a rien de commun avec l'inaliénabilité des biens
de la femme; loin d'être inaliénables, ces biens sont aliénables; et pour qu'ils puissent être aliénés, il suffit de la
volonté de la femme et d'une autorisation du mari ou de
justice. Cette facilité de disposer et de se dépouiller est
une raison que les partisans du régime dotal font valoir
contre la communauté ; en effet, le régime dotal est le seul
qui conserve les biens de la femme. En faut-il conclure
que le statut de l'inaliénabilité des biens dotaux est réel?

226. C'est une question vivement controversée. Froland (1) expose d'abord l'origine de l'inaliénabilité du

_____

(1) Froland, *Mémoires concernant la nature et la qualité des statuts*,
t. II, p. 1007 et suiv. (chap. XXII).

fonds dotal ; l'empereur Auguste fit défense au mari d'a-
liéner les biens dotaux de sa femme sans son consentement, et de les hypothéquer, même avec ce consentement ;
Justinien voulant encore assurer davantage la conservation des biens dotaux, défendit l'aliénation aussi bien
que l'hypothèque, en cas qu'elle serait faite du consentement de la femme. Puis Froland développe les motifs
pour lesquels les uns considéraient ce statut comme
réel, et les raisons que d'autres faisaient valoir pour
la personnalité. Il finit en disant : « Je ne doute pas
que ce détail de raisons, dont les unes sont si formellement opposées aux autres, ne vous embarrassent ; et
certainement il faut convenir qu'elles répandent beaucoup
d'obscurité sur la question. » Il penche pour la personnalité, mais il n'énonce son opinion qu'en tremblant.
« Je m'aperçois, dit-il, que je fais comme un honnête débiteur embarrassé qui, dans l'appréhension qu'il a que
son créancier ne veuille pas accepter la monnaie dont il a
dessein de le payer, prévoit qu'il ne pourra pas le satis-
faire, ni acquitter sa dette avec honneur. À considérer
donc les choses avec toute l'attention qu'elles méritent, je
dirai (mais toutefois en tremblant de lever un avis qui
paraîtra peut-être extraordinaire) que l'opinion de ceux
qui croient que le statut dont il s'agit est un statut personnel est celle qui convient le plus à la jurisprudence
des arrêts qui ont été rendus sur des matières appro-
chantes. »

Bouhier n'hésite pas, et il a même l'air de se moquer
des hésitations de Froland. « La question, dit-il, est
devenue un problème, où les raisons pour et contre ont
été si habilement exposées par un savant moderne, qu'il
avoue ensuite qu'il ne sait où il en est ; que, de quelque
côté qu'il se tourne, il ne voit que des *écueils* et des *précipices.* » Je crois entrevoir, continue Bouhier, ce qui le
fait hésiter. Né et élevé en Normandie, où l'on est extra-
ordinairement entêté de la réalité des coutumes, il a
peine à se débarrasser de ses préjugés et de la crainte de
contredire ses compatriotes. Pour moi, qui n'ai pas les
mêmes préventions, je ne balance point à dire que je ne

vois ni *écueils* ni *précipices*, mais la vérité pure dans
l'avis pour lequel cet exact et laborieux auteur s'est
déterminé. » Bouhier applique sa maxime favorite que,
dans les cas douteux, il faut recourir à l'esprit du législateur : en déclarant les fonds dotaux inaliénables, a-t-il
eu en vue principalement les personnes ou les biens ? Il
n'y a aucune personne sensée qui ne réponde que la loi a
eu pour objet unique l'intérêt des femmes. Justinien l'a
même dit précisément. « *Ne fragilitate naturæ suæ in
repentinam deducantur inopiam.* » Si l'on veut prévenir
la ruine de la femme, il faut l'empêcher d'aliéner ses
biens, quelle que soit leur situation ; ce serait une étrange
idée de veiller sur elle en France, et de l'abandonner à
sa fragilité en pays étranger ; Bouhier conclut que si
Froland avait ajouté cette considération à celles qu'il a
pris soin de rassembler pour fonder la personnalité de
ces sortes de lois, il n'aurait pas si fort *tremblé* en prenant son parti ; il aurait dit hardiment, au contraire, que
l'avis opposé est *insoutenable* (1).

Insoutenable! Que dirait Bouhier s'il lui était donné
d'assister aux débats que cette question, d'après lui si
simple, a soulevés dans la doctrine moderne ? Pour mieux
dire, c'est à peine si l'on peut parler de débat ; la plupart
des auteurs se prononcent pour la réalité du statut, et
cette opinion a été consacrée par de nombreux arrêts. Je
me borne à citer les considérants d'un arrêt de la cour de
cassation : « Attendu que le statut est *personnel* lorsqu'il
règle directement et principalement la capacité ou l'incapacité des personnes pour contracter ; que le statut est
réel, au contraire, lorsqu'il a principalement pour objet
la prohibition de disposer d'une espèce particulière de
biens et leur conservation ; que dès lors il n'y a plus
d'incertitude sur l'essence du statut romain ; que l'inaliénabilité est, en effet, restreinte par ce statut aux biens
dotaux pendant la durée du mariage, puisque la femme
conserve la faculté de disposer des biens *non dotaux,*

(1) Bouhier, *Coutume de Bourgogne*, chap. XXVII, n°s 14 20 (t. Ier,
p. 753 et suiv.).

faculté qu'elle ne conserverait certainement pas si la prohibition dépendait de son incapacité personnelle (1). » Merlin a toujours professé cette doctrine (2). Fœlix va plus loin et déclare réel tout ce qui est relatif au régime dotal. Son annotateur le contredit ici, comme presque toujours (3); M. Demangeat dit très bien que le régime dotal ne diffère pas, en ce qui concerne la nature du statut, des autres régimes matrimoniaux; tous procèdent de la convention, donc de la volonté des époux. Et que veulent les époux, ou leurs familles, en stipulant le régime dotal? Assurer la restitution de la dot. Pourquoi cette volonté n'aurait-elle pas effet partout? Elle doit avoir effet partout pour que le but du contrat soit atteint. La femme se constitue en dot ses biens à venir; elle n'en a pas d'autres. Si le hasard veut que ces biens soient situés dans un pays qui permet l'aliénation des biens dotaux, que deviendra la prévoyance des parents? La femme aliénera tout ce qu'elle possède et tombera dans la misère avec ses enfants. Et n'est-ce pas pour empêcher ce malheur que Justinien déclara la dot inaliénable, même avec le consentement de la femme?

C'est cependant la constitution de Justinien qui a égaré les interprètes. C'est une loi, donc elle est réelle, à moins qu'elle ne règle la capacité ou l'incapacité. Or, dans l'espèce, l'état de la femme est hors de cause; donc, le statut est réel. Non, car la loi a cessé d'être une loi pour devenir une convention. L'inaliénabilité n'est plus établie en vertu de la loi, elle procède de la volonté des époux. Il faut donc laisser là la distinction des statuts personnels et des statuts réels; la cour de cassation l'applique à faux, car il n'est pas question de statuts dans l'espèce; il s'agit d'une loi que les parties se sont faite, et ces lois-là étendent leur empire sur le monde entier (4).

(1) Rejet, 2 mai 1825 (Sirey, 1825, 1, 117)
(2) Merlin, *Questions de droit*, au mot *Régime dotal*, § I, n° II (t XII, p 327 de l'édition de Bruxelles).
(3) Fœlix, *Droit international privé*, t. 1er, p. 124 (4e édition) et la note b de Demangeat. Comparez Demangeat, *Du statut personnel*, dans la *Revue pratique de droit français*, t. 1er, p 59 et suiv.
(4) Comparez mes *Principes de droit civil*, t. 1er, p. 480 , n° 115.

Les anciens auteurs admettaient une exception aux principes que je viens d'exposer, sur la force des conventions matrimoniales, expresses ou tacites, dans le cas où il y avait un statut territorial contraire portant prohibition absolue de stipuler la communauté, ou d'y faire entrer les acquêts. Sur ce point Dumoulin et Bouhier étaient d'accord avec les réalistes. Il est bon de les entendre parce que la difficulté se représente dans le droit moderne. Le code italien prohibe la communauté en termes formels ; quel est l'effet de cette prohibition ? Forme-t-elle un statut personnel ou un statut réel ?

Il y avait dans la coutume de Normandie une disposition analogue, ainsi conçue : « Les personnes conjointes par mariage ne sont communes en biens, soit meubles, soit conquêts immeubles, ainsi les femmes n'y ont rien qu'après la mort du mari ; et quelqu'accord qui ait été fait, par contrat de mariage et en faveur d'icelui, les femmes ne peuvent avoir une plus grande part aux conquêts faits par le mari que ce qui leur appartient par la coutume à laquelle les contractants ne peuvent déroger. » Quel est le sens de cette disposition ? On ne doutait pas qu'elle fût prohibitive à l'égard de ceux qui se mariaient en Normandie, mais l'était-elle aussi pour ceux qui se mariaient ailleurs et qui faisaient des acquisitions dans cette province ? Dans la Normandie, la jurisprudence et la doctrine étaient pour l'affirmative ; au contraire, tous les arrêts du parlement de Paris et tous les auteurs de son ressort étaient pour la négative. A moins de donner à ces Etudes une étendue démesurée, je ne puis entrer dans cette immense controverse ; je dois me borner à indiquer les sources où on la trouve reproduite (1), et à exposer l'avis de Bouhier, dont la doctrine se rapproche le plus de celle qui domine dans la science moderne.

Bouhier dit que ce qui a rendu la question si difficile, c'est que l'on a négligé de consulter l'esprit des rédacteurs de la coutume. C'est la règle posée par Dumoulin. L'inten-

----

(1) Duplessis, *Œuvres*, t. II, Consultation 41. Renusson, *De la communauté*, chap. IV, nos 16 et suiv. Froland, *Mémoires sur les statuts*, partie II, chap. I, nº 11, p. 206 et suiv., et chap. II, p. 212 et suiv.

tion du législateur est l'âme de la loi, il faut donc voir ce qu'il a voulu dire, et ce qu'il répondrait lui-même s'il était interrogé sur le cas proposé (1). La règle est excellente quand il s'agit d'interpréter les statuts prohibitifs, et de décider s'ils sont personnels ou réels. Il s'agit de savoir si une loi est d'intérêt général, en ce sens qu'elle doit recevoir son application à tous les biens et à toutes les personnes qui se trouvent sur le territoire. Ce n'est pas la forme prohibitive du statut qui décide la difficulté, car la loi peut être conçue dans des termes prohibitifs, sans être d'intérêt public; la remarque en a été faite par Zachariæ dans le débat entre Toullier et Merlin sur les nullités (2); il y a des dispositions prohibitives qui sont d'intérêt privé; or ce qui est d'intérêt privé dépend du statut personnel. C'est seulement quand les droits de la société sont en cause, que le statut devient réel. En ce sens Bouhier a raison de dire que l'intention du législateur est décisive. Il examine ensuite quel a été le but de la coutume de Normandie en excluant la communauté.

Ce n'est pas par rapport aux immeubles que les rédacteurs de la coutume ont prohibé la communauté conjugale, en effet elle ne met pas les fonds hors du commerce; ils s'y vendent, ils s'y achètent, ils peuvent être transportés à des étrangers; ils peuvent donc entrer dans une société ordinaire; si les époux ne peuvent pas convenir que les immeubles entreront dans leur société, la raison en doit être dans des motifs concernant les personnes. Quel motif a engagé le législateur à priver les femmes d'un avantage qu'elles ont dans presque tous les pays coutumiers? Dumoulin nous l'a donné à entendre. Les Normands, dit-il (Bouhier ajoute, du moins ceux d'autrefois), trop attachés à leurs intérêts, en ont agi durement avec leurs femmes, et ont diminué leurs droits autant qu'ils ont pu. Dumoulin dit en termes plus énergiques que les Normands sont avares, et qu'ils traitent leurs femmes comme des servantes. Cela prouve que l'exclusion de la communauté a

(1) Bouhier, *Coutume de Bourgogne*, chap. XXVIII, n° 98 (t. Ier, p. 167).
(2) Voyez le tome Ier de mes *Principes de droit civil*, p. 101, n° 66.

un caractère personnel; quel intérêt auraient eu les États de Normandie d'empêcher que des personnes mariées hors de la province ne fissent entrer dans leur communauté les fonds qu'ils y pourraient acquérir? Ils auraient agi en cela contre leur intention; car si le statut normand était réel, les étrangers y seraient, à la vérité, soumis, mais par contre, les Normands qui acquerraient des fonds dans une coutume de communauté en devraient communiquer la moitié à leurs femmes, ce qui serait en opposition complète avec l'esprit des rédacteurs de la coutume.

Bouhier conclut que l'exclusion de communauté prononcée par la coutume de Normandie forme un statut personnel. Il en résulte que la communauté stipulée à Paris s'étendait sur les biens que les époux acquéraient en Normandie; et que la femme, mariée en Normandie, était réduite, même pour les conquêts faits hors de Normandie, à la portion qui lui en est attribuée par la coutume normande (art. 329). Sur ces points, il n'y avait aucun doute. Il restait d'autres difficultés. Le statut personnel dépendait du domicile, d'après l'ancienne doctrine. Si donc un Normand établissait son domicile dans la coutume de Paris, il cessait d'être soumis à la coutume normande; au contraire, les Parisiens qui s'établissaient dans la Normandie étaient régis par la coutume normande. Mais il fallait pour cela un domicile véritable, dans le sens légal du mot. Si un Normand va épouser une Parisienne avec esprit de retour en sa province, il y conserve son domicile; et la femme doit savoir qu'en se mariant elle prend le domicile du mari et se soumet à sa coutume. Toutefois les parlements de Rouen et de Paris étaient en désaccord sur ce point comme sur tous les autres. Bouhier a une raison péremptoire pour maintenir la personnalité du statut normand. S'il suffisait de se marier hors de la province pour échapper à la coutume normande, en stipulant des choses qui ne sont pas permises par la loi de leur domicile, il serait aisé aux Normands d'éluder les prohibitions de leur coutume; or les éluder, c'est faire fraude à la loi. Bouhier et tous les anciens jurisconsultes étaient inébranlables sur ce point, ils ne permettaient jamais de frauder la loi en l'éludant. Inspirons-nous du respect qu'ils avaient pour la loi.

Néanmoins Bouhier permet aux époux normands de stipuler une communauté à l'égard des conquêts qu'ils feront dans les coutumes où la communauté est admise. D'après le droit commun, cela ne serait pas douteux, puisque les conventions dépendent de la volonté des parties contractantes; mais la coutume de Normandie, par sa disposition prohibitive de l'article 329, dérogeait au droit commun, et Bouhier vient de nous dire que cette prohibition formait un statut personnel, qui suivait les Normands hors de leur province; à plus forte raison n'y pouvaient-ils déroger par leurs conventions matrimoniales faites en Normandie. L'article 330 défendait formellement de déroger par aucune convention à la prohibition de l'article 329; or, si les statuts introductifs de communauté sont personnels, il faut admettre aussi que ceux qui l'excluent ont la même nature; d'où il suit que l'exclusion doit s'étendre sur tous les conquêts faits par le mari, même hors de Normandie, et qu'on ne peut y déroger par aucune convention contraire (1). Ce serait mon avis.

Les questions si vivement débattues par les anciens jurisconsultes se sont reproduites dans le droit moderne, comme je vais le dire, en traitant du droit étranger concernant les conventions matrimoniales.

§ III. — *Droit étranger*.

Nº 1. LE DROIT ITALIEN.

228. Il faut distinguer dans le code italien, tel que les auteurs l'interprètent, deux ordres d'idées : d'abord le principe d'après lequel le statut personnel est déterminé par la nationalité de la personne, ensuite le principe en vertu duquel les conventions matrimoniales sont réglées par le statut national des époux.

(1) Bouhier, *Coutume de Bourgogne*, chap XXVI, nᵒˢ 24 68 (t. Iᵉʳ, p. 716 et suiv.).

Dans l'ancien droit, le statut personnel dépendait du domicile, et comme on admettait que le domicile matrimonial déterminait les conventions matrimoniales, on en concluait que les droits des époux, quant à leurs biens, étaient régis par la coutume ou la loi du domicile que le mari avait lors de la célébration du mariage ou qu'il comptait prendre après le mariage. Il y a une confusion d'idées dans cette doctrine. Les conventions matrimoniales dépendent de la volonté des-parties; ce qu'elles veulent leur tient lieu de loi; ce n'est pas là un statut, car le statut est l'œuvre du législateur, il s'impose aux particuliers, tandis que ceux-ci peuvent déroger aux coutumes ou aux lois qui règlent les conventions matrimoniales, en prévision de ce que les époux veulent, mais en leur laissant pleine liberté de vouloir autre chose. Si l'on donne le nom de personnel au statut des conventions matrimoniales, c'est parce qu'il a le même effet quant aux biens; les conventions des époux étendent leurs effets sur tous les biens qu'ils possèdent ou qu'ils acquerront, quelle que soit leur situation, de même que les statuts personnels suivent la personne partout et sur tous ses biens; en un mot les conventions pas plus que les lois personnelles ne sont limitées par le territoire; mais il faut se garder d'en conclure que les conventions dépendent du statut personnel.

Les auteurs italiens sont tombés dans la même confusion. Dans la doctrine du code d'Italie, comme dans celle du code Napoléon, la nationalité prend la place du domicile, pour déterminer le statut personnel. Telle est aussi l'opinion que j'ai soutenue dans ces Etudes sur le droit civil international. Mais cette théorie ne reçoit pas d'application à la loi qui régit les conventions matrimoniales, puisque cette loi ne forme pas un statut, dans le sens propre du mot. C'est la volonté des époux qui leur tient lieu de loi, et cette volonté est indépendante du statut personnel, peu importe qu'on le détermine par le domicile ou par la nationalité. Les auteurs italiens, au contraire, disent que les conventions matrimoniales sont régies par le statut national des époux, c'est-à-dire du mari, puisque la femme prend, en se mariant, la nationalité de son conjoint. On

voit ici le danger de la confusion que je viens de signaler.
Dire que les conventions matrimoniales dépendent de la loi
nationale du mari, c'est dire qu'elles sont imposées par la
loi, et que les époux doivent s'y soumettre, comme les particuliers sont soumis en toutes choses à la loi qui les régit.

229. Cette théorie est erronée, à mon avis. En principe, cela n'est pas douteux. Qu'est-ce que les conventions
matrimoniales? Le code Napoléon dit que ce sont des
conventions que les époux font quant à leurs biens. Or,
n'est-il pas de l'essence de toute convention, qu'elle dépend
exclusivement de la volonté des parties contractantes? Le
code civil le dit encore et spécialement du contrat de mariage : « Les époux peuvent faire des conventions quant
à leurs biens, comme ils le jugent à propos » (art. 1387).
Ces règles ne sont pas particulières au droit français,
elles découlent de l'essence même de la convention. Le
législateur laisse aux parties contractantes pleine liberté
de régler leurs intérêts comme elles l'entendent, parce que
personne ne sait mieux que les parties intéressées ce qui
leur convient. Le législateur n'intervient, en matière de
contrats que pour leur donner sa sanction; il déclare
qu'elles tiennent lieu de loi à ceux qui les ont faites; le
juge aussi est tenu de les respecter, et il doit leur assurer
une exécution forcée (art. 1134). Pourquoi le législateur
donne-t-il l'appui de son autorité aux conventions arrêtées
par les particuliers? Parce que ces conventions sont une
nécessité de la vie physique, intellectuelle et morale; or
chacun doit travailler à son perfectionnement d'après ses
facultés et sa mission sur cette terre : cela implique que
chacun est libre de se développer comme il l'entend, et par
conséquent de contracter comme il le juge à propos.

Cette liberté, qui est de l'essence de toutes les conventions, doit aussi exister pour le contrat de mariage. C'est
le plus favorable des contrats; la loi fait plus que le favoriser, elle le privilégie en permettant aux époux de faire des
conventions qu'elle défend en dehors de ce contrat; ils
peuvent faire des pactes successoires, bien que la loi considère ces pactes comme contraires aux bonnes mœurs.
A plus forte raison, la loi doit-elle leur permettre de faire,

quant à leurs biens, telles stipulations qu'ils jugent convenables. On ne conçoit pas qu'elle leur impose un régime
dont les époux ne veulent pas, ni qu'elle leur défende d'en
stipuler un qui leur convient. L'intérêt des époux est seul
en cause, du moins en général; et qui connaît mieux ce
qu'elles sont intéressées à faire que les parties? Il est vrai
que les époux ne jouissent point d'une liberté absolue; le
code Napoléon, après avoir dit que les époux peuvent
faire des conventions relatives à leurs biens, comme ils
le jugent à propos, ajoute : « Pourvu qu'elles ne soient
pas contraires aux bonnes mœurs, et en outre, sous les
modifications qui suivent. » Ces modifications concernent
l'ordre public, l'état des personnes, l'égalité dans les successions. Ce ne sont pas des exceptions spéciales au contrat de mariage; c'est le droit commun; si le législateur
mentionne ces restrictions, c'est pour qu'on ne croie pas
qu'il est permis de déroger à l'ordre public et au principe
d'égalité, même dans le plus favorable des contrats. Du
reste, l'exception confirme la règle, donc la liberté pour
les époux de faire leurs conventions matrimoniales comme
ils le veulent, ce qui exclut toute idée que ces conventions
soient réglées par loi, sans la volonté des époux ou malgré
leur volonté. Le code Napoléon pousse si loin ce principe
de liberté, qu'il permet même aux époux de stipuler le
régime dotal, bien qu'il considère ce régime comme étant
contraire à l'intérêt public, et qu'il soit contraire à l'intérêt bien entendu de la femme. C'est peut-être exagérer
le principe de liberté : il doit être libre, sans doute, aux
particuliers de faire ce qui leur est désavantageux, mais
dès que leurs conventions lèsent l'intérêt public, la loi a le
droit de les prohiber.

230. Nous allons entendre les objections des auteurs
italiens (1). Le contrat de mariage, dit Fiore, diffère de
tous les autres contrats; il est vrai qu'il a pour objet de
régler les droits que les époux ont sur leurs biens, mais
ce règlement a un rapport intime avec l'union des personnes. Sans doute, l'idée que le législateur se fait du

---

(1) Fiore, *Diritto internazionale privato*, lib. II, cap. VII, p. 418 et suiv.

mariage influe nécessairement sur les conventions matrimoniales. Ainsi, en droit français, le mari est le chef de
la famille, la femme est sous puissance ; c'est un principe
d'inégalité qui réagit sur les conventions concernant les
biens ; la femme est dépendante pour ce qui regarde ses
intérêts pécuniaires, comme elle l'est dans ses rapports
personnels qui naissent du mariage. Cette dépendance
est d'ordre public, aussi le législateur français ne permet-il pas aux époux de déroger aux droits qui appartiennent au mari comme chef (C. Nap., art. 1388). Mais
cela n'empêche pas que les époux puissent stipuler un
régime ou la femme jouit d'une grande liberté, où elle a
le droit d'administrer librement ses biens et d'en jouir ;
c'est la séparation de biens, ou le régime dotal. Voilà une
de ces faveurs que le code français accorde aux conventions matrimoniales, et le législateur italien a fait de ce
même régime le droit commun. On pourrait faire aux
interprètes le reproche que leur doctrine sur le lien qui
unit le mariage et les conventions matrimoniales est en
opposition avec le code d'Italie, lequel prohibe précisément le régime qui resserre le mieux l'union des personnes en identifiant leurs intérêts, la communauté des
biens : j'y reviendrai.

Il y a un autre malentendu dans les objections de Fiore.
Il repousse le système de la liberté des conventions
matrimoniales, parce qu'il aboutit à régler les conventions par la loi du lieu où le mariage a été célébré. Cela
suppose d'abord que ce lieu dépend de la volonté des parties, ce qui n'est pas exact, au moins d'après le droit
français, car c'est la loi qui détermine la commune où les
futurs époux peuvent se marier. Ensuite, la loi du *lieu de
l'acte* n'est pas un principe spécial au mariage, c'est une
règle universelle admise par l'école réaliste, pour toute
espèce d'actes ; la règle, comme je l'ai dit dans le cours
de ces Etudes, s'est introduite par une confusion des
formes extérieures des actes et de ce qu'on appelle à tort
les formes intrinsèques (1). Mais cette confusion même

(1) Voyez le tome II de ces Études, p. 460, n° 255.

prouve que la liberté des parties contractantes est hors de cause ; car précisément la maxime *Locus regit actum* est une loi impérative qui s'impose à ceux qui passent un acte, sans tenir aucun compte de leur volonté. Enfin la doctrine régnante en cette matière n'est pas celle qui détermine les conventions matrimoniales par la loi du lieu où le mariage a été célébré ; c'est plutôt la tradition française qui a égard au domicile matrimonial. Fiore rejette la loi du domicile ; il la remplace par la loi nationale du mari. J'ai combattu également la tradition ; mais bien que nous soyons d'accord pour répudier la règle traditionnelle du domicile matrimonial, nous différons grandement quant aux motifs, et par suite le principe auquel nous aboutissons n'est pas le même. Le domicile dépend de la volonté ; cela est si vrai que les anciens légistes enseignaient que l'on devait considérer comme domicile matrimonial celui que le mari se propose de prendre après le mariage. Fiore ne veut pas de la loi de ce domicile, parce qu'il est d'avis que le règlement des conventions matrimoniales devant être en harmonie avec le mariage, il appartient au législateur seul de le faire. En théorie, cela peut se soutenir ; Pothier a fait la remarque que la communauté de biens est une conséquence logique de l'union des personnes. A ce point de vue, le législateur français aurait dû imposer le régime de communauté et prohiber le régime dotal, puisque l'un identifie les intérêts des époux, tandis que l'autre les divise. Le code civil a préféré la liberté, sauf à admettre la communauté comme droit commun, dans le cas où les époux n'auraient point fait de contrat de mariage. Je crois que la liberté vaut mieux qu'un régime obligatoire. Après tout, il s'agit d'intérêts pécuniaires ; comme on l'a dit, le contrat de mariage est un traité entre les deux familles qui vont s'allier ; pourquoi ne pas leur laisser pleine liberté de régler leurs intérêts comme elles l'entendent ? Elles sont plus compétentes que le législateur, lequel peut se tromper, même dans l'appréciation qu'il fait de l'intérêt social. A mon avis, le législateur italien s'est trompé en prohibant la communauté universelle ; car c'est ce régime qui réalise le mieux l'idéal du mariage, l'union des âmes. En laissant la liberté aux époux, le législateur français favorise le mariage ; il serait sans doute plus conforme à la nature du lien qui unit les époux de les déclarer communs en biens, mais l'union s'impose difficilement, elle finira par s'établir sous l'influence des mœurs et de la communication tous les jours plus intime entre les habitants des diverses provinces et des divers États. On hâterait l'identification du droit en donnant à la femme commune, pour l'administration de son patrimoine, la liberté dont jouit la femme dotale ; c'est à cette liberté que les partisans du régime dotal tiennent bien plus qu'à l'inaliénabilité de la dot.

231. Le code italien n'est pas aussi exclusif que Fiore semble le dire ; il n'impose pas le régime dotal aux époux ; il leur permet de stipuler une communauté d'acquêts ; seulement ils ne peuvent pas contracter une autre communauté universelle (art. 1433). Cette prohibition est étrange, et j'avoue que je ne la comprends pas (1). Que le législateur italien ait eu une prédilection pour le régime dotal, rien de plus naturel ; on sait le profond attachement que les pays de droit écrit ont conservé pour le régime romain. Mais ce n'était pas un motif pour défendre la communauté. Il faudrait, pour justifier cette prohibition, que la société y fût intéressée, tandis que l'intérêt général demande, au contraire, que la communauté des biens fortifie la communauté des sentiments. Ensuite, pourquoi autoriser la communauté d'acquêts et prohiber la communauté des biens meubles et conquêts immeubles, ou la communauté universelle? La distinction est tout à fait arbitraire, ce qui semble prouver qu'elle n'a d'autre fondement que la tradition. En effet, la communauté d'acquêts s'était introduite dans les pays de droit écrit, à côté du régime dotal ; preuve que l'idée d'une communauté de biens est fondée sur un sentiment naturel.

On ne peut pas même dire que le code italien rejette le principe de liberté ; à entendre Vacca, un de ses auteurs,

(1) Comparez Huc, *Le Code italien et le Code Napoléon*, p. 259 et suiv.

il faudrait dire plutôt que le législateur s'est placé sur le terrain neutre de la liberté (1). Cela est vrai en ce sens qu'il n'admet pas un régime légal ; c'est aux époux de choisir entre le régime dotal et la communauté d'acquêts. Mais pourquoi limiter le choix à ces deux régimes? On exclut par là la communauté des biens présents et futurs, que le législateur néerlandais a considéré, et avec raison, à mon avis, comme le plus conforme à la nature du mariage. On voit combien les appréciations diffèrent en cette matière; n'est-ce pas une raison décisive pour s'en rapporter à la volonté des époux?

Reste à savoir quel est le sens et la portée de la prohibition que le code italien consacre. La cour de cassation de France a jugé que c'est un statut réel (2), c'est-à-dire qu'il a effet, en Italie, sur les biens qui y sont situés et sur les personnes qui s'y trouvent. Des époux français ne pourraient pas stipuler en Italie la communauté telle qu'elle est organisée par le code civil, ni la communauté universelle du code néerlandais. Par contre, dans cet ordre d'idées, des Italiens pourraient stipuler en France la communauté avec toutes ses modifications. Fiore combat cette opinion. Il identifie le mariage et le contrat de mariage, en ce sens qu'un seul et même principe doit gouverner l'union des personnes et les droits des époux sur leurs biens ; le statut des conventions matrimoniales étant une dépendance du statut qui régit le mariage, il en faut conclure qu'il est personnel et qu'à ce titre il suit les Italiens même résidant en pays étranger ; d'où suit que les Italiens qui se marient en France ne peuvent pas s'y soumettre à la loi française. Par la même raison, s'ils se marient sans contrat, ils ne seront pas censés adopter la communauté légale du code civil; tant qu'ils restent Italiens, ils sont régis par leur loi nationale. Mais seront-ils soumis au régime dotal ou à la communauté d'acquêts? Fiore ne prévoit pas la difficulté, et le code italien ne la décide pas ; il faudra donc forcément consulter la volonté

---

(1) C'est la déclaration faite par Vacca au sénat (Huc, *le Code italien et le Code Napoléon*, t. Ier, p. 258.
(2) Voyez plus haut, p 415, n° 208.

des époux ; ce qui est une nouvelle preuve que le débat roule sur une question de volonté.

Qui a raison, la cour de cassation ou Fiore? Je crois qu'il faut décider, avec Bouhier, que la solution dépend de la volonté du législateur. S'il est vrai, comme Fiore le dit, que le législateur a voulu appliquer aux conventions matrimoniales la loi du mariage, il n'y a point de doute. Le code peut être inconséquent, peu importe, il faut le prendre tel que ses auteurs l'ont entendu. La cour de cassation n'a pas tenu compte de l'esprit de la loi italienne ; elle l'a interprété comme on interprète généralement le régime dotal en France, en y voyant un statut réel, qui a pour objet de conserver les biens à la femme.

Si on laisse de côté la tradition et la volonté du législateur, pour s'en tenir aux principes, il faut décider que le statut n'est ni personnel ni réel, les conventions matrimoniales dépendant exclusivement de la volonté des époux. Seulement quand cette volonté est douteuse, on doit tenir compte des circonstances de la cause, pour la déterminer, et une de ces circonstances est certainement la nationalité des parties. Si deux Italiens se marient en France sans contrat, peut-on admettre qu'ils adoptent le régime de communauté que généralement ils ignorent? Pour adopter un régime, il faut le connaître, or, des Italiens pourront savoir ce que c'est que le régime dotal, puisqu'ils sont élevés dans les idées romaines ; on admettra donc facilement qu'ils se sont soumis à leur loi nationale, en supposant que le choix dépende de leur volonté. Ainsi le statut national aura une influence dans le débat, non pas comme loi impérative, mais pour apprécier l'intention des parties. Ces principes reçoivent exception quand il existe un statut prohibitif, tel que la loi italienne ou telle que l'ancienne coutume de Normandie. J'ai dit quelle était la doctrine de Bouhier sur cette coutume (n° 227); on doit l'appliquer par analogie à la difficulté qui se présente pour l'interprétation du code italien (1).

_____

(1) Comparez, en ce sens, Esperson, *Il principio di nazionalità*, p. 147, n° 40.

232. Fiore ajoute que le statut national cède devant la loi territoriale quand celle-ci a pour objet un droit ou un intérêt de la société. C'est un principe universellement admis et que le code italien a consacré. Je l'ai longuement développé dans le cours de ces Etudes (1). L'application du principe est une des grandes difficultés de notre science. Le jurisconsulte italien l'applique au régime dotal. D'après le code italien comme d'après le code français, les conventions matrimoniales ne peuvent recevoir aucun changement après la célébration du mariage (C. Nap.; art. 1395). De là la conséquence consacrée par les deux codes que la dot ne peut être augmentée pendant le mariage (C. civ., art. 1543; C. ital., art. 1391). Cette prohibition est établie dans l'intérêt des tiers, qui seraient trompés si des biens non dotaux d'après le contrat de mariage pouvaient être frappés de dotalité après la célébration de l'union conjugale; partant la disposition est d'intérêt général, et à ce titre elle forme un de ces statuts que l'on appelle réels, pour marquer qu'ils l'emportent sur le statut personnel. Si donc les époux pouvaient, en vertu de leur loi nationale, augmenter la dot de la femme pendant le mariage et rendre inaliénables des biens qui devaient être aliénables, ils ne pourraient pas opposer ce statut en Italie ni en France. Il n'y a aucun doute sur ce point.

N° 2. DROIT ALLEMAND.

233. Le plus ingénieux des jurisconsultes allemands qui ont écrit sur le droit international privé, Wächter, semble, à première vue, reproduire la doctrine traditionnelle du domicile matrimonial; il admet que c'est la loi de ce domicile qui régit les droits des époux quant à leurs biens (2). C'est l'opinion dominante en Allemagne depuis la fin du dix-septième siècle. Jusque-là les légistes étaient partagés; ceux qui procédaient du réalisme féodal vou-

(1) Voyez le tome II de ces Etudes, n°ˢ 185-208.
(2) Wachter, *Die Collision der Privatgesetze verschiedener Staaten* (*Archiv für civilistische Praxis*, t. XXV, p. 47, § 21).

laient que la situation des biens déterminât la loi qui régit les conventions matrimoniales. Ils appliquaient aux conventions des époux la vieille maxime que toute coutume est réelle. On entendait par là que les coutumes sont souveraines, dans les limites de leur territoire. On voit combien la théorie de la souveraineté ainsi comprise est absurde. La loi est souveraine en ce sens qu'elle est l'expression de la volonté générale, mais la puissance souveraine ne règle que les choses qui sont d'intérêt public; elle abandonne aux particuliers le soin de leurs intérêts privés. Or, où est l'intérêt que la société a de prescrire le régime sous lequel les époux seront mariés? Que lui importe que ce soit la communauté ou la séparation de biens? La société étant hors de cause, il reste la volonté des parties contractantes. Or, le réalisme absolu méconnaissait entièrement la volonté des époux; il aboutissait, en effet, à cette conséquence que des époux qui possédaient des biens dans les coutumes de communauté et dans un pays de droit écrit étaient à la fois communs en biens, et séparés de biens. L'absurdité de cette conséquence était telle, qu'elle ébranla le principe d'où elle découlait. Pour maintenir l'unité du régime, on s'attacha à la loi du domicile.

Qu'il ne puisse y avoir qu'un seul régime, cela est d'évidence. Le régime matrimonial est le plus important tout ensemble et le plus usuel des contrats. Il doit y avoir une règle concernant les droits des époux sur leurs biens. Sont-ils communs en biens ou séparés? Comment contribuent-ils aux charges du ménage? La femme a-t-elle l'administration et la disposition de son patrimoine? La réponse à ces questions intéresse les époux et les tiers qui contractent avec eux; et comme le régime qui les décide dure régulièrement pendant toute la vie des époux, il en résulte qu'il gouverne les rapports juridiques de chaque famille jusqu'à ce qu'elle se dissolve par la mort. Le régime doit être un; il est impossible qu'ici la femme soit séparée, là commune, ici libre dans la gestion de ses intérêts, là subordonnée. Cela est plus impossible encore en ce qui concerne les droits des tiers; conçoit-on qu'ils puissent traiter ici avec la femme en ayant pour gage ses biens, et que ce gage leur échappe ailleurs? et qu'ici la fortune mobilière de la femme leur serve de garantie, quand ils traitent avec le mari, tandis qu'ailleurs ils n'ont d'action que sur les biens personnels de leur débiteur? L'unité du régime étant une nécessité, reste à savoir quelle est la loi unique à laquelle il est soumis. La loi du lieu de l'acte avait ses partisans; mais en matière de conventions matrimoniales, la loi du lieu de l'acte n'a point de raison d'être. Régulièrement le mariage se célèbre au domicile ou à la résidence de la femme, et c'est aussi là que se font les conventions matrimoniales; or, ce lieu peut n'avoir aucun rapport avec l'existence juridique des époux; la femme est Allemande, le mari est Français, et les époux s'établissent régulièrement là où le mari est domicilié. C'est donc en France que se passera la vie des époux et qu'ils entreront en rapport avec les tiers; ceux-ci traitent avec les époux comme étant Français, donc d'après la loi française; ce ne peut pas être la loi allemande, que régulièrement le mari et les tiers ignorent; le siége de leur existence et de leurs affaires étant en France, c'est aussi la loi française qui doit les gouverner.

On arrive ainsi à la loi du domicile des époux, qui est presque toujours le domicile du mari. Est-ce à dire que la loi du domicile matrimonial impose aux époux le régime qu'elle établit? Il y a une autre manière de concevoir l'empire que cette loi exerce sur les conventions matrimoniales, c'est que telle est la volonté des époux. La règle est que les contrats dépendent de la volonté des parties intéressées; cette règle doit recevoir son application aux conventions matrimoniales. Je viens d'en dire la raison : la puissance souveraine n'est point intéressée à régler les droits des époux quant à leurs biens, et les droits des tiers contre les époux; la loi qui régit ces rapports est d'intérêt privé, donc elle dépend de l'autonomie des époux. Quand les époux expriment leur volonté, cela n'est point douteux; il n'y a de difficulté que lorsqu'ils se marient sans contrat. Est-ce alors la loi générale qui les régit, à titre de loi? ou est-ce que les époux, par leur volonté, ont accepté la loi? La question a une grande importance. Si c'est la loi, comme telle, qui régit les époux, le régime changera quand la loi change, c'est-à-dire quand les époux changent de domicile ou de nationalité; tandis que le régime restera immuable, s'il dépend de la volonté des parties contractantes, car cette volonté leur tient lieu de loi, et cette loi est irrévocable, elle ne peut pas même, en droit français, recevoir de changement par la volonté des époux. Wächter et la plupart des auteurs allemands se prononcent pour le principe des conventions tacites; c'est le principe de Dumoulin; j'en ai parlé si souvent, qu'il est inutile de m'y arrêter.

Ainsi Wächter, tout en maintenant la loi du domicile matrimonial, lui donne une signification qui l'identifie à peu près avec l'opinion que j'ai émise dans cette Etude : si la loi du domicile est celle des conventions matrimoniales, la raison en est que les époux l'ont voulu ainsi; pour parler le langage de la tradition française, le statut n'est ni réel ni personnel, il est conventionnel. Il n'y a qu'une différence entre la doctrine de Wachter et la mienne, c'est que le jurisconsulte allemand rattache la loi des conventions matrimoniales au domicile, tandis que, dans mon opinion, elle est une dépendance de la nationalité, en ce sens que, dans le silence des époux, ils sont régis par le statut national du mari. J'ai dit ailleurs à quoi tient ce dissentiment. Quand Wachter écrivait, il n'y avait pas de patrie allemande, donc pas de loi nationale. C'était une situation analogue à celle de l'ancienne France partagée en provinces ; en changeant de domicile, on changeait de loi, tout en restant Français. De même en Allemagne, on changeait de loi en transportant son domicile d'un Etat dans un autre, tout en restant Allemand; de là la nécessité de s'attacher au domicile pour déterminer la loi des personnes. Quand l'unité de loi aura été établie dans l'empire d'Allemagne, les Allemands auront la même loi dans tous les Etats de l'empire; dès lors le domicile n'exercera plus aucune influence dans l'empire. Par suite, le domicile ne sera plus pris en considération, d'un

Etat à l'autre; le droit s'identifiant avec la nationalité, le principe de race remplacera celui de domicile.

234. Savigny maintient aussi la loi du domicile matrimonial (1). Cependant il reproduit contre le système de la convention tacite des époux mariés sans contrat, une objection qui a déjà été faite dans l'ancien droit. Toute convention se forme par un concours de consentement, et le consentement implique la conscience de ce que l'on veut. Or, peut-on dire que ceux qui se marient sans contrat savent ce que c'est que la communauté et qu'ils la veulent parce qu'ils la connaissent? Personne n'oserait le soutenir, surtout en ce qui concerne la femme. Il est certain qu'il y a là une fiction ; d'Argentré l'appelait une chimère ; mais la fiction n'est pas aussi chimérique qu'elle en a l'air. On ne doit pas séparer le mariage des conventions matrimoniales, et notamment du régime de communauté. Ceux qui se marient veulent vivre en commun, unir leurs travaux comme ils unissent leurs sentiments. Voilà un régime, c'est celui de communauté; les époux le veulent donc, quand même ils ne sauraient ce que c'est qu'un régime et que la communauté. Savigny a une autre explication, très subtile ; il dit que les époux se soumettent librement à la loi locale, celle du domicile du mari, en ce sens du moins qu'ils ne manifestent pas de volonté contraire. Ne peut-on pas faire contre cette supposition la même objection que Savigny adresse au système de Dumoulin? Une soumission libre implique aussi la connaissance de la loi à laquelle on se soumet, et cette connaissance fait régulièrement défaut aux époux. Mieux vaut encore s'en rapporter au régime que tout mariage implique; ici il y a volonté et consentement, quoiqu'il n'y ait point de connaissance précise du régime que les époux veulent; c'est là la fiction que le législateur consacre tacitement, en faisant de la communauté le régime de ceux qui se marient sans contrat.

Savigny traite assez longuement la question de savoir quelle est l'influence du changement de domicile sur les

---

(1) Savigny, *System des heutigen römischen Rechts*, t. VIII, p 327, n° 3.

conventions matrimoniales. J'ai examiné la difficulté dans le cours de ces Etudes. Si l'on admet, avec l'opinion commune, que le régime des époux repose sur une convention tacite, il est certain qu'il ne sera pas modifié par un changement de domicile ; car en supposant que les conventions matrimoniales puissent être modifiées, il faudrait un concours de consentement des deux époux ; or, ce consentement est inadmissible quand la nouvelle loi, comme on doit le supposer, est défavorable à l'un des conjoints. Savigny arrive à la même solution dans son système d'une soumission tacite à la loi locale ; car la femme ne s'y serait certes pas soumise si elle avait prévu que le mari changerait de domicile et de loi à son préjudice.

Savigny se prononce aussi pour la loi du domicile en ce qui concerne la défense faite aux époux de se faire des libéralités ; mais à la différence des conventions matrimoniales qui sont régies par le domicile du mari, à l'époque du mariage, le célèbre jurisconsulte applique la loi du domicile actuel à la prohibition de s'avantager. La raison en est que cette prohibition est fondée sur les bonnes mœurs, et c'est au législateur de chaque pays de veiller à la moralité publique ; le statut est donc d'ordre social, et à ce titre il s'applique à tous ceux qui habitent le territoire Il est certain qu'il faut écarter ici la règle des conventions tacites ; car les bonnes mœurs ne dépendent pas des conventions. C'est le législateur qui les règle d'après la notion qu'il a du mariage et de la moralité. Mais quel est ce législateur ? Est-ce celui qui a présidé au mariage ou celui sur le territoire duquel habitent les époux ? Dans mon opinion, c'est le statut national des époux qui doit recevoir son application ; peu importe le lieu où les hasards de la vie les portent à établir leur domicile. Il est vrai que le législateur territorial peut commander à toutes les personnes qui se trouvent sur le territoire. Mais est-ce le cas d'appliquer ce principe quand un époux fait une libéralité à son conjoint ? Par elle-même la libéralité n'est pas un acte contraire aux bonnes mœurs ; on ne peut pas même dire d'une manière absolue que les donations entre époux compromettent la pureté des relations qui doivent exister entre époux, puisqu'il y a des lois qui permettent ces libéralités. Le motif de la prohibition tient plutôt à un vice de consentement ou à une incapacité relative, ce qui éloigne toute idée d'un statut réel. Savigny lui-même rejette la réalité dans le sens traditionnel; la prohibition ne dépend pas des choses qui sont données; quand même la loi du pays où les biens sont situés prohiberait la donation, elle recevrait son exécution si la loi du domicile, ou, dans mon opinion, la loi nationale l'autorisait (1). Qu'importe au législateur du pays de la situation si les biens sont donnés par un conjoint à l'autre? C'est à la personne que la défense s'adresse, elle n'a rien de commun avec les choses.

235. Le dernier auteur qui a écrit sur le droit international, Bar, constate que l'opinion régnante s'est prononcée pour la loi du domicile matrimonial (2). La jurisprudence est dans le même sens. Je citerai une décision que je trouve dans l'excellent Recueil de droit international privé, de M. Clunet; on verra combien la doctrine du domicile est incertaine dans la pratique, ce qui conduit nécessairement à l'arbitraire.

Deux sujets autrichiens se firent naturaliser en Prusse, et s'y marièrent, après avoir adopté par contrat de mariage le régime de la communauté universelle. Un procès s'engagea sur le point de savoir à qui il appartenait de disposer de deux sommes comprises dans la communauté. D'après la loi autrichienne, la femme aurait eu le droit de disposer des sommes litigieuses pour moitié, la communauté n'étant censée établie que pour le règlement des droits des époux à l'époque de la dissolution du mariage, de sorte que jusque-là chacun est propriétaire pour moitié des biens qui tombent en communauté (3), et chacun des époux, le mari de plein droit, et la femme si elle le demande, conservant l'administration et la jouissance des biens qu'il a apportés ou acquis (4). D'après le

---

(1) Savigny, *System der heutigen römischen Rechts,* t. VIII, p. 335, 4.
(2) Bar, *Das internationale Privat-Recht,* § 98, p. 347.
(3) Code civil autrichien de 1811, §§ 1233 et 1234.
(4) Code autrichien, §§ 1237 et 1238.

code prussien, au contraire, le mari est administrateur non seulement des biens communs, mais aussi de ceux qui restent propres à la femme (1). Laquelle des deux lois fallait-il appliquer?

La cour supérieure de justice pose en principe, d'après le code prussien, que la capacité des personnes est réglée par la loi du domicile, que la femme a pour domicile celui de son mari, et que ce domicile, quant aux conventions matrimoniales, est celui des époux au moment de la célébration du mariage. Toute la difficulté se résume donc en cette question : Quel était le domicile du mari au moment où le mariage fut célébré? Lors de la demande en naturalisation, le mari avait fait la déclaration qu'il entendait s'établir dans une ville prussienne; il y avait, en effet, un logement. Toutefois les époux, depuis leur mariage, avaient résidé presque exclusivement en Autriche. La cour décida que le domicile des époux était en Prusse, et que partant il fallait appliquer la loi prussienne (2).

Je ne me permets pas de critiquer un arrêt dont je n'ai pas le texte sous les yeux. Au point de vue des principes, je me bornerai à remarquer que, dans l'espèce, le débat ne portait pas sur une question d'état et de capacité; il s'agissait de savoir si les conventions matrimoniales des époux étaient régies par la loi prussienne ou par le code autrichien; or les conventions dépendent de la volonté des parties; c'est donc cette volonté qu'il fallait rechercher. Dira-t-on que la volonté se présume par le domicile des époux? Cette présomption est très incertaine. Le mari avait dû prendre un domicile pour obtenir la naturalisation en Prusse; mais il paraît que ce domicile était purement fictif, puisque les époux résidaient presque exclusivement en Autriche. Autrichiens de naissance, et continuant à demeurer en Autriche, peut-on croire qu'ils aient voulu se soumettre à la loi prussienne, que certainement ils ignoraient? Le domicile, en tout cas, était incertain, il est plus que probable qu'un tribunal autrichien aurait

(1) *Allgemeines Landrecht*, II, 1, § 377, et §§ 205, 210-231.
(2) Arrêt du 5 février 1872 (Clunet, *Journal du droit international privé*, t. II, p. 279).

décidé que les époux étaient domiciliés en Autriche.
Est-ce qu'un fait aussi incertain peut indiquer l'intention
des parties de se soumettre à la loi prussienne? La nationalité même, dans l'espèce, n'était point décisive. En effet,
la naturalisation acquise en Prusse ne devait pas être
sérieuse: se fait-on naturaliser en Prusse pour continuer
à habiter l'Autriche?

N° 3. DROIT ANGLO-AMÉRICAIN.

236. La *common-law* anglo-américaine procède de la
féodalité, et elle en a conservé l'esprit étroit, jaloux, égoïste.
Elle ne reconnaît pas de statut personnel, c'est-à-dire de
loi étrangère; ce serait une dérogation à son autorité, or
la loi territoriale domine tout, les personnes et les choses
qui se trouvent sur le territoire. Faut-il appliquer ce
principe aux conventions? Non, en principe, puisque les
conventions dépendent, non de la loi, mais de la volonté
des parties contractantes, qui, en cette matière, font
fonction de législateurs. Telle est la doctrine de Story :
les conventions matrimoniales ont effet partout, par application du droit commun qui régit les contrats (1). Je
reviendrai sur le droit commun, tel que les légistes anglo-
américains l'entendent. Ce n'est pas notre doctrine de
l'autonomie des contractants, en tout ce qui concerne
leurs intérêts privés. Story cite un arrêt important de la
cour de la Louisiane qui apporte une grave restriction à
l'autonomie des parties intéressées. Si elles entendent que
leurs conventions soient régies par la loi du lieu où elles
traitent, le juge devant lequel le contrat est invoqué
sera-t-il lié par la loi étrangère? Dans la doctrine anglo-
américaine les lois étrangères n'ont aucune force hors de
leur territoire; si le juge en tient compte, c'est pas courtoisie, et la courtoisie ne constitue pas un droit. Les conventions matrimoniales faites conformément à une loi
étrangère ne sont donc pas obligatoires par elles-mêmes;
pour que le juge les applique, il faut d'abord qu'il soit

---

(1) Story, *Conflict of laws*, § 159, p. 201 (7e édit.).

certain que les parties ont voulu être gouvernées par la
loi étrangère ; il faut ensuite que cette loi ne porte aucune
atteinte aux droits de l'Etat où elle est invoquée, ni aux
droits de ses citoyens (1). Ce qui revient à dire que l'autorité des conventions matrimoniales passées en pays étranger est subordonnée à l'intérêt américain. On sait que
telle est la doctrine consacrée par la cour de la Louisiane dans un arrêt fameux. La cour ne se demande pas
si l'on peut appliquer aux conventions une doctrine qui a
pour objet de repousser les envahissements des lois étrangères ; il suffit que la convention se rapporte à la loi pour
qu'elle soit vue avec la même défiance. Cela explique une
décision très curieuse de la cour américaine. Les parties
avaient stipulé par leur contrat de mariage, passé dans
l'Etat de Louisiane, que leur régime matrimonial serait
régi par la coutume de Paris. Il a été jugé que les contractants n'avaient pas le droit de soumettre leurs biens
à l'empire d'une loi étrangère (2). C'est pousser un peu
loin la susceptibilité nationale. D'abord la coutume de
Paris a cessé d'être une loi étrangère, puisqu'elle est
abrogée par le code civil ; si elle est encore suivie dans
quelques Etats de l'Union américaine, c'est par la volonté
tacite des anciens colons ; à ce titre, la coutume est devenue
une loi nationale. D'ailleurs, et cette considération est
décisive, la coutume à laquelle les parties contractantes
se soumettent ne les régit pas à titre de loi, mais en vertu
de leur autonomie ; le juge qui déterminerait, conformément à la coutume de Paris, les droits des époux quant
à leurs biens n'appliquerait pas une loi étrangère, il
appliquerait aux époux la loi qu'eux-mêmes se sont faite.
La cour de la Louisiane a cependant annulé le contrat de
mariage qui stipulait la communauté telle qu'elle est
réglée par la coutume de Paris ; c'est confondre les statuts
avec les conventions.

237. Que faut-il décider si les époux n'ont pas fait de
contrat? Story, avec sa grande érudition, expose l'état

(1) Story, *Conflict of laws*, p. 215 et suiv. § 180, et p. 214, § 178.
(2) Story, *Conflict of laws*, p. 215, § 179.

de la célèbre controverse qui s'éleva sur cette question entre les plus grands jurisconsultes du continent; il
constate que, dans l'opinion commune, on admettait qu'il
se formait une convention tacite, laquelle étend ses effets
partout, de même que les conventions expresses. C'était
l'opinion de Dumoulin, et elle avait fini par prévaloir,
même dans l'école des réalistes. J'ai cité Jean Voet, le
meilleur de nos anciens jurisconsultes. Les préjugés nationaux cèdent plus difficilement que les préjugés des légistes.
La réalité du statut de communauté tacite ou légale, abandonnée sur le continent, trouve encore des partisans dans
les cours d'Amérique. Je vais rapporter l'espèce jugée par
la cour de la Louisiane; elle est curieuse à plus d'un
titre.

Une jeune fille de treize ans est enlevée, puis elle se
marie avec le ravisseur; on sait que les Anglais ont un
autre terme, plus exact peut-être, pour exprimer l'enlève-
ment : en réalité il n'y a ni ravisseur ni jeune fille ravie,
les parties sont d'accord pour fuir le domicile paternel,
dans le but de se marier en pays étranger. D'après nos
lois, le mariage serait nul s'il était contracté par des
mineurs sans le consentement de leurs ascendants ou de
la famille. J'ai dit ici même que les lois américaines
donnent plus à la liberté, pour mieux dire à la licence.
Dans l'espèce, le mariage se fit à Natchez dans le Mississipi, après quelques semaines de séjour, puis les époux
retournèrent à la Nouvelle-Orléans. Après la mort de la
femme, un procès s'éleva sur le point de savoir quelles
avaient été les conventions matrimoniales tacites des
époux; ces conventions étaient-elles régies par la loi du
Mississipi ou par celles de la Louisiane? La différence
entre les deux lois est grande. Dans la Louisiane, on suit
le principe du droit français, qui déclare les époux communs en biens, meubles et acquêts immeubles; le mari
n'acquiert du reste aucun droit sur les propres de la
femme, et celle-ci prend la moitié des biens qui composent
l'actif de la communauté; on permet aux époux de se faire
des libéralités par contrat de mariage, mais s'ils sont
mineurs, ils ne peuvent disposer à titre gratuit qu'avec le

consentement et l'assistance de ceux dont le consentement est requis pour la validité du mariage. Dans le Mississipi, au contraire, on suit le droit anglais ; toute la fortune mobilière de la femme devient propriété du mari ; or, dans l'espèce, la femme n'avait point d'immeubles ; tout son avoir appartenait donc au mari. La loi de la Louisiane réserve toujours les droits des héritiers nécessaires, c'est-à-dire des ascendants et descendants ; les époux ne peuvent pas y porter atteinte, tandis qu'ils le peuvent, d'après les lois du Mississipi. Si les époux étaient mariés sous cette loi, le mari prenait tout et les héritiers de la femme n'avaient rien. La cour se prononça pour la loi de la Louisiane, on ne sait trop en vertu de quel principe. Elle aurait pu invoquer la loi du domicile matrimonial, ce domicile était certainement dans la Louisiane ; on ne pouvait pas considérer les époux comme domiciliés dans le Mississipi, où ils ne s'étaient rendus que pour se marier, et où ils n'avaient aucun établissement. Ce n'était pas le cas d'appliquer le statut réel, puisqu'il n'y avait pas d'immeubles ; et quant aux meubles, ils suivent régulièrement la loi du domicile. Mais il se présentait un doute très grave concernant le domicile. Le mari avait déclaré que son intention était de se fixer à Natchez ; c'était donc là le domicile que les parties avaient en vue et qui entraînait leur soumission à la loi du Mississipi. Pour échapper à cette conséquence, la cour invoque l'intérêt de l'Etat auquel appartenait la mineure et l'intérêt de la famille. L'enfant mineure qui est enlevée, ou qui fuit le domicile paternel, reste néanmoins sous la protection de la loi nationale ; celle-ci ne peut pas permettre qu'elle se dépouille elle et sa famille par des actes qu'elle fait à l'étranger. Ne pourrait-on pas répondre à la cour qu'elle doit s'en prendre au législateur qui permet à des enfants de treize ans de se marier sans le consentement de leurs parents, et si elles peuvent se marier, elles peuvent aussi faire les conventions tacites qui accompagnent le mariage. Il en est de même des droits de la mère, que la cour invoque. S'il y a un coupable, c'est la loi ; la mère qui n'a pas le droit de s'oppo-

ser au mariage de son enfant doit aussi en subir les conséquences.

Pour échapper à la loi du Mississipi, la cour fait appel
au droit des gens. La loi de toutes les nations admet que
l'incapacité personnelle suit la personne partout où elle
réside ; or, d'après son statut personnel, la mineure ne
pouvait rien donner à son conjoint, sans le consentement
de ses parents ; et si elle était incapable à la Nouvelle-
Orléans, elle était aussi incapable à Natchez. La cour
ajoute qu'elle est convaincue que les juges de Natchez, si
la cause se présentait devant eux, refuseraient de valider
une convention tacite que la mineure n'avait pas le droit
de consentir. Si les principes de la justice universelle
doivent être observés entre les Etats étrangers, à plus
forte raison sont-ils obligatoires pour les Etats de l'Union
américaine, qui sont membres d'une même nation, quoiqu'ils jouissent d'une certaine indépendance. Je suis
heureux d'entendre une cour américaine invoquer le statut
personnel des mineurs et les règles de la justice naturelle
qui obligent les juges de tous les pays à maintenir le
règne du droit dans le monde. Cette doctrine fait un
étrange mais heureux contraste avec celle que j'ai combattue dans le cours de ces Etudes. Je n'oserais pas
dire que c'est un premier pas fait hors de la tradition
anglo-américaine de la territorialité absolue ou de l'intérêt
décoré du nom de courtoisie ; car, dans l'espèce, la territorialité n'était pas en cause, et l'intérêt était du côté de
l'équité et du droit. Mais il n'y a pas deux justices naturelles, l'une conforme à l'intérêt et l'autre opposée à
l'intérêt, il n'y en a qu'une ; elle est universelle et absolue,
et elle domine l'intérêt. Ce qui fait la grandeur de notre
science, c'est qu'elle a l'ambition de répandre parmi les
peuples l'idée de la justice, pour mieux dire elle n'existe
que par cette idée. Les Anglo-Américains finiront par se
convaincre que la justice n'a de force et d'autorité que si
on la met au-dessus de l'utilité qui en résulte, et que l'on
n'est en droit de l'invoquer quand elle est utile que si l'on
y reste fidèle, alors même qu'elle ne serait pas utile.

238. La jurisprudence ne donne pas de réponse précise à la question que j'ai posée : Quelle loi suit-on quand les époux ne font pas de contrat? Il est vrai que la cour de la Louisiane a décidé que le statut de communauté est réel, mais cela n'est pas encore décisif; il faudrait savoir comment la cour l'entend; elle applique le principe aux immeubles, et au cas où les époux changent de domicile, de sorte que des époux mariés dans la Virginie, où il n'y a pas de communauté, allant s'établir dans la Louisiane où la communauté est admise, y deviennent communs quant aux biens qu'ils y acquièrent (1). Cette doctrine est en opposition complète avec celle que j'ai exposée dans cette Étude. Mais est-elle générale et absolue? Il paraît que non, à en juger par les conclusions auxquelles Story aboutit. Le célèbre jurisconsulte distingue entre les meubles et les immeubles ; ceux-ci sont régis par la loi de la situation, tandis que les meubles suivent la loi de la personne. Cette distinction ne tient aucun compte de la nature de la loi qui régit les conventions matrimoniales. Ce n'est pas une loi proprement dite, donc ni un statut personnel, ni un statut réel, c'est une loi que les époux se font, donc universelle et perpétuelle. Comment se fait-il que les Anglo-Américains confondent les conventions avec les statuts, après que Voet avait démontré jusqu'à l'évidence que dans les conventions il n'était pas question de statut? Story paraît attacher une grande importance à une objection que l'on faisait déjà dans l'ancien droit. En admettant qu'il y ait convention tacite, disait-on, tout ce que l'on peut en induire, c'est que les époux ont adopté la loi de leur domicile comme règlement de leurs droits, mais en l'adoptant, ils n'ont pu en changer la nature; c'est toujours une loi limitée au territoire, partant elle ne s'étend pas aux biens que les époux acquerront dans un autre territoire (2). L'objection est d'une faiblesse extrême. Non, ce n'est pas une *loi* que les époux adoptent, c'est une *convention* qu'ils font; c'est comme s'ils faisaient un contrat dans lequel ils transcriraient la loi : dira-t-on que

(1) Story, *Conflict of laws*, p. 213, § 176, et p. 219. §§ 184-186
(2) Arrêt de la cour de la Louisiane (Story, *Conflict of laws*, p. 201, § 157).

c'est là une loi qui ne peut étendre ses effets hors du territoire? C'est une convention qui ne connaît pas les limites des territoires, parce qu'elle procède de la volonté de l'homme qui embrasse, au besoin, le monde entier.

La distinction entre les meubles et les immeubles n'a pas de raison d'être, en ce qui concerne les conventions matrimoniales. Elle n'a pas même de fondement solide quand il s'agit de lois proprement dites ou de statuts, et elle n'en a aucun dans la matière du contrat de mariage. Il s'agit de savoir ce que veulent les époux, quand ils ne disent rien. Ils veulent ce que dit la loi à laquelle ils s'en rapportent. Cette loi distingue-t-elle entre les meubles et les immeubles, comme fait le code Napoléon, les époux qui acceptent la communauté légale comme régime se soumettent par cela même à la communauté traditionnelle fondée sur la distinction des immeubles et des meubles. Si, au contraire, la loi que les époux acceptent tacitement établit une communauté de tous les biens présents et à venir, comme le code des Pays-Bas, les époux rejetteront la distinction qui est une vraie anomalie dans notre état économique. C'est toujours l'idée de *loi* qui égare les légistes anglo-américains; ils étendent aux *conventions* ce qui n'est vrai que des lois, et ce qui n'est même plus vrai, en théorie du moins; puisque tout le monde est d'accord pour rejeter la distinction traditionnelle des meubles et des immeubles; à plus forte raison faut-il la rejeter quand il s'agit de conventions.

239. La jurisprudence anglaise en matière de droit civil international est, en général, la même que celle des cours d'Amérique. Toutefois il y a une différence importante en ce qui concerne les conventions matrimoniales expresses. Les cours d'Angleterre s'en tiennent au contrat, et l'exécutent, sans tenir compte du lieu où il a été passé, ni du domicile des époux (1). Des Anglais s'étaient mariés à Paris, devant l'ambassadeur d'Angleterre; ils avaient fait un contrat de mariage devant notaire, comme

(1) Phillimore, *International law*, t. IV (*Private international law*, 2ᵉ édit.), p. 330, nᵒˢ 468-474.

préliminaire de leur union qui devait être célébrée *suivant la loi*. On éleva un doute sur la validité du mariage et, partant, des conventions matrimoniales. A mon avis, le doute n'était pas fondé; en disant que l'union des parties devait être célébrée d'*après la loi*, le contrat de mariage n'entendait pas subordonner la validité de l'acte à la célébration du mariage devant un officier de l'état civil français; c'est une clause de style et surérogatoire, qui signifie que le contrat nuptial devra être suivi d'un mariage légal, ce qui va sans dire. Or le mariage entre Anglais à Paris peut être célébré par l'ambassadeur d'Angleterre, en son hôtel, comme le mariage entre Français à Londres peut être célébré par l'ambassadeur de France. Quoi qu'il en soit, dit la cour anglaise, en Angleterre le mariage est valable et les conventions matrimoniales doivent être exécutées d'après le droit français, auquel les parties se sont soumises. C'est le vrai principe. Chose singulière! Dans la longue série de décisions judiciaires rapportées par Phillimore, je ne trouve aucun motif à l'appui du principe que la cour applique. Dans une affaire jugée par le *Master of the rolls*, le juge a cité tous les précédents: l'un sert de fondement à l'autre. Au lieu de s'appuyer sur des arrêts, ne serait-il pas plus juridique et plus rationnel de motiver la décision sur le droit et la raison? Dans l'espèce, un mot suffit, c'est l'autonomie des parties contractantes. Qu'importe le lieu où elles contractent? Qu'importe leur domicile ou leur nationalité? La volonté de l'homme domine les lieux, le domicile et la patrie; c'est elle seule qui fait la loi, et cette loi doit recevoir partout son application. Il en résulte une conséquence très importante : c'est que le changement de domicile n'exerce aucune influence sur les conventions matrimoniales. Une fois le principe admis, la conséquence est évidente; le domicile ne détermine pas les conventions matrimoniales, donc le changement de domicile ne peut pas les modifier.

Quand les époux n'ont pas fait de contrat, on applique la loi du domicile matrimonial. Phillimore ne dit pas que l'on distingue entre les meubles et les immeubles, ce qui ferait une nouvelle différence entre la doctrine anglaise et la doctrine américaine. Mais je n'oserais pas affirmer qu'il en soit ainsi, car le publiciste anglais qui me sert de guide en cette matière ne cite aucun arrêt qui décide la question. Il n'y a pas de précédents non plus sur l'effet que produisent les conventions tacites ; seulement je trouve un mot énergique dans une opinion émise par lord Meadowbank, en matière de faillite : c'est que les conventions matrimoniales ont effet dans le monde entier. Il n'y a d'ailleurs aucune raison de distinguer, sous ce rapport, entre les conventions expresses et les conventions tacites. Il en résulte que les conventions tacites, de même que les conventions expresses, ne se modifient pas par un changement de domicile. Phillimore se prononce pour cette opinion, qui est celle de Dumoulin et de Savigny, contre Story ; mais il ne motive pas son avis ; c'est l'analogie des précédents judiciaires qui paraît le décider (1). Je ne puis me faire à cette manière de traiter le droit ; notre science est une science rationnelle, les principes sur lesquels elle repose n'ont de valeur que s'ils sont fondés en raison ; tant vaut le motif, tant vaut le principe, c'est donc toujours à la raison des choses qu'il faut remonter.

§ IV. *Conclusion.*

240. On voit, par cette revue du droit étranger, que le principe du domicile matrimonial est généralement admis comme déterminant la loi des conventions qui interviennent entre les époux relativement à leurs biens, et que, par suite, le statut de ces conventions est personnel. J'ai dit en quel sens j'accepte le principe. Ce n'est pas à titre de loi que le statut du domicile régit les conventions matrimoniales, car il n'y a pas de loi dans une matière où domine la volonté des parties contractantes. Si l'on applique la loi du domicile, dans le silence des parties, c'est que telle est leur intention probable ; mais pour que

(1) Phillimore, *Private international law,* p. 329, n° 466, et p. 335, n°ˢ 476 479.

cette probabilité devienne une présomption, il faut que la loi l'établisse. Comme il faut nécessairement un régime matrimonial et que ce régime implique une convention, il en résulte que les conventions matrimoniales sont toujours conventionnelles, soit expresses, soit tacites; quand elles sont tacites, la question de savoir quelle est la loi qui les régit est de fait plutôt que de droit; le juge doit rechercher l'intention des parties, telle qu'elle résulte des faits de la cause; parmi ces faits, le domicile joue un rôle, mais il n'est pas décisif. J'en dis autant du principe de nationalité que les Italiens ont substitué à celui du domicile. Si le statut national règle les conventions matrimoniales, ce n'est pas que la loi nationale des époux détermine leur régime, sans leur volonté et même malgré eux; c'est parce qu'on suppose que les époux ont adopté le régime que les lois de leur patrie consacrent; mais ce n'est là qu'une probabilité de fait, ils peuvent adopter une loi étrangère; des Anglais peuvent se soumettre à la loi française, et des Français peuvent se soumettre à la loi anglaise; si cela se peut par convention expresse, cela se peut aussi par convention tacite.

Le principe ainsi formulé décide toutes les difficultés. Les conventions matrimoniales, expresses ou tacites, ont effet partout, dans le monde entier, comme le dit un lord anglais. Il faut écarter les distinctions entre les statuts personnels et les statuts réels; les statuts sont hors de cause, car les statuts sont des lois, tandis que, dans leurs conventions matrimoniales, les époux sont législateurs. Par la même raison, il n'y a pas lieu de distinguer entre les meubles et les immeubles. Reste la question, si vivement controversée jadis, du changement de domicile ou de nationalité; elle tombe si l'on admet le principe des conventions tacites. Ces conventions étant indépendantes du domicile ou de la nationalité, le fait que les époux changent de domicile ou de patrie ne peut exercer aucune influence sur leur contrat. C'est une question de volonté. La loi permet-elle aux époux de changer leurs conventions, le changement de domicile ou de nationalité pourra être pris en considération par le juge appelé à constater la volonté des parties. Le droit français déclare les conventions matrimoniales irrévocables ; elles forment donc un droit acquis, qui est à l'abri de tout changement de volonté (1).

CHAPITRE II.

LA FILIATION ET LA PATERNITÉ.

SECTION 1ʳᵉ. — La filiation légitime.

§ Iᵉʳ. — *Principe.*

241. La filiation légitime est une dépendance du mariage ; en effet le mariage seul donne naissance à des enfants légitimes, puisqu'il n'y a d'enfants légitimes que ceux qui sont conçus ou nés pendant le mariage de leur mère. S'il est constant que l'enfant est né d'une femme mariée à l'époque de la conception, il peut invoquer en sa faveur la présomption écrite dans tous les codes : « L'enfant conçu pendant le mariage a pour père le mari. » (C. Nap., art. 312). Le mariage protége même l'enfant conçu avant le mariage, mais né pendant le mariage, en ce sens qu'il est légitime tant qu'il n'a pas été désavoué par le père : cet enfant appartiendra le plus souvent au mari de sa mère, et quand même il ne lui appartiendrait pas, il suffit que le mari garde le silence, pour assurer la légitimité à l'enfant ; ce sera une légitimité fictive, mais peu importe : la société, dit Napoléon, n'est pas intéressée à ce qu'il y ait des bâtards. Le lien intime qui existe entre la filiation légitime et le mariage marque déjà la nature du statut qui régit la filiation. Le mariage a pour but de perpétuer la famille ; et si le mariage dépend du statut personnel ou national, il en doit être de même de la filiation, qui est une suite naturelle du mariage.

242. Mais le principe se heurte contre une difficulté : quel est le statut personnel qui régit la filiation ? est-ce le

---

(1) Ce sont à peu près les conclusions de M. Asser, *Het internationaal Privaatregt*, p. 79-83.

statut de l'enfant ou le statut du père ? La question implique que l'enfant a une personnalité distincte de celle de son père, ce qui, en droit français, n'est pas douteux. Jadis le père absorbait la famille, femme, enfants, esclaves; il les avait dans son domaine, presque comme des choses; lui seul formait une personne. Les coutumes germaniques ont remplacé le domaine de propriété par la protection, ce qui aboutit à une doctrine toute différente : les droits appartiennent à l'enfant, et le père n'a plus que des devoirs. Mais précisément parce qu'il a des devoirs, on peut demander quelle est la loi qui régit ses obligations : est-ce le statut du père, ou est-ce le statut de l'enfant ? Quand la paternité est certaine, il n'y a plus de doute, en droit français. Puissance paternelle n'a lieu, donc le droit est du côté de l'enfant, le père remplit seulement l'office de protecteur; partant, il n'y a qu'un statut à considérer, celui de l'enfant. Mais pour le moment, il n'est encore question que de la filiation, c'est-à-dire du point de savoir quelle loi servira à déterminer si l'enfant appartient au mari de la mère; l'enfant ne peut pas prétendre que c'est son statut qui doit décider la difficulté, car son père aussi est partie en cause. Le rapport de filiation implique celui de paternité; voilà pourquoi le titre VII du code Napoléon est intitulé : *De la paternité et de la filiation.* Ce qui est un rapport de filiation à l'égard de l'enfant, est un rapport de paternité à l'égard du père. Il s'agit donc d'un lien entre deux personnes dont chacune a son statut, et l'on ne peut pas dire que le statut de l'enfant doit dominer plutôt que celui du père.

Si la question pouvait se décider en théorie, il faudrait dire que l'enfant doit toujours suivre la condition de son père, et que, par suite, le fils et le père n'auront qu'un seul et même statut, ce qui prévient toute difficulté. C'est le principe de l'unité de famille, qui tend à prévaloir dans la doctrine et dans la législation. Je renvoie à mon Etude sur la Nationalité (1). Mais le principe n'est pas encore généralement accepté, et précisément, en droit français,

(1) Voyez le tome III de ces Etudes, nos 163 et 167.

on maintient le droit individuel de l'enfant, de sorte que les statuts peuvent différer. Le père change de nationalité, l'enfant conserve celle que lui donne son origine : voilà deux statuts différents qui peuvent se trouver en conflit. Un enfant naît en France d'un père étranger ; dans l'année de sa majorité, il opte pour la nationalité française, le père restant étranger ; encore deux statuts différents et peut-être contraires. Le même conflit existera si, comme je le propose dans l'avant-projet de revision du code civil, l'enfant né en Belgique est Belge, sauf la déclaration d'extranéité qu'il peut faire dans sa dix-huitième année. Le statut étant différent, lequel suivra-t-on pour déterminer la filiation?

Il faut appliquer le principe que la filiation est une dépendance du mariage ; or la loi du mariage est celle du mari. Donc le statut personnel du mari détermine la loi qui régit la filiation. Cela est fondé en raison. La procréation des enfants est l'objet direct du mariage. Quels sont les enfants qui seront censés procréés par les deux époux? C'est la loi du mariage qui doit décider la question. En effet, la filiation légitime, quant à la paternité, se déduit d'un devoir qui est imposé à la femme par le mariage : quelle est l'étendue et la portée de la présomption qui en résulte? Puisque c'est la loi du mariage qui établit la présomption, c'est aussi cette loi qui en doit déterminer les effets. La nationalité distincte, et par suite le statut différent que l'enfant peut acquérir n'ont aucune influence sur la filiation : elle reste déterminée par la loi du mariage, telle qu'elle existe à sa naissance. L'enfant de l'étranger, né en France, sera régi par la loi étrangère quant à sa filiation, quand même il opterait pour la nationalité française. Cela est d'évidence si l'on admet, comme je l'ai enseigné, que le changement de nationalité n'opère que pour l'avenir. Il faut appliquer le même principe dans les pays où la nationalité se détermine par la naissance sur le sol. C'est une nationalité que l'enfant acquiert, différente de celle de son père. Cela ne peut influer sur la loi qui régit sa filiation, car ce n'est pas son statut, c'est celui du père qui doit recevoir son application.

243. Le principe, tel que je le formule, est celui de la tradition française, sauf que le statut personnel était déterminé par le domicile, tandis que, dans la doctrine que je soutiens dans ces Etudes, le domicile est remplacé par la nationalité. Bouhier pose le principe, comme un axiome : « On ne disputera pas sans doute aux lois qui ont été faites pour régler la manière de prouver la filiation des enfants, et qui ne sont pas toujours uniformes, la qualité de personnelles. Il en faut donc conclure que l'enfant reconnu, au lieu du domicile du père et de la mère, pour être issu d'eux, et dans les formes prescrites en ce même domicile, doit sans difficulté être tenu pour tel dans tous les lieux où il pourra se transporter (1). »

Le code civil ne contient qu'une seule disposition sur le statut personnel : aux termes de l'article 3, les lois concernant l'état et la capacité des personnes régissent les Français même résidant en pays étranger. C'est la reproduction du droit traditionnel; l'article 3 reçoit une application directe à la filiation. En effet, la filiation concerne l'état, puisque l'état en dépend, ainsi que la capacité qui y est attachée; elle est donc déterminée par la loi personnelle, c'est-à-dire par la loi française. Il en faut conclure, comme le fait Bouhier, que l'état du Français, en pays étranger, est régi par le code civil. Cela n'est pas douteux, et il ne se présente aucune difficulté quand la nationalité de l'enfant et celle du père sont les mêmes, ce qui est la régle générale. Mais il peut arriver, par exception, que le père français change de nationalité et que le fils conserve la nationalité française, qu'il tient de son origine. Quelle est, dans ce cas, la loi qui déterminera l'état de l'enfant et partant sa filiation? La filiation de l'enfant est fixée par sa naissance, c'est la loi française qui réglera les conditions sous lesquelles il est légitime; à cette époque, il avait la nationalité de son père, donc un seul et même statut, la loi française; c'est cette loi qui décidera s'il est légitime. Peu importe que postérieurement le père se fasse

(1) Bouhier, *Observations sur la coutume du duché de Bourgogne*, chap. XXIV, n° 132 (Œuvres, t. Ier, p. 688).

naturaliser en pays étranger, l'enfant aura alors une nationalité différente de celle de son père, mais le changement de patrie et de statut du père n'affecte pas l'état que
l'enfant tient de sa naissance. Cela est certain, en droit
français, puisqu'il est de principe que le père ne peut disposer de la nationalité ni par conséquent du statut de ses
enfants ; leur état reste tel que leur naissance l'a fixé. Si
le père avait changé de nationalité dans l'intervalle qui
sépare la conception de la naissance, l'enfant pourra invoquer le bénéfice de la règle qui répute né l'enfant conçu
quand il s'agit de son intérêt; mais il peut aussi ne pas
user de ce bénéfice qui a été introduit en sa faveur. Dans
ce cas, il a le choix entre deux statuts, celui de sa conception et celui de sa naissance.

D'après le droit français, cette solution est certaine.
Mais le droit français se trouve en conflit, sur le principe
de nationalité, avec les lois étrangères qui admettent
l'unité de patrie pour tous les membres de la famille.
Telle est la législation des cantons suisses, d'après
laquelle les enfants suivent la condition du père. Il en
résulte que l'enfant d'un Français qui se fait naturaliser
en Suisse aura un double statut; il est Français d'après
le code civil, et régi, même en Suisse, par la loi française;
c'est donc cette loi qui déterminera sa filiation; il est
Suisse d'après la loi suisse, et c'est cette loi qui, en Suisse,
déterminera sa filiation. Les tribunaux français ne tiendront aucun compte de la loi suisse, et les tribunaux
suisses ne tiendront aucun compte de la loi française. Ces
regrettables conflits ne peuvent être vidés que par des
traités, ou par un changement de législation. J'ai dit,
dans le cours de ces Etudes, qu'à mon avis, l'unité de
famille, et partant de statut, est le principe le plus rationnel; sauf à donner à l'enfant, à sa majorité, le droit
d'opter pour sa nationalité d'origine (1).

Quant aux enfants nés après que le père a changé de
nationalité, ils suivent la condition du père; ils ont donc
le même statut; la loi française cesse de régir leur état,

(1) Voyez le tome III de ces Etudes, n° 168.

et par suite leur filiation. Ils ne peuvent pas invoquer le statut du mariage, et partant la loi française; le mariage n'a qu'une influence en cette matière, c'est qu'il détermine la qualité du statut de filiation; le statut est personnel, mais le statut du père change si, pendant le mariage, le, père change de nationalité; et comme les enfants qui naissent postérieurement suivent la nationalité du père, ils ont le même statut, ce qui est décisif pour la loi de filiation : les enfants ne peuvent pas se prévaloir d'une nationalité qu'ils n'ont jamais eue, ni d'un statut qui n'a jamais été le leur.

244. Les preuves jouent un grand rôle en matière de filiation. En droit français, elles varient essentiellement, selon que l'enfant est né d'une femme mariée, et réclame l'état de légitimité, ou qu'il est né hors mariage; dans le premier cas, il peut invoquer l'acte de naissance, la possession d'état, la preuve testimoniale, et la preuve ne peut être combattue que par le désaveu; tandis que l'unique preuve de la filiation naturelle, c'est la reconnaissance. En principe, la reconnaissance est volontaire; par exception, l'enfant peut rechercher la maternité, mais sous des conditions tellement rigoureuses, qu'il dépend de la mère de rendre l'action impossible; en effet, il faut un commencement de preuve par écrit, et cet écrit doit émaner de la mère. Quant à la paternité, la recherche en est interdite. La reconnaissance volontaire même, soit par le père, soit par la mère, est prohibée si l'enfant est né d'un commerce adultérin ou incestueux; et pour les enfants naturels simples, elle n'est valable que si elle a été faite par acte authentique.

On demande si ce système de preuves dépend de la loi personnelle ou de la loi territoriale. Généralement, les preuves sont régies par la loi du pays où le procès est intenté; en ce sens le statut des preuves est réel. Il se lie, en effet, à la procédure, qui est une dépendance du droit public. D'un autre côté, les magistrats ne peuvent recevoir d'autres preuves que celles qui sont admises par la loi territoriale : c'est le juge qui ordonne la preuve, c'est lui qui y préside, et il ne peut agir que conformément à la

loi au nom de laquelle il rend la justice. Ce principe s'applique-t-il aux preuves de la filiation? Non, ces preuves
ne sont pas une question de procédure, elles tiennent au
fond de la matière. Ainsi la distinction fondamentale que
le code Napoléon établit entre la filiation légitime et la
filiation naturelle est absolument étrangère à la procédure;
elle a son fondement dans la faveur que la loi témoigne
au mariage et à la légitimité, et pour honorer le mariage,
le législateur témoigne une défaveur extrême aux enfants
naturels, et il se montre dur jusqu'à l'injustice pour les enfants adultérins et incestueux. Ces considérations tiennent
toutes à l'état des personnes, puisque c'est le mariage qui
les a inspirées; donc les règles qui en découlent forment un
statut personnel, bien qu'elles réagissent sur la preuve.

Je prends comme exemple les présomptions que le code
Napoléon admet en faveur de la légitimité. Les présomptions sont un mode de preuve, néanmoins celles que le
code établit en faveur de la légitimité sont étrangères à
la procédure; l'enfant peut les invoquer partout, à
l'étranger comme en France, parce que le législateur les
a consacrées, pour honorer le mariage (1); cette faveur va
si loin, que la loi reconnaît comme légitimes des enfants
qui certainement sont conçus hors du mariage, et partant
naturels. Napoléon en a donné la raison au conseil d'Etat.
« La société, dit-il, n'est pas intéressée à ce qu'il y ait des
bâtards. » Ainsi le juge étranger devra appliquer à l'enfant né d'un Français, non la loi territoriale, mais les
dispositions du code civil, et déclarer, par conséquent,
légitime l'enfant qui est né avant le cent quatre-vingtième
jour du mariage, quoiqu'il ait été conçu alors que la mère
n'était pas mariée, sauf au mari de la mère à le désavouer; mais il ne pourra le désavouer dans les cas prévus
par l'article 314 du code civil. Ces dispositions, quoique
concernant la preuve, s'identifient avec le système du
droit français concernant la légitimité, donc elles forment
un statut personnel.

La règle soulève parfois des difficultés. D'après le code

_____

(1) Bar, *Das internationale Privat-Recht*, p 354, § 102.

Napoléon (art. 313), le mari ne peut désavouer l'enfant, en alléguant son impuissance naturelle. Si l'action est portée devant un tribunal étranger, dans un pays où la preuve de l'impuissance est admise, le mari français pourra-t-il demander à prouver son impuissance? Et réciproquement l'étranger qui forme une action en désaveu en France, ne sera-t-il pas admis à la preuve de son impuissance? Le statut étant personnel, il suit le mari en pays étranger, ce qui décide la question quant au Français qui agit dans un pays où la preuve de l'impuissance est admise. Vainement dirait-il que le scandale de la preuve n'est plus à craindre, dans l'espèce, puisque le procès ne se poursuit pas devant un tribunal français; je réponds que le code civil repousse la preuve de l'impuissance non seulement à cause du scandale de la preuve, mais aussi à raison de son incertitude. La solution est douteuse quand un étranger intente une action en désaveu en France; d'après son statut personnel, il le pourrait, mais il y a des cas où le statut personnel est dominé par le statut territorial. Il en est ainsi quand le statut de l'étranger blesse la moralité. Or telle est bien la loi qui admet la preuve scandaleuse de l'impuissance. Cela me paraît décisif.

Il en serait ainsi dans tous les cas où la moralité publique s'oppose à ce que le juge admette le statut de l'étranger. L'application du principe est très délicate. L'action en désaveu touche toujours aux bonnes mœurs; quand le mari désavoue un enfant conçu pendant le mariage, il y a eu adultère; si l'enfant est conçu avant le mariage, il y a eu concubinage, et la femme a caché ces relations illicites à son futur époux : le scandale ne manque point dans l'une et l'autre hypothèse; mais ce n'est pas là une raison pour déclarer réel le statut du désaveu. Si l'intérêt des bonnes mœurs suffisait pour que le statut fût réel, toutes les dispositions du titre du *Mariage* deviendraient réelles et domineraient le statut personnel de l'étranger. J'ai déjà dit, en traitant des conditions du mariage, que cela est inadmissible (1). Il faut considérer la

_____

(1) Voyez le tome IV de ces Etudes, n° 283.

v.   33

disposition en elle-même. Si elle a pour objet direct la moralité publique, le statut sera réel : tel est l'article 313 qui rejette le désaveu pour cause d'impuissance. Mais si la moralité publique ne souffre point de l'application de la loi étrangère, il faut maintenir l'application du statut personnel, quoiqu'il ait un rapport avec les bonnes mœurs : telles sont toutes les dispositions du code sur le désaveu.

245. On voit qu'il n'y a rien d'absolu en cette matière; c'est précisément ce caractère du statut réel qui en rend l'application si difficile. Les règles générales sont impuissantes; il faut voir, dans chaque espèce, s'il y a en cause un droit de la société, qui doive l'emporter sur les droits des particuliers. Je viens de dire que les dispositions du titre *de la Paternité et de la Filiation* forment un statut personnel. quoiqu'elles aient une influence sur la preuve. Est-ce à dire que tous les articles du code Napoléon dépendent de la loi personnelle du mari? Les articles 326 et 327 concernent la compétence, or la compétence est de droit public, donc elle dépend du statut réel, et partant, les particuliers ne peuvent pas opposer leur loi à la loi territoriale. Le législateur français donne une compétence exclusive aux tribunaux civils pour statuer sur les réclamations d'état, et il en déduit la conséquence qu'en cette matière le civil tient le criminel en état. Ce système a été critiqué et avec raison. Toutefois il obligerait les étrangers qui agiraient en France, bien que, d'après leur loi nationale, ils pourraient porter leur action devant les tribunaux criminels; le législateur territorial a seul le droit de régler la compétence. Par contre, les Français pourraient, dans un pays étranger qui admettrait la compétence des tribunaux criminels en cette matière, agir au criminel, sans que l'on puisse leur opposer le code Napoléon; il n'appartient pas au législateur français de régler la compétence dans les pays étrangers.

§ II. — *Application du principe. Jurisprudence et doctrine.*

246. L'article 316 du code Napoléon porte : « Dans

les divers cas où le mari est autorisé à réclamer (à désavouer l'enfant), il devra le faire dans le mois, s'il se trouve
sur les lieux de la naissance de l'enfant; dans les deux
mois après son retour, si, à la même époque, il était
absent; dans les deux mois après la découverte de la
fraude, si on lui avait caché la naissance de l'enfant. „
Cette disposition est-elle applicable quand l'action en
désaveu est intentée en France par un étranger. La question s'est présentée devant la cour de Douai; elle a été
décidée négativement. Dans l'espèce, l'enfant était né en
France d'une femme dont le mari était Suisse, et avait
son domicile dans sa patrie. Il forma l'action en désaveu
devant un tribunal français. Le tuteur opposa l'exception
de prescription, fondée sur l'article 316 du code civil. Il
s'agissait de savoir s'il fallait appliquer le code français
ou la loi des Grisons, où le père était domicilié, c'est-à-
dire le droit romain, lequel ne fixe pas de court délai pour
le désaveu. La cour de Douai se prononça pour la loi
étrangère. Le désaveu a pour objet d'attaquer la légitimité
de l'enfant, donc son état, partant le statut est personnel.
Restait à déterminer quel était ce statut. Dans l'espèce, il
y avait un doute. D'après le code civil, l'enfant né en
France suit la condition de son père, il a donc sa nationalité; partant le père et l'enfant sont régis par un seul et
même statut, la loi nationale du père. Mais le titre VII du
code civil avait été publié deux mois après la naissance
de l'enfant; celui-ci était donc régi par l'ancien droit; or,
avant la publication du code, on suivait le principe territorial; la nationalité était déterminée par le lieu de naissance; de sorte que l'enfant né en France, quoique d'un
père Suisse, était Français. Fallait-il appliquer à l'enfant
son statut, ou le statut du père? En aucun cas il ne pouvait être question du code civil, puisque à la naissance de
l'enfant le code n'était pas encore publié. L'enfant, né
Français, était régi par le droit antérieur au code civil.
Cette difficulté ne fut pas soulevée devant la cour; d'après
les principes que je viens de poser, la solution ne me
paraît pas douteuse. La filiation est un droit de l'enfant,
il naît légitime, sa légitimité ne peut lui être enlevée que

par la loi française qui forme son statut. Le père ne peut
pas invoquer la loi suisse quand il s'agit de l'état de
l'enfant né Français, parce que les tribunaux de France
ne peuvent pas dépouiller un enfant de sa légitimité en
vertu d'une loi étrangère.

La cour de Douai ne discute pas la difficulté, elle
applique la loi suisse, puisqu'elle suppose que les deux
parties étaient étrangères. Si le désaveu était régi par la
loi helvétique, il en est de même du délai dans lequel l'action doit être formée. Ici il y avait un nouveau doute que
la cour prévoit. Il est de principe, comme je viens de le
rappeler, que la procédure est réglée par la loi territoriale;
et ne faut-il pas dire que le délai dans lequel une action
doit être intentée appartient à la procédure? La cour répond que la faculté d'exercer ou de réclamer un droit, et
le délai utile et nécessaire pour cette réclamation sont
inséparables du droit même. Dans l'espèce, cela me paraît
certain. En effet, pourquoi la loi limite-t-elle le délai à un
ou à deux mois? Précisément parce qu'il s'agit d'une
question d'état. Ce n'est donc pas la procédure qui fait
l'objet du débat, c'est la légitimité de l'enfant (1).

247. Gand, le seul auteur français qui s'occupe de cette
matière, suppose que le mariage dont l'enfant est issu ou
se prétend issu a été contracté en France par des étrangers. Y aura-t-il lieu, dans ce cas, à appliquer la loi
française? Gand se prononce pour la loi étrangère, parce
qu'il s'agit d'une question d'état, partant le statut est personnel (2). Cela suppose que le statut personnel est déterminé par la nationalité. Dans l'ancien droit on admettait
que le statut dépendait du domicile, et cette opinion a
encore des partisans dans la science. Je renvoie à ce qui
a été dit ailleurs sur la question (3).

Gand ajoute que si l'étranger a été naturalisé en France,
ou s'il y jouit des droits civils, il pourra demander que la
question soit jugée par les tribunaux de France, ce qui,

---

(1) Douai, 23 novembre 1806 (Merlin, *Répertoire*, au mot *Légitimité*,
sect. IV, § III, n° 3 (t. XVII, p. 481 et suiv. de l'édition de Bruxelles).
(2) Gand, *Code des étrangers*, p. 277, n° 430.
(3) Voyez le *tome* II de ces Études, n° 197 et suiv.

dans l'opinion du légiste français, paraît impliquer, que les juges saisis de l'action appliqueront la loi française (1). Il y a ici confusion de divers ordres d'idées, très différents. D'abord la compétence ne décide pas la question de statut. Il se peut très bien que les tribunaux français soient compétents et qu'ils doivent néanmoins appliquer la loi étrangère : il en est ainsi dans tous les cas où ils ont à apprécier la validité des actes faits en pays étranger, ou la capacité des parties étrangères, alors que celles-ci se soumettent à la juridiction française, et que le tribunal consent à les juger. Il y a encore confusion à mettre sur la même ligne la naturalisation et la jouissance des droits civils en France. L'étranger qui se fait naturaliser change de statut; reste à savoir si ses enfants déjà nés ou conçus suivent la condition du père, et en cas de conflit, si le juge doit appliquer le statut de l'enfant ou celui du père. Gand n'examine pas la question. Quant à la jouissance des droits civils, elle n'a rien de commun avec le statut. L'étranger admis par le gouvernement à établir son domicile en France y jouit des droits civils, il conserve néanmoins son statut national, et c'est de ce statut que son état et sa filiation dépendent. D'après le code italien, les étrangers sont assimilés aux naturels en ce qui concerne la jouissance des droits civils; ce qui ne veut certes pas dire que leur état est régi par la loi italienne; restant étrangers, c'est la loi étrangère qui determine leur état et leur capacité.

248. Fiore pose en principe que les actions en réclamation ou en contestation d'état sont exclusivement régies par la loi nationale du père. Il n'examine pas la difficulté qui se présente quand l'enfant et le père ont des statuts différents. Dans le système du code italien, l'enfant suit toujours la nationalité du père, et en Allemagne, on suit aussi le principe de l'unité de famille; de sorte que, dans l'espèce, le conflit est impossible. Fiore décide que c'est la loi allemande qui devra être appliquée à toutes les contestations que la filiation peut soulever. Il demande si les

(1) Gand, *Code des étrangers*, p. 278, n° 432.

héritiers du mari ont l'action en désaveu, quand le mari meurt sans l'avoir intentée. Le code italien contient à cet égard une disposition analogue à celle du code Napoléon (art. 317); le code prussien est plus favorable aux héritiers; il donne au mari une année pour agir, et il permet aux héritiers d'agir, si le mari est mort avant l'expiration de ce délai. Le délai plus court du code italien est expiré; on demande si les héritiers italiens peuvent invoquer le code de Prusse? La négative est certaine, puisque le droit des héritiers et le délai dans lequel ils doivent l'exercer sont des questions d'état, et par conséquent de statut personnel. Comme il s'agit de biens que les héritiers italiens réclament, on pourrait objecter que c'est le statut territorial qui doit recevoir son application; donc s'il s'agissait d'immeubles, la loi prussienne ou le code italien, selon que les biens seraient situés en Prusse ou en Italie. Je pense bien que les tribunaux français appliqueraient le statut réel. A mon avis, ce serait une erreur. Si l'article 3 dit que les immeubles, même ceux qui sont possédés par des étrangers, sont régis par la loi française, ce même article dispose que les lois concernant l'état suivent la personne dans tous les pays. Or, dans l'espèce, il s'agit de l'état, donc il faut appliquer le statut de l'étranger.

Même conflit, et même solution dans une autre hypothèse. Un Italien épouse une Autrichienne; un enfant naît du mariage deux cents jours après la célébration. Père et mère meurent. Les héritiers autrichiens contestent la légitimité de l'enfant en se fondant sur le code d'Autriche, qui n'admet point la présomption de légitimité établie au profit de l'enfant par le code italien, conformément au code Napoléon (art. 314). Question de savoir si la solution de la difficulté dépend du statut personnel ou du statut réel. Le débat porte sur la contestation de légitimité : l'état de l'enfant peut-il être attaqué, ou ne peut-il pas l'être? Tel est l'objet du litige : c'est une question de légitimité, donc il faut appliquer le statut personnel, dans l'espèce, la loi autrichienne (1).

_____

(1) Fiore, *Diritto internazionale privato*, p. 191, nᵒˢ 135 et 136.

249. J'ai posé comme principe (n° 244) que les preuves en matière de filiation dépendent du statut personnel. Le tribunal de la Seine a fait l'application de ce principe dans une espèce remarquable. On contestait la légitimité d'un sujet russe. Le demandeur invoquait à l'appui de sa contestation les listes de recensement, en s'appuyant sur l'article 123 des lois civiles russes (1), aux termes duquel, ces listes peuvent servir de preuve dans un procès concernant la légitimité. Pouvait-on, devant les tribunaux français, alléguer une preuve admise par une loi étrangère, alors que le code civil et le code de procédure civile ne la mentionnent point? Le tribunal ne discute pas la question, il admet implicitement que la question doit être décidée d'après les lois civiles russes. Il y a lieu seulement, dit-il, de rechercher quel est en Russie l'effet des listes de recensement en ce qui concerne l'état civil des personnes. Or, l'article 130 des lois civiles russes dispose que ces documents administratifs n'ont en réalité que la valeur d'un renseignement si aucun texte ne dit qu'ils doivent l'emporter sur l'enquête, également admise comme mode de preuve. Le tribunal ajoute que, d'après les articles 123 et 124 des lois civiles (édition de 1857), c'est une simple faculté pour les juges d'admettre les listes de recensement comme preuve dans une question de légitimité; l'exactitude des énonciations qu'elles contiennent peut être vérifiée au moyen de déclarations de témoins; ces déclarations peuvent, à elles seules, même en présence des listes de recensement, faire foi de la légitimité de la naissance lorsqu'elles concordent avec toutes les autres circonstances de la cause. Le tribunal conclut qu'il lui appartient dès lors de vérifier le degré de certitude qu'offrent les listes de recensement produites dans la cause, et que rien, dans la législation russe, ne fait obstacle à ce que, suivant le résultat de cette vérification, les enquêtes conservent tout leur effet probant (2). Le jugement du tribunal de la Seine témoigne contre la jurisprudence française. J'ai dit,

(1) Edition de 1842.
(2) *Gazette des tribunaux*, 15 mars 1879 (*Journal du droit internationa' privé*, 1879, p. 544).

dans le cours de ces Etudes, que les tribunaux se déclarent
généralement incompétents dans les questions d'état, et
j'ai combattu les mauvaises raisons sur lesquelles on
fonde cette incompétence. L'une de ces raisons est que les
magistrats ne peuvent pas connaître les lois étrangères,
qu'ils risqueraient, par conséquent, de rendre des décisions qui ne seraient pas respectées à l'étranger. On voit
par le jugement que je viens de rapporter que les tribunaux peuvent connaître les lois russes aussi bien que les
lois françaises. Quant à l'exécution que leurs décisions
auront en Russie, ils n'ont pas à s'en inquiéter. Sinon ils
devraient s'abstenir dès qu'un étranger est en cause, ou
que la chose qui fait l'objet du procès se trouve à l'étranger. Que deviendrait alors la justice internationale?

250. La preuve de la légitimité implique celle du mariage et de la filiation. J'ai dit qu'aux Etats-Unis, les
faits de l'état civil ne sont pas constatés par des officiers
publics, que le mariage, notamment, se contracte par le
simple consentement des époux, et que la preuve s'en fait
par une possession d'état assez vague : « Il suffit de la
notoriété résultant de la cohabitation et de la réputation
en qualité de mari et de femme légitimes. » Ce sont les
termes d'un arrêt de la cour de cassation, que j'ai rapporté ici même (1). La filiation ne s'établit pas non
plus par un acte public. Dans une affaire jugée par
la cour de Paris, on produisit une attestation, dans la
forme authentique, d'un médecin et de deux témoins
constatant l'accouchement et l'identité de l'enfant dont
l'état était contesté, et l'on soutenait que cette attestation
constituait, d'après la loi américaine, une preuve régulière de sa filiation. Dans l'espèce, la question de droit
était sans intérêt, puisque l'enfant pouvait invoquer, au
besoin, la possession d'état, telle qu'elle est définie par
le code civil (art. 320 et 321) (2). Cela suppose que
l'étranger peut se prévaloir de la loi territoriale. Cette
règle n'est-elle pas trop absolue? Si l'on permet à l'étran-

(1) Voyez le tome IV de ces Etudes, n° 229.
(2) Paris, 20 janvier 1873 (Sirey, 1873, 2, 177).

ger d'invoquer sa loi nationale, en matière d'état, c'est parce que la preuve de l'état est une dépendance du statut personnel ; or l'étranger est régi exclusivement par son statut national, il ne peut pas tout ensemble être régi par deux lois personnelles, celle de sa patrie et celle du lieu où le procès s'instruit, c'est-à-dire la loi territoriale; cela reviendrait à dire que le statut est tout ensemble personnel et réel; or notre droit ne connaît pas de statut mixte. On ne peut pas dire non plus que la preuve de la filiation est d'intérêt public, et qu'à ce titre elle est régie par la loi du territoire, qui domine le statut personnel quand les droits de la société sont en cause; en effet, les questions de filiation s'agitent régulièrement à l'occasion du partage d'une succession à laquelle se présente l'enfant né en pays étranger, ce qui est un intérêt pécuniaire, partant privé. J'en conclus qu'en principe l'enfant doit prouver son état d'après son statut personnel, ou national; est-ce un enfant américain, il prouvera sa filiation d'après la loi des Etats-Unis ; la preuve par excellence de l'état civil, l'inscription sur les registres, est même impossible, puisqu'il ne saurait y avoir d'acte de naissance reçu en France d'un enfant né aux Etats-Unis. Cela ne se concevrait que si l'enfant naissait en France; son acte de naissance, inscrit sur les registres, ferait preuve de sa filiation; car les dispositions du code Napoléon concernant l'état civil reçoivent leur application aux étrangers comme aux naturels; les actes de l'état civil doivent donc faire preuve en faveur des étrangers des faits qui y sont constatés (1). On ne peut pas opposer le statut national de l'enfant; car la loi des Etats-Unis n'impose aucune preuve et n'en exclut aucune pour les faits de l'état civil qui se passent en pays étranger; par cela même que la loi américaine est réaliste, elle s'en rapporte à la loi du lieu où l'acte se passe, donc à la loi française pour la preuve de la filiation. Ainsi le statut personnel et le statut réel concourent dans ce cas en faveur de l'étranger. Mais quand l'enfant naît à l'étranger, je ne vois pas en vertu de quel principe

(1) Gand, *Code des étrangers*, p. 280, n° 436.

il pourrait invoquer une loi territoriale qui ne le concerne pas, puisqu'elle règle une question de filiation, c'est-à-dire d'état.

SECTION II. — La filiation naturelle.

§ I. — *Principe.*

251. Les enfants naturels ont un état, aussi bien que les enfants légitimes, quoique les droits qui y sont attachés soient moindres. En droit français, ce principe ne saurait être contesté : quelle que soit la dureté du législateur pour les enfants illegitimes, il ne leur refuse pas une filiation, ni les droits qui en dépendent, l'éducation, les aliments, l'hérédité. Le droit étant identique, la nature du statut qui les régit doit aussi être le même ; c'est donc la loi personnelle ou nationale de l'enfant illégitime qui règle son état.

252. Mais le principe et la conséquence qui en résulte reçoivent une grave restriction. Le code Napoléon n'admet point pour la preuve de la filiation naturelle les principes qui régissent la filiation légitime ; il favorise la légitimité à ce point qu'il l'admet parfois en vertu d'une fiction légale, alors qu'il est certain que l'enfant est illégitime. Par contre, il est si défavorable aux enfants naturels, qu'il ne leur permet pas de prouver leur filiation d'après le droit commun. Les enfants conçus ou nés pendant le mariage peuvent prouver leur filiation par leur acte de naissance, par possession d'état et par témoins. Aucune de ces preuves n'est admise pour prouver la filiation naturelle. Les enfants nés hors mariage n'ont qu'un seul moyen d'établir leur filiation, c'est la reconnaissance, soit volontaire, soit forcée. Le code Napoléon interdit la recherche de la paternité (art. 340), il admet la recherche de la maternité (art. 341), mais en la subordonnant à une condition qui le plus souvent la rend impossible, c'est un commencement de preuve par écrit, c'est-à-dire un écrit émanant de la mère qui rend la demande de l'enfant probable ; or les malheureuses qui mettent au monde des enfants hors mariage appartiennent la plupart à la classe la plus infime de la société, là où règnent l'ignorance et l'immoralité qui d'ordinaire l'accompagne; quant aux mères naturelles qui sont lettrées, il dépend d'elles d'empêcher toute recherche de maternité, en s'abstenant d'écrire un mot que l'on puisse invoquer contre elles à titre de commencement de preuve. Même la reconnaissance, dite volontaire, ne dépend pas, comme on pourrait le croire, de la seule volonté des père et mère. D'abord la loi défend de reconnaître les enfants nés d'un commerce adultérin ou incestueux, et elle défend aussi à ces enfants de rechercher leur filiation (art. 335 et 342). Ensuite, la reconnaissance doit être faite par acte authentique (art. 334); il en résulte que la reconnaissance est un acte solennel; la solennité est requise parce que la reconnaissance existe; faite par acte sous seing privé, ou oralement, elle ne produirait aucun effet.

Quelle est la nature de la loi qui établit ces restrictions? Il n'est pas douteux qu'elles fassent partie du statut personnel de l'enfant. Elles régissent donc l'enfant naturel et par conséquent ses père et mère, partout où ils résident, même à l'étranger. L'enfant naît d'une femme française dans un pays où la loi permet de prouver la filiation naturelle par un acte de naissance qui contient le nom de la mère; pourra-t-il réclamer sa filiation maternelle en produisant cet acte? Non, car pour les enfants naturels, comme pour les enfants légitimes, la preuve de l'état fait partie du statut personnel, et leur statut personnel ne reconnaît aucune force probante à l'acte de naissance quand il s'agit de la filiation illégitime; ce qui est décisif. Par la même raison, l'enfant naturel né à l'étranger ne pourrait invoquer en France la possession d'état ni la preuve testimoniale, sauf dans la recherche de la maternité, et sous les conditions prescrites par le code civil, quand même, dans le pays où il est né, il aurait été admis à prouver son état par témoins, et par la possession.

Cela suppose que l'enfant naturel né de parents français en pays étranger suit la nationalité de ses parents. Tel est le principe de la législation française. L'enfant qui réclame comme mère une femme française se dit donc Français, et par cela même il est soumis à la loi française en ce qui concerne son état. Si la loi du territoire où il est né le déclarait indigène, il serait étranger, et il aurait pour statut personnel la loi étrangère. Naît alors la question de savoir si l'étranger peut invoquer en France des modes de preuve que son statut national admet et que la loi française n'admet point : l'acte de naissance, la possession d'état et la preuve testimoniale. En principe, oui, puisque l'étranger est régi en France par son statut personnel, en tout ce qui concerne son état, et les preuves de la filiation font partie de son statut personnel. Reste à savoir si les dispositions du code Napoléon concernant la preuve de la filiation naturelle ne doivent pas être considérées comme un des statuts réels qui, étant d'intérêt général, dominent le statut personnel de l'étranger. A première vue on pourrait le croire. Les principes restrictifs que le code civil établit en matière de filiation naturelle tiennent à l'ordre public et aux bonnes mœurs; le législateur veut honorer le mariage et réprouver le concubinage, même au risque de méconnaître les droits des enfants naturels. Si, dans un intérêt de moralité, la loi refuse de reconnaître les droits des enfants français, à plus forte raison ne peut-elle tenir aucun compte des droits que les enfants étrangers réclameraient au préjudice de la moralité publique.

Si réellement la moralité publique était en cause, il faudrait décider sans hésiter que le statut est réel, alors même que le législateur se serait trompé en sacrifiant le droit des enfants naturels à un prétendu intérêt des bonnes mœurs qui n'existerait point. Mais il faut se garder, en cette matière, des mots vagues d'*ordre public* et de *bonnes mœurs,* et entrer dans le détail des motifs pour lesquels le code civil n'a pas étendu aux enfants naturels les preuves qu'il admet pour la filiation légitime. La législation française sur les enfants naturels est très défectueuse; non seulement elle est d'une dureté draconienne qui touche à l'injustice, le législateur ne daigne pas même expliquer les motifs de sa rigueur. Il y a un chapitre dans le code sur les preuves de la filiation des enfants légitimes; il y est traité de l'acte de naissance, de la possession d'état, de la preuve testimoniale. Au chapitre des Enfants naturels, il n'est pas parlé des preuves de leur filiation. Il doit y avoir des raisons de cette différence, car elle aboutit à une conséquence très grave, c'est que les enfants naturels ne peuvent pas prouver leur filiation par acte de naissance ni par la possession d'état, ni par témoins. Quelles sont ces raisons? On les chercherait vainement dans les discours fastueux des orateurs du gouvernement et du Tribunat; le premier consul les a indiquées avec une franchise un peu crue, au sein du conseil d'Etat.

Si le législateur prodigue ses faveurs à la légitimité, allant jusqu'à la feindre alors qu'en réalité la naissance est illégitime, c'est que « l'Etat n'est pas *intéressé* à ce qu'il y ait des *bâtards* ». Par contre, s'il est d'une rigueur excessive pour les enfants naturels, c'est que l'Etat n'a aucun *intérêt* à ce que la filiation des enfants naturels « soit constatée (1) ». L'homme politique décide tout au point de vue de l'*intérêt*; je dirai plus loin qu'il y a un élément qui domine l'intérêt, c'est le *droit* de l'enfant. Pour le moment, il s'agit de savoir si le système du code civil sur la filiation naturelle est fondé sur la moralité publique; or, l'*intérêt* qu'a l'Etat à ce que les enfants soient réputés légitimes, et à ce que la filiation des enfants illégitimes ne soit pas constatée, n'est pas un de ces droits essentiels de l'Etat qui constituent le statut réel. Napoléon n'a vu qu'une face de la question; il y en a une autre, bien plus importante : c'est que tout enfant se rattache à une famille, qui lui donne l'éducation et au besoin des aliments. La famille est la base de la société, celui qui n'a pas de famille n'a point de patrie. Et l'Etat serait-il par hasard intéressé à ce qu'il y ait dans son sein des êtres qui n'ont ni devoirs ni droits, des vagabonds légaux?

253. Quand on entre dans le détail des preuves que

(1) Séance du conseil d'Etat du 26 brumaire an x, n° 4 (Locré, t. III, p 57, édition de Bruxelles).

le code admet pour la filiation légitime et qu'il rejette pour la filiation illégitime, on voit que le législateur n'a aucun principe, sinon la défaveur qu'il témoigne aux enfants naturels. Une déclaration de naissance d'un enfant naturel est faite par le médecin accoucheur ; cette déclaration est constatée par l'officier public ; de quoi fait-elle foi ? Dans la théorie du code, elle prouve seulement qu'un enfant est né, elle ne prouve pas qu'il est né de telle femme, c'est-à-dire la filiation maternelle. Je dis que c'est altérer la déclaration et la mutiler. Le médecin ne se borne pas à déclarer qu'un enfant est né ; pour constater ce fait matériel, la déclaration de naissance était inutile ; il suffisait, comme la loi le prescrit, de présenter le nouveau-né à l'officier public. En réalité, le médecin ne se borne pas à déclarer qu'il est né un enfant, il déclare que cet enfant est né de telle femme qu'il a accouchée. Qu'importe, pour ce qui regarde la filiation, que l'enfant soit naturel ou légitime ? Cela importe beaucoup, dit-on. Si la mère est mariée, la déclaration de naissance sera, sauf de rares exceptions, l'expression de la vérité ; la mère n'a aucune raison pour cacher ou déguiser la vérité qui fait son bonheur, tandis que la mère naturelle qui déclare son nom proclame sa honte et éternise son déshonneur. On en conclut que la loi peut et doit ajouter pleine foi à la déclaration de naissance d'un enfant légitime ; elle doit se défier, au contraire, des déclarations qui concernent la maternité naturelle. Supposons que cela soit vrai, qu'est-ce que cela prouve ? La mère est libre de cacher son nom ; les déclarants diront que l'enfant est né d'une mère inconnue, et l'acte sera rédigé dans les mêmes termes. En réalité, les fausses déclarations sont aussi rares pour les naissances illégitimes que pour les naissances légitimes ; donc on doit y ajouter la même foi ; aussi y a-t-il des jurisconsultes et des plus autorisés, Merlin, Rolland de Villargues, Toullier et Proudhon, qui enseignent que l'acte de naissance où la mère est indiquée prouve la maternité. Il y a un grand nombre d'arrêts en ce sens (1).

(1) Voyez les témoignages dans Baret, *De la filiation naturelle*, p. 108.

Là conséquence, en ce qui concerne notre débat, est évidente; on ne peut pas dire que la preuve de la filiation naturelle par l'acte de naissance soit contraire à la morale, alors que l'acte ne constate qu'un fait matériel, sur le témoignage de ceux qui l'ont vu. Et comment croire que cette preuve ne peut être administrée par un étranger, alors que des auteurs considérables admettent que les Français peuvent s'en prévaloir? La morale est hors de cause; donc on ne peut pas soutenir que le satut est réel.

Cela est plus évident encore de la possession d'état. La commission chargée de rédiger un projet de code civil avait admis la possession d'état comme un commencement de preuve qui rendait la preuve testimoniale recevable. Cette disposition ne fut pas adoptée par le conseil d'Etat. Portalis la critiqua vivement, non parce qu'elle attachait trop de force à la possession d'état, mais parce qu'elle ne lui en reconnaissait pas assez. « Il est absurde, dit-il, de présenter la possession d'état comme un simple commencement de preuve, puisque cette sorte dé possession est la *plus naturelle* et la *plus complète de toutes les preuves*. Toutes les fois que l'on jouit de son état constamment, publiquement et sans trouble, on a *le plus puissant de tous les titres*. » On a conclu de ces paroles que la possession d'état forme une preuve complète de la filiation naturelle. Cette opinion n'a pas prévalu. Toujours est-il que l'on ne peut pas considérer comme immorale une preuve que les auteurs du code étaient disposés à admettre. On ne peut pas même dire que la preuve révélerait un fait immoral, le concubinage, car la possession implique la publicité de ce fait; il n'est donc pas révélé par l'action judiciaire, il est antérieur à l'action : pour mieux dire, c'est une reconnaissance tacite. Or, le législateur admet la reconnaissance expresse de la filiation naturelle, quoiqu'elle fasse connaître l'existence de relations illégitimes. Et le législateur devait l'admettre, car ce n'est pas la filiation qui constitue l'immoralité; les enfants viennent de Dieu, la naissance est un fait providentiel; pourquoi tel enfant naît-il au sein de la corrup-

tion, ou au moins de l'abandon, tandis que tel autre naît
au sein d'une famille honorable? C'est un mystère de la
Providence; toujours est-il qu'en appelant un être à la
vie, Dieu lui donne des droits, et le premier de tous c'est
la filiation et la famille. Le législateur peut-il s'opposer à
ce que ce fait soit établi, alors qu'il est patent? On a
objecté que les faits de possession sont moins caracté-
risés quand il s'agit de la filiation illégitime, puisque
l'enfant n'a point de famille. Légalement, non, mais de
fait, il en a une, ce qui prouve que la loi n'est pas en
harmonie avec les mœurs. On n'a qu'à consulter la jurisprudence pour s'en convaincre; je ne puis entrer dans
ces détails, on me permettra de renvoyer à mes *Principes
de droit civil*, où on les trouvera (1). Or, si la famille a
reconnu l'état de l'enfant naturel, s'il y a été reçu, entretenu, élevé, de quel droit le législateur repousse-t-il la
preuve d'un fait qui par sa nature est patent? Avouons-
le, le système du code Napoléon est une erreur législative, et une erreur ne forme pas un statut réel que la
société soit intéressée à imposer aux étrangers. Ma conclusion est que les enfants naturels étrangers peuvent
invoquer en France la possession d'état, si leur statut
national admet cette preuve.

La troisième preuve de la filiation légitime, la preuve
testimoniale se confond avec la recherche de la maternité. Le code Napoléon admet cette recherche pour la
filiation maternelle; il l'interdit pour la filiation paternelle. J'y reviendrai.

254. Le code est beaucoup plus rigoureux quand il
s'agit de la filiation des enfants adultérins et incestueux;
il prohibe leur reconnaissance, et il leur interdit de
rechercher leur filiation, même maternelle. Quant à la
recherche de la paternité, elle est toujours défendue. Que
cette défense constitue un statut personnel pour les enfants
qui sont nés de parents français, cela n'est point douteux.
Pour ces malheureux enfants, l'état consiste à n'en pas
avoir; leurs parents ne peuvent pas leur en donner un,

_____

(1) Voyez le tome IV de mes *Principes de droit civil*, p 30, n° 15.

en les reconnaissant en pays étranger, et les enfants ne pourraient pas rechercher leur filiation, ni paternelle ni maternelle, en formant une action devant les tribunaux d'un autre pays, où la recherche serait admise. Le tribunal étranger devrait refuser de recevoir une demande pareille, puisqu'il doit juger d'après la loi nationale du demandeur, loi qui lui interdit de porter une action en justice tendante à être reconnu, si le résultat de la recherche doit être qu'il sera enfant adultérin ou incestueux. En tout cas, s'il admettait la recherche, le jugement n'aurait aucun effet en France, car la loi française ne saurait reconnaître une décision judiciaire qui serait en opposition avec une prohibition d'intérêt public qu'elle établit.

Que faut-il dire de la recherche qu'un enfant adultérin ou incestueux étranger porterait devant un tribunal français, en vertu de son statut national? La question est de savoir si les articles 335 et 342 forment un statut réel qui domine le statut personnel de l'étranger. Si l'on s'en tient aux motifs pour lesquels les auteurs du code civil ont prohibé la reconnaissance volontaire et forcée des enfants adultérins et incestueux, il est difficile de ne pas admettre que la prohibition est fondée sur un intérêt de moralité. Je vais citer les discours des orateurs du gouvernement et du Tribunat; ils ne laissent aucun doute sur l'esprit de la loi; j'y ajouterai mes critiques, ma conviction étant que le législateur français s'est trompé.

Bigot-Préameneu dit dans l'*Exposé des motifs* (1) : « La reconnaissance des enfants adultérins et incestueux serait, de la part du père et de la mère, l'aveu d'un crime. » S'il en était ainsi, il faudrait dire qu'elle est illicite dans son essence, sans qu'il y ait à distinguer si l'enfant est étranger ou indigène, de même que le mariage incestueux ou bigamique est réprouvé d'une manière absolue. Mais la comparaison entre le mariage et la reconnaissance prouve précisément l'erreur que je reproche au code français. La bigamie est un crime et l'inceste est un délit moral; mais

_____

(1) Locré, t. III, p. 94, n° 35 (édition de Bruxelles).

la naissance de l'enfant par elle-même n'est pas un crime, quand même les rapports entre ses père et mère seraient illicites. Je répète que la naissance est un fait providentiel, un mystère. C'est Dieu qui appelle l'enfant à la vie, et en le faisant naître d'un inceste ou d'une union adultérine, il donne néanmoins charge d'âme aux père et mère, il leur impose le devoir d'élever l'enfant, donc il donne un droit à l'enfant. Tout devoir doit être rempli, sans qu'il y ait à considérer la cause qui l'a produit. Et le devoir implique un droit corrélatif; si le père a le devoir d'élever son enfant, l'enfant doit avoir le droit de forcer son père à remplir ce devoir : le devoir et le droit impliquent la nécessité et, par suite, la légitimité de la reconnaissance. Comment l'accomplissement d'un devoir et l'exercice d'un droit constitueraient-ils un crime? Cela est contradictoire dans les termes.

Bigot-Préameneu ajoute : « Il faut aussi éviter le *scandale public* que causerait l'action judiciaire d'un enfant adultérin ou incestueux qui rechercherait son état dans la *preuve* du *délit* de ceux qu'il prétendrait être les auteurs de ses jours. » Sans doute, on doit éviter les scandales judiciaires; cependant la loi les autorise et les légitime, sur la plainte de l'un des époux pour adultère de son conjoint; elle donne au mari le droit de désavouer l'enfant de sa femme, en cas d'adultère, sous les conditions qu'elle détermine, et dans ce cas la filiation adultérine ou incestueuse sera légalement constatée. Enfin tous ceux qui y ont intérêt, quand même leur intérêt ne serait que pécuniaire, peuvent demander la nullité d'un mariage pour cause de bigamie ou d'inceste. Voilà bien des *scandales* que la loi autorise, et qu'elle ne saurait défendre. Pourquoi? Parce qu'elle doit admettre l'exercice de tout droit, quelque scandale qui en puisse résulter; ce serait une chose bien plus scandaleuse encore de dénier, sous prétexte de scandale, l'action en justice à ceux qui ont un droit : le respect du droit est le plus grand de tous les intérêts. Les auteurs du code civil l'ont oublié en défendant la reconnaissance volontaire ou forcée des enfants adultérins et incestueux. Leur droit est un droit absolu,

'c'est le droit à la vie physique, intellectuelle et morale ;
il n'y a pas de droit contre ce droit.

L'orateur du Tribunat est d'une violence extrême (1) ;
mais cette violence même est un fait grave, qu'il importe
de constater : « La naissance de l'enfant, quand il est le
fruit de l'inceste ou de l'adultère, est une *vraie calamité
pour les mœurs*. Loin de conserver aucune trace de son
existence, il serait à désirer qu'on en pût éteindre jusqu'au
souvenir. » Il y a de la déclamation dans ces paroles. On
ne peut empêcher d'inscrire la naissance de l'enfant sur
les registres de l'état civil, au nom de sa mère ; on ne
peut empêcher celle-ci d'élever son enfant, on ne peut
empêcher la famille de l'admettre dans son sein. L'enfant
adultérin ou incestueux sera donc reconnu de fait, dans la
famille et dans la société. La reconnaissance, loin d'être
une calamité pour les mœurs, est la réparation du crime,
autant qu'elle est possible. Lahary dit, au contraire .
« Y aurait-il rien de plus *immoral* que d'assurer la protection des lois à cet enfant *monstrueux* qui, pour quelque
aliment qu'il peut se procurer ailleurs, accuserait les auteurs de ses jours de lui avoir donné naissance par un
crime? » Que répondrait-on à l'enfant qui dirait : « Si je
réclame des aliments, c'est que je suis dans le besoin ; et
si je suis dans le besoin, c'est parce que votre loi ne me
donne ni père ni mère ; c'est que, condamné à vaga-
bonder, j'ai fait mon éducation dans la rue ; et maintenant que, par l'effet de votre loi, je ne suis bon à rien,
vous me dites d'aller chercher des aliments ailleurs ;
c'est-à-dire que vous me rendez victime de votre iniquité. »

Je critique les auteurs du code civil, mais je ne puis
pas contester qu'ils se soient inspirés d'une idée morale :
« Flétrir la violation du saint nœud du mariage, dit
Bigot-Préameneu, c'est l'honorer de la manière la plus
utile (2). » Ces paroles de l'orateur du gouvernement, aussi
bien que les déclamations de Lahary, expriment une

(1) Lahary, *Discours*, n° 34 (Locré, t. III, p. 115).
(2) Bigot-Préameneu, *Exposé des motifs*, n° 35 (Locré, t III, p. 94, de l'édition de Bruxelles).

seule et même pensée. Honorer le mariage, flétrir l'adultère et l'inceste, tel a été le but du législateur; c'est dire
que la loi est essentiellement morale. Le législateur s'est
trompé, à mon avis; il s'est fait illusion en croyant que la
flétrissure des passions criminelles serait un frein pour
ceux qui s'y livrent. C'est oublier que les passions sont
égoïstes, et il n'y en a pas de plus égoïstes que les passions criminelles ou honteuses. La loi n'a pas arrêté
l'adultère et l'inceste, et elle a contribué à démoraliser
les enfants en leur refusant tout droit, même à l'éducation. Toutefois, il faut prendre la loi telle qu'elle est. Le
législateur ayant flétri, comme l'aveu d'un *crime,* toute reconnaissance d'un enfant adultérin et incestueux, il ne saurait accorder un effet à un *fait illicite;* que la reconnaissance
soit faite à l'étranger ou en France, elle sera inopérante,
c'est un acte inexistant, et le statut personnel de l'étranger ne saurait prévaloir sur une réprobation pareille.

§ II. — *De la reconnaissance.*

255. La reconnaissance est, d'après le code Napoléon, le seul moyen de constater la filiation d'un enfant
illégitime; elle donne à l'enfant l'état d'enfant naturel et
les droits qui y sont attachés; pour mieux dire, la reconnaissance ne fait que constater l'état de l'enfant, elle
n'est pas attributive, elle est déclarative. C'est la naissance hors mariage qui donne l'état à l'enfant, et dans la
théorie du code, le fait qu'un enfant est né d'une femme
non mariée ne peut être constaté que par un acte de
reconnaissance. La reconnaissance dépend du statut personnel de l'enfant, c'est-à-dire de la loi de la nation à
laquelle appartient l'enfant naturel, et cette nationalité est
celle de son père ou de sa mère qui l'a reconnu. Des
difficultés s'élèvent dans le cas où les père et mère ont une
patrie différente; je renvoie, sur ce point, à mon Etude sur
la nationalité.

La reconnaissance formant un statut personnel, il s'ensuit que les conditions requises pour la validité de la
reconnaissance dépendent de la loi nationale de l'enfant,

laquelle se confond avec celle des père et mère. La première condition requise pour la validité de la reconnaissance, c'est la capacité de celui qui la fait. Le code civil n'en parle pas ; de là incertitude et controverse. On admet généralement que le mineur, la femme mariée, et l'interdit dans un intervalle lucide, peuvent reconnaître un enfant naturel. Le statut étant personnel, il faut décider qu'un mineur français peut valablement reconnaître un enfant naturel, dans un pays où la loi exigerait la majorité ; et que, par contre, un étranger mineur ne pourrait faire une reconnaissance en France si, d'après sa loi nationale, les mineurs sont incapables de reconnaître un enfant naturel (1).

Le code Napoléon porte, article 334 : « La reconnaissance d'un enfant naturel *sera faite* par un acte authentique, lorsqu'elle ne l'aura pas été dans son acte de naissance. » On conclut de là que la reconnaissance est un acte solennel, c'est-à-dire que l'authenticité est une condition requise parce que la reconnaissance existe aux yeux de la loi ; faite par acte sous seing privé, elle serait inexistante, et partant elle n'aurait aucun effet (C. Nap., art. 1131 et 1339) (2). L'authenticité n'est donc pas une question de forme, l'acte authentique n'est pas requis pour la preuve ; pour prouver la reconnaissance, un acte sous seing privé aurait suffi ; la forme, dans l'espèce, est substantielle. De là suit que les Français ne pourraient pas faire une reconnaissance sous seing privé dans un pays où elle ne constituerait pas un acte solennel. Notre loi hypothécaire consacre ce principe en ce qui concerne l'hypothèque ; il faut l'appliquer aussi à la reconnaissance. La reconnaissance faite à l'étranger doit donc être reçue par acte authentique ; quant aux formes qui doivent être observées pour la rédaction de l'acte, on suit la règle *Locus regit actum*. Je renvoie à mon Etude sur cet adage (3).

---

(1) Comparez Fiore, *Diritto internazionale privato*, p. 194, nos 137 et 138.
(2) Voyez mes *Principes de droit civil*, t. VI, p. 72, no 44.
(3) Voyez le tome II de ces Etudes, nos 240-244. Comparez Gand, *Code des étrangers*, p. 291, no 453 ; Fiore, *Diritto internazionale privato*, p. 198 nos 139 et 140

L'acte de reconnaissance qu'un étranger ferait en France serait régi, quant aux conditions de validité ou d'existence, par la loi nationale de l'étranger. Si cette loi n'exige pas la solennité, comme je l'ai proposé dans l'avant-projet de revision du code civil, l'acte pourrait être passé valablement sous seing privé. La solennité de la reconnaissance n'est pas un de ces statuts que l'on appelle réels, en ce sens que la loi territoriale domine la loi personnelle de l'étranger ; la société n'y a aucun intérêt ; c'est uniquement pour garantir la sincérité de la reconnaissance que l'on peut exiger l'authenticité : le droit de la société n'y est pas engagé, donc le statut de la solennité n'est pas réel de sa nature. Il y a plus. Le système du code civil n'est pas conforme aux vrais principes. Pour la mère, il n'y a pas de surprise à craindre ; si elle reconnaît son enfant, c'est en écoutant la voix du cœur et du devoir. Quant aux hommes, il faut supposer, pour qu'il y ait surprise, qu'ils sont à l'âge où la passion aveugle celui qui agit. C'est certainement l'exception ; pourquoi, en vue d'un cas exceptionnel, établir une présomption de surprise? Si réellement la reconnaissance n'est pas sincère, l'auteur de l'acte et les tiers pourront l'attaquer, et ils seront admis à faire la preuve de la surprise par témoins et par présomptions. Cela suffit pour sauvegarder tous les droits et tous les intérêts. Il y a une autre considération qui est décisive contre le système du code Napoléon. La reconnaissance de l'enfant est un devoir pour les père et mère, il faut donc la faciliter, tandis que la loi l'entrave par des formes et des frais. En définitive, la solennité est une erreur législative, sans que l'on puisse dire que cette erreur tient à des raisons d'intérêt public qui en feraient un statut réel. Cela est décisif au point de vue de la nature du statut.

256. La jurisprudence est rare en cette matière. Je rapporte le petit nombre de décisions que j'ai rencontrées. Un père reconnaît son enfant naturel en Espagne par acte sous seing privé. Sur la réclamation de l'enfant, il intervient un jugement qui constate et valide la reconnaissance. L'enfant se présente à une succession en France ; on conteste son état. Le jugement étranger est repoussé, comme ne pouvant pas obtenir force exécutoire en France, parce que la règle qui interdit la recherche de la paternité intéresse les bonnes mœurs et l'ordre public. La cour de Pau rejeta cette exception, par la raison péremptoire que le jugement qu'il s'agissait de déclarer exécutoire n'avait pas pour objet une recherche de paternité; le tribunal espagnol avait seulement validé une reconnaissance faite par acte non authentique. La cour ajoute qu'alors même que la décision aurait été portée à la suite d'une recherche de paternité, cette recherche se serait faite en Espagne, et ne devait pas se renouveler en France; qu'elle ne pouvait, par conséquent, pas blesser l'ordre public français, ni les bonnes mœurs. Enfin la cour dit que la recherche de la paternité naturelle, admise par la législation de plusieurs pays civilisés, comme par notre ancien droit, n'offense pas, par elle-même, la moralité publique, qu'elle n'a été interdite que par la crainte des scandales qu'elle entraînerait; de là la cour conclut que si nos mœurs publiques pouvaient être blessées par une procédure de ce genre pratiquée devant nos tribunaux, elles ne sauraient l'être par une décision constatant une filiation naturelle. Je reviendrai sur ces dernières considérations en traitant de la recherche de la paternité (1).

257. D'après le code Napoléon, les enfants naturels sont légitimés par le mariage subséquent de leurs père et mère, lorsque ceux-ci les ont *légalement* reconnus avant leur mariage, ou qu'ils les reconnaissent dans l'acte même de célébration (art. 331). Il n'y a d'autre reconnaissance légale que celle qui se fait par acte authentique (C. Nap., art. 334). Cette disposition reçoit-elle son application quand les enfants sont nés en pays étranger? et peuvent-ils, à défaut d'acte de reconnaissance, invoquer la possession d'état, si celle-ci est admise par la loi territoriale? Ces questions se sont présentées devant la cour de Paris; elles ont été décidées négativement. Il y a un arrêt en sens contraire de la cour de Besançon. Le *Journal du*

(1) Pau, 17 janvier 1872 (Sirey, 1872, 2, 233)

droit international privé, de M. Clunet, s'est prononcé.
pour cette dernière opinion. Je crois que la cour de Paris
a bien jugé, bien que l'arrêt soit assez mal motivé (1).

Dans l'espèce décidée par la cour de Paris, il n'y avait
aucune reconnaissance. Trois enfants naturels étaient nés
à Manille, possession espagnole, d'une mère, métisse espagnole ; l'acte de baptême du premier-né indiquait le nom
du père, Français, mais sans le consentement exprès ni
tacite du père ; les deux autres étaient déclarés nés d'un
père inconnu. La mère contracta un mariage *in extremis*
avec le Français désigné comme père, dans un acte de
baptême de l'aîné des enfants, l'acte de mariage ne contenait aucune reconnaissance des enfants. Ceux-ci se présentèrent à la succession ouverte en France. Un premier
point est certain, c'est que, dans l'espèce, il n'y avait
aucune reconnaissance légale, donc le mariage d'un
Français, quoique célébré à l'étranger, ne pouvait pas
opérer légitimation. Or, il s'agissait d'une question de
légitimation plutôt que de reconnaissance. Le mariage ne
légitime que s'il y a reconnaissance *légale*, donc authentique ; dans l'espèce, il n'y avait aucune reconnaissance,
ni authentique, ni sous seing privé, donc il ne pouvait y
avoir de légitimation. On invoquait en faveur des enfants
la possession d'état, mais la possession n'est pas une
reconnaissance légale ; en droit français, cela est d'évidence, car le code Napoléon admet la reconnaissance, et
il n'admet pas la possession d'état ; or, sans reconnaissance, il ne peut y avoir de légitimation.

La cour de Paris se borne à dire que, le père prétendu
des enfants naturels étant Français, les enfants, si leur
filiation était établie, auraient la même nationalité ; qu'ils
sont donc tenus, comme conséquence de l'action qu'ils
intentent, de se conformer aux lois du pays qu'ils réclam-
ment. Le motif est vague et insuffisant. Le mariage de la
mère des enfants naturels avait été célébré à Manille, il
était valable d'après les lois espagnoles. Ne fallait-il pas
appliquer le même principe à la filiation et à la légitima-

(1) *Journal du droit international privé*, 1877, p. 228-232.

tion? Est-ce la loi du lieu où le mariage est célébré qui détermine la légitimation, ou est-ce la loi personnelle des enfants? Telle était la ,difficulté, et elle valait la peine d'être discutée; la cour aurait, en tout cas, dû motiver sa décision.

La cour de Besançon a jugé en sens contraire. Elle admet que la légitimation, en ce qui touche la capacité des personnes, tient au statut personnel, mais les formes de la légitimation sont régies par la loi du pays dans lequel elle intervient, en vertu de la règle *Locus regit actum*. La cour dit ensuite que la reconnaissance préalable exigée par l'article 331 du code civil se rattache à la forme de l'acte, et non au fond du droit, qu'il faut donc appliquer la loi locale. Dans l'espèce, le mariage avait eu lieu dans la Californie, et il résultait de la réponse des jurisconsultes californiens, produite dans les débats, que la loi américaine se contente d'une simple possession d'état, emportant reconnaissance; or la possession d'état était constante, ce qui décidait le procès (1).

Le *Journal du droit international privé* approuve fort la distinction que la cour de Besançon fait entre la forme des actes et la capacité ou le statut personnel, et il reproche à la cour de Paris d'avoir confondu ces deux ordres d'idées. Est-il bien vrai que, dans l'espèce, il y avait lieu d'appliquer la règle qui détermine la loi des formes, *Locus regit actum?* L'adage suppose qu'un écrit est dressé, et il décide que l'écrit est valable en la forme lorsqu'il est rédigé dans les formes prescrites par la loi du pays où il est passé. S'agissait-il, dans l'espèce, d'un écrit? Non, puisqu'il n'y en avait pas, donc le statut traditionnel des formes était inapplicable. Le code Napoléon veut une reconnaissance, et cette reconnaissance doit être antérieure au mariage. Est-ce là une question de formes? Encore une fois, non. La forme, et l'adage concernant les formes, concernent la force probante de l'acte, et les conditions requises pour que l'acte fasse foi. La loi qui veut une reconnaissance préalable n'a donc rien de com-

(1) Besançon, 25 juillet 1876. (Sirey, 1879, 2, 249).

mun avec la forme, ni avec l'adage. Le code civil ne se
contente pas d'une reconnaissance quelconque, il veut
qu'elle se fasse par acte authentique. Ici, en apparence, il
s'agit d'une forme, et l'on pourrait croire que la règle traditionnelle est applicable. Mais toute forme ne concerne
pas la preuve, et l'adage *Locus regit actum* ne se rapporte
qu'à la preuve. Il y a des formes qui tiennent à la substance
du fait juridique, quand ce fait est un acte solennel ; si les
formes, dans ce cas, n'ont pas été observées, le fait juridique n'existe pas aux yeux de la loi. Est-ce la loi du lieu
où un acte est reçu qui décide si le fait juridique, contrat
ou acte, est solennel? Non, car il ne s'agit pas de formes
instrumentaires ou extrinsèques, il s'agit d'une condition
requise pour l'existence du fait juridique. Je ne continue
pas cette discussion, puisque l'arrêt de Besançon ne discute pas la question. Je renvoie à l'Etude que j'ai consacrée à cette difficile matière.

258. Le *Journal du droit international privé* (1) contient la solution d'une question qui n'a pas fait l'objet d'un
débat judiciaire, mais qui est écrite au point de vue de la
pratique : « Un Anglais peut-il reconnaître un enfant naturel en France, et quel est l'effet de cette reconnaissance? » Il y a un premier point qui est d'évidence.
Reconnaître un enfant naturel n'est pas un de ces droits
que, dans la théorie du code, on appelle *civils*, droits que
les Français peuvent exercer, tandis que les étrangers
n'en jouissent qu'à titre de réciprocité, constatée par un
traité, ou quand ils établissent leur domicile en France,
avec l'autorisation du gouvernement? A vrai dire la reconnaissance est l'accomplissement d'un devoir, le père est
moralement et juridiquement obligé de reconnaître l'enfant auquel il a donné le jour; or ce que l'on fait en vertu
d'un devoir ne s'est jamais appelé un droit civil. Si l'on
veut considérer la reconnaissance comme un droit, c'est
certes un de ces droits qui dépendent du droit des gens,
et dont toute personne a la jouissance, sans distinction
de nationalité.

(1) *Journal du droit international privé*, 1878, p. 10.

Mais la reconnaissance tient aussi au droit positif. Elle dépend, dans l'opinion générale, du statut personnel ou national. La question que je viens de poser doit donc être décidée par le droit anglais. Or, la *common-law* ne connaît pas la reconnaissance telle que la loi française et le droit commun du continent l'entendent; d'après le code civil, la reconnaissance a pour objet de constater la filiation de l'enfant, et par conséquent de lui donner un état, et les droits qui en découlent. D'après le droit anglais, les enfants naturels n'ont pas de filiation, pas même maternelle; on les appelle *filius nullius* ou *filius populi*; ils ne sont enfants de personne; s'ils sont enfants de la nation, c'est en ce sens qu'ils ont la nationalité anglaise, comme étant nés sur le sol de l'Angleterre. La *common-law* ne s'occupe des enfants naturels que pour déterminer qui doit supporter les frais de son entretien, afin d'en décharger la paroisse. C'est avant tout la mère, toujours certaine, qui est chargée de l'entretien de l'enfant illégitime; si elle n'en a pas les moyens, la loi l'autorise à contraindre le père de payer la dépense. A cet effet, elle peut s'adresser à un juge de paix, soit avant la naissance de l'enfant, soit dans l'année qui la suit, et lui indiquer le nom du père. Le juge assigne le prétendu père et la mère à la petite session (*petty session*). Si la déclaration de la mère est confirmée par d'autres témoignages, à la satisfaction de la cour, celui qui a été indiqué par la mère pourra être déclaré le père *putatif* de l'enfant; la loi ne dit point le *père*; il s'agit uniquement de trouver un père *probable* qui doive payer les frais d'entretien de l'enfant. La cour le condamne à payer chaque semaine la somme nécessaire, jusqu'à ce que l'enfant ait atteint l'âge de treize ou de seize ans. Le père putatif peut interjeter appel devant la cour trimestrielle (*quarter session*). Là le débat se renouvelle et roule toujours sur des témoignages (*testimony*) (1).

Telle étant la loi anglaise, il en faut conclure qu'un Anglais ne peut pas faire en France une reconnaissance

(1) Stephen, *Commentaries on english law*, t. II, p. 296-300.

proprement dite. En effet, d'après le droit anglais, l'enfant n'a jamais de père, il est *filius nullius*, tandis que la reconnaissance a pour objet de constater la filiation de l'enfant. Est-ce qu'une reconnaissance faite en Angleterre donnerait à l'enfant le nom du père et la qualité d'enfant naturel, avec les droits qui y sont attachés? Les légistes anglais ne posent pas même la question; ce silence est très significatif; on ne sait, en Angleterre, ce que veut dire la reconnaissance, et personne ne songe à la faire. Or, l'état est dans le domaine du législateur; il n'appartient pas aux particuliers de créer un état d'enfant naturel qui n'existe pas en vertu de la loi. Et ce que les Anglais ne peuvent faire en Angleterre, ils ne peuvent le faire en France, puisque leur statut national les y suit. Le *Journal du droit international privé* paraît être d'un autre avis. « Nous ne trouvons, dit l'auteur, dans le droit anglais, rien qui s'oppose, en principe, à l'exercice du droit de reconnaissance dans les cas où il est admis par la loi française. » Le principe ne me paraît pas exact. La loi anglaise ne connaît pas la reconnaissance; donc les Anglais ne peuvent pas invoquer leur statut personnel, ce qui décide la question. Au reste l'auteur français aboutit à peu près au même résultat que moi. L'enfant ne portera pas le nom du père; il n'a aucun droit contre lui, sauf une créance d'aliments. Il reste ce qu'il était, *filius nullius*. Est-ce là une reconnaissance? Cependant en un point je ne saurais admettre l'opinion du *Journal:* « Si la reconnaissance a lieu en France, c'est *évidemment* selon les formes françaises qu'elle doit être faite. » S'il était permis de parler d'évidence en droit civil international, je dirais que l'opinion contraire est évidente. Comment veut-on appliquer la loi française sur les formes de la reconnaissance à un acte qui n'est pas une reconnaissance? Et quand même ce serait une reconnaissance, il n'y aurait pas lieu de suivre la loi française. Le code Napoléon fait de la reconnaissance un acte solennel; or, d'après la loi nationale de l'étranger, la reconnaissance peut ne pas être un acte solennel; quelle loi faudra-t-il appliquer dans ce cas? Certainement la loi étrangère, car c'est la loi étran-

gère qui détermine les conditions requises pour l'existence
de l'acte juridique. Mais cette dernière solution est sujette
à controverse, comme tout ce qui tient à l'adage *Locus
regit actum*. Je renvoie à ce que j'en ai dit dans ces
Etudes.

259. L'effet de la reconnaissance, d'après le code
Napoléon, est de constater la filiation de l'enfant naturel;
elle ne lui donne pas d'état, elle le déclare. Il en résulte
une conséquence très importante au point de vue du droit
civil international, c'est que l'enfant suit la nationalité du
père ou de la mère qui l'a reconnu, et, partant, le statut
personnel qui y est attaché. Il prend aussi le nom du
père et de la mère qui le reconnaît. Le tribunal de la
Seine a jugé que l'enfant naturel, reconnu d'abord par sa
mère et ensuite par son père, change de nom, c'est-à-dire
que jusqu'à sa reconnaissance par le père, il n'avait
d'autre nom que celui de sa mère, et qu'à partir de sa
reconnaissance il n'a d'autre nom patronymique que celui
de son père. C'est l'opinion généralement reçue et pour le
nom et pour la nationalité. Je l'ai combattue ici même (1).
Le tribunal de la Seine ne motive pas même sa décision,
comme s'il s'agissait d'un axiome.

Dans l'espèce, il se présentait une autre difficulté que
le tribunal tranche également par une affirmation. La
reconnaissance émanait d'un père russe, mais naturalisé
Français; la mère était Française. Par quelle loi la
reconnaissance était-elle régie? Le tribunal décide que la
reconnaissance faite postérieurement à l'acte de naturalisation et les effets de cette reconnaissance sont gouvernés
par la loi française. Je ne puis discuter les motifs de
cette décision, puisque le jugement n'en donne pas. Si
l'on admet le principe que la reconnaissance déclare l'état
de l'enfant, mais ne le crée point, il faut en induire que
l'enfant né d'une mère française et d'un père russe avait,
par le fait de sa naissance, une double nationalité; il
était Français par sa mère et Russe par son père, en
supposant que la loi russe détermine la nationalité de

(1) Voyez le tome III de ces Etudes, nᵒˢ 101 et 102.

l'enfant par celle de son père, comme le fait le code Napoléon. Dans mon opinion, il n'y a aucune raison pour que
la nationalité du père l'emporte sur celle de la mère; donc
l'enfant avait deux patries, et, partant, c'était à lui d'opter.

Je laisse de côté cette difficulté, puisque le jugement ne
la soulève pas; il ne considère que la nationalité du père.
Dans l'espèce, le père avait changé de nationalité depuis
la naissance de l'enfant; et lors de la reconnaissance il
était devenu Français. En faut-il conclure avec le tribunal que l'enfant est devenu Français par la reconnaissance, et que, par suite, les effets de la reconnaissance
sont régis par la loi française? Si l'enfant était Russe par
le fait de sa naissance d'un père russe, il est resté russe,
malgré le changement de nationalité de son père; car le
père ne peut pas par son fait enlever à l'enfant la nationalité que celui-ci tient de sa naissance; tel est du moins le
principe français, et il s'agit d'une naturalisation française. Pour le décider en sens contraire, le tribunal doit
considérer la reconnaissance comme attributive de droit.
A mon avis, c'est une erreur. La reconnaissance est pour
l'enfant naturel ce que l'acte de naissance est pour l'enfant
légitime, une preuve de sa filiation; il serait ridicule de
dire qu'elle crée une filiation, c'est la nature, c'est Dieu
qui nous donne la filiation, les lois ne font que la constater; cette constatation se fait, pour les enfants naturels,
par la reconnaissance.

L'objet du litige, dans l'espèce, était de savoir si
l'enfant naturel, reconnu par un père russe, prenait son
titre nobiliaire en même temps que son nom. L'affirmative me paraît certaine, si l'on admet avec le tribunal que
la reconnaissance est gouvernée par la loi française; et
dans mon opinion elle est encore plus évidente, puisque
l'enfant tient de sa naissance sa filiation et sa nationalité.
Mais cela suppose que la loi russe consacre les principes
du droit français. Or, le tribunal affirme le contraire;
d'après la législation en vigueur dans l'empire de Russie,
dit-il, la reconnaissance des enfants nés hors mariage est
interdite; si cette interdiction est absolue, il en résulterait
que les enfants naturels n'ont ni filiation, ni nationalité.

Je n'ose pas me prononcer sur ce point, c'est pour ce motif que j'ai parlé hypothétiquement dans le cours de ce débat. Le tribunal de la Seine tire une autre conséquence de la loi russe; c'est que la reconnaissance faite en France n'a d'effet que pour l'état civil, qu'elle n'en a aucun pour l'état politique, de sorte que l'enfant prend le nom du père, mais ne prend pas son état nobiliaire; c'est l'expression du jugement (1). J'avoue que je ne comprends pas la décision. Le père de l'enfant naturel n'était plus Russe lors de la reconnaissance, il était Français; or, le tribunal pose en principe que la reconnaissance est gouvernée par la loi française; comment se peut-il qu'une reconnaissance faite par un Français soit régie par la loi russe, quant à ses effets politiques, et par la loi française, quant à ses effets civils? La reconnaissance se scinde-t-elle? La filiation se scinde-t-elle? L'état se scinde-t-il? Peut-on être tout ensemble Français et Russe?

§ III. *Recherche de la paternité.*

260. Le code Napoléon interdit la recherche de la paternité (art. 340). Pour déterminer la nature de cette prohibition et le caractère du statut, il faut voir les motifs pour lesquels le législateur français prohibe la recherche de la filiation paternelle, alors qu'il autorise la recherche de la filiation maternelle (art. 341). Si la loi admet l'enfant à rechercher sa mère, c'est parce que la maternité impose des devoirs à la mère et donne par conséquent des droits à l'enfant. Sous ce rapport, il n'y a point de différence entre la paternité naturelle et la maternité naturelle; les devoirs et les droits sont identiques, qu'il s'agisse du père ou de la mère. Pourquoi donc la loi permet-elle à l'enfant naturel de rechercher sa mère, tandis qu'elle lui défend de rechercher son père? On répond que la maternité est certaine, en ce sens qu'elle

---

(1) Jugement du tribunal de la Seine du 30 mai 1879 (*Gazette des tribunaux* du 1er juin; *Journal du droit international privé* de Clunet, 1879, p 391)

peut être prouvée avec le même degré de certitude que les faits en général; tandis que la paternité est incertaine; elle ne peut être prouvée directement. Pour les enfants légitimes, la filiation paternelle s'établit par voie de présomption; pour les enfants naturels, la présomption fondée sur le mariage fait défaut, et il n'y en a pas d'autre. Cela est trop absolu. Sans doute, on ne peut pas prouver la paternité par témoins, comme on prouve par témoins la grossesse et l'accouchement; mais de là on ne peut pas conclure que la preuve est impossible : la jurisprudence prouve le contraire.

Un homme âgé de plus de trente ans séduit une jeune fille mineure, il fait plus que lui promettre le mariage; il se présente avec sa fiancée au pied des autels et engage sa foi devant Dieu. C'était dans la Corse, pays essentiellement catholique; la jeune fille, qui se croyait mariée, devient enceinte, puis elle est abandonnée par l'infâme qui pour l'abuser s'était servi de la religion(1). Y avait-il, dans l'espèce, une ombre de doute sur la paternité? Non; cependant la loi interdit à l'enfant de rechercher son père, parce que la paternité est incertaine. L'incertitude de la paternité est une formule, mais on ne réduit pas les faits en formules. Pourquoi ne pas laisser au juge l'appréciation des faits? Quelque incertaine que puisse être la preuve, où est le danger? Si l'enfant ne l'administre pas, il sera condamné aux frais et même aux dommages-intérêts.

J'ai cité, dans mes *Principes de droit civil*, bien des cas dans lesquels la paternité était certaine en fait, par l'aveu même du père, et néanmoins l'enfant ne pouvait pas s'en prévaloir pour rechercher la paternité, parce que la loi lui interdit toute recherche, et qu'elle n'admet d'autre aveu qu'un acte de reconnaissance authentique. Ainsi, en fait, la paternité est *certaine,* et néanmoins la loi en interdit la recherche parce qu'elle est *incertaine.* Il y a contradiction dans les termes. Il faut laisser là l'incertitude de la preuve, elle témoigne contre la loi.

(1) Bastia, 3 février 1834 (Sirey, 1834, 2, 355).

Nous allons entendre les auteurs du code civil. Lahary, le rapporteur du Tribunat, s'élève avec violence contre la recherche de la paternité, au nom des bonnes mœurs : « Combien une loi qui prohibe la recherche aurait puissamment influé sur nos mœurs, il y a un demi-siècle! Et pourquoi faut-il que nous ayons à regretter qu'elle n'ait été promulguée que de nos jours? Mais, quoique tardive, elle n'en opérera pas moins les heureux résultats qu'on en doit attendre, puisque l'effet des bonnes lois est d'amener insensiblement les bonnes mœurs (1). » Je constate le motif sans l'approuver. On suppose que les femmes deviendront plus réservées quand elles sauront qu'elles n'ont aucune action contre le père des enfants auxquels elles donnent le jour. N'est-ce pas une illusion à laquelle les faits donnent un démenti? Les mères naturelles sont égarées les unes par la passion ou la séduction, et les autres espèrent que le mariage finira par légitimer les relations coupables qu'elles contractent. Que la recherche de la paternité soit admise ou interdite, les passions et les spéculations seront toujours les mêmes.

Ce sont les abus de l'ancienne jurisprudence qui ont engagé les auteurs du code à interdire la recherche de la paternité. On a singulièrement exagéré ces abus. Je me borne à transcrire ce qu'en ont dit les orateurs du gouvernement et du Tribunat, afin de faire comprendre les motifs de l'interdiction que prononce l'article 340. Bigot-Préameneu dit, dans l'*Exposé des motifs* : « L'homme dont la *conduite était la plus pure*, celui qui avait *blanchi dans l'exercice de toutes les vertus*, n'était pas à l'abri de l'attaque d'une *femme impudente* ou d'*enfants* qui lui étaient *étrangers*. Ce genre de *calomnie* laissait toujours des traces affligeantes (2). » On peut punir la calomnie; mais de ce qu'il y a des calomniateurs, on ne doit pas induire que toutes les actions en recherche de paternité sont calomnieuses, et surtout la crainte de la calomnie n'est pas une raison pour interdire l'usage d'un droit, le plus sacré de tous, puisque l'enfant le tient de sa nais-

---

(1) Lahary, *Rapport au Tribunat*, n° 38 (Locré, t. III, p. 115).
(2) Bigot-Préameneu, *Exposé des motifs*, n° 33 (Locré, t. III, p. 94).

sance, c'est-à-dire d'un fait providentiel. Duveyrier dit dans son excellent rapport au Tribunat : « A côté d'une infortunée, qui réclamait secours au nom et aux dépens de l'honneur, *mille prostituées* spéculaient sur la publicité de leurs désordres et mettaient à l'enchère la *paternité* dont elles *disposaient* (1). » Il n'est pas exact de dire qu'elles disposaient de la paternité, car elles devaient la prouver, et il appartenait aux tribunaux de repousser des demandes déhontées.

261. Telle est la doctrine du code. Qu'en faut-il conclure, en ce qui concerne la nature et le caractère de la prohibition établie par l'article 340? Il va sans dire qu'elle forme un statut personnel qui suit le Français en pays étranger. L'enfant ne pourrait donc pas rechercher son père Français dans un pays qui admettrait la recherche de la paternité. Cela n'est point douteux. Vainement dirait-il que l'action se poursuivant dans un pays étranger, les bonnes mœurs n'en auraient pas à souffrir en France. Si le jugement était exécuté en France, le résultat serait le même ; c'est que le père déclaré tel par le tribunal étranger serait réputé père en France, en vertu d'une reconnaissance forcée, alors que le code civil prohibe la recherche de la paternité. Or, un des motifs pour lesquels la loi admet les statuts personnels est précisément d'empêcher que la loi française concernant l'état ne soit éludée par les Français qui iraient faire, à l'étranger, les actes que la loi leur défend de faire en France. C'est le motif que Portalis donne en expliquant l'article 3 du code civil. Si un Français ne peut pas se marier en pays étranger, au mépris de la loi française, il n'y peut pas non plus obtenir une reconnaissance forcée, que la loi française interdit pour des motifs d'ordre public et de bonnes mœurs. Peu importe que le législateur se soit trompé ; il s'est aussi trompé, dans l'opinion des peuples protestants, en abolissant le divorce ; cela n'empêche pas que les Français, tant qu'ils conservent leur nationalité, ne peuvent divorcer dans les pays où le divorce est permis. La question

(1) Duveyrier, *Discours*, n° 38 (Locré, t. III, p. 136).

est la même pour la reconnaissance forcée, et la décision doit être identique.

262. Autre est la question de savoir si la disposition qui interdit la recherche de la paternité est une de ces lois réelles qui dominent le statut personnel de l'étranger. Il faut distinguer. On demande d'abord si l'enfant naturel étranger qui a recherché la paternité dans son pays, conformément à son statut national, peut invoquer ce jugement en France. Une première difficulté se présente : le jugement étranger qui admet la reconnaissance forcée doit-il être rendu exécutoire en France pour y produire ses effets? La question est controversée, j'y reviendrai. Je me place sur le terrain le plus défavorable à l'enfant naturel : le jugement qu'il a obtenu n'est pas reconnu en France, à moins d'être déclaré exécutoire. Les tribunaux français pourront-ils le déclarer exécutoire? J'ai dit l'objection que l'on a faite : la recherche de la paternité est contraire à l'ordre public et aux bonnes mœurs, parce qu'elle favorise la calomnie et encourage l'immoralité, donc le juge français ne peut pas plus déclarer exécutoire une recherche de paternité qu'il ne peut l'admettre lui-même. L'objection est trop absolue. Comme l'a très bien dit la cour de Pau (nº 256), la moralité publique est hors de cause. La reconnaissance forcée n'a pas eu lieu en France, elle s'est faite à l'étranger; une fois admise, elle équivaut à la reconnaissance volontaire, c'est une preuve de la filiation paternelle; or, cette preuve, pour l'enfant étranger reconnu en pays étranger, dépend de sa loi nationale, et non de la loi du pays où l'on invoque la preuve; une fois qu'elle est établie, elle doit être admise par les tribunaux français, comme ils admettent les actes de l'état civil, ou toute autre preuve constatant l'état des personnes (1).

263. Faut-il aller plus loin et décider que les enfants naturels étrangers doivent être admis à rechercher en France leur filiation paternelle conformément à leur statut national? Ici il y a doute. D'après leur statut person-

(1) En ce sens, Fiore, *Diritto internazionale privato*, p. 203, nº 142.

nel, les enfants auraient le droit de rechercher leur père,
mais la difficulté est de savoir si le statut personnel n'est
pas dominé par le statut territorial qui prohibe la recherche. La solution dépend des motifs pour lesquels le code
Napoléon interdit la recherche de la paternité. Je les ai
rapportés; il n'y a qu'une voix parmi les auteurs du code
civil sur le caractère de la défense qu'il établit; elle tend à
empêcher des actions calomnieuses, des spéculations infâ-
mes. Voilà déjà une considération qui est essentiellement
d'intérêt social. Puis le législateur espère que la prohibition de la recherche aura une influence favorable sur la
moralité publique; or, l'intérêt des bonnes mœurs, quand
il forme l'objet principal de la loi, est précisément la marque à laquelle on reconnaît les statuts réels. Cela paraît
décisif. Il y a cependant une grave objection, c'est le droit
de l'enfant naturel. En principe ce droit devrait l'emporter sur toutes les considérations, d'autant plus que les
raisons qui ont déterminé les auteurs du code civil à sacrifier le droit de l'enfant reposent sur une appréciation
erronée de l'ancienne jurisprudence ou sur des espérances chimériques : on a sacrifié le droit de l'enfant sans
que la moralité publique y ait gagné. Donc, à vrai dire,
les bonnes mœurs ne sont pas en cause. Il faut dire plutôt que la vraie morale exige que l'enfant ait une action
contre celui qu'il prétend être son père; l'interdiction absolue de la recherche est une prime accordée à la séduction et à la corruption. Qu'importe que le législateur ait
pensé le contraire, s'il est certain qu'il s'est trompé?
Les motifs de la loi jouent sans doute un grand rôle
dans l'application de la loi; ils ne sont cependant pas
la loi. Dans l'espèce, d'ailleurs, il s'agit de savoir si le
juge peut appliquer la loi étrangère; le juge doit donc
voir, non ce que le législateur français a craint ou espéré,
car ces craintes et ces espérances ne s'adressent qu'à la
France et à la nation française. La question que je discute n'a pas été prévue par les auteurs du code, c'est une
difficulté de droit civil international que le juge peut et
doit décider d'après les principes de la science, sans être
lié par ce que le législateur a voulu au point de vue exclu-

sivement français. Le juge peut donc, à la rigueur, recevoir une recherche de paternité, quand le demandeur étranger invoque une loi étrangère, et s'il le peut, il le doit, parce que la prohibition absolue du code est la violation du plus sacré de tous les droits, du droit que l'enfant tient de la nature et de Dieu. Cette dernière considération me paraît décisive. J'ajoute que mon opinion est préjugée par celle que j'ai professée sur le divorce. Si un étranger peut divorcer en France, on doit lui permettre aussi de former une action en recherche de paternité. En effet, le législateur de 1816 qui a aboli le divorce a aussi allégué, dans les termes les plus formels, la moralité, la religion, l'intérêt de la société; il s'est trompé, et l'erreur dans laquelle il a versé ne peut pas enchaîner le juge, alors qu'il doit décider une question de droit international. Il faut en dire autant de la recherche de la paternité, les deux questions se tiennent et doivent recevoir la même solution. Il y a un motif de plus, me semble-t-il, en faveur de l'enfant qui recherche son père; on peut contester le droit de divorcer; on n'a jamais nié que l'enfant ait droit à avoir un père (1).

264. La jurisprudence est contraire. J'ai déjà cité l'arrêt qui, dans ses considérants, dit que la moralité publique s'oppose à ce que les tribunaux français reçoivent une action en recherche de paternité, bien que la cour avoue que cette action n'est point par elle-même contraire à la morale (n° 250). Cet aveu est remarquable : ne doit-il pas entraîner une décision contraire quand il s'agit d'un litige international, dans lequel le juge n'est pas lié par un texte, ni par ce que législateur français a pensé? En tout cas, l'arrêt de la cour de Pau doit être écarté, parce qu'il ne décide pas la question; dans l'espèce, il y avait une reconnaissance faite dans une forme non authentique, et il n'est point douteux qu'une reconnaissance pareille soit valable si le statut personnel de l'étranger l'admet, et qu'il puisse l'invoquer en France.

(1) **En** sens contraire, Fior·, *Diritto internazionale privato*, p. 202, n°ˢ 141 et 142. Phillimore, *Private international law*, p. 386, n°ˢ 532 et 533.

Mais la question a été décidée en termes formels par la
cour de Paris, en cause du duc de Brunswick (1). L'enfant invoquait la loi allemande, qui autorise la recherche
de la paternité. La cour pose en principe que le *droit*
qui appartient aux tribunaux français d'appliquer les
lois d'un pays étranger dans certaines contestations ou
les Français sont intéressés, s'arrête devant un principe
d'*ordre public* édicté par la loi française et auquel porterait atteinte l'application d'un statut étranger. Cette formule est très vague, et en partie inexacte. Dès que le
statut de l'étranger régit le débat, c'est plus qu'un *droit*
pour le juge d'en faire l'application, c'est une obligation;
on ne conçoit pas que le juge ait la faculté d'appliquer ou
de ne pas appliquer une loi. L'*ordre public*, que la cour
de Paris invoque comme caractère distinctif du statut réel,
est une expression tellement élastique, que le juge pourrait toujours s'en prévaloir dans les questions d'état, ce
qui ferait du statut réel la règle, dans les procès qui par
leur nature dépendent du statut personnel.

   La cour fait ensuite l'application du principe à l'espèce :
« Tel est le caractère de la disposition de l'article 340 du
code civil qui a interdit la recherche de la paternité, dans
l'intérêt des bonnes mœurs et de la sécurité des familles,
pour mettre fin aux débats scandaleux que, sous l'ancien
droit, les actions de cette nature faisaient naître devant
les tribunaux. » Le motif est d'une haute gravité. J'ai
essayé d'y répondre. C'est une des questions les plus perplexes de notre science, elle demanderait une décision par
voie de traité. Dans le silence de tout acte législatif, les
tribunaux seront toujours enclins à appliquer la loi territoriale, quand les auteurs mêmes de la loi se sont prononcés sur le caractère moral qu'ils y attachent. La cour
ne tient aucun compte du droit de l'enfant; en effet, ce
droit serait dominé par le droit de la société, si ce droit
était aussi certain que la cour semble le croire; mais cela
est plus que douteux. Ma conviction est que les auteurs
du code se sont trompés. Le droit commun de l'Europe

_____

(1) Paris, 2 août 1866 (Sirey, 1866, 2, 342).

s'est prononcé en faveur du droit de l'enfant. Et peut-on dire que les nations s'accordent à admettre une action que la morale repousse? La France et les nations qui ont adopté son code auraient-elles le monopole de la morale?

265. Il se présentait dans l'affaire jugée par la cour de Paris une autre difficulté. La fille naturelle du duc de Brunswick s'était mariée et était devenue Française par son mariage. Pouvait-elle encore invoquer son statut étranger? Il est certain qu'en changeant de nationalité elle avait changé de statut. Mais le changement de nationalité n'a jamais d'effet rétroactif, il ne porte pas atteinte aux droits acquis, antérieurs à la naturalisation. Le droit de l'enfant naturel de rechercher la paternité est-il un droit acquis? D'après les principes que l'on admet généralement en droit français, l'état est toujours dans le domaine du législateur; la loi peut donc le modifier, sans que l'on puisse dire qu'elle rétroagit. Ainsi celui qui est majeur à vingt et un ans, d'après le code civil, redeviendrait mineur si une loi nouvelle fixait la majorité à vingt-trois ans, comme l'a fait le code des Pays-Bas. Par identité de raison, il faut décider que l'enfant n'a pas un droit acquis à la recherche de la paternité, en vertu de la loi qui l'autorise, si une loi nouvelle l'interdit. Cela est aussi fondé en raison. Si le législateur prohibe la recherche qu'une loi ancienne admettait, c'est parce qu'il estime que cette action est scandaleuse et immorale; or, la loi peut-elle jamais légitimer un fait qui est contraire aux bonnes mœurs? Cela est contradictoire dans les termes; le législateur qui autoriserait une action qu'il juge scandaleuse et immorale se rendrait lui-même coupable d'immoralité. Vainement l'enfant invoquerait-il son droit, il ne peut pas y avoir un droit à faire une chose immorale. Si le législateur s'est trompé en permettant la recherche, il doit avoir la faculté de redresser son erreur. Cela est de l'essence du pouvoir législatif; le droit de la société domine le droit de l'individu, or, le droit le plus essentiel de la société, disons mieux, son devoir est de sauvegarder la morale, puisque c'est le fondement sur lequel elle repose. Si une loi nouvelle peut enlever à l'enfant le droit

que lui donnait une loi ancienne de rechercher la paternité, il s'ensuit que le changement de statut produit le
même effet. Merlin en a fait la remarque, dans l'une et
l'autre hypothèse, il s'agit de savoir si le droit est acquis;
et dès qu'il ne l'est pas, c'est le nouveau statut qui doit
recevoir son application, de même que c'est la loi nouvelle
qui régit tous les droits que l'on exerce sous son empire,
à moins que ces droits ne soient entrés dans le domaine
des particuliers; or, peut-on dire qu'un droit d'état soit
dans notre domaine?

La cour de Paris a décidé la question en un sens contraire. Elle pose en principe que le fait de la naissance
donne à l'enfant un droit irrévocable, quoique éventuel,
contre son père. Sans doute, la naissance donne à l'enfant
une filiation, et tous les droits qui y sont attachés; mais
c'est au législateur de déterminer comment la filiation
s'établit. D'après l'ancienne loi française, l'enfant pouvait
rechercher la paternité; il ne le peut plus d'après le code
civil. Si le droit de l'enfant est déterminé par la loi qui
est en vigueur lors de sa naissance, il faudra dire que le
législateur, tout en interdisant la recherche comme contraire aux bonnes mœurs et à l'ordre public, est néanmoins tenu d'autoriser une action qui compromet les
bases de la société. N'est-ce pas le cas de dire qu'il n'y a
point de droit contre le droit? Or, si une loi nouvelle peut
et doit rétroagir, en matière d'état, il en doit être de
même du nouveau statut qui est la conséquence du changement de nationalité, puisque ce statut est, en réalité,
une loi nouvelle qui prend la place de la loi d'origine.

Cette question a de grandes difficultés, comme tout ce
qui se rattache au principe de la non-rétroactivité des
lois. M. Bertauld s'est prononcé pour l'opinion consacrée
par la cour de Paris : « Il n'y a *bien évidemment*, dit-il,
que la loi qui a présidé à la constitution, au développement de la condition civile, à l'organisation de la famille,
à la formation de ses liens, qui puisse fixer la qualité de
chaque personne (1). » Sans doute, si la loi *fixe* la condi-

(1) Bertauld, *Questions pratiques et doctrinales de code Napoléon.*

tion de l'enfant naturel, lors de sa naissance, il a un droit
à la filiation que la loi lui reconnaît, et ce droit ne peut
plus lui être enlevé par une loi nouvelle, ni par un changement de statut. Il en serait ainsi si la filiation était
constatée par l'acte de naissance; cette constatation est
définitive et irrévocable, de même que si le père avait
reconnu l'enfant. Mais la faculté de rechercher la paternité n'est pas une fixation de l'état de l'enfant; elle autorise seulement une action, et le tribunal peut ne pas
reconnaître à l'enfant la filiation qu'il réclame. Rien n'est
donc fixé, tout dépend de l'appréciation du tribunal. Sans
doute, si le juge admet la recherche, et s'il déclare que
l'enfant a pour père l'homme qu'il a recherché comme tel,
cette déclaration, comme toute reconnaissance, remontera
au moment de la naissance; en ce sens il est vrai de dire
que la condition de l'enfant est déterminée lors de sa
naissance. Mais là n'est pas la difficulté, dans l'espèce;
il s'agit de savoir si le tribunal peut recevoir une preuve
de la filiation qu'une loi nouvelle ou un nouveau statut
rejette, et que l'ancienne loi ou le statut d'origine admettait. Cette question doit se décider par le principe de la
rétroactivité; elle revient à demander si l'état forme un
droit acquis, et notamment si une action éventuelle que
la loi nouvelle ou le nouveau statut considèrent comme
immorale peut néanmoins être intentée, à titre de droit
acquis. Ainsi posée, la question doit, à mon avis, être
décidée négativement.

La question s'est présentée dans une cause célèbre,
celle de la comtesse Lambertini contre les héritiers du
cardinal Antonelli, mais elle n'était qu'accessoire dans le
procès; pour mieux dire, elle est tranchée par le code
italien. On opposait à la demanderesse le principe que les
lois sur l'état des personnes sont rétroactives de leur
nature; or, le nouveau code rejette la preuve de la paternité, tandis que l'ancien droit l'admettait. Le tribunal de
première instance, qui s'est montré favorable à la
demande, répond qu'une disposition transitoire (art. 7),
déclarait inapplicable aux enfants nés ou conçus avant la
publication du code italien, l'article 189, qui prohibe la

recherche de la paternité. D'après cette disposition, la comtesse Lambertini aurait dû être admise à la recherche de sa filiation paternelle. Mais sa demande échoua contre d'autres dispositions du code. Elle était inscrite dans le registre de baptême comme enfant légitime, et l'on soutenait qu'elle avait aussi la possession d'état d'enfant légitime, dès lors il y avait lieu de lui appliquer l'article 173, aux termes duquel nul ne peut réclamer un état contraire à celui que lui donne son acte de naissance d'enfant légitime et la possession conforme à cet acte. Il est vrai que l'article 174 admet une exception dans le cas où l'enfant a été inscrit sous de faux noms, ou s'il y a eu une supposition de part, et la comtesse soutenait qu'elle se trouvait dans le cas de l'exception. La cour d'appel et la cour de cassation décidèrent que la demanderesse ne pouvait pas invoquer le bénéfice de cette disposition, parce qu'elle n'est applicable qu'à l'enfant qui recherche sa filiation légitime. Ceci est le côté faible des arrêts qui ont repoussé l'action. Je renvoie le lecteur au savant mémoire de l'avocat-député Mancini; je ne suis en désaccord avec lui que sur un point, la rétroactivité des lois d'état personnel; nourri dans cette doctrine, dès mes études universitaires, j'ai toujours enseigné que les lois qui règlent l'état rétroagissent. Je regrette que je ne puisse discuter ici la question, ne fût-ce que pour témoigner ma haute considération pour l'illustre jurisconsulte dont je m'honore d'être l'ami. Sur le point décisif du procès, je suis d'accord avec lui contre la cour de cassation de Rome (1).

§ IV. *De la filiation adultérine et incestueuse.*

266. En exposant les principes généraux qui gouvernent cette difficile matière, j'ai dit (n° 254) que les dispositions du code Napoléon qui prohibent la reconnaissance volontaire ou forcée des enfants adultérins ou incestueux forment un statut réel, lequel domine toujours le statut

(1) Voyez une analyse des jugements rendus dans cette célèbre affaire dans le *Journal du droit international* de Clunet, 1880, p. 108-119.

personnel de l'étranger. De là ces graves conséquences que non seulement ces enfants ne peuvent être reconnus en France, ni y rechercher leur filiation, soit maternelle, soit paternelle, mais que la reconnaissance volontaire ou forcée, qui aurait eu lieu en pays étranger, ne pourrait être invoquée devant les tribunaux français (1). N'y a-t-il pas contradiction entre cette opinion et celle que je viens de proposer sur la recherche de la paternité naturelle? A première vue on pourrait le croire. Le texte du code Napoléon n'établit aucune différence entre les deux hypothèses. Quand il s'agit des enfants adultérins et incestueux, le code dit : « La reconnaissance ne pourra avoir lieu au profit des enfants nés d'un commerce adultérin ou incestueux » (art. 335); et l'article 342 porte : « Un enfant ne sera *jamais* admis à la recherche, soit de la paternité, soit de la maternité, dans les cas où, suivant l'article 335, la reconnaissance n'est pas admise. » Quand la loi parle de la filiation paternelle des enfants naturels, la prohibition est tout aussi absolue : « La recherche de la paternité est interdite » (art. 340). Si l'on consulte les motifs de ces dispositions prohibitives, ils paraissent identiques : les orateurs du gouvernement et du Tribunat invoquent les bonnes mœurs, ils crient au scandale, quand ils parlent de la recherche de la paternité, aussi bien que lorsqu'ils parlent des enfants adultérins et incestueux ; l'exagération de leur langage est la même. Si, malgré ces motifs, j'ai admis que l'article 340 ne forme pas un statut réel, n'est-ce pas une contradiction de dire que les articles 335 et 342 forment un statut réel, qui l'emporte sur le statut personnel de l'étranger? Que si l'on tient compte du droit des enfants naturels, comme je l'ai fait, ne faut-il pas tenir compte aussi du droit des enfants nés d'un commerce adultérin ou incestueux? Le droit est identique, comme la réprobation dont le code frappe les malheureux enfants qui veulent l'exercer. Il semble donc que la décision doit être identique, et que dans l'un et l'autre cas, il y a un intérêt social en cause qui domine le

(1) Comparez, dans le même sens, Bertauld, *Conflit des lois françaises et des lois étrangères*, n° 26 (*Questions de code Napoléon*, t. 1er, p. 26).

droit de l'enfant et qui rend le statut réel ; ou il faut admettre, à raison du droit de l'enfant, que, dans les deux hypothèses, il peut invoquer son statut personnel.

267. Il y a des différences entre la situation de l'enfant naturel simple et la condition de l'enfant adultérin et incestueux. De ceux-ci la loi dit qu'ils naissent d'un commerce adultérin et incestueux (art. 335) ; et les orateurs qui ont exposé les motifs du code civil disent que ce commerce est un crime, ou un fait honteux dont l'infamie est peut-être plus grande que celle qui est attachée à un délit -criminel. Le législateur ne veut pas que l'infamie qui souille une famille soit mise au grand jour par une reconnaissance volontaire ou forcée : il n'admet pas que l'on constate son infamie par un acte public ; la loi veut qu'on la cache et qu'on l'ensevelisse dans le silence du remords. Le fait d'une paternité naturelle, quoiqu'il soit le résultat de relations illicites, n'a rien d'infamant dans nos mœurs ; il ne souille pas la famille ; la reconnaissance de l'enfant est une première réparation du mal, et elle est souvent suivie d'une réparation plus éclatante ; le mariage subséquent des père et mère efface la tache de la naissance, et met l'enfant légitimé sur la même ligne que l'enfant légitime. Tandis que, pour le commerce adultérin et incestueux, il ne peut y avoir de réparation ; on ne légitime pas l'adultère ni l'inceste : l'histoire a frappé de sa réprobation la légitimation qu'un roi qualifié de Grand par ses flatteurs accorda à ses bâtards adultérins, en rendant la justice complice de cet outrage à la morale publique. Louis XIV, le roi aux trois reines, eut beau légitimer ses bâtards, et faire enregistrer les lettres par le parlement, la conscience universelle protesta contre ce mépris des lois et des mœurs.

Pourquoi la loi interdit-elle la recherche de la paternité? La cour de Pau dit avec raison que cette recherche n'a par elle-même rien de contraire aux bonnes mœurs; la reconnaissance forcée n'est pas plus immorale que la reconnaissance volontaire. On permet à l'enfant de rechercher sa mère ; en principe, il est certain que l'enfant devrait aussi avoir le droit de rechercher son père, car le

droit et le devoir sont identiques. Voilà une différence
essentielle, dans le système de la législation française,
entre la recherche de la paternité et la reconnaissance
volontaire ou forcée d'un enfant adultérin ou incestueux :
la loi n'admet pas que le crime engendre un droit, et elle
met les relations qui révoltent la nature sur la même
ligne que le crime. Aussi voyez quelle énergie elle met à
repousser la recherche d'une filiation adultérine ou incestueuse; l'enfant né d'un commerce criminel ou infâme *ne
sera jamais admis* à la recherche de la paternité et de la
maternité. Le code civil dit aussi que la recherche de la
paternité est interdite à l'enfant naturel simple, mais
pourquoi la prohibe-t-elle, alors qu'elle admet la recherche
de la maternité? C'est uniquement à raison de l'incertitude et des scandales de la preuve; si le père était certain comme la mère est certaine, le législateur aurait
admis la recherche de la filiation paternelle, comme il
admet la recherche de la filiation maternelle. Voilà une
preuve évidente que l'article 340, en interdisant la recherche de la paternité, n'a pas en vue de sauvegarder la
moralité publique. Si les bonnes mœurs s'opposaient à la
recherche, la loi aurait dû prohiber toute recherche d'une
filiation naturelle, elle aurait même dû défendre la reconnaissance volontaire. Donc la moralité publique est hors
de cause. Tandis que la prohibition absolue de toute
reconnaissance volontaire ou forcée des enfants nés d'un
commerce adultérin et incestueux prouve que l'intérêt
de la morale a inspiré la rigueur de la loi. Cela est décisif.

Vainement dirait-on que le législateur s'est trompé; il
suffit que sa volonté soit certaine, pour que l'interprète
soit tenu de la respecter. Or, dans l'espèce, les orateurs
du gouvernement et du Tribunat sont unanimes à réprouver, au nom de la morale, toute reconnaissance d'un
enfant adultérin ou incestueux; l'exagération même de
leur langage témoigne pour l'horreur que leur inspire le
commerce criminel ou infâme qu'ils réprouvent avec une
violence extrême. Sans doute les motifs ne sont pas la loi,
mais ici les motifs se sont incarnés dans la loi. C'est la

différence qui existe entre l'abolition du divorce et la prohibition de toute reconnaissance d'une filiation adultérine
ou incestueuse. Les déclamations qui ont retenti au sein
de la chambre introuvable de 1816 ne doivent pas être
confondues avec la loi : celle-ci était fondée uniquement
sur un préjugé religieux, et ce préjugé devenait une loi
pour l'Etat dans la charte de 1814, qui déclarait la religion catholique religion de l'Etat; or les préjugés ont disparu, ils ne sont plus écrits dans la Constitution, donc
l'interprète n'est plus lié par les motifs qui ont entraîné le
législateur. On ne peut pas en dire autant des articles
335 et 342; les motifs qui ont dicté les prohibitions sont
empreints dans le texte, et il n'est jamais permis à l'interprète de se mettre au-dessus du texte, quand même il
serait certain que le législateur s'est trompé : *Non de
legibus, sed secundum leges judicandum.*

§ V. — *Effets de la reconnaissance. Droits des enfants
naturels.*

268. La législation française sur les enfants naturels
est mauvaise à tous égards. Elle ne tient aucun compte
du droit de l'enfant, et c'est cependant ce droit qui domine
dans la matière de la filiation. Qu'importe qu'un enfant
doive le jour à des relations immorales, criminelles
même ou honteuses? Cela regarde les parents, il faut les
punir, s'il y a lieu ; mais les enfants ne sont pas les com-
plices de la faute ou de l'infamie de leurs père et mère ;
s'ils naissent naturels, adultérins ou incestueux, c'est un
fait providentiel que le législateur doit accepter; il ne
peut pas dénier une filiation à ceux que Dieu fait naître,
parce qu'en les appelant à la vie Dieu leur donne des
droits qu'aucun législateur ne saurait méconnaître. Eh
bien, le code civil les a méconnus. Il a poussé, je ne sais
s'il faut dire la rigueur ou l'indifférence, jusqu'au point de
ne rien dire du droit des enfants naturels à l'éducation (1);
il a fallu que les interprètes fissent violence aux textes,

(1) Voyez mes *Principes de droit civil*, t. III, p. 57, n° 40.

pour leur faire dire ce qu'ils ne disent point, que les père et mère naturels sont obligés d'entretenir et d'élever leurs enfants. Et à quoi sert ce devoir aux enfants, puisque la loi leur défend de rechercher leur père, et qu'ils ne peuvent rechercher leur mère que sous des conditions telles, que la reconnaissance forcée dépend de la volonté de la mère. Singulière obligation que le débiteur est libre de ne pas remplir! Quant aux enfants adultérins et incestueux, la loi ne leur accorde rien qu'une créance alimentaire qui s'ouvre à la mort de leurs parents et qui leur tient lieu de droit héréditaire; mais ce droit même est une dérision, puisque la loi prohibe en termes absolus toute reconnaissance volontaire ou forcée des malheureux enfants qui doivent le jour à des relations adultérines ou incestueuses. Il a fallu de nouveau que les interprètes fissent violence aux textes pour donner aux enfants un droit aux aliments, comme si la loi pouvait refuser le droit de vivre à ceux que Dieu appelle à la vie. Toute cette législation est à refaire, et ce serait presque une honte pour le législateur d'avoir tardé pendant près d'un siècle à la reviser, si l'on ne tenait compte des circonstances politiques et des préoccupations qui en résultent. Je laisserai de côté, pour le moment, les droits héréditaires des enfants naturels, j'y reviendrai en traitant des Donations et Testaments. Il y a un droit qui, à mon avis, a bien plus d'importance, c'est le droit à l'éducation.

269. Le principe même d'où part le législateur français est faux, c'est que l'enfant naturel n'a point de famille, autre que le père ou la mère qui le reconnaissent. N'est-il pas reconnu, il est un être sans droit, sans famille aucune, sans patrie même. Cela est logique, mais la logique porte malheur aux mauvaises causes; dans l'espèce, elle dévoile tout ce qu'a d'inique le principe qui conduit à de pareilles conséquences. Il n'y a pas deux filiations, l'une pour les enfants légitimes, l'autre pour les enfants naturels, il n'y en a qu'une. Ou qu'on veuille bien me dire s'il y a deux manières de venir au monde? Donc l'enfant naturel devrait avoir, quant à sa filiation, les mêmes droits que l'enfant légitime; tandis que, dans la doctrine du code

Napoléon, l'enfant naturel n'a de filiation que par la reconnaissance, et toute reconnaissance, même celle que l'on appelle forcée, dépend de la volonté des père et mère; pour le père, il ne peut même pas y avoir de recherche, et si l'enfant a le droit de rechercher sa mère, c'est à condition que celle-ci lui ait donné un commencement de preuve par écrit, ce qu'elle peut ne pas faire. De là le principe que la filiation de l'enfant naturel dépendant uniquement de la reconnaissance, il ne peut y avoir de lien de parenté qu'entre les père et mère et l'enfant qu'ils ont reconnu. Notre ancien droit flamand était bien plus juste : il disait qu'il n'y a point de bâtard de par sa mère. La raison en est que la mère est certaine, et quand la maternité est constante, où est la différence entre la filiation légitime et la filiation naturelle? C'est le sang qui constitue la famille, et y a-t-il par hasard un sang naturel et un sang légitime? Et le sang naturel s'arrête-t-il à la mère? De sorte qu'il n'y aurait aucun lien entre la mère et le père de celle qui a donné le jour à un enfant et cet enfant! Quoi! les aïeux viendront dire : « Cet enfant nous est étranger, nous ne lui devons rien, pas même l'entretien; il est bien vrai que c'est notre sang qui coule dans ses veines, mais ce sang a changé de nature ; de légitime qu'il était, il est devenu naturel. Que cet enfant meure de faim, ou ce qui est pire, qu'il n'ait point le pain de vie de l'âme, cela est malheureux, mais cela ne nous regarde pas. » De son côté, l'enfant naturel peut dire à la mère de sa mère : « Femme, je ne vous connais pas, je ne vous dois rien. Vous m'avez élevé, nourri, entretenu; cela est très généreux, mais vous n'y étiez pas tenue; car je ne suis pas votre petit-fils, quoique je sois le fils de votre fille; votre sang coule dans les veines de ma mère, mais il ne coule pas dans les miennes; je n'ai pas de grand'mère; donc je ne lui dois rien. » Ainsi jugé par la cour de cassation de France; la reconnaissance faite par le père ou la mère leur est personnelle et elle ne peut produire d'obligation que contre eux, d'après la maxime immuable qui veut qu'on ne soit pas lié par le fait d'autrui. On ne peut par conséquent étendre les effets de la

reconnaissance aux parents du père et de la mère, qui y
sont étrangers, pour en faire dériver contre eux une obligation que la loi ne reconnaît pas (1). » On ne peut mieux
raisonner ; la cour a parfaitement jugé, mais sa décision
témoigne contre le législateur. Les sauvages seraient
plus humains, et ils ne laisseraient pas sans pain ceux
qui sont le sang de leur sang.

270. Telle est la loi française. Qu'elle forme un statut
personnel qui suit les Français en pays étranger, cela
n'est point douteux. Le statut de la filiation étant personnel, les effets qui y sont attachés doivent avoir le même
caractère. Je suppose que la loi étrangère reconnaisse
une famille à l'enfant naturel dont la filiation est constante, l'enfant pourrait-il réclamer contre ses ascendants
le droit aux aliments, et s'il y a lieu, les dépenses d'éducation, droits que la loi territoriale accorde aux enfants
illégitimes? Non, car il est régi par la loi française,
d'après laquelle il n'a point de famille.

271. Autre est la question de savoir si le principe que
l'enfant naturel n'a point de famille est une de ces lois
que l'on appelle réelles, et qui obligent tous les habitants
du territoire. Il me paraît certain que l'enfant étranger
aurait action en France contre ses ascendants étrangers,
si sa loi nationale le fait entrer dans la famille de ses
père et mère. On ne pourrait pas lui opposer que la loi
française ne reconnaît pas de famille à l'enfant naturel, et
que cette loi forme un statut réel, parce qu'elle intéresse
les bonnes mœurs, l'honneur dû au mariage ne permettant pas de mettre la parenté naturelle sur la même ligne
que la parenté légitime. Je réponds qu'il ne suffit point
que l'honneur du mariage soit intéressé dans un débat,
pour que par cela seul le statut devienne réel; sinon
toutes lois qui concernent l'état seraient réelles, car elles
dépendent directement ou indirectement du mariage. Il
ne suffit même pas que les bonnes mœurs soient enga-
gées, on pourrait dire de toute loi qu'elle a pour objet
direct ou indirect les bonnes mœurs; il faut qu'il soit bien

(1, Cassation, 7 juillet 1817 (Sirey, 1817, 1, 343)

v.   36

certain que le législateur a eu en vue la moralité publique, et que, par suite, la moralité serait compromise, si on n'appliquait point la loi territoriale. Or, dans l'espèce, il n'y a pas même de texte, et l'on pourrait tout au plus invoquer l'esprit de la loi, alors qu'il faudrait une déclaration positive de la volonté du législateur. Cela me paraît décisif. Que le législateur français ait voulu honorer le mariage en méconnaissant les droits des enfants naturels, cela est certain; mais ce vague motif ne saurait être opposé aux étrangers qui invoquent leur statut national; il n'y a pas un seul législateur qui n'honore le mariage, chacun le fait à sa façon, et chacun doit respecter ce que font les autres. C'est la raison pour laquelle j'ai émis l'opinion que les conditions requises pour la validité du mariage que des étrangers contractent en France dépendent de la loi étrangère, et que l'on ne peut imposer aux futurs époux les règles de la législation française que si ces règles ont été portées en vue de la moralité publique. J'applique la même distinction à la filiation naturelle. Il y a des dispositions du code français qui ont évidemment été dictées par la préoccupation, peut-être excessive, de la moralité. Telle est l'interdiction de toute reconnaissance de la filiation adultérine et incestueuse; il en résulte que le statut est réel; j'ai accepté la conséquence du principe, tout en protestant contre le principe. Mais quand il s'agit du droit aux aliments, il n'y a ni texte, ni déclaration du législateur d'où l'on puisse induire que la loi a entendu imposer à tous ceux qui habitent le territoire le principe d'après lequel l'enfant naturel n'a point de famille; partant ce statut n'a point le caractère de réalité.

Que faut-il décider du statut qui reconnaît une famille à l'enfant naturel, conformément à notre ancien droit? Il n'y a point de bâtard de par sa mère, parce que la maternité est certaine; dès lors l'enfant naturel doit avoir une famille aussi bien que l'enfant légitime. En effet, son état ne résulte pas de la reconnaissance, laquelle n'est que l'un des modes de constater la filiation; celle-ci peut être constatée, indépendamment de toute reconnaissance : par l'acte de naissance, au moins quant à la filiation maternelle : par

la possession d'état, sans distinction entre la maternité et
la paternité : par la preuve testimoniale, ou la recherche,
sauf à déterminer les cas dans lesquels elle sera admise,
et les preuves que l'enfant aura à faire. Donc il est faux
de dire que la filiation naturelle n'établit de lien qu'entre
les père et mère et l'enfant. Je suppose que l'enfant naturel naisse en pays étranger d'une mère française, le nom
de celle-ci est déclaré dans l'acte de naissance ; donc la
filiation est constante. En faudra-t-il conclure que l'enfant entrera dans la famille de la mère ? Non, la question
de savoir si l'enfant naturel a une famille dépend du
statut personnel ; or d'après la loi française, l'enfant
n'entre pas dans la famille de son père ou de sa mère ;
cela est décisif. On ne peut pas objecter que la loi territoriale doit l'emporter, dans l'espèce, sur la loi personnelle,
parce qu'elle est d'ordre public, car si elle est d'ordre public en ce sens qu'elle concerne l'état des personnes, elle
n'est cependant pas d'intérêt général ; la société étrangère
n'est pas intéressée à régler l'état des étrangers. Dans
l'espèce, l'application de la loi étrangère serait favorable
a l'enfant naturel, mais elle pourrait aussi lui être défavorable. Si l'enfant naissait d'une mère française, en Angleterre, et si on lui appliquait la *common-law*, il n'aurait
aucune filiation, il serait *filius nullius*, ou *filius populi*,
et n'aurait d'autre droit qu'une créance alimentaire. La
société anglaise n'est certes pas intéressée à ce que l'enfant naturel d'une étrangère n'ait aucune filiation ; dès lors
il faut écarter le statut territorial, sans considérer s'il est
défavorable ou favorable ; ce n'est pas la faveur ou la
défaveur qui détermine la personnalité ou la réalité d'une
loi ; du temps des glossateurs on faisait cette distinction ;
elle est abandonnée depuis longtemps, parce qu'elle n'a
rien de commun avec la nature des lois personnelles ou
réelles. Dans l'opinion que je défends dans ces Études,
toute loi est personnelle quand elle est d'intérêt privé, et
la personnalité ne cède à la réalité que dans les cas ou il y
a un droit de la société engagé dans le débat. Cela me
paraît décisif. J'en conclus que l'enfant naturel né d'une
Française à l'étranger sera régi par la loi française, de

même que l'enfant naturel né d'une femme étrangère en
France ou ailleurs, sera régi par sa loi nationale; sa condition sera plus favorable, si sa loi personnelle lui donne
une famille; elle sera moins favorable si, d'après sa loi
nationale, il n'a pas de filiation, de sorte que l'enfant naturel d'une Anglaise sera en France *filius nullius*.

272. Ces anomalies ne disparaîtront que lorsque les
législations diverses se rapprocheront, ce qui se fera par
le contact tous les jours plus fréquent et plus intime des
peuples. La science doit préparer cette révolution. C'est
la raison pour laquelle j'insiste tant sur la théorie et sur
les vrais principes. Dans la question de filiation, il est
certain que la législation française viole le droit de l'enfant naturel; la naissance lui donne une famille, par le
sang, aussi bien qu'à l'enfant légitime, sauf à voir si la
filiation naturelle donne les mêmes droits. La législation
anglaise est plus mauvaise encore : conçoit-on qu'il y ait
un enfant sans père? Dieu, en l'appelant à la vie au
sein d'une famille, lui donne une filiation, et les lois n'ont
pas le droit de défaire ce que Dieu fait. La société,
loin d'être intéressée à ce qu'il y ait des enfants sans
famille, sans patrie, a intérêt à ce que tout homme soit
membre d'une famille et d'un Etat; la famille est le foyer
où se forment les mœurs; celui qui est sans famille risque
d'être un vagabond de la pire espèce. De là les préjugés
des légistes contre les bâtards : mauvais enfant, disent
les glossateurs, mauvais époux, mauvais père, mauvais
citoyen. Il faut s'en prendre non seulement au vice de
sa naissance et à la vie déréglée de la mère ou du père;
les lois aussi ont une part de responsabilité dans ce
déréglement; au lieu de faire des enfants naturels une
classe de parias, elles devraient resserrer les liens de la
famille, en étendant les droits des malheureux enfants
pour qui la naissance est une tache. Ces considérations
sont si graves que l'on est tenté de restreindre les lois
qui les méconnaissent dans les limites du pays où elles
ont été portées, en les réalisant. Je crois que ce serait
dépasser les vrais principes, comme je viens de le dire. Il
y a une autre voie qui conduira au but que la science a en

vue, c'est l'enseignement. L'étude des législations comparées apprendra aux peuples ce qu'ils ignorent, c'est que
leur droit, né dans l'isolement, porte encore bien des
traces de barbarie ; et quand ils auront conscience de
l'imperfection de leurs lois, ils ne tarderont pas à les
corriger. Quand l'Angleterre procédera à la codification
de son droit, elle ne maintiendra certainement pas la
coutume barbare d'enfants sans père. Et la France aussi
répudiera l'iniquité de sa législation sur les enfants
naturels, quand l'étude des lois étrangères lui aura
montré combien le code Napoléon est imparfait en cette
matière. Je recommande aux futurs législateurs notre
vieille maxime flamande : « Il n'y a pas de bâtard de par
sa mère. » C'est l'expression de la vérité. Il faut ajouter
qu'il n'y a pas de bâtard de par son père, dès que la paternité peut être constatée avec certitude ; or elle peut
l'être, par la possession d'état, qui est, en réalité, une
reconnaissance tacite ; elle peut même être constatée par
la recherche, quand il y a séduction ou promesse de mariage. Ce n'est pas ici le lieu de développer ces principes :
je me permets de renvoyer à l'exposé des motifs de
l'avant-projet de revision du code civil, où cette doctrine
est consacrée (1).

273. Il y a une question qui se rattache à celle de la
filiation des enfants naturels. Le code Napoléon interdit
la recherche de la paternité ; il n'admet d'autre moyen de
constater la filiation paternelle que la reconnaissance. Si
l'enfant naturel n'est pas reconnu, il n'a point de père,
quelque certaine que soit sa filiation par la possession
d'état, ou par un aveu qui, n'étant pas constaté par acte
authentique, ne serait pas une reconnaissance. On demande si l'enfant naturel non reconnu peut avoir une
action alimentaire contre son père. Il faut distinguer. Si
la demande de l'enfant implique une recherche de paternité, elle ne sera pas admise, l'interdiction de la recherche
étant absolue (art. 340). Mais si le père avait fait une
promesse, pris un engagement de pourvoir aux besoins

(1) Voyez le tome II, de mon *Exposé des motifs et matéria*.

de l'enfant, la mère à l'égard de laquelle il s'est engagé,
aurait une action contre lui. C'est une obligation de faire,
et toute obligation est valable, à moins qu'elle ne soit sur
cause illicite (C. Nap., art. 1131). Ici il y a un motif de
douter : on a objecté qu'il y avait cause illicite, parce que
la promesse a pour fondement des relations immorales.
Cela n'est pas exact. L'engagement du père n'a pas pour
objet le concubinage, il a pour objet les aliments, et il n'y
a certes rien d'immoral à assurer l'existence d'un enfant
naturel. Bien loin que ce soit un fait immoral quand
c'est le père qui prend cet engagement, c'est l'accomplissement d'un devoir que la paternité lui impose, et remplir
un devoir est un fait moral. Sans doute le père n'aurait
pas pu être forcé à fournir des aliments puisqu'il n'a pas
reconnu l'enfant; et l'enfant ne peut pas rechercher la
paternité. Mais, dans l'espèce, il n'est pas question de
recherche; l'enfant qui réclame les aliments, ne le fait
point en vertu de sa filiation, il n'en a point, il agit en
vertu d'une promesse, comme créancier contre celui qui
s'est reconnu débiteur. Cela est décisif. La jurisprudence
est en ce sens (1).

D'après le droit anglais, l'enfant naturel n'a jamais de
filiation, et encore moins une action alimentaire, indépendamment de toute promesse du père. De là la question
de savoir si l'enfant naturel d'un Anglais pourrait former
en France une action alimentaire. Oui, dans mon opinion;
cela n'est pas douteux, si l'on admet que l'interdiction de
la recherche prononcée par l'article 340 n'est pas un
statut réel qui domine le statut personnel. Mais quand
même on ne permettrait pas à l'enfant étranger de rechercher sa filiation paternelle en France, il faudrait néanmoins décider que l'enfant naturel né d'une Anglaise a
action contre son père pour réclamer des aliments; en
effet cette action ne tend pas à la recherche de la paternité, elle a uniquement pour objet les aliments, celui qui
est condamné à les fournir n'est qu'un père putatif, chargé
de prester une somme d'argent; cela n'a rien de commun

(1) Voyez mes *Principes de droit civil*, t. IV, nos 126 et 127.

avec la recherche que l'article 340 prohibe, donc il faut appliquer le statut personnel.

L'enfant naturel né d'une Française aurait-il en Angleterre l'action que le droit anglais accorde contre le père putatif? Si l'on s'en tient au statut personnel, il faut répondre négativement. Mais la question a encore une autre face. D'après la législation anglaise, l'entretien de l'enfant naturel incombe à la paroisse quand la mère est pauvre, et c'est sans doute pour décharger la paroisse que l'on permet à la mère d'indiquer le père, avec cet effet que le père sera tenu de supporter la dépense de l'entretien jusqu'à douze ou quatorze ans. Or, la loi sur l'entretien des pauvres est une loi de police qui oblige tous les habitants du territoire; elle forme donc un statut réel, que l'étranger peut invoquer. Je le décide ainsi en théorie, avec toute réserve des doutes qui peuvent naître de la loi anglaise, que je ne connais pas suffisamment pour me prononcer en connaissance de cause.

274. Il ne faut pas confondre l'action alimentaire de l'enfant avec l'action qui peut appartenir à la mère contre le père. L'action alimentaire naît du fait de paternité, donc l'enfant ne peut l'avoir qu'en recherchant son père, et le code Napoléon interdit cette recherche. Il suit de là que l'enfant n'a d'action qu'en vertu d'une promesse : question d'obligation, dans la décision de laquelle la nature du statut ne joue aucun rôle; l'exécution d'une promesse peut être demandée partout, sans distinction de nationalité, car la volonté de l'homme ne connaît point les limites des territoires sur lesquels les lois générales exercent leur empire.

L'action que la mère a contre le père de l'enfant a un tout autre caractère, c'est une action en dommages-intérêts, fondée sur le principe consacré par l'article 1382 du code civil : « Tout fait quelconque de l'homme, qui cause à autrui un dommage, oblige celui par la faute duquel il est arrivé, à le réparer. » C'est ce qu'on appelle un délit ou un quasi-délit, selon qu'il y a dol, ou simple faute. La première question qui se présente est de savoir si la mère peut avoir une action, en présence de l'article 340, qui défend en termes absolus la recherche de la paternité. On l'a nié (1), et il y a un motif de douter. Le fait dommageable dans l'espèce, c'est la paternité, là est la faute ou le dol; or, la loi ne permet pas de rechercher le père; cette prohibition s'adresse à la mère aussi bien qu'à l'enfant; dès lors l'action de la mère n'a pas de base légale, et, par suite, elle n'est pas recevable. L'objection est trop absolue; il n'est pas exact de dire que l'action en dommages-intérêts implique nécessairement une recherche de paternité; ainsi il n'y a point de recherche quand le père a promis de pourvoir aux besoins de l'enfant; il reconnaît par là qu'il est l'auteur du fait dommageable, et la mère peut se prévaloir de cet aveu sans qu'on puisse dire que son action est une recherche de paternité. De même s'il y a séduction, c'est-à-dire des manœuvres plus ou moins coupables, employées par le séducteur pour tromper la femme qu'il abuse. La promesse de mariage est un de ces moyens de séduction; elle donne par elle seule une action en dommages-intérêts; à plus forte raison quand elle est suivie de grossesse. Dès que le fait dommageable est établi, sans qu'il y ait lieu à recherche, la mère a action. La jurisprudence a consacré le principe; ce n'est pas ici le lieu d'entrer dans l'examen des difficultés de cette matière; je renvoie à mes *Principes de droit civil* (t. IV, n°s 90-93).

Il y a donc action; reste à savoir par quelle loi elle est régie. Puisqu'elle est fondée sur un délit civil, il faut appliquer le principe qui régit les délits (2). On admet généralement que les délits et les quasi-délits sont soumis à la loi du pays où le fait dommageable s'est passé. Je reviendrai sur le principe en traitant des obligations. L'action qui naît d'un délit est établie par la loi dans un intérêt social, pour sauvegarder la vie et les biens des hommes. C'est donc une de ces lois de police qui, aux termes de l'article 3 du code Napoléon, obligent tous les habitants du territoire, c'est-à-dire une loi *réelle*; la nationalité est hors de cause, il ne peut donc pas s'agir

(1) Fiore, *Diritto internazionale privato*, p 204.
(2) Wachter, dans l'*Archiv für civilistische Praxis*, t. XXV, p. 396.

d'un statut personnel. L'étranger est tenu des dommages-
intérêts qu'il a causés par un délit commis en France,
d'après les principes qui régissent les faits dommageables,
tels qu'ils sont établis par la loi française. Et si un Français commettait un délit civil en Angleterre, on lui appliquerait, non le code Napoléon, mais la loi anglaise. Cela
est fondé en raison. Celui qui par son fait cause un dommage à autrui trouble la sûreté publique, il compromet
la vie de ses semblables par son imprudence ou sa négligence ; le législateur territorial seul a qualité pour déterminer les conditions sous lesquelles il y a trouble, et les
effets qui en résultent ; partant le délit est régi par la loi
du territoire où l'ordre public a été lésé. Tel est le principe ; il est tout différent, en ce qui regarde l'action de la
femme, du principe applicable à l'action alimentaire.
C'est la femme qui intente l'une et l'autre action, mais
quand elle agit en dommages-intérêts, elle forme' une
demande en son nom personnel, et à son profit ; quand
elle réclame des aliments pour son enfant, elle agit
comme mère, en vertu du pouvoir d'administration qu'elle
tient de l'autorité paternelle. Les dommages-intérêts sont
fixés d'après la gravité de la faute et d'après l'étendue du
dommage causé. La pension alimentaire est déterminée
par les besoins de l'enfant et par la fortune du père ;
parmi ces besoins figurent avant tout l'instruction et
l'éducation. Ici il peut se présenter des conflits entre les
diverses législations. Le droit anglais limite les dépenses
d'entretien à un certain âge, douze ou quatorze ans ; la
loi française ne contient pas de disposition à cet égard,
d'où suit que l'on reste sous l'empire du droit commun ;
l'enfant français qui agirait en Angleterre serait gouverné
par la loi française, en théorie du moins ; en fait, malheureusement, les Anglais ne reconnaissent pas de statut
personnel.' En France, il en est autrement : l'action d'une
mère anglaise serait régie par sa loi nationale ; et si
l'enfant était né en France, la mère aurait de plus une
action fondée sur le délit, en supposant qu'il ait été
commis sur le territoire français.

SECTION III.   La Légitimation.

§ Ier. *Le droit français.*

N° 1. LE PRINCIPE. NATURE DU STATUT.

275. Il y a sur cette matière un déplorable conflit entre les deux nations qui se glorifient de marcher à la tête de la civilisation moderne : le droit français admet la légitimation par le mariage subséquent des père et mère d'un enfant naturel, le droit anglais ne l'admet point. Ce qui aggrave cette opposition, c'est que de part et d'autre on invoque les bonnes mœurs. Ainsi ce n'est pas seulement la loi qui varie d'un bord à l'autre du canal qui sépare l'Angleterre de la France : Pascal pouvait dire de la morale ce qu'il dit avec tant de dédain de la justice humaine : « Plaisante morale qui change d'une rive à l'autre d'un fleuve ou d'un bras de mer! » La morale publique joue un grand rôle dans le droit civil international; elle détermine la réalité du statut lorsque la loi a pour objet de sauvegarder les bonnes mœurs. Cela suppose que l'on s'accorde sur ce qui constitue les bonnes mœurs, et sur ce qu'elles commandent. Mais que décider quand, dans deux pays voisins, la loi territoriale de l'un proscrit la légitimation comme immorale, tandis que dans l'autre la loi attache la légitimation au mariage dans l'intérêt des bonnes mœurs? Il en résultera des conflits inextricables. Nous avons déjà rencontré cette affligeante collision dans la législation sur le divorce; la loi française de 1816 l'abolit comme immoral, et dans les pays protestants, on considère l'indissolubilité perpétuelle du mariage comme une cause permanente d'immoralité. Je rappellerai à ce sujet les paroles si vraies et si sages que Dupin prononça comme procureur général dans une affaire de divorce : « La France ne saurait avoir la prétention de posséder le monopole de la morale quand les nations voisines sont en désaccord avec elle sur la moralité du divorce. » Qu'en faut-il conclure? C'est qu'il ne suffit pas que le législateur croie qu'une institution est immorale, pour qu'elle le soit; il peut se tromper et il s'est trompé. Quand il y a de tout côté possibilité d'erreur, pourquoi chaque nation n'accepterait-elle pas les lois étrangères à titre de statut personnel des nationaux, quand même, dans son opinion, la loi compromettrait les intérêts de la morale? Pour l'interprète, l'embarras est encore plus grand. Si le législateur dit qu'il consacre ou réprouve une institution dans l'intérêt des mœurs, l'interprète est-il libre de ne pas tenir compte de ces déclarations? Je me suis déjà trouvé plus d'une fois dans ce cruel conflit, et, dans la matière même qui fait l'objet de cette Etude; s'il y a volonté formelle du législateur, je m'incline, parce que j'ai toujours prêché le respect de la loi, et je dois pratiquer ce que j'enseigne. Mais je n'identifie pas avec la loi les discussions parlementaires et moins encore l'opinion des auteurs, et quand je conserve ma liberté d'action, je consulte ma conscience, après m'être éclairé par l'étude des législations comparées, puis je décide.

276. Nous allons d'abord entendre le législateur français. Bigot-Préameneu dit, dans l'Exposé des motifs (1) : « La légitimation par le mariage subséquent fut au nombre des lois romaines. Le droit canonique, suivi à cet égard en France depuis un grand nombre de siècles, mit aussi au nombre de ses principes que la force du mariage rendait légitimes les enfants que les époux avaient eus ensemble antérieurement. » Voilà déjà un grand préjugé en faveur de la légitimation : le droit romain et le droit canonique l'admettaient ; le droit romain que l'on a appelé la raison écrite, et le droit canonique qui donnait tout à la morale. Les auteurs du code civil ne se contentent pas de la tradition : ils invoquent l'ordre public, le devoir du père, l'intérêt de la mère, la faveur due à l'enfant.

L'orateur du gouvernement entend par ordre public, en cette matière, la moralité publique : « L'ordre public est intéressé à ce que l'homme et la femme qui vivent dans

---

(1) Locré, t. III, p. 92, n° 28 (édition de Bruxelles).

le désordre aient un moyen d'éviter l'un et l'autre de ces deux écueils, celui de se séparer par dégoût, ou celui de continuer un commerce illicite. La loi leur offre dans une union sainte et respectable des avantages assez précieux pour les porter à la contracter. » Mettre fin à une vie de désordre, à un commerce illicite, pour contracter mariage, n'est-ce pas là un intérêt moral et le plus grand de tous?

« Au nombre de ces avantages, l'homme aura celui de procurer à l'enfant pour qui la nature doit lui avoir inspiré des sentiments de tendresse, toutes les prérogatives que donne dans la société la qualité d'enfant légitime. C'est même de sa part un devoir que sa conscience doit sans cesse lui rappeler. » Bigot-Préameneu n'insiste pas assez sur cette considération; elle est décisive en faveur de la légitimation. L'homme a un devoir à remplir envers l'enfant auquel il a donné le jour, il doit le reconnaître, lui donner une filiation, et si la chose est possible, la légitimation. Si l'orateur du gouvernement ne fait que glisser sur ce point, cela tient à un préjugé profondément immoral, c'est que la loi n'exige pas de l'homme la pureté de mœurs qu'elle demande à la femme : voilà pourquoi Bigot-Préameneu ne dit pas que l'homme a commis une faute et qu'il est tenu de la réparer. Toujours est il que cela est décisif au point de vue moral.

« La légitimation est pour la femme le plus heureux moyen de réparer sa faute, de recouvrer son honneur, et de se rendre digne des titres honorables d'épouse et de mère. » Quant à l'intérêt des enfants, il est inutile d'y insister. Notons seulement que leur intérêt se confond avec celui de la société. Napoléon a dit au conseil d'Etat que la société n'est pas intéressée à ce qu'il y ait des bâtards; elle a, au contraire, le plus grand intérêt à ce qu'il n'y en ait pas. Les anciens légistes disent que les bâtards sont aussi mauvais citoyens que mauvais enfants. La loi y est pour quelque chose : parias dans la famille, ils sont nécessairement mécontents de leur sort; mal élevés, ils ne peuvent pas devenir des hommes moraux et de bons citoyens. Le législateur ne doit-il pas être heureux, quand cet élément de désordre et de trouble disparaît par la légitimation?

277. Duveyrier dit, dans son excellent rapport au Tribunat, que la morale et l'honnêteté publique demandent la légitimation pour la réparation du désordre et la cessation du scandale; puis il ajoute, en faisant allusion à la législation anglaise qui rejette la légitimation comme immorale : « Le peuple qui n'a point adopté la légitimation par le mariage subséquent, sous prétexte qu'elle favorise le concubinage, affecte donc de croire que la réforme est l'aliment du désordre, et le repentir l'attrait du vice (1). » C'est la satire de la législation anglaise, plutôt que la critique. Les Anglais ont raison de dire que l'espérance de voir légitimer les relations illicites par le mariage, lorsqu'il y a des enfants, peut devenir une spéculation pour les malheureuses qui se livrent à un homme pour assouvir ses passions animales. Nous avons entendu le législateur français, il faut aussi entendre les légistes anglais, Blackstone avant tout (2).

Au parlement de 1253, tous les évêques prièrent les grands du royaume de consentir à ce que les enfants nés avant le mariage fussent réputés légitimes, aussi bien que ceux qui naissent après le mariage, puisque l'Eglise les met sur la même ligne, et les considère tous comme légitimes. Les comtes et les barons répondirent d'une voix unanime, « qu'ils ne voulaient point changer les lois d'Angleterre, telles qu'elles avaient été jusque-là usitées et approuvées ». C'est déjà, au treizième siècle, l'attachement à la tradition qui caractérise encore la nation anglaise au dix-neuvième; si c'est un principe de conservation, c'est aussi une cause d'immobilité, et le progrès en toutes choses n'est-il pas une condition de notre vie? Les légistes anglais, élevés dans cette admiration aveugle du droit traditionnel, sont très convaincus que leur *common-law* est de beaucoup supérieure et au droit romain et au droit canon, notamment en ce qui concerne la légitimation par

---

(1) Duveyrier, *Rapport*, n° 31 (Locré, t. III, p 134).
(2) Blackstone, *Commentaries on the laws of England*, t. I, p. 454-456 (7° édition).

le mariage subséquent. Blackstone va nous dire les rai·
sons de cette supériorité.

Il commence par dire qu'il faut écarter toute considéra
tion religieuse, sans doute pour se débarrasser de l'autorité du droit canon. Soit, pourvu qu'il y ait de bonnes
raisons pour ne pas suivre le droit de l'Eglise. Le but
principal du mariage, dit Blackstone, est l'éducation des
enfants. Cela est déjà très contestable : les nombreuses
unions qui restent stériles ne seraient-elles pas des mariages? Après cela il est d'évidence qu'il est mieux pourvu
à l'éducation des enfants qui naissent légitimes, que lorsque les enfants arrivés à un âge déjà avancé, souvent à
la mort de leur père ou de leur mère, sont légitimés après
une vie de desordre. L'éducation est manquée. Rien de
plus vrai. Mais le légiste anglais croit-il par hasard qu'en
repoussant la legitimation, le législateur engagera ceux
qui vivent dans le concubinage à se marier avant la naissance de l'enfant, conçu illégitime, ou mieux encore, à se
marier de suite, au lieu de vivre dans l'immoralité? Ce
serait une étrange illusion. Ceux qui s'abandonnent à l'attrait des jouissances du corps ne songent guère aux
enfants auxquels ils pourront donner le jour; au contraire,
les enfants sont un embarras, ils préféreraient ne pas en
avoir. C'est quand Dieu leur en envoie malgré eux, que le
sentiment de la paternité s'éveille; de là le désir de donner
la légitimité aux enfants par le mariage.

La filiation des enfants nés hors mariage est toujours
incertaine; par suite, la légitimation donne lieu à des
fraudes; les époux légitiment des enfants qui n'appartiennent pas soit au mari, soit à la femme. Sans doute, mais
qu'importe? Il peut aussi y avoir fraude dans le mariage
qui a lieu après la conception et avant la naissance;
cependant cet enfant est réputé légitime par la *common-
law*. C'est une légitimité fictive. Pourquoi ne pas pousser
la fiction plus loin? Si des circonstances quelconques arrêtent le mariage, l'enfant naîtra avant que ses père et mère
soient mariés, et il ne pourra jamais être légitimé. C'est
une inégalité qui est une iniquité; de deux enfants conçus
avant le mariage, l'un sera légitime parce que le hasard

a voulu qu'il naquît un jour après le mariage, et l'autre sera un bâtard, parce que la grossesse aura duré moins de neuf mois! Un accident de la nature peut-il déterminer la légitimité ou l'illégitimité?

La légitimation, dit Blackstone, décourage les hommes des liens du mariage; elle favorise donc des unions illicites. On se marie non seulement pour avoir des enfants, mais aussi pour avoir des héritiers légitimes. Si je puis passer ma vie dans le désordre, puis légitimer mes bâtards, je n'ai plus de raison de contracter mariage. Blackstone suppose toujours que le mariage a pour but unique les enfants. Il se trompe. Napoléon a dit au conseil d'Etat que le mariage est l'union des âmes. Tel est l'idéal de l'humanité moderne; il est bien supérieur à la notion traditionnelle du mariage. Si la procréation des enfants était l'unique objet du mariage, la plupart de ceux qui se marient resteraient célibataires; il y a un mobile plus puissant qui les pousse à s'unir, c'est l'affection partagée, qui de deux êtres n'en fait qu'un. Sans doute, la naissance d'un enfant resserre ce lien et lui donne une nouvelle force, mais le lien ne se brise pas si l'union reste stérile. Les faits aussi bien que les aspirations de l'humanité donnent un démenti à la doctrine du légiste anglais.

278. Je ne sais si je cède à un préjugé de race ou d'éducation, mais je dois avouer que je trouve les raisons de Blackstone d'une faiblesse extrême. Elles se réduisent à dire que la légitimité vaut mieux que la légitimation, c'est-à-dire que le mariage avant tout commerce illicite est préférable à l'union contractée en vue de légitimer des enfants naturels. Eh! qui le nie? Que la légitimation soit un moindre bien, soit, mais il suffit qu'elle soit un bien pour que le législateur doive l'admettre. Pour la rejeter, il faudrait que la faculté de légitimer par le mariage subséquent empêchât les hommes de contracter mariage, ou les en détournât. C'est ce que Blackstone n'a certes pas démontré.

Chose singulière, le légiste anglais ne prononce pas le mot de morale, il compare la loi anglaise au droit romain et au droit canon, et il trouve que la *common-law* est préférable. De là ne suit pas que le droit commun de l'Europe soit immoral, et que la loi anglaise seule soit morale. Blackstone ne dit pas cela. On a cependant prétendu que la légitimation favorise les spéculations immorales des femmes qui consentent à un commerce illicite, dans l'espoir que le mariage viendra un jour légitimer ces relations coupables. Il est certain que le désir de légitimer les enfants engage les pères naturels à se marier. Mais ce fait, loin de témoigner contre la légitimation, est une raison décisive pour l'admettre, comme l'ont dit Bigot-Préameneu et Duveyrier. Pour qu'il en fût autrement, il faudrait prouver que la facilité de légitimer détourne les hommes du mariage, et favorise les relations illicites. Et Blackstone n'a pas fait cette démonstration. Tout ce que l'on peut dire, c'est qu'il y a des femmes qui spéculent sur la légitimation ; mais cela ne prouve pas qu'elles n'auraient point cédé à leurs passions, ou à de sordides calculs, si la légitimation n'existait pas. La passion joue un plus grand rôle dans les relations illicites que le calcul ; et quand ce n'est pas l'entraînement des sens, c'est la misère, ou le goût du luxe et d'une vie aisée, riche, que les malheureuses préfèrent à une vie de privations. Les lois civiles sont impuissantes à remédier à ces maux ; il faut que le législateur se préoccupe plus qu'il ne l'a fait jusqu'ici d'améliorer la condition matérielle, intellectuelle et morale de la classe la plus nombreuse et la plus pauvre : l'avenir de notre civilisation en dépend.

A l'appui de ce que je viens de dire, je citerai les paroles prononcées au conseil d'Etat par Berlier. Le projet de code civil contenait une disposition ainsi conçue : « Le mariage contracté à l'extrémité de la vie, entre deux personnes qui auraient vécu en concubinage, ne légitime point les enfants qui seraient nés avant ledit mariage. » La section de législation avait proposé cette exception, dans la crainte que la facilité de légitimer les enfants au dernier moment de la vie ne favorisât le dérèglement des mœurs et ne portât à l'oubli du mariage. Berlier répondit que le concubinage n'était pas une affaire de calcul. « Il faut, dit-il, prendre les hommes tels qu'ils sont. Celui que ses passions auront entraîné au concubinage n'en sera pas détourné si la loi refuse de légitimer les enfants qui pourront naître de ce commerce illicite. Mais s'il a des enfants et si sa fin approche, s'il a quelque honnêteté, il voudra réparer sa faute en donnant la légitimité aux enfants et en rendant l'honneur à leur mère. Qu'y a-t-il là d'immoral? La loi serait immorale si elle mettait obstacle à cette œuvre de réparation (1). » Rien de plus sage que ces réflexions. Les auteurs du code civil les ont trop souvent oubliées en réglant la condition des enfants naturels; ils ont tout subordonné, tout sacrifié à la morale, et la morale ne s'en est pas mieux trouvée. Si c'est par sollicitude pour la moralité que le législateur anglais a rejeté la légitimation, il s'est trompé : il n'a pas prévenu les fautes où tombe la faiblesse humaine, et il ferme la porte au repentir. Je pense bien que les enfants naturels ne manquent pas en Angleterre; c'est un mal, et le mal est irréparable; tandis que, d'après le droit français, il y a une réparation.

N° 2. LE STATUT DE LÉGITIMATION EST-IL PERSONNEL OU RÉEL?

279. Le code civil a maintenu la doctrine traditionnelle des statuts. Il faut donc toujours remonter à la tradition pour décider si un statut est personnel ou réel. Si je ne l'ai pas fait dans la matière de la filiation naturelle, c'est que l'ancienne jurisprudence méconnaissait entièrement les droits des enfants naturels; il était encore plus inique que le code Napoléon; les bâtards étaient sans droit; dès lors peu importait leur statut : on ne demande pas quel est le statut qui régit les droits de ceux qui n'en ont point. Il n'en était pas de même de la légitimation; elle a toujours été admise en France, grâce à l'autorité dont y jouissait le droit romain, suivi par le droit canon. Quelle était la nature de ce statut?

Les légistes statutaires s'accordaient à enseigner que le statut était personnel. Bouhier établit ce principe sans

---

(1) Séance du conseil d'État du 24 brumaire an x, n° 7 (Locré. t. III, p. 47 et suiv.)

le discuter, il lui paraissait incontestable : l'état des enfants et leur filiation, dit-il, dépendent de la loi du domicile. Si un bâtard est légitimé par mariage subséquent, il n'y a nul doute qu'il doive être partout considéré comme légitime. Cependant Bouhier, bien qu'il donnât tout à la personnalité, faisait une exception en matière de succession; l'enfant légitimé n'était pas admis à succéder aux biens situés dans une coutume qui prononçait une exclusion contre les bâtards (1). La raison en est que le statut des successions était réel dans l'ancien droit français, et il l'est encore sous l'empire du code Napoléon. Faut-il appliquer le statut de la situation des biens même à la capacité requise pour succéder? J'examinerai la question en traitant des *successions*.

Boullenois pose le même principe et il l'applique à la législation différente qui régissait la France et l'Angleterre. D'après le droit français, l'enfant bâtard était légitimé par le mariage de ses père et mère ; il doit être regardé comme légitime partout, même en Angleterre. Par contre, le bâtard anglais, qui n'est pas légitimé par le mariage subséquent, doit être tenu pour bâtard même en France. Boullenois ne soulève même pas le doute, très sérieux cependant, que présente le caractère moral du statut; le statut personnel reçoit partout son application. Le statut anglais suit le bâtard en France, alors même que ses père et mère anglais seraient venus demeurer en France et y auraient été mariés ; en effet, les père et mère, ainsi que l'enfant, restent Anglais, et comme tels ils sont soumis au statut d'Angleterre ; peu importe que le mariage soit célébré en France, car le mariage, quant aux effets qui y sont attachés, dépend aussi du statut personnel. L'enfant bâtard, en vertu de son statut personnel, porte partout son état et sa condition. Boullenois applique encore son principe au cas où le bâtard est né en Angleterre de père et mère français qui se marient en Angleterre et y décèdent; cet enfant naît Français, et le mariage de ses père et mère est régi par la loi française; donc l'enfant

(1) Bouhier, *Observations sur la coutume de Bourgogne*, chap. XXIV, nᵒˢ 123 et 124 (Œuvres, t. 1, p. 689).

est légitimé, en vertu de son statut personnel. Seulement dans l'ancien droit, on exigeait que l'enfant né à l'étranger de parents français prît des lettres de naturalité, parce qu'il n'était pas né sur le sol français, et la nationalité se déterminait en principe par le lieu de la naissance (1).

280. Telle est aussi l'opinion des interprètes du code Napoléon. Merlin reproduit les termes de Boullenois, et il cite l'article 3 du code civil, qui consacre la doctrine traditionnelle. Il importe peu, ajoute Merlin, que l'enfant fût né en France de deux Anglais qui se marient ensuite. En effet, de deux choses l'une : ou cet enfant serait encore mineur, au moment où ses père et mère se marieraient; dans ce cas il est Anglais, et par conséquent incapable d'être légitimé, et ses parents sont incapables de lui procurer la légitimation. Ou l'enfant est majeur, et il fait la déclaration prescrite par le code civil (art. 9), pour réclamer la qualité de Français; il pourrait dans ce cas être légitimé, en vertu de son nouveau statut, mais ce n'est pas sa volonté qui légitime, c'est le mariage, or, le mariage de ses père et mère Anglais ne peut pas le légitimer (2). Il en serait de même si le mariage avait lieu en France, car ce n'est pas le lieu où le mariage est célébré qui détermine les effets du mariage, c'est le statut personnel.

Merlin pose encore les questions suivantes, qu'il décide aussi comme Boullenois : 1° « Quel est en France l'état de l'enfant naturel d'un Français et d'une Française qui se sont mariés en Angleterre après sa naissance? 2° Quel est est en France l'état d'un enfant naturel d'un Anglais et d'une Anglaise qui, après lui avoir donné le jour, se sont mariés en France? » La solution des deux questions dépend d'un même principe; le statut de légitimation est personnel, et ce statut dépend du domicile que les parents avaient lors de la

____

(1) Boullenois, *Traité de la personnalité et de la réalité des lois*, t. I, p. 62 et 63.
(2) Merlin, *Questions de droit*, au mot *Légitimation*, § 1 (t. IX, p. 171 de l'édition de Bruxelles).

naissance de l'enfant, dans la théorie ancienne, qui attache
le statut au domicile; et dans la théorie du code civil, le
statut personnel se confond avec la loi nationale des
parties. Pour simplifier la décision, je me place sur le
terrain du droit français qui est celui de mes Etudes.
Dans cet ordre d'idées, le lieu où le mariage se célèbre
est indifférent, c'est la nationalité française ou anglaise
des parents qui est décisive. Peu importe par conséquent
que les parents français se soient mariés en Angleterre,
leur mariage, quant à ses effets, étant régi par le code
Napoléon, il opérera la légitimation de l'enfant naturel.
On ne tient pas compte non plus du lieu de naissance;
quand même l'enfant serait né en Angleterre, il est néanmoins Français, puisqu'il suit la condition de ses père et
mère; donc le statut personnel des parties est la loi française, et, partant, l'enfant sera légitimé par le mariage de
ses père et mère. On applique le même principe, en sens
inverse, au cas où les père et mère Anglais se marient en
France : leur mariage est régi par le statut anglais,
donc il n'opère pas légitimation.

Boullenois et Merlin supposent que les parents français qui vont s'établir en Angleterre y obtiennent la naturalisation, ainsi que leur enfant, avant la célébration de
leur mariage. La naturalisation change le statut personnel des parents et de l'enfant ; lors de leur mariage, ils
sont Anglais, donc c'est la loi anglaise qui les régit;
l'enfant ne sera pas légitimé, puisque, d'après le droit
anglais, le mariage n'opère pas légitimation. Même solution dans le cas où les parents anglais se font naturaliser
en France, avec leur enfant. Le statut des parties change,
elles sont régies par la loi française ; si donc les époux
sont naturalisés au moment où ils se marient, l'enfant
sera légitimé, en vertu du code Napoléon, qui est devenu
la loi nationale des père et mère. Merlin ajoute une
remarque que Boullenois avait négligé de faire. Si la
naturalisation est postérieure à la célébration du mariage,
elle est inopérante, l'état de l'enfant restera tel qu'il était
déterminé par l'ancien statut. Si donc des parents anglais
se font naturaliser en France, après leur mariage, l'enfant

ne sera pas légitimé; c'est une conséquence du principe que le changement de nationalité n'opère que pour l'avenir, il n'a aucun effet rétroactif; or, les parties étant anglaises lors de la célébration du mariage, l'enfant n'a pas été légitimé, et il ne peut l'être en vertu du nouveau statut que les parents ont acquis par la naturalisation, puisque celle-ci ne rétroagit pas; donc l'enfant reste illégitime. Par contre, si les parents français se font naturaliser en Angleterre après leur mariage, l'enfant sera légitime, puisque lors du mariage ils étaient régis par le code civil; l'enfant a donc été légitimé, et il reste légitime, malgré le changement de nationalité et de statut, ce statut n'ayant aucun effet sur le passé (1).

281. Boullenois et Merlin ne tiennent aucun compte des considérations morales qui ont fait admettre la légitimation en France, tandis que d'autres considérations, également d'un caractère moral, l'ont fait rejeter en Angleterre. Ils décident l'un et l'autre la question de légitimation d'après le statut personnel, sans se demander si, en cette matière, le statut n'est pas dominé par le statut réel, c'est-à-dire par la loi du territoire où le mariage est célébré. La question valait cependant la peine d'être discutée. J'ai rapporté les motifs que les orateurs du gouvernement et du Tribunat ont exposés pour justifier la légitimation; ils sont essentiellement moraux; c'est une vive critique de la loi anglaise qui rejette la légitimation par une fausse appréciation de son influence sur la moralité publique (n° 276). Quand la loi personnelle de l'étranger est réputée immorale par le législateur français, tandis que la loi française a pour objet direct l'intérêt des bonnes mœurs, n'est-ce pas le cas de décider que la loi territoriale doit l'emporter? Le législateur français peut-il souffrir sur son territoire l'application d'une loi qu'il a flétrie, comme immorale? De son côté, le législateur anglais en pourrait dire autant de la loi française. Le parlement de Merton l'a décidément repoussée, lorsque les évêques proposèrent aux barons de changer la législation anglaise; et la

(1) Merlin, *Questions de droit*, au mot *Légitimation*, § II, n° 1 Boullenois, *De la Personnalité et de la réalité des statuts*, t. 1ᵉʳ, p. 63.

morale joue certainement un rôle dans ce conflit. Si dans les deux pays l'on ne tenait compte que des sentiments nationaux, chacun devrait donner la préférence à sa loi nationale, ce qui aboutirait a déclarer réel le statut de légitimation, par conséquent à legitimer en France l'enfant naturel anglais par le mariage qu'y contracteraient ses parents, et à refuser la légitimation à l'enfant naturel français, malgré le mariage que ses père et mère contracteraient en Angleterre. Ce serait un regrettable conflit, mais il ne serait pas plus affligeant que les collisions que nous avons rencontrées dans mon Étude sur le mariage : des mariages annulés en France et considérés comme valables en Angleterre : des divorces admis en Ecosse, et le mari condamné en Angleterre comme bigame. Il faut dire plus, les principes contraires qui ont engendré ces conflits douloureux conduisent logiquement à un conflit analogue en matière de filiation. Mais la logique est une mauvaise conseillère quand il s'agit de morale. Je l'ai dit en commençant l'étude de cette matière difficile (n° 275) ; aucun des deux pays qui suivent des lois contraires ne peut dire : Ma loi est morale, tandis que la loi étrangère est immorale. Non pas que tout soit incertain dans le domaine de la morale comme dans le domaine du droit. Mais, tout en étant convaincu que la loi nationale est la meilleure, chaque législateur doit se dire : Il est possible que je me trompe, puisqu'une nation également civilisée est d'un sentiment opposé, et cette possibilité suffit pour que j'admette le statut étranger à titre de courtoisie internationale. La courtoisie, dans l'espèce, a sa source dans l'équité, et l'équité, plus que le droit strict, doit régner entre les nations. C'est en définitive la conscience de la faiblesse et de l'imperfection humaines. Comment une nation réprouverait-elle comme immorale une loi étrangère, contraire à la sienne, quand elle doit se dire que sa loi nationale sera frappée de la même réprobation dans le pays dont elle refuserait d'appliquer la loi? L'indulgence et la tolérance réciproques sont un devoir, quand il n'y a pas de certitude absolue que la morale est violée. Ma conclusion est que la loi person-

nelle doit recevoir son application en cette matière, quoique ma conviction soit que le droit commun de l'Europe
qui admet la légitimation est plus favorable à la moralité
que le droit anglais qui la rejette.

282. Le principe de la personnalité du statut qui régit
la légitimation soulève encore une difficulté. Merlin suppose que les père et mère d'un enfant naturel né en France
s'établissent en Angleterre sans esprit de retour, puis y
contractent mariage. Ce mariage opérera-t-il légitimation
d'après le statut français? Il y a doute. Merlin dit que les
parents de l'enfant naturel ne devenant pas Anglais, la
loi anglaise ne peut agir sur leur mariage, ni en régler les
effets civils; il en conclut qu'ils ont conservé la capacité de
légitimer leur enfant naturel par un mariage subséquent(1).
Si la loi anglaise n'est pas applicable, parce que les père
et mère ne sont pas Anglais, ne faut-il pas décider, par
identité du raison, que le statut français est inapplicable,
parce que les père et mère ont perdu leur qualité de
Français en s'établissant en Angleterre sans esprit de
retour? (C. Napol., art. 17). Il est de principe en droit
français que le statut personnel est déterminé par la
nationalité; l'article 3 du code Napoléon dit que les lois
concernant l'état et la capacité des personnes régissent
les Français même résidant en pays étranger; or, dans
l'espèce, les père et mère ne sont plus Français, donc ils
ne sont plus régis par le code Napoléon; le statut de celui
qui n'est pas Français ne saurait être la loi française.
Est-ce à dire que celui qui a perdu la qualité de Français, sans acquérir une nationalité nouvelle, n'aura point
de statut personnel, parce qu'il n'a plus de loi nationale?
La conséquence serait logique, mais ici la logique conduit à une conséquence absurde, impossible. Dès que
l'on admet le statut personnel, tout homme doit avoir un
statut qui règle son état et sa capacité; dans l'espèce, ce
doit être ou la loi française ou la loi anglaise; puisque la
loi française est inapplicable, et que les parties n'ont pas
de nationalité qui puisse déterminer leur statut, il faut

(1) Merlin, *Questions de droit*, au mot *Légitimation*, § II, n° 2 (t. IX,
p 175).

écarter le principe de nationalité, et s'attacher au domicile, comme on le faisait dans l'ancien droit, ce qui revient à dire que l'on devra appliquer la loi territoriale, donc la loi anglaise; car celui qui s'établit en Angleterre sans esprit de retour y fixe nécessairement son principal établissement. Le principe de territorialité remplace nécessairement le principe de nationalité, pour ceux qui n'ont point de patrie. Cela est inconséquent, mais l'inconséquence tient à un vice de la législation ; l'homme ne saurait être sans patrie sur la terre que Dieu lui a donnée comme séjour. C'est l'opinion que j'ai émise dans le cours de ces Etudes (1).

Nº 5. LA JURISPRUDENCE FRANÇAISE.

283. Un Anglais se marie en France ; les époux reconnaissent dans l'acte de mariage les enfants naturels qu'ils avaient eus en France. Puis le père se prévaut de la légitimation que le mariage, selon lui, aurait opérée en vertu de la loi française pour soutenir qu'une donation qu'il avait faite antérieurement est révoquée. La cour d'Orléans décida que la loi anglaise n'admettait pas la légitimation par mariage subséquent, et que cette loi régissait les parties, puisque le père des enfants naturels était Anglais et que la mère était devenue Anglaise par le mariage même que l'on invoquait comme ayant légitimé les enfants. Or le statut de légitimation étant un statut personnel suit la personne partout où elle réside; ce qui décidait la question.

On faisait d'assez singulières objections. L'Anglais niait qu'il fût Anglais; je laisse ce point de fait de côté, puisqu'il est étranger à la question de droit que je discute. Puis il disait que l'on ne rapportait pas le texte de la loi anglaise qui prohibe la légitimation. La preuve des lois étrangères soulève souvent de grandes difficultés : dans l'espèce, la cour aurait pu invoquer l'acte du parlement de Merton, elle se borne à affirmer qu'il est constant que

(1) Voyez le tome III de ces Etudes, nºˢ 252 et 253

les enfants naturels ne peuvent être légitimés que par le parlement; que jusque-là ils n'ont d'autres droits que ceux qu'ils acquièrent eux-mêmes, puisqu'aux yeux de la loi ils ne sont enfants de personne. Le droit anglais est essentiellement coutumier; la cour pouvait donc se borner à citer Blackstone, et la jurisprudence des cours d'Angleterre, sur laquelle je reviendrai.

Enfin l'Anglais soutenait que les tribunaux français n'appliquaient pas la loi étrangère, qu'ils ne reconnaissaient que la loi française. Il y a, en effet, des arrêts en ce sens. La cour d'Orléans ne discute pas la question; elle se contente d'affirmer que les lois anglaises touchant la condition civile et la capacité personnelle des citoyens, les suivant partout, conservent leur force et leurs effets sur tous les territoires. Cela n'est plus guère contesté; c'est sans doute pour cela que la cour ne prend pas la peine de motiver sa décision (1).

284. L'arrêt de la cour d'Orléans a été cassé. La cour commence par constater que le père seul était Anglais, et domicilié en France, que la mère était Française, que les enfants étaient nés en France. De là elle conclut que la loi française était la *loi du domicile matrimonial* à laquelle les *futurs époux* sont *réputés* avoir eu la *volonté de se soumettre*. Cette première raison est mauvaise, à tous égards. La loi du domicile matrimonial était invoquée dans l'ancien droit, pour déterminer le statut qui devait régir les biens des époux; sous ce rapport, il n'a absolument rien de commun avec le statut personnel qui régit l'état et la capacité des personnes. Dans le droit moderne, il n'est plus question du domicile matrimonial, pas même pour déterminer la loi des conventions que les époux font tacitement en se mariant sans contrat; je crois avoir démontré ici même que cette question est étrangère à la théorie des statuts, qu'elle dépend exclusivement de la volonté des parties contractantes. Or, la volonté des époux est-elle prise en considération quand il s'agit de leur état et de leur capacité? La question seule est une

(1) Orléans, 17 mai 1856 (Sirey, 1856, 2, 625).

hérésie, condamnée par le texte du code civil; l'état est essentiellement d'*ordre public*, et l'article 6 dit qu'on ne peut déroger par des conventions particulières aux lois qui intéressent l'*ordre public* et les bonnes mœurs. C'est dire que toute convention relative à l'ordre public est inopérante; comment donc les futurs époux auraient-ils le droit de se soumettre à la loi française pour régler la légitimation? La légitimation est un effet que la *loi* attache au mariage; c'est en vertu de la *loi* que le mariage légitime les enfants naturels, s'ils sont reconnus, ce n'est pas en vertu de la volonté des parties; le mariage opérerait au besoin légitimation, malgré les époux. La soumission à la loi française, imaginée par la cour de cassation, n'a point de sens. Il s'agissait de savoir, dans l'espèce, s'il fallait appliquer la loi anglaise ou la loi française pour déterminer le statut des époux, en ce qui concerne les effets du mariage : est-ce par hasard la volonté et le choix des époux qui règlent leur statut personnel ? C'est comme si la cour avait décidé que la dissolubilité ou l'indissolubilité du mariage dépend de la volonté de ceux qui se marient.

La cour ajoute que la femme étant *Française* avait droit à la légitimation, et que les enfants étant nés en France pouvaient invoquer ce bénéfice; que la bonne foi de la mère serait trompée si le mariage n'opérait pas légitimation, que les droits des enfants seraient lésés; que, d'ailleurs, les enfants, nés en France, pouvaient invoquer la loi française, puisqu'à leur majorité ils avaient le droit de réclamer la qualité de Français. Cette seconde raison ne me paraît pas meilleure que la première. Je regrette de le dire; à mon avis, tout est erreur dans l'argumentation que je viens de transcrire. Elle ne prouve qu'une chose, c'est l'ignorance qui règne généralement sur les matières du droit civil international; si je la constate, ce n'est pas pour le plaisir de critiquer une cour dont j'admire l'esprit juridique, c'est plutôt pour me justifier et m'excuser des longues études que je consacre à une partie de la jurisprudence qui est encore si peu connue. Je suis obligé d'entrer dans les plus petits détails, c'est le

seul moyen de redresser des erreurs qui pourraient se pro-
pager comme des vérités, à l'abri de l'autorité qui s'attache
à la doctrine de la première cour de France.

La femme *française* a-t-elle *droit* à la *légitimation*
quand elle se marie avec un *Anglais*? L'article 3 du code
civil répond que la légitimation, étant un statut personnel, suit l'Anglais en France, elle est donc déterminée par
la nationalité des père et mère; or, le code civil dit que
la femme suit la condition de son mari (art. 19), elle
prend l'état de son mari et sa capacité; à l'époque où
l'arrêt de la cour de cassation a été rendu, on ne pouvait
pas dire que la femme devenait anglaise, toujours est-il
qu'elle perdait la nationalité française et, partant, le statut
français. Dès lors elle ne pouvait pas invoquer le droit
que la loi française lui donne, pour mieux dire, l'effet que
le code civil attache au mariage, de légitimer les enfants
naturels. Dire, comme le fait la cour, que la bonne
foi de la femme serait trompée si le mariage n'opérait pas
légitimation, c'est une considération qui n'a rien de commun avec le débat : est-ce que la légitimation est une
question de bonne foi? dépend-elle de l'attente de la
femme, de ses espérances? Sa volonté la plus formelle ne
suffirait point pour que le mariage opérât légitimation; il
faut dire plus, la légitimation est juridiquement impossible quand le mari est Anglais; c'est son statut national
qui est l'obstacle, et cet obstacle ne peut disparaître que
par un changement de nationalité, tout ce que la femme
désire, espère ou veut n'a absolument aucun effet : ce
sont des mots et des paroles, *verba et voces*.

Ce que la cour dit des enfants est tout aussi peu fondé.
Leurs droits sont lésés! Pour qu'il puisse être question de
la lésion d'un droit, il faut que le droit existe. Est-ce que
les enfants naturels ont le droit d'agir en légitimation,
comme ils ont le droit de rechercher leur mère? La légitimation dépend du mariage des père et mère, et l'on n'a
pas encore soutenu que les enfants naturels pouvaient
forcer leurs parents à se marier. La lésion d'un droit qui
n'existe pas est encore un de ces *mots et paroles* que les
cours, et la cour suprême avant tout, devraient éviter

d'employer en guise d'arguments juridiques. Et qu'importe que les enfants naturels puissent réclamer la qualité de Français à leur majorité? Résultera-t-il de là que leurs père et mère étaient Français et régis par le statut français lors de leur mariage? Eux-mêmes ne l'étaient pas, puisqu'ils changent de patrie en faisant leur déclaration et la nationalité ne rétroagit point; même en supposant, comme cela a été jugé, que par une fiction de la loi, ils fussent considérés comme Français de naissance, cela ne leur servirait de rien, car c'est le mariage des père et mère qui légitime, et pour cela il faut qu'ils soient Français; or, dans l'espèce, le père était Anglais et la mère avait cessé d'être Française.

Enfin, la cour de cassation invoque l'ordre public. Ici, est le vrai siége de la difficulté. Je viens de dire qu'il y a doute (n° 281). Nous allons entendre les motifs que la cour donne pour l'opinion contraire à celle que j'ai professée, et qui est l'opinion universellement admise par la doctrine sous l'empire du code civil. Le pourvoi insista beaucoup sur cet ordre d'idées, et avec raison : la question est importante et difficile. Le demandeur en cassation posait en principe que le statut personnel d'un étranger cesse d'être opposable toutes les fois qu'il est en opposition avec une loi française ayant un caractère d'*ordre public*. J'admets le principe, mais il est formulé en termes trop vagues. Le pourvoi citait le cas de polygamie, qui ne fait aucun doute puisque la polygamie est un crime, et l'article 3 du code Napoléon dispose que les lois de *police* et de *sûreté* obligent tous ceux qui habitent le territoire. L'inceste tombe sous l'application du même article, puisque c'est un délit moral. Le pourvoi cite encore le divorce; il est vrai qu'il a été jugé qu'un étranger divorcé ne pouvait pas contracter un second mariage ; mais la cour de cassation s'est prononcée pour l'opinion contraire. Voilà déjà un préjugé contre le principe trop absolu du pourvoi. Reste à prouver que la légitimation est d'ordre public. Le demandeur invoquait l'Exposé des motifs, le rapport fait au Tribunat; j'ai transcrit ici même ces témoignages; ils sont formels.

Duveyrier critique directement la loi anglaise qui rejette la légitimation, ce qui paraît décisif. Le pourvoi en conclut que « le droit anglais, en cette matière, est en opposition manifeste avec nos idées, avec nos mœurs et avec nos lois; l'appliquer en France, ce serait faire prévaloir sur notre législation une loi inique et antisociale ». Le pourvoi cherche à démontrer que la légitimation est la réparation d'un quasi-délit. Elle doit être précédée de la reconnaissance de l'enfant naturel, or cette reconnaissance n'est que l'accomplissement d'un devoir, et en ce sens la réparation d'un quasi-délit. A ce point de vue, la légitimation rentre dans la catégorie des lois de police qui, d'après l'article 3 du code Napoléon, obligent tous les habitants du territoire, les étrangers comme les nationaux. Donc un Anglais ne peut pas invoquer son statut national pour se dispenser de réparer sa faute. La cour de cassation s'est approprié cette doctrine : je transcris le considérant, afin de mettre sous les yeux du lecteur tous les éléments du débat : « D'après son objet et ses résultats, qui sont de réparer une faute commise contre l'ordre social, au profit de l'enfant naturel qui en était la victime innocente, la *légitimation* par le mariage subséquent est en France, comme le *mariage* lui-même, d'*ordre public* (1). »

Cette dernière comparaison prouve que la cour de cassation va trop loin; le mariage est certainement d'*ordre public* : en faudra-t-il conclure que toutes les dispositions du titre du Mariage doivent être appliquées aux étrangers qui se marient en France? Il en résulterait que le mariage de deux Anglais, contracté en France, opérerait légitimation! La conséquence témoigne contre le principe, car elle annule le statut personnel. L'état des personnes est aussi d'ordre public; est-ce à dire que toutes les dispositions qui concernent l'état sont applicables aux étrangers? Ce serait dire qu'elles forment toutes un statut réel, et cependant le pourvoi avouait que les étrangers sont régis par leur statut personnel, comme l'article 3 le dit

____

(1) Cassation, 23 novembre 1857 (Sirey, 1858, 1, 293), après délibéré en chambre du conseil.

des Français résidant en pays étranger. Cela prouve que le statut personnel est la règle, la loi territoriale ne l'emporte sur ce statut que lorsqu'il y a un intérêt social en cause, tel que la moralité publique en cas de bigamie. C'est sur le terrain de la moralité que la cour aurait dû se placer; cet intérêt doit dominer le statut national de l'étranger, parce que les bonnes mœurs sont la base de l'ordre social, et par conséquent l'existence de la société y est intéressée. Mais ici encore il faut se garder de poser un principe trop absolu. Qui oserait dire que la légitimation intéresse les bonnes mœurs au même degré que la réprobation de la polygamie? La cour confond l'état de concubinage avec l'état de l'enfant naturel : le concubinage peut constituer un quasi-délit, quand il y a faute, telle que séduction, promesse de mariage; il en résultera une action en dommages-intérêts au profit de la femme abusée. Mais l'enfant ne peut pas dire que ses père et mère ont commis un délit à son égard et qu'il a droit à une réparation, laquelle consiste à le légitimer. Ses droits procèdent d'un autre ordre. d'idées. Il tient sa naissance de Dieu; et par cela seul qu'il existe, il a droit à l'éducation, à l'entretien; ce droit lui donne action contre les auteurs de ses jours, c'est l'action en recherche de sa filiation paternelle et maternelle; mais l'enfant n'a pas d'action pour forcer ses père et mère à se marier et à le légitimer. Ce ne sont pas les époux qui légitiment, dans la théorie du code, c'est la loi. Elle le fait dans un intérêt de moralité; cet intérêt est-il assez considérable pour que la légitimation puisse être considérée comme un de ces statuts réels qui dominent le statut personnel de l'étranger? Telle est la vraie difficulté, j'ai répondu d'avance à la question : quand deux nations civilisées sont partagées d'opinion, l'une admettant la légitimation, l'autre la rejetant, je n'oserais pas décider que la loi anglaise est immorale, pas plus que je ne voudrais dire que la loi française est contraire aux bonnes mœurs. Voit-on que les mœurs souffrent en France ou en Angleterre à raison des lois sur la légitimation? J'en doute, et ce doute suffit pour décider que le statut de légitimation doit entrer dans la catégorie des lois personnelles qui suivent l'étranger partout où il réside.

La cour de renvoi s'est prononcée pour l'opinion consacrée par la cour de cassation; elle ajoute aux raisons que je viens de combattre une considération tirée de l'intérêt des nationaux engagé dans le débat (1). Cela est contradictoire dans les termes; si la légitimation intéresse l'ordre public et les bonnes mœurs, il faut laisser de côté l'intérêt que les particuliers peuvent avoir à ce que le mariage opère ou n'opère pas légitimation; car ce qui caractérise les lois d'ordre public et de bonnes mœurs, c'est précisément qu'elles dominent l'intérêt privé. Disons mieux, ce n'est pas une question d'intérêt, le droit est en cause, et si la société avait un droit incontestable à ce que le mariage opérât toujours légitimation, la question serait décidée par cela même. On peut adresser le même reproche à la cour de cassation; après avoir invoqué les conventions des parties, qui, d'après elle, se seraient soumises à la loi française, elle invoque l'ordre public : cela est aussi contradictoire. De plus il est dangereux de se prévaloir de l'intérêt des nationaux, car les tribunaux étrangers en feront autant, et par suite, les conflits entre les diverses législations seront éternels; les intérêts seront toujours opposés, tandis que l'on peut espérer que les peuples finiront par s'entendre sur les principes de droit qui doivent régir leurs relations juridiques.

285. La jurisprudence française est loin d'être unanime dans le sens de la réalité du statut de légitimation. Je citerai d'abord un arrêt de la cour de Caen, rendu dans des circonstances analogues, et qui a maintenu la personnalité du statut. Le père était Anglais, la mère Française; il y avait donc diversité de statuts entre les époux, la loi de la mère admettant la légitimation, et la loi du père la réprouvant. Mais la femme qui épouse un étranger suit la condition de son mari, et partant son statut; ce qui rendait la légitimation impossible, dans l'espèce, si l'on s'en tient au statut personnel. La cour de Caen le jugea ainsi (2). L'arrêt

(1) Bourges, 26 mai 1858 (Sirey, 1858, 2, 532).
(2) Caen, 18 février 1852 (Sirey, 1852, 2, 432)

est, du reste, sans valeur, les difficultés auxquelles la question donne lieu n'ayant pas été discutées, ni résolues par la cour.

La cour de Bordeaux a jugé de même que le mariage contracté en Angleterre par un Français avec une Anglaise légitimait l'enfant naturel que les époux avaient reconnu avant leur mariage. Si l'on admettait, avec la cour de cassation, que le statut de légitimation est réel, en ce sens qu'il domine le statut national de l'étranger, il faudrait décider que le mariage d'un Français contracté en Angleterre n'opère pas légitimation; car les légistes anglais invoquent aussi des considérations d'ordre public et de bonnes mœurs pour repousser la légitimation· et il est impossible qu'un seul et même statut soit considéré en France comme étant d'intérêt social, et qu'il n'ait pas ce même caractère en Angleterre. La question n'a pas été débattue devant la cour de Bordeaux; les adversaires de l'enfant se bornaient à contester qu'il eût été légalement reconnu avant le mariage; ils admettaient donc implicitement que si la reconnaissance était légale, le mariage légitimerait. Or, si le mariage d'un Français en Angleterre légitime, à raison du statut personnel, il faut dire, par identité de motifs, que le mariage d'un Anglais en France ne légitime point (1).

La cour de cassation a rendu un arrêt dans le même sens. Dans l'espèce, le mariage avait été contracté à l'étranger par un Espagnol, mais la reconnaissance était postérieure au mariage. La cour de Paris décida que le mariage opérait légitimation d'après le droit espagnol : « La loi espagnole, comme notre ancien droit français, s'inspirant des maximes du droit canonique, fait résulter de la célébration même du mariage subséquent des père et mère la légitimation de leurs enfants naturels, sans distinction entre ceux qui ont été reconnus avant et ceux qui ont été reconnus après; la reconnaissance ne doit pas même être expresse, elle peut être tacite, et s'établir soit par la possession d'état, soit par toute autre preuve. -

(1) Bordeaux, 27 avril 1877 (Dalloz, 1878, 2, 193).

Sur le recours en cassation, il intervint un arrêt de rejet.
Il y avait une circonstance spéciale dans la cause : le père
était né Français, il était ensuite devenu Espagnol, puis
le mariage avait été contracté dans une île espagnole, pendant qu'il était Espagnol. Dans ces circonstances, dit la
chambre des requêtes l'arrêt attaqué a appliqué comme
il le devait la loi espagnole, en jugeant que le mariage
avait légitimé les enfants naturels même reconnus postérieurement audit mariage (1).

La jurisprudence française consacre donc le principe
de la personnalité du statut de légitimation : dès qu'il
s'agit du mariage d'un étranger, la légitimation et les
conditions requises pour sa validité sont régies par la loi
étrangère. L'arrêt de la cour de cassation que je me suis
permis de critiquer ne décide pas le contraire ; seulement
il subordonne le statut personnel au statut territorial français, parce que la loi française intéresse l'ordre public.
J'admets le principe en le limitant aux lois qui sont d'intérêt social ; ainsi défini, le principe n'empêche pas l'application de la loi étrangère qui rejette la légitimation par
mariage subséquent. Je ne sais si la cour de cassation per-
sistera dans sa jurisprudence ; ce serait éterniser le conflit
qui existe entre la législation anglaise et le droit français ; et l'on doit, au contraire, chercher à diminuer,
quand la chose est possible, ces collisions qui sont toujours
fâcheuses, puisque, au lieu d'unir les peuples par la communauté de droit, elles les divisent.

§ II. *Le droit anglais.*

286. On croit généralement qu'il y a une antinomie
absolue entre le droit anglais et le droit du continent, en
matière de légitimation. Le dissentiment n'est pas aussi
profond qu'on le dit ; je suis heureux de le constater, il
reste une ouverture à la conciliation, et, par conséquent,
une espérance d'arriver un jour à cette communauté de

---

(1) Rejet, 20 janvier 1879 (Sirey, 1879, I, 417). Comparez Besançon,
25 juillet 1876 (Sirey, 1877, 2, 249).

droit que Savigny a proposée comme idéal à notre science.
Il y a opposition entre la loi anglaise et le droit commun
de l'Europe, en ce qui concerne la légitimation; le parlement de Merton a rejeté la légitimation par mariage subséquent, tandis que le droit romain, le droit canonique et
les nouveaux codes l'admettent. Mais cette diversité de
législations est inévitable, et l'on se ferait une fausse idée
de la communauté de droit qui doit régner entre les
nations, en croyant qu'elle implique l'unité de législation :
ce serait la déclarer impossible, car les peuples n'arriveront jamais à l'uniformité de leurs lois et coutumes. Quand
on dit que les nations doivent être unies par un lien
commun, cela veut dire qu'elles admettent l'application
des lois étrangères au même titre que celle de leurs lois
nationales, si la nature du litige le demande, à moins que
la loi territoriale ne doive l'emporter à raison de l'intérêt
de la société. Il suffit donc que la personnalité des lois
soit acceptée comme principe, c'est le premier pas vers la
communauté de droit, sauf à étendre la personnalité, en
modifiant ou en abrogeant les lois dites réelles qui s'opposent à l'application des lois étrangères. Or, on reproche
aux Anglo-Américains de méconnaître le statut personnel,
ce qui serait un obstacle invincible à l'union à laquelle
tend notre science. Le reproche est fondé; toutefois il
n'est pas exact de dire que la *common-law* nie le statut
personnel. Le statut de légitimation en offre un exemple
remarquable.

Un des grands légistes d'Angleterre, lord Stowell, a
dit, dans une cause célèbre (1), que la validité du mariage
doit, à la vérité, être jugée d'après la loi anglaise, mais
que la loi anglaise admet que l'état ou la condition de
l'étranger doit être apprécié conformément à la loi du
pays où cet état s'est formé. Il en conclut qu'un mariage
célébré en Ecosse doit être jugé par la loi écossaise.
Dans la fameuse question de légitimation qui a donné
lieu à de si longs débats dans la chambre des lords, le
Chief-Baron Alexander n'hésita pas à appliquer ce prin-

(1) Dalrymple contre Dalrymple (Story, *Conflict of laws*, p. 104, note 2,
7ª édition).

cipe aux enfants légitimés par le mariage de leurs père et mère en Ecosse. La loi écossaise admet la légitimation, la loi anglaise la rejette. Cela n'empêche pas les enfants légitimés par un mariage écossais d'être considérés comme légitimés en Angleterre. Ainsi les law-lords et, à leur suite, le parlement admettent le statut personnel en matière de légitimation. Sur quoi porte donc le dissentiment? Sur les droits attachés à la légitimation. Les légistes anglais permettent à l'enfant légitimé par un mariage écossais d'exercer en Angleterre tous les droits qui sont compatibles avec les lois anglaises. Ils font cette concession aux lois étrangères par courtoisie (*comity*); dans la rigueur de leur *common-law*, fondée sur la féodalité, ils pourraient rejeter l'application de toute loi étrangère; mais les convenances et les nécessités des relations internationales ne permettent pas cet isolement; à plus forte raison ne peut-on pas repousser d'une manière absolue les lois écossaises. Nous allons voir jusqu'où va la concession.

287. J'ai fait une rude guerre, dans le cours de ces Etudes, à la *courtoisie* considérée comme principe du droit international privé. La courtoisie, c'est l'intérêt, et l'intérêt n'est pas un principe, c'est un fait. On va s'en convaincre par la jurisprudence anglaise en matière de légitimation. Puisqu'elle admet que l'enfant légitimé en Ecosse est légitimé en Angleterre, il semble très logique qu'elle donne aussi à celui qui est légitimé tous les droits d'un enfant légitime. C'est bien là l'essence de la légitimation; le code Napoléon ne fait que formuler une règle admise universellement, en disant que « les enfants légitimés par le mariage subséquent auront les mêmes droits que s'ils étaient nés de ce mariage » (art. 333). La conséquence la plus naturelle de ce principe est que les enfants légitimés succèdent à leurs père et mère avec les enfants légitimes nés postérieurement à la célébration du mariage; quant aux droits qui s'ouvrent après la légitimation, il n'y a aucune différence entre les enfants légitimés et les enfants légitimes.

Ici les légistes anglais nous arrêtent. Pour hériter des biens situés en Angleterre, il faut avoir la capacité requise par la loi anglaise ; or, la *common-law* n'admet à succéder que les enfants nés pendant le mariage ; ce qui exclut les enfants nés avant le mariage. « On ne saurait admettre, dit le *Chief-Baron*, qu'une terre anglaise soit régie par une loi étrangère. C'est la loi semée dans le sol et produite par le sol qui seule gouverne le sol. La courtoisie ne peut pas aller jusqu'à donner à une loi étrangère un pouvoir quelconque sur le territoire anglais. » Qu'est-ce alors que la courtoisie? Une affaire d'intérêt; dès que l'intérêt territorial est en cause, on met la courtoisie de côté : la terre appartient à l'enfant né du mariage, donc elle ne peut appartenir à l'enfant né avant le mariage. Vainement invoque-t-on la fiction sur laquelle repose la légitimation : « Nos lois présument, dit Portalis, que les père et mère qui se marient après avoir vécu dans un commerce illicite, ont toujours eu l'intention de s'engager par les liens d'un mariage solennel; elles supposent que le mariage a été contracté au moins de vœu et de désir, dès le temps de la naissance des enfants, et, par une fiction équitable, elles donnent un effet rétroactif au mariage (1). » Le *Chief-Baron* répond, au dix-neuvième siècle, ce que les barons disaient au parlement de Merton au treizième : « Nous ne voulons pas changer les lois d'Angleterre, et si le parlement n'a pas voulu les changer directement, il ne nous est pas permis, à nous interprètes, de les changer indirectement en admettant une fiction créée par une loi étrangère, qui viendrait disposer d'une terre anglaise. »

Il y a une autre objection contre cette interprétation étroite de la *common-law*. Elle exige que le successible soit né du mariage. Mais quelle loi décidera s'il est né du mariage? C'est une question de capacité; et la capacité dépend de l'*état*; si les légistes admettent que l'état est déterminé par la loi du lieu où il s'est formé, d'après l'expression de lord Stowell, ils doivent admettre aussi que c'est la loi étrangère qui décide si un enfant est né dans le mariage. Or, le droit écossais dit que l'enfant légi-

---

(1) Portalis, *Discours préliminaire*, n° 63 (Locré, t. Iᵉʳ, p. 173).

timé est assimilé à l'enfant légitime, qu'il est né dans le mariage; c'est une fiction, soit, mais le droit anglais consacre la même fiction; il décide que l'enfant né un jour après la célébration du mariage peut hériter, parce qu'il est né dans le mariage, bien qu'il soit certain que cet enfant est légitimé, puisqu'il a été conçu illégitime; si la fiction profite à l'enfant conçu avant le mariage, et né un jour après la célébration, pourquoi ne profiterait-elle pas à l'enfant conçu avant mais né un jour avant le mariage? Tous les deux sont, en réalité, légitimés.

La doctrine des légistes est donc illogique, elle l'est encore à d'autres égards. Lord Stowell dit que l'état est déterminé par la loi étrangère, or, l'état n'est pas une abstraction, c'est une source de droits. Le code Napoléon, en disant que les lois concernant l'*état* suivent le Français en pays étranger, a soin d'ajouter et la *capacité*. Qu'importe à l'enfant naturel légitimé en Ecosse qu'on le considère comme tel en Angleterre, si on lui refuse les droits que la loi écossaise attache à sa légitimation? Ce n'est pas reconnaître son statut personnel, c'est l'annuler; on l'admet en théorie et on le méconnaît en fait. L'exemple que le *Chief-Baron* cite témoigne contre sa doctrine. Une veuve étrangère réclame son douaire devant une cour anglaise. La cour reconnaît son état, conformément à sa loi personnelle, c'est cette loi qui décidera si elle est veuve, si elle était la femme légitime du mari qui pendant le mariage possédait les biens dont elle réclame l'usufruit. Mais ici la courtoisie s'arrête : *there the comity stops*. Il s'agit de savoir quels sont les droits de la veuve sur les biens situés en Angleterre; c'est la loi anglaise qui décidera, et elle refusera inexorablement les droits que son statut personnel lui accorde, si la loi territoriale les lui refuse. Or, la loi anglaise distingue diverses espèces de propriété, toutes distinctions datant de la féodalité, et n'ayant pas même de nom dans notre langue; la terre est-elle soumise à la *common-law*, la veuve étrangère, de même que la veuve anglaise, en aura le tiers; vainement la veuve réclamerait-elle en vertu de sa loi personnelle, et dirait-elle qu'elle a droit à toute la terre, la loi anglaise

est inexorable, et lui dira : Vous êtes veuve en Ecosse, et
sur les biens écossais vous pouvez réclamer votre douaire
pour le tout ; en Angleterre, vous êtes veuve aussi, mais
vous n'aurez que le tiers des biens ; sur telle autre propriété (*gavelkind*), vous aurez la moitié tant que vous
serez *casta et sola*. La terre est-elle une terre coutumière
ou féodale (*customary land of any mannor*), vous aurez
ce que la coutume vous donnera, quelque *capricieuse*
qu'elle soit. La loi anglaise, avec ses distinctions de terres,
nous paraît tout aussi capricieuse, disons le mot, absurde.
Le savant magistrat ajoute que ces distinctions sont
enseignées par les légistes étrangers, qu'ils admettent,
à la vérité, le statut personnel, pour déterminer l'état,
mais qu'ils font prévaloir le statut réel, dès qu'il est question d'un droit sur un immeuble. Cela n'est pas tout à fait
exact : les réalistes faisaient cette distinction, mais ceux
qui se rattachaient à l'école de Dumoulin la rejetaient et
étendaient la personnalité aux biens situés en pays étranger, à moins qu'il n'y eût un statut prohibitif (1). Et peut-
on dire que le statut de succession est prohibitif en ce qui
concerne la légitimation ? Lord Coke dit : *Hæres est qui
ex justis nuptiis procreatus est*. Les légistes anglais sont
obligés de modifier cette définition, et de dire *natus* au
lieu de *procreatus*. Mais n'est-ce pas à la loi personnelle de
décider qui est *né d'un mariage légitime ?* Et si elle admet
que l'enfant légitimé est assimilé aux enfants légitimes, et
qu'il aura les mêmes droits que s'il était né du mariage,
cette *capacité* fait partie de son *état*. Reconnaître l'*état* et
ne pas reconnaître la capacité qui en dépend, c'est diviser
ce qui est indivisible.

288. Le droit traditionnel trouva un rude adversaire
dans la chambre des lords. Brougham était aussi un
law-lord, mais il s'inspirait des idées modernes, au lieu
d'aller chercher ses inspirations au treizième siècle (2). Il
ne répudie pas le statut de Merton ; c'eût été répudier tout
le droit anglais, puisque la *common-law* plonge ses racines

(1) Voyez le tome Ier de ces Etudes, nos 307-309, 342 et 343.
(2) Story donne en note une grande partie du discours de lord Brougham
(*Conflict of laws*, p. 103-114, de la 7e édition).

dans la féodalité. Mais il ne faut pas faire dire aux barons féodaux ce qu'ils n'ont certes pas entendu décider. Le parlement de Merton a repoussé la légitimation par mariage subséquent pour les enfants naturels nés de père et mère anglais qui s'unissaient par le mariage. Autre est la question de savoir si une loi anglaise doit recevoir son application aux enfants naturels étrangers, nés en pays étranger. Cette question n'a pas été soumise aux barons par les évéques, ils n'ont donc pas pu la décider. Il est vrai que sous le régime féodal toute coutume était réelle; mais, sous ce rapport, le droit traditionnel a subi une modification importante; la courtoisie internationale a fait admettre que l'état d'un étranger est réglé par sa loi personnelle. Cette concession doit-elle s'arrêter à l'état abstrait, ou doit-elle être étendue à la capacité? Telle est la vraie difficulté, et si l'on écoute le bon sens et la raison, elle doit être décidée en faveur de l'enfant étranger. Qu'est-ce qu'un enfant légitimé par mariage subséquent? Pour décider cette question qui domine le débat, il ne faut pas consulter la loi anglaise, puisqu'elle n'admet pas la légitimation; c'est en Ecosse que l'enfant a été légitimé, c'est donc la loi écossaise qui doit décider en quel sens le mariage légitime l'enfant; or, sur ce point il n'y a aucun doute. En Ecosse, comme partout où la légitimation existe, le mariage a pour effet de faire considérer l'enfant légitimé comme étant né du mariage; donc il est enfant légitime; il l'est, notamment, en ce qui concerne le droit d'hérédité, c'est là le grand bienfait attaché à la légitimation; jadis l'enfant naturel n'avait aucun droit de succession; la légitimation avait pour objet de le déclarer apte à succéder. Admettre en Angleterre que le mariage écossais légitime l'enfant naturel, et lui refuser le droit de succéder, c'est rendre la légitimation inutile, dérisoire même et absurde. Ici l'argumentation de Brougham est d'une évidence palpable. La *common-law*, telle qu'elle est interprétée par les légistes, n'exclut pas l'enfant naturel de toute succession, elle lui refuse un droit dans les terres situées en Angleterre, elle lui accorde un droit dans les biens mobiliers. Admirez la logique de la loi anglaise.

Voilà un enfant légitimé qui se présente à une succession.
La cour le reconnaît comme enfant légitime. Va-t-elle lui
accorder les droits que la légitimation donne partout à
l'enfant? Non, elle distingue : l'enfant légitimé héritera
des meubles, il n'héritera pas des immeubles; il sera donc
tout ensemble, et dans la même hérédité, considéré
comme légitime et comme bâtard, légitime pour recueillir
les meubles, bâtard pour être écarté de la succession
immobilière. Faut-il demander par quel miracle on peut
être à la fois, au même instant, pour l'exercice d'un seul
et même droit, légitime et illégitime? Il y a plus; le père
peut posséder des biens en France : là l'enfant légitimé
les recueillera, tandis qu'il sera exclu des biens anglais;
il sera donc légitime pour une fraction, selon le hasard
des circonstances, légitime pour un tiers ou un quart,
illégitime pour les deux tiers ou les trois quarts; la chance
peut lui être plus favorable si la majeure partie des biens
est située en France, il sera légitime pour les trois quarts
et demi, et bâtard pour un huitième!

Brougham établit avec la même évidence que la doctrine des légistes anglais ne tient aucun compte de
l'essence de la légitimation, qu'ils prétendent cependant
admettre. Une fiction, disait le *Chief-Baron*, ne peut pas
introduire en Angleterre, et sur des terres anglaises, la
légitimation par mariage subséquent que le parlement de
Merton a repoussée. Soit, mais alors rejetez la légitimation du bâtard étranger, et dites que, malgré sa légitimation, il reste bâtard. Vous lui dites, au contraire, que
vous le reconnaissez comme enfant légitimé, donc vous
admettez la légitimation quand il s'agit d'un bâtard étranger. Si vous l'admettez, il faut la prendre telle qu'elle
est en Ecosse et partout ailleurs. Or, la légitimation suppose que les époux ont eu l'intention de se marier dès la
naissance de l'enfant. Et n'est-ce pas le consentement qui
fait le mariage? Donc les père et mère étaient mariés au
moment où leur enfant est né, le mariage célébré postérieurement, fût-ce après des années, ne fait que constater
leur consentement. La conséquence est que l'enfant est né,
non pas avant le mariage, mais après le mariage. C'est

une fiction, dites-vous. Eh! qu'importe? Une fiction consacrée par la loi est un principe. Vous acceptez la légitimation, donc vous devez accepter la fiction sur laquelle
elle repose; ce qui est décisif. L'enfant étranger qui se
présente pour recueillir la succession n'est pas un bâtard,
c'est un enfant légitime, donc vous ne pouvez pas l'écarter.
Vous ne pouvez pas lui opposer le statut de Merton, car
ce statut même est une fiction. Un mariage se célèbre
aujourd'hui à dix heures, immédiatement après la femme
accouche. L'enfant né après le mariage succède aux biens
que son père possède en Angleterre. Direz-vous que cet
enfant est légitime? Non, lord Coke voulait qu'il fût *procréé*
pendant le mariage, pour être légitime, et le bon sens le
dit. Vous vous contentez donc d'une fiction; si la fiction
légitime un enfant conçu illégitime, parce qu'il naît un
instant après la célébration du mariage, pourquoi la fiction
ne pourrait-elle pas légitimer l'enfant né avant la célébration du mariage, alors que les parents sont censés avoir
consenti à se marier, à l'instant même de la naissance de
l'enfant, et partant dès sa conception, puisque l'enfant
conçu est censé né dès qu'il s'agit de son intérêt.

289. La cause fut plaidée à deux reprises devant la
chambre des lords; l'avis unanime des douze juges d'Angleterre prévalut sur le bon sens et sur la raison. Je ne
dis pas qu'ils ont mal jugé; mais leur jugement témoigne
contre la *common-law*. Elle est encore féodale à la fin du
dix-neuvième siècle; et sous le régime féodal, toute loi
était réelle; on ne savait ce que c'était qu'une loi personnelle : la majorité même, pour les fiefs, dépendait de la
coutume qui régissait les terres, et non de la loi qui régissait le vassal, et cela était très rationnel dans le système
féodal, puisque ce n'est pas la personne qui était souveraine, c'était la terre; la terre dominait la personne. De
là une conséquence tout aussi absurde que celle que lord
Brougham relevait : le vassal était majeur et capable
pour une terre, et il restait mineur et incapable pour
une autre terre; capable et incapable au même instant!
Brougham essaya vainement d'introduire la raison et le
bon sens dans une loi qui est devenue irrationnelle et

absurde par son immutabilité; la raison n'y pénétrera que
par la réforme de la législation. Comment une nation,
essentiellement commerçante et industrielle, peut-elle être
régie par un droit qui date de Guillaume le Conquérant?
Sur le continent, où la féodalité n'est plus que de l'histoire, nous avons de la peine à comprendre cette anomalie; toujours est-il qu'elle ne peut pas durer toujours :
quand il y a opposition entre l'état social et les lois, les
lois doivent céder. Le progrès s'accomplit même dans un
pays que la tradition gouverne en maîtresse absolue.
Dans le débat solennel qui eut lieu devant la chambre des
lords, le *Chief-Baron* parla du statut de Merton avec un
respect qui écarte toute idée d'innovation; il semble ne
pas se douter que la *common-law* est irrationnelle et absurde. Lord Brougham mit à nu tout ce qu'il y avait de
déraison et d'absurdité dans la théorie légale. Ce fut en
vain. Le parlement s'en tint à la tradition. Mais le coup
était porté; on peut bien, et l'on doit, comme juge, appliquer le droit traditionnel, mais une fois qu'il est prouvé
que la tradition est contraire à la raison et au bon sens,
son empire est détruit; il en va des lois comme des religions du passé; il vient un moment où elles n'ont plus
d'autre raison d'être que celle que Montaigne déclarait
toute-puissante : cela est parce que cela est. Non, il n'y a
d'autre puissance que la vérité. Brougham n'a pas parlé
en vain. Un publiciste anglais, Phillimore (1), en appréciant les débats que je viens d'analyser, dit qu'il n'est
pas prouvé que la loi anglaise, qui admet la légitimité de
l'enfant né un instant après la célébration du mariage,
soit plus morale que le droit romain et le droit canonique,
suivi par la plupart des Etats du continent. Le légiste
anglais n'a pas un grand respect pour le statut de Merton;
il ne croit pas qu'il faille chercher l'idéal au treizième
siècle; il pense que les barons qui refusèrent d'accéder à
la demande des évêques étaient peut-être inspirés par la
jalousie qui divisait les clercs et les laïques dès cette époque. Il est certain, dit Phillimore, que le conflit qui existe

---

(1) Phillimore, *Private international law,* p. 390, n° 538.

entre l'Angleterre et l'Ecosse, dans la matière de la légitimation, comme en matière de divorce, ne fait pas honneur à une nation civilisée. L'auteur anglais ne s'explique la décision de la chambre des lords que par les droits importants qui sont attachés à la propriété foncière par la constitution anglaise, et il aurait pu ajouter, ce qu'il sous-entend sans doute, que ce sont précisément les représentants de la propriété territoriale qui siègent dans la chambre des lords. C'est dire que le droit traditionnel doit trouver faveur dans une assemblée qui est la tradition incarnée ; mais les lords ont déjà cédé plus d'une fois, et ils céderont encore devant le flot montant de la démocratie.

290. Il reste une difficulté, c'est de déterminer quel est le statut personnel qui régit la légitimation. Les légistes anglais insistent longuement sur cette question. Elle a cependant peu d'importance si l'on admet, avec la chambre des lords, que les droits de l'enfant légitimé sont régis par la loi territoriale, du moins en ce qui concerne la succession immobilière. Je crois inutile d'entrer dans ce débat, puisqu'il est étranger au droit français qui fait l'objet principal de ces Etudes (1). J'ai dit, en exposant les principes généraux de notre science, que, dans l'ancien droit, le statut personnel était déterminé par le domicile de la partie qui l'invoquait, et que le principe traditionnel s'est maintenu en Angleterre et en Allemagne. L'application du principe n'est pas sans difficulté quand il s'agit de la légitimation : on demande si le domicile est celui où le mariage a été célébré, ou celui des époux lors de la célébration, ou celui où l'enfant est né, ou enfin celui où les biens sont situés. Schaffner a examiné brièvement la question dans son excellente monographie, en motivant son opinion, au lieu de procéder par *cas* ou espèces, comme font les légistes anglais. Il faut rejeter le domicile de la célébration du mariage, par la raison péremptoire que ce

---

(1) Voy. Story, *Conflict of laws*, p. 109-115 (7e édition). Phillimore, *Private international law*, n. 392, no 541. Wharton, *Conflict of laws*, p. 227, nos 241-243; Westlake, *Private international law*, p. 84 et suiv. (2e édit., 1880).

lieu dépend de la volonté des épouх ; ils pourraient donc,
en célébrant leur mariage en France, légitimer l'enfant né
en Angleterre, ou priver de la légitimation l'enfant né en
France, en allant se marier en Angleterre ; or, ce n'est
pas la volonté des père et mère qui légitime, c'est la loi.
Par la même raison, on doit écarter le domicile des parents lors du mariage, puisqu'ils pourraient établir leur
domicile dans un pays qui n'admet point la légitimation,
et priver ainsi l'enfant de ce bénéfice. Le lieu où les biens
sont situés est absolument étranger à la légitimation,
puisque celle-ci forme un statut personnel, de l'aveu de
tout le monde ; le statut réel ne peut donc pas décider si
un enfant est illégitime ou légitime. Reste le domicile de
la naissance de l'enfant ; c'est du droit de l'enfant qu'il
s'agit ; la légitimation rétroagit à sa naissance, c'est donc
le moment de la naissance qu'il faut considérer pour déterminer la loi qui la régit (1).

Savigny combat cette opinion ; il nie que l'enfant ait un
droit à être légitimé. Il est certain qu'en droit français
tout dépend de la volonté du père ; non seulement il ne
peut pas être forcé à contracter mariage avec la mère de
l'enfant naturel, mais alors même qu'il se marie, il peut
ne pas reconnaître l'enfant, ce qui rend la légitimation
impossible ; et l'enfant n'a pas le droit de rechercher la
paternité. Savigny se prononce pour la loi du domicile
que le père a lors du mariage (2). Cela paraît logique,
puisque c'est le mariage qui légitime. Toutefois il y a
l'objection de Schaffner à laquelle Savigny ne répond
pas.

En droit français, ces difficultés ne se présentent point.
Le code Napoléon a remplacé le domicile par la nationalité ; c'est naturellement la nationalité du père, lors de la
célébration du mariage, qui déterminera le statut de légitimation. On ne peut plus objecter qu'il dépendra du père
de priver l'enfant du bienfait de la légitimation que lui

(1) Schaffner, *Entwickelung des internationalen Privatrechts*, p 49,
§ 37.
(2) Savigny. *System des heutigen romischen Rechts*, t. VIII, p 338,
§ 380.

accordait la loi de sa naissance. D'abord ce n'est pas un droit, ce n'est qu'une espérance. Ensuite, il ne dépend pas du père de changer de patrie, comme il dépend de lui de changer de domicile. Enfin, il y a un motif rationnel; le changement de nationalité emporte changement de statut; on ne conçoit pas que l'Anglais qui s'établit en France acquière le droit de légitimer son enfant naturel, alors qu'il reste Anglais et soumis à la loi anglaise, mais il est très logique que, changeant de patrie et de statut, sa nouvelle loi nationale lui accorde un droit que l'ancienne lui refusait, et que, dans sa conviction, elle avait tort de lui refuser. Je ne parle pas du cas où un Français se ferait naturaliser Anglais, pour priver son enfant de la légitimation; c'est une hypothèse de théorie; le mariage entre père et mère naturels ne se contracte guère, en fait, que pour donner la légitimation aux enfants; et si, lors de sa naturalisation, le père n'avait pas l'intention de légitimer son enfant, et qu'il se marie ensuite, il doit subir les conséquences de son fait. Les lois ne peuvent pas s'accommoder à la mobilité des volontés humaines.

§ II. — *De la légitimation par rescrit du prince.*

291. Le droit français n'admet pas la légitimation par rescrit du prince. Duveyrier, le rapporteur du Tribunat, en donne la raison suivante : « La légitimation par lettres du prince n'était point un usage, mais un abus de la souveraineté usurpée. Et comme les abus d'usurpation n'ont point de limites, on allait jusqu'à légitimer des bâtards adultérins; ce que les auteurs justifient en écrivant avec simplicité que les princes étant au-dessus des lois, avaient, sans contredit, le droit d'en dispenser. Dans toute société où la loi seule gouverne l'état des citoyens, aucune autorité ne peut accorder des droits de filiation légitime dans tous les cas où la loi les refuse (1). » C'est un tribun qui parle; il a parfaitement raison de flétrir le pouvoir absolu

---

(1) Duveyrier, *Rapport au Tribunat*, nº 31 (Locré, t III, p 134, édition de Bruxelles)

qui permettait à Louis XIV de légitimer ses bâtards adultérins ; mais il va trop loin en disant que le droit de dispenser des lois implique nécessairement que les princes
qui l'exercent sont au-dessus des lois. Le code civil lui-
même admet le pouvoir de dispenser, en matière de
mariage. Il veut que la célébration soit précédée de deux
publications ; toutefois, « il est loisible à l'empereur ou
aux officiers qu'il préposera à cet effet, de *dispenser*, pour
des causes graves, de la seconde publication » (art. 169).
Aux termes de l'article 144, l'homme avant dix-huit ans
révolus, la femme avant quinze ans révolus, ne peuvent
contracter mariage ; néanmoins, dit l'article 145, l'empereur peut accorder des *dispenses* pour des motifs graves.
L'article 163 prohibe le mariage entre l'oncle et la nièce,
la tante et le neveu ; mais, il est loisible à l'empereur de
lever, pour des causes graves, ces prohibitions (art. 164).
D'après le code civil, le mariage est défendu entre beau-
frère et belle-sœur ; des lois portées en Belgique (1) et en
France (2) ont autorisé le gouvernement à lever cette prohibition pour des causes graves. On peut critiquer ces
dispositions, mais on ne peut pas dire qu'elles mettent le
chef de l'Etat au-dessus de la loi, puisque c'est la loi
elle-même qui, à côté de la règle qu'elle établit, admet
une exception, et ces exceptions sont naturellement dans
le domaine du pouvoir exécutif.

292. On conçoit qu'il y ait aussi des exceptions pareilles en matière de légitimation. Les codes des Pays-Bas
et d'Italie admettent, à ce titre, la légitimation par le
prince. Il importe de connaître les dispositions de ces
codes, puisqu'elles donnent lieu à une difficulté que le
droit civil international doit décider.

Le code néerlandais porte (art. 329) : « Si la légitimation (3) n'est pas faite avant le mariage ou dans l'acte de
mariage, elle peut avoir lieu par lettres de légitimité accordées par le roi. » L'article 330 ajoute un second cas

---

(1) Lois du 23 avril 1827 et du 28 février 1831.
(2) Loi du 16 avril 1832.
(3) L'expression est impropre, il s'agit de la *reconnaissance;* car il ne
peut y avoir de légitimation *avant le mariage* qui *légitime.*

dans lequel le prince peut légitimer : « Des lettres de
légitimation pourront être accordées à l'enfant, lorsque le
mariage de ses père et mère n'a été empêché que par la
mort de l'un d'eux. » Dans les deux cas, le roi agira
d'après l'avis de la haute cour qui entendra les proches
parents et pourra faire insérer la demande en légitimation
dans les journaux (art. 331). Le code ajoute (art. 332) :
« Dans le cas de l'article 330, la légitimation n'a d'effet
que du jour des lettres du roi ; elle ne peut préjudicier
aux droits successifs des tiers, et ne donne des droits sur
la succession des parents de son auteur qu'autant que
ceux-ci ont consenti à la légitimation. » On voit que cette
légitimation ne met pas le prince au-dessus des lois ; le roi
ne pourrait certes pas légitimer des enfants adultérins et
incestueux ; il ne peut accorder des lettres de légitimation
que dans les deux cas que la loi détermine, cas dans lesquels l'enfant ne pourrait être légitimé, d'après le droit
commun ; c'est donc une exception à la règle, admise
dans l'intérêt des enfants.

293. Le code italien admet la légitimation par décret
royal, sous les conditions suivantes (art. 198-200) :

1º Que la demande en soit faite par les père et mère
eux-mêmes, ou par l'un d'eux ;

2º Que le demandeur n'ait point d'enfants légitimes, ni
légitimés, ni de descendants d'eux ;

3º Que le demandeur se trouve dans l'impossibilité
actuelle de légitimer l'enfant par mariage subséquent ;

4º Que, dans le cas où le demandeur serait marié, il
produise le consentement de son conjoint.

La demande en légitimation est communiquée à la cour
d'appel. Celle-ci vérifie, en la chambre du conseil, si les
conditions requises sont remplies, et après avoir entendu
le ministère public, elle déclare qu'il y a lieu ou qu'il n'y
a pas lieu à la légitimation demandée. Si la déclaration
est défavorable, la demande n'a point de suite. Si elle est
favorable, le roi pourra accorder la légitimation, sur l'avis
du conseil d'Etat (art. 198-201).

La légitimation par décret royal produit les mêmes
effets que la légitimation par subséquent mariage, mais

seulement à partir de la date du décret, et à l'égard du
père ou de la mère qui l'a demandée (art. 201).

294. Il y aurait bien des ·objections à faire contre la
légitimation par le prince, même avec les restrictions qui
y sont apportées par les codes des Pays-Bas et d'Italie;
mais du moins, elle ne présente plus le caractère abusif
que cette légitimation avait sous l'ancien régime, et
qu'elle a encore là où le prince est au-dessus des lois, et
peut légitimer au besoin des enfants adultérins et incestueux, que le mariage subséquent ne légitime jamais.
Naît maintenant la question de savoir quelles sont les
conséquences de la légitimation, au point de vue du droit
civil international.

On demande d'abord si un Français pourrait être légitimé par le décret d'un prince étranger. Il ne pourrait
l'être en France par un décret du gouvernement, puisque
les auteurs du code civil n'ont pas admis cette légitimation exceptionnelle. Je crois qu'il en faut conclure que la
légitimation par un prince étranger serait inopérante. On
ne saurait admettre qu'un souverain étranger exerce à
l'égard d'un Français un acte de juridiction gracieuse, que
le gouvernement français n'aurait pas le droit de faire.
La légitimation donne une filiation légitime à l'enfant,
donc la nationalité du père; et conçoit-on que le décret
d'un prince étranger crée des Français? Il y a une autre
considération qui me paraît décisive : la légitimation est
une fiction, or la loi seule peut autoriser des fictions, et
déterminer les conditions sous lesquelles elle les admet.
La fiction française de la légitimation implique que les
père et mère, au moment de la naissance de l'enfant, ont
eu la volonté de se marier, et qu'ensuite cette volonté se
réalise; donc en dehors du mariage, la légitimation, telle
que le code la consacre, est impossible. Enfin la légitimation concerne l'état des personnes; elle forme donc un
statut personnel ; ce statut suit le Français en pays étranger; j'en conclus que l'enfant naturel qui ne peut être
légitimé en France, par le rescrit du prince, ne peut pas
l'être à l'étranger ·par lettres du souverain. Un pareil
acte serait radicalement nul en France.

La doctrine paraît contraire à mon opinion. Phillimore enseigne que toute légitimation est valide quand elle se fait conformément à la loi du domicile; il ajoute seulement une restriction en ce qui concerne les effets de la légitimation : peut-être, dit-il, ne donnerait-elle pas à l'enfant légitimé le droit de succéder à des immeubles situés dans un pays qui n'admettrait pas la légitimation par rescrit du prince (1). Schaffner établit le même principe sans y ajouter aucune restriction quant au droit d'hérédité (2). Puisque Phillimore s'énonce en termes dubitatifs en ce qui concerne la succession immobilière, je me permettrai aussi d'ajouter un *peut-être* quant au principe qu'il établit; il se peut qu'il ait en vue la légitimation accordée en pays étranger à un naturel par le souverain du pays, ce qui change complètement la question. Il faut avant tout vider la difficulté que j'examine pour le moment. Si les auteurs que je viens de citer entendent dire que la solution dépend du statut personnel, nous sommes d'accord. La légitimation par rescrit du prince vaudra si le statut personnel de l'enfant légitimé l'admet, tandis qu'elle ne vaudra pas si le statut personnel la rejette. Seulement, au lieu de déterminer la personnalité du statut par le domicile, il faut dire, dans la doctrine française qui est celle de ces Etudes, que le statut national décidera; dans l'espèce, cela est d'autant plus logique, que la légitimation se lie à une question de nationalité.

295. Je ne connais point d'arrêt sur la question, telle que je viens de la poser. Elle s'est présentée dans notre ancien droit, et elle a été décidée contre l'enfant légitimé. J'emprunte les faits et la décision à Du Laury (3). Un sieur Campart, natif de Mons S. Winocx, avait eu à Anvers un enfant naturel; sur les instances qu'on lui fit de réparer ce déshonneur par le mariage, il quitta la Belgique, et alla s'établir avec sa fille à Hambourg; il y obtint depuis des lettres de légitimation d'un comte palatin, avec clause

---

(1) Phillimore, *Conflict of laws*, p. 393, § 512.
(2) Schaffner, *Entwickelung des internationalen Privatrechts*, p. 53 et suiv.
(3) Du Laury, *Jurisprudence des Pays-Bas autrichiens*, arrêt LXVII (t. II, p. 414 de l'édition in-8°, Bruxelles, 1761).

que l'enfant pourrait succéder à son père en tous biens. Après sa mort, sa fille intenta une action au conseil de Flandre, et prétendit avoir droit aux rendages de quelques biens situés en Flandre; elle invoquait sa légitimation, et le vieil adage que les meubles suivent la personne du défunt. Les héritiers collatéraux soutinrent que la légitimation ne pouvait avoir aucun effet hors de l'empire d'Allemagne, pour quelque bien que ce fût. Le conseil de Flandre déclara l'enfant légitimée non recevable ni fondée, par la raison que la légitimation ne pouvait être accordée que par le prince souverain des Pays-Bas, vu que le père et l'enfant en étaient originaires, et que le vice de bâtardise ne peut être enlevé que par le prince dont le père et l'enfant sont les sujets. Sous notre ancien régime, ce principe était consacré par les placards; les édits du 23 septembre 1595 et du 14 décembre 1616 défendaient, à peine d'amende, de s'adresser à des princes étrangers pour obtenir d'eux légitimation. C'est, à mon avis, le vrai principe, et il n'a pas même besoin d'être consacré par le législateur. Dans l'ancien droit, il y avait un motif péremptoire de le décider ainsi : le prince succédait aux biens délaissés par les enfants naturels, et un souverain étranger ne pouvait pas lui enlever le droit de bâtardise. C'était la doctrine généralement reçue, et déjà enseignée par Bartole; on ne contestait pas la validité de la légitimation accordée par un prince étranger, mais on ne lui reconnaissait d'effet que dans les limites de son territoire. C'est pour ce motif que l'on exigeait que les lettres de légitimation fussent vérifiées en la chambre des comptes de nos souverains.

Au grand conseil de Malines, la majorité des seigneurs (c'est l'expression de Du Laury) se prononça pour cette opinion, en se fondant sur ce qu'un prince étranger n'avait pas le droit de déroger aux coutumes de Mons S. Winocx, qui sont réelles, et n'admettent pas le bâtard à la succession du père. La coutume générale de la Flandre consacrait la même exclusion, et l'on décidait, dans nos provinces, que le pape lui-même ne pourrait pas ébranler cette disposition. L'exclusion étant absolue, le bâtard légitimé ne pouvait pas plus recueillir les meubles que les immeubles. C'est sur ce point qu'il y eut un dissentiment ; quelques *seigneurs* étaient d'avis qu'il fallait faire une exception pour les meubles, lesquels n'ont pas situation, et dépendent de la loi du domicile, puisqu'ils suivent la personne partout où elle réside ; or, dans l'espèce, la demanderesse ne réclamait que des arrérages et des censes échus pendant la vie de son père, lequel, à sa mort, était domicilié en Allemagne, et l'on ne contestait pas que les lettres de légitimation fussent valables dans le territoire de l'empire. La majorité du conseil écarta l'adage traditionnel, par la raison qu'il ne s'appliquait qu'aux meubles qui servent à l'usage de la personne. On ne pouvait pas dire des rendages provenant d'un fonds qu'ils sont destinés au service de la personne, pas plus que le fonds même. La cour décida, par arrêt du 11 octobre 1631, avoir été bien jugé par ceux du conseil de Flandre.

296. Puisque je remonte à notre tradition nationale, on me permettra, pour la compléter, de citer un fait historique, qui m'a été signalé par mon ami, l'avocat Du Bois.

Marguerite de Constantinople se maria avec Bouchard d'Avesnes, engagé dans les ordres, et en eut des enfants. Puis elle contracta un second mariage avec Guillaume de Dampierre. Le pape annula le premier mariage (1236); les enfants de Bouchard d'Avesnes étaient donc illégitimes et, comme tels, exclus de la succession de leurs père et mère. L'empereur d'Allemagne, dont relevait le comté de Hainaut, déclara, par lettres du mois de mars 1242, scellées d'une bulle d'or, que les enfants de Bouchard étaient légitimes et habiles à succéder aux biens de leurs père et mère (1). Etait-ce une vraie légitimation? ou était-ce une déclaration de légitimité, et cette déclaration était-elle valable? Cela est douteux. Il faudrait savoir quel était, au treizième siècle, le pouvoir du pape sur le mariage ; en l'annulant comme sacrement, l'annulait-il

(1) Martene, *Thesaurus Anecdotorum*, t Ier, p 1021. Le Glay, *Histoire de Flandre*, t. 11, p. 90.

aussi quant aux effets politiques et civils? Je ne puis pas entrer dans ce débat sans dépasser les limites de ces Etudes.

A la mort de Jeanne de Constantinople, comtesse de Flandre et de Hainaut, Jean d'Avesnes et Guillaume de Dampierre se présentèrent l'un et l'autre à Louis IX, comme l'aîné des héritiers de Marguerite, au moment ou celle-ci vint à Péronne, faire hommage au roi de France, et voulait faire reconnaître par lui Guillaume de Dampierre, son fils du second lit, à titre de seul et unique successeur. Une question de succession, dans un débat où étaient engagés de grands vassaux, menaçait d'aboutir à une guerre civile entre les deux prétendants. Ils se soumirent à l'arbitrage de Louis IX et d'un légat du pape. Le roi de France adjugea la Flandre aux Dampierre et le Hainaut à d'Avesnes. Le Hainaut relevait de l'empire d'Allemagne, et l'empereur ayant déclaré d'Avesnes légitime, cette déclaration devait avoir effet dans un comté dont il était le suzerain. La Flandre, au contraire, relevait de la France, et par suite, les lettres de l'empereur n'y pouvaient avoir aucun effet. C'est du moins en ce sens que l'on peut interpréter la sentence arbitrale du roi de France.

Plus tard, il surgit de nouvelles difficultés pour les terres de la Flandre qui ne relevaient pas du roi de France, telles que les îles de la Zélande et la Flandre impériale. Louis IX ne prononça point de sentence dans ce second litige. Mais l'empereur d'Allemagne, à une diète tenue devant Francfort, attribua la Flandre impériale à Jean d'Avesnes (1). C'était une conséquence logique des lettres qu'il avait accordées aux enfants de Bouchard d'Avesnes; ces lettres, quel qu'en fût le sens, reconnaissaient ces enfants comme légitimes; elles étaient valables dans tout le territoire qui relevait de l'empire, donc dans la Flandre impériale. Si telle est la signification des actes qui se sont passés au treizième siècle, la sentence de Louis IX, les lettres et déclarations de l'empereur vien-

(1) Le Glay, *Histoire de Flandre*, t. II, p. 96 et 97

nent à l'appui de la doctrine consacrée par le grand conseil de Malines, et de l'opinion que je viens de proposer : les bâtards ne peuvent être légitimés que par le prince dont ils sont les sujets; cette légitimation ne produit aucun effet en dehors du territoire sur lequel s'étend l'autorité du prince.

297. J'arrive à la seconde partie de la question que j'ai posée (n° 294). Le prince étranger légitime un de ses sujets, conformément aux lois de son État. Cette légitimation est-elle valide hors de son territoire? Pour simplifier le débat, je laisse de côté l'effet de la légitimation en ce qui concerne le droit de succession : le bâtard légitimé à l'étranger sera-t-il considéré comme enfant légitime en France? La validité de la légitimation dépend du statut personnel, et ce statut suit l'étranger en France. Si donc la légitimation est valable d'après la loi nationale de l'enfant légitimé, il sera, par cela même, légitime partout où il résidera. C'est la conséquence logique de la personnalité du statut. Toutefois elle peut souffrir une exception : il faut voir s'il n'y a pas un statut territorial qui domine le statut personnel. Je suppose qu'il plaise à un roi absolu de légitimer un bâtard adultérin ou incestueux ; une pareille légitimation n'aurait aucun effet en France, parce qu'elle serait en opposition avec une loi d'intérêt social. Il faut appliquer à la légitimation ce que j'ai dit du mariage et de la reconnaissance d'un enfant adultérin et incestueux (1). Quand il y a inceste véritable, naturel, comme dit Montesquieu, cette union illicite soulève la conscience publique ; elle ne saurait être reconnue, et par suite, l'enfant qui en naît ne peut être considéré comme légitime ; ce serait légitimer un délit moral. Il en est de même de la filiation adultérine, le crime ne peut jamais donner la légitimité à l'enfant dont la conception est entachée de cette souillure.

Le cas s'est présenté devant la cour de Paris, dans une espèce où il s'agissait d'un enfant adultérin, d'après la reconnaissance même des père et mère, et cet enfant avait

(1) Voyez le tome IV de ces Etudes, n°s 294-298.

été légitimé par un ukase de l'empereur de Russie. La cour décida « qu'un pareil acte, inouï dans nos mœurs à toutes les époques de la législation, ne saurait être d'aucune influence dans la cause, par cela seul que cet acte était émané d'une puissance étrangère ». L'arrêt constate que les père et mère qui avaient légitimé l'enfant né d'un commerce adultérin n'avaient pas cessé d'être Français ; la question devait donc être décidée d'après la loi française, partant la légitimation ne pouvait se faire à l'étranger, puisque le code Napoléon n'admet point la légitimation par lettres du prince. La cour de Paris n'invoque pas ce motif ; et on pourrait en conclure que si la filiation n'avait pas été adultérine, elle aurait admis la validité de la légitimation. Ce serait très mal raisonner ; il faut s'en tenir au motif allégué par la cour ; un acte émané d'une puissance étrangère ne peut légitimer un Français. Quant au vice d'adultérinité, il aurait même porté obstacle à la légitimation d'un sujet russe, en ce sens que l'enfant légitimé n'aurait pu s'en prévaloir en France. C'est ce que la cour de Paris décide implicitement, en disant qu'un pareil acte est inouï en France, et n'y a jamais été admis (1).

298. Quand il n'y a pas dans les lois françaises un obstacle d'intérêt public à ce que l'enfant étranger légitimé par rescrit du prince puisse invoquer son statut personnel, la légitimation vaudra en France. Ici l'on peut appliquer la doctrine généralement admise (n° 294). C'est l'application pure et simple du statut national. Autre est la question de savoir si l'enfant légitimé pourra recueillir les successions qui s'ouvrent en France. Le droit d'hérédité forme un statut réel, dans la théorie traditionnelle que l'article 3 du code Napoléon a maintenue ; la réalité va-t-elle jusqu'à faire dépendre de la loi territoriale la capacité requise pour succéder ? Ou la capacité reste-t-elle soumise au statut personnel ? J'examinerai la question en traitant des successions. En tout cas, l'article 3 que l'on invoque pour déclarer réel le statut de l'hérédité ne peut s'appliquer qu'aux successions immobilières ; la suc-

---

(1) **Paris,** 11 février (ou janvier 1808), Dalloz, *Répertoire,* au mot *Droit civil,* n° 445 (t. XVIII, p. 155).

cession mobilière reste soumise au statut personnel, elle est donc régie par la loi en vertu de laquelle l'enfant a été légitimé.

On peut objecter contre cette doctrine les paroles prononcées par Duveyrier (n° 291). Il réprouve comme un abus toute légitimation par rescrit du prince. Si l'on donnait ce sens au code civil, il faudrait décider, sans doute aucun, que les tribunaux français ne pourraient reconnaître aucun effet à la légitimation accordée à un étranger par lettres du prince. Je crois que ce serait attacher trop d'importance aux travaux préparatoires. Ce qui a été dit par les orateurs du gouvernement et du Tribunat ne fait pas loi; le texte seul oblige l'interprète. Or tout ce qui résulte du silence du code civil, en ce qui concerne la légitimation par rescrit du prince, c'est que le prince ne peut pas légitimer en France, ni en Belgique, où l'on suit le droit français. Mais il y a des législations étrangères qui admettent cette légitimation; j'ai cité les codes des Pays-Bas et d'Italie, portés l'un et l'autre dans des pays où règne une liberté plus grande que celle dont la France jouissait sous le régime de Napoléon. On ne peut pas dire qu'une légitimation accordée par le roi des Pays-Bas ou par le roi d'Italie soit un acte qui viole la loi, et par lequel le prince se met au-dessus de la loi; c'est un acte légitime, en ce sens qu'il se fait en vertu de la loi. Sans doute, la légitimation par rescrit du prince est en opposition avec la fiction sur laquelle repose la légitimation par mariage subséquent; on ne peut plus supposer que les père et mère avaient l'intention de s'unir par le mariage lors de la naissance de l'enfant, puisqu'ils ne se sont pas mariés. Mais cela ne prouve qu'une chose, c'est qu'il y a deux espèces de légitimation; le législateur français n'en a admis qu'une, et je crois qu'il a bien fait; mais de là on ne saurait induire que la légitimation accordée dans les Pays-Bas et en Italie, soit contraire à une loi d'intérêt général en France et que l'ordre social s'oppose à ce qu'on reconnaisse aucun effet aux décrets qui légitiment des Néerlandais ou des Italiens; c'est une différence de législation, comme il y en a sur bien des points, entre des pays également civilisés ; ces différences n'empêchent pas que dans chaque pays on doive admettre les lois nationales des étrangers, tant que le droit de la société n'est point lésé.

La question s'est présentée devant le tribunal de Gand, mais sans recevoir de solution, l'affaire ayant été transigée. Je vais rapporter les faits tels qu'ils se trouvent constatés dans une note que je dois à l'obligeance de l'avocat Du Bois, qui sait tout et n'oublie rien de ce qu'il sait. Un Gantois, qui remplissait, sous le royaume des Pays-Bas, des fonctions publiques à Batavia, y obtint la légitimation, par rescrit du roi, d'un enfant naturel, puis revint à Gand, où il mourut. Après la mort du père, on contesta à ce fils légitimé tout droit, soit sur la succession de son père, soit sur la succession de son oncle. Il y avait bien des difficultés.

On demandait d'abord si le roi des Pays-Bas avait le droit de légitimer. La solution dépendait des lois qui régissaient les Indes néerlandaises. Sur ce premier point, il n'y avait guère de doute. La légitimation était admise à Batavia, d'après l'ancien droit qui y était toujours en vigueur ; partant on reconnaissait au prince le pouvoir de légitimer les bâtards.

Ensuite on demandait si les lettres de légitimation accordées par le roi des Pays-Bas étaient valables en Belgique. J'ai sous les yeux les lettres scellées du grand sceau, et signées du gouverneur général des Indes néerlandaises, Van den Bosch (1). Elles sont datées du 15 février 1833. La date est décisive. Si les lettres avaient été antérieures à la révolution, la validité n'en aurait pu être contestée, puisqu'elles émanaient du souverain des Pays-Bas, et qu'elles étaient accordées à un indigène. Mais, après la révolution, la Belgique et les Pays-Bas se séparèrent ; le père, Morel de Tangey, major dans le septième régiment des hussards, à Batavia, étant resté au service de la Hollande, perdit sa nationalité belge, et devint étranger. Les lettres de naturalisation étaient donc accordées à un

---

(1) Je dois cette communication à l'obligeance de l'avocat Metdepenningen.

étranger : valables dans les Pays-Bas, étaient-elles valables en Belgique? Dans l'opinion que je viens de proposer,
il faut répondre affirmativement. La légitimation par
rescrit du prince était généralement admise sous l'ancien
droit, et on la reconnaissait partout, au moins en ce qui
concerne la filiation, elle effaçait la tache de bâtardise;
l'enfant légitimé était considéré, à l'étranger, comme légitime. Il n'en était pas de même des effets de la légitimation, quant au droit héréditaire. Boullenois dit que les
légitimations fondées sur la seule volonté et la puissance
extraordinaire du prince sont renfermées dans l'étendue
de sa domination et n'ont point d'effet ailleurs ; mais il
ajoute que si la légitimation se fait par le droit commun
de la nation, elle aura effet partout (1). Le président Bouhier, très favorable à la personnalité du statut, essaye de
prouver que l'on devrait reconnaître, par courtoisie internationale, effet aux lettres de légitimation accordées par
les souverains, chacun trouvant son intérêt à ce que ses
actes soient respectés en pays étranger; mais il est obligé
d'avouer que l'usage contraire a prévalu en France; la
chose avait été jugée ainsi par un arrêt du parlement
de Paris, sur un réquisitoire de l'avocat général Le Bret.
Les auteurs se fondaient sur ce que les lois d'une nation
n'avaient aucune autorité hors de son territoire. Tel était
notamment l'avis de Paul Voet, réaliste outré (2).

Ne fallait-il pas s'en tenir aux termes des lettres de
légitimation? Celles que l'on produisait dans l'espèce sont
très explicites; elles effacent entièrement le vice de naissance, et déclarent, en termes formels, que l'enfant légitimé succédera à son père, qui avait demandé la légitimation, mais elles font une restriction quant aux collatéraux
qui n'auraient point donné leur consentement à la légitimation. A vrai dire, les termes des lettres de légitimation
sont inopérants; les lettres statuent pour le territoire,
elles n'ont pas d'effet ailleurs, sauf en vertu du droit
international; or l'usage général ne les recevait point, ce

(1) Boullenois, *De la personnalité et de la réalité des statuts*, t. I, p. 64.
(2) Bouhier, *Observations sur la coutume de Bourgogne*, chap XXIV,
nᵒˢ 125-129 (Œuvres, t. Iᵉʳ, p. 689 et suiv.

qui paraît décisif, au moins pour l'ancien droit. Mais les
autorités que l'on cite se fondaient sur la stricte réalité
des coutumes et des lois. Aujourd'hui l'on ne dit plus que
toutes les coutumes sont réelles : le code Napoléon consacre, au contraire, la personnalité des lois qui concernent
l'état et la capacité. Il faudrait donc se décider en faveur
des lettres de légitimation, en tant qu'il s'agisse de la filiation. Reste la question du droit héréditaire, sur laquelle je
reviendrai.

Il y avait encore une autre difficulté dans l'espèce. Les
Belges devenus Hollandais par le fait de la révolution
étaient des étrangers en Belgique : pouvaient-ils succéder, en l'absence d'un traité de réciprocité? J'ai examiné
la question dans le cours de ces Études, en critiquant un
arrêt de la cour de cassation de Belgique portent que,
malgré la révolution, les habitants des Pays-Bas étaient
toujours considérés comme des nationaux, au point de vue
des droits privés (1).

On comprend qu'au milieu de tant de doutes les parties
se soient décidées à transiger.

(1) Voyez le tome III de ces Études, h⁴ 224.

FIN DU TOME CINQUIÈME.

TABLE DES MATIÈRES.

DEUXIÈME PARTIE.

LIVRE III.
La famille (suite).

CHAPITRE PREMIER. — LE MARIAGE (*suite.*)

PREMIÈRE PARTIE. — L'état des personnes (*suite*).

SECTION III. — Des mariages célébrés à l'étranger (*suite*).

§ IV. *Droit étranger.*

N° 1. Le droit allemand. Wachter. Savigny. Schaffner.

N° 2. Le droit anglais.

I. *Le principe, d'après Story et la jurisprudence.*

SECTION IV. — Des obligations qui naissent du mariage.

§ I. *De la puissance maritale.*

N° 1. Caractère de la puissance maritale.

N° 2. Nature du statut de la puissance maritale.

§ II. *L'autorisation maritale.*

Nº 1. Caractère de l'autorisation maritale.

Nº 2. Nature du statut de l'autorisation maritale.

SECTION V. — Du divorce

§ I. Considérations générales.

N° 1. Le fondement du divorce.

N° 2. Le divorce, la religion et la morale.

II. *Jurisprudence.*

DEUXIÈME PARTIE. — Le régime matrimonial.

§ Ier. *La famosissima quæstio.*

No 1. Le régime matrimonial dépend-il du statut réel ou du statut
personnel?

CHAPITRE II. — FILIATION ET PATERNITÉ.

SECTION 1re. — LA FILIATION LÉGITIME.

§ 1er. *Le principe.*

§ II. *Application du principe. Jurisprudence et doctrine.*

SECTION II. — LA FILIATION NATURELLE.

§ 1er. *Principe.*

§ V. *Effets de la reconnaissance. Droits des enfants naturels.*

SECTION III. — DE LA LÉGITIMATION.

§ 1er. *Le droit français.*

N° 1 Le principe.

N° 2. Le statut de légitimation est-il personnel ou réel?

N° 3. La jurisprudence française.

§ II. *Le droit anglais*

§ III. *De la légitimation par rescrit du prince.*

Made at Dunstable, United Kingdom
2022-11-08
http://www.print-info.eu/

11101729R00364